crianças, adolescentes e a mídia

S897c Strasburger, Victor C.
Crianças, adolescentes e a mídia / Victor C. Strasburger, Barbara J. Wilson, Amy B. Jordan ; tradução: Sandra Mallmann ; revisão técnica: Marcia Benetti. – 2. ed. – Porto Alegre : Penso, 2011.
398 p. ; 25 cm.

ISBN 978-85-63899-10-1

1. Comunicação. 2. Mídia – Crianças. 3. Mídia – Adolescentes. I. Wilson, Barbara J. II. Jordan, Amy B. III. Título.

CDU 070-53.2/.67

Catalogação na publicação: Ana Paula M. Magnus – CRB 10/2052

VICTOR C. STRASBURGER
BARBARA J. WILSON
AMY B. JORDAN

crianças, adolescentes e a mídia

Tradução:
Sandra Mallmann

Consultoria, supervisão e revisão técnica desta edição:
Marcia Benetti
Doutora em Comunicação e Semiótica pela Pontifícia Universidade Católica de São Paulo(PUC-SP)
Professora Adjunta na Universidade Federal do Rio Grande do Sul (UFRGS)

2011

Obra originalmente publicada sob o título *Children, Adolescents, and the Media, 2nd Edition.*

ISBN 9781412944670
Originally published by SAGE Publications,Inc.

Capa: *Márcio Monticelli*
© TongRo Image Stock/Corbis/Corbis (RF)/Latinstock

Preparação de original: *Marcos Vinícius Martim da Silva*

Leitura final: *Marcelo de Abreu Almeida*

Editora sênior – Ciências Humanas: *Mônica Ballejo Canto*

Editora responsável por esta obra: *Carla Rosa Araujo*

Projeto e editoração: *Techbooks*

Reservados todos os direitos de publicação, em língua portuguesa, à
ARTMED® EDITORA S.A.
Av. Jerônimo de Ornelas, 670 – Santana
90040-340 – Porto Alegre – RS
Fone: (51) 3027-7000   Fax: (51) 3027-7070

Unidade São Paulo
Av. Embaixador Macedo Soares, 10.735 – Pavilhão 5 – Cond. Espace Center
Vila Anastácio – 05095-035 – São Paulo – SP
Fone: (11) 3665-1100   Fax: (11) 3667-1333

SAC 0800 703-3444

IMPRESSO NO BRASIL
PRINTED IN BRAZIL

Ao Dr. Michael Rothenber, já falecido: psiquiatra infantil e mestre extraordinário, que já sabia tudo isso há muito tempo. E aos meus filhos, Max e Katya, que me ensinaram muito sobre o impacto da mídia.

—Victor C. Strasburger

Às minhas brilhantes e lindas filhas, Isabel e Grace, que vieram da China para mudar a minha vida e inspirar o meu trabalho. E ao meu paciente e atencioso marido, John, que está sempre ao meu lado.

—Barbara J. Wilson

Aos meus filhos, que estão sempre em meu coração e no meu pensamento, mesmo quando não estão presentes fisicamente. E ao meu marido, o meu maior fã, por seu amor e seu apoio.

—Amy B. Jordan

Autores

Victor C. Strasburger, MD, é atualmente chefe da Divisão de Medicina do Adolescente, professor de Pediatria e professor de Medicina Comunitária e da Família na Universidade do Novo México. Graduou-se no Yale College (com distinção e Phi Beta Kappa), onde estudou escrita de ficção com Robert Penn Warren, e na Escola Médica de Harvard. Fez sua prática no Hospital Infantil de Seattle, Hospital-Escola St. Mary, em Londres, e no Hospital Infantil de Boston.

O Dr. Strasburger é autor de mais de 120 artigos e trabalhos e de 8 livros sobre o tema da medicina adolescente e os efeitos da televisão em crianças e adolescentes, incluindo *Fazendo Seus Filhos Dizerem Não na Década de 1990 Quando Você Disse Sim na Década de 1960* (1993), que vendeu mais de 15.000 cópias até o momento; *Medicina Adolescente: Um Guia Prático* (1991; 2ª edição, 1998) e *Os Adolescentes e a Mídia* (1995). No ano 2000 foi indicado para receber o prêmio Adele Delenbaugh Hofmann da Academia Americana de Pediatria pelo notável conjunto da sua obra em Medicina do Adolescente e o prêmio Holroyd-Sherry por realizações notáveis em saúde pública e mídia.

É consultor do Comitê sobre Comunicações da Academia Americana de Pediatria, trabalhou como consultor do PTA Nacional (Associação Nacional de Pais e Professores) e da Associação Médica Americana sobre o tema das crianças e a televisão, e realiza palestras frequentes por todo o país.

Barbara J. Wilson é Professora no Departamento de Comunicação Verbal na Universidade de Illinois, em Urbana-Champaign. Recebeu seu PhD na Universidade de Wisconsin-Madison. Antes de se associar à Universidade de Illinois, foi membro do corpo docente da Universidade da Califórnia, Santa Barbara, durante 12 anos.

A pesquisa da professora Wilson se concentra nos efeitos sociais e psicológicos das mídias de massa nos jovens. Ela é coautora de três livros do *Estudo Nacional da Violência na Televisão* (1997-1998). Além disso, publicou mais de 50 artigos científicos e capítulos sobre os efeitos da mídia e suas implicações nas políticas públicas. Seus projetos recentes incluem as reações emocionais das crianças às notícias da televisão e as interpretações que os adolescentes fazem das mensagens sexuais na mídia.

A professora Wilson trabalhou como consultora da Nickelodeon, da Associação Nacional dos Executivos de Programas de Televisão e do Discovery Channel Pictures. Ela é editora associada do *Journal of Communication* e participa do conselho editorial de outros quatro jornais acadêmicos (*Communication Monographs, Communication Reports, Human Communication Research* e *Media Psychology*).

Amy B. Jordan é diretora do setor de Mídia e Desenvolvimento Infantil do Centro Annenberg de Políticas Públicas da Universidade da Pensilvânia, onde estuda o impacto das políticas da mídia nas crianças e famílias. Seus filhos foram uma fonte valiosa de informação e inspiração.

Bob McCannon é consultor independente em educação para as mídias e cofundador e copresidente da Coalizão de Ação pela Educação para as Mídias, a única organização nacional de educação em mídias dos Estados Unidos. Foi, anteriormente, diretor executivo do Projeto de Educação para as Mídias do Novo México (NMMLP), fundado em 1993. De 1993 até 2005, ele transformou o NMMLP no maior e mais bem-sucedido projeto de educação para as mídias dos Estados Unidos. Estudioso de psicologia e história alemã moderna e graduado em cognição da educação, ensinou propaganda, história, publicidade e educação para as mídias nas escolas de ensino fundamental, médio e na universidade. Como único não pediatra a ser homenageado com o cobiçado prêmio Holroyd/Sherry da Academia Americana de Pediatria pela instrução de qualidade em mídia e preocupação com o bem-estar das crianças, todos os anos Bob realiza *workshops*, palestras e apresentações, perfazendo milhares em todos os estados e em muitos outros países. Mais de 1.000 pessoas participaram dos seus *workshops* de 4 dias de educação sobre as mídias, "treinando o treinador". É autor de inúmeros currículos de educação para as mídias reconhecidos nacionalmente nos campos da saúde, história, estudos sociais, inglês e educação cívica.

Dorothy G. Singer, EdD, é cientista pesquisadora no Departamento de Psicologia da Universidade de Yale. É também codiretora do Centro de Pesquisa e Consulta em Televisão para a Família da Universidade de Yale e membro do conselho no Morse College. Além disso, é pesquisadora associada no Centro de Estudos Infantis de Yale. Anteriormente, foi professora de psicologia em William Benton, Universidade de Bridgeport. Ela também é membro da Associação Americana de Psicologia.

Edward Donnerstein é Professor de Comunicação e Decano da Faculdade de Ciências Sociais e Comportamentais na Universidade do Arizona. Antes da sua nomeação no Arizona, em 2002, esteve no comando da cadeira de Efeitos Sociais da Comunicação de Massa e foi chefe da cadeira de Ciências Sociais na Universidade da Califórnia, Santa Barbara. Psicólogo social, recebeu seu PhD em psicologia em 1972. Teve nomeações na Universidade de Wisconsin e também funções como visitante na Universidade de Lethbridge e Universidade de Beijing, China.

Seus interesses principais estão voltados para a violência nas mídias de massa, bem como para as políticas das mídias de massa. Publicou mais de 220 artigos científicos nestas áreas gerais e participa de conselhos editoriais de vários jornais acadêmicos de psicologia e comunicação. Foi membro da Comissão sobre a Violência e os Jovens, da Associação Americana de Psicologia, e da Força-Tarefa da APA sobre Televisão e Sociedade. Trabalhou em um painel do Departamento de Saúde Pública sobre violência na adolescência e no Conselho Consultivo do programa de prevenção à violência da Aliança das Associações Médicas Americanas. É ex-presidente da Sociedade Internacional para Pesquisas sobre Agressão. Além disso, foi diretor do site de pesquisas do projeto de 3,5 milhões de dólares da Associação Nacional de Televisões a Cabo sobre a violência na TV.

Depôs em inúmeras audiências governamentais, tanto nos Estados Unidos quanto no exterior, referentes aos efeitos e às implicações políticas que envolvem a violência e a pornografia nas mídias de massa, incluindo o testemunho diante do Senado norte-americano sobre a violência na TV. Participou como membro no Painel do Departamento de Saúde Pública dos Estados Unidos sobre Pornografia e no Sub-painel da Academia Nacional de Ciências sobre Pornografia Infantil e Abuso Infantil.

Jeanne B. Funk, PhD, é psicóloga clínica infantil. É Professora Universitária de Psicologia e ex-diretora do programa de treinamento de doutorado em Psicologia Clínica no Departamento de Psicologia, Universidade de Toledo, em Toledo, Ohio. Está envolvida no ensino da psicologia a estudantes graduados e não graduados e também conduz pesquisas clínicas. Dirige um grupo de pesquisa que vem investigando as relações entre jogar *videogames* violentos e várias características de personalidade e comportamentais em crianças, desde 1990. Em 2005, recebeu o prêmio de Pesquisador Destacado na Universidade de Toledo. A Dra. Funk e sua equipe desenvolveram medidas das atitudes em relação à violência e empatia nas crianças que são usadas em seus projetos de pesquisa e por pesquisadores do mundo inteiro. Atualmente ela está finalizando o desenvolvimento de uma medida do envolvimento ao se jogar um *videogame.* No momento, a equipe está focada na identificação de características que podem ser fatores de risco específicos para o impacto negativo de jogar os *games*, incluindo dessensibilização com a violência e o envolvimento profundo ao jogar um *game.* A Dra. Funk e sua equipe também estão examinando a percepção paterna e o conhecimento do *game* e as classificações de outras mídias, particularmente entre pais de crianças pequenas.

Agradecimentos

O Dr. Strasburger gostaria de agradecer aos seus colegas da Academia Americana de Pediatria que apoiaram seu interesse pela mídia e aos seus colegas da Escola de Medicina da Universidade do Novo México que lhe concederam tempo para escrever este livro, especialmente à Dra. Loretta Cordova de Ortega, Diretora Interina do Departamento de Pediatria, e ao Dr. Paul Roth, Vice-Presidente Executivo do Centro de Ciências da Saúde da Universidade do Novo México.

A Dra. Wilson gostaria de agradecer a Kristin Drogos (M.A., Universidade de Illinois, Urbana-Champaign) e a Amy Holland (M.A., Universidade de Illinois, Urbana-Champaign) pelos esforços persistentes na busca de artigos de jornal e referências *online* e, também, a Robert D. Day pelo seu auxílio na organização das charges, figuras e imagens.

A Dra. Jordan gostaria de agradecer a Michael Delli Carpini, Reitor da Escola de Comunicação de Annenberg, e a Katheen Hall Jamieson, Diretora da Escola de Comunicação de Annenberg, pelo apoio incansável ao ensino e à pesquisa no campo das crianças e a mídia.

Os autores também agradecem às contribuições dos seguintes revisores:

Craig A. Anderson, PhD, Universidade do Estado de Iowa.

Brad J. Bushman, PhD, Universidade de Michigan e Vrije Universiteit, Amsterdam, Holanda.

Margaret Cassidy, PhD, Departamento de Comunicações, Universidade Adelphi.

James A. Graham, PhD, Departamento de Psicologia, Faculdade de Nova Jersey.

Elizabeth D. Hutchinson, PhD, Escola de Serviço Social, Universidade da Comunidade da Virginia.

Victor C. Strasburger
Barbara J. Wilson
Amy B. Jordan

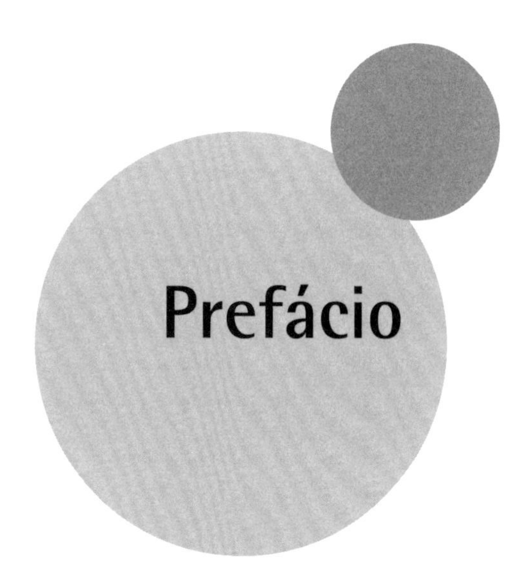

Prefácio

Os jovens despendem uma grande quantidade de tempo com a mídia. Eles riem com os personagens engraçados, atacam cruelmente e destroem criaturas, mas, enquanto jogam seus *videogames* favoritos, assistem a anúncios de doces, maquiagem e até de bebidas alcoólicas, ouvem letras de *rap* sobre sexo e violência e interagem *online* com pessoas em todo o mundo. É desnecessário dizer que este é um mundo social muito diferente do que seus pais e avós encontraram na infância.

O propósito deste livro é apresentar uma visão geral do que se sabe sobre o impacto da mídia nos jovens do século XXI. O objetivo é proporcionar um tratamento abrangente e orientado pela pesquisa de como crianças e adolescentes interagem com a mídia. Em cada capítulo revisamos os achados mais recentes e também os primeiros estudos que ajudaram a estruturar os temas. Como a pesquisa tomada isoladamente pode ser árida e difícil de ser acompanhada, colocamos pitadas generosas de ilustrações em cada capítulo, exemplos da mídia, debates políticos e exemplos da vida real sobre o impacto da mídia. Nossa intenção é mostrar a relevância da pesquisa em ciências sociais para os temas relacionados à mídia que envolvem os jovens.

Uma das características únicas deste livro é o seu foco no desenvolvimento. No Capítulo 1, começamos com uma discussão de como crianças e adolescentes representam um público único da mídia e descrevemos as diferenças desenvolvimentais de como os jovens processam e entendem o conteúdo e a forma da mídia. Essa estrutura desenvolvimental é usada ao longo de todos os outros capítulos do livro para auxiliar os leitores a avaliarem como, por exemplo, uma criança de 5 anos responderia de maneira diferente a uma mensagem da mídia em comparação a como responderia uma criança de 10 ou 15 anos. Nos capítulos posteriores, discutimos a publicidade (Capítulo 2), o conteúdo educacional (Capítulo 3), a violência na mídia (Capítulo 4), a sexualidade e a mídia (Capítulo 5), as drogas e a mídia (Capítulo 6) e a mídia e a família (Capítulo 8). Além disso, pedimos a especialistas que escrevessem capítulos particulares sobre temas palpitantes, como a internet (Capítulo 7).

Duas outras características tornam este livro único. Primeiramente, o livro abrange todo o período de desenvolvimento da infância e da adolescência. Outros livros relacionados à mídia se limitaram a abordar apenas as crianças ou apenas os adolescentes. Até onde sabemos, este é o primeiro livro de mídia deste tipo que aborda todo o espectro das idades que caracterizam a juventude. Em segundo lugar, os três autores contribuem para os temas em questão com *backgrounds* muito diferentes. Victor C. Strasburger é um Professor de Pediatria que passou a maior parte de sua carreira examinando o impacto das mídias de massa na saúde das crianças. Barbara J. Wilson é uma Professora de Comunicação que realiza pesquisas sobre o desenvolvimento infantil e a mídia. Amy B. Jordan é Diretora do Setor de Mídia e a Criança em Desenvolvimento do Centro Annenberg de Políticas Públicas, na Universidade da Pensilvânia, onde estuda o impacto da política da mídia nas crianças e na família. Juntos, identificamos os tópicos sobre a mídia que são atualmente mais urgentes para pais, trabalhadores na área da saúde, educadores e legisladores. Como coautores, trazemos para estes temas nossa rica e diversificada experiência em medicina, ciências sociais, desenvolvimento infantil, políticas públicas e mídia. Todos nós também temos famílias que, é claro, nos proporcionam experiências pessoais em muitos dos assuntos que levantamos.

A abordagem que assumimos está certamente fundamentada na tradição dos efeitos da mídia. Sempre que nos pareceu indicado, destacamos outras perspectivas e leituras que utilizam uma abordagem mais cultural ou crítica do estudo da mídia e dos jovens. Essas perspectivas nos sensibilizam para a importância de que crianças e adolescentes sejam considerados como agentes ativos e poderosos das suas experiências com a mídia. Concordamos com a ideia de que os jovens não podem ser protegidos contra a mídia, nem deveriam ser. Obviamente, as crianças utilizam a mídia para aprenderem sobre a sua cultura e também sobre a própria infância. E, ainda, podemos fazer muito para ajudar crianças e adolescentes a se aproximarem da mídia como consumidores críticos, um tema que permeia todo o livro. Os leitores irão notar que selecionamos alguns dos tópicos mais polêmicos sobre a mídia em diversos capítulos. Nosso objetivo não é sermos tendenciosos; mas, ao contrário, direcionar o foco para as áreas que são mais controversas e que estão no centro dos debates sobre mídia e saúde pública nos Estados Unidos. Esperamos ter conseguido salientar a importância de se considerar o conteúdo das mensagens às quais as crianças são expostas. Para os jovens de hoje, existem benefícios tremendos, mas, também, sérios perigos no tempo em que passam usando as mídias.

Este livro visa servir como um texto básico para cursos de comunicação ou psicologia sobre as crianças e a mídia. Ele também poderá servir como leitura suplementar em cursos sobre desenvolvimento infantil e adolescência, em questões sobre o desenvolvimento infantil ou temas sobre a mídia. O livro é mais adequado para cursos de graduação de nível superior ou avançado, ou, ainda, como um seminário inicial de graduação na área. Nosso pressuposto é de que já exista algum conhecimento básico dos métodos de pesquisa em ciências sociais, mas também fornecemos *background* para ajudar os leitores a distinguirem e compararem diferentes tradições de pesquisa e metodologias. Como forma de atrair os estudantes, fornecemos uma série de exercícios no final de cada capítulo. Os exercícios têm como objetivo estimular o debate e podem servir como tema para trabalhos ou atividades de discussão em pequenos grupos. Ao nosso modo de ver, os exercícios ilustram o quanto é complexo e atraente o ambiente da mídia para os jovens de hoje.

Sumário

Introdução

Dorothy G. Singer

Em 1974, uma menina de 9 anos foi atacada por três meninas e um menino e violentada com uma garrafa de refrigerante. As crianças admitiram posteriormente que tiveram a ideia do estupro a partir de um filme na TV, *Born Innocent*, que tinha ido ao ar na NBC. Em 1977, um rapaz de 15 anos foi a julgamento por roubo e morte de uma mulher idosa. O rapaz argumentou que estava meramente copiando um episódio de *Kojak*, um dos seus programas favoritos na TV, no qual uma mulher havia sido morta por intrusos. O menino quis até mesmo raspar a cabeça para se parecer mais com seu herói.

Em 2001, um menino de 13 anos matou uma menina muito mais nova enquanto lutava com ela. Ele era fã de programas de lutas na televisão e não tinha conhecimento de que as exibições das lutas eram cuidadosamente encenadas. No mesmo ano, um menino que assistia a *Jackass*, na MTV, ateou fogo em si mesmo, no pátio de casa, após ter feito uma fogueira e atiçar a chama com as mãos. Com a dor resultante, ele colocou as mãos no peito e correu desesperadamente pelo pátio, sofrendo queimaduras graves. Ele admitiu que estava imitando a estrela do programa, que havia ateado fogo em si mesma durante um dos episódios.

Quase 30 anos se passaram entre os dois primeiros e os dois últimos incidentes, embora os produtores de televisão ainda continuem a oferecer muita violência aos espectadores, seja em programas dramáticos ou em programas do tipo *reality shows*. Na verdade, 50% dos crimes baseados em *reality shows* da TV são assassinatos, enquanto de fato apenas 0,2% dos crimes reportados pelo FBI são assassinatos (Bushman e Huesmann, 2001). Muito conscientes do problema da violência na televisão, Victor Strasburger, Barbara Wilson e Amy Jordan, autores deste excelente livro, *Crianças, Adolescentes e Mídia*, apresentam um argumento convincente para uma maior redução da violência na TV e para mais vigilância por parte dos pais e de outros responsáveis. Não apenas os programas de TV estão desempenhando um papel de instigar violência, como também os autores observam que determinados videogames, videoclipes e músicas de rock contribuem para o clima de violência e agressão. Neste livro, os exercícios baseados no conteúdo de cada capítulo incluem tópicos para discussão e ideias para um envolvimento ativo na mídia. Se forem seguidos por educadores, pais e pelo pessoal da indústria, poderemos ver algumas mudanças significativas não apenas no *conteúdo* da mídia, mas também em como nossos jovens *usam* e *processam* as fontes eletrônicas de informação e entretenimento.

Strasburger, Wilson e Jordan selecionaram tópicos particulares referentes aos temas mais urgentes na televisão. Estes capítulos deverão chamar a atenção dos espectadores universitários e do público em geral. Não é discutida unicamente a violência na TV, mas há capítulos sobre a mídia educacional, a família e a mídia, sobre comerciais, sexualidade e a internet. Estou impressionada com a extensão da pesquisa que os autores trazem para este livro, mas tenho alguns comentários adicionais para juntar às suas ótimas revisões da literatura.

Os comerciais também estão afetando a vida dos jovens, como afirma o capítulo sobre este tópico. Kuczynski (2001) reportou-se à popularidade das revistas para adolescentes. Não só os anúncios na TV estão influenciando as compras das meninas, como os estilos de roupas usadas pelas atrizes nas comédias do horário noturno ou pelos astros na MTV, mas também os anúncios e artigos nas revistas contribuem para o consumismo adolescente. *CosmoGIRL!*, *Teen People* e *Teen Vogue** são apenas algumas das revistas que falam sobre maquiagem e moda, apresentam artigos sobre relacionamentos e, quando ousam, até sobre AIDS, como na *Teen People*.

Quando brinquedos alusivos a guerras são anunciados na TV, as crianças tentam persuadir seus pais a comprá-los, e quando usam estes brinquedos elas encenam seus *scripts* agressivos, imitando os *Power Rangers*, as *Tartarugas Ninja* ou algum outro personagem que use os punhos, golpes de caratê ou armas a *laser*. Em um estudo sobre brincadeiras com armas de brinquedo e agressão, por exemplo, Watson e Peng (1992) descobriram que brincar com armas de brinquedo e punição parental estavam associados positivamente a um nível mais alto de agressão *real*, e não à imitação de agressão, pelas crianças.

Os comerciais afetam não só o desejo de compra das crianças, como também seus hábitos alimentares. Mais norte-americanos estão se tornando obesos, e existem muitas evidências relativas a como a mídia afeta a nutrição e nossos hábitos alimentares. Anúncios de comida e brinquedos na TV são as duas maiores categorias direcionadas às crianças. Dois terços da publicidade nas manhãs de sábado tratam de anúncios de comidas gordurosas, oleosas, doces e cereais com alto teor de açúcar.

Foram publicados dois novos estudos significativos a respeito da publicidade de comidas para as crianças na televisão: um em março de 2007, da Fundação da Família Kaiser, e o outro em junho de 2007, da Comissão Federal de Comércio (FTC). Embora, de um modo geral, os resultados sejam similares nos dois estudos, existem diferenças quando se trata dos achados em faixas etárias específicas. O estudo da FTC concluiu que as crianças pequenas (de 2 a 5 anos) estão expostas a aproximadamente 1.000 anúncios a mais de comida por ano, ou 23% a mais do que a estimativa da Fundação Kaiser. Descobriu, também, que as crianças maiores estão expostas a um número substancialmente menor de anúncios de comida do que foi encontrado no estudo da Kaiser (aproximadamente 2.000 anúncios a menos de comida por ano, ou 26% menos). O relatório da FTC tenta explorar as tendências ao longo do tempo através de uma comparação com dados similares de 1977, enquanto o estudo da Fundação Kaiser está limitado a uma análise das propagandas em 2005 e não tira conclusões a respeito das tendências (Comissão Federal de Comércio,

* N. de R.: No Brasil, podemos citar as publicações: Capricho, Gloss, Atrevida.

2007; Fundação da Família Kaiser, 2007). Em uma monografia anterior foi descoberto que um dos efeitos do hábito de assistir televisão é a obesidade nas meninas que são espectadoras inveteradas de TV. É possível que as meninas obesas se sintam menos populares do que as outras e, em consequência, passem mais tempo em casa usando a TV como um substituto para os relacionamentos sociais (D. R. Anderson, Huston, Schmitt, Linebarger e Wright, 2001).

O capítulo sobre a internet é valioso devido à explosão eletrônica em nossa sociedade. Acreditamos que os adolescentes entre 12 e 17 anos representam o número mais alto de usuários da internet – e até crianças entre as idades de 3 e 5 anos estão agora *online*. Além disso, inúmeros vídeos e CDs são direcionados atualmente para crianças com menos de 2 anos. A Lei de Proteção à Privacidade *Online* das Crianças, de 1998, requer a permissão dos pais para que um site da *web* colete informações de uma criança com menos de 13 anos. Entretanto, não existem leis que protejam as crianças das salas de bate-papo ou de sites que apresentam pornografia ou informações ofensivas.

Os adolescentes estão se tornando "multitarefeiros", assim chamados devido ao termo em computação que descreve a capacidade de uma máquina de rodar vários programas ao mesmo tempo (multifuncional). Muitos adolescentes são capazes de usar o computador, falar ao telefone e ouvir rádio ao mesmo tempo. Hafner (2001) descreve uma adolescente que fazia um trabalho da escola, buscava informações na *web*, verificava seus *e-mails*, mantinha abertas até oito janelas do *Messenger*, envolvia-se em conversas *online* com os amigos e ouvia seu MP3 *player* e um CD de música. Alguns estudos sugerem que o uso excessivo de computadores está vinculado a um aumento no risco de obesidade, lesões por esforço repetitivo, visão prejudicada, declínio no envolvimento social e sentimentos de solidão e depressão. Dado o fato da multitarefa entre muitos adolescentes, o tema do envolvimento social para este grupo parece, pelo menos, um ponto discutível.

Embora os autores mencionem muitos assuntos vitais referentes à mídia, alguns tópicos foram omitidos, tais como os fatores multiculturais, moralidade, estereótipos e a economia da indústria da televisão, só para citar alguns. Para mais informações sobre estes e outros tópicos, o leitor é remetido a dois manuais (Dowd, Singer e Wilson, 2006; Singer e Singer, 2001). Como afirmam estes dois livros, e também a presente obra, é importante enfatizar o fato de que o *conteúdo* da televisão é o assunto, e não a tecnologia em si. A televisão pode ser um grande professor se for usada com sabedoria e se forem oferecidas mediação e orientação parental a crianças e adolescentes.

Referências

Anderson, C. A., & Bushman, B. J. (2001). Effects of violent video games on aggressive behavior, aggressive cognition, aggressive affect, physiological arousal and prosocial behavior: A meta-analytic review of scientific literature. *Psychological Science, 12*, 353–359.

Anderson, C. A., Gentile, D.A., & Buckley, K. E. (2007). *Violent video games effects on children*. New York: Oxford University Press.

Anderson, D. R., Huston, A. C., Schmnitt, K. L., Linebarger, D. L, & Wright, J. C. (2001). *Early childhood television viewing and adolescent behavior*. Boston: Blackwell.

Bushman, B. J., & Huesmann, L. R. (2001). Effects of televised violence on aggression. In D. G. Singer & J. L. Singer (Eds.), *Handbook of children and the media* (p. 223–254). Thousand Oaks, CA: Sage.

Dowd, N., Singer, D. G., & Wilson, R. E (Eds.). (2006). *Handbook of children, culture, and violence*. Thousand Oaks, CA: Sage.

Federal Trade Commission. (2007, June 1). *Food for thought: Television food advertising to children in the United States.* Washington, DC: Author.

Hafner, K. (2001, April 12). Teenage overload, or digital dexterity? *The New York Times,* p. Gl, G5.

Kaiser Family Foundation. (2007, March 28). *Children's exposure to TV advertising in 1977 and 2004: Information for the obesity debate.* Menlo Park, CA: Author.

Kuczynski, A. (2001, April 2). The age of diminishing innocence. *The New York Times,* p. Cl, C6.

Lambert, B. (2007, June 7). He's 9 years old and 56 pounds, and a video-game circuit star. *The New York Times,* pp. 1, B6.

Singer, D. G., & Singer, J. L. (Eds.). (2001). *Handbook of children and the media.* Thousand Oaks, CA: Sage.

Watson, M. W, & Peng, Y. (1992). The relation between toy gun play and children's aggressive behavior. *Early Education 6- Development, 3,* 370–389.

1

Crianças e adolescentes

Um público único

Por vezes sábias e desconcertantes como adultos, as crianças são, no entanto, crianças. Para admiração, alegria e irritação dos adultos, elas são diferentes. À medida que crescem, ficam cada vez mais como nós e, portanto, inteligíveis, mas em cada idade ou estágio do desenvolvimento existe para os adultos algo sobre o que aprender mais, com que se divertir e a que se adaptar.

—Professora Aimeé Dort,
Television and Children: A Special Medium for a Special Audience (1986, p.12)

Durante os últimos vinte ou trinta anos, o status *da infância e nossos pressupostos a seu respeito foram ficando cada vez mais instáveis. As distinções entre as crianças e outras categorias – "jovens" ou "adultos" – definitivamente se tornaram difíceis de sustentar.*

—Professor David Buckingham,
After the Death of Childhood: Growing Up in the Age of Electronic Media (2000, p.77)

As crianças e os jovens são um agrupamento cultural distinto e significativo por si só – uma fatia considerável do mercado, até mesmo uma subcultura, a qual frequentemente "abre caminho" no uso de novas mídias.

—Professora Sonia Livingstone,
Young People and New Media: Childhood and the Changing Media Environment (2002, p.3)

Antigamente os pais podiam moldar com facilidade a criação de seus filhos, conversando e lendo para as crianças unicamente sobre as coisas às quais eles desejavam que seus filhos fossem expostos, mas os pais de hoje devem lutar com milhares de imagens e ideias concorrentes sobre as quais eles têm pouco controle direto.

—Professor Joshua Meyrowitz,
No Sense of Place: The Impact of Electronic Media on Social Behavior (1985, p.238)

Como era um dos seus filmes favoritos, Louise decidiu alugar um DVD do filme *E.T. – O Extraterrestre* para compartilhá-lo com seus dois filhos, uma menina de 4 anos e um menino de 10. Este gostou imediatamente do personagem alienígena, rindo da aparência peculiar da criatura e de seus hábitos alimentares. Por outro lado, a filha de 4 anos ficou tensa na primeira vez em que viu a mão do E.T., com um formato estranho e seus dois dedos magros e compridos. Nervosa, a garotinha fez várias perguntas: "O que é aquilo?", "Por que ele está se escondendo?", "O que há de errado com os dedos dele?". Pouco depois, ela declarou que não gostava desse "programa" e que queria mudar de canal. Quando a cara do E.T. foi finalmente revelada na tela, a menina de 4 anos soltou um grito e escondeu a cabeça embaixo do cobertor. Louise ficou espantada com a reação da sua filha pequena, perguntando-se por que alguém ficaria assustada com uma criatura tão boa.

Embora este exemplo envolva uma família fictícia, o incidente provavelmente repercuta nos pais que frequentemente ficam perplexos com as respostas dos seus filhos à mídia. Na verdade, muitos pais já relataram que, de modo imprevisível, seus filhos em idade pré-escolar ficavam amedrontados com o alienígena gentil, mas de aparência estranha, chamado E.T. (Cantor, 1998). Igualmente, filmes com a classificação* G, como *Bambi* e *A Bela e a Fera*, provocaram medo em crianças mais novas (Hoekstra, Harris e Helmick, 1999). Um estudo descobriu, ainda, que crianças mais novas se assustavam com o videoclipe *Thriller*, de Michael Jackson, o qual apresentava o cantor se transformando num lobisomem (Sparks, 1986).

* N. de T.: Nos Estados Unidos, cabe à MPAA (*Motion Pictures Association of America*) gerenciar a classificação de filmes, segundo estas categorias: a) **G** (*general audiences*): livre para todas as idades; b) **PG** (*parental guindance suggested*): parte do filme pode não ser adequado às crianças, sugere-se acompanhamento dos pais ou responsáveis; c) **PG-13** (*parents strongly cautioned*): parte do filme pode ser imprópria para menores de 13 anos, recomenda-se fortemente acompanhamento dos pais ou responsáveis; d) **R** (*restricted*): menores de 17 anos necessitam da presença dos pais ou responsáveis; e) **NC-17** (*no one 17 and under admitted*): priobido para menores de 17 anos.

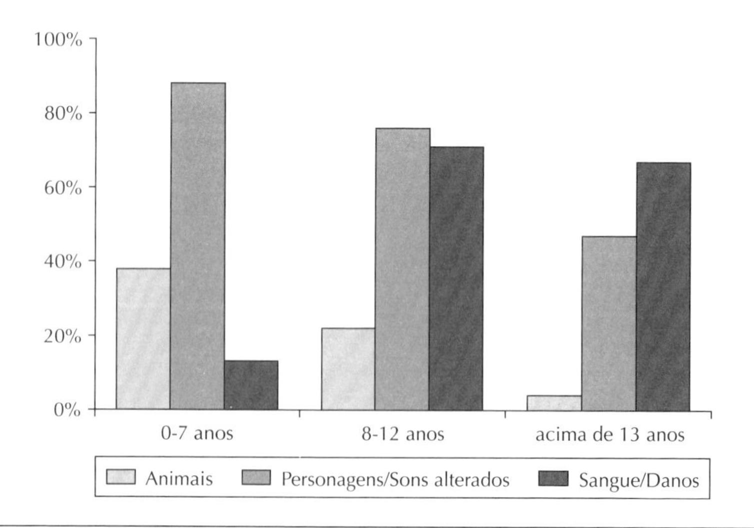

Figura 1.1 Porcentagem de respondentes que relatam respostas de susto a temas da mídia em função da idade na época da exposição.

Fonte: Adaptado de Harrison e Cantor (1999).

Essas reações não estão limitadas a uns poucos filmes ou vídeos. As pesquisas têm documentado grandes diferenças nos tipos de temas da mídia que assustam as pessoas em cada idade (Harrison e Cantor, 1999). Os tipos de histórias que mais frequentemente perturbam crianças com menos de 7 anos envolvem animais ou personagens com a aparência alterada, como fantasmas e bruxas (ver Figura 1.1). Estes temas diminuem muito o seu impacto à medida que as pessoas atingem a adolescência e a idade adulta. Por outro lado, representações que envolvem sangue e danos físicos têm maior probabilidade de acionar emoções negativas nos espectadores mais velhos.

De acordo com a perspectiva dos adultos, os medos que uma criança tem de monstros e fantasmas são difíceis de explicar. Porém, eles sinalizam a importância de se considerar a orientação peculiar das crianças em relação ao mundo quando tentamos entender como a mídia pode afetar o público mais jovem (ver Figura 1.2). Neste capítulo, iremos explorar como crianças e adolescentes interagem com a mídia, concentrando nossa atenção no papel crucial que o desenvolvimento humano desempenha nesse processo. Como pano de fundo, apresentaremos primeiro uma visão geral do ambiente da mídia e dos hábitos de mídia dos jovens de hoje. Em seguida, exploraremos diversos princípios ou ideias importantes que podem ser obtidas a partir da pesquisa sobre o desenvolvimento infantil: as crianças são diferentes dos adultos, as crianças são diferentes entre si e os adolescentes são diferentes das crianças. Concluiremos este capítulo com um olhar focado em habilidades cognitivas específicas que emergem durante a infância e a adolescência e que são relevantes para o entendimento das mídias de massa.

Ambiente de mídia e os hábitos dos jovens de hoje

Uma manchete recente do New York Times advertia: "28 Presos por Exploração Sexual na Flórida" (Newman, 2007). Vários dos molestadores trabalhavam para a Walt Disney Company e foram pegos quando chegavam a

Figura 1.2 Charge sobre a violência na mídia.

Fonte: Copyright ©John Branch, San Antonio Express-News. Publicado com permissão.

uma casa do subúrbio com a intenção de se encontrarem com uma garota menor de idade. De acordo com a pesquisa citada no artigo, 1 em cada 7 crianças (14%) disse ter recebido uma solicitação *online*, e 1 em cada 11 crianças (9%) recebeu uma solicitação caracterizada como sendo de caráter agressivamente sexual. Estas estatísticas ajudam a provocar um sentimento de pânico a respeito do impacto das tecnologias de mídia sobre os jovens. Entretanto, formas ainda mais tradicionais de mídia também podem dar vez a preocupações. Os programas *reality* na televisão apresentam casais que são incitados sexualmente em locais remotos. Artistas de *rap*, como Eminem e 50 Cent, celebram o ódio, a desforra e a violência nas suas músicas. E os *videogames* vêm se tornando cada vez mais violentos. Uma série popular de *videogames* chamada *Grand Theft Auto* permite que o jogador assuma o papel de um criminoso numa cidade grande, envolvendo-se em inúmeras atividades ilegais, incluindo matar policiais e militares.

Não há dúvida de que os jovens de hoje são confrontados com um ambiente de mídia muito diferente do que tinham seus avós ou até mesmo seus pais (ver Figura 1.3). Termos como *televisão digital* e *Google* nem mesmo existiam há 20 ou 30 anos. Uma das mudanças mais profundas refere-se à abrupta proliferação de estabelecimentos e tecnologias de mídia. As crianças vivem atualmente em um "mundo multiaparelhos, multiplataformas, multicanais" (Carr, 2007). O advento da TV a cabo e da televisão por satélite aumentou drasticamente o número de canais disponíveis na maioria dos lares. A TV a cabo digital está multiplicando esta capacidade. Muitos lares nos Estados Unidos também estão equipados com CD *players*, DVD *players*, computadores pessoais, acesso sem fio à internet e câmeras digitais. Assim, em idade muito precoce, as crianças estão aprendendo sobre teclados, CD-ROMs, mouses e controles remotos.

À medida que essas tecnologias se proliferam, elas estão mudando a natureza da mídia mais tradicional. A tela da TV, que antes possibilitava assistir transmissões de televisão, é agora usada para uma gama muito mais ampla de atividades, incluindo compras *online*, *video-on-demand* e visualização de fotos e filmes caseiros gravados digitalmente. Os jornais ainda podem ser entregues na porta de casa, ou então podem ser recebidos *online*. Em outras palavras, as antigas distinções entre a tela da televisão e a tela do computador ou entre impresso e transmitido estão se tornando menos significativas.

E à medida que as tecnologias de mídia convergem, o mesmo acontece com as corporações que as detêm. Em janeiro de 2001, a Ame-

Figura 1.3

Fonte: Baby Blues, de Rick Kirkman e Jerry Scott. Reproduzido com autorização de King Features Syndicate.

rica Online, o maior provedor de serviços do mundo, e a Time Warner, a maior companhia de entretenimento do mundo, uniram-se para formar a maior fusão de mídias da história. Juntos, esses dois gigantes da mídia possuem quatro estúdios de filmagem, as redes CNN, HBO, Cinemax e WB, várias editoras de livros, três importantes companhias de discos, um grande sistema de televisão a cabo e mais de duas dezenas de revistas populares. Tudo isso, mais a fusão, significa um acesso a mais de 24 milhões de assinantes da internet. A transação representa uma integração poderosa entre conteúdo e distribuição, significando que a programação pode ser criada, promovida e transmitida por uma única corporação. Esta megafusão de 165 bilhões de dólares é um dos muitos exemplos de sinergia e parceria corporativa.

Essas fusões deram vez a acalorados debates nos Estados Unidos sobre os perigos do crescimento de monopólios (Bagdikian, 2000; Noam e Freeman, 1997). Além do mais, as corporações de mídia que anteriormente se alicerçavam nos norte-americanos têm agora um apoio importante no mercado internacional. Assim, nosso sistema de mídia capitalista e privado e as mensagens culturais que produzimos estão sendo exportadas para todo o mundo. E à medida que crescem estas indústrias de mídia, elas vão se tornando cada vez mais comerciais na sua essência. Por exemplo, os anúncios são agora comuns na internet (ver capítulos 2 e 7) e estão começando a se infiltrar na televisão a cabo e até mesmo nas salas de cinema.

Na busca implacável por novos mercados, as corporações de mídia estão cada vez mais reconhecendo e se direcionando para os jovens com um grupo lucrativo de consumidores (ver Capítulo 2). Redes de televisão como a Nickelodeon e a Cartoon Network são concebidas para os espectadores jovens; revistas como *Sports Illustrated for Kids, CosmoGIRL!, Skateboarding* e *Teen Voices* são um fenômeno crescente; e até mesmos sites da *web* são destinados especificamente a crianças e adolescentes. Nicktrópolis, um novo site desenvolvido pela Nickelodeon, permite que crianças pequenas entrem em um mundo absorvente em 3D, no qual elas podem desenhar seus próprios quartos, interagir com os personagens e conversar com outras crianças em tempo real. Mesmo as tecnologias estão sendo comercializadas para os jovens: *iPods* coloridos e telefones celulares compatíveis para crianças têm grande procura, mesmo entre os estudantes do ensino fundamental (ver Figura 1.4). No final de 2006, em torno de 6,6 milhões das 22 milhões de crianças norte-americanas entre as idades de 8 e 12 anos tinham seu próprio telefone celular (Foderaro, 2007). A proliferação desses aparelhos

Figura 1.4

Fonte: Baby Blues, de Rick Kirkman e Jerry Scott. Reproduzido com autorização de King Features Syndicate.

de mão, que agora permitem acesso à internet, significa que as crianças podem vivenciar a mídia 24 horas por dia, 7 dias por semana.

Finalmente, a tecnologia digital está alterando a própria natureza das experiências com a mídia. As imagens e os sons estão mais realistas do que nunca, borrando ainda mais a distinção entre o mundo real e os eventos da mídia. As crianças podem entrar no mundo virtual em *lan houses* e até mesmo em seus quartos, viajando para lugares diferentes, encontrando criaturas estranhas e jogando jogos de aventura que frequentemente são violentos. E estas novas mídias são muito mais interativas, permitindo que os jovens tenham maior participação na sua busca por informações, ação e narração de histórias.

Como os jovens de hoje estão respondendo a este ambiente de mídia moderno e complexo? Um estudo nacional norte-americano recente examinou em profundidade os hábitos de mídia das crianças naquele continente (Roberts, Foehr e Rideout, 2005). Pesquisando mais de 2.000 crianças entre 8 e 18 anos, o estudo documentou que os jovens hoje estão cercados pela mídia. A criança média nos Estados Unidos vive em uma casa com três TVs, quatro CD *players* ou toca-fitas, três rádios, três VCR/DVD *players*, dois consoles de *videogame* e um computador. Melhor dizendo, a mídia entrou nos quartos dos pequenos. Um total de 68% das crianças norte-americanas entre 8 e 18 anos têm uma televisão no quarto. Além do mais, 54% têm seu próprio VCR/DVD *player* e 49% têm um console de *videogame* que se conecta à TV do quarto (ver Figura 1.5). Ter uma TV e também um console de *videogame* no quarto é mais comum entre os jovens afro-americanos do que entre os brancos. Os jovens hispânicos encontram-se entre os outros dois grupos na proporção dos que têm equipamentos no quarto.

Em termos de exposição, a criança média norte-americana entre 8 e 18 anos passa seis horas e meia por dia usando mídias (Roberts et al., 2005). No entanto, apesar de todas as tecnologias disponíveis, a maior parte desse

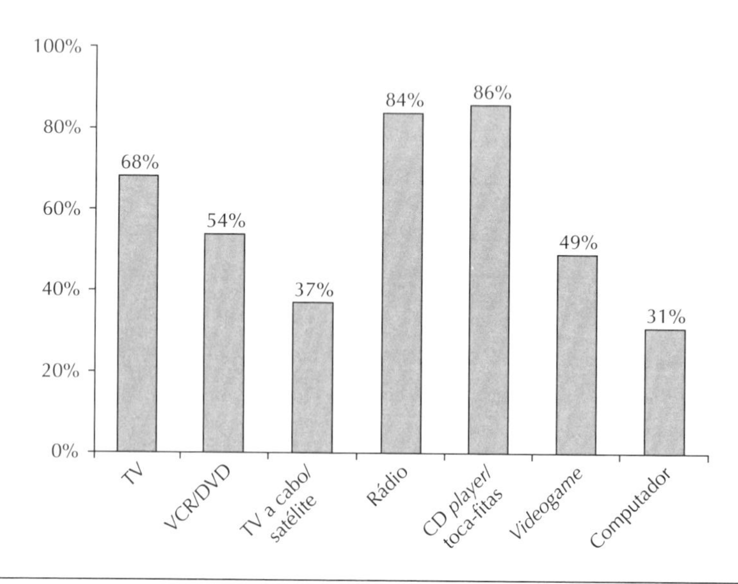

Figura 1.5 Proporção de crianças (de 8 a 18 anos) que possuem várias mídias em seus quartos, nos Estados Unidos.

Fonte: Adaptado de Roberts et al. (2005).

tempo é gasta assistindo televisão (ver Figura 1.6). Em média, as crianças norte-americanas assistem três horas de TV por dia. Particularmente, uma em cada cinco crianças no estudo nacional de Roberts e colaboradores (2005) relatou ter assistido cinco horas ou mais de TV no dia anterior. O estudo também revelou que os pais tipicamente não exercem muito controle sobre as experiências dos filhos com a mídia (ver Figura 1.7). Mais da metade das crianças (53%) relatam que não existem regras na sua casa sobre a frequência e o que podem assistir na TV, e outros 23% disseram que havia regras, mas que elas raramente eram

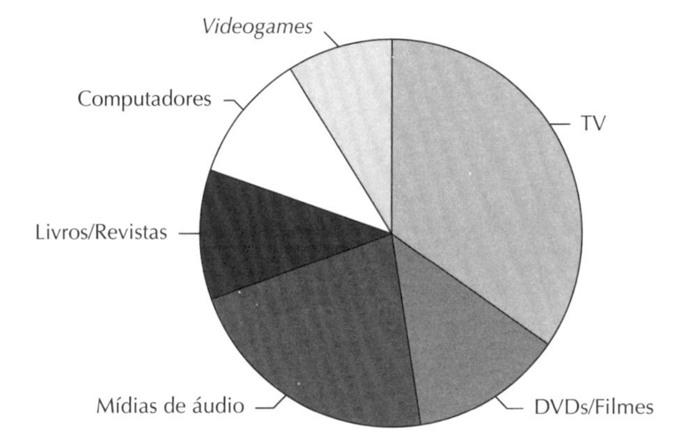

Figura 1.6 Tempo médio que as crianças (8-18 anos) gastam com diferentes mídias por dia, nos Estados Unidos.

Fonte: Adaptado de Roberts et al (2005).

Figura 1.7

Fonte: Patrick O'Connor/*The Kent-Ravenna,* Ohio Record Courier. Reproduzido com autorização.

cumpridas. É claro que quando os pais foram perguntados, um número muito maior relatou que supervisiona a exposição dos seus filhos à mídia (Gentile e Walsh, 2002). Para enfatizar o quanto é importante a supervisão parental, as crianças que têm um aparelho de TV em seu quarto passam substancialmente mais tempo assistindo televisão do que as que não têm (Robinson, Winiewicz, Fuerc, Roemmich e Epstein, 2006).

Embora os computadores estejam se espalhando rapidamente pelos lares norte-americanos, o acesso a essa tecnologia continua vinculado à renda. Aproximadamente três quartos (78%) das crianças de famílias com renda anual menor do que US$35.000 têm acesso a um computador caseiro, comparados com quase 93% das que se encontram em famílias com renda anual maior do que US$50.000 (Roberts et al., 2005). Mesmo quando têm um computador, as crianças de famílias de baixa renda têm menor probabilidade de ter uma conexão com a internet.

Mais recentemente, um estudo nacional examinou de perto os hábitos de mídia dos bebês e pré-escolares (Vanderwater et al., 2007), faixas etárias que muitas pessoas consideram jovens demais para estar muito envolvidas com a mídia. Contrariamente a esta hipótese, a criança norte-americana média entre 6 meses e 6 anos passa em torno de 1½ hora por dia usando mídias. Novamente, a maior parte do tempo é gasta assistindo televisão ou vídeos/DVDs (ver Figura 1.8). Na verdade, as crianças com menos de 6 anos passam mais tempo assistindo TV e vídeos do que lendo (ou alguém lendo

Figura 1.8

Fonte: Baby Blues, de Rick Kirkman e Jerry Scott. Reproduzido com autorização de King Features Syndicate.

para elas) ou brincando na rua. Talvez o mais surpreendente seja que 20% das crianças com menos de 3 anos têm um aparelho de TV no seu quarto; aproximadamente 40% das crianças de 3 a 6 anos têm uma TV no seu quarto.

As crianças norte-americanas não são tão diferentes de algumas das outras tantas no mundo. Um estudo com mais de 5.000 crianças que vivem em 23 países diferentes atestou que a criança média de 12 anos passa três horas por dia assistindo televisão (Groebel, 1999), um número que é comparável ao encontrado nos Estados Unidos. Outro estudo de 12 países europeus encontrou que as televisões e videocassetes estão em quase todos os lares, mas que ter estas tecnologias no quarto de uma criança varia consideravelmente de país para país (d'Haenens, 2001). Por exemplo, mais de 60% das crianças no Reino Unido têm uma TV no seu quarto, enquanto menos de 2% das crianças na Suíça têm. Como nos Estados Unidos, aquelas crianças que têm equipamento tecnológico em seu quarto também passam mais tempo por dia com as mídias.

Para resumir, os jovens hoje se defrontam com um ambiente de mídia que muda rapidamente. As tecnologias estão se proliferando, se fundindo e tornando-se mais interativas – e o conteúdo apresentado nessas tecnologias é cada vez mais vívido, realista e comercial na sua essência. Ao mesmo tempo, o uso da mídia se dá todo o tempo. Os jovens de hoje passam um terço ou a metade das suas horas acordados com alguma forma de mídia (ver Figura 1.9). Pré-adolescentes e adolescentes frequentemente estão envolvidos em mais de uma atividade de mídia ao mesmo tempo, o que é chamado de "multitarefas na mídia" (Foehr, 2006). E boa parte do uso dessa mídia está se tornando privado, já que as crianças se retiram para seus quartos para assistir TV, jogar *videogames* ou ouvir música. Destacaremos a seguir vários princípios do desenvolvimento que assinalam a necessidade de se levar os jovens em consideração como um público especial no ambiente de mídia de hoje.

As crianças são diferentes dos adultos

A maioria dos adultos acredita não sofrer muita influência das mídias de massa. Em um fenômeno muito bem documentado, chamado "efeito da terceira pessoa", as pessoas rotineiramente relatam que os outros são mais fortemente influenciados pelas mídias de massa do que elas próprias (Hoffner e Buchanan, 2002;

Figura 1.9

Fonte: Baby Blues, de Rick Kirkman e Jerry Scott. Reproduzido com autorização de King Features Syndicate.

Perloff, 2002). Esta diferença no impacto percebido fica ainda maior quando diminui a idade da "outra" pessoa. Em outras palavras, os adultos percebem que quanto mais jovem é a pessoa, maior será o efeito que terá uma mídia sobre ela (Eveland, Detenber e McLeod, 1999). É interessante observar que até as crianças endossam um tipo de efeito da terceira pessoa, dizendo que apenas as "crianças pequenas" imitam o que veem na TV (Buckingham, 2000).

As crianças são mais suscetíveis à influência da mídia do que os adultos? Nos extremos, existem duas posições radicalmente diferentes sobre esta questão (Buckingham, 2000). Uma das visões sustenta que as crianças são ingênuas e vulneráveis e, portanto, precisam da proteção do adulto. Este ponto de vista encara a mídia como inerentemente problemática e, em alguns casos, nociva, porque apresenta material a que as crianças simplesmente ainda não estão prontas para serem expostas. Buckingham (2000) assinala que o "pânico com a mídia" tem estado conosco há muito tempo, especialmente no que se refere ao impacto do sexo e da violência sobre as crianças. Este pânico ganha força a cada vez que ocorre uma crise pública, como no caso do massacre na Columbine High School*, ou a cada vez em que é desenvolvida uma forma nova ou desconhecida de tecnologia (Wartella e Reeves, 1985).

Uma visão contrastante é a de que as crianças estão cada vez mais sofisticadas, maduras e conhecedoras das mídias (Livingstone, 2002). De acordo com esta posição, os esforços para proteger os jovens da mídia são excessivamente protecionistas na sua essência – com traços de paternalismo – e interpretam as crianças como sujeitos manipulados ao invés de atores. Em vez disso, as crianças devem ser autorizadas a assumir o controle das suas próprias experiências na mídia, negociando e aprendendo ao longo do caminho. Buckingham (2000) argumenta que esta posição é amplamente compartilhada por aqueles que veem as crianças como consumidores independentes que devem ser capazes de gastar seu próprio dinheiro e comprar o que desejam.

Essas perspectivas muito diferentes ilustram que as noções de infância estão constantemente sendo definidas, debatidas e renegociadas ao longo do curso da história (James, Allison e Prout, 1998). Na verdade, nenhuma dessas posições extremas parece muito satisfatória. As crianças não são totalmente passivas diante das mídias de massa, nem são extremamente experientes e perspicazes. A realidade é, provavelmente, algum ponto intermediário. No entanto, a maioria dos pais, psicólogos do desenvolvimento, legisladores e educadores concordaria que as crianças não são iguais aos adultos (ver Figura 1.10).

Várias características da infância apoiam esta distinção. Primeiramente, as crianças trazem menos conhecimento e experiências do mundo real para o ambiente de mídia (Dorr, 1986). Cada aspecto do mundo físico e social é relativamente novo para uma criança pequena que está ocupada descobrindo como são as pessoas, como as plantas crescem, o que os animais comem e onde um bairro está localizado em relação a outro. À medida que vão crescendo, as crianças exploram conceitos e ideias cada vez mais abstratas, como as normas sociais da sua cultura, o que é preconceito e como começa a vida. Entretanto, em quase todas as áreas, as crianças possuem uma base de conhecimento mais limitada em comparação aos adultos.

Uma implicação disso é que as crianças podem não conseguir entender a mensagem da mídia se não tiverem um conhecimento anterior necessário para compreender a informação. Como ilustração, em 1996, os pesquisadores da Children's Television Workshop (agora chamado de Sesame Workshop) queriam produzir um episódio da *Vila Sésamo* sobre uma

* N. de R.T.: Em 20 de abril de 1999, dois estudantes, de 17 e 18 anos, foram para a escola com armas, bombas e granadas. Eles mataram 13 pessoas e feriram outras 21. O ataque foi planejado por mais de um ano.

Figura 1.10

Fonte: Baby Blues, de Rick Kirkman e Jerry Scott. Reproduzido com a permissão de King Features Syndicate.

visita ao médico. Com base em entrevistas preliminares, os pesquisadores descobriram que os pré-escolares associavam principalmente as visitas ao médico com tomar injeção e que elas tinham pouco conhecimento da importância dessas vacinações (*Feeling Good*, 1996). Se os produtores não tivessem descoberto isso, poderiam ter criado um *script* que enfocasse demais tomar injeção, reforçando inadvertidamente as impressões negativas e limitadas das crianças sobre o propósito de ir a um médico.

Como outro exemplo, os pesquisadores que trabalham no site da *Vila Sésamo* queriam criar uma atividade que ajudasse os pré-escolares a aprender sobre *e-mail*. Ao desenvolverem o "Correio da *Vila Sésamo*", os pesquisadores descobriram que as crianças em idade pré-escolar têm pouca, se é que têm, experiência com *e-mails* ou em compor cartas (Revelle, Medoff e Strommen, 2001). Em outras palavras, o conhecimento anterior das crianças era muito limitado. Levando isso em conta, a atividade do posto de correio foi concebida para ser muito concreta, fazendo com que as crianças escolhessem um Muppet para quem mandar um *e-mail* a partir de um grupo de figuras dos Muppets, e depois escolhessem perguntas a serem feitas a partir de uma lista adequada a cada Muppet (ver www.sesameworkshop.org/sesamestreet/mail/sspo/). A mensagem da criança é exibida na tela antes de ser enviada, de modo que as crianças podem ver como as suas escolhas influenciam o conjunto da carta. Os pesquisadores também constataram que acrescentar um "Querido [nome do Muppet]" no início de cada *e-mail* e um "Seu amigo [nome da criança]" no final ajudava as crianças a entender as convenções da escrita de uma carta.

A falta de conhecimento do mundo real também pode deixar as crianças mais predispostas a acreditar nas informações que recebem da mídia. É difícil avaliar a precisão ou o quanto é verdadeira uma história se não existem dados alternativos. Um adulto que assiste uma propaganda na TV é capaz de avaliar essa mensagem no contexto do conhecimento sobre a indústria da televisão e também de um amplo leque de experiências pessoais na compra de produtos. Uma criança, por outro lado, raramente possui esse rico aglomerado de estruturas de conhecimento sobre as quais se fundamentar. Como ilustração, a Figura 1.11 representa as percepções das crianças do quanto os anúncios são honestos (Wilson e Weiss, 1995). Em uma amostra de quase 100 meninas de 4 a 11 anos, 45% relataram que os anúncios dizem a verdade na "maior parte do tempo" ou "sempre". Considerando-se este nível de confiança, uma criança pequena parece

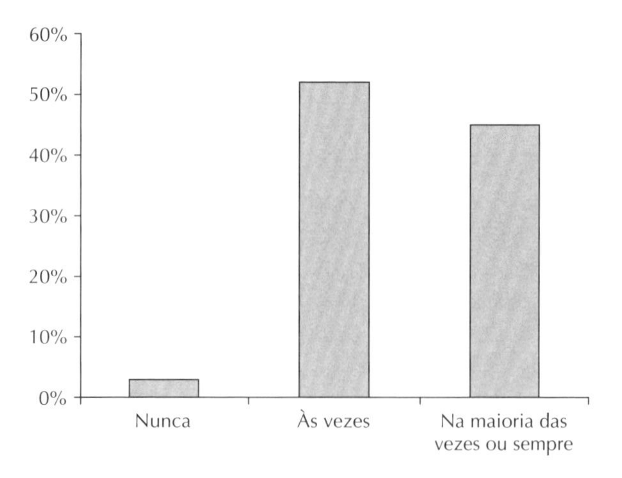

Figura 1.11 Percepções das crianças (4-11 anos) sobre a frequência com que os anúncios de TV dizem a verdade.

Fonte: Adaptado de Wilson e Weiss (1995).

bastante indefesa quando se defronta com um engenhoso anúncio de TV que custa milhares de dólares para ser produzido e pode render milhões de dólares com o lucro das vendas.

Uma segunda característica que distingue a infância da idade adulta é a grande e marcante avidez para aprender nos primeiros anos de vida (Dorr, 1986). Por vezes os pais vivenciam isso com exaustão, quando sua filha coloca mais um objeto na boca ou seu filho em idade pré-escolar pergunta pela vigésima vez: "O que é isso?" ou "Por quê?". Essa curiosidade é uma marca registrada da infância e é festejada pelos educadores. Mas isso significa que as crianças estão tão abertas para aprender com as mídias de massa quanto com outras fontes, particularmente em situações em que não é possível haver uma experiência anterior. Por exemplo, a maioria das crianças norte-americanas não pode visitar o Japão, mas elas podem aprender sobre o país lendo um livro ou assistindo a um documentário na TV. Um pré-escolar pode até mesmo assistir a *Big Bird in Japan*, uma produção do Sesame Workshop disponível em DVD. Estes exemplos mostram os benefícios educacionais da mídia. Infelizmente, uma criança também pode aprender sobre o Japão visitando um site criado por um grupo que deprecia as pessoas descendentes dos asiáticos.

Uma terceira característica da infância é uma relativa falta de experiência com a mídia. Evidentemente, nos dias de hoje as crianças têm mais conhecimento sobre a mídia do que seus pais. Na verdade, muitas crianças sabem navegar na *Web* ou programar um gravador de vídeo digital enquanto seus pais ainda se atrapalham com essas tecnologias. Um estudo constatou que 91% das crianças com menos de 6 anos sabiam ligar o computador sozinhas (Rideout e Hamel, 2006). Mas ainda é o caso de que com a maioria das mídias os adultos simplesmente passaram mais tempo do que com a tecnologia. Os adultos realmente percebem, por exemplo, que a posição de uma história em um jornal sinaliza algo sobre a sua importância, que a televisão pública é um canal não comercial ao contrário das redes transmissoras e que existem gêneros e subgêneros diferentes de filmes. Em contraste, as crianças frequentemente demonstram um entendimento incompleto de técnicas de produção como as telas divididas (Beentjes, deKoning e Huysmans, 2001), têm dificuldade em distinguir os programas noturnos de notícias de outros como *Hard Copy* e *Current Affair* (Wilson e Smith, 1995), e não percebem inteiramente a natureza comercial da maior parte da mídia nos Estados Unidos (Dorr, 1980). Essa falta de familiaridade com as formas técnicas e a estrutura da mídia torna uma criança menos capaz de avaliar criticamente o conteúdo apresentado.

Para resumir, as crianças diferem dos adultos de várias maneiras que têm implicações na resposta à mídia. As faixas etárias mais jovens têm menos experiência com o mundo real e ao mesmo tempo possuem uma grande prontidão para aprender sobre as coisas com as quais não estão familiarizadas. Elas também tendem a ter menos conhecimento sobre a natureza, as complexidades e as distorções potenciais das mídias de massa. Tal ingenuidade faz com que um pré-escolar e mesmo um aluno do ensino fundamental tenham mais probabilidade de acreditar, aprender e responder emocionalmente às mensagens da mídia do que um adulto mais maduro e criterioso.

As crianças são diferentes entre si

Pode ser mais fácil reconhecer que as crianças são diferentes dos adultos do que avaliar o quanto as crianças diferem entre si. Em alguns aspectos, o próprio rótulo *crianças* é equivocado porque ele nos incentiva a pensar em um grupo bastante homogêneo de seres humanos. Como ilustra o exemplo do E.T., no início deste capítulo, uma criança de 4 anos pensa e responde ao mundo de forma muito diferente do que uma de 12. Porém, mesmo um grupo de crianças de 4 anos irá exibir diferenças marcantes em como elas respondem à mesma situação. Na verdade, por vezes, é difícil acreditar que duas crianças têm a mesma idade ou o mesmo nível de escolaridade.

Em qualquer pátio de recreio do ensino fundamental, as crianças da pré-escola podem ser prontamente distinguidas das que estão na 6ª serie – elas são mais baixas e normalmente pesam menos. Suas cabeças são menores, elas se vestem de forma diferente e tendem a ser mais ativas fisicamente. Entretanto, existem diferenças ainda mais profundas no seu funcionamento cognitivo. As crianças mais novas percebem e interpretam as informações de formas diferentes do que suas contrapartes mais velhas. Várias perspectivas influentes sobre o desenvolvimento das crianças apoiam essa ideia, incluindo a teoria de Piaget (1930, 1950), do desenvolvimento cognitivo, como também modelos mais recentes de processamento da informação (Flavell, Miller e Miller, 2002; Siegler, 2005).

A idade é geralmente utilizada como um marcador dessas diferenças nas habilidades cognitivas, embora haja uma enorme variação em como e quando as crianças se desenvolvem. E, ainda, a maioria das pesquisas revela diferenças importantes entre pré-escolares e alunos do início do curso fundamental (3-7 anos), e em termos das estratégias que são usadas para entender o mundo (Flavell et al., 2002). Essas estratégias têm implicações importantes para como as crianças respondem às mídias de massa, como será discutido adiante na seção intitulada "Diferenças desenvolvimentais no processamento das mídias de massa".

O desenvolvimento cognitivo não é o único fator que distingue as crianças entre si. As diferenças de personalidade também diferenciam as crianças. Por exemplo, algumas crianças são retraídas ou inibidas diante de situações que não lhes são familiares, enquanto outras não (Kagan, 1997). As crianças também se diferenciam no grau em que possuem disposições pré-sociais em relação aos outros (Eisenberg, Fabes e Spinrad, 2006), no grau em que são capazes de regular suas emoções (Stegge e Terwogt, 2007) e no grau em que desfrutam de situações novas ou estimulantes (Zuckerman, 1994).

As pesquisas também mostram, de forma consistente, as diferenças de sexo entre as crianças. Por exemplo, as meninas tendem a preferir brincadeiras que sejam menos ativas (Eaton e Enns, 1986), e os meninos são tipicamente mais agressivos fisicamente (Baillargeon et al., 2007). Em termos de habilidades cognitivas, as meninas, em geral, obtêm notas mais altas na escola e se saem melhor nos testes que envolvem a escrita, enquanto os meninos se saem melhor nas tarefas visuoespaciais (Halpern, 2004).

O fato é que as crianças, mesmo aquelas que compartilham os pais biológicos e são criadas juntas no mesmo ambiente, são diferentes em muitas dimensões (Scarr, 1992). E as próprias crianças reconhecem essas diferenças no início no desenvolvimento. Por exemplo, elas se conscientizam do próprio gênero em torno dos 2 anos (Berk, 2000). Durante os anos de pré-escola, elas começam a formular concepções mentais de atividades, normas, atributos e *scripts* que estão associados a ser homem ou mulher (Bem, 1981). A compreensão inicial que as crianças têm do gênero como uma categoria social está frequentemente baseada em qualidades superficiais como o comprimento do cabelo e as roupas (ver Figura 1.12). Quando entram na escola, as concepções das crianças vão ficando mais sofisticadas, e elas começam a se interessr muito pelas informações gênero-papel na cultura. Elas buscam ativamente significados culturais a respeito do gênero nas suas casas, no *playground* e na mídia (ver Bussey e Bandura, 1999). Em outras palavras, as características únicas que diferenciam as crianças são representadas e reforçadas na cultura.

Todas essas características únicas dificultam a formulação de um protótipo único de como é uma criança. Assim sendo, quando fazemos generalizações sobre as crianças e a mídia, devemos ter o cuidado de levar em conta as características do desenvolvimento, da personalidade e do gênero dos indivíduos envolvidos.

Os adolescentes são diferentes das crianças

A adolescência é geralmente caracterizada como uma época de desafios e turbulências (Roth e Brooks-Gunn, 2000). Junto com as mudanças corporais que podem ser muito marcantes, os adolescentes se defrontam com o aumento da independência e a crescente autodescoberta. Os estudiosos do desenvolvimento adolescente se referem a essas mudanças como transições no desenvolvimento

Figura 1.12

Fonte: Baby Blues, Rock Kirkman e Jerry Scott. Reproduzido com a permissão de King Features Syndicate.

ou passagens entre a infância e a idade adulta (Arnett, 1992a). Em outras palavras, os períodos por vezes turbulentos são uma parte necessária e normal do tornar-se adulto (Gondoli, 1999).

Infelizmente, os pais, e até mesmo o público em geral, frequentemente encaram os anos adolescentes com alguma apreensão. Uma pesquisa nacional norte-americana revelou que 71% dos adultos descrevem os adolescentes de hoje de forma negativa, usando termos como *irresponsáveis* e *tempestuosos* (Public Agenda, 1999). Parte desta opinião pública é provavelmente estimulada pela preocupação da mídia com casos marcantes de adolescentes perturbados que se tornam violentos. Entretanto, ao contrário da opinião pública, a maioria dos adolescentes consegue atravessar essa fase de um modo socialmente responsável, aprendendo competências novas e novos papéis ao longo do caminho até a idade adulta (Graber, Brooks-Gunn e Petersen, 1996; Petersen, 1988).

Quais são algumas das características da adolescência? Um dos principais desafios que um adolescente enfrenta é a formação da identidade (Schwartz ePantin, 2006). Durante os anos da adolescência, meninos e meninas começam a questionar quem são e como se diferenciam dos seus pais. Este senso emergente de si mesmo é frágil e maleável quando os adolescentes "experimentam" aparências e comportamentos diferentes. Um artigo na revista *Newsweek* descrevia os anos adolescentes assim: "Desde a que panelinha pertencer até onde sentar na lanchonete, cada dia pode ser uma luta para se adequar" (Adler, 1999, p. 56). As evidências mostram cada vez mais que os adolescentes usam a internet para experimentar suas identidades. Por exemplo, um estudo descobriu que 50% dos jovens entre 9 e 18 anos que usam a internet já fingiram ser outra pessoa enquanto se comunicavam por *e-mail*, mensagem instantânea (IM) ou *chat* (Valkenburg, Schouten e Peter, 2005). Os adolescentes também passam boa parte do tempo incluindo fotos, vídeos e informações pessoais em sites populares da *Web*, como *YouTube*, *MySpace* e *Facebook*. Como eles experimentam formas de se expressar *online*, algumas pessoas argumentam que a internet está mudando a forma como os adolescentes comunicam entre si as suas identidades (Eagle, 2007).

Um segundo desafio da adolescência é a crescente independência. Os pais naturalmente sentem menos necessidade de supervisionar um menino de 13 anos – que, comparado a um de 5, sabe se vestir, estudar e até ir a lugares sozinho. Os adolescentes frequentemente têm empregos fora de casa e, por volta dos 18 anos, podem dirigir um carro, aumentando, assim, a sua autonomia. Em um estudo, a porcentagem das horas que os adolescentes passam acordados com suas famílias caiu de 33 para 14% entre a 5ª e a 12ª série* (Larson, Richards, Moneta, Holmbeck e Duckett, 1996).

O tempo em que estão longe dos pais possibilita aos adolescentes oportunidades de tomarem decisões independentes. E também pode permitir a experimentação de uma variedade de comportamentos, alguns dos quais não são muito saudáveis. Um grande estudo nacional envolvendo mais de 90.000 adolescentes da 6ª à 12ª série encontrou diferenças marcantes entre os adolescentes que jantam regularmente com um genitor e aqueles que não jantam (Fulkerson et al., 2006). Em particular, os adolescentes que passam menos tempo do jantar com os pais apresentaram índices significativamente mais altos de depressão, violência e problemas escolares, além de há-

* N. de R.T.: O sistema educacional dos Estados Unidos organiza-se nas seguintes etapas: *Preschool*, *Elementary School*, *Middle School* e *High School*. O ensino fundamental compreende cinco séries: 1ª (6-7 anos), 2ª (7-8 anos), 3ª (8-9 anos), 4ª (9-10 anos) e 5ª (10-11 anos). O ensino médio "júnior" possui três séries: 6ª (11-12 anos), 7ª (12-13 anos) e 8ª (13-14 anos). O ensino médio possui quatro séries: 9ª (14-15 anos), 10ª (15-16 anos), 11ª (16-17 anos) e 12ª(17-18 anos).

bitos como fumar e beber, mesmo depois de amparados pelo apoio familiar e pela comunicação com a família. A direção da causalidade é difícil de ser indicada aqui porque pode ser que os adolescentes perturbados simplesmente optem por passar menos tempo em casa. Contudo, outros estudos também documentaram a importância do envolvimento dos pais, como uma proteção contra comportamentos pouco saudáveis durante os anos adolescentes (Cookston e Finlay, 2006).

Esse ponto nos leva a uma terceira característica da adolescência: condutas de risco. Os adolescentes de hoje enfrentam decisões difíceis em relação a uma série de comportamentos perigosos, como fumo, uso de drogas e atividade sexual. E não há dúvida de que a adolescência é um momento de experimentação com atividades temerárias (Gullone e Moore, 2000). Por exemplo, estimativas recentes sugerem que a cada dia mais de 6.000 jovens norte-americanos começam a fumar cigarros (American Lung Association, 2003). Além do mais, uma pesquisa nacional recente revelou que 74% dos jovens entre a 9ª e 12ª séries relataram já haver se envolvido em relações sexuais (Centers for Disease Control and Prevention, 2006). O mesmo estudo descobriu que 18% dos adolescentes tinham portado uma arma durante os 30 dias anteriores à pesquisa, 43% tinham bebido álcool, 20% tinham usado maconha e 37% dos sexualmente ativos não tinham usado preservativo.

Algumas dessas condutas de risco podem ocorrer em função do que os estudiosos denominaram "egocentrismo adolescente" (Dolcini et al., 1989; Elkind, 1967; 1985). Em particular, os adolescentes frequentemente parecem preocupados com seus próprios pensamentos e sua aparência e presumem que os outros estão igualmente interessados nas suas experiências adolescentes. Esta visão de si como único e excepcional pode, por sua vez, levar a um sentimento de invulnerabilidade em relação a consequências negativas (Greene, Krcmar, Walters, Rubin e Hale, 2000). Em outras palavras, os jovens autofocados acham que são diferentes de todos os outros e que as tragédias que acontecem com os outros "não vão acontecer comigo". De fato, estudos mostram que os adolescentes rotineiramente subestimam as suas chances pessoais de se envolverem em um acidente de carro em comparação com os riscos que eles presumem que os outros enfrentam (Finn e Bragg, 1986). Erros de julgamento similares também foram encontrados entre as garotas sexualmente ativas que subestimam a probabilidade de ficarem grávidas (Gerrard, McCann e Fortini, 1983). Um estudo vinculou este tipo de tendência otimista ao fumar na adolescência. Arnett (2000) pesquisou 200 adolescentes e constatou que uma maioria concordava que fumar vicia e causa morte na "maioria das pessoas". No entanto, comparados aos não fumantes, os adolescentes fumantes tinham mais probabilidade de duvidar que eles próprios morreriam por fumar, mesmo que mantivessem este comportamento durante 30 ou 40 anos.

Os comportamentos de risco também podem ser encarados como um esforço dos adolescentes para afirmarem sua independência dos pais e atingirem o *status* de adultos (Jessor, 1992). Contudo, nem todos os adolescentes se envolvem em comportamentos arriscados, e mesmo os que fazem isso raramente limitam suas atividades às que são legalmente sancionadas pelos adultos. Arnett (1992b) argumenta que correr riscos deve ser encarado no contexto mais amplo da socialização de um adolescente. Alguns deles experimentam uma *socialização restrita*, a qual Arnett caracteriza como envolvendo lealdade à família e à comunidade, expectativas e responsabilidades claras, padrões de conduta sem ambiguidades e sanções rápidas para algum desvio desses padrões. Outros adolescentes são criados em um ambiente de *socialização ampla*, onde independência e autonomia são encorajadas, os padrões de conduta são mais frouxos ou até autodeterminados e o cumprimento dos padrões é tolerante e irregular. Arnett argumenta que, além dos pais, as escolas, o sistema legal e até mesmo a mídia contribuem para esses padrões mais amplos de socialização. Como seria de se esperar, a conduta de risco é mais prevalente em culturas em que a socialização é ampla e não restrita (Arnett, 1999).

Uma quarta característica da adolescência é a importância dos pares. Os jovens passam grande parte do tempo com os amigos e valorizam muito esses relacionamentos (Berndt, 1996). Em média, os adolescentes passam até um terço do seu tempo acordados com os amigos (Hartup e Stevens, 1997). No seu polêmico livro *The Nurture Assumption: Why Children Turn Out The Way They Do*, Judith Harris argumentou que os pais têm uma influência mínima no desenvolvimento dos filhos, além de criar e determinar o grupo de amigos deles (Harris, 1998). O grupo de iguais certamente faz diferença durante a adolescência. Estudos documentaram o papel dos amigos na iniciação de comportamentos como fumar cigarros (Chassin, 1985), usar drogas (Halebsky, 1987) e ter relações sexuais (Whitebeck, Yoder, Hoyt e Conger, 1999). Envolver-se em comportamento perigoso frequentemente ajuda o adolescente a se tornar membro de um grupo de iguais – e o próprio grupo pode estimular um sentimento de invencibilidade coletiva ao invés de individual (Arnett, 1992a). No entanto, a influência dos iguais não é tão simples nem necessariamente tão negativa como se pode pensar. Os amigos, na verdade, podem ser uma fonte de apoio para os adolescentes e, também, podem aumentar a autoestima (Hartup e Stevens, 1999). Em geral, os adolescentes são mais suscetíveis à pressão *antissocial* dos iguais quando têm mais amigos delinquentes do que não delinquentes (Haynie, 2002), quando têm relações mais pobres com seus pais (Dishion, 1990) e quando estão afastados de estruturas de apoio da comunidade, como as escolas (Arnett, 1992b; Resnick et al., 1997).

E, por fim, mas não menos importante, a puberdade e o desenvolvimento sexual são marcas registradas da adolescência. Pelos no corpo, acne, crescimento muscular e ganho de peso são apenas algumas manifestações das mudanças drásticas que ocorrem durante os anos adolescentes. A puberdade começa tipicamente no início da adolescência, em torno dos 9 ou 10 anos para as meninas e aproximadamente 1 ou 2 anos depois para os meninos (Archibald, Graber e Brooks-Gunn, 2003), embora existam grandes variações individuais. Ao mesmo tempo em que seus corpos estão mudando, muitos adolescentes vivenciam um aumento no nível de energia em função das mudanças significativas no seu sistema endócrino (Petersen e Taylor, 1980). Além do mais, o aumento na produção hormonal de andrógenos e estrógenos estimula o crescimento dos órgãos reprodutores (ver Rekers, 1992).

Como seria de se esperar, as mudanças físicas e hormonais associadas à puberdade vêm acompanhadas de um crescente interesse na sexualidade. Em um estudo, por exemplo, meninas de 12 a 15 anos que eram fisicamente mais maduras (ou seja, tinham um tempo puberal mais precoce) relataram um interesse maior em assistir conteúdo sexual no cinema, na televisão e nas revistas do que as que eram menos maduras (J. D. Brown, Halpern e L'Engle, 2005). Assim, em algum ponto durante a adolescência, a maioria dos jovens ficará intensamente curiosa sobre sexo e irá buscar informações sobre normas, atitudes e práticas sexuais na sua cultura. Não é por acaso, então, que as revistas populares para adolescentes dedicam grande parte do seu espaço a temas sexuais e de relacionamentos (Walsh-Childers, 1997).

Independentemente de os anos adolescentes serem caracterizados como tempestuosos ou transicionais, não há dúvida de que ocorrem mudanças desenvolvimentais significativas durante esse período. Os adolescentes passam mais tempo sozinhos ou com amigos e menos tempo com os pais. Esta crescente independência chega ao mesmo tempo em que os jovens estão explorando a sua própria identidade e sua sexualidade. O desafio é proporcionar a esses adolescentes liberdade de ação e também orientação, de modo que as decisões que eles tomam resultem num estilo de vida mais saudável, em vez de perigoso.

Diferenças desenvolvimentais no processamento das mídias de massa

Até aqui, nosso foco se dirigiu a aspectos amplos do desenvolvimento que caracterizam a infância e a adolescência e que diferenciam estes períodos da idade adulta. Agora voltaremos nossa atenção mais diretamente para as interações dos jovens com a mídia. Qualquer indivíduo que se defronta com uma mensagem mediada precisa compreender e interpretar as informações que são apresentadas. Como os adultos, as crianças e os adolescentes constroem histórias ou leituras das mensagens de mídia que eles encontram (Dorr, 1980)? Considerando algumas das diferenças mais pronunciadas em experiência e maturação descritas acima, podemos esperar que as interpretações do mesmo conteúdo variem ao longo da vida. Isto é, é mais provável que uma criança pequena vá construir uma história diferente de um programa de TV do que uma criança maior ou um adolescente.

Estas interpretações diferentes podem parecer "incorretas" ou incompletas para um espectador adulto (ver Figura 1.13). Porém, mesmo entre espectadores adultos maduros, existem diferenças em como as pessoas entendem as histórias. Por exemplo, um estudo examinou as reações das pessoas a uma comédia de TV chamada *All in the Family*, que apresentava um personagem preconceituoso chamado Archie Bunker (Vidmar e Rokeach, 1974). A pesquisa revelou que as interpretações do programa variavam muito com base nas atitudes individuais em relação à raça. Os espectadores que tinham atitudes preconceituosas se identificaram com Archie Bunker e não viam nada de errado nos seus insultos raciais e étnicos (ver Figura 1.14). Em contraste, os espectadores menos preconceituosos avaliaram Archie de forma negativa e percebiam o programa como uma sátira sobre o preconceito.

Quais as atividades cognitivas envolvidas quando um jovem assiste a um programa de televisão ou joga um *videogame*? Em geral, es-

BABY BLUES Rick Kirkman e Jerry Scott

Figura 1.13

Fonte: Baby Blues, Rick Kirkman e Jerry Scott. Reproduzido com a permissão de King Features Syndicate.

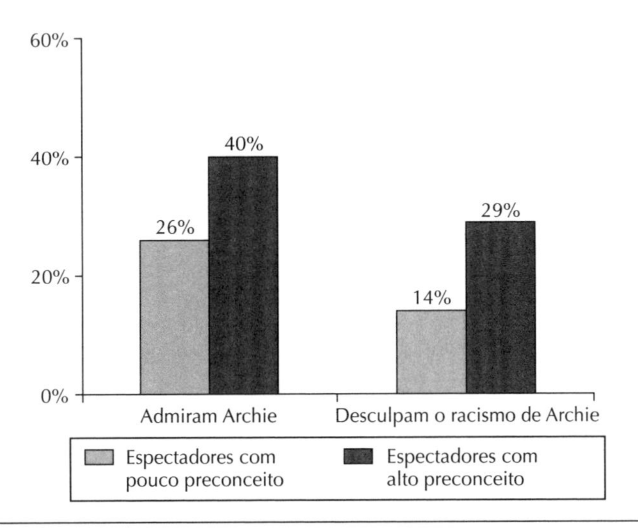

Figura 1.14 Reações dos adultos ao programa de TV *All in the family* em função dos preconceitos do espectador.

Fonte: Adaptado de Vidmar e Rokeach (1974).

tão envolvidas cinco tarefas mentais (Calvert, 1999; Collins, 1983).

Primeiro, a criança precisa selecionar informações importantes para processar. Quando se assiste televisão, por exemplo, é apresentado um grande número de estímulos auditivos e visuais em um programa ou anúncio em particular. Além do mais, existem estímulos no ambiente que frequentemente competem com a televisão, como os membros da família conversando ao fundo ou uma música alta em outra peça. Um espectador precisa distribuir atenção entre esta miríade de estímulos, filtrando consciente ou inconscientemente o que não é essencial e focando o que é importante na situação.

Segundo, a criança precisa colocar em sequência os acontecimentos ou as ações principais em algum tipo de história. A maioria das mensagens da mídia apresenta uma narrativa ou enredo (Grossberg, Wartella e Whitney, 1998). As tramas na televisão são o exemplo mais simples disso, mas mesmo um anúncio, um *videogame*, uma música e um programa de rádio transmitem histórias.

Terceiro, a criança precisa fazer inferências a partir de indicações implícitas na mensagem. A mídia não tem espaço ou tempo para apresentar explicitamente todos os aspectos de uma história. Os programas de televisão pulam de uma locação para outra, os personagens nos filmes têm sonhos ou *flashbacks*, e mesmo os personagens dos *videogames* viajam de formas nem sempre ordenadas ou lineares. O consumidor sofisticado conhece a necessidade de se "ler entre as linhas" para preencher as informações que estão faltando, mas um jovem pode não conseguir reconhecer que o tempo passou entre as cenas (R. Smith, Anderson e Fischer, 1985), ou que os acontecimentos representados são apenas parte de um sonho (Wilson, 1991).

Quarto, para entender as indicações explícitas e implícitas de uma mensagem, uma criança precisa recorrer à rica base de dados de informações que ela armazenou na memória relacionadas ao conteúdo da mídia. Por exemplo, uma criança que vive em uma comunidade rural terá muito mais facilidade para entender um filme sobre uma família que perde a fazenda na hipoteca com o banco do que uma criança que vive em um complexo de apartamentos na cidade de Nova York. O rico conjunto de experiências passadas e conhecimentos adquiridos forma uma base de dados mental que ajuda a criança a interpretar mensagens novas.

Quinto, a criança tipicamente irá avaliar a mensagem de alguma maneira. A avaliação mais simples refere-se a vincular ou não vincular a mensagem. As crianças com 2 anos já apresentam preferência por certos tipos de programas na TV, como os que apresentam marionetes e personagens jovens (Emish, 1987; Rideout e Hamel, 2006). Quando crescem, as crianças vão ficando cada vez mais sofisticadas e críticas quanto às mensagens da mídia (Potter, 2005). Elas não só são capazes de avaliar o conteúdo, como também começam a avaliar as formas, a estrutura econômica e as limitações institucionais que caracterizam diferentes mídias (Dorr, 1980). Um adolescente, por exemplo, pode rejeitar toda a tendência dominante da programação da TV norte-americana devido ao seu mercantilismo inerente.

Levando em consideração este conjunto de tarefas, podemos esperar que as crianças processem as mensagens da mídia de maneiras diferentes ao longo do desenvolvimento. Descreveremos agora algumas das maiores mudanças no processamento cognitivo que ocorrem durante a transição do início da infância para a infância e durante a transição do final da infância para a adolescência. Esta lista não é exaustiva, mas, ao invés disso, reflete algumas das habilidades mais relevantes para a interação com a mídia (para leitura complementar, ver Dorr, 1980; Flavell et al., 2002; Valkenburg e Cantor, 2000).

Cabe fazer duas advertências aqui. Primeiro, a maior parte das mudanças destacadas abaixo ocorre gradualmente, e não abruptamente, durante o desenvolvimento (Flavell et al., 2002). Piaget (1950, 1952) defendia que o pensamento das crianças pequenas é qualitativamente diferente do pensamento das crianças mais velhas e que seu sistema cognitivo evolui passando por estágios distintos (isto é, sensório-motor, aproximadamente 0-2 anos; pré-operatório, 2-7 anos; operatório concreto, 7-11 anos; operatório formal, de 11 anos em diante). Entretanto, pesquisas recentes indicam que o desempenho cognitivo pode ser irregular ao longo dos diferentes tipos de tarefas e que as crianças exibem níveis variados de habilidades, mesmo dentro de um domínio particular (Siegler, 2005). Assim sendo, é amplamente aceito que o desenvolvimento é muito menos em estágios ou abrupto do que a teoria de Piaget nos faria crer. Segundo, as idades durante as quais ocorrem estas mudanças variam muito em cada criança. Para aproximações mais gerais, definimos como crianças menores as que estão entre 2 e 7 anos, as crianças maiores entre 8 e 12 anos e os adolescentes entre 13 e 18 anos.

Crianças menores *versus* crianças maiores

Do processamento perceptivo ao conceitual. Os pré-escolares prestam pouca atenção a como as coisas se parecem ou soam. Este foco nas características mais aparentes foi chamado de *limite perceptual* (Bruner, 1966). O limite perceptual é definido como um embasamento excessivo nas informações perceptuais à custa da utilização de informações não óbvias ou não observáveis que podem ser mais relevantes (Springer, 2001). Por exemplo, os pré-escolares frequentemente agrupam os objetos baseados nas características perceptuais em comum, tais como cor e forma (Bruner, Olver e Greenfield, 1966; Melkeman, Tversky e Baratz, 1981). Em contraste, por volta dos 6 ou 7 anos, as crianças começam a classificar os objetos com base em propriedades perceptivas, tais como as funções que eles têm em comum (Tversky, 1985). No que diz respeito à televisão, estudos mostram que as crianças menores prestam muita atenção visual a características perceptivamente evidentes, tais como animação, efeitos sonoros e música animada (Anderson e Levin, 1976; Calvert e Gersh, 1987; Scmitt, Anderson e Collins, 1999). Por outro lado, as crianças maiores tendem a ser mais seletivas na sua atenção, buscando indicações que sejam mais significativas em relação ao enredo do que as que são meramente evidentes (Calvert, Huston, Watkins e Wright, 1982).

Um experimento criativo envolvendo a televisão revela essa distinção muito claramente. Hoffner e Cantor (1985) expuseram crianças a um personagem de televisão que era atraente ou feio e que agia com gentileza em relação aos outros ou que era cruel (ver Figura 1.15). Os pré-escolares em geral classificaram o personagem feio como mau e o atraente como bom, independente do verdadeiro comportamento. Em outras palavras, as avaliações foram fortemente afetadas pela aparência física do personagem. Em contraste, o julgamento das crianças maiores foi mais influenciado pelo comportamento do personagem do que pela sua aparência.

Por que as crianças menores são tão perceptuais no seu foco? Tversky (1985) argumentou que todas as crianças podem ser influenciadas por estímulos perceptivos em uma situação, mas que com o desenvolvimento elas passam a suprimir as respostas imediatas e evidentes em favor de respostas mais demoradas e ponderadas. Esta mudança é indubitavelmente estimulada pela aquisição de conhecimento de natureza conceitual, como a ideia de que os motivos são um prenúncio importante do

Figura 1.15 Quatro mulheres idosas segurando gatos.

Fonte: Extraído de Hoffner e Cantor (1985). Direitos reservados ©American Psychological Association. Reproduzido com autorização.

comportamento. Também é menos provável que crianças de todas as idades, e até mesmo adultos, sejam influenciadas por estímulos perceptivos quando estão lidando com situações e tarefas que lhes são familiares (Springer, 2001).

Podemos aplicar esta tendência desenvolvimental em *boundedness* perceptivo ao exemplo no início deste capítulo. A criança pré-escolar fica paralisada pela estranha aparência física do E.T., reagindo com medo quando vê a sua forma alterada. Em contraste, a criança mais velha consegue minimizar a aparência do personagem e se focaliza no comportamento e na motivação da criatura.

Da centralização à descentralização. Conforme observado, crianças, e mesmo adultos, podem apresentar respostas fortes a características aparentes em uma mensagem. Porém, outra característica do pensamento das crianças menores é que elas frequentemente se focalizam em uma única característica chamativa, excluindo outras menos chamativas. Esta tendência foi chamada de *centralização* e está ilustrada em algumas provas clássicas de conservação de líquido de Piaget (ver Ginsburg e Opper, 1979). Nestas provas, são mostrados à criança dois copos contendo quantidades idênticas de água. Depois que a criança concorda que as quantidades são idênticas, o experimentador despeja a água de um dos copos dentro de um terceiro copo, que é mais alto e mais fino (ver Figura 1.16). O experimentador, então, pergunta à criança se as duas quantidades de líquido ainda são idênticas ou se um copo agora contém mais água. O pré-escolar típico conclui que o copo mais alto contém mais líquido. Por quê? Porque o copo mais alto *parece* ter mais líquido. Em outras palavras, a diferença nas alturas dos líquidos captura mais a atenção do pré-escolar.

Em contraste, as crianças mais velhas vão se tornando capazes de "descentralizar" sua atenção e levar em conta todo o leque de estímulos perceptivos. O líquido em um copo é mais alto, mas aquele copo tem um formato diferente. Além disso, despejar o líquido de um recipiente para outro não altera a quantidade. A "quantidade" do líquido permanece a mesma. Ao reconhecer que o líquido é o mesmo, a criança mais velha é capaz de *conservar* quantidades contínuas.

As mesmas diferenças no desenvolvimento são encontradas em outros tipos de provas de conservação. Por exemplo, duas filas de seis moedas podem ser colocadas uma ao lado da outra, numa correspondência um-para-um. Se então uma fila for compactada, uma criança menor provavelmente pensará que contém menos moedas porque ela agora é mais curta (Ginsberg e Oper, 1979). Em contraste, a criança mais velha observa todos os dados perceptivos na situação e reconhece que o número de moedas está mantido ou inalterado, apesar das aparências.

O'Bryan e Boersma (1971) documentaram essas diferenças ao examinarem mais os movimentos de olhos das crianças durante as provas de conservação. Eles descobriram que as crianças menores que não conseguiam conservar ou aprender a tarefa corretamente tendem a se fixar em uma única dimensão, como a altura do líquido em um copo. As crianças mais velhas que conseguem conservar mostram movimentos oculares mais variados, alternando seu olhar sobre muitas partes do que está sendo mostrado no teste.

Aplicando à mídia a ideia de centralização, as crianças menores têm maior probabilidade de responder intensamente a uma única característica em uma cena da televisão ou filme, como, por exemplo, um vestido vermelho de um personagem ou a arma brilhante de um herói. A proeminência dos estímulos e também os interesses da própria criança irão ajudar a determinar o que é mais evidente. Outros estímulos perceptivos como a cor do cabelo do personagem, seu nome, sua altura e até certos comportamentos manifestos podem passar despercebidos em histórias emocionais. Por exemplo, os sentimentos de um persona-

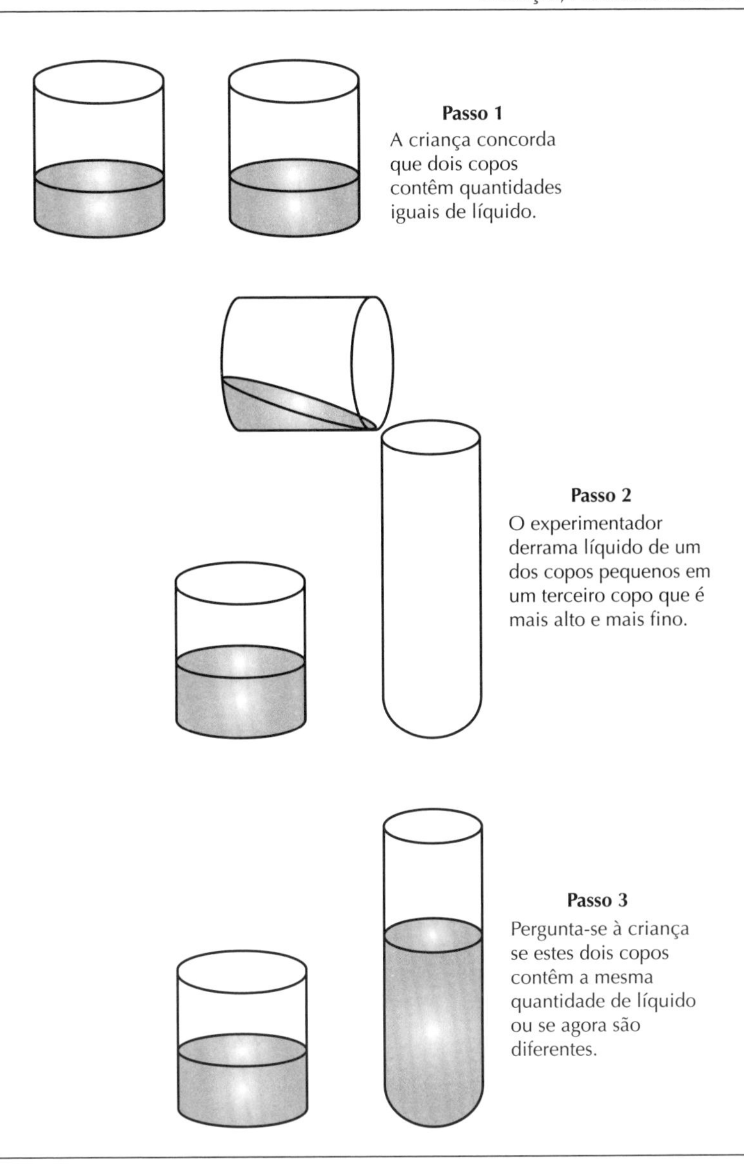

Figura 1.16 Típica prova piagetiana de conservação.

gem são frequentemente transmitidos através de expressões faciais e também informações situacionais no enredo. As crianças mais novas terão maior probabilidade de se fixarem em um ou em outro desse conjunto de estímulos, mesmo quando se conflitam (Wiggers e van Lieshout, 1985). Assim, em alguns casos, podemos esperar que essa centralização vá interferir na compreensão que a criança pequena tem do enredo (ver Figura 1.17).

Da aparência percebida até a realidade. Outra habilidade cognitiva importante durante a infância refere-se à capacidade de distinguir fantasia de realidade. Para perplexidade dos pais, uma criança de 3 anos pode atribuir vida

Figura 1.17

Fonte: PEANUTS, reproduzido com a autorização do United Features Syndicate, Inc.

a um objeto inanimado como uma pedra, ter um amigo invisível e querer que o dinossauro Barney venha à sua casa para brincar (ver Figura 1.18). Todas essas tendências refletem uma separação confusa entre o que é real e o que não é.

Numerosos estudos encontraram importantes diferenças quanto ao desenvolvimento na percepção que as crianças têm da realidade da televisão (ver Dorr, 1983; Wright, Huston, Reitz e Piemyat, 1994). Crianças muito pequenas, de 2 e 3 anos, demonstram pouca compreensão da fronteira entre a televisão e o mundo real (Jaglom e Gardner, 1981). De fato, nessa idade as crianças rotineiramente falam com o aparelho de televisão e abanam para os personagens (Noble, 1975). Por exemplo, em um estudo, muitas crianças de 3 anos relataram que um prato de pipocas mostrado na televisão iria derramar se o aparelho fosse virado de cabeça para baixo (Flavell, Flavell, Green e Korfmacher, 1990).

Em torno dos 4 anos, a criança começa a ter uma ideia da natureza representativa da televisão, mas ainda tende a achar que qualquer coisa que *parece* real é real (M. H. Brown, Skeen e Osborn, 1979). Esta interpretação literal foi chamada de perspectiva da "janela mágica", refletindo a ideia de que as crianças pequenas acreditam ingenuamente que a te-

BABY BLUES Rick Kirkman e Jerry Scott

Figura 1.18

Fonte: Baby Blues, de Rick Kirkman e Jetty Scott. Reproduzido com autorização do King Features Syndicate.

Figura 1.19

Fonte: PEANUTS. Reproduzido com autorização do United Features Syndicate, Inc.

levisão apresenta uma visão do mundo real (ver Figura 1.19). Gradualmente, as crianças vão percebendo que algumas coisas que são mostradas na televisão não são reais, embora a maior parte disso esteja centrada primeiro nos estímulos perceptivos. Por exemplo, uma criança de 5 anos tipicamente julga os desenhos animados como não reais porque eles apresentam personagens e acontecimentos fisicamente impossíveis (Wright et al., 1994). Em outras palavras, a criança pequena avalia o conteúdo procurando violações chamativas da realidade física (Dorr, 1983). É importante observar, entretanto, que essas distinções que vão surgindo são inicialmente muito frágeis. Crianças pequenas podem afirmar que um personagem animado "não é real", mas ainda assim ficam assustadas com ele (Cantor, 1998). Em um estudo recente (Wooley, Boerger e Markman, 2004), pré-escolares foram apresentados a uma nova criatura da fantasia chamada "Bruxa dos Doces", e mesmo as crianças de 5 anos acreditavam que ela era real e não "faz de conta", particularmente se a bruxa desse a entender que visitou suas casas e deixou doces.

Quando as crianças amadurecem, elas começam a utilizar múltiplos critérios para julgar a realidade na televisão (Hawkins, 1977). Elas não somente observam exemplos perceptivos marcantes como também levam em conta o gênero do programa, marcas de produção e até o objetivo do programa. Mais importante ainda, as crianças maiores começam a julgar o conteúdo com base no quanto ele é parecido com a vida real (Brown et al., 1979). Embora reconheçam que muita coisa na televisão é redigida com um *script*, as crianças maiores provavelmente irão julgar uma cena ou um programa como realista se ele apresentar os personagens e os acontecimentos que são *possíveis* no mundo real (Dorr, 1983; Hawkins, 1977). Em uma pesquisa, 28% das crianças da 2ª e da 3ª séries e 47% das crianças da 6ª série, referiram-se espontaneamente ao critério de "possibilidade" ao julgarem se uma série de personagens ou acontecimentos na televisão era realista (Dorr, 1983). Em contraste, apenas 17% das crianças da pré-escola usaram esse tipo de critério. Estas tendências são congruentes com a pesquisa sobre compreensão da linguagem, que sugere que o conceito de possibilidade não é inteiramente compreendido até os 8 anos (Hoffner, Cantor e Badzinski, 1990; Piaget e Inhelder, 1975).

Obviamente, as experiências pessoais de uma criança colocarão um limite no grau de sofisticação desses julgamentos da realidade. Como ilustração, Weiss e Wilson (1998) encontraram que os estudantes do ensino fundamental classificavam a comédia da TV *Full House* como muito realista, indicando em média que "a maioria" ou "todas" as famílias da vida real são como a família apresentada neste programa. Essas percepções parecem um pouco ingênuas, considerando-se que o programa é sobre um pai viúvo que cria as três filhas com a ajuda de seu cunhado e de seu melhor amigo.

Do pensamento concreto ao pensamento inferencial. Uma tendência cognitiva final durante a infância que tem implicações para a mídia é a mudança do pensamento concreto para o inferencial. Conforme mencionamos acima, o pensamento de uma criança menor é muito tangível, muito focado no que pode ser visto e ouvido (Bruner, 1966). Para uma criança de 2 ou 3 anos, isso significa que a atenção pode ser influenciada por estímulos muito evidentes que podem, na verdade, ser alheios ao enredo (Schmitt et al., 1999). Por exemplo, uma roupa roxa chamaria mais atenção do que as ações do personagem que está com esta vestimenta.

Por volta dos 4 anos, as crianças podem começar a se focar mais nas informações que são centrais para o enredo do que nos detalhes incidentais (Lorch, Bellack e Augsbach, 1987). Obviamente, as crianças menores se saem melhor quando o conteúdo é adequado à idade, com programas que são relativamente curtos em duração e em testes de compreensão que avaliam o reconhecimento de escolha fechada ao invés de relembrar espontaneamente (Campbell, Wright e Huston, 1987). Com o desenvolvimento, as crianças vão se tornando capazes de pinçar os eventos que são centrais no roteiro de um programa (Collins, 1983). No entanto, as informações em que as crianças menores se concentram ainda serão mais provavelmente de natureza explícita. Por exemplo, um estudo descobriu que crianças de 4 a 6 anos se lembravam com maior frequência das ações após assistirem histórias na televisão, enquanto que os adultos lembravam com mais frequência os objetivos e as intenções dos personagens (van den Broek, Lorch e Thurlow, 1996). As ações são tipicamente concretas e igualmente vívidas na programação de televisão, o que as torna fáceis de entender e representar na memória.

Contudo, conforme discutido, uma compreensão integral envolve a apreensão não só do conteúdo explícito como também das informações implícitas no desenrolar da narrativa. Por exemplo, numa cena, um protagonista pode descobrir que um "amigo" está tentando roubar seu dinheiro. Na cena seguinte, o protagonista pode bater no amigo. O espectador deve deduzir que a agressão do protagonista, que isoladamente poderia parecer desmotivada, é, na verdade, motivada por um desejo de proteger sua propriedade pessoal. Em outras palavras, o espectador deve ligar as cenas e fazer inferências causais sobre o conteúdo que não está apresentado explicitamente. Estudos mostram que as crianças maiores são mais capazes do que as pequenas de fazer diferentes tipos de inferências a partir de passagens apresentadas verbalmente (Ackerman, 1988; Thompson e Myers, 1985). O mesmo padrão surge no contexto da televisão. Aproximadamente em torno dos 8 ou 9 anos as crianças apresentam melhoras marcantes na sua capacidade de ligar as cenas e fazer conexões entre as intenções dos personagens, comportamentos e consequências (Collins, Berndt e Hess, 1974; Collins, Wellman, Keniston e Westby, 1978). Essa mudança do processamento concreto para o inferencial também tem implicações para outras mídias. Um *videogame* e até mesmo um site requerem que o usuário faça conexões entre espaço e tempo.

Para resumir, ocorrem várias mudanças cognitivas importantes entre o início e a metade da infância. Um pré-escolar que assiste televisão irá provavelmente focar-se nas características perceptivas mais chamativas em um programa. Esta criança pode compreender parte do enredo, especialmente quando o programa for curto e apropriado à sua idade. No entanto, a compreensão estará muito atrelada às ações concretas e aos comportamentos no enredo. Além disso, o pré-escolar provavelmente terá dificuldades para distinguir a realidade da fantasia nas encenações. Quando esta mesma criança entrar na escola, ela começará a se focar mais em aspectos perceptivos do conteúdo, como os objetivos e as intenções dos personagens. Gradualmente, ela será capaz de vincular as cenas, fazendo conexões causais na narrativa. E seus julgamentos da realidade se tornarão mais acurados e discriminadores quando ela comparar o conteúdo da televisão com o que possivelmente ocorreria no mundo real. Obviamente, a sua compreensão geral de uma mensagem da mídia é bem avançada em comparação com o que ela era capaz quando pré-escolar. Contudo, as suas habilidades continuam se desenvolvendo mesmo durante seus últimos anos do ensino fundamental. A seguir exploraremos algumas das mudanças cognitivas que ocorrem entre o final da infância e a adolescência.

Crianças maiores *versus* adolescentes

Do real para o plausível. Conforme descrito, as crianças maiores usam uma variedade de estímulos para julgar a realidade do conteúdo da mídia. Um dos pontos de referência mais importante para elas é se os personagens ou acontecimentos da mídia são possíveis na vida real (Morison, Kelly e Gardner, 1981). Os adolescentes são ainda mais perspicazes nessa dimensão, julgando o conteúdo como realista se ele for *provável* de acontecer na vida real (Dorr, 1983; Morrison et al., 1981). Na pesquisa de Dorr (1983), quase metade dos adolescentes definiu como reais os acontecimentos da televisão que eram prováveis ou plausíveis na vida real. Em contraste, as probabilidades racionais raramente foram usadas pelas crianças maiores do ensino fundamental. Para ilustrar essa distinção, um filme que apresente um padrasto mau que está tentando envenenar seus enteados seria muito perturbador para uma criança de 9 ou 10 anos porque esta situação *poderia* acontecer na vida real. Um adolescente, por outro lado, tem uma probabilidade menor de se perturbar com este conteúdo, raciocinando que a grande maioria dos padrastos do mundo não é assassina. O movimento em direção ao pensamento probabilístico é consistente com os estudos de compreensão da linguagem que indicam que a capacidade de diferenciar probabilidade de possibilidade se cristaliza durante o início da adolescência (Piaget e Inhelder, 1975; Scholz e Waller, 1983).

Do raciocínio empírico para o raciocínio hipotético. Um desenvolvimento relacionado que ocorre entre o final da infância e o início da adolescência é a mudança do raciocínio empírico para o hipotético (Flavell et al., 2002). Os adolescentes vão gradativamente se tornando capazes de compreender conceitos abstratos, de usar a lógica formal e de pensar hipoteticamente (Byrnes, 2003). Este pensamento abstrato vem acompanhado de uma capacidade para se engajar no raciocínio indutivo e dedutivo (Keating, 2004). Uma criança maior também é capaz de raciocinar conceitualmente, mas grande parte desse processo está baseada na coleta de evidências empíricas. Um aluno da 5ª ou 6ª série, por exemplo, pode observar o comportamento de uma pessoa em várias situações e inferir, a partir destas ações, quais são as intenções da pessoa. Em contraste, um adolescente pode começar por uma teoria ou um conjunto de intenções hipotéticas de uma pessoa e depois observar os comportamentos para ver se a teoria está correta. Em outras palavras, o adolescente é capaz de um pensamento mais abstrato, que não precisa estar intimamente vinculado a dados observáveis.

Os adolescentes também têm uma capacidade crescente de suspender suas próprias crenças para avaliar a argumentação da outra pessoa (Moshman, 1998). Colocando de outra forma, os adolescentes podem, às vezes, raciocinar sobre argumentos num nível objetivo.

A capacidade de pensar hipoteticamente significa que um adolescente pode antecipar acontecimentos diferentes no enredo e prever resultados lógicos à medida que se desenrola a história. O adolescente também é capaz de criticar a estrutura lógica e causal de diferentes mensagens da mídia. Quando o pensamento abstrato se desenvolve, o adolescente também consegue levar em consideração o significado que está por trás da mensagem – qual é a sua origem e por que a mensagem está construída dessa forma? Como a mensagem seria diferente se fosse planejada por outra pessoa com intenções diferentes?

Pensamento metacognitivo. *Metacognição* refere-se à capacidade de entender e manipular os processos do próprio pensamento (Metcalfe e Shimamura, 1994). É chamada de metacognição porque se refere a atividades mentais de segunda ordem. Uma pessoa pensa sobre o seu próprio pensamento. Os adultos refletem rotineiramente sobre o seu próprio processamento cognitivo, especialmente durante situações que enfatizam a necessidade de fazer isso. Por exemplo, estudar para ou realizar um teste requer que a pessoa se concentre cuidadosamente em atividades como atenção, compreensão e memorização.

Flavell e colaboradores (2002) fizeram distinção entre dois tipos de metacognição: o *conhecimento* metacognitivo e o *monitoramento e autorregulação* metacognitiva. O conhecimento metacognitivo refere-se ao conhecimento e crenças de uma pessoa a respeito da mente humana e como ela funciona. Por exemplo, a maioria dos adultos se dá conta de que a memória de curto prazo tem capacidade limitada (ver seção sobre capacidade de processamento), que geralmente é mais fácil reconhecer alguma coisa quando você a vê do que lembrá-la imediatamente e que certas tarefas são mais difíceis e exigem mais da mente humana do que outras. Mas as crianças pequenas não possuem necessariamente o conhecimento metacognitivo. Em um estudo, por exemplo, Lovett e Flavell (1990) apresentaram três provas a alunos da 1ª e da 3ª séries e a universitários: uma lista a ser memorizada, uma lista de palavras para combinar com uma figura e uma lista de palavras para memorizar e fazer a combinação. Diferentemente dos alunos da 1ª série, os da 3ª série e universitários conseguiram escolher que tipo de estratégia – ensaio, definição das palavras ou ambas – funcionaria melhor em cada prova. No entanto, somente os universitários entenderam que as provas seriam mais difíceis com listas mais longas e palavras que não fossem familiares. Assim sendo, à medida que as crianças se desenvolvem, elas vão ficando cada vez mais conscientes de que a mente se envolve em uma série de atividades, incluindo memorização, compreensão e inferência (Flavell et al., 2002).

O segundo tipo de metacognição envolve o monitoramento e reajuste do fluxo de pensamento da pessoa. Considere o exemplo da realização de testes. Um adulto que está tendo dificuldades com uma determinada seção de um teste pode decidir pular e ir para uma parte mais fácil para maior eficiência e para adquirir mais confiança antes de retornar ao material mais difícil. A pesquisa sugere que este tipo de automonitoramento é difícil no início da infância (ver Flavell et al., 2002). Em um estudo, alunos da pré-escola e escola elementar foram instruídos a examinar um grupo de objetos até que estivessem certos de que conseguiriam se lembrar deles (Flavell, Friedrichs e Hoyt, 1970). As crianças maiores examinaram os objetos por um período de tempo, disseram estar prontas e, tipicamente, se lembraram corretamente de todos os itens. Em contraste, os pré-escolares os examinaram, acharam que estavam prontos e, de um modo geral, não se saíram bem no teste de memória. Em outras palavras, os pré-escolares não conseguiram monitorar seus processos de memória de forma mais acurada.

Como o conhecimento metacognitivo e o monitoramento estão relacionados com a mídia? Podemos esperar que quando as crianças se aproximam da adolescência serão mais capazes de analisar as exigências cognitivas das diferentes mídias e mesmo das diferentes mensagens dentro de uma mídia particular. De acordo com Salomon (1983), algumas mídias requerem mais elaborações mentais não automáticas ou mais AIME (quantidade de esforço mental investido) do que outras. Em geral, a televisão requer menos esforço e concentração do que a leitura, por exemplo, porque a primeira é altamente visual e está menos baseada nas habilidades de linguagem (Salomon e Leigh, 1984). Assim, um adolescente tem maior probabilidade do que uma criança pequena de reconhecer que um livro difícil ou um documentário na televisão requer maior concentração do que assistir à MTV. A sua consciência das diferentes mídias irá afetar a profundidade de processamento que elas irão utilizar, o que, por sua vez, irá aumentar a compreensão e o aprendizado. Cabe mencionar que, quando as crianças são instruídas a prestarem atenção e a aprender com a TV, seu esforço mental e seu desempenho aumentam em comparação com o que elas fazem sem esta orientação (Salomon, 1983).

Além disso, quando as crianças chegam à época da adolescência, elas gradualmente se tornam capazes de monitorar as suas próprias reações à mídia, indo mais devagar quando não entendem uma passagem de um livro ou lembrando a si mesmas que é apenas um filme quando se sentem assustadas. Numa ilustração disso, foram dados a pré-escolares e crianças de 9 a 11 anos diferentes tipos de instruções a respeito de como pensar sobre um programa assustador que elas iriam assistir na televisão (Cantor e Wilson, 1984). Foi dito às crianças para se imaginarem como protagonista (o grupo que assumia o papel) ou para se lembrarem de que a história e os personagens eram de "faz de conta" (grupo de irrealidade). As instruções ao grupo cognitivo não tiveram efeitos perceptíveis nas reações emocionais dos pré-escolares ao programa. Em outras palavras, elas demonstraram pouca capacidade para usar as informações a fim de alterarem como percebiam o programa. Em contraste, as crianças maiores na condição de quem assumia o papel ficaram mais assustadas com o programa e as da condição de irrealidade ficaram menos assustadas em comparação com um grupo que não recebeu nenhuma instrução (ver Figura 1.20). Os achados são consistentes com a ideia de que, à medida que as crianças se desenvolvem, elas gradualmente vão se tornando mais capazes de modificar seus processos de pensamento enquanto assistem televisão.

Competência reguladora. Os adultos já consideram há muito tempo que grande parte do crescimento cognitivo ocorre durante os anos

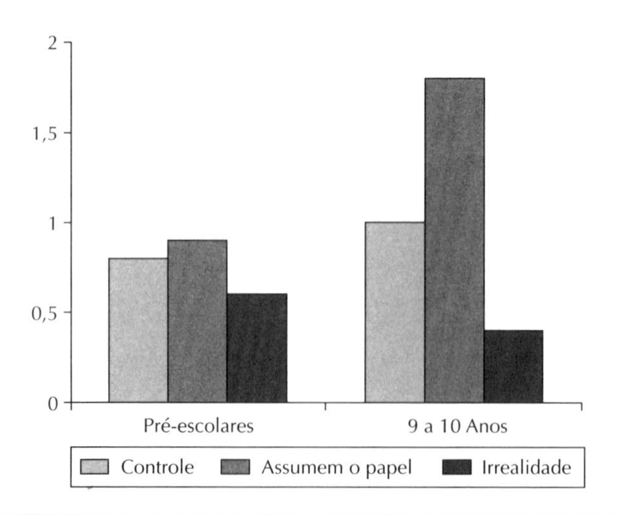

Figura 1.20 Reações de medo autorrelatadas pelas crianças a um programa assustador como função do conjunto de instruções.

Fonte: Adaptado de Cantor e Wilson (1984).

da infância. Pesquisas recentes sobre o cérebro contradizem esta visão. Com melhores instrumentos de medida, como o exame de ressonância magnética (R.M.), estamos começando a perceber que existem mudanças substanciais no desenvolvimento cerebral durante a adolescência (Kuhn, 2006). Boa parte desse desenvolvimento ocorre nas regiões do córtex frontal do cérebro, as quais são cruciais para a regulação do comportamento e da emoção (Sowell, Trauner, Gamst e Jernigan, 2002). Assim, durante os anos da adolescência, os jovens começam gradualmente a ser capazes de regular e controlar seu humor e suas respostas às diferentes situações, incluindo as que são mediadas pelas tecnologias. Entretanto, este desenvolvimento, de uma "série executiva" ou função de controle executiva, leva tempo (Steinberg, 2005). Assim sendo, os adolescentes mais novos tipicamente apresentarão menos maturidade e correrão mais riscos quando se confrontarem com vários dilemas na vida. Por exemplo, os adolescentes mais novos têm maior probabilidade de brincar com a sua identidade na internet do que os mais velhos (Valkenburg et al., 2005). Os adolescentes mais novos também têm mais probabilidade de conversar com estranhos na internet do que os mais velhos (Jochen, Valkenburg e Schouent, 2006).

Duas tendências gerais globais do desenvolvimento

Duas outras tendências importantes ocorrem continuamente durante a infância e a adolescência, e não são específicas de grupos etários particulares: o crescente conhecimento do mundo social, físico e mediado em que vivemos e a crescente capacidade de processamento.

Aumento no conhecimento de áreas específicas. Pode parecer óbvio afirmar que as crianças acumulam conhecimentos em diferentes domínios à medida que vão crescendo. Porém, a questão é ainda mais importante de ser abordada porque tem implicações muito importantes para a interação com a mídia. A cada experiência nova, uma criança armazena cada vez mais informações de formas altamente organizadas na memória. As estruturas de conhecimento resultantes, por vezes chamadas de modelos mentais ou *esquemas*, são organizadores poderosos que ajudam as crianças a anteciparem e assimilarem informações novas (Fiske e Taylor, 1991). Pesquisas sugerem que crianças com apenas 3 anos possuem esquemas ou *scripts* bem desenvolvidos para eventos que lhes são familiares, como aprontar-se para ir para a cama e tomar banho (Hudson, Sosa e Shapiro, 1997). Como evidência da força destes organizadores mentais, é provável que uma criança pequena proteste veementemente se alguém tentar alterar estas rotinas.

As crianças pequenas também desenvolvem esquemas para histórias que incluem informações a respeito da estrutura e componentes típicos de uma narrativa (Mandler, 1998). As pesquisas sugerem que um hisquema de estória bem desenvolvido pode ajudar uma criança a organizar e interpretar a programação da televisão (Meadowcroft e Reeves, 1989). Além disso, as crianças podem formar esquemas a respeito do mundo social e físico em que vivem. No domínio social, por exemplo, as crianças desenvolvem modelos para emoções que incluem informações sobre sinais expressivos e causas situacionais, e apresentam regras associadas a cada afeto (Campos e Barret, 1984). Estes esquemas indubitavelmente auxiliam a criança a compreender uma cena emotiva na televisão. Tais esquemas, por sua vez, podem ser moldados e modificados pela exposição à mídia (ver Wilson e Smith, 1998).

Não é de surpreender que as crianças também desenvolvam esquemas sobre a mídia (Calvert, 1999). Cada forma da mídia tem as suas próprias técnicas audiovisuais e códigos especiais, o que, pelo menos no caso da televisão, foi denominado "características formais" (Bickham, Wright e Huston, 2001; Huston e Wright, 1983). A televisão e o cinema, por exemplo, utilizam técnicas de produção tais como cortes, *zooms*, redução da luminosidade e efeitos especiais para sinalizar as mudanças de tempo e de ambiente. Os *videogames* e computadores têm as suas próprias convenções tecnológicas. Um usuário da *Web*, por exemplo, precisa ter algum nível de compreensão dos mecanismos de busca e hipertexto. Saber o que esperar de cada mídia aumenta muito a sofisticação de uma criança em relação à mesma (Calvert, 1999; R. Smith et al., 1985). Por essa razão, os esforços para ensinar os jovens a se tornarem consumidores críticos da mídia frequentemente incluem instruções a respeito das convenções das diferentes tecnologias.

Além de desenvolver esquemas *sobre* a mídia, passar algum tempo com determinadas tecnologias pode na verdade aumentar o pensar cognitivo (Subrahmanyam e Greenfield, 2008). Por exemplo, estudos mostram que praticar determinados tipos de *videogames* pode melhorar habilidades espaciais dinâmicas tanto em crianças (Subrahmanyam e Greenfield, 1996) quanto em adultos (Feng, Spence e Pratt, 2007). Também existem evidências de que jogar *videogames* melhora as estratégias para dividir a atenção visual, possivelmente porque os jogadores precisam dar conta de acontecimentos que ocorrem simultaneamente em pontos diferentes da tela (Greenfield, dWinstanley, Kilpatrick e Kaye, 1996). Além disso, ouvir uma música parece estimular a imaginação, mais do que assistir a um videoclipe da mesma música (Greenfield et al., 1987). Todos esses estudos sugerem um tipo de relação interativa entre a exposição à mídia e o processamento e o desenvolvimento esquemático.

Para resumir, à medida que vão crescendo as crianças podem recorrer a estoques de informações guardadas, referentes a uma série de domínios. Além disso, elas podem integrar e combinar informações de formas mais complexas, construindo conexões mais elaboradas com o que elas já sabem (Siegler, 2005). Em outras palavras, seus esquemas se tornam mais elaborados e diferenciados. Portanto, as suas interpretações do conteúdo da mídia serão mais ricas e mais complexas.

O fato de ter muito conhecimento e experiência em uma determinada área tem todos os tipos de benefícios para o processamento cognitivo. Em comparação com um iniciante, o veterano tem conceitos familiares e estratégias prontas para serem aplicadas a um problema (Siegler, 2005). Considerando-se que o terreno seja familiar, o perito gasta menos energia cognitiva e está mais livre para aplicar o espaço do trabalho mental a atividades de nível mais alto como a metacognição (Flavell et al., 2002). Considere por um momento como uma criança de 6 anos responderia a um anúncio de cigarros numa revista, em comparação com a forma como um jovem de 16 anos processaria a mesma mensagem. O menino de 6 anos provavelmente nunca fumou, tem pouco conhecimento de como funcionam os pulmões, não tem conhecimento das batalhas legais existentes contra a indústria do fumo, não sabe quem pagou pela colocação do anúncio na revista e tem pouca experiência com o custo de vários produtos de um supermercado. O adolescente certamente tem menos experiência do que um adulto tem nesta área, mas, comparadoao estudante do ensino fundamental, o adolescente traz uma base de conhecimento muito mais abrangente a partir da qual faz a interpretação e avaliação desse anúncio.

Aumento da capacidade de processamento. Independente da idade ou do nível de desenvolvimento, todos os humanos experimentam limites na capacidade da sua memória ativa (Fougnie e Marois, 2006). Em outras palavras, certas situações e tarefas exigem tanto que excedem os recursos cognitivos disponíveis da pessoa. Uma forma de demonstrar isso foi através de estudos do tempo de reação que mostram que as pessoas têm um desempenho lento ou pobre em tarefas secundárias, quando a sua energia mental é consumida por uma tarefa primária (Kail, 1991; Lang, 2000).

As pesquisas desenvolvimentais demonstram que, ao amadurecerem, as crianças são capazes de reter quantidades maiores de informações na memória ativa (Cowan, Nugent, Elliot, Ponomarev e Saults, 1999; Kail, 1990). Por exemplo, uma criança de 5 anos tipicamente é capaz de lidar com quatro ou cinco unidades de informação ao mesmo tempo (p.ex., dígitos, letras), enquanto o adulto médio consegue lidar com sete (Dempster, 1981). Existem relatos teóricos divergentes para essa capacidade crescente de processamento. Alguns argumentaram que a estrutura ou o tamanho do espaço de memória de uma pessoa na verdade aumenta com o desenvolvimento (Cowan et al., 1999). Outros argumentaram que o tamanho permanece fixo, mas que o uso funcional ou a eficiência do espaço aumenta (Kail, 1991). Quando determinadas tarefas se tornam familiares, elas são facilmente categorizadas em esquemas preexistentes. Esta categorização e esta rotinização significam que são apresentadas menos demandas ao sistema cognitivo e, portanto, o espaço é liberado para outros processamentos cognitivos.

Independente de qual visão é a correta, as implicações são as mesmas. As crianças menores têm dificuldades para levar em consideração informações múltiplas na memória ativa (ver Figura 1.21). Além disso, a sua capacidade pode rapidamente ficar sobrecarregada com uma única atividade cognitiva que seja nova e, assim, não pode ser esquematizada com facilidade. Quando as crianças amadurecem e ganham experiência em certas áreas, elas conseguem classificar facilmente as informações novas dentro dos esquemas preexistentes. Esta esquematização lhes permite considerar e interrelacionar mais *bits* de informação ao mesmo tempo e a se envolverem em tarefas cognitivas simultâneas. Em outras palavras, elas se tornam processadoras de informação mais eficientes.

Como a capacidade de processamento afeta as interações das crianças com a mídia? As

Figura 1.21

Fonte: Baby Blues, Rick Kirkman e Jerry Scott. Reproduzido com autorização de King Features Syndicate.

pesquisas sugerem que as crianças maiores são mais capazes do que as menores de considerar estímulos múltiplos dentro de uma cena ou em várias cenas quando interpretam uma representação na televisão (Collins et al., 1974; Hoffner, Cantor e Thorson, 1989). Da mesma forma, as crianças mais velhas são capazes de acompanhar o enredo principal de uma história na televisão mesmo quando existe um subenredo no entremeio, enquanto a compreensão das crianças mais novas sofre em face de um subenredo que distrai (Weiss e Wilson, 1998). As crianças mais velhas também estão mais bem equipadas para lidar com a programação mais acelerada que envolve a integração de informações ao longo de mudanças rápidas no tempo e no espaço (Wright et al., 1984). Conforme discutido, as crianças mais velhas são mais capazes de considerar seus próprios processos de pensamento enquanto assistem a um programa de televisão (Cantor e Wilson, 1984).

Sempre que uma mensagem da mídia for complexa, prolongada, acelerada ou apresentada num ambiente que desvie a atenção, é provável que ela apresente um desafio cognitivo para a uma criança menor devido às suas capacidades de processamento mais limitadas. Estendendo estas ideias a tecnologias mais novas, também podemos esperar que mídias interativas, como os jogos de computador, irão sobrecarregar rapidamente os recursos mentais de uma criança pequena, devido à necessidade de, ao mesmo tempo, compreender o conteúdo e responder cognitiva e fisicamente a isso. Quando aumenta a capacidade de processamento durante a infância e a adolescência, esses tipos de interações com a mídia que antes eram muito difíceis irão se tornar gradativamente rotineiros.

Conclusão

O propósito deste capítulo foi ressaltar o fato de que as crianças são muito diferentes dos adultos e também entre si quando interagem com a mídia. As crianças são ávidas por aprender, possuem menos experiência do mundo real e têm habilidades cognitivas menos desenvolvidas, o que as torna, em última análise, mais vulneráveis às mensagens da mídia. O restante deste livro irá explorar como crianças e adolescentes respondem aos diferentes tipos de conteúdo de mídia (como mensagens sexuais e de violência) e às distintas tecnologias de mídia. Iremos recorrer constantemente a conceitos e tendências do desenvolvimento apresentados neste capítulo para explicar como as crianças lidam com o mundo de estímulos da mídia com o qual se defrontam. Obviamente, existem grandes diferenças desenvolvimentais na atenção das crianças às mensagens da mídia e a sua compreensão destas. Por sua vez, estes processos cognitivos têm implicações para a resposta emocional e as reações comportamentais à mídia.

Exercícios

1. Pense na sua infância. Qual é a primeira experiência que você lembra de ter em relação à mídia? Que idade você tinha? Qual era a mídia em questão? Que tipo de conteúdo estava envolvido? Qual foi a sua reação ou resposta à experiência? Os seus pais tomaram conhecimento disso? Uma criança de hoje poderia ter uma experiência similar? Por que sim ou por que não?
2. Por um dia, faça uma tabela do tempo que você gasta com as mídias (televisão, rádio, livros, internet). Anote o tipo de mídia que você está usando e que tipo de conteúdo você está experienciando. Também registre quando você está sendo "multitarefas na mídia" ou usando duas ou mais mídias ao mesmo tempo (p.ex., lendo um livro e ouvindo música). Quanto tempo do seu dia você gastou com as mídias? O seu uso das mídias é similar ao da criança norte-americana típica (ver o estudo de Roberts et al. 2005, descrito neste capítulo)? O quanto é parecido ou diferente?
3. Assista a um episódio de uma comédia de costumes que seja popular entre as crianças. Pense a respeito do tema principal do programa, da sequência dos acontecimentos no roteiro e da natureza dos personagens. Com base nas diferenças do desenvolvimento no processamento cognitivo, descreva três formas em que a interpretação do episódio feita por uma criança de 4 anos seria diferente da que seria feita por uma de 10 anos. Como a interpretação da criança de 10 anos seria diferente da de um adolescente? Para que tipo de espectador você acha que o programa é direcionado? Pense a respeito do programa e também sobre os intervalos comerciais ao tratar desta questão.
4. Alguns estudiosos argumentam que a infância está desaparecendo na sociedade moderna Eles sustentam que as crianças estão se vestindo mais como os adultos, falando como eles e vivenciando atividades adultas, e até tendo experiências com conteúdo adulto da mídia. Você consegue pensar em exemplos que apoiem esta tese? Você consegue pensar em exemplos que a contestem? Como a infância está mudando neste século XXI? Você concorda que a infância está desaparecendo? O quanto as mídias são decisivas nos debates sobre estas questões?
5. Quando você era criança, os seus pais tinham regras sobre o que você podia fazer com as mídias de massa? Eles tinham regras quando você era adolescente? Você tinha um aparelho de televisão no seu quarto? Você acha que os pais deveriam exercer controle sobre as experiências dos seus filhos com a mídia? Por que sim ou por que não?
6. Compare e contraste três sistemas de classificação designados para informar os pais sobre o conteúdo das mídias: (a) a classificação de filmes da Associação de Estúdios de Cinema da América (ver www.mpaa.org/FlmRat_Ratings.asp), (b) o TV Parental Guidelines, para programas de televisão (ver www.tvguidelines.org/ratings.asp), e (c) as classificações do Entertainment Software Rating Board, para computador e *videogames* (www.esrb.org/ratings_guide.jsp). Avalie os três sistemas em termos do que sabemos sobre o desenvolvimento infantil, conforme discutido neste capítulo. Os sistemas parecem ser precisos? É possível que eles sejam úteis aos pais? Como eles podem ser melhorados? Você consegue pensar em um filme, programa de TV ou *videogame* que você acha que está classificado de forma inadequada?

7. Assista a um programa direcionado para crianças e que seja levado ao ar numa emissora pública (p.ex., *Vila Sésamo, Dragon Tales, Maya e Miguel*). Agora o compare com um desenho animado que vai ao ar na Cartoon Network, ABC Kids ou Kid's WB. Compare e contraste os dois programas em termos de enredo, personagens, características formais e grau de realismo. Qual programa parece mais adequado às capacidades desenvolvimentais de uma criança de 4 ou 5 anos? Por quê?
8. Encontre a letra de uma canção de um gênero de música que atualmente seja popular entre os jovens (p.ex., *hip-hop, rap*). Agora compare a letra com uma música dos Beatles da década de 1960 ou 1970. O que as músicas dizem sobre a adolescência? Em que as músicas são parecidas na sua representação de temas adolescentes, como se expor a riscos, identidade social, relações com os pares e sexualidade? Em que elas são diferentes? Pense no contexto social e político em que estas músicas foram escritas ao abordarem estas questões.

Referências

Ackerman, B. P. (1988). Reason inferences in the story comprehension of children and adults. *Child Development, 59,* 1426–1442.

Adler, J. (1999, May 10). Beyond Littleton: The truth about high school. *Newsweek,* p. 56–58.

American Lung Association. (2003). *Adolescent smoking statistics.* Retrieved April 5, 2007, fromhttp://www.lungusa.org/site/pp.asp?c=dvLUK9OOE&b=39868

Anderson, D. R., & Levin, S. R. (1976). Young children's attention to "Sesame Street." *Child Development, 47,* 806–811.

Archibald, A. B., Graber, J. A., & Brooks-Gunn, J. (2003). Pubertal processes and physiological growth in adolescence. In G. R. Adams & M. D. Berzonsky (Eds.), *Black-well handbook of adolescence* (p. 24–47). Maiden, MA: Blackwell.

Arnett, J. J. (1992a). Reckless behavior in adolescence: A developmental perspective. *Developmental Review, 12,* 339–373.

Arnett, J. J. (1992b). Socialization and adolescent reckless behavior: A reply to Jessor. *Developmental Review, 12,* 391–409.

Arnett, J. J. (1999). Adolescent storm and stress, reconsidered. *American Psychologist,* 54(5), 317–326.

Arnett, J. J. (2000). Optimistic bias in adolescent and adult smokers and nonsmokers. *Addictive Behaviors,* 25(4), 625–632.

Bagdikian, B. H. (2000). *The media monopoly* (6th ed.). Boston: Beacon.

Baillargeon, R. H., Zoccolillo, M., Keenan, K., Cote, S., Perusse, D., Wu, H., et al. (2007). Gender differences in physical aggression: A prospective population-based survey of children before and after 2 years of age. *Developmental Psychology,* 43(1), 13–26.

Beentjes, J., deKoning, E., & Huysmans, F. (2001). Children's comprehension of visual formal features in television programs. *Journal of Applied Developmental Psychology, 22(6),* 623–638.

Bern, S. L. (1981). Gender schema theory: A cognitive account of sex typing. *Psychological Review, 88,* 354–364.

Berk, L. E. (2000). *Child development* (5th ed.). Boston: Allyn & Bacon.

Berndt, T. J. (1996). Transitions in friendship and friends' influence. In J. A. Graber, J. Brooks-Gunn, & A. C. Petersen (Eds.), *Transitions through adolescence: Interpersonal domains and context* (p. 57–85). Mahwah, NJ: Lawrence Erlbaum.

Bickham, D. S., Wright, J. C., & Huston, A. C. (2001). Attention, comprehension, and the educational influences of television. In D. G. Singer & J. L. Singer (Eds.), *Handbook of children and the media* (p. 101–119). Thousand Oaks, CA: Sage.

Brown, J. D., Halpern, C. T, & L'Engle, K. L. (2005). Mass media as a sexual super peer for early maturing girls. *Journal of Adolescent Health, 36,* 420–427.

Brown, M. H., Skeen, P., & Osborn, D. K. (1979). Young children's perception of the reality of television. *Contemporary Education, 50,* 129–133.

Bruner, J. S. (1966). On cognitive growth I & II. In J. S. Bruner, R. R. Olver, & P. M. Greenfield (Eds.), *Studies in cognitive growth* (p. 1–67). New York: John Wiley.

Bruner, J. S., Olver, R., & Greenfield, P. (1966). *Studies in cognitive growth.* New York: John Wiley.

Buckingham, D. (2000). *After the death of childhood: Growing up in the age of electronic media.* Cambridge, UK: Polity. pp.asp?c=dvLUK9OOE&b=39868

Anderson, D. R., & Levin, S. R. (1976). Young children's attention to "Sesame Street." *Child Development, 47,* 806–811.

Archibald, A. B., Graber, J. A., & Brooks-Gunn, J. (2003). Pubertal processes and physiological growth in adolescence. In G. R. Adams & M. D. Berzonsky (Eds.), *Black-well handbook of adolescence* (p. 24–47). Maiden, MA: Blackwell.

Arnett, J. J. (1992a). Reckless behavior in adolescence: A developmental perspective. *Developmental Review, 12,* 339–373.

Arnett, J. J. (1992b). Socialization and adolescent reckless behavior: A reply to Jessor. *Developmental Review, 12,* 391–409.

Arnett, J. J. (1999). Adolescent storm and stress, reconsidered. *American Psychologist,* 54(5), 317–326.

Arnett, J. J. (2000). Optimistic bias in adolescent and adult smokers and nonsmokers. *Addictive Behaviors,* 25(4), 625–632.

Bagdikian, B. H. (2000). *The media monopoly* (6th ed.). Boston: Beacon.

Baillargeon, R. H., Zoccolillo, M., Keenan, K., Cote, S., Perusse, D., Wu, H., et al. (2007). Gender differences in physical aggression: A prospective population-based survey of children before and after 2 years of age. *Developmental Psychology,* 43(1), 13–26.

Beentjes, J., deKoning, E., & Huysmans, F. (2001). Children's comprehension of visual formal features in television programs. *Journal of Applied Developmental Psychology, 22(6),* 623–638.

Bern, S. L. (1981). Gender schema theory: A cognitive account of sex typing. *Psychological Review, 88,* 354–364.

Berk, L. E. (2000). *Child development* (5th ed.). Boston: Allyn & Bacon.

Berndt, T. J. (1996). Transitions in friendship and friends' influence. In J. A. Graber, J. Brooks-Gunn, & A. C. Petersen (Eds.), *Transitions through adolescence: Interpersonal domains and context* (p. 57–85). Mahwah, NJ: Lawrence Erlbaum.

Bickham, D. S., Wright, J. C., & Huston, A. C. (2001). Attention, comprehension, and the educational influences of television. In D. G. Singer & J. L. Singer (Eds.), *Handbook of children and the media* (p. 101–119). Thousand Oaks, CA: Sage.

Brown, J. D., Halpern, C. T, & L'Engle, K. L. (2005). Mass media as a sexual super peer for early maturing girls. *Journal of Adolescent Health, 36,* 420–427.

Brown, M. H., Skeen, P., & Osborn, D. K. (1979). Young children's perception of the reality of television. *Contemporary Education, 50,* 129–133.

Bruner, J. S. (1966). On cognitive growth I & II. In J. S. Bruner, R. R. Olver, & P. M. Greenfield (Eds.), *Studies in cognitive growth* (p. 1–67). New York: John Wiley.

Bruner, J. S., Olver, R., & Greenfield, P. (1966). *Studies in cognitive growth.* New York: John Wiley.

Buckingham, D. (2000). *After the death of childhood: Growing up in the age of electronic media.* Cambridge, UK: Polity.

Bussey, K., & Bandura, A. (1999). Social cognitive theory of gender development and differentiation. *Psychological Review, 106,* 676–713.

Byrnes, J. P. (2003). Cognitive development during adolescence. In G. R. Adams & M. D. Berzonsky (Eds.), *Black-well handbook of adolescence* (p. 227–246). Maiden, MA: Blackwell.

Calvert, S. L. (1999). *Children's journeys through the information age.* Boston: McGraw-Hill. Calvert, S. L., & Gersh, T. L. (1987). The selective use of sound effects and visual inserts for children's story comprehension. *Journal of Applied Developmental Psychology, 8,*363–374. Calvert, S. L., Huston, A. C, Watkins, B. A., & Wright, J. C. (1982). The relations between selective attention to television forms and children's comprehension of content. *Child Development, 53,* 601–610.

Campbell, T. A., Wright, J. C., & Huston, A. C. (1987). Form cues and content difficulty as determinants of children's cognitive processing of televised educational messages. *Journal of Experimental Child Psychology, 43,* 311–327.

Campos, L. A., & Barret, K. C. (1984). Toward a new understanding of emotions and their development. In C. E. Izard & R. B. Zajonc (Eds.), *Emotion, cognition, and behavior* (p. 229–263). Cambridge, UK: Cambridge University Press.

Cantor, J. (1998). *"Mommy, I'm scared": How TV and movies frighten children and what we can do to protect them.* San Diego: Harcourt Brace & Company.

Cantor, J., & Wilson, B. J. (1984). Modifying fear responses to mass media in preschool and elementary school children. *Journal of Broadcasting, 28,* 431–443.

Carr, D. (2007, March 29). Do they still want their MTV? *New York Times.* Retrieved April 3, 2007, from http://www.nytimes.com/2007/02/19/business/media/19carr.html

Centers for Disease Control and Prevention. (2006). Youth risk behavior surveillance—United States, 2005. *Morbidity and Mortality Weekly Report,* 55(SS-5). Retrieved January 15, 2008, from http://www.cdc.gov/mmwr/PDF/SS/SS5505.pdf

Chassin, L. (1985). Changes in peer and parent influence during adolescence: Longitudinal versus cross-sectional perspectives on smoking initiation. *Developmental Psychology, 22,* 327–334.

Collins, W. A. (1983). Interpretation and inference in children's television viewing. In J. Bryant & D. R. Anderson (Eds.), *Children's understanding of television* (p. 125–150). New York: Academic Press.

Collins, W. A., Berndt, T. J., & Hess, V. L. (1974). Observational learning of motives and consequences for television aggression: A developmental study. *Child Development, 45,* 799–802.

Collins, W. A., Wellman.H., Keniston, A., & Westby, S. (1978). Age-related aspects of comprehension and inference from a televised dramatic narrative. *Child Development, 49,* 389–399.

Cookston, J. T, & Finlay, A. K. (2006). Father involvement and adolescent adjustment: Longitudinal findings from Add Health. *Fathering: A Journal of Theory, Research, and Practice About Men as Fathers, 4(2),* 137–158.

Cowan, N., Nugent, L. D., Elliott, E. M., Ponomarev, L, & Saults, J. S. (1999). The role of attention in the development of short-term memory: Age differences in the verbal span of apprehension. *Child Development, 70,* 1082–1097.

Dempster, F. N. (1981). Memory span: Sources of individual and developmental differences. *Psychological Bulletin, 89,* 63–100.

d'Haenens, L. (2001). Old and new media: Access and ownership in the home. In S. Livingstone & M. Bovill (Eds.), *Children and the changing media environment: A European comparative study* (p. 53–84). Mahwah, NJ: Lawrence Erlbaum.

Dishion, T. J. (1990). The family ecology of boys' peer relations in middle childhood. *Child Development, 61,* 874–892.

Dolcini, M. M., Cohn, L. D., Adler, N. E., Millstein, S. G., Irwin, C. E., Jr., Kegeles, S. M., et al. (1989). Adolescent egocentrism and feelings of invulnerability: Are they related? *Journal of Early Adolescence,* 9(4), 409–418.

Dorr, A. (1980). When I was a child, I thought as a child. In S. B. Withey & P. P. Abeles (Eds.), *Television and social behavior: Beyond violence and children* (p. 191–230). Hillsdale, NJ: Lawrence Erlbaum.

Dorr, A. (1983). No shortcuts to judging reality. In J. Bryant & D. R. Anderson (Eds.), *Children's understanding of television* (p. 199–220). New York: Academic Press.

Dorr, A. (1986). *Television and children: A special medium for a special audience.* Thousand Oaks, CA: Sage.

Eagle, G. (2007, May 3). Facebook changes the way teens are communicating. *Peterborough Examiner.* Retrieved May 8, 2007, from http://www.thepeterboroughexaminer.com

Eaton, W. O., & Enns, L. R. (1986). Sex differences in human motor activity level. *Psychological Bulletin, 100,* 19–28.

Eisenberg, N., Fabes, R. A., & Spinrad, T. L. (2006). Prosocial development. In N. Eisenberg, W. Damon, & R. M. Lerner (Eds.), *Handbook of child psychology: Vol. 3. Social, emotional, and personality development* (p. 646–718). Hoboken, NJ: John Wiley.

Elkind, D. (1967). Egocentrism in adolescence. *Child Development, 38,* 1025–1034.

Elkind, D. (1985). Egocentrism redux. *Developmental Review, 5,* 218–226.

Eveland, W. P., Nathanson, A. L, Detenber, A. I., & McLeod, D. M. (1999). Rethinking the social distance corollary: Perceived likelihood of exposure and the third-person perception. *Communication Research, 26,* 275–302.

Feeling good about visiting the doctor. (1996). *Research Roundup, 5,* 1.

Feng, J., Spence, I., & Pratt, J. (2007). Playing an action video game reduces gender difference in spatial cognition. *Psychological Science, 18,* 850–855.

Finn, P., & Bragg, B. W. (1986). Perception of risk of an accident by young and older drivers. *Accident Analysis and Prevention, 18,* 289–298.

Fiske, S. T., & Taylor, S. E. (1991). *Social cognition* (2nd ed.). New York: McGraw-Hill. Flavell, J. H., Flavell, E. R., Green, E L., & Korfmacher, J. E. (1990). Do young children think of television images as pictures or real objects? *Journal of Broadcasting & Electronic Media, 34,* 399–417.

Flavell, J. H., Friedrichs, A. G., & Hoyt, J. (1970). Developmental changes in memorization processes. *Cognitive Psychology, 1,* 324–340.

Flavell, J. H., Miller, P. H., & Miller, S. A. (2002). *Cognitive development* (4th ed.). Englewood Cliffs, NJ: Prentice Hall.

Foderaro, L. W. (2007, March 29). Child wants cellphone; reception is mixed. *New York Times.* Retrieved March 30, 2007, from http://www.nytimes.com/2007/03/29/fashion/ 29cell.html Foehr, U. G. (2006). *Media multitasking among American youth: Prevalence, predictors and pairings.* Menlo Park, CA: Henry J. Kaiser Family Foundation.

Fougnie, D., & Marois, R. (2006). Distinct capacity limits for attention and working memory: Evidence from attentive tracking and visual working memory paradigms. *Psychological Science, 17,* 526–534.

Fulkerson, J. A., Story, M., Mellin, A., Leffert, N., Neumark-Sztainer, D., & French, S. A. (2006). Family dinner meal frequency and adolescent development: Relationships with developmental assets and high-risk behaviors. *Journal of Adolescent Health, 39,* 337–345.

Gentile, D. A., & Walsh, D. A. (2002). A normative study of family media habits. *Applied Developmental Psychology, 23,* 157–178.

Gerrard, M., McCann, L., & Fortini, M. (1983). Prevention of unwanted pregnancy. *American Journal of Community Psychology, 11,* 153–167.

Ginsburg, H., & Opper, S. (1979). *Fidget's theory of intellectual development* (2nd ed.). Englewood Cliffs, NJ: Prentice Hall.

Gondoli, D. M. (1999). Adolescent development and health. In T. L. Whitman, T. V. Merluzzi, & R. D. White (Eds.), *Life-span perspectives on health and illness* (p. 147–163). Mahwah, NJ: Lawrence Erlbaum.

Graber, J. A., Brooks-Gunn, J., & Petersen, A. C. (Eds.). (1996). *Transitions through adolescence: Interpersonal domains and context.* Mahwah, NJ: Lawrence Erlbaum.

Greene, K., Krcmar, M., Walters, L. H., Rubin, D. L., & Hale, J. (2000). Targeting adolescent risk-taking behaviors: The contributions of egocentrism and sensation-seeking. *Journal of Adolescence, 23,* 439–461.

Greenfield, P. M., Bruzzone, L., Koyamatsu, K., Satuloff, W, Nixon, K., Brodie, M., et al. (1987). What is rock music doing to the minds of our youth? A first experimental look at the effects of rock music lyrics and *music videos. Journal of Early Adolescence, 7,* 315–329.

Greenfield, P. M., deWinstanley, P., Kilpatrick, H., & Kaye, D. (1996). Action video games and informal education: Effects on strategies for dividing visual attention. In P. M. Greenfield & R. R. Cocking (Eds.), *Interacting with video* (p. 187–205). Norwood, NJ: Ablex.

Groebel, J. (1999). Media access and media use among 12–year-olds in the world. In C. von Feilitzen & U. Carlsson (Eds.), *Children and media: Image, education, participation* (p. 61–68). Goteborg, Sweden: UNESCO International Clearinghouse on Children and Violence on the Screen.

Grossberg, L., Wartella, E., & Whitney, D. C. (1998). *Media making: Mass media in a popular culture.* Thousand Oaks, CA: Sage.

Gullone, E., & Moore, S. (2000). Adolescent risk-taking and the five-factor model of personality. *Journal of Adolescence, 23,* 393–407.

Halebsky, M. (1987). Adolescent alcohol and substance abuse: Parent and peer effects. *Adolescence, 22,* 961–967.

Halpern, D. F. (2004). A cognitive-process taxonomy for sex differences in cognitive abilities. *Current Directions in Psychological Science, 13(4),* 135–139.

Harris, J. R. (1998). *The nurture assumption: Why children turn out the way they do.* New York: The Free Press.

Harrison, K., & Cantor, J. (1999). Tales from the screen: Enduring fright reactions to scary media. *Media Psychology, 1,* 97–116.

Hartup, W. W., & Stevens, N. (1997). Friendships and adaptation in the life course. *Psychological Bulletin, 121,* 355–370.

Hartup, W. W., & Stevens, N. (1999). Friendships and adaptation across the lifespan. *Current Directions in Psychological Science, 8(3),* 76–79.

Hawkins, R. P. (1977). The dimensional structure of children's perceptions of television reality. *Communication Research, 7,* 193–226.

Haynie, D. L. (2002). Friendship networks and delinquency: The relative nature of peer delinquency. *Journal of Quantitative Criminology, 18(2),* 99–134.

Hoekstra, S. J., Harris, R. J., & Helmick, A. L. (1999). Autobiographical memories about the experience of seeing frightening movies in childhood. *Media Psychology, 1,* 117–140. Hoffner, C., & Buchanan, M. (2002). Parents' responses to television violence: The thirdperson perception, parental mediation and support for censorship. *Media Psychology, 4(3),* 231–252.

Hoffner, C., & Cantor, J. (1985). Developmental difference in responses to a television character's appearance and behavior. *Developmental Psychology, 21,* 1065–1074.

Hoffner, C., Cantor, J., & Badzinski, D. M. (1990). Children's understanding of adverbs denoting degree of likelihood. *Journal of Child Language, 17,* 217–231.

Hoffner, C., Cantor, J., & Thorson, E. (1989). Children's responses to conflicting auditory and visual features of a televised narrative. *Human Communication Research, 16,* 256–278.

Hudson, J. A., Sosa, B. B., & Shapiro, L. R. (1997). Scripts and plans: The development of preschool children's event knowledge and event planning. In S. L. Friedman & E. K. Scholnick (Eds.), *The developmental psychology of planning: Why, how, and when do we plan?* (p. 77–102). Mahwah, NJ: Lawrence Erlbaum.

Huston, A. C., & Wright, J. C. (1983). Children's processing of television: The informative functions of formal features. In J. Bryant & D. R. Anderson (Eds.), *Children's understanding of television: Research on attention and comprehension* (p. 35–68). New York: Academic Press.

Jaglom, L. M., & Gardner, H. (1981). The preschool television viewer as anthropologist. In H. Kelly & H. Gardner (Eds.), *New directions for child development: Viewing children through television* (p. 9–30). San Francisco: Jossey-Bass.

James, A., Allison, J., Jenks, C., & Prout, A. (1998). *Theorizing childhood.* New York: Teachers College Press, lessor, R. (1992). Risk behavior in adolescence: A psychosocial framework for understanding and action. *Developmental Review, 12,* 374–390.

Jochen, P., Valkenburg, P. M., & Schouten, A. P. (2006). Characteristics and motives of adolescents talking with strangers on the internet. *CyberPsychology & Behavior,* 9(5), 526–530.

Kagan, J. (1997). Temperament and the reactions to unfamiliarity. *Child Development, 68,* 139–143.

Kail, R. (1990). *The development of memory in children* (3rd ed.). New York: W. H. Freeman.

Kail, R. (1991). Developmental changes in speed of processing during childhood and adolescence. *Psychological Bulletin, 109,* 490–501.

Keating, D. P. (2004). Cognitive and brain development. In R. M. Lerner & L. Steinberg (Eds.), *Handbook of adolescent psychology* (2nd ed., p. 45–84). Hoboken, NJ: John Wiley.

Kuhn, D. (2006). Do cognitive changes accompany developments in the adolescent brain? *Perspectives on Psychological Science,* 1(1), 59–67.

Lang, A. (2000). The limited capacity model of mediated message processing. *Journal of Communication,* 50(1), 46–70.

Larson, R., Richards, M. H., Moneta, G., Holmbeck, G., & Duckett, E. (1996). Changes in adolescents' daily interactions with their families from ages 10 to 18: Disengagement and transformation. *Developmental Psychology, 32,* 744–754.

Lemish, D. (1987). Viewers in diapers: The early development of television viewing. In T. R. Lindlof (Ed.), *Natural audiences: Qualitative research of media uses and effects* (p. 33–57). Norwood, NJ: Ablex.

Livingstone, S. (2002). *Young people and new media: Childhood and the changing media environment.* Thousand Oaks, CA: Sage.

Lorch, E. P., Bellack, D. R., & Augsbach, L. H. (1987). Young children's memory for televised stories: Effects of importance. *Child Development, 58,* 453–463.

Lovett, S. B., & Flavell, J. H. (1990). Understanding and remembering: Children's knowledge about the differential effects of strategy and task variables on comprehension and memorization. *Child Development, 61,* 1842–1858.

Mandler, J. M. (1998). Representation. In D. Kuhn & R. Siegler (Eds.), *Cognition, perception, and language,* Vol. 2 of W. Damon (Series Ed.), *Handbook of child psychology* (p. 255–308). New York: John Wiley.

Meadowcroft, J. M., & Reeves, B. (1989). Influence of story scheme development on children's attention to television. *Communication Research, 16,* 352–374.

Melkman, R., Tversky, B., & Baratz, D. (1981). Developmental trends in the use of perceptual and conceptual attributes in grouping, clustering, and retrieval. *Journal of Experimental Child Development, 31,* 470–486.

Metcalfe, J., & Shimamura, A. P. (Eds.). (1994). *Metacognition: Knowing about knowing.* Cambridge: MIT Press.

Meyrowitz, J. (1985). No *sense of place: The impact of electronic media on social behavior.* New York: Oxford University Press.

Morison, P., Kelly, H., & Gardner, H. (1981). Reasoning about the realities of television: A developmental study. *Journal of Broadcasting, 25,* 229–242.

Moshman, D. (1998). Cognitive development beyond childhood. In W. Damon (Series Ed.), D. Kuhn & R. Siegler (Vol. Eds.), *Handbook of child psychology: Vol. 2. Cognition, perception, and language* (5th ed., p. 947–978). New York: John Wiley.

Newman, M. (2007, April 2). 28 arrested in Florida online sex sting. *New York Times.* Retrieved April 3,2007, from http://www.nytimes.com/2007/04/02/us/02cnd-sting.html

Noam, E. M., & Freeman, R. N. (1997). The media monopoly and other myths. *Television Quarterly, 29(1),* 18–23.

Noble, G. (1975). *Children in front of the small screen.* Thousand Oaks, CA: Sage.

O'Bryan, K. G., & Boersma, F. J. (1971). Eye movements, perceptual activity, and conservation development. *Journal of Experimental Child Psychology, 12,* 157–169.

Perloff, R. M. (2002). The third-person effect. In J. Bryant & D. Zillman (Eds.), *Media effects: Advances in theory and research* (p. 489–506). Mahwah, NJ: Lawrence Erlbaum.

Petersen, A. C. (1988). Adolescent development. *Annual Reviews in Psychology, 39,* 583–607.

Petersen, A. C., & Taylor, B. (1980). The biological approach to adolescence: Biological change and psychological adaptation. In J. Adelson (Ed.), *Handbook of adolescent psychology* (p. 117–155). New York: John Wiley.

Piaget, J. (1930). *The child's conception of the world.* New York: Harcourt, Brace & World.

Piaget, J. (1950). *The psychology of intelligence.* New York: International Universities Press.

Piaget, J. (1952). *The origins of intelligence in children.* New York: International Universities Press.

Piaget, J., & Inhelder, B. (1975). *The origin of the idea of chance in children.* New York: Norton.

Potter, W. J. (2005). *Media literacy.* Thousand Oaks, CA: Sage.

Public Agenda. (1999). *Kids these days '99: What Americans really think about the next generation.* Retrieved January 15, 2008, from http://www.publicagenda.org/specials/kids/ kids.htm

Rekers, G. A. (1992). Development of problems of puberty and sex roles in adolescence. In C. E. Walker & M. C. Roberts (Eds.), *Handbook of clinical child psychology* (p. 607–622). New York: John Wiley.

Resnick, M. D., Bearman, P. S., Blum, R. W, Bauman, K. E., Harris, K. M., Jones, J., et al. (1997). Protecting adolescents from harm: Findings from the national longitudinal study on adolescent health. *Journal of American Medical Association, 278,* 823–832.

Revelle, G. L., Medoff, L., & Strommen, E. F. (2001). Interactive technologies research at the

Children's Television Workshop. In S. M. Fisch & R. T. Truglio (Eds.), *"G" is for growing: Thirty years of research on* Sesame Street (p. 215–230). Mahwah, NJ: Lawrence Erlbaum.

Rideout, V., & Hamel, E. (2006). *The media family: Electronic media in the lives of infants, toddlers, preschoolers and their parents.* Menlo Park, CA: Henry J. Kaiser Family Foundation.

Roberts, D. E, Foehr, U. G., & Rideout, V. (2005). *Generation M: Media in the lives of 8–18 year-olds.* Menlo Park, CA: Henry J. Kaiser Family Foundation.

Robinson, J. L, Winiewicz, D. D., Fuerch, J. H., Roemmich, J. N., & Epstein, L. H. (2006). Relationship between parental estimate and an objective measure of child television watching. *International Journal of Behavioral Nutrition and Physical Activity, 3,* 43.

Roth, J., & Brooks-Gunn, J. (2000). What do adolescents need for healthy development? Implications for youth policy. *Social Policy Report, 14,* 3–19.

Salomon, G. (1983). Television watching and mental effort: A social psychological view. In J. Bryant & D. R. Anderson (Eds.), *Children's understanding of television: Research on attention and comprehension* (p. 181–198). New York: Academic Press.

Salomon, G., & Leigh, T. (1984). Predispositions about learning from print and television. *Journal of Communication, 34(2),* 119–135.

Scarr, S. (1992). Developmental theories for the 1990s: Development and individual differences. *Child Development, 63,* 1–19.

Schmitt, K. L., Anderson, D. R., & Collins, P. A. (1999). Form and content: Looking at visual features of television. *Developmental Psychology, 35,* 1156–1167.

Scholz, R. W., & Waller, M. (1983). Conceptual and theoretical issues in developmental research on the acquisition of the probability concept. In R. W. Scholz (Ed.), *Decision making under uncertainty* (p. 291–311). New York: North Holland.

Schwartz, S. J., & Pantin, H. (2006). Identity development in adolescence and emerging adulthood: The interface of self, context, and culture. In A. Columbus (Ed.), *Advances in psychology research* (p. 1–40). Hauppauge, NY: Nova Science Publishers.

Siegler, R. S. (2005). Children's learning. *American Psychologist, 60,* 769–778.

Smith, R., Anderson, D. R., & Fischer, C. (1985). Young children's comprehension of montage. *Child Development, 56,* 962–971.

Sowell, E. R., Trauner, D. A., Gamst, A., & Jernigan, T. L. (2002). Development of cortical and subcortical brain structures in childhood and adolescence: A structural MRI study. *Developmental Medicine & Child Neurology,* 44(1), 4–16.

Sparks, G. G. (1986). Developmental difference in children's reports of fear induced by the mass media. *Child Study Journal, 16,* 55–66.

Springer, K. (2001). Perceptual boundedness and perceptual support in conceptual development. *Psychological Review, 108(4),* 691–708.

Stegge, H., & Terwogt, M. M. (2007). Awareness and regulation of emotion in typical and atypical development. In J. J. Gross (Ed.), *Handbook of emotion regulation* (p. 269–286). New York: Guilford.

Steinberg, L. (2005). Cognitive and affective development in adolescence. *Trends in Cognitive Sciences, 9(2),* 69–74.

Subrahmanyam, K., & Greenfield, P. (1996). Effect of video game practice on spatial skills in girls and boys. In P. M. Greenfield & R. R. Cocking (Eds.), *Interacting with video* (p. 95–218). Westport, CT: Ablex.

Subrahmanyam, K., & Greenfield, P. (2008). Media symbol systems and cognitive processes. In S. Calvert & B. J. Wilson (Eds.), *The Blackwell handbook of children, media, and development.* London: Blackwell.

Thompson, J. G., & Myers, N. A. (1985). Inferences and recall at ages four and seven. *Child Development, 56,* 1134–1144.

Tversky, B. (1985). Development of taxonomic organization of named and pictured categories. *Developmental Psychology, 21,* 111 1–1119.

Valkenburg, P., & Cantor, J. (2000). Children's likes and dislikes of entertainment programs. In D. Zillmann & P. Vorderer (Eds.), *Media entertainment: The psychology of its appeal* (p. 135–152). Mahwah, NJ: Lawrence Erlbaum.

Valkenburg, P., Schouten, A., & Peter, J. (2005). Adolescents' identity experiments on the internet. *New Media and Society,* 7(3), 383–402.

van den Broek, P., Lorch, E. P., & Thurlow, R. (1996). Children's and adults' memory for television stories: The role of causal factors, story-grammar categories, and hierarchical level. *Child Development, 67,* 3010–3028.

Vandewater, E. A., Rideout, V. J., Wartella, E. A., Huang, X., Lee, J. H., & Shim, M. (2007). Digital childhood: Electronic media and technology use among infants, toddlers and preschoolers. *Pediatrics, 119,* el006–e!015. Retrieved May 7, 2007, from www.pediatrics.org

Vidmar, N., & Rokeach, M. (1974). Archie Bunker's bigotry: A study in selective perception and exposure. *Journal of Communication,* 24(1), 36–47.

Walsh-Childers, K. (1997). *A content analysis: Sexual coverage in women's, men's, teen and other specialty magazines.* Menlo Park, CA: Kaiser Family Foundation.

Wartella, E., & Reeves, B. (1985). Historical trends in research on children and the media: 1900–1960. *Journal of Communication,* 35(2), 118–132.

Weiss, A. J., & Wilson, B. J. (1998). Children's cognitive and emotional responses to the portrayal of negative emotions in family-formatted situation comedies. *Human Communication Research, 24,* 584–609.

Whitbeck, L., Yoder, K. A., Hoyt, D. R., & Conger, R. D. (1999). Early adolescent sexual activity: A developmental study, *journal of Marriage & the Family, 61,* 934–946.

Wiggers, M., & van Lieshout, C. F. (1985). Development of recognition of emotions: Children's reliance on situational and facial expressive cues. *Developmental Psychology, 21(2),* 338–349.

Wilson, B. J. (1991). Children's reactions to dreams conveyed in mass media programming. *Communication Research, 18,* 283–305.

Wilson, B. J., & Smith, S. L. (1995, May). *Children's comprehension of and emotional reactions to TV news.* Paper presented at the annual conference of the International Communication Association, Albuquerque, NM.

Wilson, B. J., & Smith, S. L. (1998). Children's responses to emotional portrayals on television. In P. Anderson & L. Guerrero (Eds.), *Handbook of communication and emotion: Research, theory, applications, and contexts* (p. 533–569). New York: Academic Press.

Wilson, B. J., & Weiss, A. J. (1995, May). *Children's reactions to a toy-based cartoon: Entertainment or commercial message?* Paper presented to the International Communication Association, Albuquerque, NM.

Wooley, J. D., Boerger, E. A., & Markman, A. B. (2004). A visit from the candy witch: Factors influencing young children's belief in a novel fantastical being. *Developmental Science,* 7(4), 456–468.

Wright, J. C., Huston, A. C., Reitz, A. L., & Piemyat, S. (1994). Young children's perceptions of television reality: Determinants and developmental differences. *Developmental Psychology, 30,* 229–239.

Wright, J. C., Huston, A. C., Ross, R. P., Calvert, S. L., Rolandelli, D., Weeks, L. A., et al. (1984). Pace and continuity of television programs: Effects on children's attention and comprehension. *Developmental Psychology, 20,* 653–666.

Zuckerman, M. (1994). *Behavioral expressions and biosocial bases of sensation seeking.* New York: Cambridge University Press.

2 Publicidade

O mundo social das crianças está cada vez mais sendo construído em torno do consumismo, onde marcas e produtos vieram para determinar quem está "por dentro" ou "por fora", quem faz sucesso ou não, quem merece ter amigos ou status *social.*

—Juliet B. Schor,
Born to Buy:
The Commercialized Child and the
New Commercial Culture (2004, p. 11)

Manter as marcas jovens é crucial para a saúde de longo prazo das marcas. As empresas precisam planejar com antecedência e alimentar as marcas e os consumidores do futuro.

—Anne Autherland e Beth Thompson,
Kidfluence: The Marketer's Guide to Understanding and
Reaching Generation Y – Kids, Tweens, and Teens (2003, p. 149)

As crianças são vistas por alguns como commodities *– como produtos a serem vendidos aos anunciantes.*

—Michael J. Copps,
Federal Communications Commissiones,
The Future of Children's Media: Advertising (2006, p. 5)

Em certas categorias, as crianças são talvez os consumidores mais volúveis. Elas podem se cansar muito rapidamente de certos tipos de produtos e programas. A consequência é "renovar" constantemente as suas linhas de produtos e as grades de programas para satisfazer este desejo pelo novo.

—Dan S. Acuff,
What Kids Buy and Why (1997, p. 190)

Certo dia, Isabel, de 5 anos, chegou em casa do jardim de infância e anunciou para sua mãe: "Eu preciso de uma *Menina Super-Poderosa*, mãe". Sua mãe ficou um pouco surpresa, já que até onde sabia Isabel nunca tinha assistido episódio algum na TV do desenho animado das *Meninas Super-Poderosas*, o qual apresentava três super-heroínas com cabeças enormes.

"O que é uma *Menina Super-Poderosa*?", perguntou a mãe.

"Seus nomes são Florzinha, Docinho e Lindinha", respondeu Isabel.

"Como você as conhece?", continuou a mãe.

"As minhas amigas me contaram. Nós brincamos que somos elas no recreio".

"O que as Meninas Super-Poderosas fazem?", investigou a mãe.

"Elas salvam as pessoas e outras coisas assim", respondeu Isabel.

Na ida seguinte ao supermercado, Isabel descobriu uma prateleira com pequenas bonecas de pelúcia das *Meninas Super-Poderosas* em um dos corredores e gritou animada: "Mãe, posso ter uma, POR FAVOOOR!"

A mãe de Isabel olhou o preço, avaliou esta batalha em relação a todas as outras que teria durante aquele dia e, com relutância, jogou uma das bonecas de US$4,99 no carrinho de compras. Junto com milhões de outros pais, ela se rendeu ao que tem sido chamado de *nag factor* (ou "fator de amolação") no mundo da propaganda na televisão. Só para sermos claros, a mãe de Isabel é uma das autoras deste livro. Em outras palavras, mesmo os pesquisadores que estudam as crianças e a mídia podem sentir a pressão do comercialismo. E, no final das contas, a mãe de Isabel foi embora sem ter gastado muito naquele dia. Qualquer um que faça uma busca no site do eBay.com pode encontrar 469 diferentes produtos infantis e itens de vestuário associados a este desenho animado de sucesso. As crianças e seus pais podem comprar, por exemplo, uma lancheira das *Meninas Super-Poderosas*, um porta-chaves, um banco, um relógio de pulso, fantasias, roupas de cama para meninas, uma mochila, meias e até mesmo um secador de cabelo (ver Figura 2.1). E a série de desenhos animados saiu do ar em 2004! Como comparação, o eBay oferece 5.933 produtos associados ao desenho animado, muito popular, *Bob Esponja*.

Estima-se que mais de US$15 bilhões por ano são gastos atualmente em propaganda e *marketing* para crianças, representando quase três vezes a quantidade gasta há apenas 15 anos (McNeal, 1999). Os profissionais da propagan-

Figura 2.1 Comercialização relacionada ao desenho animado da TV *As Meninas Super-Poderosas.*

Fonte: © 2008 TW e Cartoon Network, As Meninas Super Poderosas da estão prestando mais atenção atualmente nos consumidores jovens por pelo menos três razões (McNeal, 1998). Primeiro, as crianças norte-americanas hoje têm uma boa quantidade de dinheiro seu para gastar. Os consumidores com menos de 12 anos gastaram US$2,2 bilhões em 1968; 25 anos depois, esta quantia cresceu drasticamente para US$42 bilhões (McNeal, 2007). Conforme visto na Figura 2.2, o poder de compra das crianças aumentou de forma constante com o passar dos anos. Boa parte deste crescimento provém do fato de as crianças ganharem mais dinheiro por fazerem tarefas domésticas e receberem mais dinheiro dos parentes nas férias (McNeal, 1998). Como seria de se esperar, os adolescentes gastam mais do que as crianças – em torno de US$175 bilhões só no ano de 2003 (Teenage Research Unlimited, 2004a). De fato, o adolescente norte-americano médio gasta perto de US$100 por semana em produtos como roupas, doces, refrigerantes e música (Teenage Research Unlimited, 2004b).

Em segundo lugar, além de gastar seu dinheiro, os jovens influenciam o comportamento de consumidores dos seus pais. Já em idade precoce as crianças direcionam as compras domésticas diárias para artigos como salgadinhos, cereais, pasta de dentes e xampus. Quando ficam maiores, os adolescentes expressam opiniões sobre o tipo de carro a ser comprado, qual o novo equipamento de mídia que é necessário e até mesmo para onde ir durante as férias (Günter e Furnham, 1998). E esta influência cresceu com o passar dos anos. Na década de 1960, as crianças influenciavam em torno de US$5 bilhões das compras dos seus pais. Em 1984, este número aumentou para US$50 bilhões, e em 2005 saltou para US$700 bilhões (McNeal, 2007). Os estilos mais flexíveis de paternidade, o aumento da renda familiar, os índices mais altos de divórcio e mais pais trabalhando fora de casa são algumas das mudanças históricas que podem justificar a crescente influência econômica dos filhos na família (ver Valkenburg e Cantor, 2001).

Em terceiro lugar, os profissionais da propaganda reconhecem que as crianças de hoje representam os consumidores adultos de amanhã. As crianças desenvolvem lealdade a marcas particulares de produtos em idade muito precoce, e estas preferências frequentemente persistem na idade adulta (Moschis e Moore, 1982). Muitas empresas, como o McDonald's e a Coca-Cola, se engajam no que é chamado de

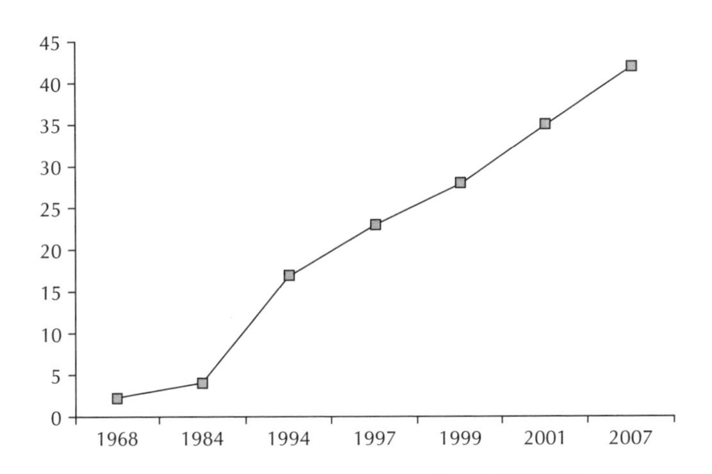

Figura 2.2 Poder de compra anual das crianças com menos de 12 anos nos Estados Unidos.

Fonte: Adaptado de McNeal (1998, 2007).

marketing "do berço ao túmulo", num esforço para cultivar a fidelidade do consumidor desde uma idade muito precoce (McNeal, 1998).

Os profissionais de *marketing* desenvolveram estratégias sofisticadas, tendo como alvo os consumidores jovens. Revistas como *Teen Vogue* e *Sports Illustrated for Kids* contêm anúncios luxuosos de página inteira promovendo roupas, sapatos e produtos de beleza. Os sites voltados para as crianças apresentam todos os tipos de anúncios, e até mesmo as escolas estão comercializando produtos para as crianças. De longe, a forma mais fácil de atingir os jovens é através da televisão. Estimativas recentes sugerem que a criança norte-americana média assiste a mais de 25.000 anúncios de televisão por ano (Gantz, Schwartz, Angelini e Rideout, 2007), embora a quantidade varie, dependendo da idade do espectador (ver Figura 2.3). Mas os profissionais de *marketing* estão explorando novas formas de atingir os consumidores jovens por meios *online* e através de tecnologias pessoais de mão, como o *iPod* e os telefones celulares.

Neste capítulo iremos explorar as mensagens comerciais direcionadas às crianças e aos adolescentes. Primeiro, examinaremos como o *marketing* para crianças mudou ao longo dos anos, enfocando principalmente os comerciais de televisão. Posteriormente, examinaremos a quantidade e a natureza da propaganda na televisão voltada para os jovens. A seguir, apresentaremos uma visão geral de como as crianças processam cognitivamente e compreendem a publicidade. Depois, examinaremos o impacto persuasivo que a propaganda tem sobre os jovens. O capítulo se voltará, então, para os mais recentes esforços de *marketing* direcionados às crianças, incluindo o *marketing* viral, *marketing* nas escolas, colocação de produtos e

Figura 2.3

Fonte: Reproduzido com autorização de Tribune Media Services.

anúncios *online*. Encerraremos com uma discussão da regulação da propaganda nos Estados Unidos e também em outros países, e com uma visão geral dos esforços para ensinar letramento em publicidade. Cabe salientar que um capítulo deste livro examina a publicidade relacionada aos riscos específicos à saúde: a propaganda de cigarros e álcool (Capítulo 6). O foco concentra-se aqui primariamente nos anúncios de brinquedos, roupas e outros bens de consumo, embora os produtos alimentícios também sejam mencionados ocasionalmente.

Mudanças históricas na publicidade para crianças

Os esforços para anunciar produtos para as crianças datam de 1930, nos primeiros tempos do rádio. Companhias como a General Mills, Kellogg's e Ovaltine rotineiramente lançavam produtos alimentícios durante os programas de rádio direcionados às crianças, como *Little Orphan Annie* e *Story Time* (Pecora, 1998). Produtos domésticos como pasta de dentes e aspirina também eram anunciados durante a programação infantil. Nestes primeiros esforços, as crianças eram consideradas importantes principalmente porque elas eram capazes de influenciar o comportamento de consumo dos seus pais.

Na década de 1950, as crianças gradualmente foram sendo reconhecidas como as próprias consumidoras (Pecora, 1998). Durante essa década, o número absoluto de crianças aumentou de forma tão marcante que hoje nos referimos a ela como o período do *baby boom*. Além disso, os pais que viveram durante a *Depressão* e a Segunda Guerra Mundial vivenciaram um nível novo de prosperidade econômica que eles queriam compartilhar com seus filhos (Alexander, Benjamin, Hoerrner e Roe, 1998). Conforme observou Kline (1993), "a família da década de 1950 passou a se preocupar com a posse, o consumo e a satisfação que os bens materiais podem proporcionar" (p. 67). E, obviamente, o advento da televisão ofereceu novas maneiras de apresentar os produtos para cativar o público de pais e filhos (Pecora, 1998).

Os primeiros anúncios na televisão tinham uma aparência muito diferente dos de hoje. Inicialmente, os programadores estavam mais interessados em fazer com que as pessoas comprassem aparelhos de televisão do que em atrair os anunciantes (Adler, 1980). Alguns programas eram oferecidos pelas próprias emissoras sem nenhum patrocínio comercial. Outros programas tinham um único patrocinador que se responsabilizava financeiramente por todo o custo do espaço de 30 ou 60 minutos. Consequentemente, havia menos interrupções e os patrocinadores às vezes colocavam a companhia em evidência ao invés de algum produto específico. À medida que cada vez mais lares norte-americanos compravam aparelhos, o foco foi mudando para a busca de atrair este grande público em potencial para um programa ou uma emissora em detrimento dos outros. Os programas também ficaram mais caros para produzir, aumentando assim o custo do tempo para propaganda, de modo que eram necessários mais patrocinadores para dividir a sobrecarga.

Em um dos estudos sistemáticos sobre o começo da propaganda na TV, Alexander e colaboradores (1998) avaliaram 75 comerciais que eram levados ao ar durante os programas infantis na década de 1950. Os pesquisadores descobriram que a duração média de um comercial era de 60 segundos, consideravelmente mais longa do que os anúncios de 15 e 30 segundos de hoje. Além disso, de um modo geral, era dedicado menos tempo à publicidade – apenas 5 minutos por hora na década de 1950, em comparação com, aproximadamente, 11 minutos por hora atuais (Gantz et al., 2007). Refletindo o fato de que os anúncios eram mais direcionados às famílias do que especificamente às crianças, produtos para o lar, como eletrodomésticos, comida para cães e produtos básicos (como manteiga de amendoim) eram comumente anunciados. A grande maioria dos anúncios era ao vivo e não gravada. E a prática da venda feita pelo apresentador, usando um personagem do programa que era interrompido para endossar um produto no segmento comercial, era bastante comum. Na verdade, 62% dos anúncios apresentavam alguma forma de venda feita pelo apresentador, o que apenas recentemente foi proibido.

Em seu livro *Out of the Garden: Toys, TV, and Children's Culture in the Age of Marketing*, Kline (1993) argumenta que 1955 foi um momento decisivo para a publicidade para crianças na televisão. Aquele ano marcou o início de um programa de televisão de enorme sucesso: *O Clube do Mickey*. Em grande número, as crianças corriam para comprar orelhas, violões e outras parafernálias do Mickey Mouse, demonstrando seu próprio poder de compra. Logo em seguida, a indústria de brinquedos se focou agressivamente na televisão.

Na década de 1960, também as redes transmissoras reconheceram o lucro potencial que acenava o direcionamento para as crianças. No entanto, os adultos continuavam a ser os consumidores mais lucrativos a serem atingidos. Assim sendo, os programas infantis que ainda iam ao ar no horário nobre foram transferidos para as manhãs de sábado, quando um grande número de crianças poderia ser atingido de forma eficaz, e com boa relação custo-benefício, pelos desenhos animados. Durante a década de 1970, as emissoras aumentaram o número de horas no sábado de manhã que eram dedicadas à programação infantil, em resposta ao crescente interesse dos anunciantes nos jovens consumidores.

A década de 1980 presenciou o nascimento dos programas ancorados em brinquedos (Pecora, 1998). A criação de brinquedos derivados dos programas infantis populares é uma prática que data dos primeiros tempos do rádio. Contudo, os programas baseados em brinquedos são um pouco diferentes porque eles são *originariamente* concebidos com o propósito único de promover novos brinquedos. Por isso, os críticos denunciam que os programas em si são na verdade comerciais de meia-hora. Numa virada incomum, os fabricantes de brinquedos e os produtores se unem nos primeiros estágios do desenvolvimento de um programa. Os programas são criados com a consulta e, frequentemente, com o respaldo financeiro de uma companhia de brinquedos. Em seu livro *The Business of Children's Entertainment*, Pecora (1998) discute que na década de 1980

> a linha divisória entre o patrocínio e o programa foi borrada na medida em que os produtores, com o objetivo de diluir o risco com os custos de produção dos programas, se voltaram para os fabricantes de brinquedos, e estes, querendo estabilizar um mercado sujeito aos caprichos e desejos das crianças, se voltaram para a mídia. (p. 34)

O primeiro exemplo desta parceria aconteceu em 1983, quando a companhia de brinquedos Mattel uniu-se ao centro de produções da Filmation para criar *He-Man e os Mestres do Universo*. Na era sem regulamentações da década de 1980, estes arranjos mutuamente benéficos proliferaram. Em 1980, não havia programas baseados em brinquedos; em 1984, havia 40 deles no ar (Wilke, Therrien, Dunkin e Vamos, 1985). De acordo com Pecora (1998), o sucesso dos programas baseados em brinquedos, como os *Smurfs*, significava que "nem os brinquedos nem a história são agora considerados sem que se tenha em mente o seu mercado potencial" (p. 61). A autora prossegue dizendo que hoje "a programação se desenvolve não a partir dos rituais de contar uma história, mas, em vez disso, a partir do mercado" (p. 59).

Na década de 1990, a proliferação da TV a cabo e dos canais independentes abriu novos caminhos para atingir as crianças. A Disney criou a sua própria rede de televisão e outras, como a Nickelodeon e a Cartoon Network, tiveram um tremendo sucesso ao se direcionarem para o público infantil. Reconhecendo os benefícios econômicos, os profissionais de *marketing* estão agora segmentando o público infantil em diferentes faixas etárias. Os consumidores adolescentes são amplamente reconhecidos pela sua capacidade de gastar, conforme evidenciado pela criação da MTV, Black Entertainment Network (BET), a CW Network (uma fusão das redes WB e UPN) e outros canais especializados dedicados a atrair adolescentes e adultos jovens. E os anunciantes são responsáveis por cunhar o termo *tweens*, em referência aos jovens de 8 a 12 anos que estão no ponto de transição para a adolescência, são profundamente interessados em nomes de marcas e moda e passam muito tempo nos *shopping centers* (de Mesa, 2005). Mesmo as faixas etárias mais jovens estão sendo alvo. Em 2006, um canal 24 horas de TV a cabo chamado BabyFirstTV foi inaugurado para oferecer uma programação de televisão para bebês e crianças ainda na fase do engatinhar. A emissora não leva ao ar comerciais, porém há um *link* no seu site que possibilita que os pais comprem camisetas BabyFirst, assim como DVDs Baby Einstein e Baby Mozart. Os vídeos e DVDs para bebês somam mais de US$100 milhões em vendas por ano (Shin, 2007).

Assim sendo, o mercado atual é muito diferente daquele da década de 1950, quando as redes transmissoras dominavam a televisão e havia apenas umas poucas opções de mídias. Hoje, personagens licenciados como *Dora, a Aventureira* e *Bob Esponja* rotineiramente passam da televisão para outras mídias como livros, vídeos, CDs, cinema e *softwares* de computador. E inúmeros pontos de venda de mídias se especializam em conteúdos orientados para crianças e adolescentes, em um esforço para atrair consumidores jovens e ricos.

Análises de conteúdo da publicidade na televisão

Como são os anúncios dirigidos às crianças? A maioria das pesquisas colocou seu foco na publicidade na televisão, em parte porque as crianças continuam a gastar muito tempo com esta mídia. Em uma primeira análise de conteúdo, Barcus (1980) examinou os anúncios durante programas infantis em 1971 e em amostras posteriores da programação de 1975 a 1978. Em 1971, aproximadamente 12 minutos de cada transmissão eram dedicados a comerciais, um salto marcante desde os 5 minutos documentados na década de 1950 (Alexander et al., 1998). Considerando-se que o anúncio típico havia diminuído para 30 segundos, as crianças eram expostas, em média, a 26 comerciais diferentes por hora. O tempo dedicado à publicidade caiu em 1975 para aproximadamente 9 minutos por hora (Barcus, 1980). A mudança reflete a pressão de grupos de defesa à criança e do governo federal sobre a indústria, na metade da década de 1970, para a redução da publicidade para crianças (ver a seção sobre regulação).

Que produtos estão sendo anunciados? Na amostra de 1978, Barcus (1980) identificou que a maioria dos anúncios era de cereais, doces, brinquedos e restaurantes de *fast food*. Na verdade, os anúncios de comida somavam de um modo geral aproximadamente 60% de todos os comerciais direcionados às crianças (cereais, 24%; doces, 21%; *fast food*, 12%). Barcus também encontrou que os recursos utilizados nos anúncios para crianças eram, em sua maioria, psicológicos, em vez de racionais. Em vez de dar informações sobre o preço, ingredientes ou qualidade, as propagandas tipicamente colocavam o foco no quanto o produto é divertido ou como é gostoso.

Na década de 1980 os comerciais foram encurtados ainda mais, de modo que muitos deles duravam apenas 15 segundos (Condry,

Bence e Scheibe, 1988). Embora o tempo total dedicado aos anúncios permanecesse relativamente constante, as mensagens mais rápidas significavam que as crianças estavam expostas a um número maior de anúncios durante uma determinada hora de transmissão na televisão.

Utilizando uma amostra mais ampla do que na pesquisa anterior, Kunkel e Gantz (1992) examinaram uma semana composta de programação orientada para crianças durante fevereiro e março de 1990. A programação foi extraída de sete canais diferentes: as três principais redes transmissoras, duas estações independentes e dois canais a cabo (Nickelodeon e USA). Os pesquisadores encontraram mais publicidade nas redes (10 minutos/hora) do que nas estações independentes (9 minutos/hora) ou na TV a cabo (6 minutos/hora). Em consonância com a pesquisa anterior, os mesmos tipos de produtos dominavam os comerciais durante a programação infantil. Aproximadamente 80% de todos os anúncios eram de brinquedos, cereais, salgadinhos e restaurantes de *fast food* (ver Figura 2.4). É interessante observar que apenas 3% de todos os anúncios eram de alimentos saudáveis. Quando os pesquisadores compararam os tipos de canais, perceberam que os anúncios de brinquedos tinham maior prevalência nos canais independentes, enquanto cereais e salgadinhos eram mais comuns nas redes transmissoras. Os canais a cabo eram os que ofereciam a gama mais variada de produtos, com 35% dos anúncios incluídos na categoria "outros". Kunkel e Gantz (1992) concluíram que os anúncios de brinquedos, que foram muito criticados por práticas enganosas, talvez sejam menos veiculados nas redes devido aos padrões reguladores mais rigorosos destas últimas.

Os pesquisadores também codificaram o apelo persuasivo primário utilizado em cada anúncio. O tema mais predominante era diversão/alegria, que somava 27% de todos os anúncios. Dois outros apelos comuns eram sabor/aroma (19%) e o desempenho (18%). Em contraste, os atrativos baseados em preço, qualidade dos materiais, nutrição e segurança representavam, cada um, menos de 1% dos anúncios.

Em vez de concentrar-se apenas nos programas direcionados às crianças, a Fundação da Família Kaiser patrocinou um estudo

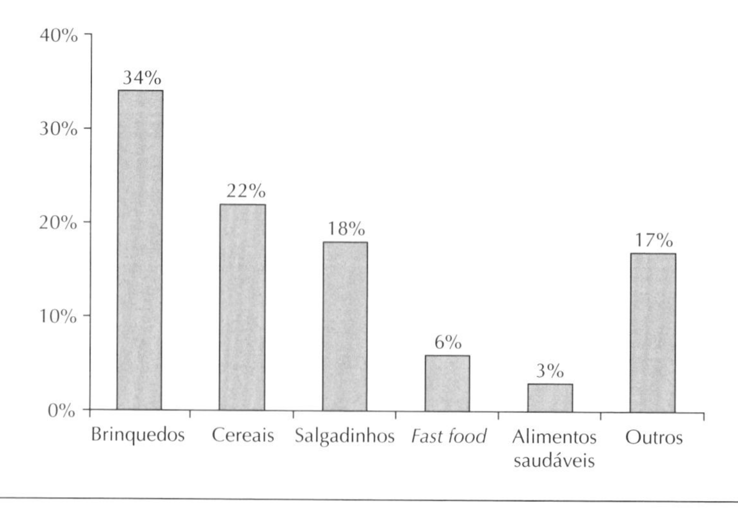

Figura 2.4 Tipos de produtos anunciados durante a programação infantil na TV nos Estados Unidos.

Fonte: Adaptado de Kunkel e Gantz (1992).

abrangente de todo conteúdo dos comerciais nos canais que as crianças mais assistiam (Gantz et al., 2007). O estudo examinou uma semana de programação levada ao ar em 2005 em 13 canais, incluindo Nickelodeon, Disney, Cartoon Network, as quatro principais redes transmissoras (ABC, NBC, CBS e Fox), BBS, BET e MTV. Houve uma variação considerável na quantidade de anúncios e mensagens promocionais entre os canais; a PBS (1 minuto/hora) e a Disney (20 segundos/hora) tiveram a menor quantidade desse conteúdo, enquanto ABC, CBS e Fox tiveram a maior (aproximadamente 14 minutos/hora). Em média, as redes dedicaram mais tempo aos comerciais do que as TVs a cabo, um resultado compatível com a pesquisa anterior de Kunkel e Gantz (1992).

O estudo examinou de perto os anúncios de alimentos em particular. Embora os comerciais de comida sejam comuns na televisão, os alimentos são muito mais anunciados para as crianças do que para os adultos. Os comerciais de comida constituíam 13% de todos os anúncios nas quatro principais redes transmissoras, mas constituíam 32% dos anúncios das três principais redes infantis (ABC Family, Nickelodeon, Cartoon Network). De fato, metade de todo o tempo de propaganda durante os programas infantis era dedicado a comerciais de alimentos. E a maioria destes alimentos era cereais (31%), doces e salgadinhos (30%) e *fast food* (11%). Os comerciais de alimentos saudáveis eram muito raros na amostra de 2005. Dos 8.854 comerciais de alimentos analisados no estudo da Fundação da Família Kaiser, não havia anúncios direcionados a crianças ou adolescentes referentes a frutas ou vegetais. Compatível com o baixo valor nutritivo dos produtos, a maioria dos anúncios de comida enfatizava sabor e diversão como os principais recursos de persuasão (ver Figura 2.5). Todos estes padrões são muito comparáveis aos que Kunkel e Gantz (1992) encontraram 15 anos atrás.

Portanto, apesar da proliferação de canais na televisão, parece que a propaganda para crianças não mudou muito ao longo dos anos. Os mesmos produtos dominam os comerciais e os apelos de venda continuam a colocar o foco mais na diversão, na alegria e no sabor do que nas verdadeiras informações a respeito do produto.

As análises de conteúdo também examinaram outras características inerentes aos anúncios para crianças, tais como a forma como o gênero é retratado. Em um estudo de quase 600 comerciais direcionados às crianças Larson (2001) comparou anúncios que apresentam apenas meninas e apenas meninos com os que apresentam tanto meninas quanto meninos. Ela encontrou que os anúncios que tinham apenas

Figura 2.5

Fonte: Reproduzido com autorização de Universal Press Syndicate.

meninas eram muito mais prováveis de apresentar um ambiente doméstico, como um quarto ou um quintal, do que os que tinham apenas meninos ou ambos os sexos. Os anúncios apenas com meninos raramente ocorriam em torno da casa, apresentavam ambientes como restaurantes, *lan houses* e campos de beisebol. Os tipos de interações que ocorriam também eram diferentes nos anúncios. Mais de 80% dos anúncios para as meninas retratavam cooperação, enquanto isso ocorria em menos de 30% dos destinados aos meninos. Coerente com os estereótipos de gênero, perto de 30% dos anúncios para meninos retratavam interações competitivas, mas nenhum dos anúncios para meninas era assim. Por fim, havia diferenças quanto ao gênero entre os tipos de produtos anunciados. Era mais provável que os comerciais de comida apresentassem meninas e meninos juntos, enquanto os anúncios de brinquedos tipicamente tinham apenas um dos gêneros. Os comerciais voltados para os meninos eram frequentemente de *videogames* ou bonecos, e os direcionados às meninas eram de bonecas *Barbie*.

Também existem estereótipos de gênero nos comerciais direcionados aos adolescentes. Em um estudo, os anúncios voltados para adolescentes do sexo masculino enfatizavam competição, possuir o melhor e conquistas, enquanto os direcionados às adolescentes do sexo feminino enfatizavam romance, sexualidade e pertencer a um grupo (Buijzen e Valkenburg, 2002).

Os comerciais para um dos gêneros também podem transmitir estereótipos de formas mais sutis. Um estudo examinou as técnicas de produção usadas nos anúncios de brinquedos direcionados aos meninos *versus* os direcionados às meninas (Welch, Huston-Stein, Wright e Plehal, 1979). As propagandas de brinquedos para os meninos tinham um ritmo mais rápido, usavam transições mais abruptas, como os cortes, e tinham mais efeitos sonoros e outros tipos de barulho. Em contraste, os anúncios de brinquedos para as meninas usavam transições mais suaves como o clareamento da imagem e as mudanças entre as cenas tinham mais música de fundo. Em um estudo de *follow-up* (Huston, Greer, Wright, Welsh e Ross, 1984), alunos do ensino fundamental identificaram prontamente essas diferentes técnicas de produção como associadas a um "brinquedo para meninos" ou a um "brinquedo para meninas", mesmo quando o brinquedo em si fosse de gênero neutro (um móbile, por exemplo).

Também existem estereótipos em relação à raça e à etnia nas mensagens comerciais direcionadas às crianças. Anúncios que apresentam apenas crianças brancas são muito mais comuns do que os que têm apenas crianças de cor (Larson, 2001). Além do mais, os anúncios que apresentam crianças negras são mais provavelmente de alimentos semiprontos, especialmente *fast food*, do que os que apresentam crianças brancas (Harrison, 2006). De fato, os profissionais de *marketing* se direcionam aos consumidores afro-americanos com anúncios de alimentos e bebidas com altas calorias e baixo valor nutritivo (Institute of Medicine, 2006).

Os comerciais para crianças também foram analisados quanto à violência. Palmerton e Judas (1994) examinaram anúncios apresentados durante os 21 desenhos animados mais assistidos pelas crianças em 1993. Um terço dos anúncios continha manifestações claras de agressão física, mais comumente encontradas em comerciais de brinquedos. Além do mais, os anúncios que eram claramente direcionados aos meninos tinham muito mais chance de apresentar violência do que os direcionados às meninas. Literalmente todos os comerciais de bonecos na amostra continham violência. Esta ligação entre violência e anúncios direcionados aos meninos foi documentada numa pesquisa mais recente (Larson, 2001).

Em resumo, a típica hora de televisão apresenta de 10 a 14 minutos de propaganda nos canais que os jovens mais assistem (Gantz et al., 2007). A maioria das mensagens comerciais voltadas para as crianças anuncia brinquedos ou produtos alimentícios que não são particularmente saudáveis. De fato, o adolescente médio (8-12 anos) nos Estados Unidos assiste a 21 anúncios de comida por dia na TV (Gantz et al., 2007), a maioria dos quais apresenta doces, salgadinhos e *fast food*. Os comerciais concebidos para os jovens não oferecem muito no que se refere a informações "chatas" sobre o produto, como do que eles são feitos ou quanto custam. Em vez disso, os argumentos são muito mais emocionais, baseados na diversão e no sabor. Os anúncios de brinquedos, em particular, são muito estereotipados em termos de gênero. Os anúncios direcionados aos meninos tipicamente vendem brinquedos violentos que são demonstrados através da ação, da força e do barulho. Os anúncios para meninas, em contraste, são de bonecas que são apresentadas num ambiente mais tranquilo, mais lento e mais doméstico. Os comerciais direcionados aos adolescentes mostram estereótipos de gênero similares; os anúncios para os rapazes tendem a enfocar a competição, enquanto para as moças o foco é mais nos relacionamentos. A próxima seção aborda como os jovens respondem cognitivamente a essas mensagens.

Processamento cognitivo da publicidade

Nos Estados Unidos, as políticas que datam da Lei das Comunicações de 1934 estipulam que a publicidade deve ser claramente identificável pelo público pretendido (Wilcox e Kunkel, 1996). Em outras palavras, os comerciais devem ser reconhecidos pelo público-alvo como tentativas óbvias de persuadir. Se um espectador não perceber ou não conseguir reconhecer um anúncio, então ele presumivelmente estará mais vulnerável aos seus recursos persuasivos. Sob essas circunstâncias, considera-se que as mensagens comerciais são inerentemente desleais e enganosas. Devido ao seu potencial para a parcialidade, pesquisadores e legisladores concentram-se em como crianças de idades diferentes entendem a publicidade.

Atenção à publicidade

Um das primeiras perguntas a serem feitas é se as crianças prestam alguma atenção à publicidade. Os profissionais de *marketing* utilizam efeitos de som, cores brilhantes, *jingles*, personagens animados e uma variedade de outras técnicas de produção para atrair os consumidores. Na verdade, os anúncios são tipicamente mais altos em volume do que os programas que os acompanham. Todas essas técnicas são claramente perceptíveis e, como vimos no Capítulo 1, certamente atraem a atenção das crianças pequenas em particular.

Não há dúvida de que muitos adultos usam o intervalo comercial para sair da sala, realizar outras atividades ou até mesmo para mudar de canal. Com os aparelhos para gravação em vídeo digital como o *TiVo**, os consumidores podem gravar seus programas favoritos e pular os anúncios. Com base em observações caseiras, um estudo identificou que os adultos prestam atenção visual à programação em 62% do tempo e aos anúncios em apenas 33% do tempo (Krugman, Cameron e White, 1995). Por outro lado, a atenção das crianças depende da idade. Num primeiro estudo, mães de crianças de 5 a 12 anos foram treinadas para observar a atenção dos seus filhos aos comerciais que iam ao ar durante diferentes tipos de programação na TV (Ward, Levinson e Wackman, 1972). Todas as crianças apresentaram uma queda na atenção quando era mostrado um comercial, o que também ocorria ao longo de vários anúncios mostrados em série. Contudo, as crianças menores (5-7 anos) apresentaram,

* N. de R.: É uma marca popular de gravador de vídeo digital (DVR), nos Estados Unidos, que permite capturar a programação televisiva em HD para vizualização posterior.

em geral, níveis mais altos de atenção tanto nos comerciais quanto nos programas, enquanto era mais provável que as crianças de 11 e 12 anos parassem de assistir quando entrava um comercial. Um estudo mais recente que filmou famílias enquanto elas assistiam televisão registrou que as crianças de 2 anos prestavam tanta atenção aos anúncios quanto prestavam aos programas (Schmitt, Woolf e Anderson, 2003). Em contraste, as crianças de 5, 8 e 12 anos assistiam a mais programas do que anúncios, com a diferença aumentando com a idade (ver Figura 2.6). Estes achados sugerem que as crianças maiores, assim como os adultos, fazem uma triagem dos anúncios. Os dados também sugerem que as crianças muito pequenas podem não conseguir fazer distinções claras entre o conteúdo do programa e um não programa, uma questão para a qual voltaremos nossa atenção na próxima seção.

As mesmas diferenças por idade foram encontradas em pesquisas de laboratório. Zuckerman, Ziegler e Stevenson (1978) filmaram estudantes de 2ª a 4ª série enquanto eles assistiam um programa curto com oito comerciais de cereal incluídos. De um modo geral, as crianças prestaram menos atenção aos anúncios do que ao programa, porém, mais uma vez, a atenção aos comerciais diminuiu com a idade.

A maior atenção à publicidade por parte das crianças menores pode ser devida em parte às técnicas para atrair a atenção, como *jingles*, animação e *slogans*. Greer, Potts, Wright e Huston (1982) descobriram, por exemplo, que os pré-escolares prestavam mais atenção aos anúncios que continham mais ação, mudanças frequentes de cenas e inúmeros cortes do que aos anúncios sem estas características de produção. Da mesma forma, Wartella e Ettema (1974) encontraram que, comparados às crianças de pré-escola e 2ª série, o nível de atenção dos pré-escolares aos anúncios variava mais em função dos atributos visuais e auditivos da mensagem. Tais padrões estão em consonância com a tendência das crianças menores de se concentrar em e serem influenciadas pelos estímulos perceptivamente evidentes na mídia, conforme discutido no Capítulo 1.

De um modo geral, então, os pré-escolares e as crianças no início da escola elementar

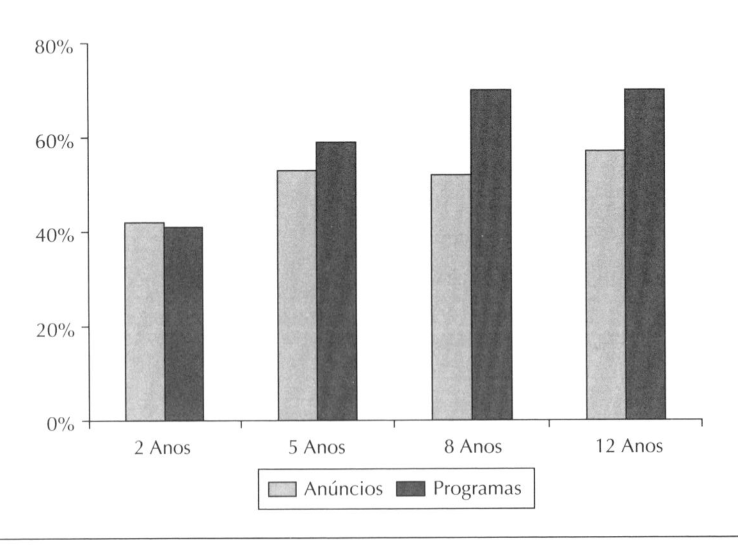

Figura 2.6 Porcentagem de tempo olhando para a tela da TV durante comerciais e programas em função da idade da criança norte-americana.

Fonte: Adaptado de Schmitt et al. (2003).

prestam mais atenção aos anúncios de televisão do que as crianças maiores. Isso pode se dever em parte aos fortes atributos perceptivos comumente encontrados nos comerciais. Entretanto, os padrões de atenção relativamente estáveis durantes as transições do programa para os anúncios também sugerem que as crianças menores podem não ser capazes de distinguir muito claramente esses dois tipos de mensagens.

Discriminação entre anúncios e programas

A discriminação pode ser testada apresentando-se diferentes conteúdos de televisão e pedindo que as crianças identifiquem o que estão assistindo. Por exemplo, Palmer e McDowell (1979) pegaram um vídeo com conteúdo da manhã de sábado, o interromperam em pontos pré-selecionados e perguntaram a crianças da pré-escola e da 1ª série se elas tinham acabado de ver "parte do programa" ou um "comercial". Os jovens alunos do ensino fundamental conseguiram identificar os comerciais com precisão apenas 53% das vezes, o que é praticamente equivalente a descobrir pelo acaso.

Em outros estudos que empregam técnicas similares, as habilidades de discriminação das crianças pequenas foram melhores e frequentemente acima dos níveis do acaso (Butter, Popovich, Stackhouse e Garner, 1981; Levin, Petros e Petrella, 1982). No entanto, são encontradas diferenças consistentes nas idades durante os anos da pré-escola; as crianças de 3 e 4 anos têm menos capacidade de fazer essas discriminações do que as de 5 anos (Butter et al., 1981; Levin et al., 1982).

Quando as crianças aprendem a discriminar um anúncio de um programa na TV, geralmente fazem isso com base nas características perceptivas, mais do que nas propriedades conceituais das duas mensagens. Por exemplo, quando Palmer e McDowell (1979) perguntaram às crianças da pré-escola e da 1ª série como elas sabiam que um segmento em particular era um comercial, a razão predominante citada foi a duração da mensagem ("porque os comerciais são curtos"). Outros estudos que entrevistaram crianças sobre anúncios *versus* programas sem mostrar o conteúdo da televisão apoiam esse achado (Blatt, Spencer e Ward, 1972; Ward, Wackman e Wartella, 1977).

É preciso assinalar que a indústria da televisão emprega recursos de separação para ajudar a sinalizar à audiência infantil que está ocorrendo em um intervalo comercial. Estes recursos variam consideravelmente em grau, desde uma simples inserção de vários segundos de tela em branco entre um programa e um anúncio até uma mensagem audiovisual complexa indicando que um programa "estará de volta logo após estas mensagens". O que ocorre é que esses tipos de separadores não ajudam muito as crianças pequenas. Estudos comparando telas brancas, mensagens só de áudio, mensagens somente visuais e separadores audiovisuais encontraram pouca melhora nas habilidades de discriminação das crianças pequenas com qualquer um desses recursos (Butter et al., 1981; Palmer McDowell, 1979; Stutts, Vance e Hudleson, 1981). Uma possível razão para a ineficácia destes separadores é que eles são muito rápidos para serem notados. Outra possibilidade é que eles são muito parecidos com a programação adjacente. Em muitos casos, a imagem dos personagens ou parte da trilha sonora do programa é, na verdade, utilizada nos separadores. Um recurso mais eficiente seria algo bem mais óbvio. Por exemplo, um porta-voz, criança ou adulto, sem vinculação com o programa poderia dizer: "Agora estamos fazendo um intervalo no programa para lhe apresentar um comercial".

Para resumir, as pesquisas mostram que um número substancial de pré-escolares não reconhece uma mensagem comercial na TV como claramente diferente da programação. Por volta dos 5 anos, a maioria das crianças é capaz de fazer essa distinção, embora seja tipicamente baseada em qualidades um tanto superficiais das mensagens, como a sua duração. E, ainda, ser capaz de identificar e nomear um comercial com precisão não significa necessariamente que uma criança compreende integralmente a natureza da publicidade, um tópico do qual nos ocuparemos a seguir.

Compreensão da publicidade

Os consumidores adultos se dão conta de que a publicidade existe para vender produtos e serviços. Esta percepção ajuda a pessoa a interpretar um comercial como uma forma persuasiva de comunicação. De acordo com Roberts (1982), a compreensão que um "adulto" tem da publicidade inclui quatro ideias: (a) a fonte tem uma perspectiva diferente (e, portanto, outros interesses) do que a do receptor, (b) a fonte tem a intenção de persuadir, (c) as mensagens persuasivas são tendenciosas e (d) as mensagens tendenciosas demandam estratégias interpretativas diferentes das mensagens informativas. A maior parte das pesquisas com crianças teve seu foco nas duas primeiras ideias, incluídas em estudos de como e quando os jovens espectadores entendem a intenção de venda nos anúncios. Deu-se menos atenção ao reconhecimento das crianças da parcialidade nos anúncios em relação às duas últimas ideias. Não está refletida na lista de Robert a noção de que também outras facetas da publicidade requerem compreensão, como os *disclaimers*. Esta seção irá levar em consideração todos os três tópicos: a compreensão que as crianças têm da intenção de venda, da parcialidade do anunciante e das explicações do tipo "partes vendidas separadas".

Entendendo a intenção de venda Reconhecer a intenção de venda que está subjacente aos anúncios não é uma tarefa simples, por uma razão: a verdadeira origem de um comercial raramente está identificada explicitamente. Um comercial de televisão, por exemplo, pode mostrar crianças brincando com algum brinquedo ou comendo um determinado tipo de cereal e, no entanto, a companhia que fabrica esses produtos é invisível. É fácil presumir que a "origem" da mensagem é a criança, a celebridade ou o personagem animado que na verdade está meramente demonstrando um produto novo que está disponível.

As pesquisas sugerem que as crianças, pequenas epectadoras, são ingênuas a este ponto. Num dos primeiros estudos, Robertson e Rossiter (1974) fizeram a crianças de 1ª, 2ª e 5ª séries um conjunto de perguntas com final aberto, do tipo: "O que é um comercial?" e "O que os comerciais tentam fazer com que você faça?". As crianças da 1ª série frequentemente descreviam os comerciais como mensagens informativas que "lhe falam sobre as coisas". Embora as crianças maiores também tenham dito o mesmo, era maior a probabilidade de que elas descrevessem os anúncios como persuasivos por natureza (ou seja, "os comerciais tentam fazer com que você compre alguma coisa"). Na verdade, a atribuição da intenção de venda aumentou drasticamente com a idade: apenas 53% das crianças da 1ª série mencionaram a intenção persuasiva, enquanto 87% das crianças da 3ª série fizeram o mesmo.

Um estudo mais recente encontrou um padrão muito parecido (Wilson e Weiss, 1992). Quando perguntadas sobre o que os comerciais "querem que você faça", apenas 32% das crianças de 4 a 6 anos mencionaram a intenção de venda dos anúncios. Ao contrário, esta faixa etária citava os comerciais muito mais com uma função de entretenimento (por exemplo "eles querem que você olhe para eles", "eles fazem você rir") ou informativa ("lhe mostram coisas"). Em contraste, 73% das crianças de 7 a 8 anos e um total de 94% dos que tinham de 9 a 11 anos mencionaram espontaneamente a intenção de venda dos comerciais. Vários outros estudos que usam técnicas de entrevista similares apoiam essas tendências etárias (Blatt et al., 1972; Ward, Reale e Levinson, 1972; Ward et al., 1977).

Dadas as variações no desenvolvimento, é difícil indicar a idade específica em que se reconhece a ideia da intenção de venda. No entanto, a maioria dos estudos sugere que as crianças começam a desenvolver uma compreensão do propósito persuasivo dos anúncios em torno dos 8 anos (ver Kunkel et al., 2004; Smith e Atkin, 2003).

Alguns estudiosos argumentaram que a dependência das medidas verbais pode mascarar as verdadeiras habilidades das crianças pequenas, o que pode ser complicado pelas dificuldades de linguagem (Macklin, 1987; Martin, 1997). Para testar esta noção, Donohue, Henke e Donohue (1980) criaram uma medida não verbal para avaliar a compreensão da intenção de venda nas crianças entre 2 e 6 anos. Após assistirem a um comercial de *Froot Loops*, era pedido às crianças que escolhessem quais das duas figuras – uma de uma mãe com um filho pegando uma caixa do cereal no supermercado e a outra de uma criança assistindo televisão – ilustrava o que o comercial queria que elas fizessem. Um total de 80% das crianças pequenas escolheu a figura correta, muito acima do nível do acaso para as duas opções. Contudo, como é visto na Tabela 2.1, vários esforços para repetir este achado com crianças pequenas não foram bem-sucedidos (Macklin, 1985, 1987). Por exemplo, Macklin (1985) usou um conjunto de quatro figuras, argumentando que as duas usadas por Donoue e colaboradores eram muito fáceis (isto é, apenas uma das figuras mostrava o cereal, o que fazia com que esta fosse obviamente mais relevante). Quando foram mostradas quatro figuras, 80% das crianças entre 3 e 5 anos não conseguiram escolher a figura correta.

Teoricamente, faz sentido que a compreensão da intenção de venda seja difícil para as crianças pequenas. Parece que, primeiramente, são necessárias certas habilidades cognitivas, como a habilidade de reconhecer as perspectivas diferentes do vendedor e do receptor. Em apoio a essa ideia, um estudo descobriu que a habilidade de assumir papéis era um indício forte e significativo da compreensão das crianças do ensino fundamental quanto ao propósito dos anúncios (Faber, Perloff e Hawkins, 1982). É interessante observar que a exposição à televisão não se correlaciona com a compreensão da intenção de venda, sugerindo que assistir a numerosos anúncios de televisão não é suficiente para que uma criança reconheça o propósito dos comerciais.

Tabela 2.1 Comparação das respostas corretas dos pré-escolares nos estudos que usam medidas não verbais diferentes da compreensão da intenção de venda (em porcentagens)

Natureza da tarefa não verbal	*Incorreto*	*Correto*
Escolha a partir de 2 figuras (Donohue, Henke e Donohue, 1980)	20	80
Escolha a partir de 4 figuras (Macklin, 1985)	80	20
Escolha a partir de 10 quadros em um jogo (Macklin, 1987)	91	9
Encenar a intenção de venda em uma peça criativa (Macklin, 1987)	87	13

Fonte: Adaptado de Macklin (1985, 1987).

Além de assumir papéis, a compreensão da intenção de venda também parece depender da habilidade para pensar de forma abstrata sobre o que é persuasão e o que é a verdadeira origem da mensagem. De acordo com esta ideia, um estudo encontrou que a habilidade de identificar a origem do anúncio e a conscientização da natureza simbólica dos comerciais foram duas habilidades que ajudaram a diferenciar as crianças que entendiam o propósito dos anúncios das que não entendiam (Robertson e Rossiter, 1974).

Para resumir, um grande número de pesquisas sugere que as crianças muito pequenas não compreendem o propósito dos comerciais e frequentemente os encaram como sendo de natureza informativa. A capacidade de assumir papéis e a habilidade de pensar conceitualmente foram identificadas como precursores importantes para ser capaz de avaliar a propaganda como uma forma de persuasão. Dado que tais habilidades não surgem até os últimos anos do ensino fundamental (ver Capítulo 1), parece óbvio que a compreensão da intenção de venda não ocorra muito antes dos 8 anos.

Como uma questão final, perguntaríamos por que é tão importante compreender o propósito de um anúncio. Talvez a visão ingênua de uma criança pequena seja apenas isso – uma visão ingênua, com pouca ou nenhuma consequência. Diversos estudos sugerem o contrário. A compreensão da intenção de venda parece alterar as reações da criança à publicidade (Robertson e Rossiter, 1974; Ward e Wackman, 1973). Por exemplo, Robertson e Rossiter (1974) encontraram que as crianças do ensino fundamental que entendem a intenção persuasiva dos comerciais têm menos probabilidade de confiar nos anúncios, maior probabilidade de não gostar deles e menor probabilidade de querer os produtos anunciados. Em outras palavras, o reconhecimento das intenções que estão por trás dos comerciais pode ajudar a acionar uma defesa cognitiva ou uma proteção contra tais mensagens. Interessante é que o padrão oposto foi encontrado entre crianças que encaravam os anúncios como informativos – elas expressaram maior nível de confiança e gostavam mais das mensagens. A próxima seção irá explorar mais a fundo o ceticismo em relação à publicidade.

Reconhecimento da parcialidade. Reconhecer que os anúncios são inerentemente unilaterais e, portanto, tendenciosos, é outra faceta do consumismo sofisticado (Roberts, 1982). Esta percepção também está relacionada à idade no seu desenvolvimento. Em situações de entrevista, as crianças menores têm maior probabilidade de relatar que acreditam no que dizem os comerciais (Bever, Smith, Bengen e Johnson, 1975; Robertson e Rossiter, 1974). Por exemplo, Ward e colaboradores (1977) descobriram que 50% das crianças do jardim de infância disseram 'sim' quando perguntadas: "Os comerciais sempre dizem a verdade?". Apenas 12 % das crianças da 3ª série e 13% da 6ª série responderam afirmativamente a esta pergunta.

Igualmente, Wilson e Weiss (1995) fizeram uma série de perguntas a crianças de 4 a 11 anos sobre publicidade, incluindo o quanto os comerciais lhes falam a respeito de um brinquedo e com que frequência os comerciais dizem a verdade. Conforme visto na Figura 2.7, foram encontradas fortes tendências relacionadas à idade em três medidas, todas indicando o crescimento do ceticismo nos anúncios com o passar dos anos na infância. Mesmo enquanto assistem televisão, as crianças maiores espontaneamente expressam comentários mais negativos e críticas aos anúncios do que as crianças menores (Ward, Levinson e Qackman, 1972).

Diversos fatores contribuem para a confiança das crianças pequenas na publicidade. Primeiro, as crianças pequenas têm mais dificuldades para diferenciar as aparências da realidade, conforme discutido no Capítulo 1 (ver Figura 2.8). Elas confiam muito nos estímulos perceptuais ao julgarem um anúncio (Ward e Wackman, 1973) e, assim, têm mais probabi-

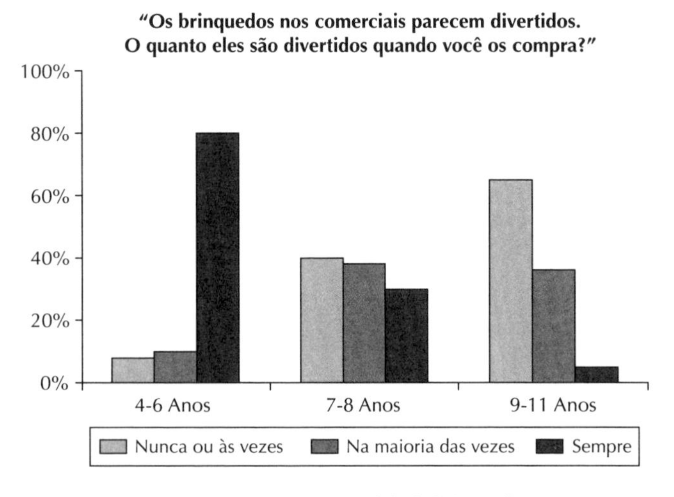

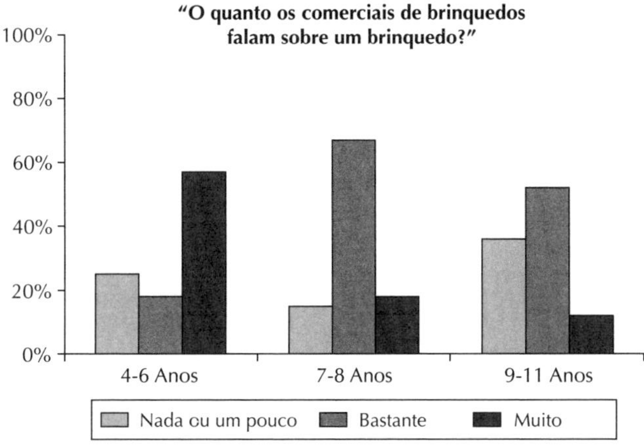

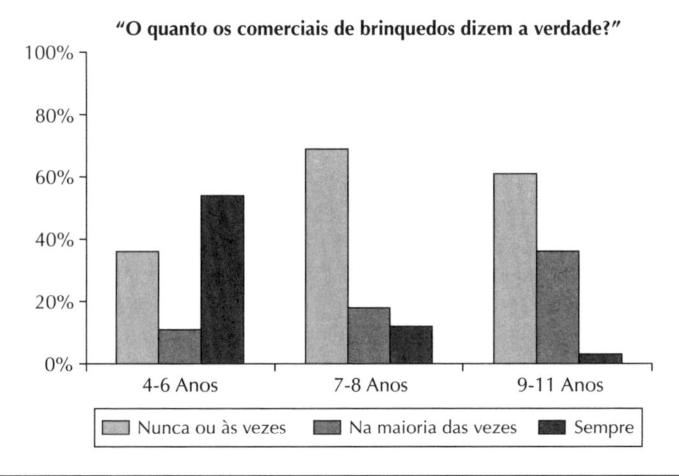

Figura 2.7 Diferenças etárias na confiança das crianças nos anúncios.

Fonte: Adaptado de Wilson e Weiss (1995).

lidade de acreditar que o produto se parece e tem o desempenho da forma como é retratado nos comerciais. Em segundo lugar, as crianças menores têm menos experiências como consumidoras. Uma forma de aprender de maneira eficiente que os anúncios podem ser enganosos é se decepcionar com uma compra. Na 6ª série, a grande maioria das crianças consegue descrever um produto que comprou e que se revelou pior do que foi retratado no anúncio (Ward et al., 1977). Quando as crianças vão crescendo, têm maior chance de citar suas próprias experiências como consumidoras como razão para não confiarem nos anúncios (Ward e Wackman, 1973). Terceiro, a falha na compreensão da intenção de venda faz com que a criança menor acredite mais. Em um estudo, 100% das crianças mais velhas, cognitivamente maduras, fizeram referência às intenções dos anunciantes quando lhes foi pedido para explicar por que os comerciais nem sempre dizem a verdade (Ward e Wackman, 1973). Por exemplo, as crianças mais velhas basearam suas avaliações da parcialidade no fato dos anunciantes "quererem que você compre o produto deles" e "eles quererem que você ache que o produto deles é bom".

Faz sentido dizer que o ceticismo ajudaria as crianças a serem menos crédulas quando se defrontam com mensagens comerciais. Um estudo descobriu que crianças de 8 a 12 anos que se sentiam desconfiadas e negativas em relação à publicidade avaliaram determinados comerciais de forma menos favorável do que as que confiavam mais nos anúncios (Derbaix e Pêcheux, 2003). Infelizmente, o estudo não mediu quantas crianças queriam comprar os produtos dos comerciais. No entanto, alguns estudiosos especularam que mesmo o consumidor infantil mais esperto pode ser iludido temporariamente pelas táticas persuasivas poderosas ou sedutoras (Derabaix e Pecheuw, 2003).

O ceticismo em relação à publicidade continua a se desenvolver no início da adolescência. Um estudo longitudinal encontrou níveis relativamente elevados de desconfiança das propagandas comerciais e das intenções do anunciante em uma grande amostra de estudantes (Boush, Friestad e Rose, 1994). Em uma escala de 5 pontos, a pontuação média entre os estudantes ficou em torno de 4,0, indicando forte concordância com afirmações como: "Os anunciantes se preocupam mais em fazer com que você compre coisas do que com o que é bom para você" e "Os comerciais de TV só falam coisas boas sobre o produto; eles não dizem nada sobre as coisas ruins". No entanto, o ceticismo não aumentou muito no espaço de um ano letivo, nem houve diferenças significativas entre os alunos da 6ª e da 8ª séries no tocante a essas crenças.

CALVIN E HAROLDO Bill Watterson

Figura 2.8

Fonte: © 1995 Universal Press Syndicate.

Depois, quando a criança chega à adolescência, outros fatores além do desenvolvimento cognitivo podem ser importantes na predição de quem é mais crítico da publicidade. Um estudo descobriu que o ceticismo em relação aos anúncios é mais alto entre os adolescentes que assistem mais televisão, que provêm de famílias que enfatizam o pensamento independente e que se baseiam nos seus pares para obter informações sobre produtos (Mangleburg e Bristol, 1999). Em contraste, o ceticismo é mais baixo entre adolescentes que relatam tentar impressionar seus pares comprando produtos. Esta pesquisa sugere que, quando uma pessoa se torna cognitivamente capaz de reconhecer as intenções e táticas dos anunciantes, podem ser necessárias forças socializantes como os pais e os amigos para tornar essas informações evidentes.

***Compreensão dos* disclaimers.** *Disclaimers* são avisos e explicações sobre um produto, com a intenção de prevenir possíveis enganos causados por um anúncio. "Pilhas não incluídas", "partes vendidas separadamente" e "parte de um café da manhã balanceado" são exemplos de *disclaimers* muito comuns na publicidade para crianças. Kunkel e Gantz (1992) descobriram que mais da metade dos comerciais direcionados às crianças continha pelo menos um *disclaimer* e 9% apresentavam dois ou mais.

Os *disclaimers* são muito comuns em comerciais de cereais. Quase três quartos de todos os anúncios de cereais apresentam uma mensagem (Gantz et al., 2007) – tipicamente, indicando que o produto anunciado é apenas "parte de um café da manhã nutritivo/balanceado". Os *disclaimers* também são incluídos com frequência em anúncios de bolos e pães (Gantz et al., 2007). É interessante observar que os anúncios de comida dirigidos às crianças e aos adolescentes têm mais probabilidade de conter *disclaimers* do que os anúncios de comida direcionados aos adultos (Gantz et al., 2007).

Tipicamente, os *disclaimers* são transmitidos por um narrador ou através da inserção de palavras em letras pequenas na parte inferior da tela (Muehling e Kolbe, 1999). É raro que um *disclaimer* seja apresentado ao mesmo tempo com voz e visualmente (Kunkel e Gantz, 1992).

As explicações existem devido às pressões do consumidor para garantir que os anúncios deem informações corretas sobre os produtos (Barcus, 1980). No entanto, os *disclaimers* foram criticados como "jargão" porque o seu palavreado frequentemente é pouco claro (Atkin, 1980). Na verdade, pesquisas indicam que as crianças pequenas não compreendem muito bem os *disclaimers*. Um estudo descobriu que os pré-escolares expostos a um *disclaimer* em um brinquedo não tinham melhores condições de entender o funcionamento do brinquedo do que os que viam o mesmo anúncio sem o *disclaimer* (Stern e Resnik, 1978). Outro estudo revelou que as crianças de pré-escola e da 1ª série tinham pouca compreensão do que significa "um café da manhã balanceado" e tinham uma probabilidade muito maior de se lembrar do cereal *Rice Krispies* em um anúncio do que do leite, do suco de laranja ou dos morangos que o acompanhavam na mesa (Palmer e McDowell, 1981). O desenvolvimento cognitivo e da linguagem ajuda a tornar estes *disclaimers* mais acessíveis com a idade. Um estudo apontou que 85% das crianças de 10 anos entendiam a expressão "requer montagem parcial" no anúncio de um brinquedo, enquanto apenas 40% das crianças de 5 anos entendiam o mesmo (Liebert, Sprafkin, Liebert e Rubinstein, 1977).

No entanto, os *disclaimers* poderiam ser projetados de uma forma mais simples para as crianças. Num experimento inovador, Liebert e colaboradores (1977) expuseram crianças da pré-escola e da 2ª série a um comercial de brinquedo sob uma destas três condições: sem nenhum *disclaimer*, um *disclaimer* padrão ("requer montagem parcial") ou um *disclaimer* modificado que continha um palavreado mais simples ("você tem que montar"). Independente da idade, as crianças que ouviram o *disclai-*

mer mais simplificado tiveram uma probabilidade muito maior de entender que o brinquedo precisava ser montado do que aquelas que ouviram o *disclaimer* padrão (ver Figura 2.9). É interessante observar que o palavreado padrão não foi mais eficiente do que a ausência de um *disclaimer* para ajudar as crianças a entender que o brinquedo precisava ser montado; menos de 25% das crianças em qualquer uma das duas condições entenderam essa ideia.

Para recapitular como as crianças processam os anúncios, a maioria dos pré-escolares tem dificuldades em diferenciar um comercial de televisão da programação, e eles não compreendem o palavreado padrão utilizado nos *disclaimers* dos anúncios. Assim sendo, para esta faixa etária em particular, os anúncios podem ser desleais se considerarmos o princípio legal de que o público deve ser capaz de reconhecer esse conteúdo. Por volta dos 5 ou 6 anos a maioria das crianças já consegue fazer a distinção entre um anúncio de TV e um programa, embora isso esteja baseado primariamente em estímulos visuais, como o tempo de duração das mensagens. À medida que os comerciais ficam mais curtos e cada vez mais se parecem com a programação adjacente, uma criança do jardim de infância ou da 1ª série pode ter mais dificuldade para fazer essa distinção. O que complica ainda mais para as crianças menores é a natureza dos anúncios nas mídias mais recentes: os anúncios em *flash* nos sites da *web* e os *banners*, por exemplo, que estão misturados ao conteúdo, sem nenhuma costura. Na verdade, alguns sites são inteiramente comerciais por natureza, conforme discutiremos a seguir, embora eles possam parecer de caráter informativo. A internet requer níveis ainda mais elevados de sofisticação cognitiva para desemaranhar o que é comercial do que não é.

Entretanto, o fato de conseguir identificar um anúncio ainda não significa que uma criança pequena compreenda o seu propósito. Inicialmente, os anúncios são vistos como de natureza informativa ou de entretenimento, e as crianças pequenas expressam um alto grau de confiança em tais mensagens. Somente após os 8 anos é que a criança começa a entender a

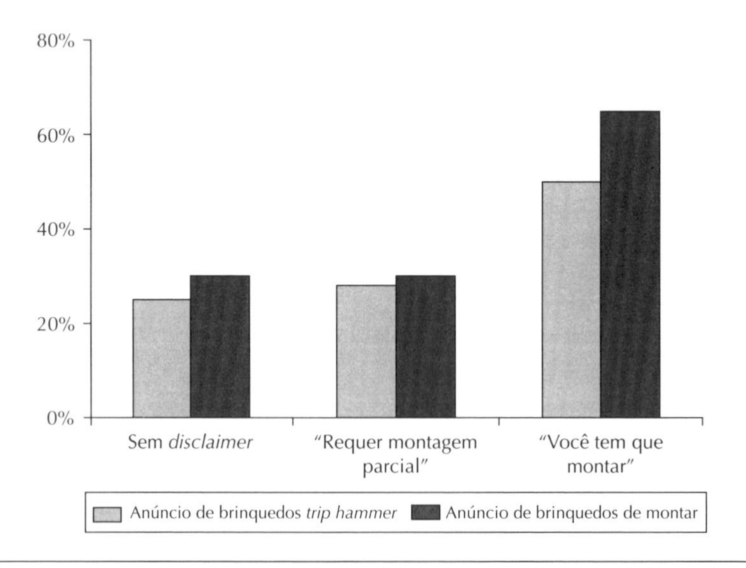

Figura 2.9 Porcentagem de crianças que entenderam que o brinquedo precisava ser montado, em função do tipo de *disclaimer* no anúncio.

Fonte: Adaptado de Liebert et al. (1977).

intenção de venda dessas mensagens. Esta transição é facilitada pelo desenvolvimento das habilidades para assumir papéis e o pensamento conceitual. A partir dos 12 anos, aproximadamente, a maioria das crianças é capaz de reconhecer a origem da mensagem, as intenções dos anunciantes e as estratégias típicas que são utilizadas para persuasão. Este nível de percepção, aliado a uma base rica de experiências como consumidor, significa que na adolescência a maioria dos jovens é bastante crítica e cética em relação à publicidade. A única ressalva é que aqui todas as pesquisas foram feitas com a televisão e não com mídias mais recentes. Mesmo assim, crianças de todas as idades, assim como muitos adultos, ainda podem ser persuadidas pelos comerciais, como veremos a seguir.

O impacto persuasivo da publicidade

O efeito mais direto de um anúncio é o de convencer um consumidor a comprar um novo produto. Os anunciantes e também as companhias acreditam no poder da publicidade para fazer isso. Não existe outra forma de explicar o fato de as companhias pagarem US$ 2,7 milhões por um comercial de 30 segundos durante o campeonato do Super Bowl* em 2008. Mas também existem consequências mais sutis da propaganda. Por exemplo, os comerciais podem influenciar as interações familiares. Sempre que uma criança tenta fazer com que um dos pais compre alguma coisa, ou sempre que um dos pais resiste a essa tentativa, pode ocorrer um conflito. Pesquisadores examinaram a frequência com que isso ocorre e quais as consequências. Além disso, a exposição intensa à publicidade pode afetar atitudes mais gerais ou os valores que os jovens têm em relação ao consumo, ao dinheiro e até mesmo à aparência física. Discutiremos nesta seção cada uma destas influências potenciais.

Lealdade à marca

Um dos objetivos da propaganda é criar uma lealdade à marca. A criação de personagens para a marca que atraem as crianças é um componente crucial do *marketing* de sucesso (Institute of Medicine, 2006). *Tony*, o Tigre, foi criado em 1951 para promover os Flocos de Milho da Kellogg's e, embora tenha ficado mais magro e musculoso, ele ainda é usado nos anúncios de hoje. *Ronald Mcdonald* é reconhecido por aproximadamente 96% das crianças norte-americanas e é usado internacionalmente para vender *fast food* em mais de 25 línguas (Enrico, 1999). Através dos contratos de licenciamento, personagens populares da televisão, como *Bob Esponja*, também são usados para vender produtos.

Não causa surpresa que as crianças conheçam tanto os nomes, os *jingles* e os *slogans* de marcas associados a comerciais específicos e às celebridades que apoiam determinados produtos (Burr e Burr, 1977; Fox, 1996). Um estudo revelou que crianças entre 8 e 12 anos sabiam nomear cinco marcas de cerveja, mas apenas quatro presidentes norte-americanos (Center for Science in the Public Interest, 1988). Outro estudo revelou que os adolescentes lembram nomes de marcas e reconhecem o conteúdo de anúncios melhor do que os adultos (Dubow, 1995).

Mesmo os pré-escolares demonstram conhecimento de e lealdade a marcas. Um estudo pediu que crianças de 3 a 6 anos relacionassem 22 logotipos de marcas com 12 produtos diferentes reproduzidos em um tabuleiro (Fischer, Schwartz, Richards, Goldstein e Rojas, 1991). As crianças apresentaram índices altos de reconhecimento dos logotipos (ver Figura 2.10). Mais

* N. de R.: Como é conhecido o campeonato de futebol americano. Aqui, refere-se à final, que tem milhões de espectadores nos EUA e ao redor do mundo. Em 2010, por exemplo, o evento foi assistido por mais de 100 milhões de pessoas, e é um dos espaços publicitários mais caros do mundo.

Figura 2.10 Logotipos de marcas populares.

Fonte: © 2007-2008 McDonald's; © 2008 Shell International B.V.; © Direitos reservados 2004-2005 Eastman Kodak Company. Todos os direitos reservados; ©Disney. Todos os direitos reservados; ©2007 Mercedes-Benz USA, LLC/Daimler AG. Todos os direitos reservados; Tony, o TigreTM, Flocos Açucarados®, ©2008 Kellogg's NA Co.; Joe CamelTM, Camel Cigarettes®, ©R.J. Reynolds Tobacco Company. Todos os direitos reservados.

de 90% reconheceram o logotipo do Disney Channel, mas as crianças reconheceram ainda os logotipos de muitos produtos para adultos. Mais de 90% das crianças de 6 anos foram capazes de combinar *Old Joe* (o personagem que promove os cigarros Camel) com o desenho de um cigarro. Outro estudo descobriu que, já aos 2 anos as crianças conseguem reconhecer muitos logotipos de marcas de produtos (Valkenburg e Buijzen, 2005). No mesmo estudo, os pré-escolares que assistiam muita televisão estavam mais familiarizados com nomes de marcas do que os que não assistiam muito.

O reconhecimento da marca parece alimentar a preferência pela mesma. Um estudo pediu que pré-escolares escolhessem o produto que preferiam a partir de uma série de oito opções que envolviam uma opção de marca e outra sem marca, cuidadosamente escolhidas (Pine e Nash, 2003). As opções sem marca foram pré-estudadas para assegurar que estavam em iguais condições com as marcas quanto a tamanho, cor e outras qualidades perceptuais. As crianças escolheram os produtos com marcas em 68% das vezes. As meninas de pré-escola demonstraram maior lealdade às marcas do que os meninos. Dentre os oito tipos de produtos apresentados (p. ex., brinquedo, cereal, barra de chocolate, camiseta), o único produto que não gerou lealdade à marca foi o tênis. Mais recentemente, Robinson, Borzekowski, Matheson e Kramer (2007) apresentaram a pré-escolares duas amostras, cada uma com cinco itens diferentes de *fast food* (p.ex., hambúrguer, batatas fritas, leite). Para cada par de itens, um tinha a embalagem do McDonald's e o outro era embalado em papel liso. Entretanto, as comidas e os refrigerantes no interior das embalagens eram idênticos. Pedia-se às crianças que experimentassem cada amostra e concluíssem se as duas eram iguais ou se uma era mais saborosa que a outra. Os pré-escolares demonstraram uma forte preferência pelas comidas e pelos refrigerantes que eles pensavam ser do McDonald's. Em outras palavras, o simples fato de aparecer a marca dos itens influenciou significativamente as percepções de sabor das crianças.

O desejo por produtos

Questionar se a publicidade cria um desejo pelos produtos pode parecer uma pergunta ridícula para algumas pessoas. As crianças norte-americanas vestem camisetas estampadas com personagens do Pokémon, carregam lancheiras decoradas com figuras da Disney, vestem jeans de marca e tênis Nike e adoram qualquer coisa com a marca da Abercrombie (ver Figura 2.11). Os adolescentes parecem conhecer ainda mais os nomes de marcas e a última moda em vestuário e tecnologia. De onde vem toda esta atração do consumidor? Quando perguntado, a maioria das crianças relata que comprou alguma coisa porque "você vê muito por aí" ou "todo o mundo tem" (Fox, 1996). Conforme observado anteriormente, o anúncio frequentemente transmite a ideia de que um produto irá trazer diversão e felicidade para a vida de um jovem. As imagens de outras crianças brincando com um determinado brinquedo ou comendo num restaurante de *fast food* reforçam a noção de que todas as outras pessoas também estão fazendo isso.

Mas a exposição à publicidade cria desejos? Inúmeras pesquisas mostram que as crianças que assistem muita televisão querem

Figura 2.11

Fonte: Reproduzido com autorização de Copley News Service.

os brinquedos mais anunciados e, na verdade, consomem mais comidas anunciadas do que as crianças com hábitos mais brandos de TV (Atkin, 1976, 1982; Goldberg, 1990; Goldberg, Gorn e Gibson, 1978; Robertson e Rossiter, 1977; Robertson, Ward, Gatignon e Klees, 1989). Como exemplo, um estudo recente pediu a 250 crianças na Holanda que fizessem uma lista do que queriam de Natal e depois a compararam com os comerciais que iam ao ar na TV na mesma época (Buijzen e Valkenburg, 2000). Mais da metade das crianças pediu pelo menos um produto anunciado. Além do mais, a exposição pesada à televisão previu de forma significativa solicitações de mais produtos anunciados, mesmo depois de feito o controle por idade e gênero da criança (ver Figura 2.12). Outro estudo recente com mais de 900 crianças de 5ª e 6ª séries encontrou que aquelas que assistiam muitas horas de televisão tinham mais atitudes positivas em relação a lanches, como cereais açucarados e itens de *fast food* do que os espectadores mais brandos (Doxon, Scully, Wakefield, White e Crawford, 2007). Os espectadores muito assíduos de TV também percebiam que outras crianças comiam lanches com mais frequência, e percebiam esse tipo de comida como mais saudável, além do seu próprio relato de comerem mais lanches. Estes padrões se mantiveram mesmo depois do controle quanto a gênero, escolaridade e *status* socioeconômico da família.

Também entre os adolescentes a exposição à televisão foi vinculada ao aumento no desejo por produtos e nomes de marcas (Moschis, 1978; Moschis e Moore, 1979). Contudo, as evidências sugerem que a força desta relação pode diminuir um pouco com a idade (Buijzen e Valkenburg, 2000; Robertson e Rossiter, 1977), fato coerente com o aumento da percepção da criança sobre o propósito da publicidade e também do aumento no seu ceticismo quanto a tais mensagens.

As evidências correlacionais revelam claramente que existe uma relação entre os anúncios na TV e o desejo por produtos, porém é difícil estabelecer a causalidade em tais estudos. É possível que os jovens que são ávidos por comprar brinquedos, *games*, roupas e salgadinhos na verdade busquem a televisão mais frequentemente para descobrir novos produtos, uma direção inversa nessa relação. Assim, os pesquisadores se voltaram para experimentos que estabeleçam melhor o impacto da publicidade.

No experimento típico, as crianças são designadas aleatoriamente para assistirem ou não

BABY BLUES Rick Kirkman e Jerry Scott

Figura 2.12

Fonte: Baby Blues, de Rick Kirkman e Jerry Scott. Reproduzido com autorização de King Features Syndicate.

a um anúncio de um determinado produto. Depois disso, pede-se que as crianças selecionem o produto anunciado dentro de um leque de opções, ou então são feitas várias perguntas sobre o quanto elas gostam ou querem aquele produto, em comparação com os outros. Os experimentos mostram em geral que os comerciais são de fato efetivos. Em um estudo, os pré-escolares expostos a um anúncio de brinquedos tiveram maior probabilidade do que os não expostos de (a) escolherem o brinquedo em detrimento da atividade favorita na escola, (b) escolherem o brinquedo mesmo que isso significasse ter que brincar com um "menino não tão legal" e (c) escolherem o brinquedo apesar da preferência da sua mãe por um brinquedo diferente (Goldberg e Gorn, 1978). Em um estudo com crianças maiores, a exposição a um anúncio de creme para acne causou mais preocupações com manchas na pele em alunos da 4ª e 5ª séries e fez com que desejassem comprar o creme (Atkin, 1976).

Embora um anúncio possa aumentar o desejo por um produto, as exposições múltiplas podem ser ainda mais influentes. Gorn e Goldberg (1977) descobriram que assistir a um *versus* três comerciais era igualmente eficaz no aumento das atitudes positivas em relação a um brinquedo novo, em comparação com um grupo de controle sem nenhuma exposição, mas apenas a condição de três exposições fez com que as crianças se empenhassem mais em ganhar o brinquedo. Outras pesquisas sustentam a ideia de que um único anúncio pode aumentar o conhecimento e o gosto por um produto, mas as exposições múltiplas a comerciais variados são mais efetivas na mudança do comportamento do consumidor (Gorn e Goldberg, 1980; Resnik e Stern, 1977).

Além da repetição, existem outras maneiras de melhorar o impacto de um anúncio. Uma tática é incluir um brinde ou prêmio no produto, como é feito nas caixas de cereal. Em 1975, eram oferecidos brindes em aproximadamente 50% dos anúncios de cereal direcionados às crianças (Barcus, 1980). Esta prática é menos comum hoje nos anúncios de cereal, porém os comerciais de *fast food* rotineiramente seduzem as crianças com pequenos brinquedos que acompanham os seus lanches (Kunkel e Gantz, 1992). Em 1997, o McDonald's teve dificuldades para manter o estoque dos *Teenie Beanie Babies* quando começou a oferecê-los como brinde no *McLanche Feliz*. As pesquisas sugerem que os brindes em comerciais podem aumentar significativamente o desejo das crianças por um produto (Miller e Busch, 1979) e podem realmente afetar a sua solicitação de cereais em um supermercado (Atkin, 1978).

Outra estratégia envolve o uso de uma celebridade ou de um personagem popular para fazer o comercial de um produto em um anúncio. O atleta profissional Michael Jordan está associado há muito tempo à Nike e tem até um par de tênis com seu nome (Air Jordans). Existem outros exemplos incontáveis. A estrela pop Hilary Duff tem a sua própria boneca Barbie e fazia o comercial de moda da Candie através da loja de departamentos Kohl (ver Figura 2.13). A estrela do golfe Tiger Woods é o porta-voz da American Express e faz a campanha dos computadores Macintosh, entre outros produtos. E Bart Simpson alardeia que adora as barras de chocolate Butterfinger.

Pesquisas sustentam a ideia de que figuras populares podem ser fontes efetivas de persuasão. Um estudo apontou que os adolescentes consideraram as propagandas das celebridades mais confiáveis, competentes e atraentes do que as das não celebridades que se apresentavam em anúncios praticamente idênticos (Atkin e Block, 1983). Além do mais, as celebridades traziam como resultado avaliações mais favoráveis de um produto. Em um experimento controlado, Ross e colaboradores (1984) expuseram crianças de 8 a 14 anos a um comercial de conjunto de carros de corrida, mas que variava sistematicamente se uma celebridade fosse in-

Figura 2.13 Exemplo de anúncios com celebridades.

Fonte: ©2007-2008 Kohl's Illinois, Inc. and ©2006 Iconix Brand Group, Inc.; ©Sony Computer Entertainment, Inc.

cluída no anúncio. Os pesquisadores encontraram que a exposição à celebridade aumentava significativamente o gosto dos meninos pelo conjunto de carros de corrida e aumentava a sua crença de que a celebridade era uma especialista no brinquedo.

Tomada como um todo, a pesquisa mostra que os comerciais podem ter efeitos muito poderosos sobre os desejos das crianças. Mesmo um único anúncio pode mudar a forma como uma criança percebe um brinquedo ou um jogo. Os anúncios também podem persuadir os jovens espectadores a comer comidas que não são muito nutritivas e a experimentar determinadas drogas, como o tabaco. O que ocorre é que mesmo um anúncio sem graça pode tornar um produto atraente (Resnik e Stern, 1977), mas a incorporação de táticas como os brindes e tendo as celebridades para endossá-lo pode tornar a venda ainda mais efetiva. A seguir vamos tecer algumas considerações sobre os efeitos da publicidade que são mais indiretos e não necessariamente intencionais por parte dos anunciantes: o aumento no conflito familiar e as mudanças nos valores dos jovens.

Conflito pais-filhos

A maioria dos executivos das agências de publicidade acredita que os comerciais de TV não contribuem para o conflito familiar (Culley, Lazer, Atkin, 1976). No entanto, as pesquisas sugerem o contrário (ver Figura 2.14). Um estudo apresentou histórias a alunos da escola elementar sobre uma criança que assiste a um comercial de TV de um produto atrativo (Sheikh e Moleski, 1977). Quando foram perguntadas se criança da história pediria a seus pais para comprar o produto, aproximadamen-

Figura 2.14

Fonte: Tribune Media Services, *Boston Globe*, Dan Waserman, 2000.

te 60% das crianças responderam afirmativamente. Quando perguntado o que aconteceria se o genitor dissesse não, 33% das crianças disseram que a criança da história iria se sentir triste, 23% disseram que a criança ficaria braba e hostil e 16% disseram que a criança insistiria no pedido do produto. Apenas 23% indicaram que a criança aceitaria a decisão.

De acordo com as mães, os esforços das crianças para influenciarem as compras ocorrem mais frequentemente quanto a itens alimentícios, especialmente cereais, salgadinhos e doces (Ward e Wackman, 1972). Coincidentemente, esses mesmos produtos estão entre os que são mais intensamente anunciados para crianças. A solicitação a um dos genitores para comprar alguma coisa parece diminuir com a idade (Ward e Wackman, 1972), em parte porque quando as crianças ficam mais velhas, um maior número delas tem o seu próprio dinheiro para tomar decisões independentes. No entanto, para itens mais caros até os adolescentes podem importunar os pais. Uma pesquisa nacional descobriu que 40% das crianças entre 12 e 17 anos haviam pedido um produto anunciado que elas achavam que seus pais desaprovariam, e a maioria destes jovens disse que foi persistente (New American Dream, 2002). Na verdade, os adolescentes achavam que tinham que pedir uma média de nove vezes antes dos seus pais desistirem e fazerem a compra.

Vários estudos observaram em situações reais pais e filhos enquanto faziam compras juntos, com o objetivo de avaliar o conflito mais diretamente. Num primeiro estudo, Galst e White (1976) observaram 41 pré-escolares com suas mães em um mercado. Os pesquisadores documentaram uma média de 15 tentativas de influenciar a compra (PIAs – *purchase influence attempts*) por parte da criança em uma ida típica ao supermercado, ou uma a cada dois minutos! A maior parte das PIAs era referente a cereais e doces, e 45% delas tiveram sucesso. Em outras palavras, a mãe concordou com quase metade das solicitações dos filhos. Em outro estudo observacional, Atkin (1978) encontrou conflito aberto em 65% das vezes em que um dos pais negava uma solicitação do filho de um cereal no supermercado.

Um experimento ligou de maneira criativa as PIAs diretamente à publicidade. Stoneman e Brody (1981) escolheram aleatoriamente pré-escolares para assistirem um desenho animado que continha seis comerciais de comida ou nenhum comercial. Imediatamente após, era dito às mães que levassem seus filhos a um mercado próximo para fazer as compras típicas da semana, supostamente como parte de outro estudo. Fazendo-se de vendedores na loja, os pesquisadores assistentes codificaram discretamente as interações que ocorreram. As crianças que tinham sido expostas aos comerciais de comida se envolveram significativamente em mais tentativas de influenciar as compras do que as crianças do grupo de controle. As crianças expostas aos comercias também fizeram mais pedidos daquelas comidas que foram apresentadas nos anúncios. Além disso, o comportamento das mães foi influenciado pelos comerciais. As mães das crianças que haviam assistido comerciais se envolveram significativamente em mais estratégias de controle durante a ida às compras, tais como colocar o item de volta na prateleira e dizer "não" à criança.

Em suma, a publicidade pode produzir pressão sobre os pais para comprarem produtos, o que por sua vez pode causar conflito na família quando estas solicitações são negadas. As crianças menores que se defrontam com a resistência parental têm maior probabilidade de se queixarem, ficarem brabas e até chorarem (Williams e Burns, 2000). Em contraste, as crianças maiores tendem a usar táticas mais sofisticadas de persuasão, como a negociação e pequenas mentiras. Existem algumas evidências de diferenças de gênero no "fator insistência" – *nag factor* (Buijzen e

Valkenburg, 2003a). Os meninos são mais insistentes e exigentes nas suas solicitações do que as meninas, e eles também tendem a ser menos submissos. Finalmente, as pesquisas sugerem que a discordância pais-filhos não é apenas um fenômeno norte-americano. Um estudo transcultural descobriu que as crianças assistirem intensamente a televisão está vinculado a mais conflitos pais-filhos em relação a compras no Japão e na Grã-Bretanha, assim como nos Estados Unidos (Robertson et al., 1989).

Materialismo e orientações de valores

Os críticos têm a preocupação de que, além de criar uma demanda por determinados produtos, a publicidade possa contribuir de um modo mais geral para atitudes materialistas nos jovens. Materialismo se refere à ideia de que dinheiro e posses são importantes e que certas qualidades como beleza e sucesso podem ser obtidas através da propriedade material (ver Figura 2.15). Fox (1996) argumenta que "quando as crianças são saturadas com anúncios, o seu apetite por produtos é estimulado. Ao mesmo tempo, as crianças desejam os valores que estão associados a esses produtos – valores intangíveis que, assim como a atração sexual, são impossíveis de ser comprados" (p. 20). As populares bonecas Bratz, por exemplo, são comercializadas para garotas *tween* como uma "marca de estilo de vida", que gira em torno de maquiagem, roupas sexualizadas, fazer compras em grupo e reunir-se no *shopping center* (McAllister, 2007). Em apoio a essa ideia de materialismo ou hiperconsumismo, em uma pesquisa de opinião nacional, 53% dos adolescentes disseram que comprar produtos faz com que eles se sintam melhor consigo mesmos (New American Dream, 2002). Outros críticos argumentam que a publicidade não deve ser escolhida como alvo de ataques e que o consumismo da juventude faz parte da participação das crianças em uma cultura mais ampla, que está baseada em mercadorias (Seiter, 1993).

É difícil desvincular a publicidade de todas as outras forças que podem incentivar o materialismo, especialmente porque quase todas as crianças estão expostas a um mundo repleto de lojas de brinquedos, restaurantes de *fast food*, cinemas, grupos de iguais e até mesmo escolas, todos eles promovendo bens de consumo. Vários estudos correlacionais procuraram examinar se existe uma relação entre os hábitos com a mídia e o materialismo nos jovens. Para medir o materialismo, foi pe-

Calvin e Haroldo

Figura 2.15

Fonte: Reproduzido com permissão do Universal Press Syndicate.

dido a estudantes que concordassem ou discordassem de afirmações como: "É realmente verdade que o dinheiro pode comprar felicidade" e "O meu sonho na vida é conseguir ter coisas caras". Uma pesquisa grande com 800 adolescentes descobriu que a exposição excessiva à televisão tinha correlação com a compra de produtos para obter aceitação social, mesmo depois de ser feito o controle por idade, sexo, classe socioeconômica e a quantidade das comunicações na família a respeito do consumismo (Churchill e Moschis, 1979). No mesmo estudo, os adolescentes que relataram assistir muito à TV também tiveram maior probabilidade de associar posses e dinheiro à felicidade. Outra pesquisa encontrou um padrão similar entre os *tweens* (Buijzen e Valkenburg, 2003b). Ou seja, crianças de 8 a 12 anos que assistiam comerciais de televisão com frequência eram mais materialistas do que seus iguais que raramente assistiam comerciais. Isso valia para todos, independentemente de idade, gênero e classe socioeconômica da criança.

Estes padrões são certamente sugestivos, mas não permitem conclusões causais sólidas. Os jovens materialistas podem ir em busca da publicidade, a publicidade pode causar materialismo, ou ambos. Obviamente, é necessário que sejam feitas pesquisas longitudinais para averiguar se a exposição pesada à publicidade durante a infância leva a atitudes mais materialistas ao longo do tempo. Existe um estudo como este na literatura publicada. Moschis e Moore (1982) pesquisaram crianças da 6ª até a 12ª série por duas vezes, em um intervalo de 14 meses, em relação à sua exposição aos comerciais de televisão e suas atitudes materialistas. No Momento 1 houve uma associação significativa entre a exposição aos anúncios e o materialismo, como foi encontrado em outros estudos. No exame ao longo do tempo, a exposição à publicidade no Momento 1 também foi preditiva de escores mais altos no materialismo 14 meses depois, no Momento 2, mas *somente* entre aqueles jovens que inicialmente tinham escore baixo em materialismo. Em outras palavras, a televisão parece ter exercido seu maior impacto naqueles que ainda não eram altamente materialistas. É necessário que se façam mais pesquisas longitudinais desse tipo, particularmente com crianças pequenas cujos valores ainda estão em desenvolvimento. Obviamente, os estudos devem controlar outros fatores relevantes de socialização, como os próprios valores dos pais em relação aos bens materiais.

Outra questão de interesse é se a publicidade contribui para uma preocupação com a aparência física, especialmente entre adolescentes do sexo feminino. É muito comum que nas revistas para adolescentes, em particular, haja anúncios apresentando modelos magras e atraentes (ver Figura 2.16). Estudos encontraram que as adolescentes e estudantes universitárias comparam suas aparências físicas com as das modelos que aparecem nos anúncios (Martin e Kenedy, 1993; Richins, 1991). Além do mais, examinar os anúncios de modelos altamente atraentes pode afetar temporariamente a autoestima e até mesmo a imagem corporal (Stice e Shaw, 1994), especialmente entre as garotas que são incentivadas a se compararem (Martin e Gentry, 1997). Em um experimento, as garotas adolescentes que foram expostas a doses mais pesadas de comerciais enfatizando a aparência física tinham mais probabilidade de acreditar que ser bonita é uma característica importante e necessária para atrair os homens do que as do grupo de controle expostas a outros tipos de anúncios (Tan, 1979). Também começam a surgir evidências longitudinais, sugerindo que a exposição precoce à televisão e revistas aumenta o desejo das meninas de terem um corpo magro (Harrison e Hefner, 2006) e o desejo dos meninos de terem um corpo musculoso quando crescerem (Harrison e Bond, 2007).

Figura 2.16 Anúncios Extraídos de *CosmoGIRL!* (Maio de 2007) e *Teen* (Primavera de 2007).

Fonte: ©2007 Macy's. Todos os direitos reservados; ©2005 Procter e Gamble. Todos os direitos reservados; Nair Hair RemoverTM, ©Church e Dwight Co., Inc. 2008. Todos os direitos reservados.

Fases do comportamento de consumidor durante a infância

Valkenburg e Cantor (2001) descreveram quatro fases no comportamento de consumidor na infância, o que oferece uma ótima visão geral de boa parte do material abordado até aqui neste capítulo.

A primeira fase, a qual os autores chamam de "Necessidades e Preferências dos Sentidos", caracteriza os bebês e os que estão começando a caminhar. Durante essa fase, as crianças pequenas apresentam preferências distintas por cheiros, cores, sons e objetos, componentes importantes do comportamento de consumidor. Ainda nessa idade precoce as crianças são particularmente reativas, ao invés de direcionadas para um objetivo. Portanto, elas não são capazes de agir como verdadeiras consumidoras.

A segunda fase, "Insistência e Negociação", abrange os anos pré-escolares. Conforme observamos, os pré-escolares têm dificuldade em distinguir os anúncios dos programas e não compreendem totalmente a intenção dos comerciais. Em consequência, Valkenburg e Cantor (2001) argumentam que os esforços de *marketing* têm forte impacto nessa faixa etária. Devido à ideia da concentração (ver Capítulo 1), os pré-escolares são mais prováveis de ser atraídos por produtos chamativos visualmente. Eles também querem imediatamente o que veem, portanto essa faixa etária tem mais probabilidade de incomodar os pais e de exibir comportamentos inconformados e emocionais quando lhes é negada alguma coisa.

A terceira fase, "Aventura e a Primeira Compra", caracteriza o início do ensino fundamental, entre os 5 e 8 anos. As habilidades cognitivas estão em transição: à medida que as crianças gradualmente levam em consideração informações mais perceptuais, tornam-se mais responsivas a informações apresentadas verbalmente e aumentam a amplitude da sua atenção. Entretanto, essa faixa etária ainda pode ficar confusa quanto ao propósito dos anúncios e pode responder de maneira intensa aos estímulos perceptivos. As crianças tipicamente fazem a sua primeira compra solo durante essa fase, tornando-se autênticas consumidoras independentes de um genitor.

A quarta fase, "Adequação e Exigência", marca os anos *tween*, dos 8 aos 12. A capacidade de avaliar criticamente as informações, comparar produtos e perceber a intenção de venda dos anúncios se desenvolve durante essa época. Devido à sua atenção aos detalhes e às qualidades, muitas crianças se transformam em sérias colecionadoras de objetos durante esse período. Os *tweens* apresentam uma forte suscetibilidade às normas e aos valores dos seus iguais, como também ao que os adolescentes mais velhos estão comprando e fazendo. A maioria dos *tweens* visita regularmente diferentes tipos de lojas, fazendo compras independentes e influenciando as práticas de compra em casa. Valkenburg e Cantor (2001) argumentam que as habilidades de consumidor continuam a se desenvolver durante a adolescência, mas no final da escola elementar, todos os fundamentos do comportamento de consumidor já estão estabelecidos (ou seja, a criança demonstra preferências, consegue avaliar as opções e tem condições de escolher e comprar um produto).

Estratégias de *marketing* no século XXI

Como o poder de compra das crianças e dos adolescentes continua a aumentar, os profissionais de *marketing* estão continuamente experimentando novas formas de chegar até os jovens consumidores. Nesta seção iremos examinar cinco técnicas que estão florescendo no momento em que ingressamos no século XXI: *merchandising* com personagens, colocação de produto, *marketing* viral, *marketing online* e *marketing* nas escolas.

Merchandising com personagens

Merchandising com personagens refere-se ao licenciamento de personagens populares para promover muitos tipos de produtos (Institute of Medicine, 2006). O uso de personagens para construir uma lealdade à marca não é um fenômeno novo. Mickey Mouse foi criado em 1928 por Walt Disney, e hoje a criatura antropomorfizada é um ícone internacional. Igualmente, a promoção de brinquedos baseados em programas populares é uma estratégia de *marketing* em voga há muito tempo, como foi discutido anteriormente neste capítulo. Já no ano de 1969, o desenho animado *Hot Wheels* foi criticado como nada mais do que um comercial de 30 minutos dos brinquedos *Hot Wheels* (Colby, 1993). Quase 20 anos depois, o desenho das *Tartarugas Ninja* ajudou a vender mais de US$500 milhões graças ao *merchandising* dos brinquedos, apenas no ano de 1990 (Rosenberg, 1992).

No entanto, atualmente os personagens estão sendo usados de uma forma mais integrada nas plataformas de mídias. Considere a moda do *Pokémon*. Os monstrinhos graciosos em miniatura se originaram em 1996 no Japão, como personagens de um *videogame* da Nintendo. Em 1998, os profissionais norte-americanos de *marketing* lançaram simultaneamente uma série de desenhos animados, baralhos de cartas, um *videogame* e o *merchandising* dos brinquedos. Posteriormente vieram os produtos para festas, um filme da Warner Brothers, um CD, vestuário para crianças vendidos na J. C. Penney, brindes em alimentos infantis no Burger King e até torneios de ligas do *Pokémon*, que tinham encontros semanais na Toys 'R' Us para jogarem o *videogame* (Annicelli, 1999; Brass, 1999; Jones, 2000). A franquia do *Pokémon* reforça explicitamente a ideia de que a melhor maneira de estar "por dentro" é colecionar tantos monstros quanto possível. Aparentemente, as crianças estão convencidas. Desde o seu lançamento, em 1996, a franquia gerou US$26 bilhões em vendas no varejo, mais de 155 milhões de *videogames* do *Pokémon* foram vendidos em todo o mundo e 14 bilhões de cartas foram comercializadas (Graft, 2007). E ainda não chegou ao fim a popularidade dos monstros de bolso. Em 2007, 107 personagens novos foram revelados quando a Nintendo lançou seus mais novos *games* portáteis, "Pokémon Diamante" e "Pokémon Pérola", mais um novo filme, *Pokémon Ranger and the Temple of the Sea*, em DVD.

Essas táticas parecem borrar as diferenças entre publicidade e conteúdo de entretenimento. Os desenhos animados baseados em brinquedos, por exemplo, foram criticados como "catálogos de vendas animados, disfarçados de entretenimento" (Waters e Uehling, 1985, p. 85). Um dos desafios para os jovens espectadores é que os desenhos baseados em brinquedos apresentam os mesmos personagens populares, *slogans* e efeitos sonoros que são empregados em comerciais relacionados com os brinquedos. Diversos estudos revelam que a combinação de um desenho animado e o respectivo anúncio podem confundir muito as crianças pequenas (Hoy, Young e Mowen, 1986; Kunkel, 1988). Por exemplo, Wilson e Weiss (1992) descobriram que crianças de 4 a 6 anos eram menos capazes de reconhecer um anúncio de um brinquedo *Beetlejuice* ou compreender sua intenção de venda quando ele era apresentado junto com o desenho animado de *Beetlejuice* do que quando apresentado com um desenho não correlacionado, como o *Popeye*. Além do mais, a confusão ocorreu independentemente do desenho animado do *Beetlejuice* estar imediatamente adjacente ao comercial ou separado dele por 5 minutos de material. Este achado é coerente com a dependência perceptiva das crianças pequenas, como foi discutido no Capítulo 1.

É interessante observar que as evidências são confusas em definir se levar ao ar anúncios juntamente com a programação relacionada é ou não uma boa estratégia de *marketing*. Alguns estudos descobriram que essa técnica aumenta a cobiça das crianças por um produto (Kunkel, 1988; Miller e Busch, 1979), enquanto outros não (Hoy et al., 1986; Wilson e Weiss, 1992). O sucesso presumivelmente depende em parte da natureza do produto e também da popularidade do personagem relacionado.

Assim sendo, como os comerciais cada vez mais se parecem com programas de TV e os personagens populares aparecem em filmes, em caixas de cereais, como brinquedos, em sites, em CDs e em *videogames*, a criança pequena pode ficar ainda mais confusa sobre o que é na verdade um anúncio. Eventualmente, até mesmo consumidores sofisticados podem se sentir enfeitiçados ou talvez dominados por essas investidas de *merchandising* dos personagens multimídia.

Colocação de produtos

A colocação de produtos é uma prática promocional utilizada pelos profissionais de *marketing* através da qual um produto comercial é colocado num cenário visível fora de um contexto típico de *marketing*. A colocação de produtos mais comum ocorre em filmes, em que uma corporação irá pagar para ter o seu produto usado pelos personagens. A venda de chocolates subiu vertiginosamente em 66%, por exemplo, quando o personagem E.T., do filme de Spielberg, foi mostrado comendo uma barra de Hershey's Reese's Pieces (Mazur, 1996). A colocação de produtos na televisão também se popularizou recentemente, especialmente porque os consumidores estão usando modernas tecnologias de gravação digital, como a *TiVo*, para evitar os comerciais. Os *reality shows* na TV, em particular, ficaram conhecidos pelo seu uso de produtos com a marca estampada ao ajudarem as pessoas a reformarem suas casas, seus jardins e até sua vida amorosa. Por exemplo, a Coca-Cola Company pagou US$10 milhões em 2002 para ter Coca servida aos juízes no programa *American Idol* (Howard, 2002).

Ao contrário dos *reality shows*, os programas infantis evitaram até agora a colocação de produtos, possivelmente devido ao princípio da separação. Esse princípio, decretado pela Comissão Federal de Comunicações (FCC) em 1974, determina que deva existir uma distinção clara entre o conteúdo de um programa e de um anúncio durante a programação direcionada às crianças.

A ideia por trás da colocação de produtos é fazer com que um produto se encaixe perfeitamente ao contexto de uma história ou um programa. Esta técnica sutil é um esforço para construir a lealdade à marca sem chamar atenção para a intenção persuasiva da estratégia. Algumas pessoas têm se referido a estes tipos de tática como "*marketing* às escondidas", porque o consumidor não percebe que esta é uma tentativa de influenciar comportamentos de compra (Institute of Medicine, 2006).

A colocação de produtos também ocorre quando os sites da *web* têm patrocinadores que colocam seus logotipos na página. O site da Nickelodeon (nick.com), por exemplo, tem *links* na sua página inicial para suítes familiares no hotel Holiday Inn e para o Nick Mobile, um site onde as crianças podem comprar toques sonoros especiais e papéis de parede para seus telefones celulares. Os *links* são marcados como "anúncios", porém em letras muito pequenas.

Os anunciantes também desenvolveram os *advergames*, que são *videogames online* com uma mensagem comercial sutil ou explícita. Por exemplo, o Candystand.com, um site que hospeda várias companhias de chocolates, apresenta dezenas de *games*, incluindo um chamado Gummi Grab (que envolve os Gummi Bears, balas de gelatina em forma de urso) e outro chamado Match Maker (que envolve os Life Savers [Salva-Vidas]). Enquanto joga esses *games*, o usuário é exposto a múltiplas imagens dos chocolates, ali colocados propositalmente para ajudar a construir a fidelidade à marca. Um estudo recente de 77 sites relacionados com produtos alimentícios direcionados a crianças encontrou um total de 546 *games* diferentes contendo marcas de alimentos nestes sites (E.S.Moore, 2006).

Assim como o *merchandising* através de personagens, a colocação de produtos borra a distinção tradicional entre o conteúdo de um comercial e o conteúdo de entretenimento. Conforme discutimos anteriormente, essas estratégias encobertas certamente são ainda mais desafiantes para as crianças pequenas que já se esforçam para identificar e compreender a publicidade. Como essas táticas são sutis, elas podem passar despercebidas até mesmo pelas crianças maiores e adolescentes que, normalmente, podem usar as suas defesas cognitivas diante da persuasão explícita de um comercial.

Marketing viral

O *marketing* viral é outra forma de *marketing* "abaixo do radar" ou "às escondidas" (Institute of Medicine, 2006). Este termo faz referência ao "burburinho" ou "boca-a-boca" a respeito de um produto que ocorre quando as pessoas falam sobre ele. Os profissionais de *marketing* utilizam várias técnicas para estimular o burburinho sobre um produto, desde o pagamento de formadores de opinião para usarem um produto e falarem sobre ele, até a criação de um *blog* (isto é, um site gerado por usuários, onde as entradas são feitas em estilo de jornal e postadas em ordem cronológica inversa) para incentivar a conversa *online* sobre um produto (Calvert, 2008). Por exemplo, a indústria da música utilizou essa abordagem, enviando jovens consumidores atraentes até lojas de música para conversarem entre si a respeito de um novo CD, sabendo que outros clientes, sem suspeitar, iriam ouvir por acaso a sua conversa (Kaikati, 2004).

Estimular o burburinho não é feito ao acaso – tais campanhas são montadas meticulosamente e os resultados são cuidadosamente calculados (Khermouch e Green, 2001). Na verdade, a Webbed Marketing, uma agência especializada em *marketing* viral, anunciou recentemente o lançamento do Webbed-O-Meter ("Viral Marketing Agency", 2007). A ferramenta é concebida para medir a quantidade de burburinho em torno de algum site, que consiste de todas as referências àquele site feitas *online* pelos consumidores da internet, *bloggers*, analistas, revisores e repórteres.

O *marketing* viral é considerado particularmente eficiente com os jovens, consumidores atentos às tendências, que querem ser os primeiros entre seus pares a ter novos produtos e novas modas (Khermouch e Green,2001). Então, encontrar os indivíduos certos para estimular o burburinho faz parte do desafio. As companhias geralmente recrutam adolescentes populares, chamados "conectores", na internet, através dos seus próprios sites ou monitorando salas de bate-papo *online* relacionadas à cultura adolescente (Dunnewind, 2004). Esse tipo de *marketing* viral é frequentemente um componente de uma campanha de *marketing* de mídias integradas. Porém muitos acreditam que ele só se tornará mais comum quando os profissionais de *marketing* lutarem para atingir os consumidores em um cenário de mídia composta de centenas de canais de televisão que cada vez mais segmentam o seu público em grupos menores. Além disso, os profissionais de *marketing* reconhecem que os jovens usam muito a internet, que frequentemente são céticos em relação a anúncios de 30 segundos na TV e são muito influenciados pelos seus pares.

Mas o *marketing viral* também é controverso. Os críticos o acusam de ser uma forma insidiosa de mercantilismo porque os profissionais de *marketing* estão trabalhando em níveis de base, manipulando as relações sociais das pessoas com essas manobras relativamente "baratas" (Khermouch e Green, 2001; Minow, 2004). Também existe a preocupação de que essas técnicas tenham que se enquadrar em algum tipo de regulação, pois os consumidores podem ser iludidos quanto à relação comercial que frequentemente existe entre os conectores e as corporações que patrocinam as suas atividades (Creamer, 2005). De acordo com o princípio básico da publicidade, as pessoas devem saber que estão sendo aliciadas com propósitos comerciais.

Marketing online para os jovens

Milhões de crianças e adolescentes norte-americanas estão *online* toda a semana e existem numerosos sites para atraí-los. Na verdade, existem várias listas para ajudar pais e filhos a identificarem os sites criados para os jovens. O site Berit's Best Sites for Children nomeia 1.000 sites para crianças, e entre os mesmos estão os dos programas favoritos na televisão, filmes e revistas.

Como sabem todos aqueles que navegam na rede, a internet está recheada de publicidade. Na verdade, os gastos com anúncios na internet foram projetados em US$31 bilhões em 2007 (Aun, 2007). Os anúncios *online* ainda têm um caminho a percorrer para que possam se igualar a outras mídias – estima-se que US$168 bilhões tenham sido gastos globalmente em anúncios de televisão em 2007 (Aun, 2007). No entanto, espera-se que os gastos com anúncios na internet ultrapassariam os gastos com o rádio em 2008 (Aun, 2007).

Muitas mensagens comerciais *online* estão voltadas diretamente para as crianças. Os *banners* seduzem as crianças para sites comerciais para anunciar e vender produtos. E alguns sites para crianças misturam comércio com conteúdo através de formas que fazem com que essa mistura não possa ser distinguível (Center for Media Education, 1996). Muitos produtos de marca direcionados aos jovens têm sites criados para suplementar as formas tradicionais de propaganda. Esses "ambientes de marcas" são relativamente baratos de se manter e tipicamente apresentam uma variedade de atividades como *games*, votações, testes e livros de visitas. Todas essas atividades são planejadas para atrair crianças e adolescentes, mas elas também fornecem aos profissionais de *marketing* dados sobre os jovens consumidores. Por exemplo, o site da Crayola oferece à criança usuária uma variedade de *games*, naves para montar, cartões eletrônicos para enviar e uma opção de se afiliar à Crayola Community através de uma inscrição. É claro, o site também vende produtos da Crayola.

Vários sites seduzem as crianças a entrar nos mundos virtuais que envolvem produtos. O site da Webkinz é um exemplo recente desse modismo (www.webkinz.com). Um jornalista o comparou com "Beanie Beanies in cyberspace" (Hawn, 2007). A companhia vende animais de pelúcia Webkinz por US$10 a US$12 a peça. Cada animal vem com um "código secreto", que permite que a criança entre no site da Webkinz, onde o animal ganha vida e pode receber um nome e ser adotado (ver Figura 2.17). A criança também pode jogar *games* para ganhar "KinzCash" (a moeda Kinz), que pode ser usada para comprar comida para o animal, roupas e mobília. Os varejistas tiveram dificuldades em manter o estoque dos brinquedos – a companhia vendeu mais de 2 milhões de animais desde 2005, e mais de 1 milhão de usuários se registraram *online* (Hawn, 2007).

Ao contrário das outras mídias, a internet também permite que os profissionais de *marketing* coletem informações pessoais dos indivíduos para serem usadas em esforços promocionais, pesquisa de mercado e comércio eletrônico. E isso deixa os pais muito preocupados. De acordo com uma pesquisa nacional, 73% dos pais com conexão de internet em casa ficam nervosos com a possibilidade dos sites terem suas informações pessoais e 95% acreditam que os adolescentes deveriam ter o consentimento dos seus pais antes de fornecer suas informações *online* (Turow, 2003). As pesquisas sugerem que os pais precisam estar vigilantes. Um estudo de 162 sites que são populares entre as crianças revelou que aproximadamente 70% coletavam informações pessoais do usuário, tais como o nome, endereço de *e-mail*, data de nascimento e endereço postal (Cai, Gntz, Schwartz e Wang, 2003). Aproximadamente 15% desses sites que requeriam informações pediam um número de cartão de crédito. Mais alarmante ainda foi o fato de que

Figura 2.17 Webkinz.

Fonte: ©2005-2007 GANZ. Todos os direitos reservados.

dois terços dos sites que pediam informações não faziam nenhuma tentativa de primeiro obter a permissão dos pais.

Reconhecendo estes problemas, em 1998 o Congresso Americano* aprovou a Lei de Proteção à Privacidade *Online* das Crianças (Children's Online Privacy Protection Act – COPPA). A ser aplicada pela Comissão Federal de Comércio (FTC), a lei determina que todos os sites da *web* direcionados a crianças com menos de 13 anos devem ter um *link* em destaque sobre a política de privacidade que identifique claramente como as informações pessoais são colhidas e usadas. Apesar dessa regulamentação, alguns sites infantis ainda não têm uma política de privacidade, e muitos dos que têm não colocam o *link* muito em destaque, nem a política é acessível ou está disponível para que os pais a leiam (Center for Media Education, 2001; Turow, 2001). Na análise de conteúdo dos sites infantis populares descritos (Cai et al., 2003), apenas 4 dos 162 sites cumpriam integralmente a COPPA. Deve-se observar que a COPPA não se aplica aos sites voltados para o público acima de 13 anos, muito embora os pais também estejam preocupados com a proteção à privacidade desta faixa etária (Turow, 2003).

A política de privacidade pode não ser suficiente para proteger as famílias. Em um levantamento nacional entre crianças de 10 a 17 anos, 31% destas relataram que haviam fornecido informações pessoais a um site (Turow e Nir, 2000). Além do mais, 45% dos jovens disseram que forneceriam informações pessoais na *web* em troca de um brinde, e 25%

* N. de R.T.: No Brasil, a proteção infantil é regulada pelas Leis 8.069/1990 (Estatuto da Criança e do Adolescente) e 11.829/2008.

relataram nunca terem lido a política de privacidade de um site. Também acontece que os meninos adolescentes se dispõem mais a dar informações pessoais *online* do que as garotas adolescentes (Youn, 2005). Assim sendo, parece razoável concluir-se que enquanto os profissionais de *marketing* estiverem livres para colher informações sobre os usuários, independente da sua idade, a internet será uma forma relativamente fácil de descobrir e tentar influenciar as preferências de consumo dos jovens.

Marketing nas escolas

O comercialismo nas escolas disparou nos últimos anos, estimulando muitos debates públicos sobre a ética de tais práticas (Aidman, 1995; Richards, Wartella, Morton e Thompson, 1998). As corporações estão ávidas por criar parcerias com as escolas como uma forma de atingir os consumidores jovens, que passam quase 20% do seu tempo na sala de aula. Por sua vez, as escolas públicas frequentemente se veem desesperadas para aumentar os orçamentos apertados, e o apoio corporativo oferece uma forma de conseguir isso.

Quatro tipos de práticas comerciais podem ser encontrados em vários graus nas escolas norte-americanas (Consumers Union Education Services, 1995; Wartella e Jennings, 2001). Primeiro, os profissionais de *marketing* costumam anunciar diretamente para os alunos através da colocação de anúncios em *outdoors*, ônibus, placares esportivos e até nos jornais e agendas dos alunos. Em segundo lugar, as corporações ocasionalmente distribuem produtos ou cupons para expor as crianças a diferentes nomes de marcas. Por exemplo, Minute Maid, McDonald's e Pizza Hut ofereceram cupons de alimentação aos alunos que atingissem as metas dos seus professores.

Em terceiro lugar, as corporações frequentemente patrocinam campanhas para angariar fundos para ajudar as escolas a pagarem equipamentos, uniformes ou viagens das turmas. Os próprios alunos se tornam divulgadores destes esforços, abordando tias e tios, vizinhos e até os colegas de trabalho dos pais. Vendendo qualquer coisa, desde flores de natal até papel para presente ou *pizzas* congeladas, os estudantes podem ganhar prêmios para eles mesmos e dinheiro para a sua escola. Em quarto lugar, os profissionais de *marketing* geralmente criam material educativo com livros de exercícios, brochuras e vídeos sobre temas específicos do currículo. Por exemplo, a Kellogg's publica pôsteres de nutrição com informações sobre saúde e também exibe o logotipo corporativo e vários cereais Kellogg's. Infelizmente, um estudo descobriu que aproximadamente 80% desse material corporativo patrocinado contém informações tendenciosas ou incompletas (Consumers Union Education Services, 1995).

Uma quinta e mais controvertida forma de comercialismo nas escolas é o Canal Um, um programa de notícias diário de 12 minutos voltado para estudantes do ensino médio. Introduzido em 1990 pela Whittle Communications, o programa inclui 10 minutos de notícias originalmente produzidas para adolescentes e 2 minutos de anúncios. As escolas assinam um contrato de 3 anos que lhes proporciona uma fatia da transmissão via satélite, dois VCRs centralizados, aparelhos de televisão em cada sala de aula e toda a rede elétrica e manutenção do equipamento. Em troca, a escola concorda em fazer com que 90% dos seus alunos assistam ao programa diariamente. Aproximadamente 11.000 escolas norte-americanas de nível médio entraram nesse acordo contratual (Atkinson, 2007).

O Canal Um foi atacado em várias frentes (ver Figura 2.18). Os críticos acusam que o acordo cede o controle do currículo para terceiros, exige que os alunos sejam um público cativo dos anúncios e os expõe a mensagens que vão contra as lições nutricionais ensinadas na escola (Consumers Union Education Services, 1995). Em meio à controvérsia, diversos anunciantes, como a Pepsi-Cola Co., decidi-

Figura 2.18

Fonte: Reproduzido com permissão de Tribune Media Services, *Boston Globe*, Dan Wasserman, 2000.

ram retirar a sua publicidade do noticiário e a rede passou por problemas financeiros recentemente (Atkinson, 2007).

As pesquisas apoiam algumas das críticas que foram lançadas contra o Canal Um. Um estudo de Brand e Greenberg (1994) revelou que, comparados com os que não assistiam, os alunos expostos ao Canal Um atribuíam notas mais favoráveis aos produtos que foram anunciados durante o noticiário. Os espectadores também expressaram atitudes mais materialistas do que os não espectadores. Pelo lado positivo, os espectadores parecem estar mais a par das notícias, em particular os acontecimentos abordados nos programas diários (Greenberg e Brnd, 1993).

Uma iniciativa parecida no Canadá, chamada Youth News Network (YNN), teve muito pouco sucesso. Essa iniciativa empresarial prometia equipamento audiovisual e computadores para as escolas em troca da apresentação de um noticiário de 12 ½ minutos que incluíam 2 ½ minutos de anúncios. O serviço foi proibido em todas as escolas católicas do Canadá e em 6 das 13 províncias. Um relatório do Centro Canadense de Políticas Alternativas concluiu que

> ter a presença de uma corporação na sala de aula é equivalente a dar a essas companhias um tempo da escola – e o dinheiro público que paga por esse tempo – durante o qual ela anuncia seus produtos para as crianças. Os nossos impostos estão literalmente pagando pelo comercial voltado para nossos estudantes e desviando tempo e dinheiro da educação deles (Shaker, 2000, p. 19).

Atualmente, mais de 7 milhões de adolescentes norte-americanos assistem anúncios na televisão todos os dias em sala de aula (Atkinson, 2007). Outros estudantes entram em competições, recebem materiais do currículo e são expostos a anúncios que promovem produtos. Algumas pessoas acham que estes acordos representam formas inovadoras de apoiar as escolas que lutam contra dificuldades financeiras (ver Richards et al., 1998). Outros encaram essa tendência crescente como uma violação da "integridade da educação" (Consumers Union Education Services, 1995). Independente de qual posição é assumida, tais práticas provavelmente irão continuar enquanto os profissionais de *marketing* procuram formas criativas de atingir os jovens.

Regulação da propaganda voltada para os jovens

Conforme descrito, a Lei de Proteção à Privacidade *Online* das Crianças ilustra que o governo dos Estados Unidos está realmente disposto a definir políticas para proteger as crianças pequenas da publicidade. Essa disposição data do início da década de 1970, quando começaram a surgir questões referentes à imparcialidade dos anúncios para crianças. Nesta seção, apresentamos uma visão geral dos principais esforços do governo, como também por parte da própria indústria, para regulamentar os anúncios para crianças.

Regulação governamental

Em 1974, a primeira política norte-americana* referente a crianças e à publicidade foi promulgada pela FCC. A FCC, que é responsável por distribuir e renovar as licenças das redes transmissoras, reconheceu explicitamente a vulnerabilidade das crianças pequenas às mensagens comerciais e definiu duas diretrizes naquele ano. Primeiro, a quantidade total de tempo que poderia ser dedicado aos anúncios durante a programação infantil estaria limitada a 9,5 minutos por hora nos finais de semana e 12 minutos por hora nos dias úteis (FCC, 1974). Em segundo lugar, seria necessário que as estações mantivessem uma separação clara entre o conteúdo do programa e as mensagens comerciais durante os programas direcionados às crianças. Foram especificados três aspectos deste princípio de separação: (a) seria obrigatório o uso de dispositivos de separação, como os *bumpers*, para sinalizar claramente o início e o fim de um intervalo comercial durante os programas infantis, (b) ficava proibida a venda feita pelos apresentadores (*host selling*) durante os comerciais que estavam dentro do programa ou imediatamente após o mesmo e (c) ficavam proibidos comerciais com duração de programas ou a promoção de produtos dentro do corpo do programa.

Liderados por um grupo chamado Ação pela Televisão Infantil (ACT), vários grupos de interesse público consideraram que a legislação de 1974 não teve o alcance necessário para proteger as crianças. A partir dessa frustração, eles se dirigiram à FTC e a pressionaram por uma proibição total dos anúncios direcionados a crianças que fossem pequenas demais para reconhecer a intenção do comercial (FTC, 1978). A FTC estudou a petição durante vários anos, propondo pareceres, realizando audiências e revisando evidências. Durante esse período, as redes transmissoras e a indústria da propaganda, juntamente com diversas corporações importantes fizeram intensa pressão contra essa proibição (Kunkel e Watkins, 1987). Em 1981, a FTC emitiu um parecer final, reconhecendo que as crianças com menos de 7 anos "não possuem capacidade cognitiva para avaliar adequadamente os anúncios de televisão dirigidos às crianças" e por isso tal conteúdo representa uma "causa legítima de interesse público" (FTC, 1981, p. 2-4). No entanto, a FTC decidiu contra uma proibição, afirman-

* N. de R.T.: Ver o Código Brasileiro de Autorregulamentação Publicitária e seus anexos (www.conar.org.br).

do que isso seria economicamente ameaçador à própria existência da programação infantil.

A presidência de Reagan ajudou a transformar a década de 1980 em um período de desregulamentação. Em resposta a esta tendência, em 1984, a FCC relaxou a sua política em relação aos anúncios para crianças de duas formas. Primeiro, ela revogou as restrições anteriores sobre a quantidade de anúncios permitidos durante os programas infantis (FCC, 1984). Ao fazer isso, a FCC declarou que as forças do mercado deveriam ser deixadas à vontade para determinar os níveis adequados de propaganda. Os críticos ressaltaram que, se as crianças muito pequenas não são capazes de reconhecer ou de ser críticas quanto aos anúncios, seria duvidoso se elas, como consumidoras, poderiam registrar queixas quanto ao excesso de comerciais (Wilcox e Kunkel, 1996). Em segundo lugar, a FCC rescindiu sua proibição anterior sobre os comerciais com duração de programa, declarando que estes representavam um meio inovador de financiar a programação infantil (FCC, 1984). Pouco depois disso, a programação baseada em brinquedos inundou a grade de horários das emissoras (Colby, 1993).

Devido à preocupação crescente em torno da televisão infantil, o Congresso interveio e aprovou a Lei da Televisão Infantil (CTA), em 1990. A lei tratava principalmente da programação educativa, mas também redefinia os limites de tempo da publicidade para o público infantil. Os novos limites ainda estão em vigor atualmente e se aplicam tanto à TV aberta quanto a cabo, não permitindo mais do que 10,5 minutos de anúncios por hora nos fins de semana e 12 minutos por hora nos dias úteis durante a programação infantil, algumas estações violaram estes limites com o passar dos anos. Por exemplo, em 2004, a FCC multou a Viacom em US$1.000.000 e a Disney em US$500.000 por excederem os limites de comerciais ditados pela CTA (de Moraes, 2004).

Como parte da lei, o Congresso também ordenou que a FCC reconsiderasse a sua postura indulgente sobre os comerciais com duração de programas. Um ano depois, a FCC decidiu readmitir a sua proibição anterior sobre esse conteúdo, mas, quando fez isso, limitou mais a definição de comercial com duração de programa como "um programa associado a um produto no qual são levados ao ar os comerciais de tal produto" (FCC, 1991, p. 2117). Os leitores poderão reconhecer que esta nova definição é essencialmente a mesma que a definição de venda feita pelo apresentador, uma prática que é proibida desde 1974. Em outras palavras, a proibição da FCC não impõe nada novo; ela continua a permitir que os programas baseados em brinquedos promovam produtos dentro do corpo do programa ao mesmo tempo em que os comerciais relacionados não são levados ao ar diretamente dentro ou logo após aquele programa.

Mais recentemente a FCC assumiu a questão da venda feita pelo apresentador na publicidade *online* (FCC, 2004). Para ajudar as crianças a discriminarem o programa do conteúdo do comercial, a FCC (2004) decretou que os personagens que aparecem nos programas de televisão não podem ser apresentados também nos respectivos sites da *web* vendendo produtos, caso o endereço do site seja exibido na tela durante o programa.

Embora a FTC e a FCC tenham reconhecido abertamente a vulnerabilidade das crianças pequenas, as suas políticas refletem compromissos políticos que também satisfazem as emissoras e os anunciantes envolvidos no processo. Em contraste com os Estados Unidos, outras nações industrializadas possuem leis muito mais rígidas para proteger as crianças da publicidade. Por exemplo, a Suécia não permite qualquer anúncio de televisão que seja voltado diretamente para crianças com menos de 12 anos (Valkenburg, 2000). Na Grécia, os comerciais de brinquedos são proibidos até as 22 horas na televisão e na Bélgica não são permitidos comerciais durante a programação infantil. Países como Austrália, Canadá e Inglaterra proíbem qualquer anúncio direcionado a pré-escolares (Kunkel, 2001). Devido a fortes forças políticas que se opõem a tais medidas nos Estados Unidos, uma proibição de qualquer tipo seria difícil de ser implementada naquele país. No entanto, em 2004 a Associação Americana de Psicologia (APA) formou uma "Força-Tarefa sobre a Publicidade e as Crianças" que revisou todas as evidências empíricas até o momento e publicou uma série de recomendações políticas (Kunkel et al., 2004). Incluídas entre as recomendações, estavam as seguintes:

- Publicidade na televisão restringida legalmente, como também anúncios em escolas dirigidos a crianças menores de 8 anos.
- Utilização de *disclaimers* nos programas infantis em uma linguagem que as crianças possam entender facilmente.
- Educar os pais e os profissionais que trabalham com crianças e adolescentes sobre os efeitos da publicidade.

Da mesma forma, a Academia Americana de Pediatria emitiu uma declaração de política em 2006 que também recomendava um controle legal mais rígido dos anúncios de TV, especialmente no que diz respeito aos anúncios de lanches e salgadinhos para as crianças pequenas (Comitê sobre Comunicações, 2006).

A autorregulação da indústria

A crítica do público e as ameaças de ação por parte do governo forçaram as indústrias envolvidas a se engajarem em esforços para a autorregulação. Já em 1961, a Associação Nacional de Emissoras (NAB), uma associação comercial representante da indústria, adotou seu próprio código de diretrizes que incluía cláusulas sobre a publicidade para crianças. Entretanto, o código foi eliminado por razões legais no início da década de 1980, como parte de um caso federal de antitruste.

Atualmente, o esforço principal para a autorregulação provém da própria indústria da publicidade. Em 1974, a Unidade de Revisão da Propaganda para Crianças (CARU) foi criada pelo Council of Better Business Bureaus. Provavelmente não foi por acaso que a CARU surgiu ao mesmo tempo em que a FCC definiu a sua primeira política referente à publicidade infantil. O trabalho da CARU é revisar o material de publicidade e *marketing* direcionado às crianças em todas as mídias nos Estados Unidos. Como parte desse processo de revisão, a CARU (2006) definiu um amplo conjunto de diretrizes para a publicidade em todas as mídias direcionadas a crianças com menos de 12 anos (www.caru.orgguidelinesindex.asp). Ela também oferece diretrizes para a coleta de dados *online* pelos sites da *web* voltados para crianças com menos de 13 anos. As orientações fazem recomendações sobre tópicos como a apresentação dos produtos, *disclaimers* e *disclosures*, prêmios e concursos, o uso de celebridades endossando o produto, o apagamento da diferenciação entre os anúncios e o conteúdo do programa e a proteção da privacidade *online* (CARU, 2006). Algumas das orientações reconhecem explicitamente considerações sobre o desenvolvimento infantil, tais como o vocabulário limitado e a dificuldade de avaliação da veracidade das informações (ver Figura 2.19).

A CARU é financiada pela comunidade comercial e recebe apoio de várias organizações que anunciam para crianças, tais como as agências de propaganda, fabricantes de brinquedos, companhias alimentícias e provedores da internet. A CARU monitora ativamente um determinado número de anúncios por ano, mas se baseia muito na colaboração

Figura 2.19

Fonte: Baby Blues, de Rick Kirkman e Jerry Scott. Reproduzido com autorização de King Features Syndicate.

dos anunciantes. Quando encontra uma violação, ela busca a mudança através da cooperação voluntária dos anunciantes e operadores do site.

Um estudo do início da década de 1990 com mais de 10.000 anúncios dirigidos às crianças encontrou um alto índice de adesão às orientações da CARU (Kunkel e Gantz, 1993). No entanto, algumas das orientações são um tanto vagas e nenhuma delas questiona a legitimidade de atingir as crianças pequenas com anúncios (Kunkel, 2001). Além do mais, a CARU não trata de questões como o volume de anúncios para as crianças ou das novas e mais integradas estratégias de *marketing* que estão sendo direcionadas aos jovens (Institute of Medicine, 2006). Em outras palavras, a CARU ainda é, em última análise, um esforço político para evitar uma regulação mais formal do governo, e ela é fundamentalmente apoiadora das principais empresas fabricantes que subscrevem essa organização. Reconhecendo algumas destas limitações, a "Força-Tarefa sobre a Publicidade e as Crianças" da APA incluiu nas suas recomendações de políticas em 2004 um apelo para uma autorregulação mais rigorosa por parte da indústria (Kunkel et al., 2004). Uma proposta específica feita pela força de tarefa da APA é que as orientações da CARU sejam publicadas para os pais.

Ensinando em publicidade

Reconhecendo a dificuldade de mudar o ambiente da publicidade nos Estados Unidos, algumas pessoas reivindicaram esforços para que se ensinassem as crianças a serem consumidoras mais críticas. O que ocorre é que mesmo as crianças maiores, que reconhecem claramente a intenção de venda dos anúncios, tipicamente não criticam os comerciais espontaneamente enquanto os assistem (Brucks, Armstrong e Goldberg, 1988; Derbaix e Bree, 1997). Em outras palavras, o seu ceticismo geral em relação aos anúncios nem sempre é ativado quando elas realmente se deparam com as mensagens comerciais. Um estudo sugere que um simples estímulo ou lembrete pode acionar defesas cognitivas no espectador, aumentando o número de contra-argumentos que as crianças maiores produzem durante sua exposição aos comerciais (Brucks et al., 1988).

Outros estudos exploraram procedimentos de treinamento mais formais para ajudar as crianças a lidarem com a publicidade. Roberts, Christenson, Gibson, Mooser e Goldberg (1980) compararam dois filmes institucionais de 15 minutos planejados para ensinar as crianças sobre os comerciais: *The Six Billion $$$ Sell*, que enfocava os truques e atrativos usados nos anúncios, e *Seeing Through Com-*

mercials, que se detinha na forma como os anúncios eram feitos. Foram escolhidos aleatoriamente alunos da 2ª, 3ª e 5ª séries para assistirem a um dos dois filmes ou a um filme controle sem relação com a publicidade. Os resultados revelaram que os filmes de tratamento aumentaram o ceticismo geral das crianças em relação aos anúncios, como também a sua capacidade de serem críticas quanto a anúncios específicos. Os efeitos mais fortes foram observados em relação a *The Six Billion $$$ Sell*, o filme que detalhava as estratégias específicas e apresentava exemplos. Além disso, os participantes mais jovens foram os que mais aprenderam com os filmes, as mesmas crianças que inicialmente eram as mais receptivas à publicidade.

Christenson (1982) usou trechos de *The Six Billion $$$ Sell* para criar um anúncio de utilidade pública de 3 minutos (PSA – Public Service Announcement) sobre a natureza da publicidade. Um grupo de crianças assistiu ao PSA antes de assistir a desenhos animados com anúncios incluídos, enquanto outro grupo simplesmente assistiu o conteúdo sem o PSA. A inserção do PSA aumentou a compreensão das crianças de 1ª e 2ª séries da intenção de venda dos anúncios, e aumentou o ceticismo sobre os anúncios nesta faixa etária também entre as crianças de 5ª e 6ª séries. Além do mais, o PSA diminuiu as pontuações das crianças quanto ao gosto de dois produtos anunciados durante a exibição dos desenhos.

A instrução mais tradicional também pode ensinar as crianças sobre a publicidade. Um estudo encontrou que sessões de treinamento de meia hora durante vários dias foram eficientes em ensinar crianças de 6 anos a detectarem truques e estratégias persuasivas nos anúncios (Peterson e Lewis, 1988). Em outro estudo, Donohue, Henke e Meyer (1983) compararam dois tipos de instrução: *role-playing*, que fazia as crianças assumirem o papel de um anunciante para criar um comercial, e a tradicional, que fazia as crianças assistirem anúncios de TV e discutirem o propósito e natureza dos comerciais. Comparados com um grupo de controle, ambos os tratamentos ajudaram as crianças de 1ª série a discriminar melhor os anúncios dos programas e a serem mais céticas quanto aos comerciais. No entanto, apenas a instrução tradicional aumentou a compreensão das crianças da intenção persuasiva da publicidade.

Seria um engano concluir, no entanto, que a instrução formal seja a única forma de ajudar as crianças a se tornarem mais resistentes aos anúncios (ver Figura 2.20). Os pais podem ajudar de várias formas. Um experimento revelou que simplesmente reduzir o uso da televisão e do *videogame* durante 6 meses diminuía a solicitação das crianças da compra de brinquedos em comparação com um grupo de controle que não modificou os hábitos com a mídia (Robinson, Saphir, Kraemer, Varady e Haydel, 2001). Os pais também podem conversar com seus filhos sobre a natureza dos comerciais e sobre como avaliá-los. Essa discussão pode melhorar a compreensão das crianças pequenas do propósito da publicidade (Ward et al., 1977). Discutir os comerciais criticamente com um dos pais também pode reduzir o desejo das crianças por um produto anunciado (Prasad, Rao e Sheikh, 1978) e está associado à diminuição nas solicitações de compra e no materialismo das crianças da escola elementar (Buijzen e Valkenburg, 2005). A discussão com os pais parece beneficiar até mesmo os adolescentes. Os adolescentes que conversam com seus pais sobre consumo apresentam um melhor conhecimento dos preços (R.L.Moore e Stephens, 1975) e comportamento mais discriminatório quando fazem suas compras (Moschis e Churchill, 1978). Os adolescentes cujos pais incentivam o pensamento crítico também demonstram maior preocupação com a divulgação de informações pessoais na internet (Moscardelli e Divine, 2007). Como ocorre com outros tipos de conteúdo de mídia (ver Capítulo 12), a mediação

"...Não, ele não sabe voar de verdade...não, os bandidos não têm realmente uma pistola de raios...não, este cereal não é na verdade a melhor comida do mundo...não, ele não vai fazer com que você seja tão forte quanto um gigante..."

Figura 2.20

Fonte: Reproduzido com a autorização de Tribune Media Services.

parental pode desempenhar um papel importante na preparação dos jovens para os encontros diários com as mensagens comerciais.

Conclusão

As crianças literalmente nascem para ser consumidoras nos Estados Unidos. Elas tipicamente visitam a sua primeira loja na tenra idade de 2 meses e, por volta dos 2 anos, a maioria já pediu algum produto (McNeal, 2007). Os seus quartos estão cheios de personagens da Disney, folhas de desenho, roupas BabyGap, e estão recheados de todos os tipos de brinquedos. Na época em que as crianças chegam à pré-escola, elas já estão assistindo aos seus desenhos animados favoritos baseados em brinquedos, vendo várias horas de anúncios na TV por semana e indo regularmente com seus pais a supermercados, restaurantes de *fast food* e lojas Toys 'R' Us. Toda esta exposição acontece numa época em que as crianças são muito ingênuas quanto às mensagens comerciais e confiantes no seu conteúdo.

Quando as crianças chegam aos primeiros anos do ensino fundamental, vão gradualmente tomando conhecimento sobre as intenções que estão por trás dos anúncios e as táticas utilizadas nos comerciais. Parte deste conhecimento as ajuda a se tornarem mais céticas com essas mensagens. No entanto, ter em mente estas defesas cognitivas nem sempre é fácil quando se defrontam com um comercial engenhoso e muito divertido, sugerindo que todos devem ter um determinado brinquedo novo. Certamente, a televisão não é a única fonte destes desejos. As crianças em idade escolar podem ficar mais vulneráveis quando o comercialismo invade sua sala de aula, tornando-se parte da decoração ou até do próprio currículo. E passar o tempo *online* pode confundir ainda mais as crianças quando o *marketing* está intimamente interligado ao conteúdo.

Em face a todo este comercialismo, alguns críticos argumentaram que a publicidade é inerentemente desleal com as crianças pequenas e deveria ser eliminada do conteúdo direcionado às que têm menos de 8 anos. Uma posição oposta mantém que as crianças nunca aprenderão a ser consumidoras a menos que sejam expostas às mensagens comerciais. Uma terceira posição intermediária sustenta que os pais e educadores devem desenvolver formas de ajudar os jovens a se tornarem consumidores mais críticos. À medida que as crianças vão tendo o seu próprio dinheiro e que passam mais tempo navegando na *web*, passeando em *shopping centers* e assistindo TV sozinhas em seus quartos, o treinamento precoce das habilidades de consumidor crítico parece ser um ponto vital.

Exercícios

1. Encontre um anúncio de revista direcionado às crianças. Que tipo de produto está sendo anunciado? Ele se encaixa em uma das quatro categorias principais de anúncios infantis encontrados na televisão (ver o estudo contido neste capítulo, de Kunkel e Gantz, 1992)? Qual é o atrativo principal usado nesse anúncio para persuadir as crianças? Existe algum *disclaimer* apresentado no anúncio? Em caso positivo, é possível que ele seja notado ou compreendido por uma criança? Existe alguma coisa no anúncio que poderia ser enganador ou confuso para uma criança de 5 anos? E para uma criança de 10 anos?
2. Encontre um anúncio de revista dirigido aos adolescentes. Que tipo de produto está sendo anunciado? Você vê alguma evidência de estereotipia de gênero ou de raça no anúncio? Qual é o recurso principal usado no anúncio? Existe algo em relação ao anúncio que poderia fazer com que os adolescentes se sintam inibidos em relação à sua aparência física?
3. Pense na sua infância. Qual foi o primeiro brinquedo comprado com o qual você se lembra ter se sentido desapontado? Que idade você tinha? Você comprou o brinquedo com o seu próprio dinheiro? O anúncio teve alguma coisa a ver com o seu desapontamento? Como a sua mãe ou seu pai respondeu ao seu desapontamento? Os seus pais discutiram o anúncio com você?
4. Vá ao site da Children's Advertising Review Unit (CARU). Examine as diretrizes para a publicidade para crianças (www.caru.org/guidelines/index.asp). Encontre duas orientações que estejam expressas claramente e que sejam fáceis de serem seguidas por um anunciante. Agora encontre duas orientações que sejam vagas e difíceis de serem seguidas. Dentre as listadas, que orientação você acha que é violada com mais frequência nos anúncios para crianças?
5. Em 2001 a Suécia lançou um movimento para proibir na televisão os anúncios que visavam as crianças em todos os estados membros da União Europeia. A própria Suíça já tem esta proibição há 10 anos, embora outros países da Europa não apoiem a ideia. Você acha que esta proibição é uma boa ideia para os Estados Unidos? Por que sim ou por que não? Ao

invés de uma proibição total, você conseguiria pensar em outros tipos de regulação de anúncios para crianças que fossem mais fáceis de ser colocados em prática nos Estados Unidos?

6. Encontre dois sites populares entre as crianças, um que seja comercial e outro não o seja (consulte o Berit's Best Sites for Children: www.beritsbest.com). Por exemplo, você pode comparar o site das bonecas Bratz (www.bratz.com) com um site chamado AAA Math (www.aaamath.com), que foi concebido para dar lições de matemática às crianças. O quanto existe de publicidade em cada um deles? Existem características nos sites que se assemelham ao conteúdo, mas que na verdade são anúncios? Os sites pedem informações pessoais às crianças? Em caso positivo, existe uma política de privacidade? Faça uma crítica das estratégias de *marketing* usadas em cada site, tendo em mente um usuário de 9 anos sem a presença de um dos pais na sala.
7. Harry Potter é um exemplo de uma história de marca extremamente bem-sucedida. Até o momento, foram publicados sete livros sobre o bruxo e quatro filmes já foram feitos. Além disso, existem mais de 400 produtos vinculados disponíveis para compra, de todos os tipos, desde doces até jogos de computador (Brown, 2005). Liste todos os exemplos possíveis que refletem como esta série de livros foi comercializada nas diferentes mídias. Você gastou algum dinheiro nos produtos Harry Potter? Quando você era criança, havia algum filme que você possa lembrar que teve um sucesso parecido? O que mudou nos últimos 20 anos no que se refere à promoção das histórias e seus personagens na mídia?
8. Você é o diretor de uma grande escola de segundo grau em uma área rural. A banda da sua escola foi convidada para se apresentar em Washington, D.C., e o seu time de basquete está muito bem cotado no *ranking* estadual. Entretanto, a banda precisa desesperadamente de uniformes e o time de basquete precisa de equipamentos novos, ambos os quais não estão no orçamento da escola. Você é abordado pelo diretor da BeW Marketing, que lhe oferece US$100.000 em troca da colocação de um número determinado de anúncios nos corredores da escola. O que você faria? Que fatores você deveria considerar ao tomar a sua decisão?

Referências

Acuff, D. S. (1997). *What kids buy and why: The psychology of marketing to kids.* New York: Free Press.

Adler, R. (1980). Children's television advertising: History of the issue. In E. L. Palmer & A. Dorr (Eds.), *Children and the faces of television: Teaching, violence, selling* (pp. 237–248). New York: Academic Press.

Aidman, A. (1995, December). *Advertising in the schools.* Urbana, IL: ERIC Clearinghouse on Elementary and Early Childhood Education. (ERIC Document Reproduction Service No. ED389473)

Alexander, A., Benjamin, L. M., Hoerrner, K., & Roe, D. (1998). "We'll be back in a moment": A content analysis of advertisements in children's television in the 1950s. *Journal of Advertising,* 27(3), 1–9.

Annicelli, C. (1999, June). *Monster cash; Pokemon has made a fortune; Prepare for the second wave.* Retrieved May 25, 2001, from http://www.fmdarticles.com/cf_0/m3196/6_97/ 55084237/pl/article.jhtml

Atkin, C. (1980). Effects of television advertising on children. In E. L. Palmer & A. Dorr (Eds.), *Children and the faces of television: Teaching, violence, selling (pp.* 287–305). New York: Academic Press.

Atkin, C. (1982). Television advertising and socialization to consumer roles. In D. Pearl, L. Bouthilet, & J. Lazar (Eds.), *Television and behavior: Ten years of scientific progress and implications for the eighties* (Vol. 2, pp. 191–200). Washington, DC: Government Printing Office.

Atkin, C., & Block, M. (1983). Effectiveness of celebrity endorsers. *Journal of Advertising Research*, 23(1), 57–61.

Atkin, C. K. (1976). Children's social learning from television advertising: Research evidence on observational modeling of product consumption. *Advances in Consumer Research, 3*, 513–519.

Atkin, C. K. (1978). Observation of parent-child interaction in supermarket decision-making. *Journal of Marketing, 42(4)*, 41–45.

Atkinson, C. (2007, April 23). *Kicked out of class: Primedia sheds In-school net.* Retrieved April 25, 2007, from http://www.commercialalert.org/news

Aun, F. (2007, April 3). *ZenlthOptimedia: Internet ad spending will overtake radio next year.* Retrieved April 25, 2007, from http://www.clickz.com

Autherland, A., & Thompson, B. (2003). *Kidfluence: The marketer's guide to understanding and reaching Generation Y–kids, tweens, and teens.* New York: McGraw-Hill.

Barcus, F. E. (1980). The nature of television advertising to children. In E. L. Palmer & A. Dorr (Eds.), *Children and the faces of television: Teaching, violence, selling* (pp. 273–285). New York: Academic Press.

Bever, T. G., Smith, M. L., Bengen, B., & Johnson, T. G. (1975). Young viewers' troubling response to TV ads. *Harvard Business Review, 53*, 109–120.

Blatt, J., Spencer, L., & Ward, S. (1972). A cognitive development study of children's reactions to television advertising. In G. Comstock, J. Murry, & E. A. Rubinstein (Eds.), *Television and social behavior* (Vol. 4, pp. 452–467). Washington, DC: Government Printing Office.

Boush, D. M., Friestad, M., & Rose, G. M. (1994). Adolescent skepticism toward TV advertising and knowledge of advertiser tactics. *Journal of Consumer Research, 21(1)*, 165–175.

Brand, J. E., & Greenberg, B. S. (1994). Commercials in the classroom: The impact of Channel One advertising. *Journal of Advertising Research*, 34(1), 18–27.

Brass, K. (1999, November 21). *'Pokemon fad at a fever pitch–and what a pitch indeed.* Retrieved May 25, 2001, from http://www.fmdarticles.com/cf_0/mOVPW/47_27/ 58047459/pl/article.html

Brown, S. (2005, July 21). Harry Potter brand wizard. *BusinessWeek.* Retrieved April 25, 2007, fromhttp://www.businessweek.com/innovate/content/jul2005/di20050721_060250.htm

Brucks, M., Armstrong, G. M., & Goldberg, M. (1988). Children's use of cognitive defenses against television advertising: A cognitive response approach. *Journal of Consumer Research, 14*, 471–482.

Buijzen, M., & Valkenburg, P. (2000). The impact of television advertising on children's Christmas wishes. *Journal of Broadcasting & Electronic Media, 44*, 456–470.

Buijzen, M., & Valkenburg, P. M. (2002). Appeals in television advertising: A content analysis of commercials aimed at children and teenagers. *Communications, 27*, 349–364.

Buijzen, M., & Valkenburg, P. M. (2003a). The effects of television advertising on materialism, parent-child conflict, and unhappiness: A review of research. *Applied Developmental Psychology, 24*, 437–456.

Buijzen, M., & Valkenburg, P. M. (2003b). The unintended effects of television advertising. *Communication Research, 30*, 483–503.

Buijzen, M., & Valkenburg, P. M. (2005). Parental mediation of undesired advertising effects. *Journal of Broadcasting & Electronic Media, 49*, 153–165.

Burr, P., & Burr, R. M. (1977). Product recognition and premium appeal. *Journal of Communication, 27*, 115–117.

Butter, E. J., Popovich, P. M., Stackhouse, R. H., & Garner, R. K. (1981). Discrimination of television programs and commercials by preschool children. *Journal of Advertising Research, 21(2)*, 53–56.

Cai, X., Gantz, W., Schwartz, N., & Wang, X. (2003). Children's website adherence to the FTC's online privacy protection rule. *Journal of Applied Communication Research, 31*, 346–362.

Calvert, S. L. (2008). The children's television act. In S. L. Calvert & B. J. Wilson (Eds.), *Blackwell handbook of child development and the media.* New York: Blackwell.

Center for Media Education. (1996). *Web of deception: Threats to children from online marketing.*

Washington, DC: Author. Retrieved June 1, 2001, from http://www.cme .org/children/ marketing/deception.pdf

Center for Media Education. (2001). *Children's Online Privacy Protection Act (COPPA)–The first year: A survey of sites.* Washington, DC: Author. Retrieved June 1,2001, from http:// www. cme.org/children/privacy/coppa_rept.pdf

Center for Science in the Public Interest. (1988, September 4). *Kids are aware of booze as presidents, survey finds* [Press release]. Washington, DC: Author.

Children Now. (2006). *The future of children's media: Advertising* [Conference report]. Oakland, CA: Author.

Children's Advertising Review Unit (CARU). (2006). *Self regulatory program for children's advertising.* Retrieved April 24,2007, from http://www.caru.org/guidelines/guidelines.pdf

Christenson, P. G. (1982). Children's perceptions of TV commercials and products: The effects of PSA's. *Communication Research, 9,* 491–524.

Churchill, G., Jr., & Moschis, G. P. (1979). Television and interpersonal influences on adolescent consumer learning. *Journal of Consumer Research,* 5(1), 23–35.

Colby, P. A. (1993, April). *From Hot Wheels to Teenage Mutant Ninja Turtles: The evolution of the definition of program length commercials on children's television.* Paper presented at the annual meeting of the Broadcast Education Association Las Vegas, NV.

Committee on Communications. (2006). Children, adolescents, and advertising. *Pediatrics, 118,2563–2569.*

Condry, J. C., Bence, P. J., & Scheibe, C. L. (1988). Nonprogram content of children's television. *Journal of Broadcasting 6– Electronic Media, 32,* 255–270.

Consumers Union Education Services. (1995). *Captive kids: A report on commercial pressures on kids at school.* Yonkers, NY: Author.

Creamer, M. (2005). Foul mouth: Stealth marketers flirt with law. *Advertising Age,* 76(40), 6.

Culley, J., Lazer, W., & Atkin, C. (1976). The experts look at children's television. *Journal of Broadcasting, 20,* 3–20.

de Mesa, A. (2005, October 12). Marketing and tweens: Children in their middle years keep evolving into sawier consumers: With the girls' market saturated, brands are looking to boys as well. *BusinessWeek.* Retrieved April 18,2007, from http://www.businessweek.com

de Moraes, L. (2004, October 22). FCC fines 2 networks for violating limits on kids' show ads. *The Washington Post,* p. COL

Derbaix, C., & Bree, J. (1997). The impact of children's affective reactions elicited by commercials on attitudes toward the advertisement and the brand. *International Journal of Research in Marketing, 14,* 207–229.

Derbaix, C., & Pecheux, C. (2003). A new scale to assess children's attitude toward TV advertising. *Journal of Advertising Research, 43,* 390–399.

Dixon, H. G., Scully, M. L., Wakefield, M. A., White, V. M., & Crawford, D. A. (2007). The effects of television advertisements for junk food versus nutritious food on children's food attitudes and preferences. *Social Science & Medicine, 65,* 1311–1323.

Donohue, T. R., Henke, L. L., & Donohue, W. A. (1980). Do kids know what TV commercials intend? *Journal of Advertising Research,* 20(5), 51–57.

Donohue, T. R., Henke, L. L., & Meyer, T. P. (1983). Learning about television commercials: The impact of instructional units on children's perceptions of motive and intent. *Journal of Broadcasting, 27,* 251–261.

Dubow, J. S. (1995). Advertising recognition and recall by age–including teens. *Journal of Advertising Research,* 35(5), 55–60.

Dunnewind, S. (2004, November 20). Teen recruits create word-of-mouth "buzz" to hook peers on products. *Seattle Times.* Retrieved April 24, 2007, from http://www.seattle times.nwsource.com

Enrico, D. (1999). Top 10 advertising icons. *Advertising Age,* 70(14), 42–16.

Faber, R. J., Perloff, R. M., & Hawkins, R. P. (1982). Antecedents of children's comprehension of television advertising. *Journal of Broadcasting, 26,* 575–584.

Federal Communications Commission (FCC). (1974). Children's television programs: Report and policy statement. *Federal Register, 39,* 39396–39409.

Federal Communications Commission (FCC). (1984). Children's television programming and advertising practices. *Federal Register, 49,* 1704–1727.

Federal Communications Commission (FCC). (1991). Report and order: Policies and rules concerning children's television programming. *Federal Communications Commission Record,* 6,2111–2127.

Federal Communications Commission (FCC). (2004). *In the matter of children's television obligations of digital television broadcasters: Report and order and further notice of proposed rule making* (MM Docket No. 00–167). Retrieved May 11, 2007, from http://www.fcc.gov/omd/pra/docs/3060–0750/3060–0750–07.doc

Federal Trade Commission (FTC). (1978). *FTC staff report on television advertising to children.* Washington, DC: Government Printing Office.

Federal Trade Commission (FTC). (1981). *In the matter of children's advertising: FTC final staff report and recommendation.* Washington, DC: Government Printing Office.

Fischer, P. M., Schwarts, M. P., Richards, J. W, Goldstein, A. O., & Rojas, T. H. (1991). Brand logo recognition by children aged 3 to 6 years: Mickey Mouse and Old Joe the Camel. *Journal of the American Medical Association, 266,* 3145–3148.

Fox, R. F. (1996). *Harvesting minds: How TV commercials control kids.* Westport, CT: Praeger/Greenwood.

Galst, J. P., & White, M. A. (1976). The unhealthy persuader: The reinforcing value of television and children's purchase-influencing attempts at the supermarket. *Child Development, 47,* 1089–1096.

Gantz, W., Schwartz, N., Angelini, J. R., & Rideout, V. (2007). *Food for thought: Television food advertising to children in the United States.* Menlo Park, CA: Henry J. Kaiser Family Foundation.

Goldberg, M. E. (1990). A quasi-experiment assessing the effectiveness of TV advertising directed to children. *Journal of Marketing Research, 27,* 445–454.

Goldberg, M. E., & Corn, G. J. (1978). Some unintended consequences of TV advertising to children. *Journal of Consumer Research,* 5(1), 22–29.

Goldberg, M. E., Corn, G. I., & Gibson, W. (1978). TV messages for snack and breakfast foods: Do they influence children's preferences? *Journal of Consumer Research,* 5(2), 73–81.

Corn, G. J., & Goldberg, M. E. (1977). The impact of television advertising on children from low income families. *Journal of Consumer Research, 4(2),* 86–88.

Corn, G. J., & Goldberg, M. E. (1980). Children's responses to repetitive television commercials. *Journal of Consumer Research, 6,* 421–424.

Graft, K. (2007, April 22). *This week: The real Pokemon hits US.* Retrieved April 24, 2007, from http://www.next-gen.biz.com

Greenberg, B. S., & Brand, J. E. (1993). Television news and advertising in schools: The "Channel One" controversy. *Journal of Communication, 43,* 143–151.

Greer, D., Potts, R., Wright, J. C., & Huston, A. C. (1982). The effects of television commercial form and commercial placement on children's social behavior and attention. *Child Development, 53,* 611–619.

Gunter, B., & Furnham, A. (1998). *Children as consumers: A psychological analysis of young people's market.* London: Routledge.

Harrison, K. (2006). Fast and sweet: Nutritional attributes to television food advertisements with and without Black characters. *Howard Journal of Communication, 17,* 249–264.

Harrison, K., & Bond, B. J. (2007). Gaming magazines and the drive for muscularity in preadolescent boys: A longitudinal examination. *Body Image, 4,* 269–277.

Harrison, K., & Hefner, V. (2006). Media exposure, current and future body ideals, and disordered eating among preadolescent girls: A longitudinal panel study. *Journal of Youth and Adolescence, 35,* 153–163.

Hawn, C. (2007, March 23). *Time to play, money to spend.* Retrieved April 18, 2007, from http://money.cnn.com/magazines/business2

Howard, T. (2002, September 9). Real winner of "American Idol": Coke. USA *Today,* p. 6B.

Hoy, M. G., Young, C. E., & Mowen, J. C. (1986). Animated host-selling advertisements: Their impacts on young children's recognition, attitudes, and behavior. *Journal of Public Policy 6–Marketing, 5,* 171–184.

Huston, A. C., Greer, D., Wright, J. C., Welch, R., & Ross, R. (1984). Children's comprehension of televised formal features with masculine and feminine connotations. *Developmental Psychology, 20,* 707–716.

Institute of Medicine. (2006). *Food marketing to children and youth: Threat or opportunity?* Washington, DC: National Academy of Sciences.

Jones, R. (2000). *Kids are target of Pokemon s shrewd marketing effort.* Retrieved May 25,2001, from http://abcnews.go.com/sections/business/thestreet/pokemon_991117.html

Kaikati, A. M., & Kaikati, J. G. (2004). Stealth marketing: How to reach consumers surreptitiously. *California Management Review, 98,* 48–58.

Khermouch, G., & Green, J. (2001, July 30). Buzz marketing: Suddenly this stealth strategy is hot– but it's still fraught with risk. *BusinessWeek.* Retrieved from http://www.businessweek.com

Kline, S. (1993). *Out of the garden: Toys, TV, and children's culture in the age of marketing.* New York: Verso.

Krugman, D. M., Cameron, G. T, & White, C. M. (1995). Visual attention to programming and commercials: The use of in-home *observations. Journal of Advertising,* 24(1), 1–12.

Kunkel, D. (1988). Children and host-selling television commercials. *Communication Research, 15,* 71–92.

Kunkel, D. (2001). Children and television advertising. In D. G. Singer & J. L. Singer (Eds.), *Handbook of children and the media* (pp. 375–393). Thousand Oaks, CA: Sage.

Kunkel, D., & Gantz, W. (1992). Children's television advertising in the multichannel environment. *Journal of Communication, 42(3),* 134–152.

Kunkel, D., & Gantz, W. (1993). Assessing compliance with industry self-regulation of television advertising to children. *Journal of Applied Communication Research, 21,* 148–162.

Kunkel, D., & Watkins, B. (1987). Evolution of children's television regulatory policy. *Journal of Broadcasting & Electronic Media, 31,* 367–389.

Kunkel, D., Wilcox, B. L., Cantor, J., Palmer, E., Linn, S., & Dowrick, P. (2004). *Report of the APA Task Force on Advertising and Children.* Washington, DC: American Psychological Association. Retrieved May 11,2007, from http://www.apa.org/releases/childrenads.pdf

Larson, M. S. (2001). Interactions, activities and gender in children's television commercials: A content analysis. *Journal of Broadcasting 6– Electronic Media, 45,* 41–56.

Levin, S. R., Petros, T. V., & Petrella, F. W. (1982). Preschoolers'awareness of television advertising. *Child Development,* 53, 933–937.

Liebert, D. E., Sprafkin, J. N., Liebert, R. M., & Rubinstein, E. A. (1977). Effects of television commercial disclaimers on the product expectations of children. *Journal of Communication, 27,* 118–124.

Macklin, M. C. (1985). Do young children understand the selling intent of commercials? *Journal of Consumer Affairs, 19,* 293–304.

Macklin, M. C. (1987). Preschoolers' understanding of the informational function of television advertising. *Journal of Consumer Research, 14,* 229–239.

Mangleburg, T. F., & Bristol, T. (1999). Socialization and adolescents' skepticism toward advertising. In M. C. Macklin & L. Carlson (Eds.), *Advertising to children: Concepts and controversies* (pp. 27–48). Thousand Oaks, CA: Sage.

Martin, M. C. (1997). Children's understanding of the intent of advertising: A meta-analysis. *Journal of Public Policy 6– Marketing, 16,* 205–216.

Martin, M. C., & Gentry, J. W. (1997). Stuck in the model trap: The effects of beautiful models in ads on female pre-adolescents and adolescents. *Journal of Advertising, 26(2),* 19–33.

Martin, M. C., & Kennedy, P. F. (1993). Advertising and social comparison: Consequences for female pre-adolescents and adolescents. *Psychology & Marketing, 10,* 513–530.

Mazur, L. A. (1996, May-June). Marketing madness. *E Magazine: The Environmental Magazine,* 7(3), 36–42.

McAllister, M. P. (2007). "Girls with a passion for fashion": The Bratz brand as integrated spectacular consumption. *Journal of Children and Media, I,* 244–258.

McNeal, J. U. (1998). Tapping the three kids' markets. *American Demographics, 20(4),* 36–41.

McNeal, J. U. (1999). *The kids' market: Myths and realities.* Ithaca, NY: Paramount Market.

McNeal, J. U. (2007). *On becoming a consumer: Development of consumer behavior patterns in childhood.* Burlington, MA: Butterworth-Heinemann.

Miller, J. H., & Busch, P. (1979). Host selling vs. premium TV commercials: An experimental evaluation of their influence on children. *Journal of Marketing Research, 16,* 323–332.

Minow, N. (2004, September 21). 'Have you heard?' Stealth advertising puts products and pitches everywhere . . . and you may never know. *Chicago Tribune.* Retrieved April 24, 2007, from http://proquest.umi.com

Moore, R. L., & Stephens, L. F. (1975). Some communication and demographic determinants of adolescent consumer learning. *Journal of Communication, 29,* 197–201.

Moore, E. S. (2006). *It's child's play: Advergaming and the online marketing of food to children.* Menlo Park, CA: Henry J. Kaiser Family Foundation.

Moscardelli, D. M., & Divine, R. (2007). Adolescents' concern for privacy when using the Internet: An empirical analysis of predictors and relationships with privacy-protecting behaviors. *Family and Consumer Sciences Research Behavior, 35,* 232–252.

Moschis, G. P. (1978). Teenagers' responses to retailing stimuli. *Journal of Retailing, 54,* 80–93.

Moschis, G. P., & Churchill, G. A. (1978). Consumer socialization: A theoretical and empirical analysis. *Journal of Marketing Research, 15,* 599–609.

Moschis, G. P., & Moore, R. L. (1979). Decision making among the young: A socialization perspective. *Journal of Consumer Research, 6,* 101–112.

Moschis, G. P., & Moore, R. L. (1982). A longitudinal study of television advertising effects. *Journal of Consumer Research, 9,* 279–286.

Muehling, D. D., & Kolbe, R. H. (1999). A comparison of children's and prime-time fine-print advertising disclosure practices. In M. C. Macklin & L. Carlson (Eds.), *Advertising to children: Concepts and controversies* (pp. 143–164). Thousand Oaks, CA: Sage.

New American Dream. (2002). *Thanks to ads, kids won't take no, no, no, no, no, no, no, no for an answer.* Retrieved April 18, 2007, from http://www.newdream.org/kids/poll.php

Palmer, E. L., & McDowell, C. N. (1979). Program/commercial separators in children's television programming. *Journal of Communication, 29,* 197–201.

Palmer, E. L., & McDowell, C. N. (1981). Children's understanding of nutritional information presented in breakfast cereal commercials. *Journal of Broadcasting, 25,* 295–301.

Palmerton, P. R., & ludas, J. (1994, July). *Selling violence: Television commercials targeted to children.* Paper presented at the annual meeting of the International Communication Association, Sydney, Australia.

Pecora, N. O. (1998). *The business of children's entertainment.* New York: Guilford.

Peterson, L., & Lewis, K. E. (1988). Preventive intervention to improve children's discriminating of the persuasive tactics in televised advertising. *Journal ofPediatric Psychology, 3,* 163–170.

Pine, K. J., & Nash, A. (2003). Barbie or Betty? Preschool children's preference for branded products and evidence for gender-linked differences. *Developmental and Behavioral Pediatrics, 24,* 219–224.

Prasad, V. K., Rao, T. R., & Sheikh, A. A. (1978). Mother vs. commercial. *Journal of Communication,* 28(4), 91–96.

Resnik, A., & Stern, B. L. (1977). Children's television advertising and brand choice: A laboratory experiment. *Journal of Advertising, 6(3),* 11–17.

Richards, J. L, Wartella, E. A., Morton, C., & Thompson, L. (1998). The growing commercialization of schools: Issues and practices. *Annals of the American Academy of Political and Social Science, 557,* 148–163.

Richins, M. L. (1991). Social comparison and the idealized images of advertising. *Journal of Consumer Research, 18,* 71–83.

Roberts, D. F. (1982). Children and commercials: Issues, evidence, interventions. *Prevention in Human Services,* 2(1–2), 19–35.

Roberts, D. E, Christenson, P., Gibson, W. A., Mooser, L., & Goldberg, M. E. (1980). Developing discriminating consumers. *Journal of Communication,* 30(3), 94–105.

Robertson, T. S., & Rossiter, J. R. (1974). Children and commercial persuasion: An attribution theory analysis. *Journal of Consumer Research, I*, 13–20.

Robertson, T. S., & Rossiter, J. R. (1977). Children's responsiveness to commercials. *Journal of Communication, 27*, 101–106.

Robertson, T. S., Ward, S., Gatignon, H., & Klees, D. M. (1989). Advertising and children: A cross-cultural study. *Communication Research, 16*, 459–485.

Robinson, T. N., Borzekowski, D. L., Matheson, D. M., & Kramer, H. C. (2007). Effects of fast food branding on young children's taste preferences. *Archives of Pediatrics & Adolescent Medicine, 161*, 792–797.

Robinson, T. N., Saphir, M. N., Kraemer, H. C., Varady, A., & Haydel, K. F. (2001). Effects of reducing television viewing on children's requests for toys: A randomized controlled trial. *Journal of Developmental and Behavioral Pediatrics, 22(3)*, 185–187.

Rosenberg, J. M. (1992, February 18). Toymaker upbeat about coming year. *Santa Barbara News Press, p.* C4.

Ross, R. P., Campbell, T. A., Wright, J. C., Huston, A. C., Rice, M. L., & Turk, P. (1984). When celebrities talk, children listen: An experimental analysis of children's responses to TV ads with celebrity endorsement. *Journal of Applied Developmental Psychology*, 5(3), 185–202.

Schmitt, K. L., Woolf, K. D., & Anderson, D. K. (2003). Viewing the viewers: Viewing behaviors by children and adults during television programs and commercials. *Journal of Communication, 53*, 265–281.

Schor, J. B. (2004). *Born to buy: The commercialized child and the new commercial culture.* New York: Scribners.

Seiter, E. (1993). *Sold separately: Children and parents in consumer culture.* New Brunswick, NJ: Rutgers University Press.

Shaker, E. (Ed.). (2000, July). *In the corporate interest: The YNN experience in Canadian schools.* Ottawa: Canadian Centre for Policy Alternatives. Retrieved May 11, 2007, from http://policyalternatives.ca/documents/National_Office_Pubs/ynnexperience.pdf

Sheikh, A. A., & Moleski, L. M. (1977). Conflict in the family over commercials. *Journal of Communication, 27*, 152–157.

Shin, A. (2007, April 8). TV shows targeting the diaper demographic. *The Washington Post.* Retrieved April 10, 2007, from http://www.nashuatelegraph.com

Smith, S. L., & Atkin, C. (2003). Television advertising and children: Examining the intended and unintended effects. In E. L. Palmer & B. M. Young (Eds.), *The faces of televisual media: Teaching, violence, selling to children* (pp. 301–326). Mahwah, NJ: Lawrence Erlbaum.

Stern, B. L., & Resnik, A. J. (1978). Children's understanding of a televised commercial disclaimer. In S. C. Jain (Ed.), *Research frontiers in marketing: Dialogues and directions* (pp. 332–336). Chicago: American Marketing Association.

Stice, E., & Shaw, H. E. (1994). Adverse effects of the media portrayed thin-ideal on women and linkages to bulimic symptomatology. *Journal of Social and Clinical Psychology, 13*,288–308.

Stoneman, Z., & Brody, G. H. (1981). The indirect impact of child-oriented advertisement on mother-child interactions. *Journal of Applied Developmental Psychology, 2*, 369–376.

Stutts, M. A., Vance, D., & Hudleson, S. (1981). Program-commercial separators in children's television: Do they help a child tell the difference between Bugs Bunny and the Quik Rabbit? *Journal of Advertising, 10(2)*, 16–25.

Tan, A. S. (1979). TV beauty ads and role expectations of adolescent female viewers. *Journalism Quarterly, 56*, 283–288.

Teenage Research Unlimited. (2004a). *Teens spent $175 billion in 2003.* Retrieved May 11, 2007, from http://www.teenresearch.com/PRview.cfm?edit_id=168

Teenage Research Unlimited. (2004b). *TRU projects teens will spend $169 billion in 2004.* Retrieved May 11, 2007, from http://www.teenresearch.com/PRview.cfm?edit_id=378

Turow, J. (2001). *Privacy policies on children's Websites: Do they play by the rule?* Washington, DC: Annenberg Public Policy Center of the University of Pennsylvania.

Turow, J. (2003). *Americans & online privacy: The system is broken.* Washington, DC: Annenberg Public Policy Center of the University of Pennsylvania.

Turow, J., & Nir, L. (2000). *The Internet and the family 2000: The view from parents; theviewfrom kids.* Washington, DC: Annenberg Public Policy Center of the University of Pennsylvania.

Valkenburg, P. M. (2000). Media and youth consumerism. *Journal of Adolescent Health, 27*(Suppl.), 52–56.

Valkenburg, P. M., & Buijzen, M. (2005). Identifying determinants of young children's brand awareness: Television, parents and peers. *Journal of Applied Developmental Psychology, 4*, 456–468.

Valkenburg, P. M., & Cantor, J. (2001). The development of a child into a consumer. *Journal of Applied Developmental Psychology, 22(1)*, 61–72.

Viral marketing agency releases tool to track online buzz. (2007, April 14). Retrieved April 24, 2007, from http://www.promotionworld.com/news/press/070416WebbedMarketing.html

Ward, S., Levinson, D., & Wackman, D. (1972). Children's attention to advertising. In E. A. Rubinstein, G. A. Comstock, & J. P. Murray (Eds.), *Television and social behavior* (Vol. 4, pp. 491–515). Washington, DC: Government Printing Office.

Ward, S., Reale, S., & Levinson, D. (1972). Children's perceptions, explanations, and judgments of television advertising: A further explanation. In E. A. Rubinstein, G. A. Comstock, & J. P. Murray (Eds.), *Television and social behavior* (Vol. 4, pp. 468–490). Washington, DC: Government Printing Office.

Ward, S., & Wackman, D. (1972). Family and media influences on adolescent consumer learning. In E. A. Rubinstein, A. Comstock, & J. P. Murray (Eds.), *Television and social behavior* (Vol. 4, pp. 554–565). Washington, DC: Government Printing Office.

Ward, S., & Wackman, D. B. (1973). Children's information processing of television advertising. In P. Clarke (Ed.), *New models for mass communication research* (pp. 119–146). Beverly Hills, CA: Sage.

Ward, S., Wackman, D. B., & Wartella, E. (1977). *How children learn to buy: The development of consumer information-processing skills.* Beverly Hills, CA: Sage.

Wartella, E., & Ettema, J. S. (1974). A cognitive developmental study of children's attention to television commercials. *Communication Research, 1*, 69–88.

Wartella, E., & Jennings, N. (2001). Hazards and possibilities of commercial TV in the schools. In D. G. Singer & J. L. Singer (Eds.), *Handbook of children and the media* (pp. 557–570). Thousand Oaks, CA: Sage.

Waters, H. E, & Uehling, M. D. (1985, May 13). Toying with kids' TV. *Newsweek, 105*, 85.

Welch, R. L., Huston-Stein, A., Wright, J. C., & Plehal, R. (1979). Subtle sex-role cues in children's commercials. *Journal of Communication, 29*, 202–209.

Wilcox, B. L., & Kunkel, D. (1996). Taking television seriously: Children and television policy. In E. F. Zigler & S. L. Kagan (Eds.), *Children, families, and government: Preparing for the twenty-first century* (pp. 333–352). New York: Cambridge University Press.

Wilke, J., Therrien, L., Dunkin, A., & Vamos, M. N. (1985, March 25). Are the programs your kids watch simply commercials? *BusinessWeek*, p. 53.

Williams, L. A., & Burns, A. C. (2000). Exploring the dimensionality of children's direct influence attempts. *Advances in Consumer Research, 27*, 64–71.

Wilson, B. J., & Weiss, A. J. (1992). Developmental differences in children's reactions to a toy advertisement linked to a toy-based cartoon. *Journal of Broadcasting & Electronic Media, 36*, 371–394.

Wilson, B. J., & Weiss, A. J. (1995, May). *Children's reactions to a toy-based cartoon: Entertainment or commercial message?* Paper presented to the International Communication Association, Albuquerque, NM.

Youn, S. (2005). Teenagers' perceptions of online privacy and coping behaviors: A risk-benefit appraisal approach. *Journal of Broadcasting & Electronic Media, 49*, 86–110.

Zuckerman, R, Ziegler, M., 8c Stevenson, H. W. (1978). Children's viewing of television and recognition memory of commercials. *Child Development, 49*, 96–104.

3

Mídia educacional

As crianças passam mais tempo envolvidas com a mídia do que com qualquer outra atividade, além de dormir. Durante o curso da sua infância, elas também passarão mais tempo assistindo televisão do que em sala de aula (Hearold, 1986).[1] Já sabemos a partir de outros capítulos deste livro que existem muitos efeitos negativos potenciais ao se assistirem programas e filmes na televisão, jogar *videogames* e *games* de computador, ler revistas e navegar na *web*. Todavia, existe algo de positivo que possa provir do papel tão importante e amplo que tem a mídia na vida das crianças? O uso da mídia pode ser intelectual e cognitivamente benéfico? Dan Anderson, professor de desenvolvimento na Universidade de Massachusetts, que há quatro décadas vem estudando o potencial da televisão como professora, chegou à conclusão de que a "televisão educativa ***não*** *é* uma contradição" (Anderson, 1998).

No presente capítulo abordaremos as forças econômicas e regulatórias que moldam a disponibilidade da mídia educativa para as crianças hoje. Examinaremos a seguir as diferentes formas em que a mídia é "educativa" para as crianças – especificamente, a sua contribuição para o conhecimento acadêmico, criatividade e desenvolvimento da linguagem. A partir disso, iremos considerar se existem diferenças contextuais ou relacionadas com a mídia na forma ***como*** as crianças aprendem da mídia e ***o que*** elas podem aprender. O foco deste capítulo está nos benefícios educativos da televisão, em parte porque esta tende a ser a mídia de escolha da maioria das crianças e em parte porque esta é a mídia explorada mais integralmente. Sempre que possível, também levaremos em consideração o crescente corpo de pesquisa sobre as novas mídias, incluindo o uso do computador e os jogos de *videogame*.

Forças econômicas e regulatórias que afetam a mídia educacional

A maioria das companhias que compõem a mídia, incluindo a mídia educacional para crianças, faz parte de megaconglomerados que frequentemente são proprietários de numerosos tipos de mídia (incluindo revistas, produtoras de filmes, redes de emissoras de televisão, estúdios de gravação, sites na *web*) e às vezes, de diversas companhias de outras áreas.

A Walt Disney Company, por exemplo, possui o Disney Channel, a rede de emissoras ABC e o Buena Vista Motion Pictures Group, a Pixar Animation e os livros Hyperion. Os seus muitos sites na *web* incluem a Disney.com, ESPN.com, ABCNews.com e Movies.com. Também é proprietária de muitos títulos populares de *videogames*, parques temáticos e estações de TV para crianças, incluindo a *Schoolhouse Rock*. A força propulsora por trás de todas as companhias de mídia é o lucro financeiro e a responsabilidade com os acionistas da companhia. Como tal, a economia de mercado nem sempre trabalha pelos melhores interesses da criança em desenvolvimento.

Regulação

Turow (1981) escreve que os primeiros dias da televisão viram inúmeros programas adequados para crianças com a expectativa de que os espectadores infantis insistissem com seus pais para comprarem aparelhos de TV. Com o passar dos anos, os programas infantis foram sendo lentamente substituídos por programas para os adultos, na expectativa de que o público adulto atraísse mais dólares da publicidade. Na década de 1970, a falta de qualidade e quantidade na programação infantil levou o público e grupos de apoio, como a Ação para a Televisão Infantil (ACT – Action for Children's Television), a pressionar a Comissão Federal de Comunicações (FCC – Federal Communications Commission) para intervir (Kunkel e Wilcox, 2001). A FCC respondeu em 1974 através da divulgação de orientações apelando para que as emissoras fizessem um "esforço significativo" para oferecer uma "quantidade razoável" de programação educativa para crianças (Kunkel e Canepa, 1994). Os reguladores esperavam que as emissoras aumentassem a quantidade e a qualidade da programação infantil de forma voluntária, embora a FCC tivesse avisado que se elas não fizessem isso, seriam criadas regras mais rígidas.

O resultado? Em 1978, a programação infantil não havia melhorado. A ACT fez uma petição para que a FCC conduzisse uma comissão de inquérito de acordo com a Declaração de Políticas de 1974 e, no prazo de um ano, a FCC havia concluído que as emissoras não haviam cumprido com suas obrigações e recomendou uma ação reguladora. A comissão propôs uma exigência mínima de programação infantil semanal (5 horas de programação educativa para os pré-escolares e 2 ½ horas de programação educativa para crianças em idade escolar). Também propôs a definição de "educativos" como programas que abordassem "história, ciência, literatura, o ambiente, drama, música, artes plásticas, relações humanas, outras culturas e línguas e habilidades básicas, como leitura e matemática". A proposta não foi seguida.

Não intimidados, os defensores assumiram a causa com os líderes do Congresso e, por fim, conseguiram a aprovação de uma lei conhecida como a Children's Television Act (CTA – "Lei da Televisão para Crianças"), de 1990. Ao contrário de outros esforços pela regulação, este projeto de lei surgiu no Congresso como uma emenda da Lei das Comunicações (a implementação foi deixada para a Federal Communications Commission [FCC] – "Comissão Federal de Comunicações"), embora a linguagem tenha sido alterada significativamente (e diluída) em relação ao que os defensores pretendiam (Kunkel, 1998). Essencialmente, a CTA decretava que as emissoras atendessem às "necessidades educacionais/informativas das crianças através da programação geral licenciada, incluindo programas especificamente concebidos para atender a tais necessidades". A programação educacional/informativa foi definida de forma ampla como o conteúdo que "incentive o desenvolvimento positivo da criança em todos os aspectos, incluindo as necessidades cognitivas/intelectuais ou emocionais/sociais." Ficaram indefinidas, entretanto, questões sobre qual a quantidade suficiente de programação, o quanto os programas precisariam ser específicos para as idades, quando a programação deveria ir ao ar e como a programação deveria ser identificada.

A Lei da Televisão para Crianças de 1990 não alterou de forma marcante o cenário da televisão infantil. Kunkel e Canepa (1994, p. 406) encontraram inconsistências em como as licenciadas apresentavam a sua candidatura à renovação da concessão e o quanto eram dúbias as suas argumentações sobre o "valor educativo" de programas como *As Tartarugas Ninja* e *G.I.Joe*. Os legisladores estavam prontos para aumentar a pressão diante da escapatória. Em 1977, a FCC adotou uma norma de procedimento em que as emissoras seriam multadas por fazerem falsas alegações quanto aos seus esforços educativos em benefício das crianças (FCC, 1996).[2] Além disso, as normas de procedimento da FCC especificavam o quanto, quando e a quem tal programação "essencial" deveria ser dirigida para que pudessem se qualificar para a expedição da renovação da sua licença. Ver Figura 3.1 para um resumo das normas para a programação educativa.

Apesar de uma ordem governamental para que as emissoras ofereçam às crianças um material informativo/educativo, há quem reclame que continua a ser difícil de se encontrar programas que sejam enriquecedores e benéficos (Jordan, 2004). Por que não existem em maior quantidade esses programas de alta qualidade? E por que os que estão à disposição são vistos, de um modo geral, como menos lucrativos para as redes transmissoras do que os programas de baixa qualidade? Obviamente, essas duas questões caminham juntas. Se as emissoras pudessem ganhar mais dinheiro com programas educativos de alta qualidade, eles seriam levados ao ar.

A economia

A maior parte do lucro dos programas de televisão é, tradicionalmente, proveniente da publicidade (Jordan, 2004). Historicamente, as companhias que anunciavam para crianças através da mídia da televisão eram as mais interessadas em atingir o maior número possível de crianças entre os 2 e 12 anos. A competição pelos dólares dos anunciantes num campo cada vez mais populoso levou as emissoras a ficarem de olho nos índices de audiência. Os anunciantes compram "antecipadamente" blocos de tempo nos programas infantis, ou antes de começar uma nova temporada, para conseguirem descontos. Da sua parte, as emissoras garantem aos anunciantes um determinado nível de audiência. Se os programas

A educação deve ter um propósito significativo.

Dirige-se especificamente às necessidades de um público infantil, em que as crianças são identificadas como menores de 16 anos.

Deve receber o rótulo de educativa tanto no ar quanto nas listagens impressas.

Deve ir ao ar entre as 7 e as 22 horas.

Deve ter horário regular.

Deve ter pelo menos 30 minutos de duração.

Figura 3.1 Exigências essenciais para a programação educativa nos Estados Unidos.

Fonte: Federal Communications Commission MM Docket N° 93-48

não atingem as expectativas, as redes devem "compensá-los", oferecendo tempo gratuito de exibição em outro horário da sua grade de programação (Jordan, 1996). Antes da grande proliferação da TV a cabo, a maioria das redes de emissoras buscava o maior público possível entre os 6 e os 11 anos. Os anos recentes testemunharam a adoção do modelo da "programação por nichos", onde fatias menores de público permitem mensagens comerciais mais específicas para aqueles espectadores. Um exemplo disto é a descoberta do Disney Channel do público *tween* – crianças (principalmente meninas) que ainda não são adolescentes, mas que já não se interessam mais por desenhos animados.

Entretanto, o Disney Channel, ao contrário da maioria dos canais comerciais direcionados para o público jovem, não tem uma renda com base em anúncios. Os seus programas, como o tremendamente popular *Hannah Montana*, têm uma segunda exibição na sua estação coirmã, a ABC (que recebe os dólares da publicidade e do licenciamento e *merchandising* de produtos). Além disso, muitos programas infantis – particularmente os direcionados às crianças pequenas – acumulam lucros com as vendas de seus DVDs. Mais frequentemente, um programa como a série *Thomas the Tank Engine*, da PBS, desenvolve um público fiel que assiste aos programas e também coleciona os produtos licenciados. Raramente um programa irá começar por um DVD ou VHS e depois ser transmitido pela televisão. Este foi o caso de *VeggieTales*, da Big Idea Productions, baseado em histórias bíblicas. A série teve uma base sólida de audiência (mantida em parte através de exibições nas escolas dominicais) e foi escolhida pela NBC para satisfazer a obrigatoriedade da FCC de uma "programação educativa essencial" (ver Figura 3.2).

Uma forma final pela qual os programas infantis ganham dinheiro é através da distribuição internacional (Jordan, 2004. Pecora, 1998). Isso apresenta muitos desafios aos produtores de TV educativa. Embora os desenhos animados cheios de sequências de ação sejam dublados com facilidade e tenham roteiros que são compreendidos universalmente, o conteúdo educativo pode ser menos atraente para o público mundial. O programa *Histeria!*, da WB, que enfocava no ensino de história através do humor e da animação, tinha um conteúdo que não era de muito interesse no exterior (por exemplo, detalhes so-

Figura 3.2 *VeggieTales*, da NBC.

Fonte: ©1999-2006 Big Idea, Inc.

bre a Guerra da Revolução Americana). Este programa durou apenas umas poucas temporadas.

O aprendizado das crianças através da mídia

A maioria dos programas levados ao ar que atendem às exigências da FCC são o que poderíamos considerar como "pró-sociais" – programas que abordam a habilidade das crianças de se sentirem bem consigo mesmas e de se darem bem com os outros (Jordan, 2004). Neste capítulo, contudo, exploraremos a relação entre o uso da mídia pelas crianças e as suas capacidades cognitivas, intelectuais e acadêmicas. Embora muitos tenham argumentado que o uso da mídia de entretenimento é antiético para o aprendizado (porque ele substitui o tempo gasto em atividades mais estimulantes intelectualmente; ver Healy, 1990), muitos também vincularam o uso da mídia à criatividade, desenvolvimento da linguagem, aprendizado relacionado com a escola e mais (Anderson, Huston, Schmitt, Linebarger e Wright, 2001).

As lições de Vila Sésamo e a educação pré-escolar

Sem dúvida alguma, a maioria dos estudos sobre o aprendizado que as crianças de pré-escola obtêm da televisão envolveram a *Vila Sésamo* (Fisch, Truglio e Cole, 1999; ver Figura 3.3). O programa, que estreou em 1969, foi concebido pelo produtor e criador Joan Ganz Cooney para preencher a lacuna entre as crianças que tinham acesso à pré-escola e outras vantagens econômicas e as que

Figura 3.3 *Vila Sésamo*, da PBS

Fonte: ©2005 Sesame Workshop.

não tinham (Fisch e Truglio, 2001). Nas palavras de Cooney, "a questão não é se as crianças aprendem com a televisão, é o que elas aprendem" (Knowlton e Costigan, 2006). Desde o começo, um grupo de pesquisa estava a postos para garantir que as crianças não só gostassem dos personagens e dos programas como também aprendessem com eles. Os dados sugerem que naquela época – e ainda hoje – o programa cumpre com a sua missão de deixar as crianças mais "prontas para aprender" (Fisch e Bernstein, 2001).

Através da sua pesquisa sobre *Vila Sésamo* e outros programas como *Gullah Gullah Island* e *Blue's Clues*, Anderson apresentou evidências convincentes de que as crianças são espectadoras ativas e engajadas. Em um estudo inteligente, Anderson e colaboradores mudaram a trilha sonora da *Vila Sésamo* para o grego (Anderson, Lorch, Field e Sanders, 1981): eles descobriram que as crianças prestavam menos atenção quando não conseguiam entender o que estavam assistindo. Em outro, eles misturaram as narrativas de modo que os segmentos não faziam sentido. Mais uma vez, as crianças prestaram menos atenção (Anderson et al., 1981). Anderson sustenta que as crianças utilizam suas habilidades de aprendizagem como uma forma de apoio quando assistem televisão, e se percebem que um programa é absurdo elas param de assistir. Este é um argumento muito diferente do argumento dos críticos sociais de que os cortes rápidos da televisão e as vozes engraçadas são as únicas responsáveis por prender a atenção das crianças (Healy, 1990). As crianças querem entender a televisão e, se não conseguem, elas param de assistir.

A pesquisa sobre a *Vila Sésamo* também indicou que as crianças aprendem mais quando um dos pais também está assistindo. Na verdade, mesmo se a mãe simplesmente está junto na sala sem dizer nada as crianças aprendem mais do que se ela não estiver presente (embora aprendam mais quando a mãe está envolvida ativamente, conversando e chamando a atenção para determinados aspectos) (Wright, St. Peters e Huston, 1990). Por essa razão, os criadores da *Vila Sésamo* acrescentam conteúdos que apenas os adultos entenderiam ou achariam engraçado, como a imitação do cantor de opera Plácido Domingo (no programa ele é *Plácido Flamingo*) ou a inclusão de celebridades adultas (atrizes de cinema como Glenn Close ou a banda de rock REM). Apesar disso, com o passar dos anos declinou muito a participação dos pais assistindo a *Vila Sésamo*, até o ponto em que os produtores avaliaram que as partes do programa dedicadas aos adultos estavam trazendo poucos benefícios à maioria do público que assistia junto. A maior parte do conteúdo voltado para os adultos foi, dessa forma, retirada do programa (Fisch e Truglio, 2001).

As pesquisas sobre os hábitos dos pré-escolares de assistir à programação educacional, além da *Vila Sésamo*, também sugerem benefícios de aprendizagem. Assistir várias vezes o programa *Blue's Clues*, em que um apresentador incentiva os espectadores infantis a ajudarem a resolver as charadas propostas pelo seu parceiro, o cão Blue, levou a um aumento nas habilidades específicas de atenção e à utilização de estratégias para resolução de problemas, em comparação com assistir apenas uma vez (Crawley, Anderson, Wilder, Williams e Santomero, 1999) ou a assistir um programa educativo infantil não interativo (Crawley et al., 2002; ver Figura 3.4).

A mídia e o faz de conta

O uso da televisão e outras mídias de entretenimento – como jogar *videogame* – é por vezes acusado de tolher a criatividade, a imaginação ou o jogo de faz de conta (ou simulação) das crianças. Uma vez que estas são atividades cognitivas que estão ligadas ao de-

Figura 3.4 *Blue's Clues*, da Nickelodeon.

senvolvimento da linguagem, do pensamento crítico e do pensamento abstrato, tal acusação deve ser encarada com seriedade (Bellin e Singer, 2006). Certamente, o jogo imaginativo das crianças é influenciado pelo seu ambiente, o que inclui a presença ou ausência da mídia eletrônica, e também pelo estágio do seu desenvolvimento. Valkenburg (2001) sugere que existem opiniões contraditórias sobre a influência da mídia, em particular da televisão, nos jogos e na criatividade. Uma linha de pensamento, a qual Valkenburg rotula de "hipótese da estimulação", sugere que a mídia enriquece o suprimento de ideias das quais as crianças podem lançar mão quando estão envolvidas no jogo imaginativo ou em tarefas criativas (p. 123). O conteúdo da TV pode ser incorporado a uma brincadeira de imitação, o jogo de computador pode despertar a curiosidade sobre outras pessoas e lugares e a música pode acionar imagens e emoções que de outras formas permaneceriam adormecidas. Pelo menos dois programas educativos para pré-escola foram vinculados a um incremento do jogo imaginativo e do pensamento criativo: *Mister Roger's Neighborhood* (que inclui uma transição clara do ambiente no mundo real da casa de Fred Rogers para a *Terra do Faz de Conta*, em um bonde, Anderson et al., 2001; Singer e Singer, 1976) e *Barney e seus Amigos* (que tem a imaginação – levada por um dinossauro roxo – como o princípio central do programa, Singer e Singer, 1998). A pesquisa sobre o hábito de assistir a esses programas apresenta ganhos significativos no jogo criativo e imaginativo quando comparado a outros programas assistidos pelas crianças. É importante dizer, contudo, que os ganhos são maiores quando o ato de assistir é facilitado por adultos – pais ou professores (Singer e Singer, 1976).

Uma hipótese alternativa, que Valkenburg chama de "hipótese da redução", sugere que a mídia prejudica a capacidade criativa das crianças, substituindo atividades que são mais estimulantes cognitivamente (como a leitura ou brincar com os amigos) pelo ato passivo de assistir televisão e "navegar" despreocupadamente pela internet. Além disso, algumas mídias (particularmente as que possuem componentes de áudio e visuais) podem ser encaradas como fornecedoras para o imaginário das crianças de imagens pré-fabricadas das quais as crianças têm dificuldade de se separar (Runco e Pezdek, 1984; Valkenburg e Beentjes, 1997). Os pesquisadores que examinam especificamente o conteúdo da mídia também argumentaram que a violência na mídia afeta de forma adversa o jogo imaginativo, embora não esteja claro se esta é a causa por que as crianças se tornam mais impulsivas (Singer, Singer e Rapaczynski, 1984), ou mais ansiosas (Fein, 1981), ou se algum outro mecanismo está em funcionamento.

Embora existam poucas evidências de que o uso da tela das mídias estimula o jogo imaginativo e a criatividade das crianças (com exceção de alguns poucos programas para pré-escolares), existem algumas sugestões de que as intervenções da mídia audiovisual podem ser planejadas para encorajar o brincar. *My Magic Story Car*, uma série em vídeo concebida para estimular o jogo das crianças com o objetivo de estruturar as suas habilidades iniciais de alfabetização, apresentou efeitos bastante positivos quando usada no ambiente da sala de aula (Bellin e Singer, 2006). Nesta série, crianças de baixa renda em situação de risco e seus responsáveis recebiam ideias explícitas para se envolverem numa brincadeira de faz de conta. Por exemplo, os adultos ajudam as crianças a montar seus próprios "magic story cars" (cadeiras, almofadas ou caixas de papelão decoradas com as letras do alfabeto) com uma "placa de carro" em que as crianças são ajudadas a escrever seus nomes ou iniciais. Os espectadores infantis dirigem seus "magic story cars" para

Figura 3.5 Barney e seus amigos, da PBS.

jogarem jogos de aprendizagem com narrativas de faz de conta concebidas para reforçar a alfabetização específica emergente e habilidades socioemocionais (p. 107). Bellin e Singer descobriram que, quando comparadas a um grupo controle, as crianças que foram expostas à intervenção apresentaram ganhos significativos em virtualmente todos os aspectos da alfabetização emergente. O brilhantismo deste programa está no reconhecimento de que os pais e responsáveis, de muitas maneiras, esqueceram como "brincar" de uma forma que seja construtiva para o desenvolvimento. Além disso, *My Magic Story Cars* tira proveito da ubiquidade da mídia e da afinidade das crianças com ela. Embora tenham sido apresentados argumentos similares sobre o potencial do vídeo e jogos de computador para estimular a criatividade e a imaginação (Johnson, 2005), e embora muitos dos *games* aleguem que estimulam nas crianças a capacidade de fantasiar (Valkenburg, 2001), ainda são escassas as pesquisas nessa área.

A mídia e o aprendizado da linguagem

Outra forma pela qual a mídia pode contribuir para as aquisições acadêmicas das crianças é agindo como um "professor circunstancial da língua" (Naigles e Mayeux, 2001). Durante um estudo recente do uso que as famílias fazem da televisão, pesquisadores do Annenberg Public Policy Center empregaram o Teste de Vocabulário por Imagens (TVIP) para avaliar o vocabulário (Scantlin e Jordan, 2006). Uma criança de 9 anos recebeu a palavra *cascata* e lhe foi pedido que apontasse para a figura que representasse a palavra. O menino imediatamente fez isso corretamente, declarando que havia aprendido a palavra no seu *videogame* favorito! Na verdade, durante décadas os pesquisadores (Rice, 1984, 1990) afirmaram que os programas de televisão têm o potencial de incentivar as crianças a entenderem e usarem palavras novas, embora não esteja claro se a mídia consegue efetivamente ensinar a aquisição de habilidades de linguagem mais complexas como a gramática (Nagles e Mayeux, 2001).

A complexidade do programa e a adequação do conteúdo verbal da mídia à idade desempenham um papel importante no desenvolvimento da linguagem. Linebrager e Walker (2004) examinaram a relação entre o hábito das crianças de assistir televisão e sua linguagem expressiva e vocabulário. Ao contrário da maioria dos estudos, que examinam de forma transversal as habilidades cognitivas das crianças e seus padrões de assistir televisão (dificultando que se estabeleça a causalidade), este coletou a cada 3 meses dados sobre as crianças que assistiam televisão, começando aos 6 e terminando em torno dos 30 meses. Mesmo quando a educação dos pais, o ambiente da casa da criança e o seu desempenho cognitivo foram controlados estatisticamente, assistir a *Dora, a aventureira, Blue's Clues, Arthur, Clifford* ou *Dragon Tales* resultou em maior vocabulário e escores mais altos de linguagem expressiva; assistir aos *Teletubbies* foi relacionado a menos palavras no vocabulário e escores mais baixos na linguagem expressiva; assistir a *Vila Sésamo* foi relacionado a escores mais baixos apenas na linguagem expressiva; e assistir ao *Barney* foi relacionado a menos palavras no vocabulário e a linguagem mais expressiva. O interessante neste estudo é a noção de que tipo de programa educativo assistido pelas crianças apresentou resultados cognitivos diferentes. Os programas *Blue's Clues* e *Dora* são interativos, em que as crianças são incentivadas a conversar com a tela. A *Vila Sésamo* não é (explicando potencialmente os ganhos menores na linguagem expressiva). *Barney* tem como objetivo envolver as crianças no jogo criativo e imaginativo, mas mantém a sua linguagem muito simples e direta (explicando potencialmente a lacuna no ganho de palavras no vocabulário).

Figura 3.6 *Dora, a aventureira*, da Nickelodeon, e *Clifford*, da PBS.

Fonte: ©2008 Viacom International Inc. Todos os direitos reservados; ©2005 Scholastic Entertainment Inc. todos os direitos reservados.

Efeitos de longo prazo da exposição à mídia educacional

Em um estudo longitudinal de 10 anos com crianças desde a época em que eram pré-escolares até a sua entrada no ensino médio, os pesquisadores em Massachusetts e Kansas descobriram que as crianças que assistem à televisão educativa nos primeiros anos de vida têm um desempenho melhor uns 10 anos depois, mesmo quando outras variáveis importantes (como a situação socioeconômica da família ou a disponibilidade de livros) são consideradas. Os pesquisadores descobriram que assistir a programas educativos *versus* programas de entretenimento estava associado a ganhos maiores, mas alguns programas incentivavam o desenvolvimento de algumas habilidades mais do que outros. Um estudo similar, que acompanhou dois grupos de crianças alemãs durante um período de 4 anos, também descobriu que, embora assistir a programas educativos estivesse correlacionado positivamente à aquisição da leitura, as relações entre assistir um programa de entretenimento e o desempenho na leitura eram negativas (Ennemoser e Schneider, 2007). Esses estudos importantes e inovadores concluíram por fim que McLuhan (1964) estava errado quando escreveu: "O meio é a mensagem". Ao contrário, argumentam eles, "a mensagem é a mensagem" (Anderson et al., 2001, p. 134).

Quando a mídia é a mensagem

Apesar do que Anderson e colaboradores (2001) argumentam, existem propriedades da mídia que parecem incentivar o uso de algumas habilidades cognitivas ou atividades acadêmicas mais do que outras. Estudos acerca de computadores e *videogames* sugerem que a atenção visual, a visão periférica e o raciocínio espacial podem ser melhorados através do uso dos mesmos (Okagaki e Frensch, 1994; Subrahmanyam e Greenfield, 1994). Jackson e colaboradores (2006) encontraram que as crianças que estavam tendo dificuldades como leitoras foram ajudadas pelo uso caseiro da internet (possivelmente porque encorajava o uso de informações baseadas em textos). Bel e Arroyo (2001) apresentaram evidências de que um jogo de computador conduzido pelo usuário poderia efetivamente encorajar a integração da matemática e conceitos de ciência muito além do que um professor sozinho consegue fazer em uma sala de aula.

Tempo gasto com a mídia e o rendimento acadêmico

Além de acompanhar o tipo e o conteúdo da mídia a que o público infantil está exposto, também está claro que é extremamente importante verificar a quantidade de tempo que eles gastam com a mídia. Vários estudos demonstraram que, ao longo do tempo, o uso excessivo da mídia está associado negativamente ao rendimento educacional (Fetler, 1984; Sharif e Sargent, 2007) e à atenção (Christakis, Zimmerman, DiGiuseppe e McCarty, 2004). Obviamente, uma questão-chave é esta: o que constitui uso "excessivo" da mídia? A maioria dos pesquisadores chegou à conclusão que menos de 2 horas por dia é o ideal. Na verdade, a relação entre o tempo com a televisão e o sucesso acadêmico pode ser caracterizada como curvilinear – com os benefícios maiores sendo encontrados entre 1 e 2 horas por dia (Fetler, 1984; Williams, Haertel, Haertel e Walberg, 1982). No entanto, a relação entre o uso da mídia e as conquistas acadêmicas é complicada pelo *status* socioeconômico. Em um dos primeiros estudos sobre o rendimento acadêmico e as notas dos estudantes de segundo grau da Califórnia, Fetler (1984) descobriu que assistir televisão era mais benéfico para os alunos que tinham menos recursos econômicos e menos benéfico para os que eram mais ricos. Ele levanta a hipótese de que a televisão pode funcionar como um recurso educacional no caso de haver escassez de oportunidades educacionais, mas para aqueles que crescem em um ambiente relativamente "rico" (com muitos livros, visitas a museus, etc.), assistir televisão os desvia de alternativas intelectualmente mais estimulantes.

Embora alguns possam argumentar que a entrada de novas mídias nos lares das crianças desviaria a sua atenção da televisão, Rideout, Roberts e Foehr (2005) descobriram que as novas mídias a complementaram. Assim, as crianças hoje assistem televisão tanto quanto as crianças de duas década atrás. Na verdade, parece que as crianças que são usuárias excessivas da TV também usam em excesso jogos de *videogame*, computadores e músicas. Além disso, muitos jovens se tornaram especialistas em multitarefas. A maioria deles diz que usa as mídias enquanto faz seu tema de casa "às vezes" ou "na maior parte do tempo". Entretanto, os pesquisadores ainda precisam identificar se as multitarefas com a mídia têm efeito negativo no rendimento acadêmico.

Aprendendo a aprender com a mídia

Poucos estudiosos reconheceram o fato de que as crianças não nascem usando mídias – na verdade, da mesma forma que elas são socializadas pela mídia também são socializadas para usar a mídia de maneiras particulares. O psicólogo social Gavriel Salomon explorou sistematicamente como as preconcepções das crianças sobre uma mídia – por exemplo, que a imprensa é "difícil" e a televisão é fácil – moldam a quantidade de esforço mental que elas irão empregar no processamento dessa mídia. Essa quantidade de esforço mental investido, ou AIME (*amount of invested mental effort*), é definida como "o número de elaborações mentais não automáticas aplicadas ao material" (Salomon, 1984). A AIME, por sua vez, molda a quantidade de informação que as crianças vão absorver da mídia; ou seja, o quanto elas poderão aprender. Os contextos de vida de uma criança irão contribuir para o grau de "superficialidade" ou de "profundidade" com que os espectadores irão processar as informações mediadas (Cohen e Salomon, 1979). Por exemplo, comparações entre crianças israelenses e norte-americanas durante a década de 1970 mostraram que, mesmo quando o QI era levado em conta, as crianças israelenses apren-

Figura 3.7

Fonte: ©The New Yorker Collection 1991 Michael Craeford, da cartoonbank.com. Todos os direitos reservados.

diam mais com a programação da televisão do que suas contrapartes norte-americanas. Ele conclui que isso é assim porque na época dos seus estudos os israelenses usaram principalmente a televisão como fonte de notícias. Salomon também descobriu que as características de exigência percebida (PDCs) de uma mídia podiam ser alteradas. As crianças às quais era dito que lhes seriam feitas perguntas sobre o que tinham assistido, ou a quem era dito para prestarem atenção porque o material era difícil, de fato prestaram mais atenção e também aprenderam mais (Salomon, 1983).

A teoria da AIME dá por resolvida a questão de como as crianças passam a pensar sobre a mídia como um meio de atender a usos particulares ou gratificar necessidades particulares. Van Evra (1998) sugere que, já que boa parte da televisão é de entretenimento, as crianças desenvolvem um esquema particular para a quantidade necessária de processamento – um esquema que irá conduzir o ato de assistir até mesmo à programação educativa. Embora a programação pré-escolar, particularmente a que é levada ao ar pela PBS, tenha historicamente uma missão de educar, a última década testemunhou uma explosão virtual das ofertas educacionais para as crianças – e novas abordagens para conseguir que as crianças se ocupem com o material. A pesquisa com o programa *Blue's Clues* foi um estudo de caso interessante. Os produtores do programa planejaram a série para que fosse "interativa", imitando o estilo de falar e fazer pausa do Mr. Roger (*Mister Roger's Neighborhood*) como se ele estivesse falando com cada um dos jovens espectadores. As avaliações das reações dos espectadores à série indicam que o programa estimulou um novo estilo de assistir TV – em que os pré-escolares falam com os personagens, gritam as soluções dos problemas colocados e de uma maneira geral "interagem" com o que está na tela. Além disso, estes estilos de assistir televisão induzidos por *Blue's Clues* foram transportados para outros programas, incluindo os não interativos, como o *Big Bag*, da Cartoon Network (Crawley et al., 2002).

Sabemos muito pouco sobre como as crianças aprendem a usar outras mídias além da televisão durante seus primeiros 5 anos de vida, embora as pesquisas da Kaiser Family Foundation sugiram que a mídia é abundante nos lares dos pré-escolares. Num dia típico, 83% das crianças de 6 meses a 6 anos assistem televisão, 32% assistem vídeos ou DVDs, 16% usam computadores e 11% jogam *videogames* (Rideout e Hamel, 2006). As lições sobre quando e como usar a mídia podem vir de pais, irmãos, cuidadores e professores. Um estudo observacional em um centro de cuidados infantis que atendia jovens de uma minoria urbana de baixa renda descobriu que, embora a televisão fosse usada com frequência e por várias horas durante um dia típico, os professores não tentavam utilizá-la como um meio de instrução (Jordan, 2005). Ao invés disso, os videoteipes de programas educativos eram usados para ajudar os professores a passarem as crianças de uma atividade para outra ou para a "hora do silêncio". Ao contrário do uso de livros no centro, o potencial educativo desses videoteipes não foi nem ampliado nem explorado.

Conclusão

Em uma versão de um mundo ideal, as crianças passariam seu tempo com produtos de mídia que fossem enriquecedores e de maior qualidade, e menos tempo com outros de conteúdos unicamente de entretenimento que, na melhor das hipóteses, fazem com que percam seu tempo e, na pior, são prejudiciais ao seu desenvolvimento cognitivo. Obviamente, em um mundo ideal os adultos fariam o mesmo – abandonando o superficial e o lixo pela mídia concebida para aumentar o seu conhecimento do mundo e sua cultura. Mas a realidade dos fatos é que nem sempre (ou mesmo geralmente) tanto as crianças quanto os adultos assistem televisão, jogam *videogames* ou se conectam *online* com objetivos ambiciosos como esses. Seria irrealista, se não injusto, condenar o valor de puro entretenimento que a mídia tem em nossas vidas. Infelizmente, muito do que se encaixa no "puro entretenimento" é potencialmente prejudicial para as crianças. Um relatório descobriu que a maioria dos programas de TV para crianças eram de "baixa qualidade" (principalmente os programas orientados para o entretenimento com altas doses de violência, [Jordan, 1996]). Este estudo também descobriu que os programas de "alta qualidade" (educativos, apropriados para a idade) não estavam tendo os mesmos índices de audiência que recebiam os programas de baixa qualidade (Jordan, 1996).

Os criadores das mídias têm uma crença de que se as crianças acham que alguma coisa é boa para elas, elas a rejeitarão. (Isso é conhecido nos meios empresariais, assim como entre os pais, como a "síndrome do espinafre" [Jordan, 2004]). Em parte, é por isso que boa parte da mídia educativa é dedicada aos pré-escolares – para eles, todo o aprendizado é divertido! Uma tarefa muito importante no "trabalho" da infância, contudo, é desenvolver um senso de como uma pessoa pode utilizar o tempo – o quanto dele deve ser dedicado a amenidades e o quanto deve ser focado em se tornar maior, mais forte, mais inteligente. As crianças nem sempre fazem as melhores escolhas quando se trata da mídia. Não deveríamos esperar que elas fizessem isso automaticamente ou que o percebessem sozinhas. Imagine, por exemplo, se fosse deixado para a criança definir o que ela iria comer no café da manhã, almoço e janta (batatas fritas, barras de chocolate e *milk shakes*?). Não as deixamos fazer estas escolhas porque sabemos que as suas escolhas não seriam as melhores. Pais responsáveis (e produtores de mídia) oferecem às crianças uma variedade de alimentos (que podem incluir o ocasional *Lanche Feliz* com o tradicional frango, brócolis e leite), incentivam-nas a fazer escolhas saudáveis e lhes ensinam os benefícios de consumir uma dieta balanceada – seja ela uma dieta de comida ou dieta de mídia. Por fim, esperamos, as crianças desenvolvem um gosto pelas "coisas boas" de modo que possam crescer e se transformar em adultos inteligentes e ativos.

Exercícios

1. Assista à televisão nas manhãs de sábado e veja se consegue encontrar os programas educativos que as estações comerciais estão oferecendo às crianças. Você consegue identificar qual é a "lição" do programa?
2. Procure lembrar de alguns dos jogos de faz de conta que você brincava quando criança. Os seus pais brincavam de faz de conta com você? Pergunte a eles!
3. *Vila Sésamo* é o programa de televisão mais pesquisado – e também o mais duradouro. Se já faz algum tempo que você não o assiste, sintonize e veja se consegue identificar em que ele mudou.
4. Muito embora *Barney e seus Amigos* tenha sido considerado um programa verdadeiramente educativo para crianças, os pais reclamam muito dele. O que há com o programa que faz com que ele seja tão amado pelas crianças e tão irritante para os pais?
5. Vá até uma loja que venda jogos de computador para crianças e olhe no verso da caixa para ver que tipo de alegações "educativas" eles estão usando sobre o produto. Pense em como você, como pesquisador, testaria se existe alguma consistência que embase os argumentos.
6. Um estudo encontrou que crianças que estavam abaixo do nível esperado em leitura melhoraram significativamente a sua habilidade para ler por terem acesso à internet em casa. Pense a respeito do seu próprio uso da internet. Quanto tempo você diria que passa lendo (*versus* assistindo episódios de televisão ou *trailers* de filmes!)?
7. Planeje um produto de mídia educativa infantil que você ache que preencha a lacuna no cenário atual das ofertas para as crianças. O produto deve ter uma orientação teórica e ser justificado empiricamente. Como ele seria?

Notas

1. Em média, as crianças norte-americanas passam aproximadamente 4 horas (3:51) assitindo televisão (incluindo vídeos e DVDs); 1,5 (1:44) ouvindo rádio ou CDs, fitas ou tocadores de MP3; pouco mais de 1 hora (1:02) no computador, além do trabalho escolar; e um pouco menos de 1 hora (49 min) jogando *videogames.* Em contraste, as crianças dizem que leem por prazer 43 minutos por dia (livros, revistas, jornais). Estes dados, coletados em 2005 pela Kaiser Family Foundation, são baseados em uma amostra nacional de crianças da 3ª até a 12ª série, e sugerem o grande potencial que a mídia tem na contribuição para o desenvolvimento cognitivo das crianças. Isso parece particularmente verdadeiro quando contrastamos o tempo das crianças na mídia com a quantidade de tempo gasto em companhia dos pais (2:17), fazendo o tema de casa (50 min) ou fazendo trabalhos domésticos (32 min) (Rideout et al., 2005).
2. Em 2007, a Univision recebeu uma multa de mais de um milhão de dólares por identificar uma telenovela como educativa para crianças (Ahrens, 2007).

Referências

Ahrens, F. (2007, February 25). FCC expected to impose record $24 million fine against Univision. *The Washington Post,* Sunday Final Edition.

Anderson, D. (1998). Educational television is not an oxymoron. *Annals of the American Academy of Political and Social Science, 557,* 24–38.

Anderson, D., Huston, A., Schmitt, K., Linebarger, D., & Wright, J. (2001). Early childhood television viewing and adolescent behavior. *Monographs of the Society for Research in Child Development,* 68(Serial No. 264), 1–143.

Anderson, D. R., Lorch, E. P., Field, D. E., & Sanders, J. (1981). The effects of TV program comprehensibility on preschool children's visual attention to television. *Child Development, 52,* 151–157.

Beal, C., & Arroyo, I. (2002). The AnimalWatch project: Creating an intelligent computer mathematics tutor. In S. Calvert, A. Jordan, & R. Cocking (Eds.), *Children in the digital age: Influences of electronic media on development* (pp. 183–198). Westport, CT: Praeger.

Bellin, H., & Singer, D. (2006). My Magic Story Car: Video-based play intervention to strengthen emergent literacy of at-risk preschoolers. In D. Singer, R. Golinkoff, & K. Hirsh-Pasek (Eds.), *Play = learning: How play motivates and enhances children's cognitive and social-emotional growth* (pp. 101–123). Oxford, UK: Oxford University Press.

Christakis, D. A., Zimmerman, F. J., DiGiuseppe, D. L., & McCarty, C. A. (2004). Early television exposure and subsequent attentional problems in children. *Pediatrics, 113,* 708–713.

Cohen, A., & Salomon, G. (1979). Children's literate television viewing: Surprises and possible explanations. *Journal of Communication,* 29(3), 156–163.

Crawley, A., Anderson, D., Santomero, A., Wilder, A., Williams, M., Evans, M., et al. (2002). Do children learn how to watch television? The impact of extensive experience with *Blue's Clues* on preschool children's television viewing behavior. *Journal of Communication,* 52(2), 264–279.

Crawley, A., Anderson, D., Wilder, A., Williams, M., & Santomero, A. (1999). Effects of repeated exposures to a single episode of the television program *Blue's Clues* on the viewing behaviors and comprehension of preschool children. *Journal of Educational Psychology, 91,* 630–637.

Ennemoser, M., & Schneider, W. (2007). Relations of television viewing and reading: Findings from a 4–year longitudinal study. *Journal of Educational Psychology,* 99(2), 349–368.

Federal Communications Commission (FCC). (1996). In the matter of policies and rules concerning children's television programming: Report and order. *Federal Communications Commission Record, 11,* 10660–10778.

Fetler, M. (1984). Television viewing and school achievement. *Journal of Communication,* 34(2), 104–118.

Fein, G. G. (1981). Pretend play in childhood: An integrative review. *Child Development, 52,* 1095–1118.

Fisch, S., & Bernstein, L. (2001). Formative research revealed: Methodological and process issues in formative research. In S. Fisch & R. Truglio (Eds.), *"G" is for growing* (pp. 39–60). Mahwah, NJ: Lawrence Erlbaum.

Fisch, S., & Truglio, R. (Eds.). (2001). *"G" is for growing.* Mahwah, NJ: Lawrence Erlbaum.

Fisch, S., Truglio, R., & Cole, C. (1999). The impact of *Sesame Street* on preschool children: A review and synthesis of 30 years' research. *Media Psychology, 1,* 165–190.

Healy, J. (1990). *Endangered minds: Why our children don't think.* New York: Simon & Schuster.

Hearold, S. (1986). A synthesis of 1043 effects of television on social behavior. In G. Comstock (Ed.), *Public communication and behavior* (Vol. 1, pp. 65–133). Orlando, FL: Academic Press.

Jackson, L. A., von Ey, A., Biocca, R, Barbatsis, G., Zhao, Y., & Fitzgerald, H. (2006). Does home Internet use influence the academic performance of low-income children? *Developmental Psychology, 42,* 429–435.

Johnson, S. (2005). *Everything bad is good for you: How today's popular culture is actually making us smarter.* New York: Riverhead.

Jordan, A. (1996). *The state of children's television: An examination of quantity, quality and industry beliefs* (Report No. 2, the Annenberg Public Policy Center). Philadelphia: University of Pennsylvania Press.

Jordan, A. (2004). The three-hour rule and educational television for children. *Popular Communication, 2(2),* 103–119.

Jordan, A. (2005). Learning to use books and television: An exploratory study in the ecological perspective. *American Behavioral Scientist, 48(5),* 523–538.

Knowlton, L., & Costigan, L. (Producers/Directors). (2006). *The world according to* Sesame Street [Documentary]. (2006). United States: Participant Productions.

Kunkel, D. (1998). Policy battles over defining children's educational television. *Annals of the American Academy of Political and Social Sciences,* 557, 39–53.

Kunkel, D., & Canepa, J. (1994). Broadcasters' license renewal claims regarding children's educational programming. *Journal of Broadcasting and Electronic Media, 38,* 397–116.

Kunkel, D., & Wilcox, B. (2001). Children and media policy. In D. Singer & J. Singer (Eds.), *The handbook of children and media* (pp. 589–604). Thousand Oaks, CA: Sage.

Linebarger, D., & Walker, D. (2004). Infants' and toddlers' television viewing and language outcomes. *American Behavioral Scientist, 46,* 1–22.

McLuhan, M. (1964). *Understanding media: The extension of man.* New York: McGraw-Hill.

Naigles, L., & Mayeux, L. (2001). Television as incidental language teacher. In D. Singer & J. Singer (Eds.), *The handbook of children and media* (pp. 135–152). Thousand Oaks, CA: Sage.

Okagaki, L., & Frensch, P. (1994). Effects of video game playing on measures of spatial performance: Gender effects in late adolescence. *Journal of Applied Developmental Psychology, 15,* 33–58.

Pecora, N. (1998). *The business of children's entertainment.* New York: Guilford.

Rice, M. (1984). The words of children's television. *Journal of Broadcasting, 28,* 445–461.

Rice, M. (1990). Preschoolers' QUIL: Quick incidental learning of words. In G. Conti-Ransden & C. Snow (Eds.), *Children's language* (Vol. 7). Hillsdale, NJ: Lawrence Erlbaum.

Rideout, V., & Hamel, E. (2006, May). *The media family: Electronic media in the lives of infants, toddlers, preschoolers and their parents* (Report No. 7500). Menlo Park, CA: Kaiser Family Foundation.

Rideout, V, Roberts, D., & Foehr, U. (2005). *Generation M: Media in the lives of 8–18 year-olds.* Menlo Park, CA: Kaiser Family Foundation.

Runco, M. A., & Pezdek, K. (1984). The effect of television and radio on children's creativity. *Human Communication Research, 11,* 109–120.

Salomon, G. (1983). Television watching and mental effort: A social psychological view. In D. Anderson & J. Bryant (Eds.), *Children's understanding of television: Research on attention and comprehension* (pp. 181–198). New York: Academic Press.

Salomon, G. (1984). Television is "easy" and print is "tough": The differential investment of mental effort as a function of perceptions and attributions. *Journal of Educational Psychology, 76,* 647–658.

Scantlin, R., & Jordan, A (2006). Families' experiences with the V-chip: An exploratory study. *Journal of Family Communication,* 6(2), 139–159.

Sharif, I., & Sargent, J. (2007). Association between television, movie, and video game exposure and school performance. *Pediatrics, 118,* e1061–e1070.

Singer, J. L., & Singer, D. G. (1976). Can TV stimulate imaginative play? *Journal of Communication,* 26(3), 74–80.

Singer, J. L., & Singer, D. G. (1998). Barney & Friends as entertainment and education: Evaluating the quality and effectiveness of a television series for preschool children. In J. K. Asamen & G. Berry (Eds.), *Research paradigms, television, and social behavior* (pp. 305–367). Beverly Hills, CA: Sage.

Singer, J. L., Singer, D. G., & Rapaczynski, W. S. (1984). Family patterns and television viewing as predictors of children's beliefs and aggression. *Journal of Communication, 34(2),* 73–89.

Subrahmanyam, K., & Greenfield, P. (1994). Effect of video game practice on spatial skills in girls and boys. *Journal of Applied Developmental Psychology, 15,* 13–32.

Turow, J. (1981). *Entertainment, education and the hard sell: Three decades of network children's television.* New York: Praeger.

Valkenburg, P. (2001). Television and the child's developing imagination. In D. Singer & J. Singer (Eds.), *Handbook of children and media* (pp. 121–134). Thousand Oaks, CA: Sage. Valkenburg, P., & Beentjes, J. (1997). Children's creative imagination in response to radio and television stories. *Journal of Communication, 47(2),* 21–38.

Van Evra, J. (1998). *Television and child development.* Mahwah, NJ: Lawrence Erlbaum.

Williams, P. A., Haertel, E. H., Haertel, G. D., & Walberg, H. J. (1982). The impact of leisure time television on school learning: A research synthesis. *American Educational Research Journal, 19(1),* 19–50.

Wright, J., St. Peters, M., & Huston, A. (1990). Family television use and its relation to children's cognitive skills and social behavior. In J. Bryant (Ed.), *Television and the American family* (pp. 227–251). Hillsdale, NJ: Lawrence Erlbaum.

4

Violência na mídia

A verdadeira violência na mídia provavelmente não vai transformar uma criança boa em um criminoso violento. Porém, assim como cada cigarro que uma pessoa fuma aumenta um pouco a probabilidade de se ter um câncer de pulmão algum dia, cada programa violento a que se assiste aumenta um pouco a probabilidade de surgir um comportamento mais agressivo em alguma situação.

—Psicólogos Brad J. Bushman
e L. Rowell Huesmann (2001, p. 248)

A televisão não é uma escola para o comportamento criminoso... Os espectadores se voltam para este entretenimento leve para um relaxamento, não para aprender. A ação no vídeo existe e as pessoas recorrem a ela para tirar as coisas da cabeça ao invés de colocar coisas nela... A violência na televisão é boa para as pessoas.

—Jib Fowles, The Case for
Television Violence (1999, p. 53, 118)

Obviamente, a preferência seria que houvesse uma política da própria indústria quando se trata de violência excessiva. Contudo, se eles não podem ou não querem, então o Congresso deve intervir e tratar deste problema social que é cada vez maior.

—Sen. John D. Rockfeller IV (D–W.Va.),
citado no Los Angeles Times (Puzzanghera, 2007)

A violência na mídia não vai desaparecer e provavelmente a maioria dos esforços atuais para impedi-la não terá sucesso. Assim como a exibição de material sexual excessivo e gratuito, a violência existe dentro de uma estrutura comercial complexa, apoiada em um sistema poderoso de fantasias.

—David Trend, The Myth of Media Violence:
A Critical Introduction (2007, p. 10)

A violência nos Estados Unidos ameaça toda a malha da sociedade contemporânea. Mais de 2 milhões de pessoas são vítimas de agressão violenta a cada ano (Vyrostek, Annest e Ryan, 2004) e o homicídio é a segunda causa principal de morte entre jovens entre 6 e 19 anos (Centros de Controle e Prevenção de Doenças [CDC], 2006). Todos os dias, 16 crianças nos Estados Unidos são assassinadas, e 82% destes jovens são mortos com armas de fogo (CDC, 2006). Apesar da diminuição dos crimes violentos na década de 1990, os Estados Unidos ainda estão em primeiro lugar entre as nações industrializadas em homicídios de jovens (Snyder e Sickmund, 1999). Além do mais, na verdade, o crime violento aumentou nas cidades norte-americanas nos últimos 2 anos, sugerindo uma inversão dos declínios da metade da década de 1990 (Zernike, 2007). As estatísticas são certamente preocupantes, mas também o são as tragédias nacionais que envolvem o homicídio. O massacre na Universidade Estadual e Instituto Politécnico da Virginia* é apenas um caso recente em uma enxurrada de tiroteios nas escolas norte-americanas durante a última década (Toppo, 2007). Em resposta a essas tragédias escolares, o ex-procurador geral John Ashcroft sustentou que existe uma "ética da violência" entre os jovens dos Estados Unidos ("Ashcroft Blames 'Culture'', 2001).

Enquanto a violência se alastra em nossa sociedade, funcionários do governo, profissionais da saúde, educadores e cientistas se esforçam para entender as causas complexas da agressão humana. Com certeza, não há um fator único que leve uma pessoa a se tornar violenta. Anormalidades neurológicas e hormonais (Berman, Gladue e Taylor, 1993; Miles e Carey, 1997), deficiências no funcionamento cognitivo (Dodge e Frame, 1982) e até mesmo a violência parental (Moretti, Obsuth, Odgers e Reebye, 2006) foram vinculados à agressão. São citadas, também, forças sociais como pobreza, drogas e a disponibilidade de armas (Archer, 1994; Guerra, Huesmann, Tolan, Van Acker e Eron, 1995). Outro fator que continuamente emerge nos debates públicos sobre a violência é o papel das mídias de massa. Pesquisas com a opinião pública indicam que 75% dos adultos norte-americanos acreditam que a violência na televisão contribui para o crime e a agressão no mundo real (Lacayo, 1995) e uma proporção considerável acha que Hollywood deveria fazer mais para reduzir a violência na programação de entretenimento (Lowry, 1997). O fato de ser pai parece aumentar estas preocupações. Em uma pesquisa recente, 90% dos pais com filhos menores de 7 anos achavam que a violência na TV causa um sério impacto negativo nos seus filhos ("New Poll Fins," 2005).

As mídias de massa são parte do problema ou elas meramente refletem a violência que está ocorrendo na sociedade (ver Figura 4.1)? A violência na mídia é, principalmente, uma forma de entretenimento que remonta aos gregos da antiguidade ou ela é uma ferramenta cultural que serve para legitimar os meios violentos de poder e controle social? Existem muitas opiniões a respeito do tema da violência na mídia, e possivelmente não poderemos resolver todas essas questões em um único capítulo. Em consonância com a abordagem usada ao longo deste livro, colocaremos o foco principalmente nas pesquisas científicas referentes à violência na mídia e os jovens.

Existem, de fato, centenas de estudos publicados sobre o impacto da violência na mídia. Os pesquisadores que revisaram exaustivamente estes estudos afirmam conclusivamente que a violência na mídia pode ter efeitos antissociais (Anderson et al., 2003; Huesmann, 2007). Em anos recentes, várias organizações de profissionais também examinaram as evidências e concordaram que a violência na TV é prejudicial às crianças (por exemplo, Academia Americana de Pediatria, 2001; Associação Médica Americana, 1996).

* N. de R.T.: Em 16 de abril de 2007, um estudante da *Virgínia Tech* matou 32 pessoas e se suicidou.

Figura 4.1

Fonte: Reproduzido com a permissão de KAL, the cartoonist e writer syndicate.

Na verdade, um relatório sobre a violência dos jovens feito pelo Departamento Nacional de Saúde afirma que "as pesquisas até o momento justificam os esforços para frear os efeitos adversos da violência na mídia sobre os jovens" (*Youth Violence*, 2001).

Este capítulo começará abordando o tema do quanto existe de violência na mídia norte-americana. A seguir, nos voltaremos para a questão do quanto a violência na mídia atrai os jovens. Depois apresentaremos uma visão geral das pesquisas referentes aos três efeitos prejudiciais potenciais da exposição à violência na mídia: (a) o aprendizado de atitudes e comportamentos agressivos, (b) a dessensibilização e (c) o medo. Como um contraste importante, apresentaremos algumas visões dos críticos que discordam desta pesquisa. Concluiremos com seções breves sobre armas e a mídia, suicídio e a mídia e um olhar transcultural da violência no Japão e os efeitos pró-sociais da violência na mídia sobre os jovens.

O quanto a mídia norte-americana é violenta?

A televisão e os filmes norte-americanos oferecem às pessoas uma dieta incessante de conteúdo violento. Estimativas conservadoras indicam que a criança ou adolescente médio nos Estados Unidos assiste a 1.000 assassinatos, estupros e ataques violentos por ano apenas na televisão (Rothenberg, 1975). Um estudo da Associação Americana de Psicologia coloca essas cifras em 10.000 por ano – ou aproximadamente 200.000 na época em que uma criança atinge a adolescência (Huston et al., 1992). Essa estatística provavelmente será ainda mais alta se uma criança concentrar a sua atenção em certos canais e tipos de programação, conforme veremos mais adiante.

Em um dos primeiros esforços para quantificar a violência na televisão, George Gerbner e colaboradores analisaram uma semana de programação de cada ano, desde 1967 até o final da década de 1980 (Gerbner, Gross, Morgan e Signorielli, 1980; Gerbner, Signorielli, Morgan e Jackson-Beeck, 1979). Examinando as três principais redes transmissoras, os pesquisadores encontraram muita consistência ao longo do tempo, com aproximadamente 70% dos programas do horário nobre e 90% dos programas infantis contendo alguma violência (Signorielli, 1990). O índice de violência também era constante, com 5 ações violentas por hora apresentadas no horário nobre e 20 ações por hora nos programas infantis (ver Figura 4.2).

Mais recentemente, o Estudo Nacional da Violência na Televisão avaliou a violência na TV aberta e também na TV a cabo (Smith et al., 1998; Wilson et al., 1997, 1998). Nesta análise de conteúdo em grande escala, os pesquisadores selecionaram a programação aleatoriamente durante um período de 9 meses nos 23 canais, das 6h às 11h da manhã, 7 dias por semana. Este método produziu uma semana de televisão que consistia de mais de 2.500 horas de conteúdo por ano. Por 3 anos consecutivos (1996-1998), os pesquisadores descobriram que 60% de todos os programas continham alguma violência. No entanto, a violência variava muito segundo o tipo do canal. Mais de 80% dos programas nos canais a cabo Premium apresentavam violência, enquanto isso acontecia em menos de 20% dos programas na televisão pública (ver Figura 4.3).

Entretanto, a violência na mídia não é toda igual. Para ilustrar, compare um filme como *A Lista de Schindler*, sobre a brutalidade do Holocausto, com um filme como *Kill Bill*, que apresenta uma assassina, representada por Uma Thurman, que faz uma orgia de matança motivada por uma revanche. Um filme mostra as consequências trágicas da brutalidade, enquanto o outro parece celebrar ou pelo menos aceitar a violência. O Estudo Nacional da Violência na Televisão avaliou a frequência com que a violência é mostrada de uma forma que possa ser educativa para os espectadores. Apesar da penetração total da violência, menos de 5% dos programas violentos apresentaram

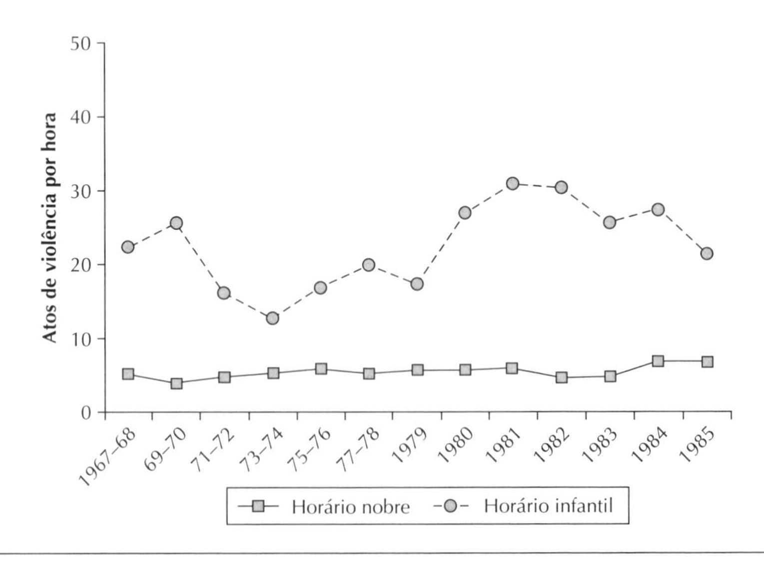

Figura 4.2 Violência no horário nobre e programação infantil nos EUA, baseados na análise de conteúdo anual, por George Gerbner e colaboradores.

Fonte: Adaptado de Signorielli (1990).

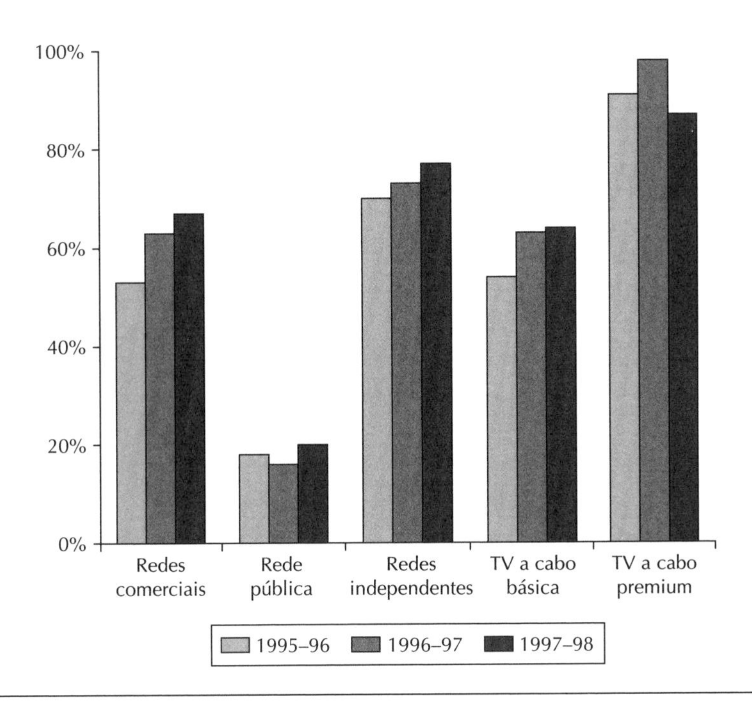

Figura 4.3 Proporção de programas contendo violência por tipo de canal, nos EUA.

Fonte: Adaptado de Smith et al. (1998).

um tema antiviolência durante os 3 anos do estudo (Smith et al., 1998).

Os pesquisadores também examinaram características contextuais da violência, como quem comete a agressão, se a violência é recompensada ou punida e se ela resulta em consequências negativas. O estudo tirou várias conclusões a partir dos achados:

> ***A violência na televisão é frequentemente glamurizada.*** Aproximadamente 40% dos incidentes violentos foram perpetrados pelos personagens "bons" que podem servir como modelo para os espectadores. Além disso, um total de 70% das cenas violentas não continham remorso, crítica ou castigo para a violência.
>
> ***A violência na televisão é frequentemente higienizada.*** Quase metade dos incidentes violentos na televisão não demonstrava dano físico ou dor na vítima. Além do mais, menos de 20% dos programas violentos retratavam repercussões negativas de longo prazo da violência para a família e os amigos da vítima.
>
> ***A violência na televisão é frequentemente banalizada.*** Mais da metade dos incidentes violentos apresentava formas intensas de agressão que seriam mortais se ocorressem na vida real. Mas apesar da seriedade de dita agressão, 40% das cenas violentas na televisão incluíam algum tipo de humor.

Como veremos a seguir, todas essas características contextuais aumentam as chances da violência na mídia exercer um efeito prejudicial no público.

É claro que os padrões aqui descritos caracterizam a programação tomada em conjunto, e não os programas a que os jovens passam a maior parte do tempo assistindo. Em análises posteriores da amostra do Estudo Nacional da Violência na Televisão, os pesquisadores examinaram especificamente dois gêneros que são populares entre os jovens: programas direcionados especificamente a crianças com menos de 12 anos (Wilson, Smith et al., 2002) e os videoclipes (Smith e Boyson, 2002).

Nos programas infantis, em que quase todos são desenhos animados, a violência é muito mais prevalente. Por exemplo, aproximadamente 7 em cada 10 programas infantis continham alguma violência, enquanto a proporção era de 6 em cada 10 nos programas não infantis (Wilson, Smith et al., 2002). Além do mais, uma hora típica de programação infantil continha 14 incidentes violentos diferentes, ou 1 incidente a cada 4 minutos. Em contraste, os programas não infantis apresentavam em torno de 6 incidentes violentos por hora, ou 1 a cada 12 minutos. Os pesquisadores também descobriram que os programas infantis tinham substancialmente maior probabilidade do que outros tipos de programas de retratarem de forma irrealista os baixos níveis de danos às vítimas em comparação com o que aconteceria na vida real. Este padrão é particularmente problemático para crianças com menos de 7 anos, que têm dificuldade para distinguir a realidade da fantasia e podem achar que tais agressões não causam danos. Finalmente, quando os programas infantis foram divididos em categorias, os desenhos animados de super-heróis, como *Exosquad* e *O Homem Aranha*, assim como os desenhos de comédia pastelão, como *Animaniacs* e *Papa-Léguas*, estavam muito mais saturados de violência do que os desenhos de relações sociais como *Os Ursinhos Carinhosos* e *Rugrats* (Wilson, Smith et al., 2002). Os programas com formato de revista como *Barney*, *Blue's Clues* e *Bill Nye the Science Guy* raramente continham alguma violência.

Examinando os videoclipes, que são populares entre os pré-adolescentes e adolescentes, a prevalência geral da violência é bastante baixa (Smith e Boyson, 2002). Na verdade, em uma semana típica de televisão, apenas 15% de todos os vídeos exibidos em canais como BET, MTV e VH1 continham violência. No entanto, a violência variava de acordo com o gênero musical. Conforme é visto na Figura 4.4,

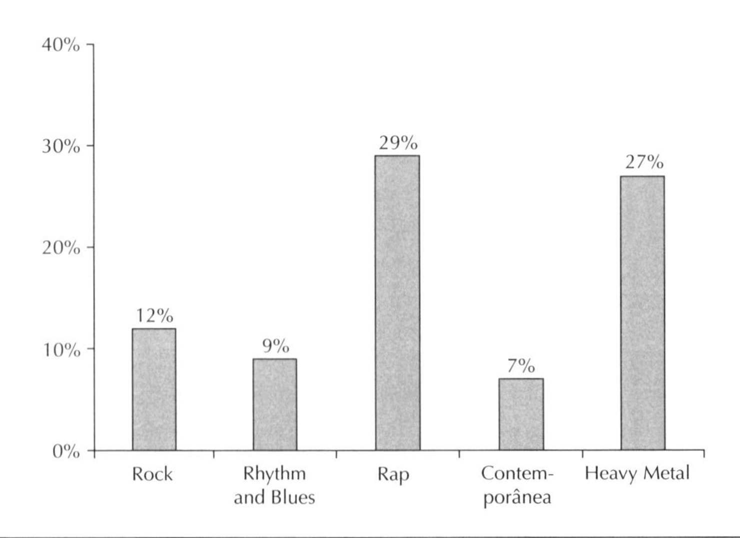

Figura 4.4 Presença de violência em diferentes gêneros musicais.

Fonte: Adaptado de Smith and Boyson (2002).

os vídeos de *rap* e *heavy metal* tinham maior probabilidade de conter violência do que os outros gêneros. Na verdade, aproximadamente um em cada três vídeos de *rap* apresentava agressão física. A violência nos vídeos de *rap* também tinha maior probabilidade de envolver atos repetidos de agressão contra o mesmo alvo. Por fim, os pesquisadores encontraram mais violência na BET do que nos dois outros canais, em parte porque a BET exibe mais *rap*.

E quanto à violência em outras mídias de tela? Dois estudos relativamente recentes examinaram filmes que são comercializados para crianças. Yokota e Thompson (2000) analisaram filmes animados classificados como G que foram lançados entre 1937 e 1999. Todos os 74 filmes da amostra continham pelo menos um ato de agressão física. Além do mais, houve um aumento significativo na duração da violência na tela durante o período de 40 anos. Um tema clássico exibido em muitos dos filmes era o mocinho triunfando sobre o bandido através do uso da força física. Um estudo posterior de alguns autores revelou que os filmes classificados como G que eram animados na verdade continham mais violência do que os que não eram animados (Thompson e Yokota, 2004). Então, tanto para a televisão quanto para o cinema, o conteúdo animado é uma das ocorrências mais violentas no mercado.

As estatísticas apresentadas aqui demonstram o que cada vez mais adultos reconhecem: existe uma grande quantidade de violência no entretenimento de tela (ver Figura 4.5). E hoje existem mais canais de televisão e outras tecnologias baseadas em telas (por exemplo, computadores, iPods) disponíveis para que os jovens encontrem e tenham experiências com tal conteúdo. Além do mais, muito dessa violência é retratada de uma forma que glamuriza, higieniza e banaliza a agressão. Por fim, a violência é particularmente prevalente nos muitos produtos que são direcionados para os espectadores jovens.

"Vamos esperar. Quem sabe ele a mata ou algo parecido."

Figura 4.5

Fonte: Reproduzido com permissão do *New Yorker*.

A violência na mídia atrai os jovens?

Os escritores e os produtores costumam argumentar que haveria menos violência na mídia se as pessoas deixassem de ser atraídas para ela. Certamente podemos pensar em muitos filmes e programas de televisão que arrebataram um grande público e que estão transbordando de violência. Filmes sangrentos como *Pânico* e as continuações de *Halloween* são exemplos do conteúdo violento que tem sido extremamente popular entre os adolescentes. E o sucesso dos *Power Rangers, As Meninas Super Poderosas* e até o *Pokémon* demonstram que a programação violenta pode ser popular também entre as crianças.

Mas a violência garante que um filme ou programa de TV será atraente? Uma forma de responder a esta pergunta é examinando as estatísticas de audiência. Hamilton (1998) analisou as classificações Nielsen em mais de 2.000 filmes da TV do horário nobre, levados ao ar nas quatro principais redes, entre 1987 e 1993. Controlando fatores como o canal e a hora em que era levado ao ar, a popularidade do programa anterior ao filme e a quantidade de publicidade no *Guia da TV*, ele descobriu que os filmes sobre assassinatos ou crimes em família tinham na verdade os índices mais altos de audiência. Ele também descobriu, ao medir os índices de audiência, que os filmes que eram descritos explicitamente no *Guia da TV* como "violentos" atraíam maior audiência. Entretanto, apesar de todos os fatores que Hamilton controlou, ainda existem muitas diferenças entre os filmes que poderiam justificar a sua grande popularidade.

Outros pesquisadores expuseram os espectadores a programas diferentes para determinar se os que tinham violência são classificados como mais atraentes (Dienes e Woody, 1981; Greenberg e Gordon, 1972). Mesmo com essa metodologia, é difícil identificar o papel que a violência desempenha no aumento da atração, já que os programas diferem entre si em muitas outras dimensões. O que se precisa é de um estudo controlado que varie o nível de violência enquanto mantém constantes todas as outras características do programa. Berry, Garry e Donnerstein (1999) fizeram exatamente isso. Em uma série de três experimentos, os pesquisadores deixaram um filme intacto ou cortaram dele cenas específicas de violência gráfica. Em todos os três estudos, estudantes classificavam as versões cortadas como menos violentas do que as versões não cortadas. A presença de violência também influenciou o prazer ao assistir, mas os achados foram diferentes de acordo com o sexo do estudante. O corte da violência de um programa de longa metragem na verdade aumentou o prazer das mulheres com o conteúdo do filme, mas diminuiu as avaliações dos homens quanto à diversão proporcionada.

No entanto, um estudo envolvendo a programação de televisão contradiz este padrão. Em um experimento em grande escala, Weaver e Wilson (2005) editaram um episódio de cinco séries diferentes de televisão (por exemplo, *A Família Soprano, OZ, 24 Horas*) para criar três versões de cada uma: uma versão com violência gráfica, uma versão com violência higienizada e uma versão sem violência. Em todos os cinco episódios, os estudantes gostaram mais da versão não violenta do que das violentas. Este padrão valeu tanto para os homens quanto para as mulheres, independente da característica gráfica do conteúdo.

As evidências são igualmente confusas quanto às crianças. Em uma pesquisa aleatória com pais em Madison, Winscosin, aproximadamente 30% citaram *Power Rangers* como o programa de TV favorito dos seus filhos do ensino fundamental (Cantor e Nathanson, 1997). No entanto, a comédia de situação familiar *Full House* foi citada como favorita pelas crianças com maior frequência. Um exame nas posições de Nielsen revela que os desenhos animados violentos, como *Yu-Gi-Oh!* e *X-Men*, são muito populares entre as crianças de 2 a 11 anos, especialmente durante a faixa de horário da manhã de sábado (ver Quadro 4.1). Contudo, a programação familiar, como *O Mundo Maravilhoso da Disney*, e *reality shows*, como *American Idol* e *Survivor*, tiveram posições altas quando foi considerado o horário nobre.

Esses tipos de padrões divergentes levaram vários pesquisadores a concluir que a

Quadro 4.1 Programas de televisão preferidos entre crianças de 2-11 anos nos Estados Unidos: temporada 2003-2004

Posição	*Programa*	*Canal*	*Gênero*
Manhã de sábado			
1	*Ozzy e Drix*	WB	desenho animado
2	*Batman*	WB	desenho animado
3	*X-Men*	WB	desenho animado
4	*Yu-Gi-Oh!* (11:00)	WB	desenho animado
5	*Pokémon*	WB	desenho animado
6	*Pokémon 2*	WB	desenho animado
7	*Confronto Xiaolin*	WB	desenho animado
8	*Yu-Gi-Oh!* (11:30)	WB	desenho animado
9	*Os Jovens Titãs*	WB	desenho animado
10	*Super Shock*	WB	desenho animado
Horário nobre			
1	*American Idol* (3ªas-feiras)	Fox	*reality show*
2	*American Idol* (4ªs-feiras)	Fox	*reality show*
3	*Survivor: All Stars*	CBS	*reality show*
4	*Survivor: Pearl Islands*	CBS	*reality show*
5	*Fear Factor*	NBC	*reality show*
6	*Os Simpsons*	Fox	*sitcom* animada
7	*Big Fat Obnoxious Fiancé*	Fox	*reality show*
8	*O Mundo Fabuloso da Disney*	ABC	filme direcionado à família
9	*O Aprendiz*	NBC	*reality Show*
10	*O Rei do Pedaço 2*	Fox	*sitcom* animada

Nota: As posições estão baseadas nas posições nacionais do Nielsen Media Research para a temporada 2003-2004.

violência não é necessariamente sempre atrativa (Cantor, 1998; Goldstein, 1999: Zillmann, 1998). Ao invés disso, a atração da violência parece depender de vários fatores, incluindo a natureza da agressão envolvida. Por exemplo, os estudantes que foram expostos a um filme gráfico do estilo documentário retratando pauladas na cabeça de um macaco ou a matança de novilhos foram unânimes em achar o conteúdo aversivo, e a maioria optou por desligar a televisão antes do final do programa (Haidt, McCauley e Rozin, 1994). Por outro lado, a violência brutal contra um vilão perverso que merece ser punido pode ser apreciada (Zillmann, 1998).

O atrativo da violência não depende somente da sua forma, mas também do tipo de espectador envolvido. Um grande corpo de pesquisa documenta que existem diferenças entre os sexos na atração para a violência (Cantor, 1998). Comparados com as meninas, os meninos têm mais probabilidade de gostar de desenhos animados violentos (Cantor e Nathanson, 1997), escolhem livros de contos de fadas violentos (Collins-Standley, Gan, Yu e Zillmann, 1996), procuram filmes violentos no cinema (Sargent et al., 2002), jogam *videogames* violentos (Funk, Buchman e Germann, 2000) e brincam com brinquedos violentos (Servin, Bohlin e Berlin, 1999). Várias teorias foram formuladas para esses padrões, algumas com o foco na socialização do gênero-papel e outras nas diferenças biológicas entre os sexos (Oliver, 2000). No entanto, a atração maior para a violência na mídia entre os homens não é meramente um fenômeno da infância – ele persiste na adolescência e na idade adulta (Hamilton, 1998; Johnston, 1995).

Certos espectadores possuem personalidades que também parecem atraí-los para a violência na mídia. Zuckerman (1979) argumenta que os indivíduos variam na sua necessidade de excitação – e aqueles com alto índice de "busca de sensações" irão, em geral, procurar atividades novas e estimulantes. Na verdade, estudos mostram que a busca de sensações prediz a exposição a programas violentos de televisão, filmes e até mesmo sites violentos na *web* entre adolescentes e adultos (Aluja-Fabregat, 2000; Krcmar e Greene, 1999; Slater, 2003). Além do mais, a busca de sensações está relacionada positivamente ao prazer com os filmes de horror gráfico (Tamborini e Stiff, 1987; Zuckerman e Litle, 1986). A busca de sensações intensas entre os adolescentes foi vinculada a uma preferência por ouvir música *heavy metal* (Arnett, 1995).

Finalmente, as próprias crianças que são mais agressivas parecem preferir a televisão violenta (ver Figura 4.6). Em uma pesquisa, os pais que classificaram seus filhos como agressivos também os classificaram como mais interessados em desenhos animados violentos (Cantor e Nathanson, 1997). Um padrão similar foi documentado entre adolescentes (Selah-Shayovits, 2006). Em um estudo de alunos da 8ª série, por exemplo, os meninos que foram classificados como mais agressivos pelos professores também assistiam a mais filmes violentos (Aluja-Fabregat, 2000). Huesmann, Moise-Titus, Podolski e Eron (2003) encontraram evidências longitudinais mostrando que as crianças agressivas procuram programas de televisão mais violentos ao longo do tempo. Fenigstein (1979) e outros (Cantor e Nathanson, 1997) especulam que as pessoas agressivas usam cenas violentas da mídia para entender e justificar o seu próprio comportamento.

Uma última advertência se refere à confusão de conceitos quanto ao termo *atração*. Vários estudiosos começaram a reconhecer que pode haver uma diferença entre ser atraído para um conteúdo que é violento, frequentemente chamado de "exposição seletiva", e apreciar verdadeiramente essa experiência (Cantor, 1998; Weaver, 2006). Parece haver mais apoio empírico à ideia de que as pessoas podem escolher um material violento em detrimento do não violento, mas depois disso

"Eu adorei a forma como você arrebentou aquele cara depois do meu jogo, pai. Aquilo foi melhor do que aqueles videogames e filmes que você não quer que eu veja."

Figura 4.6

Fonte: Reproduzido com permissão de Copley News Service.

elas nem sempre o preferem (Weaver, 2006). Distinguir estes dois conceitos nos ajudará a entender melhor o papel que a violência desempenha no entretenimento na mídia.

Para resumir, existe uma quantidade razoável de evidências que apoiam a ideia de que a violência vende. Entretanto, um exame mais detalhado dos dados sugere que isto não é tão simples assim. Os temas não violentos na programação também podem atrair grandes audiências. No entanto, a prevalência absoluta da violência na televisão e nos filmes significa que simplesmente existem muito menos opções disponíveis se alguém estiver buscando um conteúdo não violento. Mais ainda, pode não ser exato pensar na violência de uma forma unidimensional, como presente ou ausente. Certas formas de violência parecem ser mais populares do que outras. Para complicar mais as coisas, Cantor (1998) especula que pode haver uma relação entre a personalidade de um indivíduo e os tipos de violência que lhe são mais atraentes. Por exemplo, crianças muito ansiosas podem procurar representações em que o bem vence o mal, enquanto que um provocador (*bully*) pode gostar de uma boa luta na TV, independente dos personagens envolvidos ou do resultado. Em outras palavras, é necessário que se façam mais pesquisas sobre os tipos de mensagens agressivas que são mais atraentes, sobre os tipos de jovens que buscam esse conteúdo e sobre a distinção entre a exposição seletiva e o prazer com um entretenimento violento.

A violência na mídia pode induzir à agressão?

Indubitavelmente, o assunto que recebeu mais atenção no que se refere à mídia é se o conteúdo violento pode levar a um comportamento agressivo. Nenhum pesquisador atualmente afirmaria que a mídia é a única ou até mesmo a causa mais importante do comportamento agressivo nos jovens (ver Figura 4.7).

Figura 4.7

Fonte: Reproduzido com a permissão de John Branch.

Entretanto, existe uma grande concordância entre os cientistas sociais de que a longa exposição à violência na mídia pode *contribuir* para a agressividade nos indivíduos (Huesmann e Taylor, 2006; Smith e Donnerstein, 1998). Esta seção irá começar por uma visão geral das evidências de pesquisa que foram utilizadas para apoiar esta questão. Em seguida apresentaremos três perspectivas teóricas que podem ajudar a explicar a relação entre violência na mídia e agressão. A seção será encerrada com uma discussão de quem corre mais risco de aprender atitudes e comportamentos agressivos com a mídia.

Estudos experimentais

Uma das primeiras evidências que ligam a violência na mídia à agressão provém de estudos de laboratório com crianças em ambientes controlados. Em uma série de experimentos clássicos, Bandura e colaboradores expuseram crianças de creche ao filme de um personagem que desenvolvia atitudes violentas, frequentemente direcionadas contra um "João Bobo" inflável de plástico ou um saco de pancadas (Bandura, Ross e Ross, 1961, 1963a, 1963b). Depois disso, as crianças eram levadas a uma sala de jogos que continha uma série de brinquedos, incluindo um "João Bobo", e seus comportamentos foram observados por detrás de um espelho. O objetivo desta pesquisa foi investigar as circunstâncias sob as quais as crianças aprenderiam e imitariam novos atos agressivos que haviam assistido no filme. Os pesquisadores perceberam, de forma consistente, que as crianças que foram expostas a um modelo violento tinham maior probabilidade de agir agressivamente do que as crianças do grupo controle, que não tinham assistido a tal violência (Bandura et al., 1961, 1963b). Além do mais, as crianças com mais probabilidade de imitar um modelo violento foram as que tinham sido recompensadas com doces ao contrário das que haviam sido punidas. De fato, as crianças, em geral, imitavam o modelo contanto que não ocorresse punição, sugerindo que a ausência de punição pode servir como uma recompensa tácita para tal comportamento (Bandura, 1965).

Bandura e colaboradores também descobriram que as crianças podiam aprender respostas agressivas com uma figura de desenho animado, como a 'Mulher Gato', por exemplo, com a mesma facilidade com que aprendem com um adulto humano (Bandura et al., 1963a). Este achado compromete claramente a TV das manhãs de sábado como um reservatório insalubre de violência. Estudos posteriores usando procedimentos similares revelaram outros aspectos de imitação. Por exemplo, as crianças expostas a sequências agressivas televisionadas podiam reproduzir os comportamentos que tinham visto até 6 a 8 meses depois (Hicks, 1965). Além disso, os pré-escolares agrediam um humano adulto vestido de palhaço tão prontamente quanto o fariam com um "João Bobo" (Hanratty, O'Neal e Sulzer, 1972; Savitsky, Rogers, Izard e Liebert, 1971). Este achado ajudou a enfraquecer a crítica de que atacar um boneco inflável é meramente um comportamento lúdico e não vinculado a uma agressão real.

Estudos experimentais também examinaram faixas etárias mais avançadas. Por exemplo, pesquisas mostram que os adolescentes mais velhos, e até adultos, que são expostos à violência na televisão em ambientes de laboratório irão se envolver em mais agressões (Berkowitz e Geen, 1967; Scharrer, 2005).

Entretanto, a evidência experimental foi criticada em vários terrenos metodológicos (Fowles, 1999; Freedman, 1986, 2002). Estudos de laboratório frequentemente (a) empregam ou "jogam" com medidas irrealistas de agressão, (b) são conduzidos em situações artificiais, (c) envolvem experimentadores adultos que voluntariamente mostram a violência na TV de uma forma que parecem estar aceitando a agressão e (d) só conseguem avaliar os efeitos de curto prazo da exposição. De acordo com Fowles (1999), "assistir dentro do ambiente de laboratório é involuntário, público, sem opções, intenso, desconfortável e determinado... A pesquisa em laboratório tomou a experiência de assistir e a virou pelo avesso, de modo que o espectador não está mais no controle" (p. 27).

Para superar algumas dessas limitações, os pesquisadores conduziram experimentos de campo em outros ambientes que não o laboratório com medidas mais realistas da agressão (Friedrich e Stein, 1973; Josephson, 1987). Em um estudo, crianças de 3 a 5 anos foram distribuídas aleatoriamente para assistir a programas de TV violentos e não violentos durante 11 dias na sua escola (Steuer, Applefield e Smith, 1971). As crianças na condição de assistir violência apresentaram significativamente mais agressões físicas contra seus pares (por exemplo, batendo, chutando, atirando objetos) durante os períodos de brincadeiras do que as crianças do grupo de TV não violenta.

Mais recentemente, pesquisadores expuseram crianças do ensino fundamental a um único episódio de *Power Rangers* e depois observaram a agressão física e verbal em sala de aula (Boyatzis, Matillo e Nesbitt, 1995). Comparadas com um grupo controle, as crianças, e particularmente os meninos, que tinham assistido ao programa de TV violento cometeram significativamente mais atos de agressão intencionais dentro da sala de aula, tais como bater, chutar, empurrar e insultar um colega. Na verdade, para cada ato agressivo perpetrado pelas crianças no grupo controle, houve sete atos agressivos cometidos pelas crianças que tinham assistido aos *Power Rangers*. Notadamente, esses tipos de comportamentos de provocação não são mais vistos como parte do desenvolvimento normal e foram vinculados a níveis altos de sofrimento psicológico, ajuste social e emocional pobre, dificuldades escolares e até dificuldades de saúde de longo prazo entre as vítimas (Nansel et al., 2001; Rigby, 2003).

No que diz respeito aos *Power Rangers*, o estudo de Boyatzis e colaboradores (1995) revela que a mensagem pró-social dada no final de cada episódio nessa série de TV não é nem de perto tão chamativa para as crianças quanto a violência perceptual que os super-heróis cometem. Pelo menos mais outro estudo demonstrou que as lições de moral na televisão são relativamente ineficazes quando são expressas em violência (Liss, Reinhardt e Fredriksen, 1983).

Em geral, experimentos controlados que datam da década de 1960 demonstram claramente que a violência na mídia pode *causar* um aumento de curto prazo na agressividade em algumas crianças (ver Figura 4.8). Além do mais, este efeito foi encontrado em várias faixas etárias e tanto em laboratório quanto em estudos mais naturais. Contudo, essa evidência ainda é limitada, pois ela aponta apenas os efeitos imediatos, que podem não persistir muito além da situação do momento. Além disso, a maioria dos experimentos envolve amostras pequenas de crianças ou adolescentes que podem ou não ser representativas dos jovens em geral.

Estudos correlacionais

Na década de 1970, inúmeros investigadores pesquisaram grandes populações de crianças e adolescentes para determinar se aqueles que assistiam violência na TV em excesso eram também mais agressivos. Como exemplo, um estudo pesquisou 2.300 estudantes do ensino médio em Maryland e pediram que eles fizessem uma lista dos seus quatro programas favoritos, os quais foram então analisados quanto ao conteúdo violento (McIntyre e Teevan, 1972). As medidas de agressão foram compiladas a partir de um *checklist* autorrelatado de atividades, usando cinco escalas que variavam

Figura 4.8

Fonte: Reproduzido com a permissão de Creators Syndicate.

de atos agressivos (por exemplo, briga na escola) até delinquência séria (envolvimento com a lei). Os resultados revelaram que as crianças cujos programas favoritos eram mais violentos também tinham pontuação mais alta no comportamento geral agressivo e delinquente.

Outros estudos usaram medidas um pouco diferentes de agressão, incluindo avaliações dos seus pares (McLeod, Atkin e Chaffee, 1972a, 1972b) e autorrelatos de propensão a usar de violência em situações hipotéticas (Dominick e Greenberg, 1972). Nas diversas amostras de diferentes regiões dos Estados Unidos, os achados foram muito consistentes. A exposição maior à violência na TV estava associada positivamente a níveis mais altos de comportamento agressivo (Belson, 1978; Dominick e Greenberg, 1972; McLeod et al., 1972a, 1972b; Robinson e Bachman, 1972). Além do mais, a relação se manteve mesmo depois do controle de fatores, como educação parental, rendimento escolar, *status* socioeconômico e quantidade geral de televisão assistida (McLeod et al., 1972a, 1972b; Robinson e Bachman, 1972). Em uma pesquisa recente com mais de 30.000 adolescentes de oito países diferentes (Kuntsche et al., 2006), assistir televisão em excesso estava significativamente associado ao aumento na agressão e provocação verbal. Este achado se manteve em todos os oito países, mesmo depois de ser feito controle para gênero e idade. Em três dos países em que os adolescentes passavam muito tempo assistindo TV nos fins de semana (isto é, nos Estados Unidos, Polônia, Portugal), também existia uma relação significativa entre assistir televisão e formas físicas de provocação (por exemplo, chutar, empurrar).

As amostras expressivas e frequentemente representativas nesses estudos sugerem que os efeitos causais documentados em estudos experimentais podem ser generalizados para o mundo real. No entanto, o problema com estudos correlacionais é que não podemos estar certos sobre qual variável vem primeiro. A violência na TV poderia estar causando um aumento na agressão. Ou então, os jovens que já são agressivos poderiam estar buscando um conteúdo violento. Para destrinchar a direção da causalidade, são necessários estudos longitudinais.

Estudos longitudinais

Nas últimas décadas, os cientistas sociais se voltaram cada vez mais para os estudos longitudinais, que envolvem pesquisar o mesmo grupo de indivíduos em intervalos repetidos ao longo do tempo. Esse tipo de modelo permite que o pesquisador teste os efeitos cumulativos da exposição à mídia. E também proporciona um teste do dilema do "ovo e a galinha": a violência na mídia induz à agressão ou as pessoas agressivas procuram por esse conteúdo?

Em um dos estudos longitudinais mais impressionantes, Leonard Eron, Rowell Huesmann e colaboradores testaram a mesma amostra de crianças, originalmente do norte de Nova York, durante um período de 22 anos (Eron, Huesmann, Lefkowitz e Walder, 1972; Huesmann, 1986; Huesmann, Eron, Lefkowitz e Walder, 1984; Lefkowitz, Eron, Walder e Huesmann, 1972). Os pesquisadores mediram os hábitos de assistir televisão e o comportamento agressivo em três pontos diferentes no tempo: quando os participantes tinham 8, 19 e 30 anos. Conforme visto na figura 4.9, os resultados revelaram que entre os meninos a relação entre assistir violência na TV na 3ª série e o comportamento agressivo 10 anos depois era positiva e altamente significativa. Em outras palavras, a exposição à violência na TV durante o início da infância era preditiva de níveis mais elevados de agressão aos 19 anos. Esta relação persistiu mesmo depois do controle do QI, *status* socioeconômico (SSE) e exposição geral à televisão. Em contraste, o comportamento agressivo na 3ª série *não* era preditivo de consumo de violência na TV aos

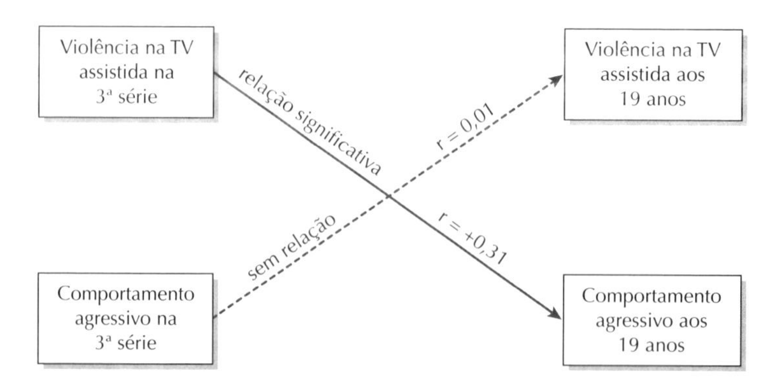

Figura 4.9 A violência na TV assistida na 3ª série se correlaciona com o comportamento agressivo aos 19 anos nos meninos.

Fonte: Reproduzido de Liebert e Sprafkin (1988).

19 anos. Assim, a ideia de que ser agressivo pode levar uma criança a assistir mais violência na TV não recebeu apoio. É interessante notar que nenhuma das correlações do Momento 1 para o Momento 2 foi significativa para as meninas.

Os pesquisadores acompanharam os mesmos indivíduos por mais dez anos, a maioria deles agora com 30 anos (Huesmann, 1986). Em algumas das evidências mais convincentes até o momento, os dados revelaram uma ligação entre a exposição à violência na TV com a idade de 8 anos e a agressão autorrelatada em homens aos 30 anos (Huesmann e Miller, 1994). Além do mais, os hábitos em relação à TV violenta foram um preditor significativo da gravidade dos atos criminosos executados aos 30 anos (ver Figura 4.10). Mais uma vez,

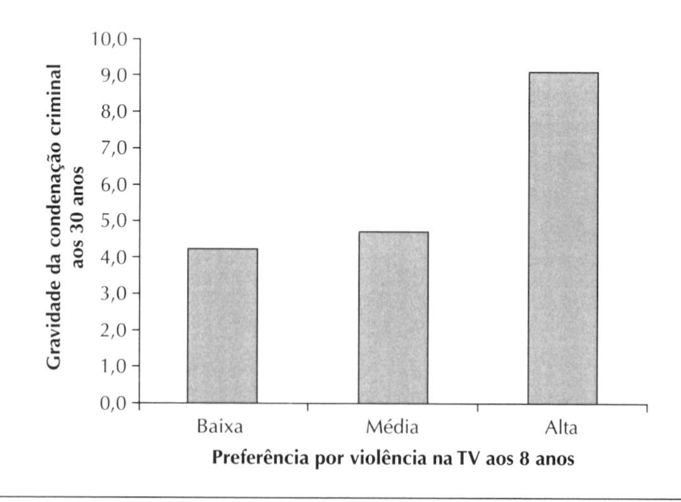

Figura 4.10 Relação nos meninos entre assistir violência na TV aos 8 anos e seu comportamento criminoso 22 anos depois.

Fonte: Adaptado de Huesmann (1986)

esta relação se manteve mesmo quando foram controlados agressão infantil, QI, SSE e diversas variáveis de paternidade. Huesmann (1986) concluiu que "os hábitos de televisão no início da infância estão correlacionados com a criminalidade adulta, independente de outros fatores causais prováveis" (p. 139).

Usando uma abordagem longitudinal semelhante, os mesmos pesquisadores conduziram um estudo de 3 anos com mais de 1.000 crianças em cinco países: Austrália, Finlândia, Israel, Polônia e Estados Unidos (Huesmann e Eron, 1986a). Apesar dos índices muito diferentes de crime e das diferenças na programação da televisão nessas nações, a exposição no início da infância à violência na televisão previu significativamente a posterior agressão em todos os países, exceto na Austrália. Além do mais, a relação foi encontrada na mesma frequência para as meninas e para os meninos em três dos países, incluindo os Estados Unidos. Finalmente, embora a relação entre os hábitos de TV e a agressão posterior tenha sido sempre mais forte, houve alguma evidência na direção inversa: a agressão precoce levou a níveis mais altos de assistir violência na TV. Com base nesse padrão, Huesmann e colaboradores argumentam agora que identificar a direção precisa da causalidade entre violência na TV e agressão não é tão crucial porque provavelmente a relação é recíproca: assistir violência precocemente estimula a agressão, e comportar-se agressivamente leva a um interesse aumentado pelo conteúdo violento na TV (Huesmann, Lagerpetz e Eron, 1984). Da mesma forma, Slater (2003) definiu que a relação entre violência na TV e comportamento agressivo é mutuamente reforçada ao longo do tempo, resultando no que ele chama de "modelo em espiral descendente".

A pesquisa longitudinal mais recente de Huesmann e colaboradores continua a apoiar a ideia de que tanto meninos quanto meninas são influenciados pela violência na televisão (Huesmann et al., 2003). Neste estudo, os pesquisadores entrevistaram mais de 500 crianças da escola elementar e depois as pesquisaram novamente 15 anos mais tarde. Mais uma vez, eles descobriram que a exposição pesada à violência na televisão durante a infância predizia comportamento agressivo potencializado na idade adulta. Ao contrário dos seus trabalhos anteriores, as evidências atuais revelam o mesmo padrão para meninos e meninas. Os pesquisadores especularam que a mudança nos achados pertinentes às meninas se deve ao aumento na aceitação social do comportamento assertivo nas mulheres, como também um aumento das personagens femininas agressivas na televisão.

Com uma exceção (Milavsky, Kessler, Stripp e Rubens, 1982), outras evidências longitudinais corroboram esses padrões. Por exemplo, em um estudo de 5 anos, as crianças que tinham assistido mais televisão durante a pré-escola, particularmente programas de aventura e ação, também eram as mais agressivas com a idade de 9 anos (Singer, Singer e Rapaczynski, 1984). Assistir precocemente violência na televisão nos anos da pré-escola também foi um previsor de mais problemas de comportamento na escola. Essas relações se mantiveram igualmente fortes depois de serem removidos estatisticamente os efeitos do estilo de paternidade, QI e agressividade inicial.

Para resumir, os estudos longitudinais oferecem fortes evidências de que a violência na televisão pode ter um efeito cumulativo sobre a agressão ao longo do tempo. A exposição a tal conteúdo durante a infância precedeu a agressividade em anos posteriores e até mesmo formas graves de comportamento criminal na idade adulta. Algumas das primeiras pesquisas indicaram que esses efeitos se mantinham assim apenas nos meninos, mas estudos mais recentes encontraram relações significativas ao longo do tempo também entre as meninas. Finalmente, a relação entre a violência na TV e o comportamento agressivo pode ser de natureza cíclica, de modo que cada um reforça e estimula mais o outro.

Metanálises

Quando os pesquisadores concluem que a violência na mídia pode estimular atitudes e comportamentos agressivos, eles tipicamente examinam toda a violência coletivamente. Experimentos de laboratório apresentam evidências convincentes de efeitos causais, mas eles também podem estar detectando resultados que não ocorreriam na vida diária – e avaliam apenas efeitos de curta duração. Os experimentos de campo aumentam a nossa confiança de que a agressão real está envolvida, os estudos correlacionais mostram que existe uma relação positiva entre a violência na TV e a agressão em grandes amostras de jovens, e os estudos longitudinais sugerem um efeito cumulativo da violência na TV ao longo do tempo, mesmo depois de controladas outras variáveis causais potenciais. Em outras palavras, cada método tem seus pontos fortes e seus pontos fracos, mas coletivamente a pesquisa mostra um padrão consistente.

Outra forma de detectar padrões é realizar uma metanálise. Uma metanálise é a análise estatística de uma grande reunião de resultados de estudos individuais. Neste caso, cada estudo se transforma em um ponto de dados e um "super-estudo" novo e combinado (Mullen, 1989). O objetivo da metanálise é sintetizar os achados de um grande corpo de estudos, mas fazendo isto de uma forma descritiva, ao invés de estatística (Cooper e Hedges, 1994). As metanálises produzem estimativas numéricas do tamanho de um efeito em todos os estudos sobre um tema em particular.

Foram realizadas diversas metanálises sobre as pesquisas referentes à violência na mídia e à agressão. Na primeira, Hearold (1986) examinou 230 estudos sobre o impacto da TV no comportamento pró-social e antissocial. O comportamento antissocial consistia preponderantemente de agressão física, mas também incluía outras consequências, como roubo e transgressão de regras. Hearold encontrou uma média no tamanho do efeito de 0,30 (similar a uma correlação) entre conteúdo violento na TV e a categoria ampla do comportamento antissocial. De acordo com as convenções científicas, um efeito em torno de 0,10 é considerado "pequeno", em torno de 0,30 é "médio" e em torno de 0,50 é "grande" em magnitude (Cohen, 1988).

Em uma metanálise muito menor, Wood, Wong e Chachere (1991) examinaram somente os experimentos que na verdade observaram o comportamento agressivo das crianças após assistirem a algum tipo de violência. O objetivo era isolar os estudos que usaram as medidas mais realistas de agressão para responder à crítica de que os estudos em laboratório são artificiais. Dentre um total de 23 experimentos, os pesquisadores encontraram um significativo efeito agregado da violência na mídia no comportamento agressivo. Eles concluíram que "a violência na mídia estimula a agressão em crianças e adolescentes nas interações com estranhos, colegas de aula e amigos" (p. 380).

Atualizando o estudo de Hearold (1986), Paik e Comstock (1994) analisaram 217 estudos do impacto da violência na televisão sobre o comportamento antissocial (os pesquisadores não incluíram estudos do comportamento pró-social, como fez Hearold). Paik e Comstock descobriram que o tamanho do efeito geral entre a violência na TV e o comportamento antissocial era 0,31, surpreendentemente consistente com o encontrado por Hearold. Outra forma de interpretar esta estatística é que aproximadamente 10% da variação individual ($0,31^2$) no comportamento antissocial pode ser explicado pela exposição à violência na TV.

Mais recentemente, Bushman e Anderson (2001) limitaram sua metanálise a estudos que examinavam a agressão como um resultado, ao invés de como uma categoria mais ampla de comportamento antissocial. Nas 212 amostras diferentes, os pesquisadores encontraram uma relação positiva e significativa entre violência na mídia e agressão. Além disso, o estudo encontrou que desde 1975 os tamanhos de efeito nas pesquisas da violência na mídia aumentaram em magnitude, sugerindo que a mídia está ficando mais violenta ou as pessoas estão consumindo mais esse tipo de conteúdo.

Bushman e Anderson (2001) também compararam o efeito geral da violência na mídia com outros tipos de efeitos encontrados nas pesquisas cientificas. Como resultado, a ligação entre violência na mídia e agressão é muito mais forte do que vários efeitos que hoje são indiscutíveis, tais como a ligação entre ingerir cálcio e o aumento da massa óssea, ou a ligação entre a exposição a asbestos e o câncer de laringe (ver Figura 4.11). Além do mais, a correlação entre violência na mídia e agressão (0,31) é apenas um pouco menor do que entre fumar e câncer de pulmão (aproximadamente 0,40). Obviamente, nem todos os que fumam irão desenvolver câncer, porém o risco é real e significativo. A analogia com a violência na mídia é clara; nem toda a criança ou adolescente que assiste uma dose pesada de programação violenta se tornará agressiva, mas alguns jovens certamente correm esse risco.

Por que a exposição à violência incentiva a agressão?

Muitas teorias foram apresentadas para explicar a relação entre violência na mídia e agressão. A teoria da catarse foi proposta inicialmente por Aristóteles, que argumentou que um bom drama oferece aos membros do público uma forma de purgar seus sentimentos negativos de emoção. Ampliada para a violência na mídia, a ideia é que a exposição a tal conteúdo pode purificar nossos sentimentos de raiva e frustração, resultando em uma *redução* terapêutica da agressão. Existe muito pouco apoio empírico à teoria da catarse. Na verdade, a maior parte dos dados sugere um

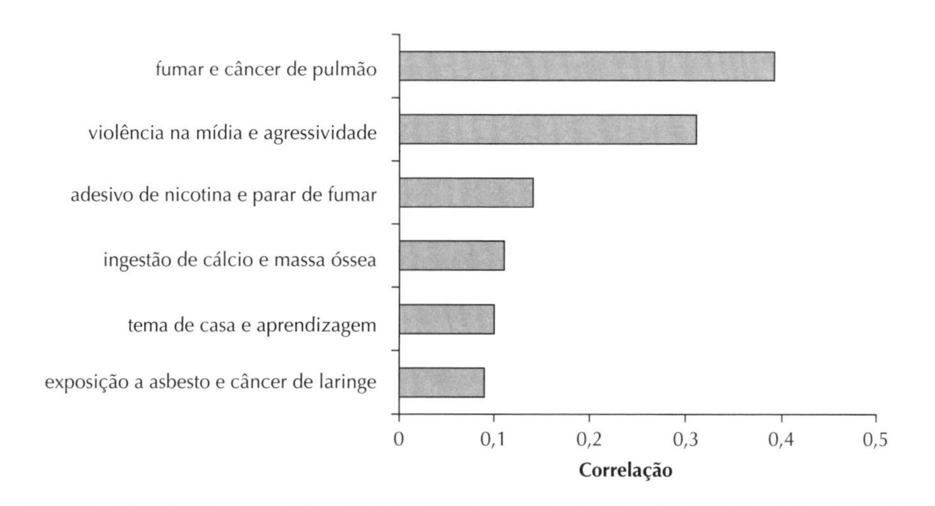

Figura 4.11 Uma comparação da ligação violência na mídia-agressividade com outras relações de saúda pública que foram científicamente estabelecidas.

Fonte: Adaptado de Bushman e Huesman (2001).

efeito oposto e instigador da violência na mídia sobre a agressão. No entanto, a teoria da catarse continua a ser citada hoje em dia, especialmente por alguns membros da indústria da mídia. Outra teoria chamada de transferência da excitação postula que qualquer tipo de conteúdo da mídia pode estimular agressão, contanto que o material seja excitante (Zillmann, 1991). De acordo com a teoria da transferência da excitação, um filme erótico tem mais probabilidade de estimular a agressão em um indivíduo enraivecido do que um filme violento, contanto que o material erótico seja mais excitante (Zillmann, 1971).

Nesta seção iremos revisar as três perspectivas principais, todas as quais com seu foco no conteúdo das representações na mídia, ao invés de focar nas suas propriedades de excitação. Cada perspectiva gerou muita pesquisa e deu contribuições significativas para o nosso entendimento de como a violência na mídia pode facilitar a agressão.

Estimulação cognitiva. Estimulação cognitiva é uma perspectiva desenvolvida por Berkowitz e colaboradores para explicar reações de curto prazo à violência na mídia (Berkowitz, 1984; Jo e Berkowitz, 1994). De acordo com a teoria, estímulos violentos na mídia podem ativar ou provocar pensamentos agressivos no espectador. Esses pensamentos podem, então, "estimular" outros pensamentos e sentimentos intimamente relacionados e até mesmo tendências motoras armazenadas na memória. Assim, durante um curto período após a exposição, uma pessoa estará em um estado de ativação pelo qual pensamentos hostis e tendências a ação se encontram na região frontal da mente. Pesquisas apoiam a ideia de que o conteúdo violento da mídia pode "estimular" pensamentos agressivos nas pessoas (Bushman e Geen, 1990). Por exemplo, em um estudo de Berkowitz, Parker e West (citado em Berkowitz, 1973, p. 125-126), crianças que liam histórias em quadrinhos de guerra tinham maior probabilidade de escolher palavras agressivas quando lhes era pedido para completar uma série de frases do que as crianças que liam histórias em quadrinhos neutras.

Diversas condições podem incentivar esses pensamentos e sentimentos agressivos para que se traduzam em comportamento agressivo. Uma dessas condições é o estado emocional da pessoa. Berkowitz (1990) postula que indivíduos que estão experimentando afetos negativos, particularmente raiva ou frustração, têm mais probabilidade de serem estimulados pela mídia a agir agressivamente, pois estão em um estado de prontidão para responder de um modo tipo "lutar ou fugir". Na verdade, indivíduos enraivecidos realmente parecem ser influenciados mais fortemente pela violência na mídia (Paik e Comstock, 1994).

Outra condição que ajuda a estimular os indivíduos a atuarem seus pensamentos agressivos é a justificação (Jo e Berkowitz, 1994). Se a violência na mídia é retratada como moralmente adequada, isso pode ajudar a reduzir as inibições de uma pessoa contra a agressão por um curto período de tempo depois disso, facilitando a expressão de tal comportamento. A violência justificada na mídia pode mesmo ajudar uma pessoa a racionalizar a sua própria agressão (Jo e Berkowitz, 1994). Existe uma grande quantidade de evidências indicando que a violência justificada pode facilitar a agressão (Paik e Comstock, 1994).

Finalmente, estímulos no ambiente que façam a pessoa lembrar da violência na mídia a qual ela acabou de assistir podem acionar um comportamento agressivo (Jo e Berkowitz, 1994). Esses estímulos ajudam a reativar e sustentar pensamentos e tendências agressivas que foram estimulados anteriormente, prolongando a influência do conteúdo violento na mídia. Em um estudo clássico que demonstra essa estimulação, meninos da 2ª e da 3ª séries foram expostos a um programa violento de TV ou a um programa não violento (Josephson, 1978). O programa violento apresentava de forma proeminente *walkie-talkies* incluídos no enredo. Imediatamente depois, os meninos eram levados a um ginásio da escola para jogar uma partida de hóquei. No início da partida, um árbitro adulto entrevistou cada menino usando um *walkie-talkie* ou um microfone. Os resultados revelaram que a tendência à agressão durante o jogo de hóquei era maior nos meninos que tinham assistido ao programa violento e que viram o *walkie-talkie* do que nos meninos da outra condição, incluindo aqueles que tinham assistido ao programa violento no qual não aparecia nenhum *walkie-talkie*. De acordo com a teoria da estimulação, o *walkie-talkie* serviu como um estímulo para reativar pensamentos e ideias agressivos que tinham sido estimulados pelo programa violento anterior.

A teoria da estimulação cognitiva ajuda a explicar como a violência na mídia pode ter efeitos no curto prazo ao acionar pensamentos e comportamentos agressivos já aprendidos. Mas, de onde vêm essas tendências originalmente? A teoria da aprendizagem social focaliza-se em primeiro lugar em como a mídia pode ajudar as crianças a adquirir atitudes e comportamentos agressivos.

Aprendizagem social. Desenvolvida por Bandura (1965, 1977), a teoria da aprendizagem social postula que as crianças podem aprender comportamentos novos de uma destas duas maneiras: pela experiência direta, através de ensaio e erro, ou pela observação e pela imitação dos outros no seu ambiente social. Bandura (1994) assinalou que a aprendizagem pela observação é, em última análise, mais eficiente do que tentar descobrir tudo por conta própria. As crianças podem, e realmente aprendem, com as outras pessoas do seu ambiente, incluindo pais, irmãos, amigos e professores. As crianças também podem aprender com personagens e pessoas apresentados nas mídias de massa (ver Figura 4.12).

De acordo com a teoria da aprendizagem social, uma criança observa um modelo executar um comportamento e também testemunha os reforços que aquele modelo recebe. De certa maneira, a criança experimenta esses reforços de forma indireta. Se o modelo é recompensado, a criança também se sente reforçada e irá imitar ou ter o mesmo comportamento. Se o modelo for punido, a criança provavelmente não vai ter aquele comportamento, embora as ações ainda possam ficar armazenadas na memória e ser executadas num momento posterior (Bandura, 1965).

Os primeiros experimentos apoiaram a teoria da aprendizagem social e demonstraram que as crianças podiam aprender com um modelo num filme com a mesma facilidade com que aprendem com uma pessoa real (Bandura, 1965; Bandura et al., 1963a, 1963b; Walters e Parke, 1964). Além da imitação, as pesquisas iniciais mostraram que a mídia podia incentivar as crianças a agir agressivamente de formas que diferiam dos comportamentos exatos vistos na encenação. Em um dos estudos, crianças da pré-escola assistiram a um desenho animado violento ou não violento e depois receberam dois brinquedos com os quais podiam brincar (Lovaas, 1961). Um brinquedo tinha uma alavanca que fazia com que um dos bonecos atingisse o outro na cabeça com um pau; o outro brinquedo consistia de uma bola de madeira que fazia manobras entre obstáculos dentro de uma gaiola. Comparadas com aquelas da condição não violenta, as crianças que haviam assistido ao desenho animado violento usaram com maior frequência o boneco que batia. Bandura e colabordores (1963b) chamaram esse processo de "desinibição", segundo o qual a exposição à violência na mídia pode enfraquecer as inibições normais de uma criança ou as restrições contra o comportamento agressivo, resultando em atos de violência que são similares, mas não idênticos aos que foram vistos em um programa.

"Eu não dou muito crédito a essa história sobre os efeitos da violência da TV nas crianças".

Figura 4.12

Fonte: King Features. Reproduzido com autorização.

Atualmente, certos modelos da mídia podem ter efeitos notáveis nos jovens. Considere os milhares de meninas pré-adolescentes e adolescentes que usavam correntes e roupas sumárias em tentativas de imitar a Madonna durante a sua fase "Material Girl". Mais recentemente, Paris Hilton, Lindsay Lohan e Britney Spears parecem estar cativando os jovens, apesar de alguns dos seus comportamentos destrutivos (Deveny e Kelley, 2007). Uma pesquisa com adolescentes de Los Angeles revelou que aproximadamente 40% daqueles que tinham entre 12 e 17 anos nomeavam uma figura da mídia como seu modelo – quase a mesma porcentagem (42%) dos que nomearam um dos pais ou um parente (Yancey, Siegel e McDaniel, 2002). Como certa vez declarou um conhecido produtor de Hollywood:

> Eu estaria mentindo se dissesse que as pessoas não imitam o que veem na tela. Eu seria um débil mental ao dizer que não, pois olhe como mudam os estilos de vestir. Nós temos pessoas que querem se parecer com Julia Roberts, Michelle Pfeiffer e Madonna. É claro que nós imitamos. Seria impossível para mim pensar que elas imitam nossa roupa, nossa música, nosso visual, mas que não imitam qualquer violência ou nossas outras ações (citado em Auletta, 1993, p. 45).

Na década de 1980, Bandura (1986) reformulou a sua teoria porque ela havia sido criticada como muito behaviorista, enfocando principalmente os reforços e como as pessoas agem. Agora chamada de teoria social cognitiva, a perspectiva mais recente reconhece que os processos cognitivos como a atenção e retenção estão envolvidos na aprendizagem observacional. Essas atividades mentais colocam mais ênfase em como as crianças constroem simbolicamente ou compreendem o comportamento do modelo. As crianças prestam atenção seletivamente a diferentes características do comportamento de um modelo, elas produzem diferentes experiências para interpretar e avaliar as ações dos modelos e armazenam diferentes informações na memória. Esses tipos de processos cognitivos podem ser usados para ajudar a explicar por que algumas crianças imitam um modelo e outras não fazem o mesmo.

A teoria da aprendizagem social e a teoria social cognitiva são estruturas úteis para a compreensão de como as crianças podem aprender novos comportamentos a partir da violência na mídia. Todavia, elas tendem a colocar seu foco mais na aprendizagem de curta duração. A teoria final que iremos discutir aprofunda um pouco mais a aprendizagem observacional e apresenta uma perspectiva para explicar os efeitos cumulativos ou de longo prazo da violência na mídia sobre o comportamento de uma criança.

Teoria social do processamento da informação. Huesmann (1998) desenvolveu um modelo de processamento de informações que aborda como os comportamentos agressivos são desenvolvidos e mantidos ao longo do tempo. O modelo enfoca os *scripts*, que são rotinas mentais para eventos familiares armazenados na memória (Abelson, 1976). Um *script* tipicamente inclui informações sobre quais eventos provavelmente irão acontecer, como a pessoa deve se comportar em resposta a esses eventos e qual será a consequência provável desses comportamentos. Por conseguinte, os *scripts* são usados para guiar o comportamento e a solução de problemas sociais. Por exemplo, as crianças pequenas possuem *scripts* para atividades comuns, como ir ao médico e se arrumar para ir para a cama.

Os *scripts* podem ser adquiridos através da experiência pessoal, como também pela exposição às mídias de massa (Krcmar e Hight, 2007). Huesmann (1998) destacou que as experiências iniciais de aprendizagem de uma criança desempenham um papel crítico no desenvolvimento de *scripts*. De acordo com a teoria, uma criança que é exposta a muita violência, seja na vida real ou através da mídia, provavelmente irá desenvolver *scripts* que encorajam a agressão como uma forma de lidar com os problemas (Huesmann, 1986, 1988).

Depois que os *scripts* são aprendidos, eles podem ser recuperados na memória e experimentados nas situações sociais. Alguns *scripts* são mais fáceis de ser recuperados do que outros. Aqueles que são ensaiados pela criança, através de uma simples lembrança, através da fantasia ou mesmo através da encenação, estarão mais acessíveis na memória. Além disso, os estímulos do ambiente que são similares aos que estavam presentes quando o roteiro foi inicialmente desenvolvido podem estimular a recuperação daquele *script* (Tulving e Thomson, 1973). Assim sendo, similar à estimulação, um estímulo situacional pode provocar uma lembrança agressiva baseada em um programa de TV ou filme violento assistido anteriormente.

Independente de como um *script* é recuperado, quando uma estratégia agressiva é empregada, ela pode ser reforçada e elaborada por novas informações em uma dada situação e, por fim, o *script* se torna aplicável a um conjunto mais amplo de circunstâncias (Geen, 1994). De acordo com essa perspectiva, a criança agressiva é aquela que desenvolveu desde uma idade tenra uma rede de *scripts* cognitivos estáveis e duradouros que enfatizam a agressão como resposta a situações sociais. A exposição consistente e repetida a mensagens violentas na mídia pode contribuir para a criação desses *scripts* e para a recuperação dos que já foram aprendidos (ver Figura 4.13).

A teoria de Huesmann incorpora ideias da aprendizagem observacional e da estimulação, mas assume uma visão mais ampla de como

Figura 4.13

Fonte: Reproduzido com permissão de Copley News Service.

a mídia pode contribuir para a agressão ao longo do tempo. Essa perspectiva nos faz lembrar que a violência na mídia é apenas uma das muitas influências ambientais que podem estimular formas habituais de agressão em algumas crianças. A seguir, nos voltaremos para os tipos de representações na mídia que estão mais prováveis de ensinar padrões agressivos de comportamentos e os tipos de indivíduos que estão mais suscetíveis aos riscos deste aprendizado.

Tipos de representações que incentivam a aprendizagem da agressão

Conforme discutido anteriormente, a violência pode ser retratada de inúmeras formas. Por exemplo, o mesmo ato de agressão parece muito diferente quando é praticado por um policial tentando salvar vidas do que por um ladrão tentando roubar alguma coisa. No final das contas, a forma como a violência é retratada pode ser ainda mais importante do que a sua quantidade total quando se tenta avaliar a sua probabilidade de causar algum efeito sobre um espectador. A pesquisa identificou sete características contextuais da violência que afetam a probabilidade de um espectador aprender atitudes e comportamentos agressivos a partir de uma representação (Wilson et al., 1997).

Primeiro, um *perpetrador atraente* aumenta o risco da aprendizagem da agressão. De acordo com a teoria da aprendizagem social, as crianças, e também os adultos, têm maior probabilidade de acompanhar, se identificar e aprender mais com modelos atraentes do que com modelos não atraentes (Bandura, 1986, 1994). A forma mais óbvia de fazer com que um perpetrador seja atraente é fazer dele um herói (Liss et al., 1983). Entretanto, mesmo os personagens que não agem de formas benevolentes podem ser atraentes para os jovens (Hoffner e Cantor, 1985). Além do mais, os personagens que são parecidos com a própria pessoa podem ser modelos potenciais. As pesquisas sugerem que as crianças, por exemplo, prestam mais atenção aos personagens mais jovens do que aos mais velhos quando assistem televisão (Schmitt, Anderson e Collins, 1999) e têm mais probabilidade de imitar seus pares do que os modelos adultos (Hicks, 1965). Os espectadores também prestam atenção e se identificam mais com personagens do mesmo sexo que o seu do que com os do sexo oposto (Bandura, 1986; Jose e Brewer, 1984).

Segundo, o motivo ou a *razão para a violência* é importante. De acordo com a estimulação cognitiva, as ações violentas que parecem justificadas ou moralmente defensáveis podem facilitar a agressão do espectador, enquanto a violência injustificada pode, na verdade, diminuir o risco de aprendizagem da agressão (Berkowitz e Powers, 1979; Hogben, 1998).

Terceiro, a *presença de armas* em uma representação, em particular as convencionais, como revólveres e facas, pode aumentar a resposta agressiva entre os espectadores (Berkowitz, 1990; Carlson, Marcus-Newhall e Miller, 1990).

Quarto, a violência que parece *realista* pode promover a aprendizagem de atitudes e comportamentos agressivos entre os espectadores (Atkin, 1983; Feshbach, 1972). A partir deste achado, é tentador concluir que a violência nos desenhos animados ou fantasiada na mídia é relativamente prejudicial. Contudo, pesquisas com crianças muito novas, a serem discutidas a seguir, desafiam essa hipótese.

Em quinto lugar, sabemos pela teoria da aprendizagem social que a violência *recompensada* explicitamente, ou que simplesmente fica *sem punição,* aumenta o risco de agressão imitativa, enquanto a violência que é condenada diminui esse risco (Bandura, 1965; Carnegy e Anderson, 2005).

Sexto, as *consequências* da violência para a vítima são um estímulo contextual importante; representações explícitas de um dano físico e dor para a vítima podem realmente diminuir ou inibir a aprendizagem da agressão entre os espectadores (Baron, 1971a, 1971b; Wotring e Greenberg, 1973).

Por fim, a violência retratada como *humorística* pode aumentar a agressividade nos espectadores (R.A.Baron, 1978; Berkowitz, 1970). Parte da razão para este efeito é que o humor pode banalizar a seriedade da violência (Günter e Furnham, 1984). Os pesquisadores especularam que o humor também pode servir como um reforço positivo ou recompensa para a violência (Berkowitz, 1970).

Tomadas como um todo, as pesquisas sugerem claramente que existem formas arriscadas e outras nem tanto de retratar a violência. Se um pai se preocupa que o filho possa aprender comportamentos agressivos com a mídia, então devem ser evitados os programas que apresentam heróis ou personagens bons que se envolvem em violência justificada que não é punida e resulta em consequências mínimas (ver Quadro 4.2). Afinal de contas, essa fórmula é muito comum na programação animada, especialmente com os heróis de desenhos animados e comédias "pastelão" (Wilson, Smith et al., 2002). Por outro lado, as representações que apresentam infratores menos atraentes punidos na trama e cuja violência resulta em consequências negativas sérias podem, na verdade, ensinar aos jovens que a agressão não é necessariamente uma boa maneira de resolver os problemas.

Tipos de jovens que estão em maior risco

Não só determinadas mensagens representam um risco maior, mas certos jovens também são mais suscetíveis ao conteúdo violento. Em sua metanálise, Paik e Comstock (1994) des-

Quadro 4.2 Representações perigosas da violência *versus* educativas

Temas da mídia que encorajam a aprendizagem da agressão
✓ "Mocinhos" ou super-heróis como transgressores ✓ Violência comemorada ou recompensada ✓ Violência que fica sem punição ✓ Violência retratada como defesa ou justificada ✓ Violência que não resulta em danos sérios à vítima ✓ Violência feita de modo a parecer engraçada
Temas da mídia que desencorajam a aprendizagem da agressão
✓ Personagens perversos ou maus caracterizados como transgressores ✓ Violência criticada ou penalizada ✓ Violência retratada como desleal ou moralmente injusta ✓ Violência que causa danos óbvios e dor à vítima ✓ Violência que resulta em angústia e sofrimento a pessoas amadas pela vítima

cobriram que espectadores de todas as faixas etárias podem ser influenciados pela violência na televisão, mas que os pré-escolares apresentam o maior tamanho de efeito. Isso coincide com o argumento de Huesmann (1998) de que a aprendizagem no início da infância é crucial. E também reflete o fato de que as crianças pequenas têm menos probabilidade de ter desenvolvido e internalizado normas sociais sólidas contra a agressão. Como será discutido mais adiante, as crianças pequenas também têm dificuldades para distinguir a realidade da fantasia na televisão, o que as torna propensas a imitar mesmo as apresentações mais fantásticas.

A vulnerabilidade aumentada que caracteriza os anos pré-escolares significa que os pais devem ser especialmente cautelosos quanto ao uso irracional da televisão como babá para seus filhos pequenos. Na verdade, estudos indicam que mesmo bebês de apenas 12 meses são capazes de imitar o que veem na televisão (Barr, Muentner, Garcia, Fujimoto e Chávez, 2007). Felizmente, quando os pais muito ocupados precisam de uma pausa, os canais das emissoras públicas contêm muito pouca violência e apresentam programas educativos como a *Vila Sésamo*, que são verdadeiramente enriquecedores para as crianças (Fisch e Truglio, 2001).

As pesquisas também indicam que, em qualquer idade, as crianças que percebem a televisão como realista e se identificam fortemente com personagens violentos têm mais probabilidade de aprender com o conteúdo violento (Huesmann et al., 2003; Konijn, Nije Bijvank e Bushman, 2007). Em um caso trágico, em 1999, um fã de lutas na TV de 12 anos alegou que estava simplesmente imitando seus heróis favoritos quando empurrou uma amiguinha de 6 anos contra uma escadaria de metal, matando-a. Aparentemente, mesmo algumas crianças maiores podem ficar confusas pelas representações altamente roteirizadas e irrealistas da violência.

Estar sob um estado emocional particular também pode deixar uma criança mais vulnerável. Numerosos estudos revelam que os espectadores que são dados a sentir raiva ou frustração têm maior probabilidade de apresentar um comportamento agressivo após exposição à violência na mídia do que as pessoas que não são irritadas (Paik e Comstock, 1994). De acordo com a estimulação, os indivíduos irritados estão em um estado de prontidão para reagir que facilita ações agressivas (Berkowitz, 1990). É importante observar, contudo, que uma criança não precisa ter raiva para aprender sobre agressão com a mídia (Hearold, 1986).

Ser impopular entre os iguais e não se sair bem na escola também colocam a criança em risco maior de aprender a ser agressivo com a violência na mídia (Huesmann, 1986). Os fracassos sociais e acadêmicos podem ser

A TELEVISÃO EM JULGAMENTO POR HOMICÍDIO?

Lionel Tate, aos 14 anos

Em 28 de julho de 1999, um menino de 12 anos chamado Lionel Tate espancou até a morte a sua companheira de brincadeiras de 6 anos, Tiffany Eunick. Os dois estavam brincando na casa da Flórida em que Lionel vivia com sua mãe, que estava tomando conta da menina. A mãe estava dormindo naquele momento.

A autópsia mostrou que Tiffany sofreu fratura do crânio, laceração do fígado, hemorragia interna e mais de 30 ferimentos. O menino de 85 kg supostamente soqueou, chutou e arrastou a menina de 24 kg por toda a sala. Quando questionado pelas autoridades, Lionel argumentou ter acidentalmente arremessado Tiffany contra uma escada de metal e uma parede enquanto estava tentando fazê-la sentar no sofá.

Durante o julgamento do assassinato, o advogado de defesa Jim Lewis argumentou que Lionel era um fã ávido de lutas profissionais, que estava imitando golpes que havia visto na TV sem se dar conta dos danos que poderiam ocorrer. Ele argumentou que Lionel era muito imaturo para entender que os lutadores profissionais não estão na verdade machucando uns aos outros. "Ele queria imitá-los", disse o advogado Jim Lewis (Spencer, 2001). "Assim como Batman e o Super-Homem, eles são os seus heróis. Ele adorava brincar." Anteriormente, Lewis havia tentado sem sucesso intimar para comparecer em juízo lutadores profissionais para testemunharem no julgamento.

O promotor Ken Padowitz argumentou que a violência na televisão não estava em julgamento e que o menino sabia que estava espancando Tiffany brutalmente.

Depois de apenas 3 horas de deliberação, um júri da Flórida considerou Lionel culpado de homicídio em primeiro grau. Salientando crueldade e falta de piedade, o juiz Joel T. Lazarus sentenciou o menino a viver na prisão, sem a possibilidade de liberdade condicional. Tate foi um dos réus mais jovens nos Estados Unidos a ser sentenciado a passar o resto da sua vida na prisão.

Em 2004, uma corte estadual de apelação anulou a condenação de Tate. A corte de apelação considerou que não estava claro se Tate havia entendido as acusações contra ele. Ele foi libertado da prisão depois de ter concordado em se declarar culpado por homicídio em segundo grau e foi sentenciado com o tempo que já havia cumprido e a 10 anos de liberdade condicional.

Tate tem entrado e saído do tribunal desde então. Em 2005, foi preso e acusado de roubar a mão armada um entregador de pizza. Recentemente, ele não se defendeu da acusação de roubo e está cumprindo uma pena de 30 anos por violar sua condicional no caso de homicídio.

experiências frustrantes que instigam agressão (Huesmann, 1988). Tais experiências podem, por sua vez, conduzir a um afastamento social ainda maior e a assistir mais televisão, transformando o processo em um círculo vicioso. Finalmente, crianças em lares caracterizados pela rejeição e agressão parental apresentam os efeitos mais fortes da violência na mídia (Bauer et al., 2006; Singer e Singer, 1986).

É importante lembrar que não é um fator único que irá impelir uma criança da não violência para a violência. Ao invés disso, cada fator de risco aumenta as chances de que a criança internalize e atue a violência que ela testemunha na mídia. Huesmann e Eron (1986b) resumem o risco da seguinte forma:

> Na maioria das crianças, a agressividade parece ser determinada principalmente por até que ponto o ambiente reforça a agressão, oferece modelos agressivos, frustra e vitimiza a criança e instiga a agressão (p. 4).

Diferenças desenvolvimentais no processamento da violência na mídia

O Capítulo 1 descreve várias formas pelas quais as crianças pequenas e as grandes diferem no seu processamento das mensagens da mídia. Pelo menos três dessas formas têm implicações importantes na probabilidade que essas crianças têm de interpretar a violência na mídia.

Primeiro, as crianças diferem marcantemente na sua habilidade cognitiva para distinguir entre realidade e fantasia (Dorr, 1983; Wright, Huston, Reitz e Piemyat, 1994). Os pré-escolares geralmente pressupõem que tudo o que parece ser ou soa como real *é*, de fato, real (Brown, Skeen e Osborn, 1979). Em consonância com essa tendência, estudos mostram que os pré-escolares e mesmo os alunos do ensino fundamental imitarão prontamente personagens violentos de desenhos animados, como As Tartarugas Ninja e mesmo o coelho Pernalonga (Bandura et al., 1963a; Friedrich e Stein, 1973; Steuer et al, 1971). Essas representações provavelmente serão desconsideradas como uma fantasia pelos espectadores mais velhos e mais sofisticados, que são muito mais responsivos a representações de violência que envolvem eventos e personagens que são possíveis no mundo real (Atkin, 1983; Scharreer, 2005; Thomas e Tell, 1974).

O sistema de classificação da televisão leva em conta essa consideração do desenvolvimento com o seu rótulo "TVY7". Os programas classificados como TVY7 são concebidos para crianças acima de 7 anos que já "adquiriram as habilidades de desenvolvimento necessárias para distinguir entre fantasia e realidade" (*TV Parental Guidelines*, n.d.).

Uma segunda habilidade cognitiva relevante refere-se à mudança do processamento perceptivo para o processamento conceitual. As crianças pequenas prestam muita atenção às características perceptivas mais evidentes em um programa, como a aparência dos personagens e o que eles fazem (Gibbons, Anderson, Smith, Field e Fischer, 1986; Hoffner e Cantor, 1985; van den Broek, Lorch e Thurlow, 1996). As crianças maiores e os adolescentes, por outro lado, conseguem levar em consideração informações mais conceituais ou abstratas numa trama (Collins, 1975; van den Broek et al., 1996). No terreno da violência, isso significa que as crianças maiores têm mais possibilidades de compreender e aprender com esses comportamentos violentos e suas consequências que são retratados explicitamente na tela de uma forma concreta. Quando os eventos estão implícitos ou não são descritos visualmente, eles serão mais incompreensíveis para uma criança pequena. Em apoio a essa ideia, Krcmar e Cooke (2001) descobriram que as crianças pequenas se detinham mais nas punições que um personagem receberia, julgando se o comportamento agressivo era certo ou errado, enquanto as crianças maiores se focalizavam mais nas intenções do personagem, que são tipicamente representadas de formas mais sutis.

Uma terceira capacidade importante é a habilidade de fazer inferências. Conforme visto no Capítulo 1, as crianças pequenas têm menos condições do que as maiores de juntar as cenas, integrar informações e tirar conclusões causais do enredo (Collins, 1983). Assim sendo, os estímulos contextuais que estão separados da violência serão mais dificilmente avaliados pelas crianças menores. Collins (1973) demonstrou isso em um estudo intrigante envolvendo alunos de 3ª, 6ª e 10ª séries. As crianças assistiram a uma cena violenta em que o agressor foi punido imediatamente após se envolver na violência ou depois de um intervalo comercial de 4 minutos. Os resultados revelaram que os alunos da 3ª série deram mais respostas agressivas na condição de separação do que na de não separação (ver Figura 4.14). Em outras palavras, o intervalo comercial interferiu na capacidade das crianças menores de se conectarem com a punição à violência – a violência ficou isolada como um modelo para o comportamento. Em contraste, as respostas das crianças maiores não foram afetadas pela manipulação da separação, sugerindo que elas perceberam a punição mesmo quando ela ocorreu num ponto diferente da história.

Infelizmente, a televisão oferece numerosos exemplos em que o comportamento agressivo fica sem punição, pelo menos em curto prazo; se é dada uma punição, ela tipicamente acontece já no final da trama (Wilson, Smith et al., 2002). Uma criança de menos de 7 ou 8 anos não é capaz de conectar essa consequência adiada com uma transgressão anterior. Portanto, se a punição estiver separada temporalmente do ato, para uma criança pequena vai parecer que o transgressor "escapou impune" da violência.

Uma última consideração sobre o desenvolvimento é a idade do transgressor. Segundo discutido anteriormente, as pessoas tendem a gostar dos personagens da mídia que são mais como elas mesmas. É lógico, então,

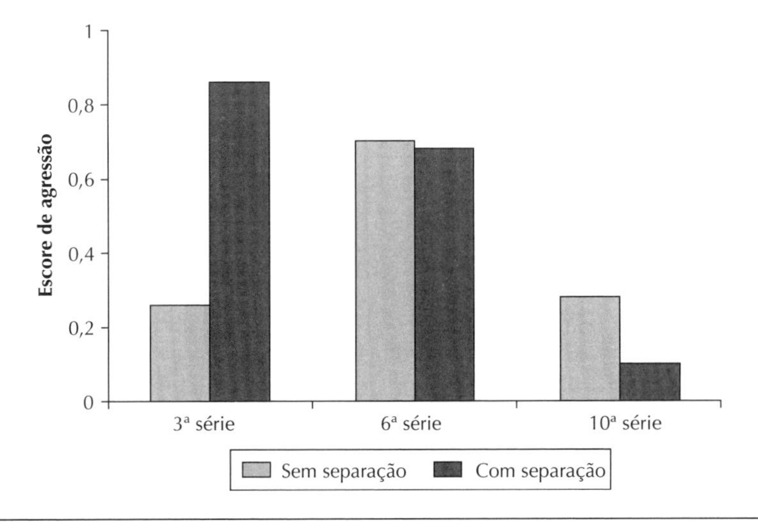

Figura 4.14 Escores de agressão como uma função da punição estar ou não separada de um ato violento por um comercial de 4 minutos.

Fonte: Adaptado de Collins (1973).

que os jovens sejam mais atraídos pelos personagens mais jovens. Estudos apoiam isso; a atenção visual das crianças à tela da televisão aumenta quando aparece um personagem que é criança (Scmitt et al., 1999). Além do mais, as crianças tipicamente escolhem como seus favoritos os personagens que são similares em idade (Cohen, 1999; Hoffner, 1996). Embora existam muito menos crianças e adolescentes transgressores do que adultos na televisão (Wilson, Colvin e Smith, 2002), esses agressores jovens são particularmente chamativos para o espectador mais novo. Filmes como *Esqueceram de Mim* e *Karatê Kid*, que apresentam crianças se envolvendo em violências justificadas, provavelmente são muito atraentes para as crianças. Da mesma forma, videoclipes, que frequentemente apresentam transgressores adolescentes (Wilson, Colvin e Smith, 2002), podem ser mensagens potentes para o público pré-adolescente e adolescente.

Agressão indireta ou social

Até aqui nos detivemos principalmente na agressão física como uma consequência possível da exposição à violência na mídia. No entanto, na década passada os psicólogos do desenvolvimento reconheceram que existem outras formas menos evidentes de agressão (Underwood, 2003). A agressão relacional ou social envolve atos que têm a intenção de prejudicar emocionalmente outras pessoas. Alguns exemplos incluem fazer fofocas, espalhar rumores, isolar socialmente outras pessoas ou envolver-se em insultos ou conversas maldosas. Esses tipos de comportamentos socialmente agressivos podem ocorrer em situações pessoais e também através do uso da internet. Em uma grande pesquisa com crianças do ensino médio, 11% delas relataram que já haviam sido importunadas eletronicamente através de mensagens instantâneas, em uma sala de bate-papo ou por *e-mail* ao menos uma vez nos últimos meses (Kowalski e Limber, 2007).

Assim como a agressão física, a agressão social surge no início do desenvolvimento, por volta dos 3 anos (Crick, Ostrov e Werner, 2006). Contudo, ao contrário da agressão física, a agressão social é mais comum entre as meninas do que entre os meninos (Ostrov, 2006). A preocupação pública com esse tipo de comportamento deu origem a inúmeros livros populares, com títulos como: *Queen Bees and Wannabes: Helping Your Daughter Survive Cliques* (algo como: As Abelhas-Rainhas e as Aspirantes: Ajudando sua Filha a Sobreviver às Panelinhas), *Gossip* (Fofocas), *Boyfriends and Other Realities of Adolescence* (Namorados e Outras Situações da Adolescência). Filmes populares como *Mean Girls* (Garotas Malvadas) também ilustram esse tipo de comportamento.

Algumas pesquisas preliminares sugerem que a mídia pode estar contribuindo para a agressão social. Uma análise de conteúdo encontrou que 92% dos programas populares entre os adolescentes continham atos de agressão social direta ou indireta (Coyne e Archer, 2004). Tal comportamento era mais frequentemente cometido por personagens femininos do que masculinos. A pesquisa também sugere que os adolescentes são expostos a muito mais agressão indireta e social na televisão do que na escola (Coyne, Archer e Eslea, 2006). Finalmente, um estudo recente com pré-escolares encontrou que a exposição à mídia estava associada positivamente à agressão física nos meninos e à agressão relacional nas meninas (Ostrov, gentile e Crick, 2006). Infelizmente, o estudo não avaliou perfeitamente o conteúdo do que as crianças estavam assistindo. Obviamente, existe a necessidade de mais pesquisas sobre esse tema instigante. Pode ser que a nossa fixação na agressão física tenha feito com que tenhamos feito vista grossa para outros tipos de consequências prejudiciais da violência na mídia, especialmente quanto àqueles que são mais proeminentes entre as meninas.

A violência na mídia pode dessensibilizar os jovens?

A preocupação em relação ao comportamento agressivo das crianças certamente tem dominado a maioria dos debates públicos e as pesquisas sobre a violência na mídia. No entanto, uma consequência que pode ser muito mais disseminada é a dessensibilização (ver Figura 4.15). Dessensibilização refere-se à ideia de que a longa exposição a um estímulo pode levar à redução da sensibilidade emocional a ele. Em contextos clínicos, foram usadas técnicas de dessensibilização para tratar fobias (Graziano, DeGiovanni e Garcia, 1979). Por exemplo, uma pessoa que tem medo de cachorros é exposta gradualmente, sob circunstâncias não ameaçadoras, a uma variedade de tipos desses animais. Por fim, a pessoa se acostuma com os cães e o medo é eliminado. A exposição repetida à violência na mídia pode ser igualmente terapêutica?

Sabemos muito bem que assistir repetidamente a material violento na mídia pode afetar as respostas de excitação de uma pessoa. Por exemplo, um estudo revelou que meninos que assistiam televisão em excesso exibiam menos excitação psicológica durante as cenas selecionadas de um filme violento do que os que assistiam menos (Cline, Croft e Courrier, 1973). Outros estudos documentaram que mesmo dentro de um único programa, o ritmo cardíaco de uma pessoa e a condutância da pele diminuem com o passar do tempo durante exposição prolongada a violência (Lazarus e Alfert, 1964; Speisman, Lazarus, Davison e Mordkoff, 1964). Alguns críticos especularam que os filmes e os programas de televisão norte-americanos estão ficando cada vez mais gráficos e violentos porque os espectadores estão insensíveis a versões mais amenas desses conteúdos (Plagens, Miller, Foote e Yoffe, 1991).

Figura 4.15

Fonte: Reproduzido com permissão do Creators Syndicate.

Se a exposição repetida à violência na mídia resultasse meramente em diminuição da excitação, haveria poucos motivos para preocupação. Na verdade, poderíamos argumentar que uma redução na excitação é até mesmo funcional, dado que estar num estado aumentado de excitação por um tempo excessivo pode ser uma sobrecarga para o corpo (Ursin e Eriksen, 2001). O que alarma as pessoas é a possibilidade de que a dessensibilização à violência no entretenimento pode, por sua vez, afetar as respostas à violência na vida real. Em seu livro *High Tech, High Touch: Technology and Our Search for Meaning,* Naisbitt, Naisbitt e Philips (1999) escrevem:

> Em uma cultura de violência eletrônica, as imagens que anteriormente nos faziam empatizar com a dor e o trauma de outro ser humano estimulam uma descarga momentânea de adrenalina. Ficar entorpecido diante da dor alheia – ser aculturado à violência – é possivelmente uma das piores consequências que o nosso avanço tecnológico forjou. Essa indiferença se transfere da tela, da TV, de um filme, da internet e dos jogos eletrônicos para as nossas vidas diárias através de tecnologias de consumo aparentemente inócuas (p. 90-91).

As pesquisas sugerem que essa preocupação procede. Por exemplo, um estudo descobriu que tanto crianças quanto adultos ficavam menos excitados fisiologicamente com uma cena de agressão na vida real se eles tivessem anteriormente assistido a um programa violento na TV do que se tivessem assistido a um programa não violento (Thomas, Horton, Lippincott eDrabman, 1977). Em outras palavras, a representação fictícia produzia uma indiferença à violência na vida real. Os *videogames* violentos podem ter um efeito similar. Em um estudo, estudantes universitários que eram ávidos jogadores de *games* violentos eram menos sensíveis a fotografias explícitas de violência real do que aqueles que raramente jogavam esses *games* (Bartholow, Bushman e Sestir, 2006).

E ainda mais preocupante: a dessensibilização pode afetar a disposição da pessoa para intervir ou tomar uma atitude em benefício de uma vítima? Em um experimento (Thomas e Drabman, 1975), foi mostrado a alunos de 1ª e 3ª séries um programa de TV violento ou um não violento e depois lhes foi dada a incumbência de monitorar o comportamento de dois pré-escolares brincando. As crianças maiores que assistiram ao programa violento na TV demoraram significativamente mais tempo para buscar ajuda quando os pequenos começavam a brigar do que aquelas que assistiram a um programa não violento. Na verdade, mais da metade das crianças maiores na condição da TV violenta nunca saiu da sala, muito embora lhes tivesse sido dito que chamassem um adulto se surgisse algum problema. Esse tipo de insensibilidade à violência real foi replicado em outros estudos da mídia envolvendo crianças (Drabman e Thomas, 1974; Molitor e Hirsch, 1994).

Pesquisas sugerem que os adultos jovens também podem se tornar insensíveis. Durante um período de uma ou duas semanas, Linz, Donnerstein e Perond (1984, 1988) expuseram estudantes do sexo masculino a cinco filmes "sangrentos" de longa metragem que descreviam violência contra mulheres, como *O Massacre da Serra Elétrica* e *Noites de Terror.* Depois de cada filme eram medidas as reações emocionais, percepções de violência nos filmes e atitudes em relação às mulheres nos filmes. Endossando a ideia da dessensibilização, os homens perceberam menos violência nos filmes e os avaliaram como menos degradantes para as mulheres durante o período de exposição. Depois de assistirem, era pedido aos participantes que avaliassem uma encenação em videoteipe de um julgamento legal envolvendo uma vitima de estupro. Comparados com os vários grupos de controle, os homens que haviam sido expostos a altas doses de filmes sangrentos foram menos solidários com a vítima de estupro e mais inclinados a considerá-la culpada.

Uma questão crítica é se a dessensibilização é um efeito transitório ou um estado mais permanente que persiste além do período de exposição. Ou seja, as pessoas podem ser ressensibilizadas para a violência no mundo real? Mullin e Linz (1995) testaram esta ideia variando a quantidade de tempo decorrido entre a exposição à violência na ficção e as avaliações das vítimas reais de violência. Nesse experimento, estudantes universitários do sexo masculino foram expostos a três filmes sangrentos durante um período de 6 dias. Em um contexto supostamente não relacionado, 3, 5 ou 7 dias depois lhes foi solicitado que assistissem a um documentário sobre maus tratos domésticos. Os pesquisadores identificaram que 3 dias após a exposição os homens expressaram menos compaixão pelas vítimas de violência doméstica e classificaram seus ferimentos como menos graves do que um grupo de controle sem exposição (ver Figura 4.16). No entanto, 5 e 7 dias depois, os níveis de compaixão tinham se recuperado ao nível da linha de base do grupo de controle. Em outras palavras, o efeito da dessensibilização pareceu diminuir após um período aproximado de 3 dias.

É claro que a ressensibilização requer que a pessoa não fique mais exposta à violência de entretenimento durante o período de "recuperação". Conforme já foi visto, a maioria das crianças assiste entre 2 e 3 horas de televisão por dia, e muitas assistem muito mais do que isso. Considerando-se a disseminação da violência nessa mídia, os espectadores assíduos estão presumivelmente mais expostos a uma dieta relativamente constante de comportamentos agressivos. Se estas mesmas crianças também jogarem *games* violentos, ouvirem músicas violentas e assistirem a um filme violento no cinema uma ou duas vezes por mês, existirão ocasiões suficientes para que ocorra dessensibilização e não muitas oportunidades de restabelecer a sensibilidade à agressão.

Como a dessensibilização é construída como um processo automático similar à habituação, ela pode acontecer sem que a pessoa perceba. Além do mais, diferente da agressão, que é fácil de ser vista, existem manifestações

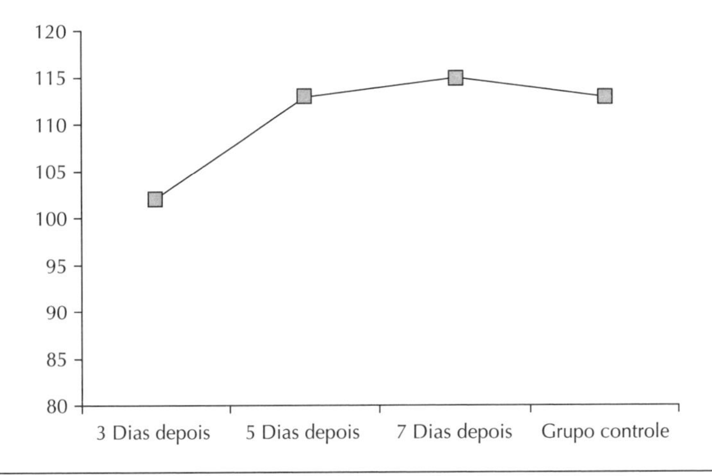

Figura 4.16 Percepções em relação à vítima de violência doméstica dias depois da dessensibilização à violência na mídia.

Fonte: Adaptado de Mullin e Linz (1995).

menos externas deste tipo de efeito. Assim, um grande número de jovens na nossa sociedade pode estar gradualmente se tornando dessensibilizado pela violência na mídia sem que ao menos saibamos. A popularidade em anos recentes dos filmes de violência gráfica, como *Cassino Royale*, e séries de televisão gráficas, como *24 Horas*, sugere para alguns que já estamos vivendo uma mudança cultural na nossa tolerância à violência na mídia (Hayes, 2007). O perigo, é claro, é a possibilidade de que tal efeito transborde para a vida real, resultando em uma sociedade cada vez mais indiferente ao drama dos outros.

A violência na mídia pode produzir medo?

O terceiro efeito potencial da violência na mídia é criar medo nos espectadores (ver Figura 4.17). Muitos de nós podemos lembrar um filme ou um programa de TV que nos assustava quando crianças. Em um estudo, mais de 90% dos estudantes universitários conseguiam descrever vividamente um filme ou programa de televisão que causava um medo intenso quando eram pequenos (Harrison e Cantor, 1999). *Psicose*, *Tubarão* e *O Exorcista* foram apenas alguns dos filmes mais comuns citados. Surpreendentemente, um quarto desses estudantes disse que ainda se preocupavam hoje com o que tinham visto.

Esses padrões estão de acordo com pesquisas envolvendo as crianças. As pesquisas indicam que uma maioria de pré-escolares e alunos do ensino fundamental teve reações de medo à programação das mídias de massa, que em boa parte é violenta (Cantor e Sparks, 1984; Sparks, 1986; Wilson, Hoffner e Cantor, 1987). Além do mais, muitas dessas reações persistiram além da experiência de assistir,

FIGURA 4.17

Fonte: Jeff Stahler: ©Columbus Dispatch/Dist. de Newspaper Enterprise Association, Inc. Reproduzido com autorização.

resultando em pesadelos, distúrbios do sono e até medos agudos em alguns casos (Cantor, 1998). De fato, estudos documentaram sintomas de transtorno de estresse pós-traumático em jovens como consequência da exposição na mídia de notícias sobre acontecimentos violentos, como o bombardeio em Oklahoma City e os ataques terroristas de 11 de setembro de 2001 (Otto et al., 2007; Pfefferbaum et al., 2000).

Os tipos de imagens que assustam as crianças mudam em função da idade ou do nível do desenvolvimento (Cantor, 2003; Cantor e Wilson, 1988). Os pré-escolares e crianças da escola elementar respondem mais aos personagens e cenas que *parecem* assustadores, o que está de acordo com a ideia da dependência perceptiva discutida no Capítulo 1. Portanto, as crianças pequenas geralmente se assustam com programas que apresentam monstros, personagens com aparência assustadora e bruxas. *O Mágico de Oz* e até mesmo certos filmes da Disney são exemplos de conteúdos perturbadores para esta faixa etária. Em contraste, as crianças maiores se perturbam menos com as características superficiais e ficam mais preocupadas com a possibilidade de que uma representação violenta aconteça na vida real. Mais uma vez, isso está condizente com a compreensão gradual das distinções entre realidade e fantasia. Assim, programas mais realistas que envolvem danos a seres humanos, especialmente membros da família, são frequentemente citados como assustadores pelas crianças de 8 a 12 anos. É interessante observar que esta faixa etária também tem maior probabilidade de ficar assustada com histórias no noticiário da TV sobre crimes violentos do que as suas contrapartes (Cantor e Nathanson, 1996; Smith e Wilson, 2002). Os adolescentes também respondem a descrições realistas, mas suas habilidades de pensamento abstrato lhes permitem imaginar eventos improváveis e inconcebíveis (ver Capítulo 1). Portanto, os adolescentes são muito mais suscetíveis do que as crianças a ameaças intangíveis, como conflitos globais, guerra nuclear e ataques políticos (Cantor, Wilson e Hoffner, 1986).

Gerbner e colaboradores levaram a ideia do medo um pouco mais adiante, argumentando que a exposição demorada à violência na mídia pode levar a um sentimento maior de apreensão, desconfiança e insegurança em relação ao mundo real (Gerbner e Gross, 1976; Gerbner, Gross, Morgan e Signorelli, 1994). Em outras palavras, a violência na mídia pode cultivar uma "síndrome do mundo cruel" nos espectadores (Signorelli, 1990). De acordo com a teoria do cultivo, a exposição pesada à televisão pode alterar as percepções que a pessoa tem da realidade social de uma forma que se enquadre ao mundo da TV. Considerando que a televisão apresenta tanta violência, aqueles que assistem TV por muito tempo passam a ver o mundo como mais violento (ver Figura 4.18). Em numerosos estudos com amostras de todas as diferentes idades, Gerbner e colaboradores encontraram de forma consistente que os espectadores costumazes de televisão percebem o mundo como um lugar mais violento e percebem a si mesmos como mais prováveis de se tornarem vítimas da violência do que os espectadores menos assíduos (Signorelli e Morgan, 1990).

A teoria do cultivo foi criticada com rigor por outros pesquisadores (Hawkins e Pingree, 1981; Hirsch, 1980; Hughes, 1980; Potter, 1993). Uma das preocupações mais difundidas é que a maioria dos achados que apoiam a teoria são correlacionais. O efeito do cultivo tipicamente se mantém mesmo depois do controle das variáveis demográficas e de outros fatores que poderiam explicar a relação entre a TV e as percepções da realidade (Morgan e Shanahan, 1996). Porém, mesmo depois de controlar as "terceiras" variáveis, é difícil de se determinar a direção da causalidade a partir dos dados correlacionais. A televisão causa medo ou as pessoas medrosas são atraídas a as-

Figura 4.18

Fonte: Reproduzido com autorização.

sistir mais TV, em parte porque este conteúdo lhes permite trabalhar seus medos? Em apoio à teoria do cultivo, evidências experimentais mostram que a exposição repetida à violência na televisão, seja por apenas 1 semana ou durante 6 semanas, sob condições controladas, pode aumentar o medo e a ansiedade nos espectadores (Bryant, Carveth e Brown, 1981; Ogles e Hoffner, 1987). Contudo, as pesquisas também mostram que as pessoas apreensivas com o crime procuram os dramas violentos, especialmente aqueles que apresentam a restituição da justiça (Zillmann e Wakshlag, 1985). No que tange à agressão, portanto, a relação entre violência no entretenimento e ansiedade pode ser de natureza cíclica.

Uma segunda crítica da teoria é que ela pressupõe que todo o conteúdo da televisão é parecido e que o que mais importa na previsão do cultivo é o volume total de exposição à TV. Já vimos que a PBS apresenta relativamente pouca violência (Wilson et al., 1998), portanto é lógico que, se uma criança assiste seletivamente àquele canal em particular, haverá menos probabilidade de um incremento no medo. As pesquisas também sugerem que o cultivo está aumentado entre aqueles que assistem a um grande volume de conteúdo de notícias (Romer, Jamieson e Aday, 2003). Assim sendo, os hábitos de televisão e gêneros favoritos de uma pessoa parecem ser fatores importantes a se considerar.

Uma terceira crítica é que a teoria é simplista demais porque ela prediz um efeito para todos os que assistem muita televisão. Na verdade, nem todos os subgrupos nos estudos de Gerbner apresentam um efeito do cultivo (Gerbner et al., 1980), sugerindo que variáveis intervenientes estão em ação. Alguns estudos indicam que o cultivo é mais provável de ocorrer entre aqueles que percebem a televisão como realista (por exemplo, Busselle, 2001). As pesquisas também sugerem que a experiência pessoal com o crime e também a motivação para assistir televisão (isto é, aprender *versus* fugir) podem ser fatores mediadores importantes (Gross e Aday, 2003; Perse, 1990). Além disso, as habilidades cognitivas do espectador podem fazer a diferença. Os pré-escolares, por exemplo, não têm a habilidade de distinguir entre realidade e fantasia e nem a habilidade de integrar as informações de um programa, portanto suas percepções podem ser menos influenciadas pelo conteúdo da mídia (Hawkins e Pingree, 1980). No entanto, estudos recentes encontraram que nos anos da escola elementar a exposição à programação de notícias na TV está associada a percepções exageradas do homicídio e mesmo do rapto infantil (Smith e Wilson, 2002; Wilson, Martins e Marske, 2005).

Finalmente, a teoria prestou pouca atenção aos processos cognitivos que estão subjacentes ao cultivo. Shrum (2002) argumentou que o cultivo é resultado do processamento heurístico. Comparado com o processo mais cuidadoso e sistemático, o processamento heurístico é caracterizado pelo pensamento rápido e menos cuidadoso, como também pela dependência de atalhos cognitivos e informações prontamente disponíveis ou evidentes. De acordo com Shrum, a maioria das pessoas se envolve em pensamentos heurísticos quando solicitadas a fazer julgamentos. Além do mais, aqueles que assistem TV demasiadamente têm numerosos exemplos evidentes de violência armazenados na sua memória. Quanto mais uma pessoa assiste à programação violenta, mais acessíveis são esses exemplos e mais prováveis de serem usados ao fazer julgamentos a respeito da realidade social. Em apoio a este modelo, um estudo apontou que alunos universitários que eram incentivados a pensar cuidadosamente e com precisão ao responderem perguntas sobre a incidência do crime no mundo tinham *menos* probabilidade de apresentar um efeito do cultivo do que os estudantes incentivados a fazer julgamentos rápidos ou os estudantes que não receberam instruções sobre como responder às perguntas (Shrum, 2001). Assim, o cultivo pode ser uma função até o ponto em que as pessoas se envolvem num processamento heurístico e têm muitos exemplos de violência na mídia armazenados na memória.

Apesar das críticas à teoria do cultivo, ainda existem muitas evidências apoiando a ideia de que a violência na mídia pode fazer as pessoas se sentirem mais ansiosas em relação ao crime no mundo real (Potter, 1999). Conforme Shrum (2001) declarou recentemente: "a noção de que assistir a um conteúdo de televisão tem relação com as percepções que as pessoas têm da realidade é virtualmente incontestável nas ciências sociais" (p. 94). O desafio para o futuro é entender melhor como e quando ocorre o efeito do cultivo. Também é necessário que haja mais pesquisas que explorem a relação entre medo e dessensibilização, que parecem ser resultados contraditórios. Talvez a exposição repetida à violência na mídia cause medo a alguns e deixe outros insensíveis, dependendo da natureza do conteúdo buscado e também do tipo de indivíduo que o está buscando.

Debates culturais sobre a violência na mídia

Apesar de todas as evidências aqui apresentadas, existem críticos que discordam de que a violência na mídia seja prejudicial (ver Figura 4.19). Algumas das vozes que se opõem são pessoas que trabalham na indústria. Para muitas delas, a violência na mídia se transformou em um bode expiatório conveniente para os políticos que se recusam a se defrontar com

Figura 4.19

Fonte: Direitos autorais, Sidney Harris. Reproduzido com autorização.

causas mais arraigadas da violência, tais como o acesso a armas e a pobreza (Schaefer, 1999). Outro argumento apresentado com frequência é o de que um bom drama requer conflito e que conflito significa violência (Braxton, 1991). Outros representantes da indústria argumentam que a violência na mídia vai desaparecer se as pessoas simplesmente deixarem de assisti-la e de pagar por ela (Pool, 1991). Em outras palavras, no mercado da cultura norte-americana, os consumidores são, em última análise, responsáveis pela violência que os rodeia. A violência parece realmente atrair o público, conforme discutimos acima. No entanto, existem muitos exemplos de bons roteiros com pouca ou nenhuma agressão. As séries de desenhos animados, como *Arthur*, comédias de situação, como *Zoey 101*, e mesmo filmes, como *Dreamer* e *Akeela and the Bee* ilustram este ponto. Um dos problemas é que a violência é relativamente fácil e barata de ser produzida e possui um mercado internacional muito forte (Groebel, 2001). Os filmes de ação parecem transpor com muita facilidade as fronteiras culturais, nacionais e linguísticas.

Também há estudiosos que contestam as pesquisas. Alguns deles são cientistas sociais que criticam a validade e confiabilidade dos estudos. Por exemplo, Freedman (2002) aponta as limitações dos estudos de laboratório, experimentos de campo e a pesquisa correlacional e conclui que as evidências ainda não apoiam uma relação causal entre violência na TV e agressão. Outros argumentam que a focalização nos "efeitos" nas crianças da violência na mídia é muito simplista e unidimensional, ignorando como os jovens escolhem, interpretam e negociam os textos violentos da mídia nas suas vidas (Buckingham, 2000). Outros, ainda, acreditam que a pesquisa da ciência social ofusca questões mais amplas, como as interrogações sobre como a violência na mídia enquanto instituição cultural legitima o poder e o controle em nossa sociedade (Ball-Rokeach, 2000). Uma visão mais radical está representada por Fowles (1999), que acredita que a violência na mídia é terapêutica para as pessoas. Entretanto, pelo menos no campo das ciências sociais, existem poucas evidências para apoiar essa posição.

Obviamente, existem muitos outros pontos de vista referentes à violência na mídia. Os debates são calorosos e, dado os interesses envolvidos, não há soluções fáceis. Os cientistas sociais estão cada vez mais se unindo aos debates e se defrontando com a política do seu trabalho (Bushman e Anderson, 2001; Huesmann e Taylor, 2003). O desafio, ao que parece, é manter o foco nas crianças em meio a essas disputas políticas e eruditas.

As armas e a mídia

As armas de fogo ocupam um papel principal na mortalidade e morbidade entre os jovens norte-americanos (CDC, 2006). Na verdade, o índice de mortes devido a armas de fogo entre as crianças nos Estados Unidos é aproximadamente 12 vezes mais alto do que entre as crianças em outros países industrializados *combinados* (CDC, 1997). Além do mais, os ferimentos com arma de fogo entre as crianças norte-americanas aumentaram em 300% nas principais áreas urbanas desde 1986 (Gaensbauer e Wamboldt, 2000). Só em 2006, mais de 17.000 jovens com menos de 20 anos foram vítimas de ferimentos não fatais com arma de fogo (CDC, 2006).

Restam poucas dúvidas de que os Estados Unidos é "a nação mais pesadamente armada da terra" (O.G. Davidson, 1993), com aproximadamente 35% dos lares com crianças menores de 18 anos tendo pelo menos uma arma de fogo (Schuster, Franke, Bastian, Sor e Halfon, 2000). Destes, 13% ou 1,4 milhão de lares guardam as armas de fogo destravadas e carregadas ou com a munição por perto. E, aparentemente, as crianças sabem disso. Em uma pesquisa nacional, 24% dos adolescentes relataram que têm "acesso fácil" a uma arma na sua casa (Swahn, Hammig e Ikeda, 2002). Em outro estudo nacional, 22% dos meninos entre 11 e 15 anos relataram terem portado uma arma de fogo ou pistola nos 30 dias anteriores (Pickett et al., 2005) e que poderiam conseguir uma arma em 24 horas. De acordo com o mesmo estudo, portar uma arma entre os jovens tinha um índice mais alto nos Estados Unidos do que em outros 34 países europeus e norte-americanos.

Infelizmente, as armas guardadas em casa podem ser mais perigosas para as pessoas que vivem lá do que para qualquer intruso criminoso (Kellermann et al., 1993; Kellermann, Somes, Rivar, Lee e Banton, 1998). Em um estudo de 5 anos de jovens trazidos a um centro médico de traumatismos, 75% das armas usadas em tentativas de suicídio e danos intencionais provinham da casa da vítima ou da casa de um parente ou amigo (Grossman, Reay e Baker, 1999). Em outro estudo, no Novo México, foram identificadas 25 mortes acidentais com arma de fogo e 200 ferimentos num período de 4 anos, a maior parte deles envolvendo crianças que brincavam em casa com armas carregadas (Martin, Sklar e McFeeley, 1991).

Grandes estudos epidemiológicos mostram que manter uma arma em casa aumenta o risco de suicídio e homicídio entre os adultos que ali residem (Bailey et al., 1997; Kellermann et al., 1993) e também aumenta o risco de tendências suicidas e violentas entre os adolescentes da casa (Resnick et al., 1997). Um estudo encontrou que as chances de um adolescente cometer suicídio com "sucesso" aumentam 75 vezes se houver uma arma em casa (Rosenberg, Mercy e Houk, 1991). Entretanto, aproximadamente 1,7 milhão de crianças e jovens nos Estados Unidos está vivendo em lares com armas de fogo carregadas e destravadas (Okoro et al., 2005). Além do mais, 23% dos pais que possuem uma arma acham que podem confiar ao seu filho uma arma carregada (Farah, Simon e Kellermann, 1999).

Um estudo mostra graficamente o quanto as crianças podem ser ingênuas em relação às armas de fogo. Jackman, Farah, Kellermann e Simon (2001) observaram mais de 60 meninos entre as idades de 8 e 12 anos enquanto brincavam em uma sala cheia de brinquedos. A sala também continha uma arma calibre 38 descarregada, escondida em uma gaveta. Em 15 minutos de jogo, a grande maioria dos meninos (75%) descobriu a arma. E, o que é mais perturbador, 63% dos meninos que encontraram a arma a seguraram e 33% chegaram a acionar o gatilho. Quando questionados posteriormente, quase metade dos meninos que encontraram a arma acharam que fosse uma arma de brinquedo ou não tinham certeza se ela era verdadeira (ver Figura 4.20). As crianças provenientes de lares que possuem armas não se comportaram de forma diferente do que as crianças de famílias sem armas.

Apesar de todos os riscos, muitos norte-americanos parecem ter um amor antigo por armas, e esta paixão é frequentemente encenada nos filmes de cinema e na televisão. Um estudo de 50 filmes não animados com classificação G e PG revelou que 40% deles apresentavam pelo menos um personagem principal portando uma arma de fogo (Pelletier et al., 1999). De fato, entre os filmes, um total de 127 pessoas portava armas de fogo, resultando em uma média de 4,5 personagens armados por filme. Quase todos esses filmes eram comédias ou filmes para a família que provavelmente seriam assistidos pelas crianças.

Mas tais imagens não estão limitadas aos filmes (ver Figura 4.21). As crianças pequenas podem facilmente testemunhar armas a *laser* e uma variedade de outros tipos de armas de fogo sendo usadas em desenhos animados, como *Homens de Preto* e até o coelho *Pernalonga*. Usando dados do Estudo Nacional da Violência na Televisão descrito acima, Smith, Boyson, Pieper e Wilson (2001) descobriram que 26% de todos os incidentes violentos em uma semana composta de televisão envolviam o uso de uma arma de fogo. Três tipos de programação incluíam a maior parte desta violência armada: filmes (54%), séries dramáticas (19%) e programas infantis (16%). Conforme os índices, uma criança espectadora assistirá em mé-

Figura 4.20

Figura 4.21 Imagens de armas na televisão e no cinema.

Fonte: ©Miss Simpatia, Castlerock Entertainment, Warner Brothers. Todos os direitos reservados; Cassino Royale, ©2008 Sony Pictures Digital Inc. Todos os direitos reservados; ©TW e Cartoon Network. Todos os direitos reservados; ©Eufrazino Puxa-Briga, Looney Toons, Warner Brothers. Todos os direitos reservados; A Supremacia Bourne, ©2004 Universal Studios. Todos os direitos reservados.

dia aproximadamente dois incidentes violentos relacionados com armas a cada hora que assistir TV. O índice será ainda maior se a criança assistir seletivamente a gêneros que contêm armas, como os filmes e os programas infantis.

De acordo com a estimulação cognitiva, as imagens de armas na mídia podem acionar ideias e pensamentos agressivos nos jovens espectadores. Em um experimento, a simples exibição em *flash* de figuras de armas de fogo e outras armas em uma tela de computador serviu para estimular pensamentos relacionados a agressão em estudantes universitários (Anderson, Benjamin e Bartholow, 1998). Em outras palavras, uma arma não precisa nem mesmo ser acionada para incitar agressão. Em apoio a essa ideia, uma metanálise de 56 experimentos encontrou que a mera presença de armas, seja através de imagens, seja no ambiente natural, aumentou significativamente a agressão entre adultos irritados e não irritados (Carlson et al., 1990).

Obviamente, a representação de armas de fogo na mídia de entretenimento é uma preocupação de saúde pública. Para muitas crianças pequenas, a televisão será o primeiro lugar em que encontrarão tais armas. A exposição repetida a imagens de heróis e outros modelos atraentes usando armas de fogo irá, no mínimo, ajudar a glorificar estes instrumentos letais. Mesmo as noticias podem eventualmente atrair a atenção para o uso de armas. Algumas pessoas criticaram a decisão da NBC de divulgar fotos e videoclipes do matador de Virginia Tech empunhando armas de fogo e com outras armas espalhadas por todos os lados, em parte porque esse tipo de publicidade dá uma notoriedade indevida a indivíduos dementes (Klimkiewicz, 2007).

Suicídio e a mídia

O suicídio é a terceira causa principal de morte entre adolescentes dos 15 aos 19 anos (Anderson e Smith, 2003). Realmente, muitos adolescentes consideram a possibilidade de cometer suicídio sem, entretanto, tentá-lo de fato – ou tentando, mas sem êxito. Os pensamentos suicidas são alarmantemente comuns entre os adolescentes. Em uma recente pesquisa norte-americana, 17% de todos os alunos do segundo grau relataram ter considerado seriamente a possibilidade de tentar suicídio nos 12 meses anteriores, e 13% haviam feito um plano sobre como poderiam executá-lo (Youth Risk Behavior Surveillance System, 2006). Considerando-se essas estatísticas, ter armas de fogo em casa e tornar as armas de fogo uma característica comum na mídia parecem práticas perigosas.

Além de glorificar as armas, a mídia pode contribuir para o suicídio adolescente ao destacar tal comportamento em casos públicos (Phillips, Cartensen e Paight, 1989). Em 5 de abril de 1994, o cantor Kurt Cobain, líder da popular banda de rock Nirvana, colocou um revólver na cabeça e apertou o gatilho. O suicídio intensamente noticiado provocou muita preocupação pública quanto ao potencial que este evento tinha de desencadear comportamentos imitativos entre os fãs adolescentes angustiados (Jobes, Berman, O'Carroll, Easgard e Knickmeyer, 1996). De fato, uma série de estudos, tanto nos Estados Unidos quanto na Europa, demonstrou uma ligação entre a cobertura da mídia do suicídio e o aumento posterior deste comportamento entre os adolescentes (Gould e Davidson, 1988; Gould, Shaffer e Kleinman, 1988; Phillips e Carstensen, 1986; Romer, Jamieson e Jamieson, 2006). Este efeito de contágio foi encontrado tanto na cobertura das histórias nas notícias da TV local quanto nos jornais (Romer et al., 2006). Além disso, quanto mais redes transmissoras apresentam uma história de suicídio no noticiário, mais aumentam os suicídios depois disso (Phillips e Carstensen, 1986).

Um fator chave neste fenômeno pode ser até onde um adolescente suscetível se identifica com a vítima do suicídio divulgado (Davidson, Rosenberg, Mercy, Franklin e Simmons, 1989). Em apoio a esta ideia, uma metanálise recente de 55 estudos sobre o efeito de histórias de suicídio no noticiário revelou que o risco de contágio foi significativamente maior quando estava envolvida uma celebridade (Stack, 2005). No entanto, como todos os estudos até o momento envolvem um grande número de jovens, é difícil saber precisamente o que influenciou um indivíduo em particular. Além do mais, embora tal pesquisa tipicamente controle fatores como a época do ano e as tendências anuais de suicídio, os dados ainda são apenas correlacionais; portanto, eles sempre estão sujeitos a explicações alternativas. E deve ser observado que alguns poucos estudos não encontraram nenhuma relação entre a cobertura da mídia e os índices de suicídio (J.N. Baron e Reiss, 1985; L.E. Davidson et al., 1989; Phillips e Paight, 1987).

O conteúdo ficcional da mídia também pode retratar histórias de suicídio. Filmes populares como *As Virgens Suicidas* e *Uma Mente Brilhante* focalizam-se em personagens que lutam com doenças mentais e tendências suicidas. Outros filmes, como *Romeu e Julieta*, parecem celebrar o suicídio ao descreverem-no como um ato heroico. Há algumas evidências que sugerem que a representação de temas suicidas em filmes de longa metragem aumentou nos últimos anos (Gould, Jamieson e Romer, 2003). Além do mais, a exposição a esses filmes foi vinculada a crenças particulares sobre a doença mental. Uma pesquisa norte-americana recente descobriu que entre os adolescentes e jovens adultos identificados como deprimidos/suicidas, assistir a filmes com personagens mentalmente perturbados estava associado a uma menor confiança na eficiência dos tratamentos de saúde mental (Jamieson, Romer e Jamieson, 2006). Contudo, entre os jovens não perturbados, não havia relação entre a exposição a filmes e crenças no tratamento. Os pesquisadores especularam que os filmes que glorificam o suicídio e fracassam em apresentar técnicas para enfrentar situações difíceis podem estar ensinando os jovens sobre a inutilidade de se buscar ajuda. Como esses dados são correlacionais, também pode ser que os jovens perturbados que já são céticos quanto ao tratamento estejam procurando estes tipos de filme.

Obviamente, as causas de comportamentos suicidas são complexas e multifacetadas (Gould, Fisher, Parides, Flory e Shaffer, 1996). No entanto, muitos pesquisadores apoiam uma ideia conhecida no campo médico como "contágio" (Gould e Favidson, 1988), segundo a qual a exposição ao suicídio de uma pessoa encoraja outras a tentarem o mesmo comportamento. O efeito do contágio parece ser mais forte entre os adolescentes do que entre os adultos (Gould, Wallenstein, Kleinman, O'Carroll e Mery, 1990) e está em consonância com a hipótese de que as tendências suicidas podem ser aprendidas e/ou estimuladas através da observação do comportamento dos outros. Considerando-se que os adolescentes perturbados parecem tomar conhecimento de suicídios públicos, a CDC e a Associação Americana de Suicidologia publicaram orientações para a divulgação de suicídio na mídia (ver www.suicidology.org/displaycommon.cfm?an=9). Elas recomendam que as histórias no noticiário evitem fazer sensacionalismo com o ato, glorificando a pessoa envolvida ou dando detalhes de como tudo aconteceu. Essas sugestões podem se aplicar com a mesma facilidade aos programas de entretenimento que apresentam suicídio em sua trama.

Comercializando a violência para os jovens

A violência mais gráfica e intensa é geralmente apresentada na mídia que é voltada para adultos. Os filmes com classificação R, por exemplo, contêm material adulto que pode incluir linguagem pesada, violência, nudez e/ou abuso de drogas e, portanto, não são para pessoas com menos de 16 anos, a menos que acompanhadas por um dos pais. Os *videogames* com classificação M podem conter violência intensa, sangue e matança e/ou linguagem forte e, portanto, são designados para maiores de 17 anos. No entanto, muitos adolescentes, e até crianças pequenas, têm acesso a esse conteúdo "maduro". Como é que eles ficam sabendo da existência desses produtos?

Na esteira dos acontecimentos de 1999, no caso o tiroteio na escola de Columbine, a atenção pública se focalizou nesta questão específica quando foi descoberto que os dois adolescentes criminosos eram obcecados por filmes e *videogames* graficamente violentos. Em seguida, o presidente Clinton solicitou que a Comissão de Comércio Federal (FTC) investigasse até que ponto a violência na mídia estava sendo comercializada para os jovens (ver Figura 4.22). A FTC requisitou informações dos principais estúdios de cinema, companhias de gravação de música e companhias de jogos eletrônicos. A equipe de trabalho da comissão também realizou pesquisas com os consumidores e visitou lojas e cinemas. Em 2002, a FTC emitiu o primeiro relatório: *O Comércio do Entretenimento Violento para Crianças – Uma Revisão da Autorregulação e Práticas na Indústria dos Filmes, Gravações de Música e Jogos Eletrônicos.* O relatório foi crítico com todas as três indústrias de entretenimento (cinema, música, *videogames*), apontando que as suas práticas de *marketing* estavam em desacordo com as classificações e os alertas que elas mesmas designaram a muitos dos seus produtos. Dentre os achados estavam os seguintes:

- Dos 44 filmes com classificação R que foram examinados, 80% eram comercializados para jovens menores de 17 anos.
- Das 55 gravações de música com selos de "conteúdo explícito", todas, ou 100%, eram comercializadas para jovens menores de 17 anos; 27% identi-

Figura 4.22

Fonte: ©The Rocky Mountain News/Dist. Newspaper Enterprise Association, Inc.

ficavam expressamente os adolescentes como parte do seu público-alvo.

- Dos 118 jogos eletrônicos com classificação adulta para violência, 70% eram direcionados a menores de 17 anos.

O relatório (FTC, 2000) concluiu o seguinte:

> A indústria cinematográfica, de gravação de músicas e jogos eletrônicos deve deixar de ter como alvo os menores de 17 anos na sua comercialização de produtos com conteúdo violento. Todas as três indústrias devem aumentar a sua aproximação do consumidor, para educar os pais quanto ao significado das classificações e também alertá-los para o papel crucial que as indústrias supõem que os pais desempenham na mediação da exposição dos seus filhos a esses produtos (p. 53).

Nos relatórios de *follow-up* em 2001 e 2002 (FTC, 2001, 2002), a FTC reconheceu os progressos feitos pela indústria do cinema e dos *games* na restrição à sua publicidade de produtos violentos e na divulgação da classificação para os consumidores. Os dois relatórios criticaram, entretanto, a indústria da música, que continuava a colocar anúncios de música com conteúdo explícito em programas de TV e revistas populares entre os adolescentes.

A FTC emitiu outro relatório de *follow-up* para o Congresso em 2007 (FTC, 2007). Mais uma vez, a mídia recebeu uma avaliação confusa. O relatório apontou que todas as três indústrias (cinema, música e *videogame*) cumpriam de um modo geral com seus padrões voluntários no que diz respeito à exibição das classificações e dos alertas aos consumidores. Contudo, as indústrias continuam a comercializar alguns filmes com classificação R e gravações com conteúdo explícito em programas de TV e sites que atraem um público adolescente considerável, de acordo com o relatório (ver Figura 4.23). O relatório também descobriu

Figura 4.23

Fonte: 2000 Handelsman – *Times-Picayune*. Reproduzido com autorização.

que uma parcela substancial dos jovens conseguia alugar filmes em DVD classificados como R e comprar música com o Selo de Alerta aos Pais. No entanto, era mais difícil para um jovem comprar *videogames* com classificação M, o que resultou em um elogio aos varejistas de *games*. A FTC recomendou que todas as três indústrias adotassem novos padrões, ou tornassem mais rígidos os já existentes, de como os produtos são anunciados e vendidos. "A autorregulação, a base importante da publicidade norte-americana, enfraquece se a indústria comercializar produtos de formas que estejam em desacordo com suas classificações e seus alertas aos pais", disse a Diretora da FTC, Deborah Platt Majoras (FTC, 2007).

As investigações da FTC confirmam o que muitos pais e críticos já achavam há muito tempo – a indústria promove alguns dos seus materiais mais explicitamente violentos para os consumidores jovens.

Regulação governamental da violência na mídia

Desde o advento da televisão, os políticos em nível estadual e nacional nos Estados Unidos vêm expressando preocupação com o impacto nos jovens das mensagens violentas. Já em 1954, o Subcomitê do Senado Americano sobre a Delinquência Juvenil realizou audiências sobre a delinquência juvenil e, naquela época, a violência na televisão foi identificada como um possível fator que contribuía para tal fato (Senado Americano, 1956). No final da década de 1960, o congresso solicitou ao Diretor Nacional de Saúde que conduzisse um programa de pesquisa massiva sobre os efeitos da violência na televisão. O relatório resultante concluiu que a exposição à violência na televisão poderia levar a um aumento nos comportamentos agressivos em determinados subgrupos de crianças, os quais poderiam constituir uma pequena parte ou uma proporção substancial da população total de jovens espectadores de televisão (Comitê Consultivo Científico de Saúde Pública, 1972, p. 7). As qualificações complicadas do relatório levaram a conclusões conflitantes na imprensa popular (Liebert e Sprafkin, 1988). No entanto, o relatório estimulou a realização de mais audiências no Congresso e também mais pesquisas durante a década de 1980.

Na década de 1990 houve concordância considerável na comunidade científica em relação aos efeitos prejudiciais da violência na televisão (Kunkel e Wilcox, 2002). Entretanto, as tentativas ao longo dos anos de regular diretamente a violência na TV enfrentaram obstáculos consideráveis devido à Primeira Emenda*. Além do mais, qualquer lei que legislasse sobre violência na TV teria que definir o que é violência. Uma alternativa para a censura é aprovar uma legislação que ajude os consumidores de forma mais efetiva a controlarem a sua própria exposição ao conteúdo violento. Com esse intuito, o Congresso aprovou a Lei das Telecomunicações, de 1996, a qual determinava que todos os aparelhos de televisão deveriam ser equipados com um dispositivo de filtragem eletrônica chamado *V-chip*. O *V-chip* pode ser usado na triagem dos tipos de conteúdo censurável e até mesmo canais inteiros, contanto que esteja em funcionamento um sistema que classifique o conteúdo para os consumidores. Para este fim, a legislação do *V-chip* encorajou a indústria a criar seu próprio sistema classificatório. O sistema com base na faixa etária que foi criado por vários representantes da indústria se espelha nas classificações de filmes da Associação Americana de Cinema (MPAA) e é

* N. de R.T.: A Primeira Emenda da Constituição dos Estados Unidos impede o Congresso de legislar para estabelecer uma religião oficial ou para proibir o livre exercício dos cultos; ou para cercear a liberdade de expressão ou de imprensa; ou para limitar o direito do povo de se reunir pacificamente e de dirigir ao governo petições para reparação de danos.

chamado de *Orientações aos Pais sobre a TV*. O *V-chip* não tem sido tão útil quanto muitos defensores infantis esperavam, em parte porque muitos pais não têm conhecimento das classificações da TV e/ou não entendem como programar o *V-chip*. Também existem evidências de que muitos programas que contêm violência, especialmente os programas infantis, não são rotulados apropriadamente com um "V" para conteúdo violento (Kunkel et al., 2002).

A legislação do *V-chip* representa a primeira política tangível a ser promulgada pelo governo no que se refere à violência na mídia (Kunkel e Wilcox, 2002). E acontecimentos recentes sugerem que esta pode não ser a última. Em 2007, a Comissão Federal de Comunicações (FCC) emitiu um relatório importante sobre a violência na televisão baseado em centenas de comentários feitos por pais, representantes da indústria, trabalhadores em saúde pública e especialistas acadêmicos (FCC, 2007). O relatório da FCC (2007) declarava: "concordamos com o ponto de vista do Diretor Geral de Saúde e achamos que, fazendo um balanço, as pesquisas apresentam fortes evidências de que a exposição à violência na mídia pode aumentar o comportamento agressivo nas crianças, pelo menos em curto prazo" (p. 3). O relatório também considerava que "existe uma grande preocupação entre muitos pais norte-americanos e profissionais da saúde quanto aos danos provenientes de assistir violência na mídia" (FCC, 2007, p. 3). O relatório argumentava que o *V-chip* e as classificações voluntárias da TV são de eficiência limitada na ajuda aos pais para a proteção dos seus filhos. Por fim, a FCC concluiu que o Congresso tem autoridade para regular a "violência excessiva" e para ampliar, pela primeira vez, a sua interferência aos canais básicos de TV a cabo que os consumidores pagam para receber. As recomendações também incluíam a aprovação de uma legislação que permitisse que a FCC regulasse o conteúdo violento tanto quanto regula o conteúdo sexual e a pornografia, e também a oferta aos consumidores de mais opções de compra da sua programação a cabo e das operadoras de programação multicanais. Espera-se que o Congresso comece a esboçar uma legislação baseada nas conclusões do relatório da FCC. Não restam dúvidas de que tal regulação será controvertida e calorosamente contestada pela indústria da televisão.

Japão *versus* Estados Unidos: uma comparação entre culturas

O único país do mundo com quase tanta violência no entretenimento quanto os Estados Unidos é o Japão. No entanto, a sociedade japonesa é menos violenta do que a norte-americana. Se a violência na mídia contribui para a agressão na vida real, por que o Japão não é mais afetado? Existem várias diferenças importantes entre os dois países. Primeiro, a representação da violência é diferente no Japão. Um estudo de 1981 descobriu que, comparada com a televisão norte-americana, a programação no Japão enfatiza muito mais as consequências negativas da violência na sua trama (Iwao, Pool e Hagiwara, 1981). É interessante frisar que no Japão os "bandidos" cometem a maior parte da violência na TV, com os "mocinhos" sofrendo as consequências – um padrão que é exatamente o contrário do que é encontrado na programação norte-americana (Smith et al., 1998). Conforme discutido anteriormente, apresentar infratores sem atrativos e mostrar a dor de uma vítima reduzem o risco de que uma representação encoraje agressão nos espectadores. Em segundo lugar, as crianças são criadas em estruturas familiares bem tradicionais, com forte ênfase na disciplina e no controle. Terceiro, o Japão tem leis muito rígidas de controle de armas. Não é permitido que os indivíduos possuam armas, e muito poucas exceções são permitidas. O único tipo de arma de fogo que um cidadão pode adquirir é a espingarda, somente para fins de caça, e só depois de um processo demorado de licenciamento que envolve aulas, um exame escrito e um atestado médico de saúde mental (Kopel, 1993).

Apesar dessas diferenças culturais, a violência adolescente no Japão está aumentando. Em comparação com os padrões norte-americanos, os números ainda são baixos. Mas o número de menores de 14 anos que cometeram crimes violentos aumentou em 47% de 2002 a 2003 (Faiola, 2004). O aumento súbito recente na violência entre os jovens levou algumas pessoas a acusarem a crescente natureza violenta da mídia japonesa (Faiola, 2004), frequentemente muito gráfica. Os *anime*, ou animações japonesas, são agora exportadas para todo o mundo na forma de histórias em quadrinhos, desenhos animados, filmes de curta metragem e *videogames* (Rutenberg, 2001). Outros acusaram que a escalada da violência no Japão se deve a um sistema educacional intenso e à falência dos valores tradicionais (Lies, 2001). O Japão ainda pode ser considerado um país relativamente pacífico se comparado com os Estados Unidos, mas a celebração da violência na cultura popular está dando origem à preocupação pública.

A violência na mídia pode ter efeitos positivos?

Boa parte deste capítulo se concentrou nos efeitos negativos da exposição à violência na mídia. Entretanto, representações violentas também podem ter efeitos pró-sociais. Em junho de 1998, a TV do Tribunal de Justiça encomendou um estudo para avaliar se a violência na televisão poderia ajudar a ensinar os jovens a serem *menos* agressivos (Wilson et al., 1999). No estudo, 513 adolescentes jovens de três escolas médias diferentes na Califórnia foram escolhidos aleatoriamente para receber ou não um programa de estudos antiviolência na escola. O programa *Escolhas e Consequências* foi apresentado pelos professores durante o horário normal de aula (ver www.courttv.com/choices/intro.html). O currículo de 3 semanas envolvia assistir videoteipes com casos de tribunal sobre adolescentes reais que haviam se envolvido em condutas perigosas que resultaram na morte de alguém. Em um dos casos, por exemplo, um grupo de jovens empurrou um menino de cima da ponte da estrada de ferro e ele se afogou.

Todas as semanas, os alunos assistiam partes do julgamento gravado em videoteipe, discutiam em aula, realizavam atividades de dramatização e faziam trabalhos de casa baseados no caso em julgamento. Comparados com o grupo-controle sem este currículo, a intervenção reduziu significativamente a agressão verbal entre os alunos da escola média e refreou sua agressividade física. O currículo também aumentou as habilidades de empatia e o conhecimento sobre o sistema legal. Em outras palavras, a exposição à programação que enfatizava as consequências negativas na vida em função de comportamento antissocial teve efeitos pró-sociais nos adolescentes.

Também foram testados outros tipos de currículos com crítica para serem assistidos. Por exemplo, Huesman, Eron, Klein, Brice e Fischer (1983) pediram a alunos de 2ª e 4ª séries que escrevessem uma redação sobre os efeitos prejudiciais da violência na televisão e a natureza irrealista de determinados programas violentos. Depois disso, as crianças eram filmadas enquanto liam seus trabalhos e as sequências seriam usadas propositalmente para criar um filme sobre os problemas da violência na mídia. Comparado com um grupo controle que fez redações sobre *hobbies*, o grupo com intervenção apresentou vários efeitos positivos. A intervenção alterou significativamente as atitudes das crianças em relação à violência, diminuiu seu comportamento agressivo e eliminou a relação entre violência na TV e comportamento agressivo. A maioria desses efeitos foi medida 4 meses após a intervenção, sugerindo que um tratamento bem simples pode produzir mudanças duradouras. Estes esforços estão em consonância com programas maiores concebidos para ensinar letramento midiático às crianças.

Mesmo na ausência de instruções ou planos de aula estruturados, os programas que tratam a violência de uma forma sensível podem ter um impacto positivo no público. Um experimento em grande escala encontrou que um filme feito para a TV sobre estupro, com pessoas conhecidas, aumentou a preocupação dos adultos sobre os problemas sociais associados ao estupro e também reduziu a aceitação de mitos sobre o mesmo (Wilson, Linz, Donnerstein e Stipp, 1992). Outro estudo documentou os benefícios educativos similares de assistir a um filme na TV sobre estupro em encontros amorosos entre os estudantes do segundo grau (Filotas, 1993). Embora não haja testes empíricos que reconheçam isso, filmes como *Hotel Rwanda*, *Sobre meninos e lobos* e *Diamante de sangue*, que retratam as consequências realistas da violência, podem presumivelmente ajudar a educar os jovens quanto aos custos pessoais e sociais associados à agressão.

Conclusão

Existe atualmente um forte consenso entre os cientistas sociais de que a exposição a mensagens agressivas na televisão e no cinema pode ter efeitos prejudiciais nos jovens (Bushman e Huesmann, 2001; Smith e Donnerstein, 1998). O efeito mais bem documentado refere-se à agressividade. Estudos experimentais, pesquisa correlacional, estudos longitudinais e metanálises dos dados publicados apontam, todos, para a mesma conclusão: a agressão é um comportamento aprendido que pode ser adquirido, reforçado e estimulado pelas mensagens da mídia. As crianças pequenas são particularmente vulneráveis, como também são as crianças que se identificam intensamente com personagens violentos, que se saem mal na escola, que percebem a televisão como realista e que são impopulares entre seus pares. As evidências não sugerem que a violência na mídia seja a causa principal da violência na sociedade, mas ela é certamente uma causa socialmente significativa. A mídia faz parte de uma teia complexa de fatores culturais e ambientais que podem ensinar e reforçar a agressão como forma de resolver os problemas.

No entanto, a agressão não é a única consequência possível. A exposição prolongada à violência na mídia também pode dessensibilizar os jovens e torná-los mais insensíveis à violência no mundo real. Como nas outras pessoas, ela pode levar a uma preocupação exagerada e ao medo de se tornar uma vítima da violência. Nenhuma dessas consequências é simples e universal. Ao contrário, certas crianças e adolescentes são mais vulneráveis, dependendo do seu desenvolvimento cognitivo, dos tipos de violência na mídia que eles gostam e do volume de exposição que eles têm à violência na mídia comparados com outros tipos de mensagens (ver Figura 4.24).

Poderíamos defender que a violência deve ser eliminada da mídia, considerando todos esses riscos potenciais. Entretanto, aparentemente, a violência se transformou em lucro, pelo menos para alguns públicos, portanto é improvável que numa sociedade de livre mercado ela vá acabar. E nem precisaríamos advogar por seu fim. As pesquisas mostram muito claramente que certas representações são menos prejudiciais do que outras e que algumas descrições podem realmente ter efeitos educativos ou pró-sociais nos jovens. O desafio aos pais e educadores é garantir que os jovens sejam expostos a essas mensagens alternativas que retratam detalhadamente a seriedade da violência na sociedade. O desafio para a indústria da mídia é criar mais dessas mensagens alternativas e garantir que elas atraiam atenção tanto quanto aquelas que glorificam a violência.

Calvin e Haroldo

Figura 4.24

Fonte: Reproduzido com autorização do Universal Press Syndicate.

Exercícios

1. Suponha que lhe fosse pedido para monitorar a quantidade de violência na televisão. Como você definiria *violência*? Que tipo de questões precisam ser levadas em consideração na construção da sua definição? Você incluiria a violência em fantasia? Você incluiria a violência em "comédias pastelão"? Como a sua definição seria diferente se você fosse um pesquisador da mídia ou um executivo da indústria da televisão? Quais canais você incluiria no seu estudo? Que desafios, se houver, as tecnologias como o *TiVo* e outros dispositivos digitais de gravação em vídeo (DVD) apresentariam para o seu estudo?
2. Qual é o filme ou programa de televisão mais violento que você já assistiu? O que fazia com que ele fosse tão violento? Você gostou? Por que sim ou por que não? Se você fosse pai, deixaria seu filho de 6 anos assistir a esse programa? E o seu filho de 10 anos? E o de 15 anos? Pense sobre desenvolvimento cognitivo e natureza do conteúdo ao considerar estas perguntas.
3. Assista a um desenho animado popular e a um drama policial noturno na televisão. Compare os dois em termos de *como* a violência é retratada. Pense nas características contextuais, como a natureza dos criminosos, se a violência é recompensada ou punida e as consequências da violência. De acordo com as pesquisas citadas neste capítulo, qual dos programas oferece mais risco ao espectador infantil? Por quê?
4. Em 1999, Mario Padilla e Samuel Ramirez, dois primos adolescentes, disseram que o filme Pânico os inspirou a matar a mãe de um deles. Naquele mesmo ano, dois adolescentes perturbados que eram obcecados por *videogames* violentos entraram na Columbine High School e começaram a atirar. A violência na mídia é frequentemente acusada em relação a estes e muitos outros comportamentos "imitativos". A mídia deveria ser colocada em julgamento? Quem ou o que é responsável pela violência nestes casos? Os escritores e produtores deveriam se manter dentro de alguns padrões referentes ao material violento que eles criam?
5. Os críticos acusam que o noticiário na televisão está mais violento do que nunca, frequentemente se baseando na regra prática do "se sangrar, dá audiência". Você acha que o noticiário na TV é violento demais? As notícias deveriam ser tratadas

de forma diferente do conteúdo ficcional nos debates sobre a violência na mídia? Ao considerar esta questão, você deve levar em conta o que constitui noticiário *versus* programas de entretenimento. Existem diferenças? Onde se enquadram programas do tipo *reality* como *Cops* e *Os Mais Procurados da América*?

6. No seu livro provocativo *Channeling Violence: The Economic Market for Violent Television Programming*, James Hamilton (1998) argumenta que a violência na televisão, assim como a poluição, gera incidentes ou custos negativos cuja responsabilidade recai sobre os ombros de outros que não as pessoas que produzem esse material. Usando a poluição como analogia, ele continua dizendo que devem ser pensadas restrições que atribuam maior responsabilidade à indústria da TV, ao mesmo tempo em que protegem a liberdade de expressão. Por exemplo, poderia ser cobrado um imposto sobre violência dos responsáveis por encenações agressivas. Como poderia ser colocado em prática tal imposto? Quem deveria pagar e como a quantia deveria ser determinada? Você conseguiria pensar em outras abordagens que pudessem ser implementadas, usando a comparação da poluição? Esses esforços seriam constitucionais?
7. Relembre a sua infância. Você consegue se lembrar de algum programa de TV ou filme que realmente o amedrontou? Que idade você tinha? Quanto tempo durou o seu medo? Que aspecto do programa o amedrontou? Você mudou seu comportamento de alguma forma, como consequência de assistir a esse programa? Analise a sua reação à luz do que sabemos sobre o desenvolvimento cognitivo e as reações de medo das crianças à mídia, conforme discutido neste capítulo.
8. Nos debates sobre a violência na mídia, prestou-se muito menos atenção à dessensibilização como uma consequência prejudicial do que à agressão. Pense em alguma ocasião em que você se sentiu dessensibilizado à violência na mídia. Se a nossa sociedade se tornar gradualmente dessensibilizada à violência na mídia, quais serão alguns dos possíveis desdobramentos disso? Isso afetará a paternidade? Afetará o sistema legal? Explore algumas das formas de dessensibilização que também poderiam afetar a nossa cultura.
9. Os Estados Unidos são é um país violento. Você acredita que a mídia tem sido acusada injustamente nos debates públicos sobre este problema? Pense em como você responderia a esta pergunta se você trabalhasse na indústria da mídia. Agora pense em como você responderia se fosse pai de uma criança pequena que foi ferida gravemente por um amigo no *playground* enquanto imitava um super-herói de desenho animado.

Referências

Abelson, R. P. (1976). Script processing in attitude formation and decision-making. In J. Carroll & J. Payne (Eds.), *Cognition and social behavior* (pp. 33–45). Hillsdale, NJ: Lawrence Erlbaum.

Aluja-Fabregat, A. (2000). Personality and curiosity about TV and films violence in adolescents. *Personality and Individual Differences, 29,* 379–392.

American Academy of Pediatrics. (2001). Media violence. *Pediatrics, 108,* 1222–1226.

American Medical Association. (1996). *Physician guide to media violence.* Chicago: Author. Anderson, C. A., Benjamin, A. J., Jr., & Bartholow, B. D. (1998). Does the gun pull the trigger? Automatic priming effects of weapon pictures and weapon names. *American Psychological Society, 9,* 308–314.

Anderson, C. A., Berkowitz, L., Donnerstein, E., Huesmann, L. R., Johnson, J. D., Linz, D., et al. (2003). The influence of media violence on youth. *Psychological Science in thePublic Interest, 4*(3), 81–110.

Anderson, R. N., & Smith, B. L. (2003). Deaths: Leading causes for 2001. *National Vital Statistics Report, 52*(9), 1–86.

Archer, D. (1994). American violence: How high and why? *Law Studies, 19,* 12–20.

Arnett, J. J. (1995). The soundtrack of recklessness: Musical preferences and reckless behavior among adolescents. *Journal of Adolescent Research, 7,* 313–331.

Ashcroft blames "culture" for school violence. (2001, March 23). Cable News Network. Retrieved April 2, 2001, from http://www.cnn.com/2001/ALLPOLITICS/03/23/ashcroft.shootings.reut/

Atkin, C. (1983). Effects of realistic TV violence vs. fictional violence on aggression. *Journalism Quarterly, 60,* 615–621.

Auletta, K. (1993, May 17). Annals of communication: What they won't do? *The New Yorker, 69,* 45–53.

Bailey, J. E., Kellermann, A. L., Somes, G. W., Banton, J. G., Rivara, F. P., & Rushforth, N. P. (1997). Risk factors for violent death of women in the home. *Archives of Internal Medicine, 157,* 777–782.

Ball-Rokeach, S. J. (2000, June). *The politics of studying media violence: Reflections thirty years after the violence commission.* Paper presented at the annual meeting of the International Communication Association, Acapulco, Mexico.

Bandura, A. (1965). Influence of models' reinforcement contingencies on the acquisition of imitative response. *Journal of Personality and Social Psychology, 1,* 589–595.

Bandura, A. (1977). *Social learning theory.* Englewood Cliffs, NJ: Prentice Hall.

Bandura, A. (1986). *Social foundations of thought and action: A social cognitive theory.* Englewood Cliffs, NJ: Prentice Hall.

Bandura, A. (1994). Social cognitive theory of mass communication. In J. Bryant & D. Zillmann (Eds.), *Media effects: Advances in theory and research* (pp. 61–90). Hillsdale, NJ: Lawrence Erlbaum.

Bandura, A., Ross, D., & Ross, S. A. (1961). Transmission of aggression through imitation of aggressive models. *Journal of Abnormal and Social Psychology, 63,* 575–582.

Bandura, A., Ross, D., & Ross, S. A. (1963a). Imitation of film-mediated aggressive models. *Journal of Abnormal and Social Psychology, 66,* 3–11.

Bandura, A., Ross, D., & Ross, S. A. (1963b). Various reinforcement and imitative learning. *Journal of Abnormal and Social Psychology, 67,* 601–607.

Baron, J. N., & Reiss, P. C. (1985). Same time, next year: Aggregate analyses of the mass media and violent behavior. *American Sociological Review, 50,* 347–363.

Baron, R. A. (197la). Aggression as a function of magnitude of victim's pain cues, level of prior anger arousal, and aggressor-victim similarity. *Journal of Personality and Social Psychology, 18,* 48–54.

Baron, R. A. (1971b). Magnitude of victim's pain cues and level of prior anger arousal as determinants of adult aggressive behavior. *Journal of Personality and Social Psychology, 17,* 236–243.

Baron, R. A. (1978). The influence of hostile and nonhostile humor upon physical aggression. *Personality and Social Psychology Bulletin, 4,* 77–80.

Barr, R., Muentener, P., Garcia, A., Fujimoto, M., & Chavez, V. (2007). The effect on imitation from television during infancy. *Developmental Psychobiology, 49,* 196–207.

Bartholow, B. D., Bushman, B. J., & Sestir, M. A. (2006). Chronic violent video game exposure and desensitization to violence: Behavioral and event-related brain potential data. *Journal of Experimental and Social Psychology, 42,* 532–539.

Bauer, N. S., Herrenkohl, T. I., Lozano, P., Rivara, F. P., Hill, K. G., & Hawkins, J. D. (2006). Childhood bullying involvement and exposure to intimate partner violence. *Pediatrics, 118*(2),e235–e242.

Belson, W. A. (1978). *Television violence and the adolescent boy.* Westmead, UK: Saxon House, Teakfield Ltd.

Berkowitz, L. (1970). Aggressive humor as a stimulus to aggressive responses. *Journal of Personality and Social Psychology, 2,* 359–369.

Berkowitz, L. (1973). Words and symbols as stimuli to aggressive responses. In J. F. Knutson (Ed.), *Control of aggression: Implications from basic research* (pp. 113–143). Chicago: Aldine-Atherton.

Berkowitz, L. (1984). Some effects of thoughts on anti- and prosocial influences of media events: A cognitive-neoassociation analysis. *Psychological Bulletin, 95,* 410–427.

Berkowitz, L. (1990). On the formation and regulation of anger and aggression: A cognitive neoassociationistic analysis. *American Psychologist, 45,* 494–503.

Berkowitz, L., & Geen, R. G. (1967). Stimulus qualities of the target of aggression: A further study. *Journal of Personality and Social Psychology, 5,* 364–368.

Berkowitz, L., & Powers, P. C. (1979). Effects of timing and justification of witnessed aggression on the observers' punitiveness. *Journal of Research in Personality, 13,* 71–80.

Berman, M., Gladue, B., & Taylor, S. (1993). The effects of hormones, Type A behavior pattern, and provocation on aggression in men. *Motivation and Emotion, 17,* 125–138.

Berry, M., Gray, T., & Donnerstein, E. (1999). Cutting film violence: Effects on perceptions, enjoyment, and arousal. *Journal of Social Psychology, 139,* 567–582.

Boyatzis, J., Matillo, G. M., & Nesbitt, K. M. (1995). Effects of the Mighty Morphin Power Rangers on children's aggression with peers. *Child Study Journal, 25,* 45–55.

Braxton, G. (1991, July 31). Producers defend violence as honest. Los *Angeles Times,* pp. F1.F14.

Brown, M. H., Skeen, P., & Osborn, D. K. (1979). Young children's perception of the reality of television. *Contemporary Education, 50,* 129–133.

Bryant, J., Carveth, R. A., & Brown, D. (1981). Television viewing and anxiety: An experimental examination. *Journal of Communication, 31*(1), 106–109.

Buckingham, D. (2000). *After the death of childhood: Growing up in the age of electronic media.* Cambridge, UK: Polity.

Bushman, B. J., & Anderson, C. A. (2001). Media violence and the American public: Scientific facts versus media misinformation. *American Psychologist, 56,* 477–489.

Bushman, B. J., & Geen, R. G. (1990). Role of cognitive-emotional mediators and individual differences in the effects of media violence on aggression. *Journal of Personality and Social Psychology, 58,* 156–163.

Bushman, B. J., & Huesmann, L. R. (2001). Effects of televised violence on aggression. In D. G. Singer & J. L. Singer (Eds.), *Handbook of children and the media* (pp. 223–254). Thousand Oaks, CA: Sage.

Busselle, R. W. (2001). The role of exemplar accessibility in social reality judgments. *Media Psychology, 3,* 43–68.

Cantor, J. (1998). Children's attraction to violent television programming. In J. H. Goldstein (Ed.), *Why we watch: The attractions of violent entertainment* (pp. 116–143). New York: Oxford University Press.

Cantor, J. (2003). Media and fear in children and adolescents. In D. A. Gentile (Ed.), *Media violence and children: A complete guide for parents and professionals* (pp. 185–203). Westport, CT: Praeger.

Cantor, J., & Nathanson, A. I. (1996). Children's fright reactions to television news. *Journal of Communication, 46,* 139–152.

Cantor, J., & Nathanson, A. I. (1997). Predictors of children's interest in violent television programs. *Journal of Broadcasting & Electronic Media, 41,* 155–167.

Cantor, J., & Sparks, G. G. (1984). Children's fear responses to mass media: Testing some Piagetian predictions. *Journal of Communication, 34,* 90–103.

Cantor, J., & Wilson, B. J. (1988). Helping children cope with frightening media presentations. *Current Psychology: Research and Reviews, 7,* 58–75.

Cantor, J., Wilson, B. J., & Hoffner, C. (1986). Emotional responses to a televised nuclear holocaust film. *Communication Research, 13,* 257–277.

Carlson, M., Marcus-Newhall, A., & Miller, N. (1990). Effects of situational aggression cues: A quantitative review. *Journal of Personality and Social Psychology, 58,* 622–633.

Carnagey, N. L, & Anderson, C. A. (2005). The effects of reward and punishment in violent videogames on aggressive affect, cognition, and behavior. *Psychological Science, 16,* 882–889.

Centers for Disease Control and Prevention (CDC). (1997, February 7). *Rates of homicide, suicide, and firearm-related death among children – 26 industrialized countries.* Atlanta, GA: Author. Retrieved February 24, 2001, from http://www.cdc.gov/epo/mmwr/preview/mmwrhtml/00046149.htm

Centers for Disease Control and Prevention (CDC). (2006). *Understanding youth violence: Fact sheet.* Retrieved May 16, 2007, from http://www.cdc.gov/ncipc/pub-res/YVFactSheet.pdf

Centers for Disease Control and Prevention (CDC) (2007). *Web-based injury statistics query and reporting system (WISQARS).* Retrieved January 22, 2008, from www.cdc.gov/ncipc/wisqars

Cline, V. B., Croft, R. G., & Courrier, S. (1973). Desensitization of children to television violence. *Journal of Personality and Social Psychology, 35,* 450–458.

Cohen, J. (1988). *Statistical power analysis for the behavioral sciences* (2nd ed.). Hillsdale, NJ: Lawrence Erlbaum.

Cohen, J. (1999). Favorite characters of teenage viewers of Israeli serials. *Journal of Broadcasting & Electronic Media, 43,* 327–345.

Collins, W. A. (1973). Effect of temporal separation between motivation, aggression, and consequences: A developmental study. *Developmental Psychology, 8,* 215–221.

Collins, W. A. (1975). The developing child as viewer. *Journal of Communication, 25,* 35–44.

Collins, W. A. (1983). Interpretation and inference in children's television viewing. In J. Bryant & D. R. Anderson (Eds.), *Children's understanding of television: Research on attention and comprehension* (pp. 12–150). New York: Academic Press.

Collins-Standley, T., Gan, S., Yu, H. J., & Zillmann, D. (1996). Choice of romantic, violent, and scary fairy-tale books by preschool girls and boys. *Child Study Journal, 26,* 279–302.

Cooper, H., & Hedges, L. V. (Eds.). (1994). *The handbook of research synthesis.* New York: Russell Sage Foundation.

Coyne, S. M., & Archer, J. (2004). Indirect aggression in the media: A content analysis of British television programs. *Aggressive Behavior, 30,* 254–271.

Coyne, S. M., Archer, J., & Eslea, M. (2006). „We're not friends anymore!" Unless... .: The frequency and harmfulness of indirect, relational, and social aggression. *Aggressive Behavior, 32,* 294–307.

Crick, N. R., Ostrov, J. M., & Werner, N. E. (2006). A longitudinal study of relational aggression, physical aggression, and children's social-psychological attachment. *Journal of Abnormal Child Psychology, 34,* 127–138.

Davidson, L. E., Rosenberg, M. L., Mercy, J. A., Franklin, J., & Simmons, J. T. (1989). An epidemiologic study of risk factors in two teenage suicide clusters. *Journal of the American Medical Association, 262,* 2687–2692.

Davidson, O. G. (1993). *Under fire: The NRA and the battle for gun control.* New York: Holt, Rinehart, & Winston.

Deveny, K., & Kelley, R. (2007, February 12). Girls gone bad. *Newsweek.* Retrieved February 21, 2007, from http://www.msnbc.msn.com/id/16961761/site/newsweek/

Diener, E., & Woody, L. W. (1981). TV violence and viewer liking. *Communication Research, 8,*281–306.

Dodge, K. A., & Frame, C. L. (1982). Social cognitive biases and deficits in aggressive boys. *Child Development, 53,* 620–635.

Dominick, J. R., & Greenberg, B. S. (1972). Attitudes toward violence: The interaction of television exposure, family attitudes, and social class. In G. A. Comstock & E. A. Rubinstein (Eds.), *Television and social behavior: Vol. 3. Television and adolescent aggressiveness* (pp. 314–335). Washington, DC: Government Printing Office.

Dorr, A. (1983). No shortcuts to judging reality. In J. Bryant & D. R. Anderson (Eds.), *Children's understanding of television: Research on attention and comprehension* (pp. 199–220). New York: Academic Press.

Drabman, R. S., & Thomas, M. H. (1974). Does media violence increase children's toleration of real-life aggression? *Developmental Psychology, 10,* 418–421.

Eron, L. D., Huesmann, L. R., Lefkowitz, M. M., & Walder, L. O. (1972). Does television violence cause aggression? *American Psychologist, 27,* 253–263.

Faiola, A. (2004). Youth violence has Japan struggling for answers. *Washington Post.* Retrieved February 23, 2007, from http://www.washingtonpost.com

Farah, M. M., Simon, H. K., & Kellermann, A. L. (1999). Firearms in the home: Parental perceptions. *Pediatrics, 104,* 1059–1063.

Federal Communications Commission (FCC). (2007). *Violent television programming and its impact on children.* Retrieved January 22, 2008, from www.firstamendmentcenter.org/PDF/FCC_TV_violence_2007.pdf

Federal Trade Commission (FTC). (2000). *Marketing violent entertainment to children: A review of self-regulation and industry practices in the motion picture, music recording & electronic games industries.* Retrieved February 24, 2007, from http://www.ftc.gov/reports/violence/vioreport.pdf

Federal Trade Commission (FTC). (2001). *Marketing violent entertainment to children: A six-month follow-up review of industry practices in the motion picture, music recording & electronic games industries.* Retrieved February 24, 2007, from http://www.ftc.gov/reports/violence/violence010423.pdf

Federal Trade Commission (FTC). (2002). *Marketing violent entertainment to children: A twenty-one month follow-up review of industry practices in the motion picture, music recording & electronic game industries.* Retrieved February 24, 2007, from http://www.ftc.gov/reports/violence/mvecrpt0206.pdf

Federal Trade Commission (FTC). (2007). *Marketing violent entertainment to children: A fifth follow-up review of industry practices in the motion picture, music recording, & electronic game industries.* Retrieved May 10, 2007, from http://www.ftc.gov/reports/violence/070412MarketingViolentEChildren.pdf

Fenigstein, A. (1979). Does aggression cause a preference for viewing media violence? *Journal of Personality & Social Psychology, 37,* 2307–2317.

Feshbach, S. (1972). Reality and fantasy in filmed violence. In J. P. Murray, E. A. Rubinstein, & G. Comstock (Eds.), *Television and social behavior: Television and social learning* (Vol. 2, pp. 318–345). Washington, DC: Government Printing Publication.

Filotas, D. Y. (1993). *Adolescents' rape attitudes: Effectiveness of rape prevention in high school classrooms.* Unpublished master's thesis, University of California, Santa Barbara.

Fisch, S. M., & Truglio, R. T. (2001). "G" *is for growing: Thirty years of research on children and* Sesame Street. Mahwah, NJ: Lawrence Erlbaum.

Fowles, J. (1999). *The case for television violence.* Thousand Oaks, CA: Sage.

Freedman, J. L. (1986). Television violence and aggression: A rejoinder. *Psychological Bulletin, 100,* 372–373.

Freedman, J. L. (2002). *Media violence and its effect on aggression: Assessing the scientific evidence.* Toronto: University of Toronto Press.

Friedrich, L. K., & Stein, A. H. (1973). Aggressive and prosocial television programs and the natural behavior of preschool children. *Monographs of the Society for Research in Child Development, 38*(4, Serial No. 151), 63.

Funk, J. B., Buchman, D. D., & Germann, J. N. (2000). Preference for violent electronic games, self-concept, and gender differences in young children. *American Journal of Orthopsychiatry, 70,* 233–241.

Gaensbauer, T., & Wamboldt, M. (2000, January 5). *Facts about gun violence.* Washington, DC: American Academy of Child and Adolescent Psychiatry. Retrieved February 19, 2001, from http://www.aacap.org/info_families/nationalfacts/cogunviol.htm

Geen, R. G. (1994). Television and aggression: Recent developments in research and theory. In D. Zillmann, J. Bryant, & A. C. Huston (Eds.), *Media, children, and the family: Social, scientific, psychodynamic, and clinical perspectives* (pp. 151–162). Hillsdale, NJ: Lawrence Erlbaum.

Gerbner, G., & Gross, L. (1976). Living with television: The violence profile. *Journal of Communication, 26,* 172–199.

Gerbner, G., Gross, L., Morgan, M., & Signorielli, N. (1980). The "mainstreaming" of America: Violence profile no. 11. *Journal of Communication, 30*(3), 10–29.

Gerbner, G., Gross, L., Morgan, M., & Signorielli, N. (1994). Growing up with television: The cultivation perspective. In J. Bryant & D. Zillmann (Eds.), *Media effects: Advances in theory and research* (pp. 17–41). Hillsdale, NJ: Lawrence Erlbaum.

Gerbner, G., Signorielli, N., Morgan, M., & Jackson-Beeck, M. (1979). The demonstration of power: Violence profile no. 10. *Journal of Communication, 29,* 177–196.

Gibbons, J., Anderson, D. R., Smith, R., Field, D. E., & Fischer, C. (1986). Young children's recall and reconstruction of audio and audiovisual narratives. *Child Development, 57,* 1014–1023.

Goldstein, J. (1999). The attraction of violent entertainment. *Media Psychology, 1,* 271–282.

Gould, M., Jamieson, P., & Romer, D. (2003). Media contagion and suicide among the young. *American Behavioral Scientist, 46,* 1269–1284.

Gould, M. S., & Davidson, L. (1988). Suicide contagion among adolescents. *Advances in Adolescent Mental Health, 3,* 29–59.

Gould, M. S., Fisher, P., Parides, M., Flory, M., & Shaffer, D. (1996). Psychosocial risk factors of child and adolescent completed suicide. *Archives of General Psychiatry, 53,* 1155–1162.

Gould, M. S., Shaffer, D., & Kleinman, M. (1988). The impact of suicide in television movies: Replication and commentary. *Suicide and Life-Threatening Behavior, 18,* 90–99.

Gould, M. S., Wallenstein, S., Kleinman, M. H., O'Carroll, P., & Mercy, J. (1990). Suicide cluster: An examination of age-specific effects. *American Journal of Public Health, 80,* 211–212.

Graziano, A. M., DeGiovanni, I. S., & Garcia, K. A. (1979). Behavioral treatment of children's fears: A review. *Psychological Bulletin, 86,* 804–830.

Greenberg, B. S., & Gordon, T. F. (1972). Perceptions of violence in television programs: Critics and the public. In G. A. Comstock & E. A. Rubinstein (Eds.), *Television and social behavior: Vol. 1. Media content and control* (pp. 244–258). Washington, DC: Government Printing Office.

Groebel, J. (2001). Media violence in cross-cultural perspective: A global study on children's media behaviors and some educational implications. In D. G. Singer & J. L. Singer (Eds.), *Handbook of children and the media* (pp. 255–268). Thousand Oaks, CA: Sage.

Gross, K., & Aday, S. (2003). The scary world in your living room and neighborhood: Using local broadcast news, neighborhood crime rates, and personal experience to test agenda setting and cultivation. *Journal of Communication, 53,* 411–426.

Grossman, D. C., Reay, D. T., & Baker, S. A. (1999). Self-inflicted and unintentional firearm injuries among children and adolescents: The source of firearms. *Archives of Pediatrics and Adolescent Medicine, 153,* 875–878.

Guerra, N. G., Huesmann, L. R., Tolan, P. H., VanAcker, R., & Eron, L. D. (1995). Stressful events and individual beliefs as correlates of economic disadvantage and aggression among urban children. *Consulting and Clinical Psychology, 63,* 518–528.

Gunter, B., & Furnham, A. (1984). Perceptions of television violence: Effects of programme genre and type of violence on viewers' judgements of violent portrayals. *British Journal of Social Psychology, 23,* 155–164.

Haidt, J., McCauley, C., & Rozin P. (1994). Individual differences in sensitivity to disgust: A scale sampling seven domains of disgust elicitors. *Personality & Individual Differences, 16,* 701–713.

Hamilton, J. T. (1998). *Channeling violence: The economic market for violent television programming.* Princeton, NJ: Princeton University Press.

Hanratty, M. A., O'Neal, E., & Sulzer, J. L. (1972). The effect of frustration upon imitation of aggression. *Journal of Personality and Social Psychology, 21,* 30–34.

Harrison, K., & Cantor, J. (1999). Tales from the screen: Enduring fright reactions to scary media. *Media Psychology, 1*(2), 97–116.

Hawkins, R. P., & Pingree, S. (1980). Some processes in the cultivation effect. *Communication Research, 7,* 193–226.

Hawkins, R. P., & Pingree, S. (1981). Uniform messages and habitual viewing: Unnecessary assumptions in social reality effects. *Human Communication Research,* 7, 291–301.

Hayes, J. (2007, January 19). Films and TV up the ante on graphic torture scenes. *The Post Ga-*

zette. Retrieved February 23, 2007, from www.post-gazette.com

Hearold, S. (1986). A synthesis of 1045 effects of television on social behavior. In F. Comstock (Ed.), *Public communication and behavior* (Vol. 1, pp. 65–133). New York: Academic Press.

Hicks, D. J. (1965). Imitation and retention of film-mediated aggressive peer and models. *Journal of Personality and Social Psychology, 2,* 97–100.

Hirsch, P. (1980). The "scary world" of the non-viewer and other anomalies: A reanalysis of Gerbner et al.'s findings of cultivation analysis. Part I. *Communication Research, 7,*403–456.

Hoffner, C. (1996). Children's wishful identification and parasocial interaction with favorite television characters. *Journal of Broadcasting & Electronic Media, 40,* 389–402.

Hoffner, C., & Cantor, J. (1985). Developmental differences in responses to a television character's appearance and behavior. *Developmental Psychology, 21,* 1065–1074.

Hogben, M. (1998). Factors moderating the effect of televised aggression on viewer behavior. *Communication Research, 25,* 220–247.

Huesmann, L. R. (1986). Psychological processes promoting the relation between exposure to media violence and aggressive behavior by the viewer. *Journal of Social Issues, 42,*125–139.

Huesmann, L. R. (1988a). An information processing model for the development of aggression. *Aggressive Behavior, 14,* 13–24.

Huesmann, L. R. (1998b). The role of social information processing and cognitive schemas in the acquisition and maintenance of habitual aggressive behavior. In R. G. Geen & E. Donnerstein (Eds.), *Human aggression: Theories, research, and implications for social policy* (pp. 1120–1134). San Diego: Academic Press.

Huesmann, L. R. (2007). The impact of electronic media violence: Scientific theory and research. *Journal of Adolescent Health, 41*(6), S6–S13.

Huesmann, L. R., & Eron, L. D. (1986a). The development of aggression in American children as a consequence of television violence viewing. In L. R. Huesmann & L. D. Eron (Eds.), *Television and the aggressive child: A cross national comparison* (pp. 45–80). Hillsdale, NJ: Lawrence Erlbaum.

Huesmann, L. R., & Eron, L. D. (1986b). The development of aggression in children of different cultures: Psychological processes and exposure to violence. In L. R. Huesmann & L. D. Eron (Eds.), *Television and the aggressive child: A cross national comparison* (pp. 1–27). Hillsdale, NJ: Lawrence Erlbaum.

Huesmann, L. R., Eron, L. D., Klein, R., Brice, P., & Fischer, P. (1983). Mitigating the imitation of aggressive behaviors by changing children's attitudes about media violence. *Journal of Personality and Social Psychology, 44,* 899–910.

Huesmann, L. R., Eron, L. D., Lefkowitz, M. M., & Walder, L. O. (1984). Stability of aggression over time and generations. *Developmental Psychology, 20,* 1120–1134.

Huesmann, L. R., Lagerspetz, K., & Eron, L. D. (1984). Intervening variables in the TV violence-aggression relation: Evidence from two countries. *Developmental Psychology, 20,* 746–775.

Huesmann, L. R., & Miller, L. S. (1994). Long-term effects of repeated exposure to media violence in childhood. In L. R. Huesmann (Ed.), *Aggressive behavior: Current perspectives* (pp. 153–186). New York: Plenum.

Huesmann, L. R., Moise-Titus, J., Podolski, C., & Eron, L. D. (2003). Longitudinal relations between children's exposure to TV violence and their aggressive and violent behavior in young adulthood: 1977–1992. *Developmental Psychology, 39,* 2001–2021.

Huesmann, L. R., & Taylor, L. D. (2003). The case against the case against media violence. In D. A. Gentile (Ed.), *Media violence and children: A complete guide for parents and professionals* (pp. 107–130). Westport, CT: Praeger.

Huesmann, L. R., & Taylor, L. D. (2006). The role of media violence in violent behavior. *Annual Review of Public Health, 27,* 393–415.

Hughes, M. (1980). The fruits of cultivation analysis: A re-examination of television in fear of victimization, alienation, and approval of violence. *Public Opinion Quarterly, 44,*287–302.

Huston, A. C., Donnerstein, E., Fairchild, H. H., Feshbach, N. D., Katz, P. A., Murray, J. P., et al. (1992). *Big world, small screen: The role of television in American society.* Lincoln: University of Nebraska Press.

Iwao, S., Pool, I., & Hagiwara, S. (1981). Japanese and U.S. media: Some cross-cultural insights into TV violence. *Journal of Communication, 31*(2), 29–36.

Jackman, G. A., Farah, M. M., Kellermann, A. L., & Simon, H. K. (2001). Seeing is believing: What do boys do when they find a real gun? *Pediatrics, 107,* 1247–1250.

Jamieson, P. E., Romer, D., & Jamieson, K. H. (2006). Do films about mentally disturbed characters promote ineffective coping in vulnerable youth? *Journal of Adolescence, 29,* 749–760.

Jo, E., & Berkowitz, L. (1994). A priming effect analysis of media influences: An update. In J. Bryant & D. Zillmann (Eds.), *Media effects: Advances in theory and research* (pp. 43–60). Hillsdale, NJ: Lawrence Erlbaum.

Jobes, D. A., Berman, A. L., O'Carroll, P. W., Eastgard, S., & Knickmeyer, S. (1996). The Kurt Cobain suicide crisis: Perspectives from research, public health, and the news media. *Suicide and Life Threatening Behavior, 26,* 260–269.

Johnston, D. D. (1995). Adolescents' motivations for viewing graphic horror. *Human Communication Research, 21,* 522–552.

Jose, P. E., & Brewer, W. F. (1984). Development of story liking: Character identification, suspense, and outcome resolution. *Developmental Psychology, 20,* 911–924.

Josephson, W. L. (1987). Television violence and children's aggression: Testing the priming, social script, and disinhibition predictions. *Journal of Personality and Social Psychology, 53,* 882–890.

Kellermann, A. L., Rivara, F. P., Rushforth, N. B., Banton, J. G., Reay, D. T, Francisco, J. T., et al. (1993). Gun ownership as a risk factor for homicide in the home. *New England Journal of Medicine, 329,* 1084–1091.

Kellermann, A. L., Somes, G., Rivara, F. P., Lee, R. K., & Banton, J. G. (1998). Injuries and deaths due to firearms in the home. *Journal of Trauma, Injury Infection and Critical Care, 45,* 263–267.

Klimkiewicz, J. (2007, April 20). *The making of an abhorrent icon.* Retrieved May 9, 2007, from http://www.courant.com

Konijn, E. A., Nije Bijvank, M., & Bushman, B. J. (2007). I wish I were a warrior: The role of wishful identification in the effects of violent video games on aggression in adolescent boys. *Developmental Psychology, 43,* 1038–1044.

Kopel, D. B. (1993). Japanese gun control. *Asia Pacific Law Review, 2*(2), 26–52. Retrieved June 16, 2001, from http://www.2ndlawlib.com/journals/dkjgc.html

Kowalski, R. M., & Limber, S. P. (2007). Electronic bullying among middle school students. *Journal of Adolescent Health, 41,* S22–S30.

Krcmar, M., & Cooke, M. C. (2001). Children's moral reasoning and perceptions of television violence. *Journal of Communication, 51,* 300–316.

Krcmar, M., & Greene, K. (1999). Predicting exposure to and uses of television violence. *Journal of Communication, 49, 24–45.*

Krcmar, M., & Hight, A. (2007). The development of aggressive mental models in young children. *Media Psychology, 10,* 250–269.

Kunkel, D., Farinola, W. J., Farrar, K., Donnerstein, E., Biely, E., & Zwarun, L. (2002). Deciphering the V-chip: An examination of the television industry's program rating judgments. *Journal of Communication, 52*(1), 112–138.

Kunkel, D., & Wilcox, B. (2002). Children and media policy. In D. G. Singer & J. L. Singer (Eds.), *Handbook of children and the media* (pp. 589–604). Thousand Oaks, CA: Sage.

Kuntsche, E., Pickett, W., Overpeck, M., Craig, W., Boyce, W., & deMatos, M. G. (2006). Television viewing and forms of bullying among adolescents from eight countries. *Journal of Adolescent Health, 39,* 908–915.

Lacayo, R. (1995). Violent reaction. *Time, 145,* 24–28.

Lazarus, R. S., & Alfert, E. (1964). Short-circuiting of threat by experimentally altering cognitive appraisal. *Journal of Abnormal & Social Psychology, 69,* 195–205.

Lefkowitz, M. M., Eron, L. D., Walder, L. O., & Huesmann, L. R. (1972). Television violence and child aggression: A follow-up study. In G. A. Comstock & E. A. Rubinstein (Eds.), *Televi-*

sion and social behavior: Vol. 3. Television and adolescent aggressiveness (pp. 33–135). Washington, DC: Government Printing Office.

Liebert, R. M., & Sprafkin, J. (1988). *The early window: Effects of television on children and youth.* New York: Pergamon.

Lies, E. (2001, June 8). *Random violence on the rise in Japan.* Retrieved June 16, 2001, from http://cbsnews.com/now/story/0%2cl597%2c295560–412%2c00.html

Linz, D. G., Donnerstein, E., & Penrod, S. (1984). The effects of multiple exposures to filmed violence against women. *Journal of Communication, 34,* 130–147.

Linz, D. G., Donnerstein, E., & Penrod, S. (1988). Effects of long-term exposure to violent and sexually degrading depictions of women. *Journal of Personality and Social Psychology, 55,* 758–768.

Liss, M. B., Reinhardt, L. C., & Fredriksen, S. (1983). TV heroes: The impact of rhetoric and deeds. *Journal of Applied Developmental Psychology, 4,* 175–187.

Lovaas, O. I. (1961). Effect of exposure to symbolic aggression on aggressive behavior. *Child Development, 32,* 37–44.

Lowry, B. (1997, September 21). The times poll: TV on decline, but few back U.S. regulation. *Los Angeles Times,* p. AO1.

Martin, J. R., Sklar, D. P., & McFeeley, P. (1991). Accidental firearm fatalities among New Mexico children. *Annals of Emergency Medicine, 20,* 58–61.

Mclntyre, J. J., & Teevan, J. J., Jr. (1972). Television violence and deviant behavior. In G. A. Comstock & E. A. Rubinstein (Eds.), *Television and social behavior: Vol. 3. Television and adolescent aggressiveness* (pp. 383–435). Washington, DC: Government Printing Office.

McLeod, J. M., Atkin, C. K., & Chaffee, S. H. (1972a). Adolescents, parents, and television use: Adolescent self-report measures from Maryland and Wisconsin samples. In G. A. Comstock & E. A. Rubinstein (Eds.), *Television and social behavior: Vol. 3. Television and adolescent aggressiveness* (pp. 173–238). Washington, DC: Government Printing Office.

McLeod, J. M., Atkin, C. K., & Chaffee, S. H. (1972b). Self-report and other-report measures from the Wisconsin sample. In G. A. Comstock & E. A. Rubinstein (Eds.), *Television and social behavior: Vol. 3. Television and adolescent aggressiveness* (pp. 239–313). Washington, DC: Government Printing Office.

Milavsky, J. R., Kessler, R., Stipp, H. H., & Rubens, W. S. (1982). *Television and aggression: A panel study.* New York: Academic Press.

Miles, D. R., & Carey, G. (1997). Genetic and environmental architecture on human aggression. *Journal of Personality & Social Psychology, 72,* 207–217.

Molitor, E, & Hirsch, K. W. (1994). Children's toleration of real-life aggression after exposure to media violence: A replication of the Drabman and Thomas studies. *Child Study Journal, 24,* 191–207.

Moretti, M. M., Osbuth, C. L., Odgers, P., & Reebye, P. (2006). Exposure to maternal vs. paternal partner violence, PTSD, and aggression in adolescent girls and boys. *Aggressive Behavior, 4,* 385–395.

Morgan, M., & Shanahan, J. (1996). Two decades of cultivation research: An appraisal and meta-analysis. In B. R. Burleson (Ed.), *Communication yearbook* (Vol. 20, pp. 1–45). Newbury Park, CA: Sage.

Mullen, B. (1989). *Advanced basic meta analysis.* Hillsdale, NJ: Lawrence Erlbaum.

Mullin, C. R., & Linz, D. (1995). Desensitization and resensitization to violence against women: Effects of exposure to sexually violent films on judgments of domestic violence victims. *Journal of Personality and Social Psychology, 69,* 449–459.

Naisbitt, J., Naisbitt, N., & Philips, D. (1999). *High tech, high touch: Technology and our search for meaning.* New York: Broadway Books.

Nansel, T. R., Overpeck, M., Pilla, R. S., Ruan, W. J., Simons-Morton, B., & Scheldt, P. (2001). Bullying behaviors among US youth: Prevalence and association with psychosocial adjustment. *Journal of the American Medical Association, 285,* 2094–2100.

New poll finds escalating violence in children's TV now a crisis for parents. (2005). Retrieved May 17, 2007, from http://www.fradical.com/New_poll_finds_violence.htm

Ogles, R. M., & Hoffner, C. (1987). Film violence and perceptions of crime: The cultivation effect. In M. L. Mclaughlin (Ed.), *Communication yearbook* (Vol. 10, pp. 384–394). Newbury Park, CA: Sage.

Okoro, C. A., Nelson, D. E., Mercy, J. A., Balluz, L. S., Crosby, A. E., & Mokdad, A. H. (2005). Prevalence of household firearms and firearm-storage practices in the 50 states and the District of Columbia: Findings from the behavioral risk factor surveillance system, 2002. *Pediatrics, 116*(3), e370–e376.

Oliver, M. B. (2000). The respondent gender gap. In D. Zillmann, & P. Vorderer (Eds.), *Media entertainment: The psychology of its appeal* (pp. 215–234). Mahwah, NJ: Lawrence Erlbaum.

Ostrov, J. M. (2006). Deception and subtypes of aggression during early childhood. *Journal of Experimental Child Psychology, 93*, 322–336.

Ostrov, J. M., Gentile, D. A., & Crick, N. R. (2006). Media exposure, aggression and prosocial behavior during early childhood: A longitudinal study. *Social Development, 15*, 612–627.

Otto, M. W., Henin, A., Hirshfeld-Becker, D. R., Pollack, M. H., Biederman, J., & Rosenbaum, J. F. (2007). Posttraumatic stress disorder symptoms following media exposure to tragic events: Impact of 9/11 on children at risk for anxiety disorders. *Journal of Anxiety Disorders, 21*, 888–902.

Paik, H. J., & Comstock, G. (1994). The effects of television violence on antisocial behavior: A meta-analysis. *Communication Research, 21*, 516–546.

Pelletier, A. R., Quinlan, K. P., Sacks, J. J., Van Gilder, T. J., Gulchrist, J., & Ahluwalia, H. K. (1999). Firearm use in G- and PG-rated movies. *Journal of the American Medical Association, 282*, 428.

Perse, E. M. (1990). Cultivation and involvement with local television news. In N. Signorielli & M. Morgan (Eds.), *Cultivation analysis: New directions in media effects research* (pp. 51–69). Newbury Park, CA: Sage.

Pfefferbaum, B., Seale, T. W., McDonald, N. B., Brandt, E. N., Jr., Rainwater, S. M., Maynard, B. T., et al. (2000). Posttraumatic stress two years after the Oklahoma City bombing in youths geographically distant from the explosion. *Psychiatry, 63*, 358–370.

Phillips, D. P., & Carstensen, L. L. (1986). Clustering of teenage suicides after television news stories about suicide. *New England Journal of Medicine, 315*, 685–689.

Phillips, D. P., Carstensen, L. L., & Paight, D. J. (1989). Effects of mass media news stories on suicide, with new evidence on the role of story content. In C. R. Pfeffer (Ed.), *Suicide among youth: Perspectives on risk and prevention* (pp. 101–116). Washington, DC: American Psychiatric Press.

Phillips, D. P., & Paight, D. J. (1987). The impact of televised movies about suicide: A replicative study. *New England Journal of Medicine, 317*, 809–811.

Pickett, W., Craig, W., Harel, Y., Cunningham, J., Simpson, K., Molcho, M., et al. (2005). Cross-national study of fighting and weapon carrying as determinants of adolescent injury. *Pediatrics, 116* (6), e855–e863.

Plagens, P., Miller, M., Foote, D., & Yoffe, E. (1991, April 1). Violence in our culture. *Newsweek, 117*, 46–52.

Pool, B. (1991, November 3). Screen violence would stop if it didn't sell tickets, filmmakers say. *Los Angeles Times*, pp. Bl, B6.

Potter, W. J. (1993). Cultivation theory and research: A conceptual critique. *Human Communication Research, 19*, 564–601.

Potter, W. J. (1999). *On media violence.* Thousand Oaks, CA: Sage.

Puzzanghera, J. (2007, January 22). Tech's mixed message. *Los Angeles Times.* Retrieved March 16, 2007, from www.latimes.com

Resnick, M. D., Bearman, P. S., Blum, R. W., Bauman, K. E., Harris, K. M., Jones, J., et al. (1997). Protecting adolescents from harm: Findings from the national longitudinal study on adolescent health. *Journal of the American Medical Association, 278*, 823–832.

Rigby, K. (2003). Consequences of bullying in schools. *Canadian Journal of Psychiatry, 48*, 583–590.

Robinson, J. P., & Bachman, J. G. (1972). Television viewing habits and aggression. In G. A. Comstock & E. A. Rubinstein (Eds.), *Television and social behavior: Vol. 3. Television and adolescent aggressiveness* (pp. 173–238). Washington, DC: Government Printing Office.

Romer, D., Jamieson, K. H., & Aday, S. (2003). Television news and the cultivation of fear of crime. *Journal of Communication, 53,* 88–104.

Romer, D., Jamieson, P. E., & Jamieson, K. H. (2006). Are news reports of suicide contagious? A stringent test in six U.S. cities. *Journal of Communication, 56,* 253–270.

Rosenberg, M. L., Mercy, J. A., & Houk, V. N. (1991). Guns and adolescent suicides. *Journal of the American Medical Association, 266,* 3030.

Rothenberg, M. B. (1975). Effect of television violence on children and youth. *Journal of the American Medical Association, 234,* 1043–1046.

Rutenberg, J. (2001, January 28). *Violence finds a niche in children's cartoons.* Retrieved February 23, 2007, from http://www.fradical.com/violence_finds_a_niche_in_childrens_cartoons.htm

Sargent, J. D., Heatherton, T. F., Ahrens, M. B., Dalton, M. A., Tickle, J. J., & Beach, M. L. (2002). Adolescent exposure to extremely violent movies. *Journal of Adolescent Health, 31,* 449–454.

Savitsky, J. C., Rogers, R. W., Izard, C. E., & Liebert, R. M. (1971). Role of frustration and anger in the imitation of filmed aggression against a human victim. *Psychological Reports, 29,* 807–810.

Schaefer, S. (1999, June 28). Natural born scapegoats? Hollywood takes it on the chops in wake of high school shootings. *The Boston Herald, p.* 37.

Scharrer, E. (2005). Hypermasculinity, aggression, and television violence: An experiment. *Media Psychology, 7,* 353–376.

Schmitt, K. L., Anderson, D. R., & Collins, P. A. (1999). Form and content: Looking at visual features of television. *Developmental Psychology, 35,* 1156–1167.

Schuster, M. A., Franke, T. M., Bastian, A. M., Sor, S., & Halfon, N. (2000). Firearm storage patterns in US homes with children. *American Journal of Public Health, 90,* 588–594.

Selah-Shayovits, R. (2006). Adolescent preferences for violence in television shows and music video clips. *International Journal of Adolescence and Youth, 13,* 99–112.

Servin, A., Bohlin, G., & Berlin, L. (1999). Sex differences in 1–, 3–, and 5–year-olds' toy-choice in a structured play-session. *Scandinavian Journal of Psychology, 40,* 43–48.

Shrum, L. J. (2001). Processing strategy moderates the cultivation effect. *Human Communication Research, 27,* 94–120.

Shrum, L. J. (2002). Media consumption and perceptions of social reality: Effects and underlying processes. In J. Bryant & D. Zillman (Eds.), *Media effects: Advances in theory and research* (pp. 69–96). Mahwah, NJ: Lawrence Erlbaum.

Signorielli, N. (1990). Television and health: Images and impact. In C. Atkin & L. Wallack (Eds.), *Mass communication and public health: Complexities and conflicts* (pp. 96–113). Newbury Park, CA: Sage.

Signorielli, N., & Morgan, M. (Eds.). (1990). *Cultivation analysis: New directions in media effects research.* Newbury Park, CA: Sage.

Singer, J. L., & Singer, D. G. (1986). Family experiences and television viewing as predictors of children's imagination, restlessness, and aggression. *Journal of Social Issues, 42,* 107–124.

Singer, J. L., Singer, D. G., & Rapaczynski, W. (1984). Family patterns and television viewing as predictors of children's beliefs and aggression. *Journal of Communication, 34,* 73–89.

Slater, M. D. (2003). Alienation, aggression, and sensation seeking as predictors of adolescent use of violent film, computer, and website content. *Journal of Communication, 53,* 105–121.

Smith, S. L., & Boyson, A. R. (2002). Violence in music videos: Examining the prevalence and context of physical aggression. *Journal of Communication, 52,* 61–83.

Smith, S. L., Boyson, A. R., Pieper, K. M., & Wilson, B. J. (2001, May). *Brandishing guns on American television: How often do such weapons appear and in what context?* Paper presented to the annual meeting of the International Communication Association, Washington, DC.

Smith, S. L., & Donnerstein, E. (1998). Harmful effects of exposure to media violence: Learning of aggression, emotional desensitization, and fear. In R. G. Geen & E. Donnerstein (Eds.), *Human aggression: Theories, research, and implications for social policy* (pp. 167–202). San Diego: Academic Press.

Smith, S. L., & Wilson, B. J. (2002). Children's comprehension of and fright reactions to television news. *Media Psychology, 4,* 1–26.

Smith, S. L., Wilson, B. J., Kunkel, D., Linz, D., Potter, W. J., Colvin, C., et al. (1998). Violence in television programming overall: University of California, Santa Barbara study. In *National television violence study: Vol. 3* (pp. 5–220). Thousand Oaks, CA: Sage.

Snyder, H. N., & Sickmund, M. (1999). *Juvenile offenders and victims: 1999 national report* (NCJ 178257). Washington, DC: U.S. Department of Justice, Office of Juvenile Justice and Delinquency Prevention.

Sparks, G. G. (1986). Developmental differences in children's reports of fear induced by the mass media. *Child Study Journal, 16,* 55–66.

Speisman, J. C., Lazarus, R. S., Davison, L., & Mordkoff, A. M. (1964). Experimental analysis of a film used as a threatening stimulus. *Journal of Consulting Psychology, 28,* 23–33.

Spencer, T. (2001, January 25). Wrestling death case deliberated. *Los Angeles Times.* Retrieved January 25, 2001, from www.latimes.com/wires/20010125/tCB00V0225.html

Stack, S. (2005). Suicide in the media: A quantitative review of studies based on nonfictional stories. *Suicide and Life-Threatening Behavior, 35,* 121–133.

Steuer, F. B., Applefield, J. M., & Smith, R. (1971). Televised aggression and interpersonal aggression of preschool children. *Journal of Experimental Child Psychology, 11,* 442–447.

Surgeon General's Scientific Advisory Committee on Television and Social Behavior (1972). *Television and growing up: The impact of televised violence* [Report to the Surgeon General, U.S. Public Health Service]. Washington, DC: Government Printing Office.

Swahn, M. H., Hammig, B. J., & Ikeda, R. M. (2002). Prevalence of youth access to alcohol or a gun in the home. *Injury Prevention, 8,* 227–230.

Tamborini, R., & Stiff, J. (1987). Predictors of horror film attendance and appeal: An analysis of the audience for frightening films. *Communication Research, 14,* 415–436.

Thomas, M. H., & Drabman, R. S. (1975). Toleration of real life aggression as a function of exposure to televised violence and age of subject. *Merrill-Palmer Quarterly, 21,* 227–232.

Thomas, M. H., Horton, R. W, Lippincott, E. C., & Drabman, R. S. (1977). Desensitization to portrayals of real-life aggression as a function of exposure to television violence. *Journal of Personality and Social Psychology, 35,* 450–458.

Thomas, M. H., & Tell, P. M. (1974). Effects of viewing real versus fantasy violence upon interpersonal aggression. *Journal of Research in Personality, 8,* 153–160.

Thompson, K. T, & Yokota, F. (2004). Violence, sex, and profanity in films: Correlation of movie ratings with context. *MedGenMed, 6*(3), 3–11.

Toppo, G. (2007). Experts ponder patterns in school shootings. *USA Today.* Retrieved May 17, 2007, from http://www.usatoday.com/news/education/2007–04–18–school-shooters_N.htm

Trend, D. (2007). *The myth of media violence: A critical introduction.* Malden, MA: Blackwell.

Tulving, E., & Thomson, D. M. (1973). Encoding specificity and retrieval processes in episodic memory. *Psychological Review, 80,* 359–380.

TV parental guidelines, (n.d.). Washington, DC: The TV Parental Guidelines Monitoring Board. Retrieved February 21, 2001, from http://www.tvguidelines.org/guidelin.htm

Underwood, M. K. (2003). *Social aggression among girls.* New York: Guilford.

Ursin, H., & Eriksen, H. R. (2001). Sensitization, subjective health complaints, and sustained arousal. *Annals of the New York Academy of Sciences, 933,* 119–129.

U.S. Senate, Committee on the Judiciary. (1956, January 16). *Television and juvenile delinquency: Investigation of juvenile delinquency in the United States* (84th Cong., 2d Sess., Rep. No. 1466) Washington, DC: Government Printing Office.

van den Broek, P., Lorch, E. P., & Thurlow, R. (1996). Children's and adults' memory for television stories: The role of causal factors, story-grammar categories, and hierarchical level. *Child Development, 67,* 3010–3028.

Vyrostek, S. B., Annest, J. L., & Ryan, G. W. (2004, September 3). Survey for fatal and nonfa-tal injuries: United States, 2001. *Surveillance Summaries, 53*(SS07), 1–57.

Walters, R. H., & Parke, R. D. (1964). Influence of response consequences to a social model on resistance to deviation. *Journal of Experimental Child Psychology, 1*, 269–280.

Weaver, A. J. (2006). Reconceptualizing attraction to media violence: A meta-analysis and an experiment. *Dissertation Abstracts International, 67*(11), 4026A.

Weaver, A. J., & Wilson, B. J. (2005, November). *The enjoyment of graphic and sanitized violence in prime-time television dramas.* Paper presented at the annual meeting of the National Communication Association, Boston.

Wilson, B. J., Colvin, C. M., & Smith, S. L. (2002). Engaging in violence on American television: A comparison of child, teen, and adult perpetrators. *Journal of Communication, 52*(1), 36–60.

Wilson, B. J., Hoffner, C., & Cantor, J. (1987). Children's perceptions of the effectiveness of techniques to reduce fear from mass media. *Journal of Applied Developmental Psychology, 8*, 39–52.

Wilson, B. J., Kunkel, D., Linz, D., Potter, W. J., Donnerstein, E., Smith, S. L., et al. (1997). Violence in television programming overall: University of California, Santa Barbara study. In *National television violence study: Vol. 1* (pp. 3–268). Thousand Oaks, CA: Sage.

Wilson, B. J., Kunkel, D., Linz, D., Potter, W. J., Donnerstein, E., Smith, S. L., et al. (1998). Violence in television programming overall: University of California, Santa Barbara study. In *National television violence study: Vol. 2* (pp. 3–204). Thousand Oaks, CA: Sage.

Wilson, B. J., Linz, D., Donnerstein, E., & Stipp, H. (1992). The impact of social issue television programming on attitudes towards rape. *Human Communication Research, 19*, 179–208.

Wilson, B. J., Linz, D., Federman, J., Smith, S., Paul, B., Nathanson, A., et al. (1999). *The choices and consequences evaluation: A study of court TV's anti-violence curriculum.* Santa Barbara: Center for Communication and Social Policy, University of California, Santa Barbara.

Wilson, B. J., Martins, N., & Marske, A. L. (2005). Children's and parents' fright reactions to kidnapping stories in the news. *Communication Monographs, 72*, 46–70.

Wilson, B. J., Smith, S. L., Potter, W. J., Kunkel, D., Linz, D., Colvin, C., et al. (2002). Violence in children's television programming: Assessing the risks. *Journal of Communication, 52*(1), 5–35.

Wood, W., Wong, F., & Chachere, J. G. (1991). Effects of media violence on viewers' aggression in unconstrained social interaction. *Psychological Bulletin, 109*, 371–383. Wotring, C. E., & Greenberg, B. S. (1973). Experiments in televised violence and verbal aggression: Two exploratory studies. *Journal of Communication, 23*, 446–460.

Wright, J. C., Huston, A. C., Reitz, A. L., & Piemyat, S. (1994). Young children's perceptions of television reality: Determinants and developmental differences. *Developmental Psychology, 30*, 229–239.

Yancey, A. K., Siegel, J. M., & McDaniel, K. L. (2002). Role models, ethnic identity, and health-risk behaviors in urban adolescents. *Archives of Pediatric and Adolescent Medicine, 156*, 55–61.

Yokota, P., & Thompson, K. M. (2000). Violence in G-rated animated films. *Journal of American Medical Association, 283*, 2716–2720.

Youth Risk Behavior Surveillance System. (2006). Youth risk behavior surveillance – United States, 2005. *Morbidity and Mortality Weekly Report, Surveillance Summaries, 55/SS-5.*

Youth violence: A report of the Surgeon General. (2001). Washington, DC: U.S. Department of Health and Human Services. Retrieved January 22, 2008, from http://www.surgeongeneral.gov/library/youthviolence/toc.html

Zernike, K. (2007, March 9). Violent crime in cities shows sharp surge, reversing trend. *New York Times.* Retrieved March 16, 2007, from www.nytimes.com

Zillmann, D. (1971). Excitation transfer in communication-mediated aggressive behavior. *Journal of Experimental Social Psychology, 7*, 419–434.

Zillmann, D. (1991). Television viewing and physiological arousal. In J. Bryant & D. Zillmann (Eds.), *Responding to the screen: Reception and reaction processes* (pp. 103–133). Hillsdale, NJ: Lawrence Erlbaum.

Zillmann, D. (1998). The psychology of the appeal of portrayals of violence. In J. H. Goldstein (Ed.), *Why we watch: The attractions of violent entertainment* (pp. 179–211). New York: Oxford University Press.

Zillmann, D., & Wakshlag, J. (1985). Fear of victimization and the appeal of crime drama. In D. Zillmann & J. Bryant (Eds.), *Selective exposure to communication* (pp. 141–156). Hillsdale, NJ: Lawrence Erlbaum.

Zuckerman, M. (1979). *Sensation-seeking: Beyond the optimal level of arousal.* Hillsdale, NJ: Lawrence Erlbaum.

Zuckerman, M., & Litle, P. (1986). Personality and curiosity about morbid and sexual events. *Personality and Individual Differences, 7,* 49–56.

5 Sexualidade e mídia

Falar de sexualidade, exercitar a aproximação é o que quer dizer ser adolescente, e filmes norte-americanos como American Pie são, no momento, uma parte essencial do ritual.

—Owen Glieberman
Crítico do Entertainment Weekly (1999, p. 43-44)

Ao expor um dos seios em um golpe publicitário de dois segundos de duração no jogo de basquete, [Janet Jackson] também expôs quantas besteiras acontecem neste país. Devemos a ela nossos agradecimentos por um serviço público genuíno.

—Frank Rich,
Crítico do New York Times (2004, p.1)

Um pênis ereto numa tela norte-americana é mais incendiário do que milhares de armas.

— David Ansen,
Crítico da Newsweek (1999, p. 66)

Existe algo no ar, e eu não chamaria de amor. Como nunca aconteceu antes, nossos filhos estão sendo bombardeados por imagens de celebridades hiperssexualizadas, vestidas sumariamente, que aparentemente não conseguem sair de dentro de um carro sem exibir suas partes íntimas aos fotógrafos.

— Deveny e Kelley, (2007, p. 40)
Artigo principal, Newsweek, 12 de fevereiro de 2007

O paradoxo dos valores em relação à saúde na América hoje está claramente ilustrado pelo fato de que os cigarros, que sabidamente causam doenças, são anunciados ostensivamente na imprensa, enquanto que os preservativos, que previnem doenças, não são considerados adequados para publicidade.

—Y. M. Felman,
Jornal da Associação Médica Americana (1979, p. 2517)

Na ausência de educação sexual abrangente e efetiva em casa e nas escolas, a televisão e outras mídias possivelmente se transformaram hoje na principal fonte de educação sexual nos Estados Unidos (Strasburger, 2005). Como observa um célebre pesquisador: "muito tempo antes de muitos pais começarem a discutir sexo com seus filhos, respostas a perguntas como 'Quando é a hora de fazer sexo?' e 'Com quem ter relações sexuais?' são respondidas pelas mensagens dadas na televisão" (Kunkel, Cope e Biely, 1999, p. 230) (ver Figura 5.1). Esse é um comentário muito triste, considerando que a mídia norte-americana é possivelmente a mais sugestiva e irresponsável do mundo, sexualmente falando. Embora outros países possam mostrar mais nudez, apenas a mídia norte-americana excita seus espectadores com incontáveis piadas e insinuações sobre todos os aspectos da sexualidade humana. Entretanto, embora os anunciantes estejam usando o sexo para vender virtualmente tudo, desde quartos de hotel até xampu, as redes nacionais continuam relutantes em levar ao ar anúncios de produtos para controle da natalidade (ver Figura 5.2).

Infelizmente, o conjunto de pesquisas sobre como crianças e adolescentes aprendem sobre sexualidade com a mídia e se isso afeta seu comportamento é na melhor das hipóteses escasso (J.D. Brown, Steele e Walsh-Childers, 2002; J.D. Brown e Strasburger, 2007; Donnerstein e Smth, 2001; Escobar-Chaves et al., 2005; Gruber e Grube, 2000; Huston, Wartella e Donnerstein, 1998; Malamuth e Impett, 2001). Contudo, três novos estudos indicam que a mídia é provavelmente uma força importante a ser levada em conta ao se considerar quando os adolescentes começam a fazer sexo (Ashby, Arcari e Edmonson, 2006; J.D. Brown et al., 2006; Collins et al., 2004).

Figura 5.1

Fonte: Jeff Stahler, Newspaper Enterprise Association, Inc. Reproduzido com autorização.

Figura 5.2

Fonte: Jeff Stahler, Newspaper Enterprise Association, Inc. Reproduzido com autorização.

A cada ano, crianças e adolescentes norte-americanos veem na televisão aproximadamente 14.000 referências, insinuações e comportamentos sexuais, poucos dos quais (menos de 170) envolvem o uso do controle de natalidade, autocontrole, abstinência ou responsabilidade (Harris e Associates, 1988). A mais recente análise de conteúdo da televisão encontrou que mais de 75% dos programas do horário nobre das principais redes têm conteúdo sexual, mas apenas 14% das situações incluem alguma menção aos riscos ou às responsabilidades da atividade sexual ou à necessidade de contracepção (ver Figura 5.3). Entretanto, esse número sobe para 27% em programas que retratam ou deixam implícita a relação sexual (Kunkel, Eyal, Finnerty, Biely e Donnerstein, 2005). Desde a temporada de 1997-1998, o volume de conteúdo sexual no horário nobre aumentou de 67 para 77%, mas houve apenas um pequeno aumento de conteúdo responsável (Eyal, Kunkel, Biely e Finnerty, 2007; Kunkel et al., 1999). Os filmes e comédias de situação possuem conteúdo sexual (Kunkel et al., 2005). Na verdade, falar sobre sexo ou comportamento sexual pode ocorrer com a frequência de 8 a 10 vezes por hora no horário nobre da televisão (Kunkel, Cope e Colvin, 1996).

O horário nobre da televisão também é muito popular entre os adolescentes, e muito do que eles assistem tem um conteúdo sexual apreciável, de acordo com três análises de conteúdo separadas. Em 19 programas do horário nobre mais assistidos por alunos de 9ª e 10ª séries ocorriam até 3 referências sexuais por hora, geralmente com beijos prolongados ou relações sexuais de pessoas não casadas (Greenberg, Stanley et al., 1993). Em séries de aventura e ação, a maior parte do sexo envolvido era de relações sexuais entre pessoas não casadas ou prostituição (Greenberg, Stanley et al., 1993). Ward (1995) descobriu que um quarto de todas as interações verbais nas séries do horário nobre assistidas por adolescentes incluía conteúdo sexual. Mais recentemente, uma análise das mensagens sexuais nos 15 principais programas de espectadores adolescentes (de acordo com a Classificação Nielsen) encontrou que dois terços continham conversas ou comportamentos sexuais, com encenação de sexo em 7% dos programas (ver tabelas 5.1-5.3), (Cope-Farrar e Kunkel, 2002).

Toda essa conversa sobre sexo e comportamento sexual na televisão (ver Figura 5.4) contrasta drasticamente com o fato de que no novo milênio a sexualidade adolescente e a atividade sexual – gravidez na adolescência,

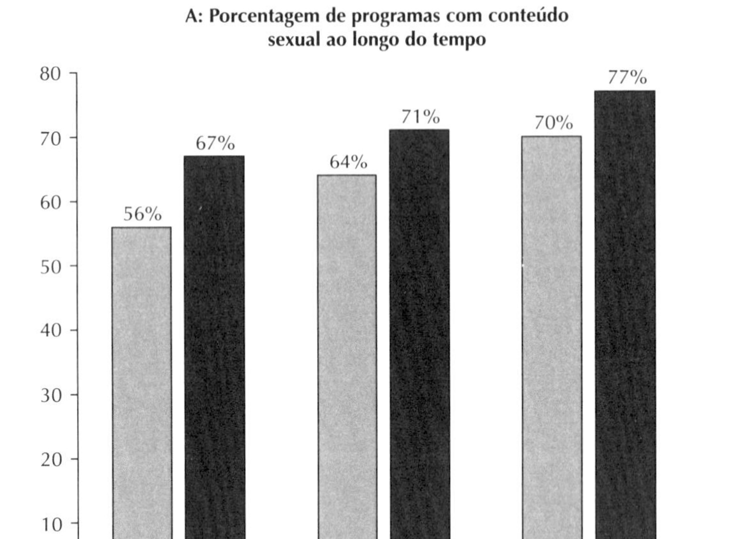

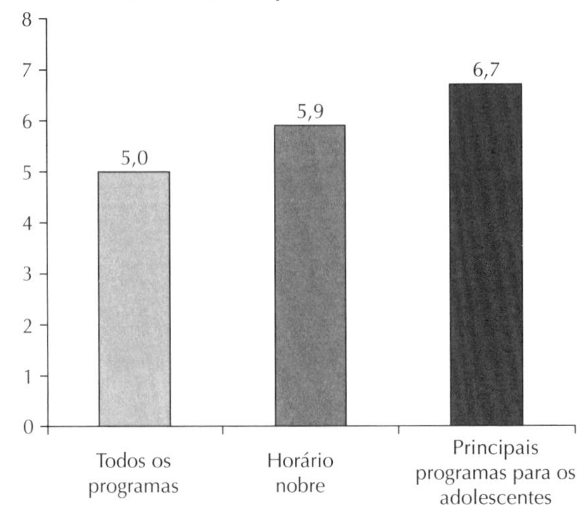

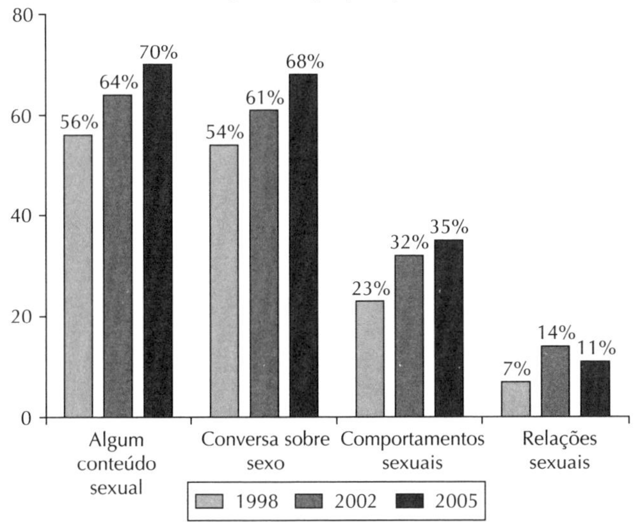

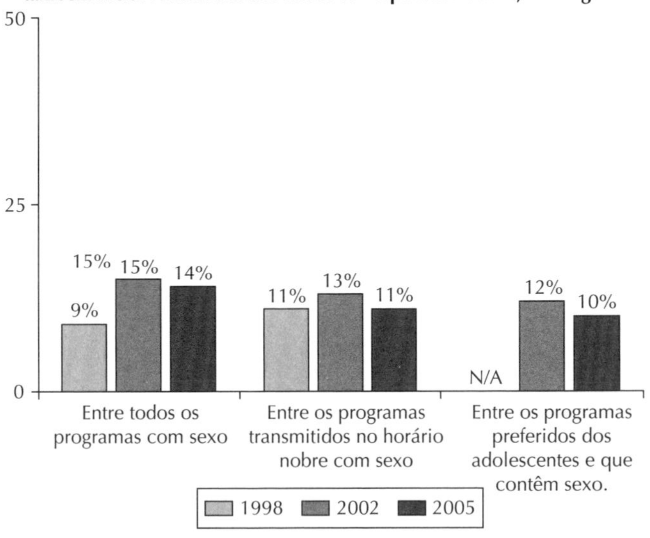

Figura 5.3 Resultados da análise de conteúdo contínua do conteúdo sexual na TV.

Fonte: Kunkel et al. (2005). Estas informações foram reproduzidas com autorização da Fundação da Família Henry J. Kaiser. A Fundação da Família Kaiser, baseada em Menlo Park, Califórnia, é uma fundação privada sem fins lucrativos, que se ocupa dos principais temas de cuidados à saúde com que se defronta a nação e não está associada à Kaiser Permanente ou às Indústrias Kaiser.

Nota: Não só existe um grande volume de conteúdo sexual na tendência atual da televisão americana, como a maior parte não aborda os riscos e responsabilidades da atividade sexual.

Tabela 5.1 Programas mais populares assistidos pelos adolescentes (12 a 17 anos)

1.	*American Idol*
2.	*Os Simpsons*
3.	*Desparate Housewives*
4.	*Survivor: Palau*
5.	*CSI: Investigação Criminal*
6.	*Reconstrução Total*
7.	*O.C.*
8.	*Uma Família da Pesada*
9.	*Survivor: Vanuatu*
10.	*Lances da Vida*
11.	*Super Nanny*
12.	*Lost*
13.	*That 70s Show*
14.	*WWE: Smackdown*
15.	*Sétimo Céu*

Fonte: Nielsen Media Research (2005). Usado com autorização.

Tabela 5.2 Conteúdo sexual nos programas favoritos dos adolescentes no horário nobre (n = 37 programas estudados)

Porcentagem de programas com algum conteúdo sexual	82
Número médio de cenas com conteúdo por programa	4,5
Número médio de cenas com conteúdo sexual por hora	7,0

Fonte: Dados de Cope-Farrar e Kunkel (2002).

Tabela 5.3 Temas de responsabilidade sexual nos programas favoritos dos adolescentes

Tema	*% de todas as cenas com conteúdo sexual*
Dizer não/esperar/ manter a virgindade	8,8
Tomar "precauções"	2,5
Consequências negativas do sexo	2,5
Cenas sem as abordagens acima	86,3

Fonte: Adaptado de Cope-Farrar e Kunkel (2002).

Figura 5.4

Fonte: Direitos de reprodução Chris Britt e Copley News Service. Reproduzido com autorização de Copley News.

AIDS, outras doenças sexualmente transmissíveis (DSTs) e aborto – transformaram-se em campo de batalha nos terrenos da saúde pública e político (Brown e Brown, 2006). Com aproximadamente 900.000 gestações na adolescência por ano e com o índice mais alto de DSTs ocorrendo entre adolescentes, os Estados Unidos estão à frente de todas as nações ocidentais nessas estatísticas (ver Figura 5.5) (Child Trends, 2006; Henshaw, 2004). A gravidez na adolescência custa para a nação algo em torno de US$21 bilhões por ano, embora o índice tenha diminuído durante a década passada (Miller 2000). Aos 17 anos, quase dois terços dos homens já iniciaram a vida sexual (ver Tabela 5.4), (Centros de Controle e Prevenção de Doenças [CDC], 2006), quase um terço das meninas adolescentes com experiência sexual ficou grávida (Campanha Nacional de Prevenção à Gravidez na Adolescência, 2006) e um adolescente norte-americano sexualmente ativo tem uma chance em quatro de contrair uma DST (Kirby, 1997).

Portanto, o que é mostrado na televisão norte-americana são comportamentos ou insinuações sexuais em grande parte irrealistas, insalubres e sugestivas (Academia Americana de Pediatria [AAP], 2001; Hochman, 2008; Malamuth e Impett, 2001; Strasburger, 2005). É sexo como um passatempo casual, uma brincadeira na cama, com pouca ou nenhuma consequência. Mas o que significa conteúdo sexualmente sugestivo? Alguns exemplos serão suficientes:

- A famosa comédia de situação *Seinfeld* repetiu o tema da abstinência no final da década de 1990, com uma história sobre quem conseguia ser "senhor de si mesmo", ficando sem se masturbar pelo período de tempo mais longo possível. *Seinfeld* também tinha uma história notória em que Jerry confundia o nome de uma namorada com uma parte da anatomia pélvica feminina (o que posteriormente se transformou em parte de um processo judicial por assédio sexual na vida real).

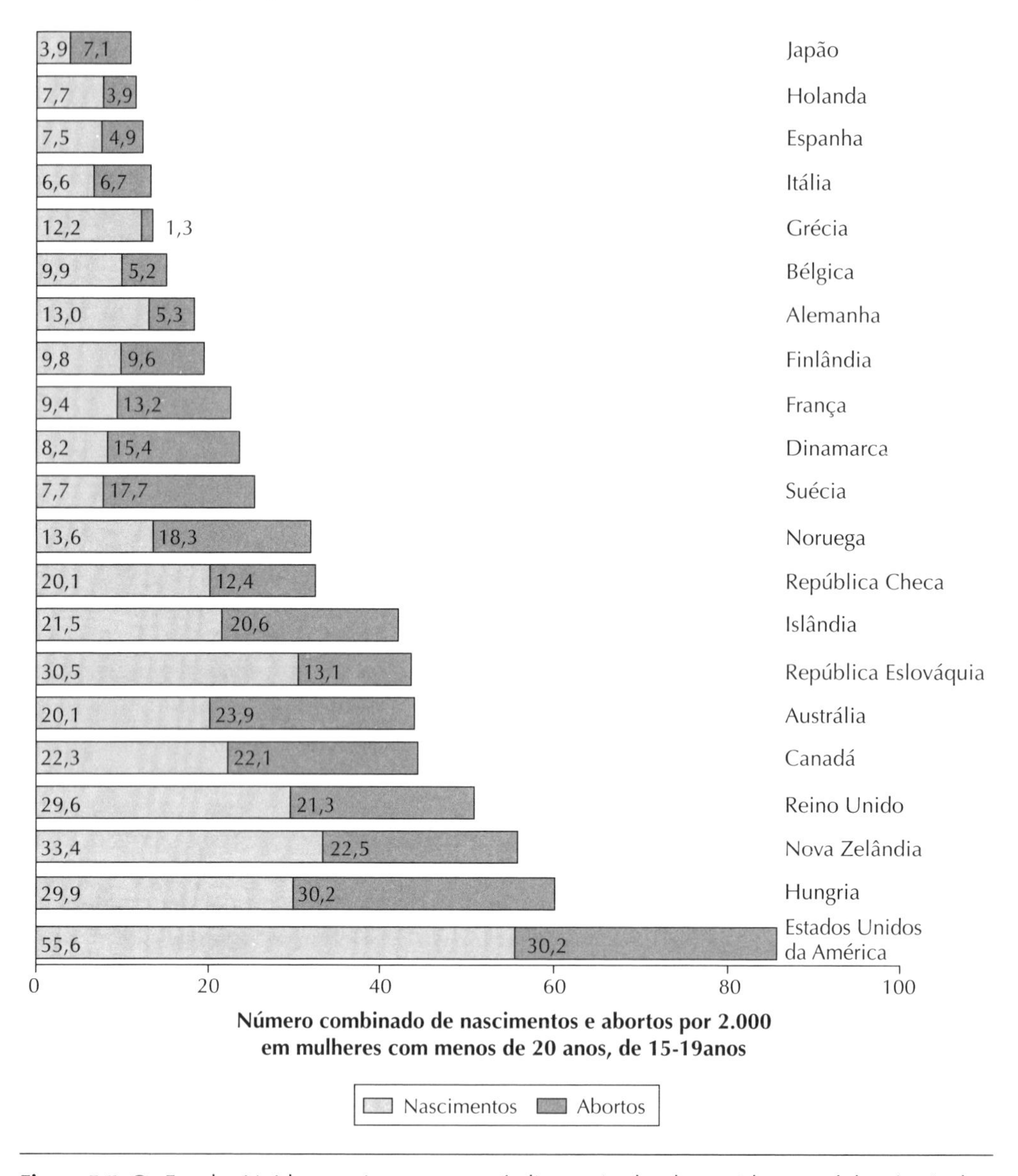

Figura 5.5 Os Estados Unidos continuam a ter o índice mais alto de gravidez na adolescência do mundo ocidental.

Fonte: Skinner e Hickey (2003).

Nota: Entre 1990 e 2000 o índice de gravidez na adolescência entre 15 e 19 anos diminuiu em 28%, para 84 gestações por 1.000 mulheres. Considera-se que isso se deve mais ao uso da contracepção do que ao impacto dos programas de abstinência como única opção. No entanto, a taxa de nascimentos na adolescência *aumentou* em 3% de 2005 até 2006, o primeiro aumento em 15 anos (Stobbe, 2007).

Tabela 5.4 Comportamento sexual entre estudantes norte-americanos do segundo grau, 2005 (n = 13,953) (em porcentagens)

	Já tiveram relações sexuais		*Primeira relação antes dos 13 anos*		*Quatro ou mais parceiros sexuais na vida*		*Uso de preservativo na última relação*	
Série	*Mulher*	*Homem*	*Mulher*	*Homem*	*Mulher*	*Homem*	*Mulher*	*Homem*
9	29	39	5	12	6	13	72	77
10	44	42	4	8	10	13	57	74
11	52	51	3	8	14	18	58	66
12	62	64	2	6	20	23	46	66
Total	46	48	4	9	12	17	56	70

Fonte: Dados dos Centros de Controle e Prevenção de Doenças (2006).

- No final da década de 1990, houve uma onda de comédias de situação no horário nobre da TV. Em *Popular*, uma mãe confronta sua filha e seu futuro enteado: "Um de vocês está pensando em *Fazer Aquilo*, se é que já não estão *Fazendo Aquilo*". Em *That 70s Show*, um adolescente, sem graça, pergunta: "Por que ficar nas carícias, quando você pode *Fazer Aquilo*?". Estes, juntamente com vários outros representantes da nova geração de programas para adolescentes, foram denominados "Tempos Felizes com os Hormônios" (K. Tucker, 1999).
- O sucesso da HBO *Sex and the City* apresentava quatro mulheres solteiras que pareciam nunca terem sexo suficiente ou falarem o suficiente sobre isso. Várias conversas tratavam de sexo oral, sexo anal, bater e outros fetiches (Jacobs e Shaw, 1999). A nudez não é incomum. Curiosamente, para um programa tão explicito como este, os riscos do sexo casual e a necessidade de controle da natalidade são mencionados com raridade. Quando o programa mudou para a TBS em 2004, boa parte da linguagem sexual explícita teve que ser cortada.
- *War at Home*, da FOX, estreou em 2003 com um episódio em que Dave, o personagem principal, apresenta sua esposa aos espectadores dizendo: "Você viu estes airbags? Legal, hein?". Ele diz aos telespectadores que tem uma única regra para os rapazes que saem com sua filha adolescente: "Se ela vir seu pênis, eu vou cortá-lo fora". Mais adiante na série, Dave compra um lubrificante para seu filho adolescente porque ele está muito dolorido de tanto se masturbar.
- Em 2007, a característica de sugestão passou a ser explícita em muitos programas da TV a cabo. A série da HBO *Diz Que Me Ama, Californication*, da Showtime, e a série de TV *Savig Grace* "passaram dos limites" com cenas de nudez e de relações sexuais (Battaglio, 2007).

Em contraste, considere as várias mensagens e informações apresentadas na seguinte sinopse, de um episódio de 1996 de *SOS Malibu* (Kunkel et al., 1999):

Dois adolescentes estão namorando no sofá. Zach quer manter relações sexuais, mas Chloe não tem certeza. Ele coloca sua mão por baixo da saia dela, mas ela a retira, explicando que "daqui a um mês eu não quero estar fazendo um teste de gravidez". Zach diz que vai usar "proteção", mas Chloe diz que tem medo de que a "proteção" não seja 100% efetiva. Uma amiga dela recentemente teve um susto com gravidez. Por fim, Zach diz: "Tudo bem. Eu posso esperar. Leve o tempo que levar. Eu posso esperar. Eu não quero que você faça uma coisa que não está pronta para fazer". (*SOS Malibu*, NBC, 30 de março de 1996).

Uma distinta minoria de programas de TV nos últimos 10 a 15 anos batalhou com sucesso pela responsabilidade sexual. Começando por *Barrados no Baile*, no qual a personagem Donna (representada por Tori Spelling) manteve a virgindade durante o segundo grau, quando todas as outras meninas estavam perdendo a sua. No fim da década, durante a temporada 1999-2000 de *Dawson`s Creek*, os dois personagens principais, Dawson e Joey, continuavam virgens quando se aproximavam do seu último ano de escola (Jacobs e Shaw, 1999). Um grupo de pesquisa observa que este é o único sinal encorajador em todas as análises de conteúdo sobre a tendência da televisão – que os programas com adolescentes sejam mais interessados em tratar dos riscos e responsabilidades do sexo precoce (Eyal et al., 2007). No entanto, a real porcentagem desses programas ainda é surpreendentemente baixa: 14% de todos os programas com conteúdo sexual em 2005, mas 23% dos programas em que os adolescentes conversam sobre ou se envolvem em sexo (ver Figura 5.6) (Kunkel et al., 2005).

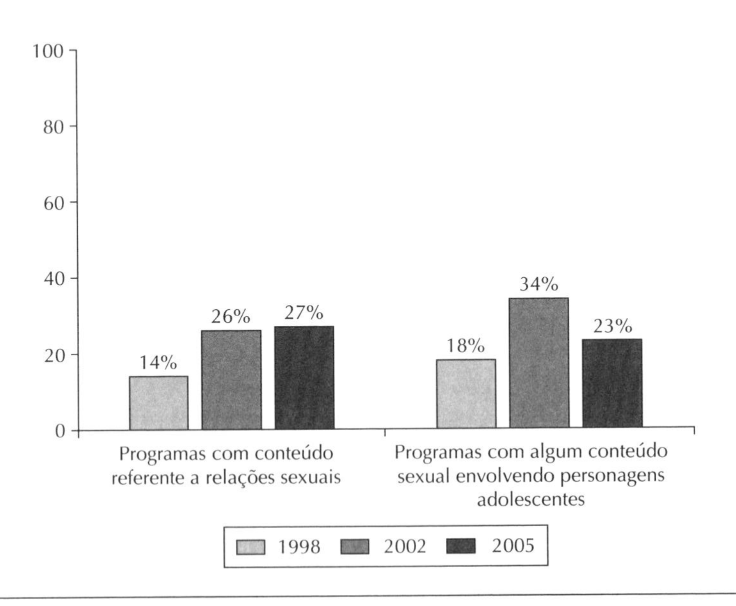

Figura 5.6 Porcentagem de programas de conteúdo sexual com referências a riscos ou responsabilidades sexuais ao longo do tempo.

Fonte: Kaiser e Dale Kunkel, PhD, Universidade do Arizona.

Nota: Os programas que apresentam personagens adolescentes em situações sexuais têm maior probabilidade de incluir referências aos riscos e responsabilidades das relações sexuais.

Contudo, sexo na televisão é muito mais do que relações sexuais e intimidade sexual. Crianças e adolescentes também podem aprender muito sobre os papéis sexuais: o que significa ser homem ou mulher? O que faz com que alguém seja "legal"? Atraente? Bem-sucedido? Como alguém deve se comportar quando está perto do sexo oposto? (Signorielli, 2001; Steele, 1999; Strasburger, 2005). A tendência da televisão não é ser gentil com as meninas adolescentes, por exemplo (Pipher, 1997). Um relatório da Organização Nacional das Mulheres (NOW) encontrou grandes disparidades na qualidade da programação para mulheres adolescentes e adultas nas principais redes transmissoras (ver Tabela 5.5), (Gorman, 2000). Os anúncios do *Super Bowl* também são notórios pela sua representação questionável das mulheres (por exemplo, anúncios de cerveja da Anheuser-Busch, mostrando três homens armados tentando agarrar o traseiro de uma mulher, ou dois homens olhando fixamente os genitais de mulheres na aula de ioga) (Bennett, 2003).

Histórico

Em 1976 o Departamento de Padrões e Práticas da NBC (os censores da emissora) se recusou a permitir que o escritor Dan Wakefield usasse a palavra *responsável* quando *James at 15* e sua namorada estavam a ponto de ter relações sexuais pela primeira vez e queriam discutir controle de natalidade (Wakefield, 1987). Até hoje as emissoras ainda rejeitam a maior parte dos anúncios de utilidade pública (AUPs) e publicidade sobre contracepção, temendo que possam ofender uma parte da população (Strasburger, 2005). Se eventualmente o anúncio de algum produto para controle da natalidade chega a ir ao ar, não é em função das propriedades não contraceptivas do produto (por exemplo, o *Ortho Tri-Cyclen* é geralmente anunciado como um tratamento para acne, não como um meio de evitar a gravidez) (ver Figura 5.7). Os anúncios de utilidade pública que mencionam os preservativos – por exemplo, a campanha da ABC de 1994, intitulada "A América Responde à AIDS" – são confinados, em sua maior parte, ao fim de noite na TV (Painter, 1994).

As redes comerciais parecem estar nos dizendo isso: sexo é bom para vender de tudo – desde xampu, equipamento de escritório, quartos de hotéis e filmes do horário nobre feitos para a TV (ver Figura 5.8). Entretanto, um produto que evitaria a tragédia da gravidez na adolescência – o preservativo – nunca deve turvar as telas das TVs da América do Norte (Strasburger, 2005). Outras mídias também foram ficando cada vez mais explícitas sexualmente, particularmente nas duas últimas décadas – sem muita atenção à discussão da contracepção ou doenças sexualmente transmissíveis. Ao mesmo tempo, foi-se infiltrando certa "vulgaridade" nas tendências da mídia norte-americana, com palavras sejas sendo ouvidas até no horário nobre da televisão (Rice, 2000) e celebridades modelo, como Paris Hilton, Britney Spears e Lindsay Lohan, se envolvendo em comportamentos cada vez mais chocantes e provocativos (Deveny e Kelley, 2007). Somente a AIDS começou a ameaçar a conspiração do silêncio sobre as consequências da atividade sexual na saúde e a liberar o fluxo de informações úteis e factuais aos adolescentes, que são os que mais precisam dessas informações.

Por que e como ocorreu este paradoxo? E que efeito ele tem na atividade sexual dos adolescentes? Como ocorre com a violência, o índice de atividade sexual entre os jovens aumentou de forma marcante nas duas últimas décadas, embora tenha se estabilizado mais recentemente (ver Figura 5.9) (CDC, 2000; Strasburger et al., 2006). Ao mesmo

Tabela 5.5 Os melhores e piores programas para mulheres, de acordo com a NOW (Organização Nacional das Mulheres)

Classificação das Emissoras	
NBC	B+
CBS	C+
ABC	C
FOX	D-
Melhores programas: Top 10	
1.	Family Law (CBS)
2.	Chicago Hope (CBS)
3.	Começar de Novo (ABC)
4.	ER (NBC)
5.	Sabrina, a Aprendiz de Feiticeira (ABC, WB)
6.	20/20 (ABC)
7.	Providence (NBC)
8.	Becker (CBS)
9.	O Toque de um Anjo (CBS)
10.	Friends (NBC)
E os piores:	
1.	Perfect Murder, Perfect Town (filme feito para a TV sobre JonBenet Ramsey) (CBS)
2.	Getting Away with Murder (outro filme sobre Ramsey) (FOX)
3.	Who Wants to Marry a Multi-Milionaire (FOX)
4.	Norm (ABC)
5.	The Drew Carey Show (ABC)
6.	Spin City (ABC)
7.	Em Nome da Lei
8.	Walker, Texas Ranger (CBS)
9.	Nash Bridges (CBS)

Fonte: Adaptado de Gorman (2000).

Nota: Foram analisados 81 programas durante "espaços" de semanas em fevereiro de 2000, usando quatro critérios: descrição de violência, composição e estereótipos de gênero, nível de exploração sexual e responsabilidade social.

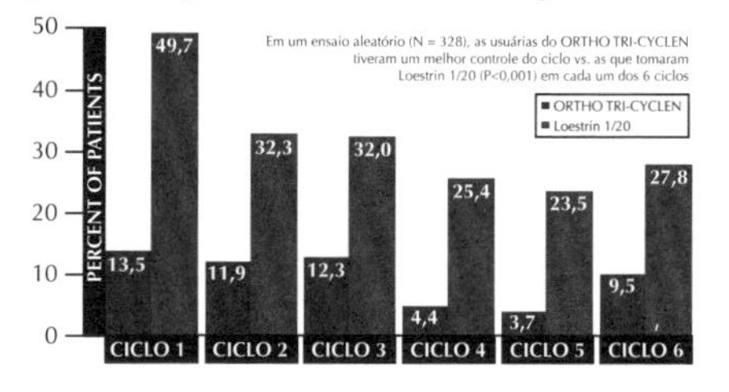

Figura 5.7

Fonte: ©1998-2007 Ortho-McNeil Pharmaceutical, Inc. Todos os direitos reservados.

tempo, o volume de sugestões sexuais na mídia também aumentou drasticamente (Donnerstein e Smith, 2001; Strasburger, 2005). Embora os dados não sejam tão convincentes como ocorre com a violência na mídia, um apanhado de estudos mostra que o sexo na mídia ainda justifica uma preocupação considerável.

A televisão como fonte de informação sexual

Em uma determinada sociedade, em um determinado momento na história, as pessoas se tornam sexuais da mesma forma que elas se tornam outras coisas. Sem muita reflexão, elas recolhem orientações

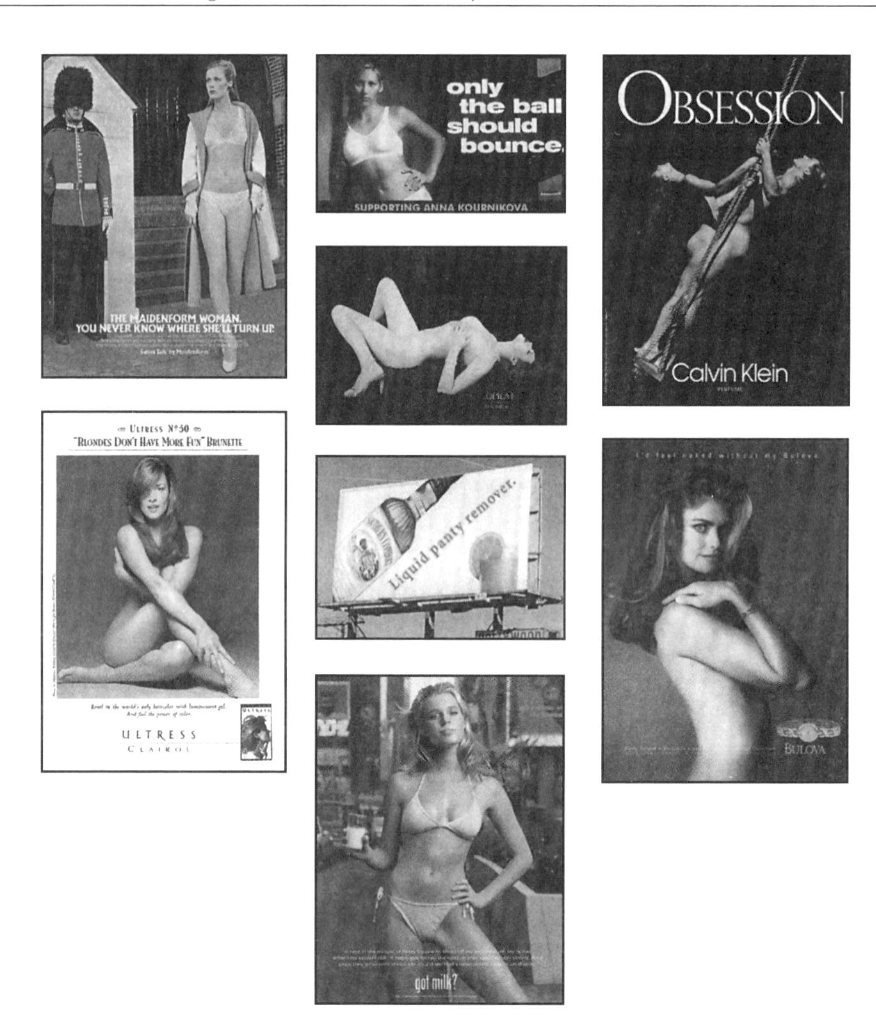

Figura 5.8

Fonte: Opium, Yves St. Laurent, ©2007 YSL Beauté; Southern Comfort Company, Louisville, KY ©2007; ©2008 Calvin Klein. Todos os direitos reservados; ©2003-2007 Bulova. Todos os direitos reservados.

do seu ambiente social. Elas adquirem e reúnem significados, habilidades e valores das pessoas que estão à sua volta. As escolhas críticas são feitas geralmente através da aproximação e do afastamento. As pessoas aprendem desde muito jovens as coisas que se espera que elas sejam, e continuam lentamente a acumular uma crença sobre quem elas são e devem ser durante o resto da sua infância, adolescência e idade adulta.

—John Gagnon, pesquisador em ciências sociais (Roberts, 1983, p. 9)

As análises de conteúdo podem identificar o que está sendo apresentado na televisão, mas elas não revelam o que os adolescentes realmente aprendem com essas representações. Além da sua penetração, acessibilidade e conteúdo, a televisão é uma educadora sexual eficiente por muitas razões. Os educadores

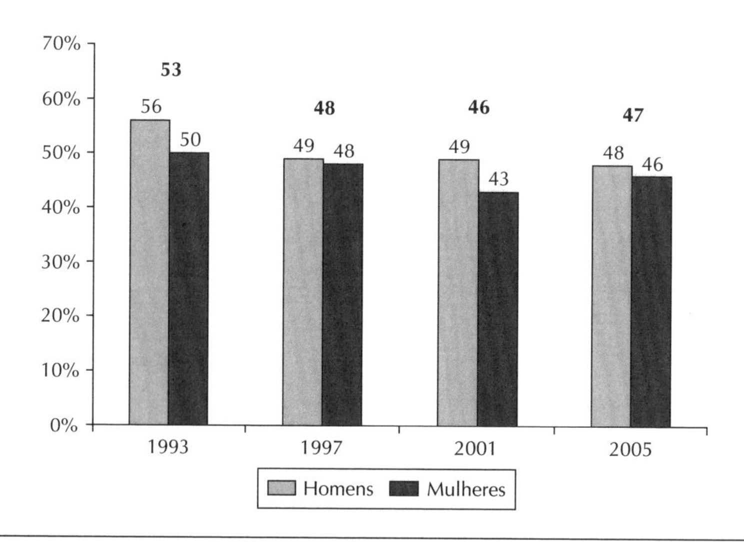

Figura 5.9 Porcentagem de alunos da 9ª a 12ª série nos EUA, por gênero, que já tiveram relações sexuais, 1993-2005.

Fonte: Fundação da Família Kaiser (2005).

sexuais alternativos, como os pais, podem suprir apenas informações restritas ou parciais (Pearl, Bouthilet e Lazar, 1982). Os pais raramente discutem a atividade sexual ou controle de natalidade, o que deixa os adolescentes insatisfeitos com as tentativas educacionais dos pais (Strasburger, 2005). Em uma pesquisa norte-americana, em 2004, com 519 adolescentes entre 15 e 19 anos, a mídia ultrapassou de longe os pais ou escolas como fonte de informação sobre controle de natalidade, por exemplo (Fundação da Família Kaiser/Revista *Seventeen*, 2004). Os programas de educação sexual na escola também causam um impacto limitado nos adolescentes: apenas 10 a 30% das escolas oferecem programas abrangentes e de alta qualidade; os ganhos em conhecimentos podem ser pequenos; e muitos currículos começam depois que os adolescentes já começaram a ter relações sexuais (Kirby, 2002, 2007; Landry, Kaeser e Richards, 1999). A mais recente pesquisa de programas de educação sexual pelos Estados Unidos apontou que 10% das escolas não têm projetos de educação sexual, 30% têm apenas programas de abstinência, 47% são "abstinência-mais" (significando que o controle da natalidade pode ao menos ser mencionado, mas a abstinência é enfatizada) e somente 20% são abrangentes (National Public Radio, 2004). No entanto, duas pesquisas nacionais com adultos parecem indicar que os pais não são a favor de educação sexual que só fale em abstinência. Em 2000, uma pesquisa norte-americana com adultos descobriu que 93% apoiam a educação sexual em escolas secundárias e 84% apoiam nas escolas de nível médio, incluindo informações sobre contracepção e sobre abstinência (Conselho de Informação e Educação Sexual dos Estados Unidos [SIECUS], 2000). E, mais recentemente, uma pesquisa nacional norte-americana com mais de 1.000 adultos revelou que 82% são a favor de ensinar os adolescentes sobre ambas questões, enquanto que 40% se opõem à educação sexual que prega apenas a abstinência. Mais de dois terços apoia que se ensinem aos adolescentes como usar a camisinha adequadamente (Bleakley, Hennessy e Fishbein, 2006). Igualmente, uma pesquisa recente com mais de 1.300 pais na Califórnia do Norte encontrou que 89% apoiam a educação sexual abrangente (Ito et al., 2006). Embora algumas pessoas achem que pregar apenas a abstinência tenha sido um fator-chave no declínio dos índices de gravidez na adolescência nos Estados Unidos na década passada, uma nova pesquisa descobriu que o melhor uso da contracepção era responsável por 86% do declínio, enquanto que a abstinência contribuía com apenas 14% (Santelli, Lindberg, Finer e Singh, 2007).

Os pares também desempenham um papel limitado na educação sexual – não que os seus conselhos não sejam procurados com frequência, mas porque as informações dadas podem ser incompletas, equivocadas, distorcidas e transmitidas através de piadas ou contando vantagens (e também podem, na verdade, ser influenciadas pela mídia) (Coles e Stokes, 1985). Dois autores levantaram a hipótese de que a mídia pode funcionar como um "super-amigo", em termos de pressionar os adolescentes a fazerem sexo mais cedo do que o esperado (J.D. Brown, Halpern e L'Engle, 2005; Strasburger, 2006a). Vários estudos documentam que os adolescentes que são consumidores ávidos da mídia têm maior probabilidade de superestimar a quantidade dos seus iguais e amigos que já são sexualmente ativos e de sentirem mais pressão da mídia do que dos amigos para começarem a fazer sexo (J.D.Brown e Newcomer, 1991; Kaiser Family Foundation/Children Now, 1999; M.E. Tucker, 2000). Por exemplo, em uma pesquisa adolescentes relataram que a TV era igualmente ou mais incentivadora quanto ao sexo do que seus melhores amigos ou amigas (J.D. Brown e Newcomer, 1991). Em uma pesquisa anônima com 1.015 leitores da revista *Seventeen* entre 13 e 19 anos, três quartos achavam que a maioria dos adolescentes está fazendo sexo, enquanto que, na verdade, apenas em torno da metade está (M.E. Tucker, 2000). Uma pesquisa com 2.100 meninas adolescentes revelou que apenas as que têm 11 anos dizem que não sentem pressão da mídia para fazerem sexo (Haag, 1999). As meninas que amadurecem cedo têm maior probabilidade de procurar conteúdo sexual em uma variedade de mídias diferentes e de interpretar aquele conteúdo como uma aprovação de que os adolescentes façam sexo (J.D. Brown et al., 2005). Os fãs de videoclipes tendem a superestimar a prevalência de comportamentos sexuais no mundo real (Strouse, Goodwin e Roscoe, 1994). E, finalmente, em um estudo com 314 estudantes de 18 a 20 anos, uma exposição maior ao conteúdo sexual na TV levou a expectativas maiores sobre a atividade sexual dos seus pares e a uma atitude mais positiva em relação ao sexo recreativo (Ward, Gorvine e Cytrin, 2002; Ward e Rivadeneyra, 1999). Doses pesadas de televisão podem acentuar a concepção dos adolescentes de que todo o mundo está fazendo aquilo exceto eles – e podem estar contribuindo para a constante diminuição da idade da primeira relação, tanto em homens quanto em mulheres, que vem ocorrendo nas duas últimas décadas (Strasburger et al., 2006).

Quando perguntamos a adolescentes ou adultos sobre a influência da televisão, eles reconhecem o seu papel como uma fonte importante de informação sexual, mas são igualmente rápidos em assinalar que a mídia não tem influência no comportamento *deles*. Este é o conhecido fenômeno da terceira pessoa (Eveland, Nathanson, Detenber e McLeod, 1999): Todos são influenciados pela mídia exceto a própria pessoa, e isso parece prevalecer particularmente entre os adolescentes. Para os adolescentes, a mera ideia de que alguma coisa tão simples e comum como a mídia possa influenciá-los é insultante – eles são muito mais "sofisticados" do que isso. No entanto, em pelo menos uma pesquisa nacional, a mídia estava próxima do primeiro lugar como fonte de informação sexual dos adolescentes (ver Figura 5.10) (Fundação da Família Kaiser, 1996). Em outro estudo, um em cada

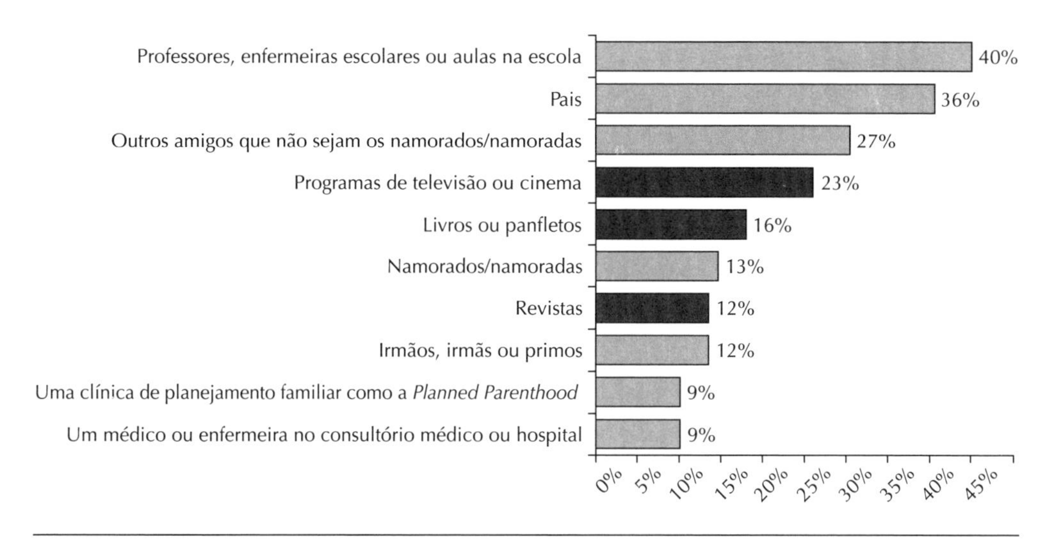

Figura 5.10 Fontes das quais os adolescentes aprenderam "muito" sobre gravidez e controle de natalidade.

Fonte: Fundação da Família Kaiser (2000). Reproduzido com autorização.

Nota: Embora TV e cinema estejam em quarto lugar nesta pesquisa nacional com 1.510 adolescentes entre 12 e 18 anos quanto às fontes de informação sexual, quando são acrescentadas outras mídias (por exemplo, livros e revistas), elas se transformam na fonte principal.

cinco adolescentes disse que a maior parte do que tinha aprendido sobre sexo foi com a mídia (J.D. Brown e Steele, 1995).

Muitos estudos mais antigos também encontraram a mídia bem colocada no *ranking* (L. Harris e Associados, 1986, 1987; Pearl et al., 1982; Thornburg, 1981). Um Relatório Harris de 1987, que pesquisou 1.250 adultos por toda a nação norte-americana, descobriu que mais de 80% dos adultos achavam que a TV era uma influência importante nos valores e comportamentos dos adolescentes (ver Tabela 5.6) (L. Harris e Associados, 1987). Mais uma vez, quando levantamos a hipótese de que os

Tabela 5.6 Televisão e controle de natalidade (*N* = 1.250 adultos) (em porcentagens)

	Sim	*Não*
Os personagens nos programas de TV devem ser mostrados usando controle de natalidade?	59	34
A contracepção é polêmica demais para ser mencionada nos programas de TV?	32	64
Você é a favor de anunciar controle de natalidade na TV?	60	37
Os anúncios de controle de natalidade		
incentivariam os adolescentes a usar contraceptivos?	82	14
incentivariam os adolescentes a fazer sexo?	42	52

Fonte: Adaptado de L. Harris e Associados (1987).

próprios amigos e mesmo os pais também são muito influenciados pela televisão, os efeitos cumulativos da televisão podem superar em importância todas as outras influências. Ao mesmo tempo, parece haver uma dissociação entre as preocupações do público em geral e daqueles que estão no poder em Hollywood (ver Tabela 5.7) (Impoco, 1996). Se houver alguma, os pais norte-americanos parecem estar mais preocupados com o sexo na mídia do que com a violência na mídia, o que é exatamente o oposto do que acontece com os pais de outros países ocidentais.

A mídia não é somente uma fonte importante de informações genéricas, mas temas particulares também podem ser discutidos de forma muito mais abrangente na mídia do que em qualquer outro lugar (Harris e Associados, 1988). Por exemplo, a televisão pode ser a "mídia de escolha" para a divulgação de informações sobre AIDS (Goldberg, 1987). De aproximadamente 2.000 adultos pesquisados em 1988, 96% disseram que tinham ouvido uma reportagem sobre AIDS nos últimos três meses na TV, e 73% achavam que a TV estava realizando um trabalho efetivo de educação do público (D. Jones, 1988). A mídia também pode intervir quando outros (isto é, as escolas) não fornecem informações completas: uma pesquisa em 1996 com 719 estudantes e 13 membros e diretores de escolas de todo o país revelou que 93% dos alunos disseram que as escolas deveriam ensinar sobre controle de natalidade e doenças sexualmente transmissíveis, mas que os professores ficam "assustados" para discutir sexo na sala de aula (*USA Today*, 3 de julho de 1996, p. 7D). Um estudo da Kaiser com 313 diretores de escolas em toda o território norte-americano indicou que mais da metade dos alunos não está sendo ensinada sobre como usar preservativos nos programas de educação sexual (ver Figura 5.11) (Fundação da Família Kaiser, 1999). No entanto, os adultos querem cada vez mais que as crianças sejam educadas a respeito de preservativos. Uma pesquisa feita pela CDC apontou que 86% dos adultos pesquisados apoiavam que fossem levadas ao ar informações sobre o HIV e prevenção da AIDS, e 73% eram favor de que a camisinha fosse discutida na TV (CDC, 1994).

Tabela 5.7 Preocupação sobre sexo: Hollywood *versus* o público norte-americano (em porcentagens)

	Público americano	*Hollywood*
Porcentagem que acha que a TV e o cinema contribuem para estes problemas:		
Sexo extraconjugal	84	43
Sexo casual	83	56
Adolescentes fazendo sexo	90	63
Violência contra mulheres	94	61
Porcentagem que está preocupada com o seguinte:		
Referências verbais a sexo	82	38
Nudez ou seminudez	83	42
Sexo antes do casamento	83	38

Fonte: *U.S.News e World Report* e pesquisas do Centro de Políticas de Comunicação da UCLA, 15 de abril de 1996. Para mais detalhes, veja Impoco (1996).

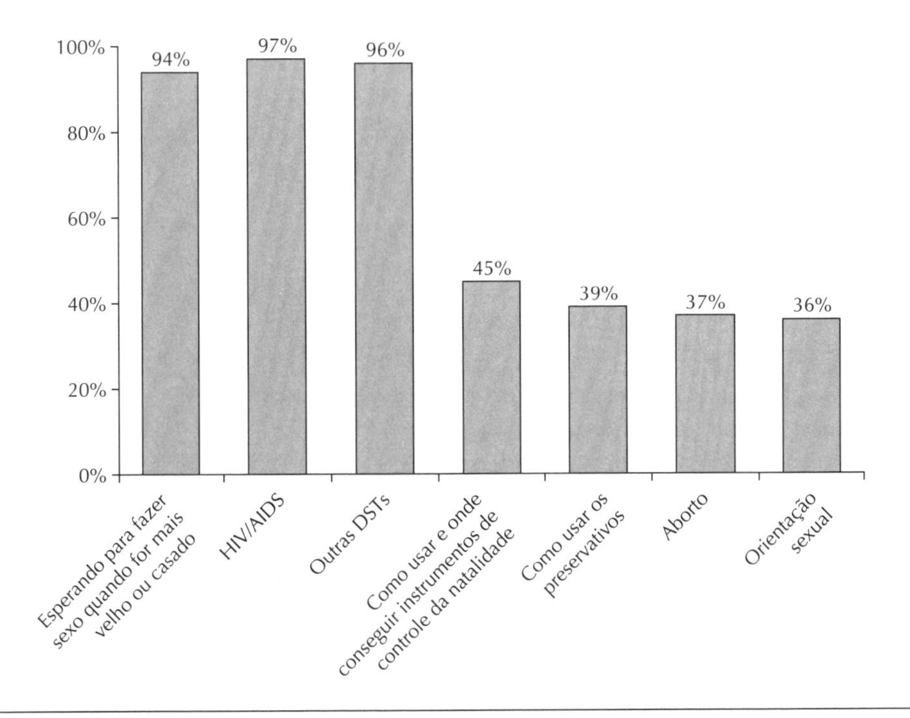

Figura 5.11 Porcentagem do relatório de diretores de escolas públicas secundárias dos Estados Unidos, sobre o que está incluído na educação sexual da sua escola.

Fonte: Fundação da Família Kaiser (1999). Reproduzido com autorização.

O que crianças e adolescentes aprendem com a televisão?

Muitos estudos documentaram a capacidade que a televisão tem de transmitir informações e moldar atitudes (Sutton, Brown, Wilson e Klein, 2002). A televisão influencia a percepção que os espectadores têm do comportamento e da realidade social (Bandura, 1977; Shrum, 2002), contribui para as normas culturais (Gerbner, 1985; Greenberg, 1982) e transmite mensagens referentes aos comportamentos que ela retrata (Bandura, 1977; Roberts, 1982). A televisão pode oferecer aos adolescentes *scripts* para o comportamento sexual que talvez eles não consigam observar em nenhum outro lugar (Gagnon e Simon, 1987; Kim et al., 2007; Kunkel et al., 1999). Em um experimento, a exposição de adolescentes a uma programação com muito conteúdo sexual influenciou que eles classificassem o sexo casual menos negativamente do que os adolescentes que não assistiram aos programas (Bryant e Rockwell, 1994). Em outros estudos, os adolescentes que assistem a uma grande quantidade de mídia são mais suscetíveis a aceitar papéis sexuais estereotipados (Walsh-Childers e Brown, 1993) e a acreditar que o comportamento sexual incomum apresentado em programas de entrevistas é realista (Greenberg e Smith, 2002; Strasburger e Furno-Lamude, 1997). Uma pesquisa norte-americana revelou que 40% dos adolescentes disseram que haviam tirado ideias de como falar sobre sexo com seus namorados ou namoradas diretamente das representações na mídia (Fundação da Família Kaiser, 1998).

Considerando-se que a mídia está tomada por conversas, comportamentos e insinuações sexuais e uma grande quantidade de informações imprecisas (Strasburger, 2005; Sutton et al., 2002), como crianças e adolescentes interpretam esse conteúdo? O conteúdo sexual tem o mesmo impacto em uma criança de 7 anos do que em um jovem de 17 anos? Obviamente, a resposta é não. As pesquisas disponíveis concluem o seguinte:

- Os jovens trazem seu conhecimento e expectativas únicas para o que vão assistir (Greenberg, Linsangan e Soderman, 1993; Truglio, 1992).
- Embora as crianças pequenas entendam às vezes as piadas e insinuações sobre sexo (Fundação da Família Kaiser/Children Now, 1996), geralmente a capacidade de interpretar o conteúdo sexual depende da idade (Silverman-Watkins e Sprafkin, 1983).
- A atenção que é dada e a compreensão do conteúdo sexual dependem provavelmente da idade, embora os limites inferiores de idade possam estar baixando. Um estudo recente com crianças entre 8 e 13 anos apontou que a maioria delas entendia as mensagens sexuais que são retratadas e estavam em sintonia com elas porque queriam aprender sobre sexo (Kunkel et al., 1996).
- O conteúdo sexual atrai muito os adolescentes (J.D. Brown et al., 2006; Sutton et al., 2002). Também parecem existir diferenças a partir do gênero. As garotas adolescentes preferem mais conteúdo sexual na televisão, mas costumam assistir com seus pais (Greenberg e Linsangan, 1993), enquanto os meninos adolescentes mais velhos escolhem conteúdo sexual explícito e não supervisionado em letras de músicas e filmes eróticos (Buerkel-Rothfuss, Strouse, Pettey e Shatzer, 1993; Greenberg e Linsangan, 1993). As meninas que ainda não começaram a menstruar são muito menos interessadas em conteúdo sexual; ao contrário, as meninas que são mais maduras e mais interessadas em sexo parecem procurar conteúdo sexual na mídia (J.D. Brown, White e Nilopoulou, 1993).
- Na televisão acontecem discussões sobre os papéis sexuais, com muitas delas enfocando o papel sexual masculino e enfatizando uma orientação "recreativa" em relação ao sexo. Em particular, as mensagens que ocorrem mais frequentemente descrevem as relações sexuais como uma competição em que os homens comentam sobre a aparência física das mulheres, e a masculinidade é equiparada a ser sexual (Strasburger, 2006b; Ward, 1995).
- Assistir novelas, que são extremamente atrativas para muitos adolescentes, pode dar aos espectadores noções irrealistas e pouco saudáveis sobre ser mãe solteira (Larson, 1996). Contudo, aparentemente nem todos os adolescentes interpretam o mesmo conteúdo da mesma maneira (Greenberg, 1993). Num estudo das reações de adolescentes ao vídeo da Madonna, "Papa Don't Preach", J.D. Brown e Schulze (1990) descobriram que os adolescentes negros viam o videoclipe popular como uma história "pai-filha", ao invés de uma história sobre gravidez na adolescência (ver Tabela 5.8). O estudo das diferenças individuais entre crianças e adolescentes que assistem à mesma mídia pode representar o grande avanço da pesquisa da mídia.

Estudos mostram que aspectos mais sutis da sexualidade humana também podem ser afetados (Donnerstein e Smith, 2001; Escobar-Chaves et al., 2005; Levin e Kilbour-

Tabela 5.8 Percepções dos adolescentes *versus* percepções dos adultos sobre sexo na televisão (em porcentagens)

Sim, a TV apresenta uma visão realista do seguinte:	*Adolescentes (n = 1.000)*	*Adultos (n = 1.253)*
Doenças sexualmente transmissíveis	45	28
Gravidez	41	24
Controle de natalidade	28	17
Pessoas fazendo amor	24	18

Fonte: Adaptado de Harris e Associados (1986).

ne, 2008; Signorelli, 2001). Segundo concluiu o relatório do Instituto Nacional de Saúde Mental (NIMH), o aspecto mais significativo do aprendizado de uma criança sobre sexo é o conjunto de mensagens que se relaciona às características e papéis que homens e mulheres têm na vida (Roberts, 1982). Embora a televisão tenha feito alguns progressos nesta área – por exemplo, atualmente os homens aparecem em maior número que as mulheres na proporção de 2:1, ao invés dos 3:1 da década de 1970 (Gerbner, 1993) – mesmo as mulheres independentes mostradas na programação atual frequentemente dependem dos homens para conselhos e orientações, perdem o controle com mais frequência do que eles e se envolvem mais emocionalmente. Isto levou um crítico a levantar a acusação de que os papéis femininos tradicionais são meramente "apresentados com novas aparências" (Canonzoneri, 1984).

Por que os adolescentes podem ser particularmente suscetíveis ao conteúdo sexual na mídia

É de conhecimento geral que os adolescentes às vezes procuram se parecer com atores e atrizes enquanto experimentam facetas diferentes da sua nova identidade em formação e experimentam diferentes "máscaras" sociais. Em particular, as idiossincrasias da psicologia do adolescente parecem se combinar para conspirar contra o uso bem-sucedido da contracepção durante a adolescência inicial e mediana (Strasburger et al., 2006). Os adolescentes costumam se ver egocentricamente como atores na sua própria "fábula pessoal" (Elkind, 1993) em que as regras normais (por exemplo, ter relações sexuais sem proteção pode levar a gravidez) são suspensas – exatamente como na televisão. Embora 70% dos adolescentes aos 16 anos já tenham alcançado o nível final do pensamento cognitivo operativo descrito por Piaget (1972) – pensamento lógico sequencial (operações formais) – eles ainda podem sofrer do que Elkind (1984) chama de "pseudoestupidez": "a capacidade de conceber muitas alternativas diferentes não se une imediatamente à capacidade de definir prioridades e decidir qual opção é mais ou menos apropriada do que as outras" (p. 384).

Uma conclusão importante do Relatório Guttmacher de 1985, que descobriu que os Estados Unidos tinham o índice mais alto de gravidez na adolescência entre 37 países desenvolvidos (apesar do fato de que os adolescentes norte-americanos não eram sexualmente mais ativos do que os franceses, canadenses ou belgas), referia-se à mídia (Jones et al., 1985). Há apenas duas hipóteses possíveis para explicar estes dados: ou as adolescentes norte-americanas são extremamente férteis ou elas não usam o controle de natalidade de modo tão eficiente quanto as adolescentes de outros países. Na verdade, estes dados confirmam que a sociedade norte-americana limita o acesso ao controle de natalidade para os adolescentes de três formas vitais: através dos seus médicos (que são relutantes em prescrevê-lo), da sua mídia (que é relutante em mencioná-lo) e dos seus programas de educação sexual nas escolas (que são relutantes em falar sobre isso) (Strasburger, 2005). Embora os índices de sexo entre adolescentes tenham diminuído um pouco na década de 1990 e início da década de 2000 (CDC, 2006), os Estados Unidos continuam a ter o índice mais alto de gravidez na adolescência do mundo ocidental (Abma, Martinez, Mosher e Dawson, 2004).

Considerando-se o conteúdo da televisão norte-americana, poderíamos esperar que aqueles que assistem muita televisão achem que o sexo antes do casamento, sexo extraconjugal, estupro e prostituição pareçam mais comuns do que realmente são (Greenberg e Smith, 2002; Strasburger e Furno-Lamude, 1997). Embora os adolescentes provavelmente não sejam tão suscetíveis quanto as crianças pequenas à violência na mídia, eles podem ser mais suscetíveis ao conteúdo sexual (Chia, 2006; Martino, Collins, Kanouse, Elliott e Berry, 2005). De fato, mesmo os adolescentes podem achar que o que assistem na televisão é real (L. Harris e Associados, 1986). Essa crença é na verdade mais alta entre aqueles que são consumidores excessivos de TV e entre as populações adolescentes com os índices mais altos de gravidez na adolescência (ver Tabela 5.8) (Harris e Associados, 1986). A exposição regular ao sexo na TV também pode alterar as autopercepções dos adolescentes. Eles podem ficar menos satisfeitos com a sua própria vida sexual ou ter expectativas mais altas dos seus parceiros em perspectiva (Chia, 2006; Greenberg, 1994; Martino et al., 2005). Se, como afirma Gerbner, "os seriados diurnos compreendem a fonte mais prolífica de conselhos médicos na América" (Gerbner, Morgan e Signorielli, 1982, p. 295), então os adolescentes, em especial as meninas, estão recebendo maus conselhos. Uma das mensagens principais das novelas é que os adultos não usam contracepção e, na verdade, não se planejam para o sexo. Ser "arrebatado" é a maneira natural de fazer sexo (Wattleton, 1987). Infelizmente, esta mensagem se encaixa na própria ambivalência dos adolescentes quanto ao sexo e ajuda a explicar por que os principais motivos que os jovens sexualmente ativos dão para não usarem contracepção são que o sexo "simplesmente acontece" e "não deu tempo de me preparar" (Strasburger et al., 2006).

Vários estudos sustentam essas manifestações da "hipótese do cultivo" (Strasburger, 2005). Quando se pediu a estudantes universitários que identificassem modelos de comportamento sexual responsável e irresponsável, eles escolheram principalmente figuras da mídia (Fabes e Strouse, 1984). E aqueles que escolheram figuras da mídia como modelos de responsabilidade sexual tinham atitudes sexuais mais permissivas e índices mais altos de atividade sexual (Fabes e Strouse, 1987). Os estudantes universitários que eram espectadores aficionados de novelas estimaram porcentagens mais altas de pessoas no mundo real que são divorciadas ou têm filhos ilegítimos do que os que assistem pouca TV (Buerkel-Rothfuss e Mayes, 1981; Carvet e Alexander, 1985). Em um estudo, adolescentes grávidas tinham duas vezes mais probabilidade de achar que os relacionamentos na TV são como os relacionamentos na vida real do que as adolescentes não grávidas, e que os personagens da TV não usariam contracepção caso se envolvessem num relacionamento sexual (Corder-Bolz, 1981). E os adolescentes que se identificam de perto com personalidades da TV e acham que seus modelos da TV são mais competentes no sexo do que eles, ou acham que as representações sexuais da desta mídia são precisas, relatam estarem menos satisfeitos com o seu *status* de virgens no sexo e com as experiências de relações sexuais (Baran, 1976a, 1976b; Courtright e Baran, 1980). A exposição a material sexualmente explícito *online* também pode cultivar atitudes recreativas em relação ao sexo entre os rapazes (Peter e Valkenbrug, 2006).

Cinema

Como mídia, o cinema é provavelmente menos significativo do que a televisão porque ele ocupa muito menos tempo do adolescente médio e geralmente é assistido com amigos, permitindo assim que o processo de socialização modere os efeitos potenciais que possam existir. Se os adolescentes assistirem a dois filmes por semana no seu cinema local, isso ainda representará apenas 10 a 15% do tempo que gastam assistindo televisão em uma semana qualquer. No entanto, isso não implica que o cinema não seja importante (Steele, 2002). Em torno de 80% de todos os filmes posteriormente apresentados na TV aberta ou a cabo possuem conteúdo sexual (Kunkel et al., 1999), e esse conteúdo pode ser consideravelmente mais explícito no seu lançamento. Também já houve uma tendência consistente de ser apresentado no cinema um material mais sugestivo sexualmente e sexualmente gráfico (Escobar-Chaves et al., 2005; Greenberg et al., 1987; Nashawaty, 1999). Ao mesmo tempo, existe uma desigualdade considerável nos filmes com classificação G: os personagens femininos estão em maior número, 3:1 por personagens masculinos (J. Kelly e Smith, 2006). A ampla prevalência de VCR e DVD *players* – 85% dos lares norte-americanos têm um (Nielsen Media Research, 2000) – também faz da videolocadora local uma consideração importante junto com o cinema local.

Em uma pesquisa com adolescentes de 15 a 16 anos em três cidades de Michigan, mais da metade tinha assistido a maioria dos filmes mais populares com classificação R entre 1982 e 1984, no cinema ou em videocassete (Greenberg et al., 1986). Comparados com a televisão do horário nobre, esses filmes têm uma frequência de atos ou referências sexuais sete vezes mais alta, com uma descrição muito mais franca do que na televisão (Greenberg, Siemiki, Dorfman, Heeter e Stanley, 1993). Além do mais, para uma sociedade preocupada com a abstinência, parece curioso que houvesse uma média de oito atos de relação sexual entre parceiros não casados por filme de classificação R analisados, ou quase metade de toda a atividade sexual descrita. A proporção de relações sexuais dos não casados para os casados foi de 32:1 (Greenberg, Siemiki et al., 1993). Conforme observa Greenberg (1994): "o que a televisão sugere, o cinema e os vídeos fazem" (p. 180). Análises de conteúdo dos filmes mais populares de 1959, 1969 e 1979 demonstram a tendência ao crescimento na característica explícita das descrições de temas sexuais, mas os temas em si permaneceram estáveis: sexo é para os jovens uma "atividade de ação" ao invés de um meio de expressar afeição (Abramson e Mechanic, 983). E, como na TV, as relações sexuais e a contracepção são primos distantes, na melhor das hipóteses.

Os anos entre 1970 e 1989 representaram a era dos filmes de "sexploração" adolescente. Hollywood favoreceu a população adolescente, possivelmente devido a considerações demográficas: os adolescentes constituem o maior segmento da população que vai ao cinema. Filmes como *Porky's I, II* e *III, O Último Americano Virgem, Indo Até o Fim, A Primeira Vez, Amor Sem Fim, Negócio Arriscado, A Última Festa de Solteiro* e *Picardias Estudantis* tratavam de sexo na adolescência.

Embora os pais possam reclamar do interesse dos adolescentes por esses filmes, são os adultos que fazem filmes em Hollywood (e os operadores de cinemas que permitem que adolescentes menores de idade assistam a filmes com classificação R) que são responsáveis em última análise.

Com a geração do *baby boom* e a Geração Y tendo crescido e tido seus próprios filhos e netos, Hollywood parece ter voltado a se direcionar para o público adolescente. Em 1999, *American Pie* atualizou *Porky's* para a geração seguinte. Nele, quatro alunos do segundo grau fazem um pacto de perder a virgindade na noite do baile de formatura. No início do filme, o personagem principal, Jim (Jason Biggs), se masturba com uma torta de maçã depois que seus amigos lhe dizem que é assim que se parece uma relação sexual. O filme também apresenta uma cena de *strip-tease* e de tentativa de relação sexual transmitida pela internet (D'Angelo, 1999). Conversas sobre contracepção ou os riscos da relação sexual são virtualmente inexistentes, embora o filme ainda tenha se esforçado para obter uma classificação R ao invés de um NC-17, principalmente devido à cena de onde provém o título do filme (Nashawaty, 1999).

Como observa um crítico de cinema, os filmes estão "adaptados para a primeira geração de adolescentes do sexo masculino e feminino que foi ensinada desde o nascimento (principalmente pela MTV) a agir como objeto sexual uns para os outros" (Glieberman, 1999, p. 43). Existem as sequelas de mais dois outros *American Pie*. Uma revisão cita *American Pie 2* como um filme sobre "peitos, genitálias, lesbianismo 'potencial', brinquedos sexuais de silicone, métodos vulgares de sedução, 'a regra de três' (assista ao filme), um banho de 'champanhe', sexo pelo telefone, sexo tântrico e ah, sim... super-cola" ("Editoral Reviews", 2006). Outros pesquisadores acham que a visão distorcida do romance nos filmes contemporâneos populares entre os adolescentes é pelo menos tão problemática quanto o sexo explícito (Pardun, 2002). Ou, ainda, que as representações explícitas da sexualidade adolescente são incrivelmente raras (C. Kelly, 2005). Até mesmo *Juno* é irrealista (Goodman, 2008).

Entretanto, desde a década de 1980, virtualmente todos os filmes adolescentes com classificação R contêm pelo menos uma cena de nudez e alguns, como *Picardias Estudantis* e *Porky's*, contêm até 15 exemplos de relação sexual (Greenberg, Siemicki et al., 1993). Como observa um especialista:

> O típico programa de uma hora... apresentará entre dois e três atos de intimidade sexual, e mais provavelmente haverá discussões/conversas sobre o que alguém está fazendo ou fez, com raros componentes visuais. Por outro lado, o filme típico de 90 minutos com classificação R apresenta sete vezes esta quantidade de atividade sexual, com uma grande proporção tornada manifesta através de imagens visuais (Greenberg, Siemicki et al., 1993, p. 56).

Linguagem e gosto questionáveis no cinema e na televisão: uma nova tendência?

Durante o final da década de 1990 e no início do novo milênio, Hollywood parece estar tentando estender cada vez mais as fronteiras das classificações e do bom gosto. O que é aceitável para as emissoras e os estúdios está em constante mudança, mas desde a década passada a indústria do entretenimento tem parecido menos inclinada a temer os vigilantes da moral na sociedade (ver Tabela 5.9). Um estudo sobre a linguagem obscena no horário nobre da TV entre 1998 e 2002 encontrou um aumento de aproximadamente 95% durante a chamada "Hora da Família" e 109% durante o espaço ET/PT das 21 horas (Parents Television Council, 2004). Além disso, outros estudos

Tabela 5.9 Uma cronologia da linguagem questionável no horário nobre da TV nos Estados Unidos

18 de março de 1979	O documentário *Scared Straight* da PBS traz a linguagem da prisão para o horário nobre.
26 de fevereiro de 1984	A personagem de Phoebe Catees na minissérie *Lace* pergunta: "Qual das putas entre vocês é a minha mãe?"
22 de janeiro de 1990	A banda Guns N' Roses causou alvoroço com palavrões no American Music Awards, incluindo f_ .
10 de setembro de 1990	Primeira aparição da expressão "Seu babaca!" no horário nobre da TV, na comédia da CBS, *Quem Vê Cara Não Vê Coração.*
21 de setembro de 1993	Andy Sipowicz grita: "Sua vagabunda" na estreia da série da NYPD, *Blue*. O mesmo episódio apresenta os termos "vê se morre" e "c_"
21 de março de 1999	Whoopy Goldberg apresenta a premiação da Academia de Cinema e usa a Palavra "mer_" por duas vezes, bem como muitas palavras de duplo sentido.
19 de janeiro de 2003	Durante a transmissão ao vivo da premiação do Globo de Ouro, o cantor do U2, Bono, recebe um prêmio e anuncia:"Isto é realmente, realmente [uma p_] genial!"
10 de dezembro de 2003	Nicole Richie, do reality show da FOX, *The Simple Life*, faz uma pergunta simples na cerimônia da Billboard Music Awards:"Vocês já tentaram tirar b_ de vaca de uma bolsa Prada? P_, isso não é tão simples assim".

Fonte: Adaptado de Rice (2000) e Ahrens (2003).

constataram que atualmente se encontra uma palavra de vulgaridade pronunciada a cada 8 minutos na TV, com a FOX-TV sendo a pior infratora (Kaye e Sapolsky, 2004b). Os programas com classificação TVPG* têm na verdade uma linguagem mais questionável do que os programas com classificação TV14. Igualmente, encontra-se linguagem mais ofensiva nos programas que não contêm uma classificação "L" para "linguagem" (Kaye e Sapolsky, 2004b)! Atualmente, as "sete palavras sujas" de George Carlin, que em certa época foram proibidas de ser transmitidas na mídia, agora são ouvidas uma vez a cada 3 horas na TV (Kaye e Sapolsky, 2004a). Em 2006 o Congresso aprovou uma legislação que aumentava as multas para a transmissão de obscenidades de US$32.500 para US$325.000 por incidente. O problema é como definir *obscenidade* (ver os Exercícios) (Marcus, 2006). Além disso, enquanto os padrões das emissoras de TV podem ter ficado um pouco mais rígidos desde o incidente no Super Bowl, a TV a cabo continua "passando dos limites" com quantidades crescentes de linguagem ofensiva e nudez (Daly, 2005). Até o momento, o Congresso não consentiu que a Comissão Federal

* N. de R.T.: Esta é a classificação adotada nos Estados Unidos para os programas de televisão: a) **TV-Y**: elaborado para crianças até 6 anos; b) **TV-Y7**: não recomendado para menores de 7 anos; c) **TV-G**: recomendado para todos os públicos; d) **TV-PG**: recomenda-se o acompanhamento parental; e) **TV-14**: não recomendado para menores de 14 anos; f) **TV-MA**: não recomendado para menores de 17 anos.

de Comunicações (FCC) tenha nenhum tipo de supervisão da indústria da TV a cabo.

Nos filmes de Hollywood, *Quem Vai Ficar com Mary, South Park: Maior, Melhor e Sem Cortes, Austin Powers: O Agente 'Bond' Cama, Papai Noel às Avessas, Kill Bill* e *Fora de Casa!* estabeleceram novos padrões para o que pode ser dito, mostrado ou discutido na tela. Por exemplo, *Fora de Casa!* apresenta cenas do astro masturbando um cavalo ao vivo e se esfregando na pele de um veado estripado e o ator coadjuvante sendo borrifado com ejaculação de elefante (Robischon, 2001). Minuto a minuto, *South Park* pode ser o filme mais grotesco já distribuído, com 399 palavras que o Movie Index of Colorado Springs classificou como "grosseiras, obscenas/profanas ou sexualmente sugestivas" (Farhi, 1999). Embora *Pulp Fiction* contivesse 411 palavras como estas, ele tinha 154 minutos de duração, comparado aos 80 minutos de *South Park*. Filmes adultos como *O Verão de Sam*, de Spike Lee, e *De Olhos Bem Fechados*, de Stanley Kubrick, evitaram de certa forma a classificação fatal NC-17 e, ao invés disso, receberam a classificação R. Mesmo filmes PG–13, como *James West*, contêm conversas sobre tamanho de pênis, textura de seios e imagens das nádegas nuas de Salma Hayek (Hershenson, 1999). É claro que uma hora gasta assistindo à série *Os Sopranos*, da HBO, provavelmente irá expor a criança ou o adolescente a palavras que nem mesmo podem ser impressas em um livro-texto universitário.

Um crítico da mídia acha que tudo isso contribuiu para uma nova "cultura de desrespeito" entre crianças e adolescentes, que são suscetíveis à influência dos modelos encontrados nessas programações (Walsh e Bennett, 2005). Outro crítico proeminente, comentando sobre o verão de 2000 que produziu *Eu, Eu Mesmo e Irene* e *Como Viajar com o Mala do Seu Pai*, comentou: "os ultrajes fedorentos oferecidos atualmente por Hollywood não têm nada melhor a fazer do que provocar risadas barulhentas de adolescentes excitados ... Grosseria é mercado de massa" (Ansen, 2000, p. 61). Até o momento, nenhuma pesquisa examina o impacto do conteúdo ou linguagem "obscena" nas crianças ou adolescentes.

Mídia impressa

As revistas contemporâneas refletem a mesma tendência vista na televisão e nos filmes de cinema – uma mudança do amor ingênuo e romântico das décadas de 1950 e 1960 para um crescente interesse clínico sobre o funcionamento sexual (Planned Parenthood, 2006; Treise e Gotthoffer, 2001; Walsh-Childers, Gotthoffer e Lepre, 2002). Análises de conteúdo mostram que na década de 1970, revistas da moda como *Ladies' Home Journal, Good Housekeeping, McCall's* e *Time* continham três vezes mais artigos que discutiam o funcionamento sexual e uma quantidade seis vezes maior de termos sexuais utilizados (Herold e Foster, 1975; Scott, 1986). Acompanhando esta mudança, houve também outra: de uma discussão sobre "moralidade" sexual passou-se a uma preocupação sobre a "qualidade" sexual, um ceticismo sobre a virgindade ao casar e uma visão mais liberal do sexo extraconjugal (Silverman-Watkis, 1983).

Em um dos vários estudos da mídia impressa sobre o que os adolescentes liam, Klein e colaboradores (1993) descobriram que *Seventeen, Sports Illustrated, Teen, Time, Ebony, Young Miss, Jet, Newsweek* e *Vogue* respondiam por mais da metade de todas as leituras citadas. Os adolescentes que liam revistas de esportes ou música tinham mais probabilidade de relatar envolvimento em comportamentos perigosos. Muitos adolescentes, especialmente as meninas, relatam que se baseiam nas revistas como uma fonte importante de informações sobre sexo, controle de natalidade e temas relacionados à saúde (Fundação da Família Kaiser, 1996; Treise e Gotthoffer, 2001; Wray e Steele, 2002). Uma análise de conteúdo de

2004 das revistas britânicas para adolescentes encontrou que as revistas para as meninas tendem a colocar o foco no romance, emoções e responsabilidades femininas com a contracepção, enquanto as revistas para os meninos eram mais sugestivas visualmente e supunham que todos os homens eram heterossexuais (Batchelor, Kitzinger e Burtney, 2004).

As análises de conteúdo da *Seventeen* e da *Sassy* encontraram que a maioria das histórias nessas revistas populares continha mensagens de socialização muito tradicionais, incluindo as de que as meninas dependem de outra pessoa para resolver seus problemas pessoais (Peirce, 1993), são obcecadas por meninos, que as meninas são heterossexuais e são sempre consumidoras preocupadas com a aparência (Wray e Steele, 2002). *Sassy* apresentava inicialmente conteúdos como "Perdendo a sua Virgindade", "Ficando Excitada" e "A Minha Amiga Ficou Grávida" (J.D. Brown e Steele, 1995). No entanto, depois de um boicote dos anúncios organizado pela direita religiosa, esse conteúdo foi abandonado. *Sassy* também já não está mais sendo publicada.

Kilbourne (1991) aponta para a banalização do sexo que ocorre nas revistas femininas, tanto no seu conteúdo quanto na publicidade. Por exemplo, um anúncio sobre jeans diz: "Você pode aprender mais sobre anatomia depois da aula", e mostra um garoto adolescente apalpando uma garota. De acordo com Kilbourne, a mídia impressa dá às meninas adolescentes mensagens totalmente contraditórias: seja inocente, mas também seja sexualmente experiente. Revistas para adolescentes como *Jane* estão cheias de artigos como: "Como as Garotas Espertas Flertam", "15 Coisas no Sexo que Fazem com que Você Fique Mais Bonita" e "Você é Boa de Cama?" (Kilbourne, 1999).

Em sua defesa, contudo, é muito mais provável que a mídia impressa discuta contracepção e anuncie produtos para controle da natalidade do que a mídia televisiva (Walsh-Childers et al., 2002). Uma análise de conteúdo de revistas para adolescentes encontrou que em média 2 ½ páginas (Walsh-Childers, 1997) são dedicadas a temas sexuais por edição. Dos artigos sexuais em revistas para adolescentes, quase metade (42%) referia-se a temas de saúde (Walsh-Childers, 1997). De fato, a edição de outubro de 2005 da *Seventeen* apresentava uma discussão muito aberta de 2 páginas sobre saúde ginecológica intitulada "Vagina 101", que foi premiada com o Maggie Award da Federação de Planejamento da Paternidade da América (Planned Parenthood, 2006). Contudo, em geral, boa parte da cobertura sobre saúde nas revistas de adolescentes aparece em forma de colunas de aconselhamento, e o foco principal parece estar na decisão de quando perder a virgindade (Huston et al., 1998; Walsh-Childers, 1997). Até o momento, apenas um estudo examinou a possível ligação entre o conteúdo sexualizado das revistas e as atitudes e comportamentos sexuais: a amostra da mídia sexual de Brown incluiu as revistas para adolescentes e descobriu que as mídias sexuais de todos os tipos diminuem a idade da primeira relação sexual em aproximadamente um ano (J.D. Brown et al., 2006).

A natureza da pesquisa

Ao contrário da pesquisa sobre a violência, os estudos sobre o impacto da televisão e filmes sexualizados são, por circunstâncias, consideravelmente mais escassos e mais limitados. Os pesquisadores não podem simplesmente apresentar a um grupo de jovens de 13 anos vários filmes com classificação X e depois medir as alterações de atitude e comportamento resultantes. No entanto várias modalidades de pesquisa produziram dados importantes.

Análises de conteúdo. As análises de conteúdo simplesmente examinam a quantidade de material sexual na programação, nas músicas e nos artigos atuais, sem abordar os seus efeitos. De 1975 a 1988 dobrou o número de comportamentos sexuais no horário nobre da televisão, a quantidade de insinuações aumentou em mais de quatro vezes e a relação sexual foi retratada pela primeira vez (Harris e Associados, 1988). Na década de 1990, a programação que prevalecia na televisão tornou-se ainda mais explícita nessa descrição do conteúdo sexual (ver Tabelas 5.10 e 5.11) (Huston et al., 1998). No entanto as tendências nocivas da década de 1980 também continuaram, ocorrendo mais sexo na TV entre adultos não-casados do que entre casados e apenas com menções raras dos riscos do sexo sem proteção e do sexo na adolescência (Kunkel et al., 1996). Mais recentemente, Cope-Farrar e Kunkel (2002) realizaram a análise mais extensa de todas, examinando os 15 programas preferidos entre os adolescentes de 12 a 17 anos em relação à classificação de Nielsen (vers Tabelas 5.1-5.3). Mais de 80% continham conversas sobre sexo ou comportamento sexual. As comédias de situação apresentaram 7 cenas por hora com conteúdo sexual, e os outros programas com material sexual apresentavam em média 11 cenas por hora. É interessante notar que, pela primeira vez, em uma análise de conteúdo houve realmente mais comportamento sexual representado do que conversas sobre sexo. Todas essas tendências continuaram até o início da década de 2000. Os programas permanecem altamente sexualizados, de acordo com a análise de conteúdo bienal feita agora na Universidade do Arizona (Kunkel, Cope-Farrar, Biely, Farinola e Donnerstein, 2001; Kunkel et al., 2003, 2005).

- Mais de 75% de todos os programas do horário nobre possuem atualmente conteúdo sexual.
- Os programas populares para adolescentes possuem mais conteúdo sexual do que outros programas adultos do horário nobre.
- Dos programas mais populares entre os adolescentes, quase metade (45%) inclui comportamento sexual.
- Um em cada 10 programas inclui a exibição de relações sexuais ou as deixam implícitas.
- De um modo geral, apenas 14% dos programas com conteúdo sexual mencionam *algum* dos riscos ou responsabilidades que acompanham ter relações sexuais. Este número representa

Tabela 5.10 Temas principais nos programas de entrevistas na TV nos Estados Unidos (N = 120 programas) (em porcentagens)

Tema	*% de Programas*
Relações pais-filhos	48
Encontros amorosos	36
Relações conjugais	35
Atividade sexual	34
Abuso	23
Atos criminosos	22
Infidelidade sexual	18
Celebridades	10

Fonte: Dados extraídos de Greenberg et al. (1995).

Tabela 5.11 Conteúdo sexual em novelas dos Estados Unidos (1996)

Comportamentos	*Frequência*	*Média por hora*
Beijos apaixonados	165	1,66
Discussões verbais sobre relações sexuais	66	0,68
Carinhos/carícias	30	0,31
Prostituição	27	0,28
Descrições verbais da relação sexual	17	0,19
Estupro	13	0,14
Discussões sobre "sexo seguro", contracepção ou AIDS	9	0,09

Fonte: Adaptado de Heintz-Knowles (1996).

apenas 10% dos 20 principias programas para adolescentes. Mesmo quando são mencionados os riscos, eles geralmente são inconsequentes. Apenas 1% de todos os programas com conteúdo sexual tem os riscos ou responsabilidades como tema principal.

- Desde que estas análises de conteúdo foram realizadas pela primeira vez em 1998, o número total de cenas sexuais quase que dobrou. Um total de aproximadamente 5.000 programas de TV foi avaliado em quatro análises de conteúdo feitas até o momento.

Por fim, diversos estudos investigaram outros aspectos da mídia no novo milênio:

- Uma única análise de conteúdo das temporadas de 2001 a 2003 encontrou que aproximadamente 15% do conteúdo sexual da programação apresenta não heterossexuais (Fisher, Hill, Gruber e Gruber, 2007). Outro estudo mais recente de 679 personagens de séries na temporada 2006-2007 encontrou que apenas 1,3% dos personagens são gays, lésbicas ou bissexuais (Moore, 2006).
- As consequências na programação para adolescentes foram tema de outra análise de conteúdo, examinando os dramas do horário nobre que apresentam personagens de 12 a 22 anos. O autor descobriu que o "critério duplo" (ou seja, dois pesos e duas medidas) está forte e ativo: a atividade sexual no sexo feminino era mais provável de ter consequências negativas do que a atividade sexual masculina (Aubrey, 2004).

Novelas

Como acontece com a programação do horário nobre, as novelas foram se tornando cada vez mais orientadas para o sexo e sexualmente explícitas desde a década de 1980. Duas análises de conteúdo possibilitam um conhecimento maior das tendências da década de 1990 (Greenberg e Busselle, 1994; Heintz-Knowles, 1996). Greenberg e Busselle (1994) analisaram 10 episódios de cada uma das cinco principais novelas (*Hospital Geral, All My Children, One Life to Live, Young and the Restless* e *Days of Our Lives*) em 1994 e encontraram uma média de 6,6 eventos sexuais por hora (Greenberg e Busselle, 1994). O sexo era retratado visualmente com uma frequência duas vezes maior do que era falado a respeito. Em 1994, quase metade dos eventos envolvia relações sexuais, geralmente entre parceiros não casados. Surpreendentemente, o estupro foi a segunda atividade sexual mais frequentemente retratada, com um total de 71 eventos, ou 1,4, por hora. A contracepção, ou "sexo seguro", foi mencionada apenas 5 vezes em 333 eventos. A única menção à AIDS dentre os 50 episódios referia-se ao risco associado ao uso intravenoso de drogas, não ao sexo. E houve um único episódio em que um genitor discutia sobre sexo com sua filha adolescente. Em 1996, o comportamento sexual era três vezes mais provável de ser retratado do que ser meramente mencionado. Apenas 10% dos episódios sexuais envolveram o uso de contracepção ou discussões a respeito dos riscos da atividade sexual (Tabela 5.11) (Heintz-Knowles, 1996). Mas os produtores das novelas também têm sido mais responsivos às questões nacionais de saúde do que os produtores do horário nobre (Fox, 2000; Stern, Russell, 2005). Por exemplo, *Hospital Geral* (ABC) foi o primeiro a apresentar um personagem com HIV, que em determinado momento discute com sua parceira a necessidade de usar camisinha se eles tiverem relações sexuais. Em Young and the Restless (CBS), uma mulher decide se submeter ao teste de HIV depois de saber dos casos do seu marido. Internacionalmente, as novelas têm sido usadas de modo pró-social, para incentivar atitudes mais saudáveis em relação a sexo, sexualidade e particularmente HIV (Howe, Owen-Smith e Richardson, 2002; Rivadeneryra e Ward, 2005; Weinberg, 2006).

TV realidade

Apesar deste nome, a TV realidade (*reality TV*) é qualquer outra coisa menos real – como qualquer estudante de comunicação, professor ou pai sabe muito bem (Brenton e Cohen, 2003; Hill, 2005; Murray e Ouellette, 2004). Entretanto, no início da década de 2000, a TV realidade tornou-se imensamente popular. Na classificação de Nielsen para 26 de junho até 2 de julho de 2006, por exemplo, 5 dos 20 programas principais eram *reality shows* ("Nielsen Ratings", 2006). Os *reality shows* podem variar desde *shows* de talentos (*American Idol, So You Think You Can Dance, Making the Band*) até dramas de aventura (*Survivor, Amazing Race*), até o tipo mais comum – programas orientados para o sexo. Estes variam desde o voyeurismo absoluto (*Big Brother, Real World* e *Are you Hot?*) até programas para encontros amorosos como *The Bachelorette* e *Next* e *Parental Control*, da MTV. Um *novo reality* show da BBC, *The Baby Borrowers*, faz com que os pais "doem" seus filhos a adolescentes, de modo que eles possam viver na prática como é ser pai. O apresentador abre o programa com a declaração: "Com o mais alto índice de gravidez na adolescência da Europa, os adolescentes britânicos estão procriando como coelhos" (ABC News, 2007). A mensagem que prevalece em muitos dos programas é que "você tem que ser 'quente'" (Christenson e Ivancin, 2006). Até o momento, apenas dois estudos exploraram o impacto de tais programas nos adolescentes e jovens adultos. Um estudo com 197 jovens adultos indicou que os homens e espectadores que percebiam os programas como reais tinham mais probabilidade de ter as mesmas atitudes exibidas nos programas de encontros amorosos (Ferris, Smith, Greenberg e Smith, 2007). E em um estudo com 334 estudantes universitários, Zurbriggen e Morgan (2006) descobriram que assistir a essa programação estava correlacionado a crenças em um critério duplo, de que os homens são guiados pelo sexo e que homens e mulheres são adversários sexuais. Mas os pesquisadores também descobriram que os estudantes menos experientes sexualmente estavam, na verdade, assistindo mais *reality shows* de encontros amorosos, o que pode significar a importância que tais programas têm na socialização sexual.

Publicidade

Desde a época da garota Noxzema, que aconselhava os espectadores homens "se é para tirar a roupa, tire toda ela", ou Brook Shields dizendo que "não existe nada entre mim e a minha Calvin Klein", até os atuais anúncios de cerveja, *coolers* de vinho e perfumes, a publicidade sempre usou o imaginário visual para tentar vender (Kilbourne, 1999). Em 1977, um pesquisador descobriu que quase um terço de todos os anúncios do horário nobre da TV "usavam como apelo de venda o desejo da atração sexual, a juventude ou beleza e/ou aqueles em que o apelo sexual (atrativo físico) dos atores ou atrizes do comercial servisse como um apelo de vendas" (Tan, 1979, p. 285). Um estudo parecido, realizado 8 anos depois, com mais de 4.000 anúncios de televisão encontrou que 1 em cada 3,8 anúncios possuía imagens baseadas na atração (Downs e Harrison, 1985). Uma consequência deste tipo de anúncio é que a mulher é ensinada sutilmente que o seu principal objetivo na vida é atrair os homens e servir como prêmio sexual. Se for bem-sucedida nisso, será que ela poderá dizer não quando ele quiser sexo? E ele poderá realmente acreditar nela (J.D. Brown e Steele, 1995)?

Uma consequência do movimento feminista da década de 1970 foi que os homens agora estão sendo cada vez mais explorados pelo seu apelo sexual, da mesma forma como acontecia antes com as mulheres (ver Figura 5.12) (Svetkey, 1994). A mídia norte-americana se tornou uma exploradora de oportunidades iguais.

A publicidade moderna costuma apresentar corpos de mulheres que foram "desmembrados" – somente as pernas ou os seios aparecem (ver Figura 5.13) (Kilbourne, 1999). Cada vez mais, as menininhas são sexualizadas, por exemplo, um anúncio de xampu diz: "Você é uma mulher Halston desde o come-

Figura 5.12

Fonte: ©2008 Jockey International, Inc. Todos os direitos reservados; CHIPPENDALES®, THE ULTIMATE GIRLS NIGHT OUT® e Cuffs e Collars Trade Dress são marcas registradas de Chippendales USA, LLC. E não podem ser utilizadas ou reproduzidas sem a permissao de Chippendales. ©2000-2007 Chippendales USA, LCC. Todos os direitos reservados.

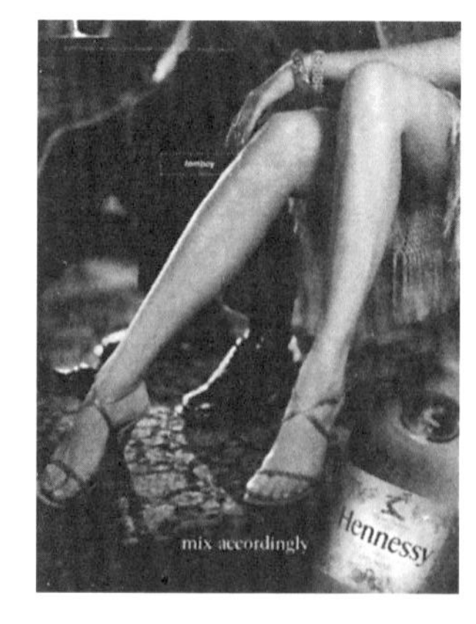

Figura 5.13

Fonte: Bacardi, seu rótulo, o design da sua garrafa e o desenho do morcego são marcas e/ou marcas registradas da Bacardi e Company Limited. ©2007. Todos os direitos reservados; ©2006 por Moet Hennessy USA Inc, New York, NY; ©Verasace.

cinho" e mostra uma menina de uns 5 anos (Levin e Kilbourne, 2008). Um estudo dos anúncios de moda em revistas populares encontrou que as mulheres têm maior probabilidade do que os homens de serem mostradas em posições submissas, de serem exibidas sexualmente ou serem incluídas em imagens violentas (Rudman e Verdi, 1993). Conforme observa Kilbourne (1999):

> Quando são usadas piadas sobre sexo para vender de tudo, desde arroz até mata-baratas, de carros até tapetes, fica difícil lembrar que o sexo pode unir duas almas, pode inspirar admiração. Individualmente, estes anúncios são inofensivos, mas o efeito cumulativo é degradar e desvalorizar o sexo. (p. 265)

Qual o impacto desta sexualização da publicidade norte-americana nos adolescentes? Só podemos especular, mas existem indicativos de que os adultos norte-americanos parecem estar tendo mais problemas sexuais do que jamais tiveram. No estudo mais recente e abrangente desde o Relatório Kinsey da década de 1940, 43% das mulheres e 31% dos homens relataram disfunção sexual (definida como falta de interesse ou de prazer no sexo, ansiedade quanto ao desempenho ou incapacidade para atingir o orgasmo) (Laumann, Paik e Rosen, 1999). Seria possível que as imagens e anúncios da mídia sobre disfunção erétil estejam moldando a realidade das pessoas sobre como deve ser a sua vida pessoal? Se for assim, isso novamente representaria o "efeito do cultivo" em ação, o qual é tido como um fator poderoso na influência da mídia (Gerbner, Gross, Morgan, Signorielli e Shanahan, 2002). É possível mostrar-se à altura dos padrões sexuais da mídia, em que todo mundo está tendo sexo (inofensivo) todo o tempo? É necessário que haja pesquisas qualitativas consideráveis com adolescentes antes que essas perguntas possam ser respondidas de forma abalizada.

Estudos correlacionais. Fica evidente, de acordo com muitas análises de conteúdo, que a televisão norte-americana é não somente sexualizada como também sugestiva. O simples bom senso nos diria que isso não é saudável para crianças e adolescentes. Mas algumas pessoas querem ter evidências mais fortes. Todo esse conteúdo sexualizado realmente prejudica as crianças ou ele é mera fantasia ou entretenimento? Os adolescentes que se tornam sexualmente ativos em idade precoce fazem isso por causa da exposição à mídia sexualizada ou eles simplesmente preferem assistir a essa programação? Infelizmente, são raros os estudos correlacionais. Em contraste evidente com a literatura sobre violência na mídia, existem apenas 10 estudos correlacionais em que os pesquisadores tentaram avaliar a relação entre o início precoce das relações sexuais e o volume de conteúdo sexual assistido na televisão, e 4 dos 10 têm agora entre 10 e 20 anos. Contudo, todos eles demonstraram efeitos mensuráveis:

- Em um estudo de 75 meninas adolescentes, metade delas grávidas e metade não grávidas, as meninas grávidas assistiam a mais novelas antes de engravidar e tinham menor probabilidade de achar que seus personagens favoritos de novela usavam controle de natalidade (Corder-Bolz, 1981).
- Um estudo de 391 alunos de nível intermediário na Califórnia do Norte descobriu que aqueles que assistiam seletivamente mais TV sexualizada tinham maior probabilidade de começar a ter relações sexuais no ano anterior (J.D. Brown e Newcomer, 1991).
- Um estudo de 326 adolescentes de Cleveland mostrou que aqueles com uma preferência pela MTV tinham maior volume de experiência sexual na metade da adolescência (Peterson e Kahn, 1984).
- Os dados do National Surveys of Children revelaram que os homens que assistem mais TV tinham a prevalência mais alta de relações sexuais e que os adolescentes que assistiam TV separados da sua família tinham uma taxa de relações sexuais três a seis vezes mais alta do que os que assistiam com a família (J.L. Peterson, Moore e Furstenberg, 1991).
- Um estudo com 214 adolescentes de 13 a 18 anos e suas famílias encontrou que parecia não haver relação entre a virgindade masculina e a exposição a filmes classificados como R ou X, com música popular ou videoclipes (Strouse, Buerkel-Rothfuss e Long, 1995). No entanto, entre as mulheres houve uma relação entre a exposição a videoclipes e sexo antes do casamento. Também houve associação entre ambientes insatisfatórios em casa e sexo antes do casamento.
- Uma pesquisa por telefone com 1.010 adolescentes entre 14 e 19 anos no norte do estado de Nova York descobriu que ouvir música *pop* ou *hip-hop* ou ler revistas femininas estava associado a ter relações sexuais. Também foi encontrado que os adolescentes passam quase 8 horas por dia com vários tipos de mídia (Pazos et al., 2001).
- Um estudo sobre os hábitos de estudo de 244 alunos da escola secundária encontrou que assistir a mais *talk shows* e programas sexualizados do horário nobre estava associado a maior estereotipia sexual e a níveis maiores de experiência sexual (Ward e Friedman, 2006).
- Um oitavo estudo, um tanto falho, encontrou que as adolescentes afro-americanas com maior exposição a videoclipes de *rap* ou filmes com classificação X têm maior probabilidade de terem tido parceiros sexuais múltiplos e teste positivo para uma DST (Wingood et al., 2001).
- Outro estudo recente, com 847 adolescentes e seus pais, revelou que os adolescentes cujos pais impõem mais restrições aos seus hábitos de assistir TV são menos experientes sexualmente e têm uma imagem corporal mais saudável (Schooler, Kim e Sorsoli, 2006).

- Por fim, um estudo de mais de 1.000 adolescentes de 14 escolas de nível médio no sudoeste encontrou que a exposição a conteúdo sexual na mídia explicava 13% da variação na intenção de ter relações sexuais em um futuro próximo (L'Engle, Brown e Kenneavy, 2006).

Estudos longitudinais. Até recentemente não havia estudos longitudinais substanciais que pudessem implicar ou absolver o conteúdo sexual na mídia do fato de incentivar o sexo precoce na adolescência. Mas esta situação se alterou recentemente com um investimento financeiro do NIMH (National Institute of Mental Health): agora existem três estudos, com outros mais em processo. No primeiro estudo deste tipo, pesquisadores da Califórnia encontraram que os adolescentes que eram expostos à mídia sexualizada tinham maior probabilidade de começar a ter relações sexuais em uma idade mais precoce. Aproximadamente 1.800 adolescentes entre 12 e 17 anos foram estudados inicialmente e, então, um ano depois novamente. A exposição à mídia sexualizada dobrou o risco de iniciarem as relações sexuais ou de avançarem significativamente na sua atividade não coital (Collins et al., 2004). Achados similares foram relatados usando dados do Estudo Longitudinal Nacional da Saúde do Adolescente. Em um estudo com aproximadamente 5.000 adolescentes com menos de 16 anos que ainda não haviam tido sua primeira relação sexual, os pesquisadores encontraram que aqueles que assistiam TV durante mais de 2 horas por dia eram quase duas vezes mais prováveis de começarem a ter sexo no espaço de um ano, comparados com os que assistiam menos TV (Ashby et al., 2006). Por fim, foi feito um estudo-modelo por Brown e colaboradores (2006), usando uma Dieta de Mídia Sexual que compreendia não apenas a TV, mas, também, cinema, música e a mídia impressa. A exposição a uma Dieta de Mídia Sexual mais intensa entre mil jovens de 12 a 14 anos na Carolina do Norte acelerou a atividade sexual de adolescentes brancos e duplicou seu risco de relações sexuais precoces no período de 2 anos (ver Figura 5.14). O estudo foi interessante e abrangente em todos os aspectos, exceto por omitir a exposição à pornografia *online* (Strasburger, 2006b). Muitos outros estudos longitudinais, que receberam fundos do NIMH, estão sendo conduzidos atualmente.

Estudos experimentais. Ainda existem várias restrições ao estudo de alguns aspectos da sexualidade na infância e adolescência (Huston et al., 1998). Mesmo no novo milênio, os pesquisadores continuam a lutar contra a ideia antiquada de que se você perguntar às crianças sobre sexo elas estarão tendo ideias que não teriam tido de outra forma (Strasburger, 2005). Estudos examinaram a eficácia do sexo na publicidade e na programação de televisão: as meninas de 2º grau às quais foram apresentados "comerciais de beleza" tinham maior probabilidade de achar que o atrativo físico era importante para elas do que as meninas às quais foram apresentados comerciais neutros (Tan, 1979). Os estudantes universitários do sexo masculino que assistiram a um episódio de *As Panteras* foram mais rigorosos nas suas avaliações de beleza das namoradas potenciais do que os rapazes que não haviam assistido ao episódio (Kenrick e Guttieres, 1980), e aqueles aos quais foi mostrado o pôster central da Playboy e Penthouse tinham maior probabilidade de achar suas namoradas menos atraentes sexualmente (Weaver, Masland e Zillmann, 1984).

Os estudos também examinaram o impacto do conteúdo sexual na formação de atitudes (Greenberg e Hofshire, 2000). Por exemplo, estudantes universitários a quem foram mostrados filmes com sexo explícito relataram maior aceitação de infidelidade sexual e promiscuidade do que os do grupo controle (Zillmann, 1994) – e os adolescentes que assistiram a apenas 10 videoclipes tinham mais

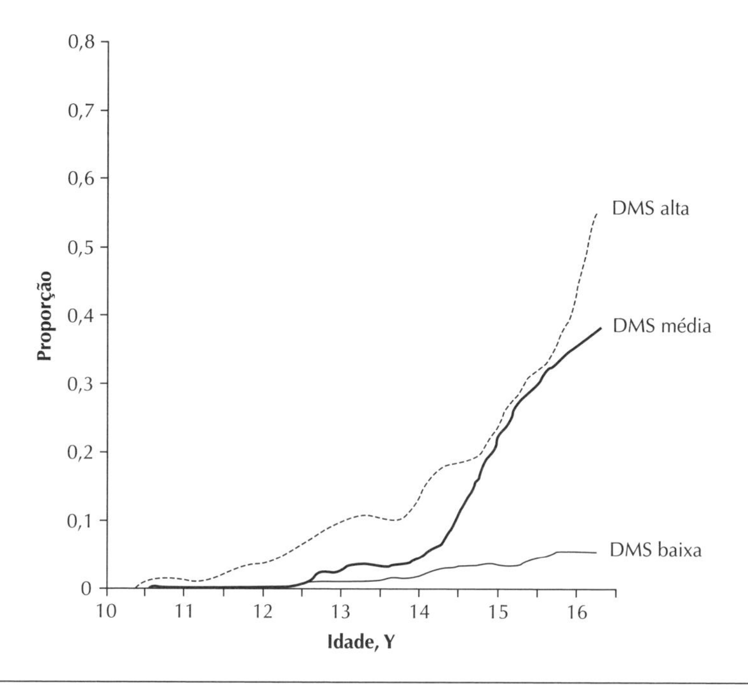

Figura 5.14 Dieta de mídia sexual (DMS) e risco de relações sexuais precoces.

Fonte: Extraído de J. D. Brown et al. (2006).

Nota: Novas pesquisas encontraram um risco duplicado de relações sexuais precoces com exposição a mais conteúdo sexual em uma variedade de diferentes mídias.

probabilidade de concordar com a noção de que "o sexo antes do casamento é aceitável" (Greeson e Williams, 1986). Em dois estudos, a desaprovação dos estudantes universitários do estupro foi diminuída pela exposição a apenas 9 minutos de cenas extraídas de programas de televisão e filmes com classificação R ou assistindo a 5 horas de filmes com sexo explícito durante um período de 6 semanas (Brown, Childers e Waszak, 1990; Zillmann e Bryant, 1982). Finalmente, estudantes universitários do sexo masculino e feminino expostos a vídeos não violentos de uma hora de duração e com classificação X, durante um período de 6 semanas, relataram menos satisfação com seus parceiros íntimos (Zillmann e Bryant, 1988). Os pesquisadores concluíram: "grande alegria e êxtase são acessíveis aos parceiros que acabaram de se conhecer, que não estão de forma alguma comprometidos um com o outro e que irão se afastar em seguida, sem nunca mais se encontrarem" (Zillmann e Bryant, 1988, p. 450) – certamente um achado ameaçador para os que estão interessados em diminuir os índices de relações sexuais dos adolescentes.

Obviamente, estudar universitários é consideravelmente mais fácil do que estudar jovens adolescentes, particularmente quando o comportamento sexual é a variável que está sendo avaliada. Embora quase a metade dos estudantes do ensino médio já tenha tido relações sexuais (CDC, 2000) e os adolescentes sejam bombardeados com mensagens sexuais na mídia, os administradores de escolas e os pais ainda estão relutantes em fazer pesquisas com seus adolescentes sobre suas atividades sexuais, mesmo com o consentimento informado (Strasburger, 2006a).

Assim sendo, além dos estudos longitudinais realizados com fundos do NIMH discutidos, ocorre atualmente um retorno aos estudos de laboratório em pequena escala, sendo que dois apresentaram resultados intrigantes. No primeiro, a "exposição massiva" à programação do horário nobre que trata de sexo pré-, extra ou não conjugal dessensibilizou os espectadores quanto a tais "impropriedades". No entanto, vários fatores trabalharam contra isso: um sistema de valores claramente definido dentro da família, uma capacidade de discutir abertamente temas importantes dentro da família e a habilidade de assistir de maneira ativa e crítica (Bryant e Rockwell, 1994). No segundo, um pequeno estudo das interpretações dos adolescentes das novelas, Walsh-Childers (1991) encontrou que os "esquemas" sexuais dos adolescentes influenciaram suas percepções das relações dos personagens. É interessante citar que a menção ao controle de natalidade não teve que ser explícito para ser eficiente. Na verdade, o uso do eufemismo *proteção* pareceu ser preferível.

Conteúdo sexual pró-social na televisão

Uma das abordagens com mais apelo e mais prática para tratar de assuntos de saúde pública sobre a televisão foi apelidada de "edutenimento" – a prática de incluir mensagens de responsabilidade social na programação principal (Brown e Strasburger, 2007; Kaiser Family Foundation, 2004). O *Media Project* representa uma parceria única entre os Advocates for Youth e a Henry J. Kaiser Family Foundation, que funciona com a indústria da televisão de uma forma colaborativa, para aumentar a quantidade de conteúdo sexual correto e pró-social na televisão. Durante a temporada da TV de 1999, o *Media Project* trabalhou com os produtores de *Felicity* em um episódio de duas partes a respeito de estupro em um encontro amoroso. O Projeto estimulou a criação de uma linha direta com discagem gratuita para denúncia de estupro a ser exibida no final de cada episódio, e o número recebeu mais de 1.000 chamados logo depois que o programa foi ao ar (Folb, 2000). Em uma pequena pesquisa sobre um episódio posterior que discutiu controle de natalidade, mais de um quarto dos jovens pesquisados entre 12 e 21 anos achava que tinham aprendido alguma coisa nova sobre controle de natalidade e sexo seguro. O Projeto também forneceu informações para um episódio de *Jack e Jill* sobre uma gravidez indesejada, para um episódio de *For Your Love* sobre o uso da camisinha e para um episódio de *Get Real* a respeito da comunicação pais-filhos e sobre os jovens serem sexualmente ativos pela primeira vez (Folb, 2000). Em 2002, *Friends* levou ao ar um episódio sobre preservativos, e 27% de uma amostra nacional de adolescentes assistiram ao programa. Quase metade dos adolescentes assistiu ao episódio com um adulto e 10% conversaram sobre a eficiência da camisinha, como consequência do episódio (Collins, Elliott, Berry, Kanouse e Hunter, 2003).

Os esforços colaborativos entre a Fundação Kaiser e os produtores do programa *ER* também resultaram em histórias de sucesso sobre os riscos do vírus do papiloma humano e a utilidade da contracepção de emergência (ver Figura 5.15) (Brodie et al., 2001). Na Inglaterra, uma história em que uma das personagens do programa *Coronation Street* morreu de câncer de útero resultou em um aumento de 21% no exame Papanicolau nas 19 semanas depois que o programa foi ao ar (Howe et al., 2002). A *Soap Opera Summit* em Hollywood e os esforços internacionais para incluir alguns assuntos nas novelas populares são outros exemplos de esforços pró-sociais. Por exemplo, a gigante da mídia Viacom e a Fundação

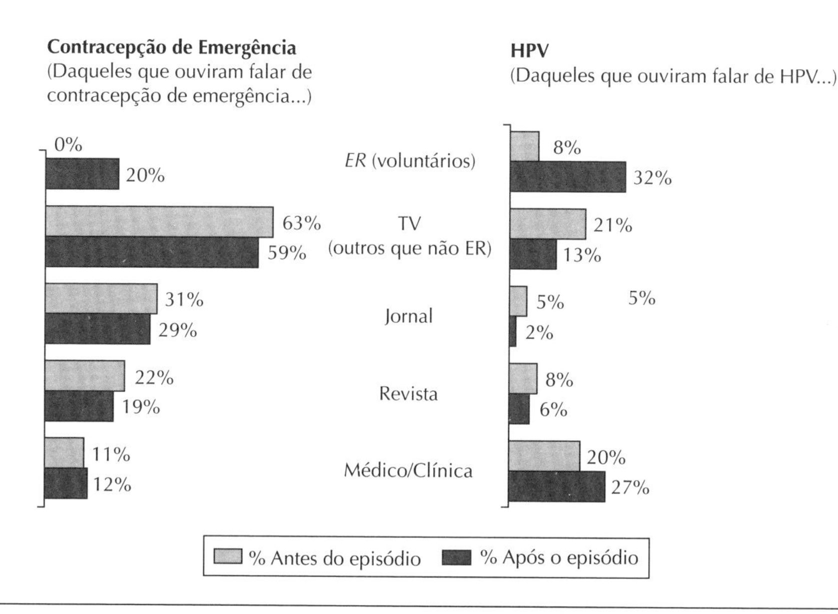

Figura 5.15 Aumento dos conhecimentos dos espectadores após as histórias no programa de sucesso *ER* sobre contracepção de emergência e o vírus do papiloma humano (HPV).

Fonte: Brodie et al. (2001). Reproduzido com autorização da Fundação da Família Kaiser.

Nota: Uma colaboração única entre a Fundação da Família Kaiser e os produtores de *ER* resultou em informações de saúde importantes sobre o papiloma humano (uma doença sexualmente transmissível) e sobre contracepção de emergência que foram inseridas no roteiro das histórias. Este estudo ilustra a importância das principais mídias na divulgação sobre sexo e sexualidade.

da Família Kaiser lançaram um projeto ambicioso em 2003 para produzir anúncios de utilidade pública e publicidade impressa no valor de US$120 milhões, falando sobre HIV/AIDS, e para incentivar os produtores da Viacom a incluírem esses temas em programas de TV que aumentariam a conscientização sobre a AIDS (Tannen, 2003). Esses esforços demonstraram que a indústria do entretenimento pode ser extremamente receptiva a sugestões externas e que um conteúdo mais saudável pode ser introduzido na programação principal da televisão sem a pressão do governo ou ameaça de censura.

A mídia de massa também foi usada de forma proativa para tentar aumentar a comunicação pais-filhos a respeito de sexo. Na Califórnia do Norte, uma campanha nas mídias de massa usou anúncios de utilidade pública em *outdoors*, rádio e TV com o tema: "Converse com seus filhos sobre sexo. Todo o mundo está fazendo isso". O impacto da campanha foi avaliado através de uma pesquisa pós-exposição, com 1.132 pais de adolescentes que viviam nos 32 estados atingidos pela campanha. A exposição a uma mensagem num *outdoor* ou anúncio de utilidade pública teve correlação significativa na atitude de um dos genitores conversar com seu filho sobre sexo durante o mês seguinte (Durant, Wolfson, LaFrance, Balkrishnan e Altman, 2006).

Publicidade de contraceptivos

Um dos achados fundamentais do relatório de Guttmacher, de 1985, foi que o índice de gravidez na adolescência nos Estados Unidos resulta parcialmente do acesso inadequado ao controle de natalidade. Em resposta a isto, foram incluídas nas histórias informações de saúde importantes sobre o vírus do papiloma humano (uma doença sexualmente transmissível) e sobre contracepção de emergência. Este estudo ilustra a importância de que as principais mídias divulguem informações sobre sexo e sexualidade (Jones, Forrest, Henshaw, Silverman e Torres, 1988). Apesar do aumento nos índices de atividade sexual e gravidez entre os adolescentes norte-americanos no final da década de 1990 e primeiros anos de 2000, os Estados Unidos *ainda* lideram o mundo ocidental em gravidez na adolescência (Abma et al., 2004; CDC, 2006). Parece estranho, talvez até hipócrita, que embora a cultura venha ficando cada vez mais "sexualizada" nos últimos 20 anos, ainda permanece o tabu da menção pública ao controle de natalidade. Em 1985 o Colégio Americano de Obstetrícia e Ginecologia (ACOG) virou manchete quando seu Anúncio de Utilidade Pública (AUP) sobre gravidez na adolescência, intitulado "Eu Pretendo", foi proibido em todas as três principais emissoras de TV. A única linha objetável que teve de ser removida antes que as emissoras concordassem em transmitir o AUP dizia: "A gravidez indesejada tem muitos riscos ... riscos maiores do que qualquer um dos contraceptivos atuais" (Strasburger, 1989, p. 767). Os executivos das emissoras justificam que este tipo de AUP ou publicidade de produtos para o controle da natalidade desagradaria a muitos espectadores.

A situação atual permanece a mesma de duas décadas atrás. No entanto, os anúncios de controle de natalidade de produtos sem prescrição vão ao ar em muitas estações locais em todos os Estados Unidos (por exemplo, KABC-Los Angeles) sem que seja registrada nenhuma reclamação. Além disso, o Relatório Harris, de 1987, mostra que uma maioria do público norte-americano – incluindo 62% dos católicos pesquisados – é a favor da divulgação do controle de natalidade na televisão, (L. Harris e Associados, 1987). Um estudo mais recente encomendado pela Fundação da Família Kaiser (2001) encontrou resultados parecidos. Nesse meio tempo, anúncios de Viagra, Cialis e Levitra são abundantes e fazem com que o sexo se pareça com um esporte recreativo (ver Figura 5.16). Em 2006, US$241 milhões foram gastos em anúncios de drogas para disfunção erétil (DE), o que ajudou no resultado de US$1,4 bilhão em vendas (Agovino, 2007). A aparente "desconexão" entre a disponibilidade das emissoras de TV para levar ao ar anúncios de drogas para DE e a falta de disponibilidade quanto aos anúncios de produtos para controle de natalidade parece ser, na melhor das hipóteses, hipócrita (AAP, 2006).

A publicidade de preservativos e pílulas anticoncepcionais causaria algum impacto nos índices de gravidez na adolescência ou na contaminação por HIV (ver Figura 5.17)? Os dados do relatório de Guttmacher (Jones et al., 1988) e outros dados comparativos (Henshaw, 2004) parecem indicar que a resposta é sim para a gravidez na adolescência porque os países europeus tiveram uma redução nos índices de gravidez na adolescência a partir de uma discussão muito mais ampla na mídia e de anúncios de produtos para controle da natalidade. Além do mais, de acordo com o Population Services International, quando o Zaire começou a anunciar preservativos, aumentou em 20 vezes o número de camisinhas vendidas em apenas 3 anos – de 900.000 em 1988 para 18 milhões em 1991 (Alter, 1994). Em um "experimento natural" relevante, o anúncio que Earvin "Magic" Johnson fez da sua infecção por HIV foi associado a um declínio nos "encontros de uma noite" e no sexo com vários parceiros nas 14 semanas posteriores, em um estudo em Maryland (CDC, 1993). Isso também resultou no aumento da conscientização sobre a AIDS (Kalichman e Hunter, 1992).

Figura 5.16

Fonte: Steve Kelley Editorial Cartoon ©2006 Steve Kelley. Todos os direitos reservados. Usado com autorização de Steve Kelley e Creators Syndicate. ©2003, Signe Wilkinson. Distribuído pelo Washington Post Writers Group. Reproduzido com autorização.

O anúncio de produtos para controle de natalidade deixaria os adolescentes mais ativos sexualmente do que já são? Não existem evidências disponíveis indicando que a permissão de um acesso mais livre ao controle de natalidade incentive os adolescentes a se tornarem sexualmente ativos em uma idade precoce (Farrar, 2006; Mueller, Gavin e Kulkarni, 2008; Reichelt, 1978; Strasburger et al., 2006). Na verdade, os dados indicam exatamente o oposto: existem agora pelo menos oito ensaios clínicos controlados *peer-reviewed* que mostram que possibilitar aos adolescentes um acesso mais livre aos preservativos não aumenta a sua atividade sexual e não incentiva os adolescentes virgens a fazerem sexo, mas aumenta o uso de camisinhas entre aqueles que já são sexualmente ativos (Blake et al., 2003; Furstenberg, Geitz, Teitler e Weiss, 1997; Guttmacher et al., 1997; Jemmott, Jemmott e Fong, 1998; Kirby et al., 1999; Scuster, Bell, Berry e Kanouse, 1998; Sellers, McGraw e McKinlay, 1994; Wolk e Rosenbaum, 1995). Tipicamente, as garotas adolescentes se envolvem em relações sexuais não protegidas durante 6 meses a um ano antes de buscarem cuidados médicos para controle de natalidade (Strasburger et al., 2006). Organizações como a AAP, o Colégio Americano de Obstetras e Ginecologistas e a Sociedade para a Medicina do Adolescente reivindicaram a propaganda de contraceptivos na televisão norte-americana (AAP, 2001, 2007; Espey, Cosgrove e Ogburn, 2007; Society for Adolescent Medicine, 2000). Apesar da esperança de muitos profissionais de saúde pública, o medo da AIDS pode não ser suficiente para aumentar o uso de contracepção por parte dos adolescentes. Em 2006, a publicidade sobre contracepção era raramente apresentada em programas em rede nacional (exceto por anúncios ocasionais do "adesivo" e do Ortho Tri-Ciclen, que mencionavam apenas a melhora da acne, não a prevenção de gravidez; ver Figura 5.7) e estava muito sujeita aos critérios dos diretores das estações locais. E anúncios de contracepção de emergência não são encontrados em nenhum lugar, embora a cada ano as mulheres norte-americanas tenham 3 milhões de gestações não planejadas, levando a 1,3 milhão de abortos. Anunciar contraceptivos de emergência seria o ideal para reduzir o número de abortos nos Estados Unidos (Kristof, 2006). Assim, em nossa opinião, uma solução potencial importante para um significativo problema de saúde norte-americano está sendo tolhida por umas poucas pessoas poderosas, porém medrosas (ver Figura 5.17).

Pornografia

A relação da pornografia com o comportamento permanece sendo um tema de saúde importante, como também um assunto controvertido da Primeira Emenda (Donnerstein e Linz, 1994; Malamuth e Huppin, 2005). É interessante citar que a mídia impressa está protegida constitucionalmente pela Primeira Emenda, enquanto a mídia televisiva está sujeita à regulação segundo a Concessão da Comissão Federal de Comunicações de 1934. Até o momento, a televisão a cabo permanece em um mundo de trevas. Por razões óbvias, não existem estudos sobre o impacto da pornografia em crianças ou adolescentes.

Exposição

A pornografia é um grande negócio nos Estados Unidos – rende aproximadamente US$13 bilhões por ano (Bashir, 2007) – e os adolescentes surpreendentemente têm acesso a uma variedade de material com classificação R e X. Em um estudo com adolescentes de 15 anos, 92% dos rapazes e 84% das moças já viram ou leram a *Playboy* ou a *Playgirl*; aos 18 anos, virtualmente todos já leram (Brown e Bryant, 1989). A exposição a revistas de pornografia mais explícita começa em média aos 13,5 anos, e 92% dos que estão entre 13 e 15 anos relatam ter assistido a um filme de classifica-

Figura 5.17

Fonte: Direitos autorais ©John Branch, *San Antonio Express-News*. Usado com autorização.

ção X (Brown e Bryant, 1989). Dos 16 filmes R populares, Greenberg, Siemiki e colaboradores (1993) encontraram que 53 a 77% dos estudantes de 9ª e 10ª séries haviam assistido à maioria deles. Em um estudo com 522 afro-americanos de 14 a 18 anos, os pesquisadores anotaram que 30% haviam assistido pelo menos a um filme de classificação X nos últimos 3 meses (Wingood et al., 2001). É claro que a internet agora é a principal fonte de pornografia (Kanuga e Rosenfeld, 2004). Uma pesquisa de 2001, da Fundação da Família Kaiser, documentou que 70% dos adolescentes já foram expostos à pornografia *online*, seja intencional ou não intencionalmente (Kaiser Family Foundation, 2001), embora um estudo mais recente com 1.500 jovens de toda a América do Norte tenha encontrado que em 2006 esta cifra havia caído para 42% (Wolak, Mitchell e Finkelhor, 2007).

Pesquisas

As pesquisas atuais que envolvem adultos parecem indicar que a pornografia não é prejudicial por si só, a menos que também esteja envolvida violência (Strasburger e Donnerstein, 2000). Nesse caso, a agressão pode aumentar porque existe uma relação conhecida entre representações de violência e um posterior comportamento agressivo (Cline, 1994; Harris, 1994a; Huston et al., 1992; Linz e Malamuth, 1993; Lyons, Anderson e Larson, 1994; Malamuth e Huppin, 2005; Weaver, 1994). O termo *pornografia* significa coisas diferentes para pessoas diferentes. As avaliações mais modernas subdividem as pesquisas de acordo com o conteúdo (Huston et al., 1992; Malamuth e Huppin, 2005; Strasburger e Donnerstein, 2000).

Erótico (material classificado como R ou X com contato sexual implícito ou real, mas sem violência ou coerção). Provavelmente sem efeito antissocial (Donnerstein, Linz e Penrod, 1987). Wingood e colaboradores (2001) encontraram uma associação entre as mulheres afro-americanas que tinham assistido a filmes com classificação X e atitudes mais negativas em relação ao uso de preservativos, a ter vários parceiros sexuais, a não usar contracepção e com teste positivo para clamídia. Este foi um estudo relativamente pequeno que encontrou uma associação, não uma conexão causal. Isso pode representar um efeito do cultivo ou o seu oposto: que os adolescentes que são mais interessados em sexo tendem a buscar mais mídia sexual. Apenas um estudo correlacional longitudinal possibilitará aos pesquisadores diferenciar entre os dois.

Material com classificação X que deprecia as mulheres (vídeos não violentos com classificação XXX, em que as mulheres são receptoras de todo e qualquer impulso sexual masculino). Altamente controvertido. A maioria dos estudos não encontra efeitos antissociais (Donnerstein et al., 1987), mas alguns pesquisadores sugerem que as atitudes podem ser moldadas ou alteradas pela exposição repetida. Em um estudo de estudantes universitários, doses maciças de filmes pornográficos levaram a superestimação de práticas sexuais incomuns, a menor preocupação com o crime de estupro, perda da simpatia pelo movimento de liberação das mulheres e, entre os homens, a uma atitude mais insensível em relação ao sexo (Zillmann e Bryant, 1982, 1988).

Pornografia violenta (vídeos com classificação X, em que a mulher é vítima e é mostrada como se estivesse gostando do ataque ou estupro). Efeitos antissociais conhecidos. Este é um dos tipos mais perigosos de combinação – sexo e violência –, embora seja provavelmente o conteúdo violento que assuma a prioridade. Os homens expostos a esse material apresentam agressão aumentada contra as mulheres em estudos de laboratório e insensibilidade aumentada nas suas atitudes (Donnerstein, 1984; Linz e Malamuth, 1993). Mas os homens expostos à violência não sexual também podem apresentar o mesmo efeito (Huston et al., 1992).

Agressão sexual contra mulheres sem classificação X (programação de TV ou cinema em que as mulheres são descritas como obtendo prazer de abuso ou ataque sexual). Efeitos antissociais prováveis. Esse conteúdo pode reforçar atitudes insensíveis em relação a estupro e a vítimas de estupro.

Wilson, Linz, Donnerstein e Stipp (1992) realizaram um experimento de campo interessante para investigar atitudes quanto ao estupro. Em 1990, a NBC levou ao ar um filme feito para a TV intitulado *Ela Disse Não*, o qual abordava o estupro por conhecidos. Os pesquisadores mediram as respostas do público ao filme para ver se diminuiria a aceitação dos mitos sobre o estupro ou estupro em encontros amorosos. Usando uma amostra representativa em nível nacional, eles escolheram aleatoriamente 1.038 espectadores adultos para assistirem ou não assistirem ao filme em um canal especial de circuito fechado. Quando contatados no dia seguinte, os espectadores responderam a perguntas sobre mitos do estupro, o que demonstrou que o filme teve influência sobre as percepções alteradas do estupro em encontros amorosos. Atitudes mais tolerantes também podem afetar o comportamento. Outro estudo correlacionou assistir a lutas na TV com violência nos encontros amorosos. Os pesquisadores estudaram 2.228 alunos do segundo grau na Carolina do Norte e encontraram que assistir estava associado a ter iniciado uma briga em um encontro e a outras atividades, tais como portar armas e usar drogas (Durant, Champion e Wolfson, 2006).

Um especialista argumenta que boa parte dos anúncios de cunho sexual é pornográfica porque eles desumanizam as mulheres, tomam emprestadas poses e posturas de escravidão e sadomasoquismo e perpetuam os mitos sobre o estupro (Kilbourne, 1999). Muitos anúncios parecem sugerir que as mulheres na verdade não estão querendo dizer "não" quando dizem isso. Em um dos anúncios, um homem está empurrando uma mulher contra uma parede. O anúncio diz "NÃO" em letras grandes e ela está ou rindo ou gritando. Em letras pequenas na parte inferior está a palavra *suor* e a propaganda é de um desodorante. Outro anúncio, de um bar da moda em Georgetown, mostra de perto um coquetel, com o título: "Se a sua namorada não der ouvidos à razão, experimente um Velvet Hammer" (Kilbourne, 1993).

Violência sexualizada contra mulheres (vídeos com classificação R que são menos explícitos sexualmente, porém muito mais violentos do que os X e frequentemente apresentados na TV a cabo ou disponíveis em videolocadoras). Prováveis efeitos antissociais. Estes não envolvem estupro, mas contêm cenas de mulheres sendo torturadas, assassinadas ou mutiladas dentro de um contexto sexual. Esta pode ser a categoria mais importante para os adolescentes porque ela é a de maior "alcance", e representa um gênero importante dos filmes do tipo "corte-os e faça picadinho" de Hollywood (por exemplo, *Halloween I-IV, A Hora do Pesadelo I-V, Sexta-Feira 13 I-VIII, O Massacre da Serra Elétrica I-II, Pânico I-III*, etc.). Em geral o próprio título já conta toda a história: *Pânico, Kiss Daddy Goodbye, De Volta à Escola de Horrores, Slaughter High, Prelúdio para Matar, Chopping Mall, Murderlust, Deadtime Stories, Splatter University, Lady Stay Dead, I Desmember Mamma, Watch Me When I Kill, Lunch Meat.*

Como sexo é uma coisa que, em geral, não é discutida ou observada, exceto na mídia, os adolescentes que são espectadores fiéis desses filmes podem estar aprendendo que agir agressivamente com as mulheres é o esperado e o normal. Estudos mostram que a exposição a tal material pode resultar em dessensibilização à violência sexual, tanto entre os jovens do sexo masculino quanto feminino (Donnerstein et al., 1987; Mullin e Linz, 1995). No entanto, esses estudos nem sempre podem ser repetidos (Linz e Donnerstein, 1988; Weaver, 1994). Como observam dois pesquisadores proeminentes: "Nossa pesquisa sugere que você não precisa olhar muito além do aparelho de televisão da família para encontrar descrições degradantes das mulheres, que estão à disposição de muito mais espectadores do que o material pornográfico" (Linz e Donnerstein, 1988, p. 184).

Soluções

Obviamente, existem boas razões para o impacto do conteúdo sexual de uma variedade de mídias nos jovens e nos impressionáveis pré-adolescentes e adolescentes (Brown e Strasburger, 2007; Escobar-Chaves et al., 2005; Strasburger, 2005). Em uma sociedade que limita o acesso a informações sexuais, os adolescentes se voltarão para as mídias na busca de respostas a suas perguntas. Mais importante, a mídia pode ter um forte efeito nos adolescentes sem que ao menos eles estejam conscientes disso, especialmente aqueles cujos pais não transmitem um forte senso de "valores familiares". Perguntas importantes são respondidas pela mídia: "Quando é o momento certo de fazer sexo?", "Como eu sei que estou apaixonado?", "Sexo é divertido?", "Sexo é arriscado?". Infelizmente, como já vimos, as respostas da mídia a essas perguntas não são, em geral, saudáveis ou precisas.

Que mudanças na mídia dariam aos jovens norte-americanos uma visão mais saudável do sexo e da sexualidade? Várias possibilidades nos vêm à mente:

1. ***Ampla publicidade do controle de natalidade nas principais mídias (por exemplo, TV, revistas, rádio).*** Anunciar controle de natalidade representa uma forma de aumentar o acesso dos adolescentes a ele. Esta publicidade precisa abordar os riscos de gravidez, não meramente a diferença cosmética que pílulas anticoncepcionais podem fazer se uma adolescente tiver acne. A menos que novos produtos, como

a pílula do dia seguinte, sejam amplamente anunciados, os adolescentes não saberão que eles existem nem os usarão (ver Figura 5.18). Estudos comparativos entre Estados Unidos e Europa deixam claro que os países que promovem o uso de controle de natalidade através de anúncios, aulas de educação sexual e programas na TV são recompensados com os índices mais baixos de gravidez na adolescência (Miller, 2000; Mueller et al., 2008; Strasburger et al., 2006). A maioria das pesquisas nacionais documentou que os adultos são a favor da publicidade do controle da natalidade (Mozes, 2001) e, no entanto, a mídia permanece resistente. Considerando que oito estudos provam agora que disponibilizar controle de natalidade para os adolescentes não aumenta o risco de relações sexuais precoces, não existem mais desculpas para impedir o acesso a ele.

2. ***Maior responsabilidade e consideração da mídia para produzir mensagens saudáveis e precisas sobre sexo e sexualidade.*** Os executivos da indústria do entretenimento precisam se dar conta de que, gostem ou não, seu produto está educando as crianças e os adolescentes norte-americanos. A mídia se transformou em uma das fontes mais importantes de informação sexual para os jovens de hoje (Brown et al., 2006; Strasburger, 2006a). No entanto, o que eles assistem na televisão e no cinema é quase contraproducente para uma adolescência saudável: sexo frequente antes do casamento e sexo entre parceiros não casados, conversas sobre infidelidade em programas de entrevistas, piadas gráficas e insinuações nos filmes, mitos sobre estupro e

Figura 5.18

Fonte: A campanha da CE (contracepção de emergência) é coordenada pelo Instituto Nacional para a Saúde Reprodutiva, setor nacional de pesquisa, educação e treinamento do NARAL Pro-Choice New York. Mifeprex é marca registrada de Danco Laboratories, LLC.

violência sexual. Onde está a descrição da responsabilidade sexual? Onde estão as conversas sobre a necessidade de controle da natalidade ou o risco de DSTs? Onde estão as descrições do uso do preservativo no momento em que eles são mais necessários na sociedade moderna? Por que tópicos como aborto, estupro nos encontros amorosos e mitos sobre estupro não são retratados e examinados mais detalhadamente (Navarro, 2007)? No novo milênio, a resposta é que não podemos voltar para os tempos dos "anos dourados" da década de 1950, quando raramente era discutido sexo e Laura e Rob Petrie dormiam em camas separadas no *Dick van Dyke Show*, apesar de serem casados. Nem a censura seria tolerada em uma sociedade livre. Entretanto, a restrição voluntária e o bom julgamento por parte dos escritores, produtores e diretores de Hollywood e da televisão melhorariam muito o atual estado deprimente da programação (ver Tabela 5.12). Um retorno às "horas da família" de programação protegida entre as 19h e 21h seria uma ideia útil. *Boston Public*, que ia ao ar às 19h, apresentava enredos tais como uma menina da escola secundária negociando sexo oral em troca da concordância de um menino em deixar de concorrer para o grêmio estudantil, uma menina atirando seu sutiã no corredor e o caso amoroso de outra com um dos professores. Infelizmente, como observa um crítico: "Na televisão passa quase tudo no horário nobre ... a TV diz para nos acostumarmos com isso" (Salamon, 2000, p. 6WK). Contudo, em 2005, o escritor-produtor de *Boston Public* tratou do tema delicado da contracepção de emergência sendo recusada em um atendimento de emergência de um hospital católico, de forma extremamente justa e sensível em um episódio de *Boston Legal*. Outro progresso positivo é o anúncio da campanha de educação pública "Pausa" pela FOX e pela Fundação da Família Kaiser, que vai tentar ensinar os adolescentes a tomar decisões inteligentes quanto a temas difíceis,

Tabela 5.12 Guia para um conteúdo sexual responsável na mídia

Reconhecer o sexo como parte saudável e natural da vida.
Conversas entre pais e filhos sobre sexo são importantes e saudáveis e devem ser incentivadas.
Demonstrar que não somente jovens, não casados e bonitos mantêm relações sexuais.
Nem todo afeto ou toque precisa culminar em sexo.
Retratar casais tendo relações sexuais com sentimentos de afeição, amor e respeito um pelo outro.
As consequências do sexo sem proteção devem ser discutidas ou mostradas.
O aborto não deve ser usado como uma conveniência dramática para resolver uma gravidez indesejada.
O uso de contraceptivos deve ser indicado como parte normal de uma relação sexual.
Evitar associar violência com sexo ou amor.
O estupro deve ser retratado como um crime de violência, não de paixão.
A capacidade de dizer "não" deve ser reconhecida e respeitada.

Fonte: Strasburger (1995). Modificado de Haffner e Kelly (1987, pp. 9-11).

incluindo sexo e gravidez na adolescência (Fundação da Família Kaiser, 2006). Obviamente, se quiser, Hollywood tem condições de tratar o tema da sexualidade adolescente de uma forma responsável.

3. ***Mais bom gosto na publicidade*** (ver Exercícios para uma discussão de "gosto"). Quando o sexo é usado para vender produtos, ele é depreciado e desvalorizado. Os fabricantes que pagam pelos anúncios e as companhias que os produzem precisam reconhecer que também eles têm uma responsabilidade de saúde pública de produzir anúncios que não sejam gratuitamente provocativos, sugestivos ou depreciativos (ver Figura 5.19). Kilbourne (1999) deveria ser uma leitura obrigatória para todos os executivos responsáveis.
4. ***Incorporar os princípios de educação na mídia aos programas de educação sexual já existentes.*** Estudos preliminares parecem indicar que a abordagem da educação na mídia pode ser eficiente na diminuição da agressividade nas crianças (Huesmann, Eron, Klein, Brice e Fischer, 1983) e do uso de drogas entre os adolescentes (Austin e Johnson, 1997). Não há motivos para achar que ajudar crianças e adolescentes a decifrar o conteúdo sexual, o caráter sugestivo dos anúncios e o conservadorismo da indústria da radiodifusão no que se refere à contracepção teria tudo menos resultados positivos. Na verdade, um programa recente de educação em mídia desenvolvido em 22 sites de escolas no Estado de Washington encontrou que um plano de 5 lições direcionado para 532 estudantes de nível médio resultou numa menor probabilidade de superestimarem a atividade sexual entre seus pares, ficando mais conscientes da verdade sobre o sexo e o imaginário sexual na mídia (Pinkleton, Austin, Cohen, Chen e Fitzgerald, em preparação).
5. ***Mais e melhor contrapropaganda.*** Até o momento, apenas a Campanha Nacional de Prevenção da Gravidez Adolescente e Indesejada se envolveu em esforços de

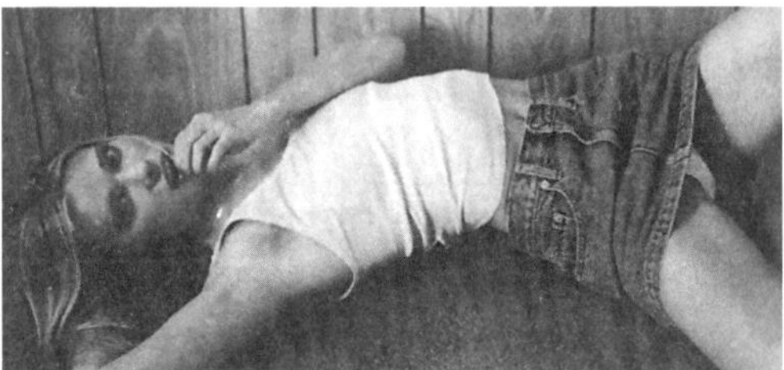

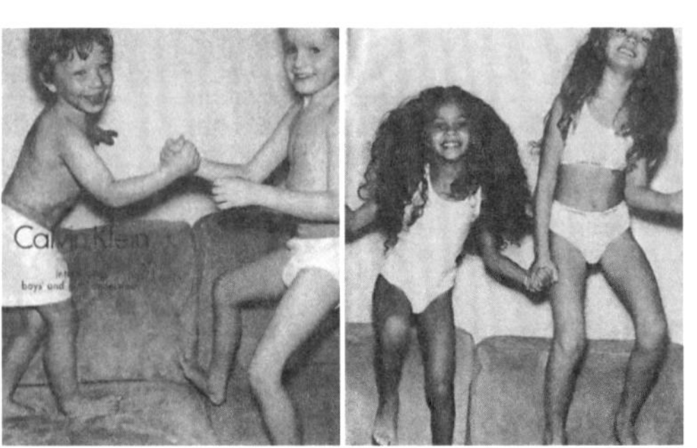

Figura 5.19

Fonte: ©2008 Calvin Klein. Todos os direitos reservados.

longo prazo para um contraprograma através da mídia (ver Figura 5.20A). Uma organização assumiu até mesmo o movimento da abstinência (ver Figura 5.20B). Embora não existam dados sobre o seu sucesso, a literatura de informações sobre drogas e a mídia contém vários esforços bem-sucedidos envolvendo contrapropaganda contra tabaco e drogas ilícitas, tendo os adolescentes como o público-alvo principal. Por outro lado, táticas assustadoras que exploram o medo do HIV/AIDS para prevenir a atividade sexual precoce na adolescência são antiéticas e provavelmente contraproducentes (DeJong, Wolf e Austin, 2001; Strasburger, 2005).

6. ***Maior sensibilidade dos pais à influência da mídia nas crianças e adolescentes.*** Muitos pais frequentemente parecem ser "ignorantes" sobre o impacto da mídia em crianças e adolescentes (Strasburger, 2006a), embora uma pesquisa em 2007 com 1.008 pais nos Estados Unidos tenha descoberto que dois terços achavam que estavam "monitorando de perto" o uso que seus filhos fazem das mídias (Rideout, 2007). Os passos mais importantes que os pais podem dar são estabelecer regras sobre o uso da TV, monitorar os programas que estão sendo assistidos e manter os aparelhos de TV fora do quarto de dormir. Um estudo nacional com 1.762 adolescentes revelou que o fato de ter a TV no quarto e não ter regras para assisti-la tem correlação com assistir a mais conteúdo sexual (Kim et al., 2006).

A

B

Figura 5.20

Tradução: A): Aos 15, você deveria estar jogando, e não empurrando um carrinho de bebê.
B): Abstinência não costuma ser um anticoncepcional confiável. Bons cristãos usam camisinha.

Fonte: Grant Hill.

7. ***Mais e melhores pesquisas.*** Três estudos longitudinais recentes apontam agora para a mídia como um fator crucial na decisão de um adolescente sobre quando ter relações sexuais (Ashby et al., 2006; Brown et al., 2006; Collins et al., 2004). Mais outros estudos receberam fundos do NIMH e atualmente estão em andamento (National Institute on Child Health and Development [NICH], 2000). Mas o volume de pesquisa sobre o sexo e a mídia fica ofuscado quando comparado com os 3.500 estudos realizados sobre as crianças e a violência na mídia. Dentre os oito estudos correlacionais principais, quatro têm mais de 10 anos, além de falhas importantes (Huston et al., 1998; Strasburger e Donnerstein, 2000). É preciso que haja um número consideravelmente maior de pesquisas patrocinadas, e essas pesquisas terão que ser interdisciplinares, usando uma variedade de métodos e uma variedade de populações, e também precisarão levar em conta as diferenças no desenvolvimento, gênero e etnias. Por exemplo:
   - Como diferentes grupos de crianças e adolescentes encaram um conteúdo sexual diferente? Os diferentes grupos usam diferentes tipos de mídia para encontrar conteúdo sexual? Esse conteúdo é interpretado de formas diferentes? Existem diferenças desenvolvimentais em como adolescentes de idades diferentes interpretam o conteúdo sexual? (Já foram feitos alguns estudos preliminares deste tipo [Aubrey, Harrison, Kramer e Yellin, 2003; Brown et al., 2005; Rivadeneyra e Ward, 2005; Tolman, Kim, Schooler e Sorsoli, 2007]).
   - Os adolescentes de diferentes grupos étnicos procuram uma programação específica para o seu grupo étnico?
   - Como os indivíduos negociam o comportamento sexual na mídia? Quais os contextos interpessoais que existem para o comportamento sexual? As diferentes mídias retratam a sexualidade de modos diferentes?
   - A mídia altera o conhecimento dos adolescentes sobre sexo, sexualidade, emoções referentes a sexo ou as suas atitudes? Os adolescentes que são espectadores regulares de novelas poderiam ser recrutados e lhes seriam mostrados "futuros episódios" do seu programa favorito, que poderiam ser manipulados para apresentar mensagens diferentes, por exemplo.

As barreiras para se realizar este tipo de pesquisa são consideráveis (Huston et al., 1998; Strasburger, 1997). Os sistemas escolares e os pais devem permitir o acesso aos pesquisadores e as fundações devem custear tais esforços. As fundações precisam reconhecer a pesquisa da mídia como uma prioridade nova e muito necessária. Além disso, a sociedade precisa aceitar o fato de que os adolescentes podem ser informados "passivamente" sobre os estudos em andamento (por exemplo, uma carta explicando a pesquisa, juntamente com a possibilidade de voltar atrás em caso de necessidade) ao invés de "ativamente" (por exemplo, tendo que enviar de volta formulários de permissão assinados) (Santelli, 1997; Strasburger, 1998).

Conclusão: perguntas não respondidas

Apesar dessa discussão, nem todas as mídias são nocivas ou irresponsáveis para os jovens. Alguns programas tratam com responsabilidade o tema da atividade sexual adolescente e a gravidez na adolescência: *Barrados no Baile*, *Dawson's Creek*, *Boston Legal* e *Felicity*, às vezes, e vários outros. Filmes feitos para a TV como *Babies Having Babies* e *Daddy* usaram uma linguagem extremamente franca para ter um efeito bom e educativo. O drama policial da década de 1980, *Cagney and Lacey*, continha um dos primeiros exemplos de uma mãe na TV conversando com seu filho sobre responsabilidade e controle de natalidade. Em *St Elsewhere*, a única menção conhecida a um diafragma no horário nobre da TV foi levada ao ar durante a temporada de 1987-1988, apesar de, para que isso acontecesse, ter sido necessário que a usuária fosse a chefe da obstetrícia e ginecologia. Mas estas são exceções e não a regra na televisão norte-americana. E, infelizmente, não foi a tragédia da gravidez na adolescência ou os altos índices de atividade sexual precoce na adolescência que enfraqueceram o lápis vermelho dos censores das emissoras, mas o aparecimento da AIDS como uma emergência nacional de saúde. Mas também aqui pode ser possível muita programação educativa que beneficie os adolescentes. Um exemplo é o episódio de 1987-1988 de *L. A. Law* que discutiu o risco de AIDS nas relações heterossexuais e que também incluiu bons conselhos sobre controle da natalidade e a escolha dos parceiros sexuais (ver Strasburger, 1989). Como os adolescentes processam o conteúdo que assistem: grupos étnicos diferentes interpretam o mesmo conteúdo de formas diferentes? Os adolescentes podem aprender sobre abstinência ou a necessidade de fazer controle de natalidade a partir do que veem na mídia? Até que se altere o clima político e de financiamento de pesquisas, e até que os adultos entendam que interrogar crianças e adolescentes sobre sexo não provoca o início precoce da sua atividade sexual, nós simplesmente teremos que fazer especulações sobre muitas dessas questões cruciais.

Como um autor observa lamentando:

> Eu me pergunto com frequência como seria se os jovens fossem ensinados a nadar da mesma maneira como lhes ensinamos a sexualidade. Se lhes disséssemos que nadar é uma atividade adulta importante, em que todos eles terão que ser hábeis quando crescerem, mas nunca falássemos com eles sobre isso. Se nunca lhes mostrássemos uma piscina. Nunca permitíssemos que atravessassem as portas fechadas e ouvissem todo aquele barulho da água respingando. Ocasionalmente eles poderiam ver de relance algumas pessoas parcialmente vestidas entrando e saindo pela porta até a piscina e talvez eles encontrassem um livro escondido sobre a arte de nadar, mas quando fizessem uma pergunta sobre como é nadar ou o que é isso, seriam recebidos com olhares sem expressão ou embaraçados. Repentinamente, quando completassem 18 anos, nós escancararíamos as portas para a piscina e eles pulariam dentro dela. Milagrosamente, alguns aprenderiam a se virar dentro d'água, mas muitos deles se afogariam. (Roberts, 1983, p. 10).

Exercícios

1. *Gosto*. Inúmeras perguntas sobre "gosto". A que "gosto" estamos nos referindo? Ao nosso? Ao seu? Ao de Hollywood? Este é um problema recorrente na discussão sobre a mídia e que não abordamos com indiferença. Neste livro, não fomos precisos dentro da saúde pública e psicologia na discussão do que é um "gosto" questionável e o que representa uma programação "boa" *versus* "ruim". Embora tenhamos tentado dar exemplos, deixamos a discussão propositalmente vaga porque reconhecemos que o gosto pode variar consideravelmente. Mas quando se trata de "mau" gosto ou programação "questionável" e pouco sadia, tenderíamos a concordar com uma paráfrase da definição de pornografia de Potter Stewart, da Suprema Corte de Justiça: "Nós sabemos quando vemos uma".

(a) A mídia deveria ser criticada em tais aspectos?
(b) Em caso positivo, o "gosto" de quem seria usado como "padrão de referência"? É possível haver um padrão objetivo?
(c) Ao se fazer um julgamento sobre "gosto", que fatores culturais entram na discussão?
(d) E quanto à linguagem ofensiva e obscena? Considere a seguinte citação de um colunista de jornal: "Alguns meses atrás, os legisladores da Comissão Federal de Comunicações acharam que um termo que se refere aos excrementos bovinos é 'tão grosseiramente ofensivo' quanto 'supostamente profano'. OK, exceto pelo fato de que, de acordo com a FCC, um determinado apelido para Richard e uma versão de duas sílabas que termina em 'head'* não violam este padrão. Estes termos são 'compreensivelmente ofensivos para alguns espectadores', mas não 'suficientemente vulgares, explícitos ou descrições gráficas dos órgãos ou atividades sexuais para justificar uma ofensa evidente'. Conforme muitos jovens de 13 anos poderiam ter dito à FCC, ela mandou que fosse excluído o palavrão errado" (Marcus, 2006, p. B3). Você concorda com Marcus ou com a FCC? Se você fosse membro da FCC, como você faria para estabelecer regras para uma linguagem adequada na TV?
(e) Durante show no intervalo do primeiro tempo do Super Bowl, em 1º de fevereiro de 2004, Janet Jackson deixou à mostra um dos seios por 2 segundos diante de 89 milhões de espectadores em rede nacional de TV (ver Figura 5.21). A CBS foi multada em US$500.000 pelo incidente. O diretor da FCC, Michael Powell, rotulou a exibição como "sem classe, grosseira (e) deplorável". Spike Lee disse: "O que virá a seguir? Está virando uma loucura, e é tudo por dinheiro. Dinheiro e fama. De alguma forma, todo o sistema de valores foi derrotado" (CNN Entertainment, 4 de fevereiro de 2004).
   (1) Você viu o show do intervalo? O que você achou?
   (2) Você concorda com Michael Powell e Spike Lee ou com Frank Rich (citado no início deste capítulo)?
   (3) A CBS deveria ter sido multada em meio milhão de dólares?
   (4) Esta publicidade foi positiva ou negativa para Janet Jackson? Ainda existe essa coisa de má publicidade?

2. *Conteúdo Pró-Social.* Como você faria para criar uma novela pró-social que atraísse adolescentes e jovens adultos e contivesse linguagem, discussão e comportamento sexualmente responsável, mas sem perder o público com um programa "piegas"?
3. *Educação Sexual.* Atualmente, o governo federal só custeia a educação sexual que prega unicamente a abstinência (US$176 milhões/ano desde 2006). Desde 1998, mais de US$1 bilhão foi gasto neste tipo de educação sexual (SIECUS, 2006), apesar de não haver nenhuma evidência convincente de que isso realmente funcione (Government Accountability Office, 2006; Santelli et al., 2006). O estudo mais recente foi encomendado pelo Congresso Americano e pesquisou 2.057 jovens de cidades grandes e comunidades

* N. de T.: Um apelido para Richard, 'Dick', também se refere ao órgão sexual masculino. E, neste caso, o artigo se refere ao xingamento 'dickhead', que seria um equivalente mais grosseiro de "babaca".

Figura 5.21 O famoso "mau funcionamento do figurino".

rurais. A idade média com que eles ingressaram no programa "só-abstinência" era de 11 a 12 anos, e eles foram acompanhados 4 anos depois e comparados com estudantes das mesmas comunidades que não participaram. Não houve diferença para índices de relações sexuais, idade da primeira relação ou número de parceiros sexuais (Trenholm et al., 2007). Se a educação sexual de "só-abstinência" não é eficiente, o governo deveria estar custeando isso? O governo também deveria custear uma educação sexual mais abrangente?

4. *Educação em Mídia.* Existe uma abordagem de educação em mídia para a educação sexual que possa trabalhar para diminuir o impacto da mídia nas atitudes e crenças sexuais? Que componentes ela teria? Como os professores de educação sexual conseguiriam evitar tipos de temas de "valores familiares" se discutissem um programa com conteúdo sexual?
5. *Fazer Pesquisas sobre Sexualidade.* Como a pesquisa poderia ser planejada de uma forma sensível que avaliasse o que as crianças aprendem com o conteúdo sexual da mídia?
6. *Publicidade de Contraceptivos.* A Figura 5.22 mostra dois anúncios reais de preservativos. Para que tipo de revistas cada um seria adequado? Os anúncios atingem públicos diferentes? Que outras possibilidades você poderia imaginar para atrair especificamente a todos os adolescentes? E aos adolescentes afro-americanos ou hispânicos? Aos homens? Às mulheres? A Figura 5.18 mostra anúncios verdadeiros de pílulas contraceptivas de emergência e de um produto que produz um aborto clínico precoce. Como esses anúncios diferem de outros anúncios "importantes"?

"Eu não usei porque não tinha um comigo."

CAIA NA REAL

Se você não tem um pára-quedas, não pule, gênio.

Ajuda a reduzir o risco.

New Trojan® Shared Sensation.
Why wear anything else?

New TROJAN® SHARED SENSATION latex condoms.
A special shape for him. A unique texture for her. So get it on and share the pleasure.
Help reduce the risk with TROJAN. America's #1 condom. Trusted for over 80 years.

For a free sample, visit www.trojancondoms.com

Figura 5.22

Fonte: © 2008 Preservativos Trojan.

Qual é o público-alvo? Esses anúncios são eficientes? Em junho de 2007, a CBS e a FOX rejeitaram um anúncio do Trojans porque "o anúncio deve enfatizar os usos relacionados à saúde e não à prevenção da gravidez", de acordo com um executivo da rede (Newman, 2007). O anúncio mostra mulheres em um bar, rodeadas de porcos. Um porco vai usar o banheiro, volta com um preservativo que comprou e magicamente se transforma em um homem atraente. O slogan é: "Evolua: Use camisinha todas as vezes". Você acha que este anúncio é criativo? Ofensivo? Efetivo?

7. *Prevenção de HIV/AIDS.* Você é o diretor de uma escola e é solicitado a assistir a um vídeo de educação sexual para uma possível inclusão no currículo. Nele, um paciente de AIDS, com doença terminal, caquético e despido até a cintura, olha fixamente direto para a câmera e diz: "Crianças, se vocês fizerem sexo uma vez com a pessoa errada, vocês podem morrer." O seu irmão morreu de AIDS um ano atrás, e este vídeo afeta você profundamente. Você o aprovaria para uso em sala de aula?
8. *Internet.* (1) Em Xangai, China, o governo está proporcionando educação sexual via internet (Lou, Zhao, Gao e Shah, 206). Esta é uma boa ideia? Você consegue ver algum inconveniente? (2) a amostra mais recente de 1.500 usuários da internet com idades entre 10 e 17 anos, 42% relataram exposição à pornografia *online* (dois terços indesejada) (Wolak et al., 2007). Que

soluções existem para proteger crianças e adolescentes da pornografia *online*? A agência de supervisão da internet sugeriu um domínio ".xxx" para pornografia na *Web* (Jesdanum, 2007). Isso funcionaria?

9. *Celebridades.* Em março de 2007, a Associated Press deu início a uma proibição autoimposta de uma semana quanto a relatar qualquer coisa sobre Paris Hilton (CNN,com, 2007). Isso foi uma coisa razoável de ser feita? Um mês antes, a reportagem de capa da *Newsweek* foi: "Garotas Travessas: O Que as Celebridades Estão Ensinando às Crianças?" (Deveny e Kelley, 2007). Encontre a reportagem e discuta-a. Por que Paris Hilton e Britney Spears são celebridades? Elas deveriam ser? Como você acha que a gravidez de Jamie Lynn Spears, 16 anos, irá afetar pré-adolescentes e adolescentes? Quem determina a fama na cultura norte-americana e como ela é determinada?
10. *Meninas.* Recentemente, a Associação Americana de Psicologia divulgou seu relatório sobre a crescente sexualização das meninas (Zurbriggen et al., 2007). Ao cobrir a história, um repórter escreveu: "Meninas de 10 anos deslizam seus jeans de cintura baixa sobre calcinhas sedutoras. Roupas de camareira com cinta-liga incluída estão disponíveis em tamanhos para pré-adolescentes. A Barbie agora vem em estilo extravagante, com muitos 'tops' de frente única e botas de salto fino... As meninas norte-americanas, dizem os especialistas, estão cada vez mais sendo rodeadas por um arsenal de produtos e imagens que promovem a aparência e o comportamento sexy" (Weiner, 2007, p. HE01). Este é um problema relativamente novo ou já existe há tempo? Leia o sumário da reportagem e veja se você concorda com as muitas recomendações (www.apa.org). Seria fácil mudar a forma como é retratada a sexualidade na sociedade norte-americana, e o que seria necessário para fazê-lo?
11. *Gravidez na Adolescência e Aborto.* Em 2006 e 2007, vários filmes retratavam a gravidez na adolescência e a maternidade solteira por um ângulo novo. Segundo um colunista proeminente, "de acordo com o consenso de alguns roteiristas, o aborto se transformou no direito de escolha que nunca é escolhido. Em *Ligeiramente Grávidos,* foi feita referência ao aborto como 'shmashmortion'*. Em *Juno,* a clínica de aborto mais parece uma sala de tatuagem punk-rock" (Goodman, 2008, p. A8). Outros observadores concordam (Rickey, 2007, p. B8). Você acha que esta é uma tendência nova? Ela é "saudável" e terá repercussões na vida real?

Referências

ABC News. (2007, January 12). *Teens "borrow" babies to practice parenting on reality show.* Retrieved January 12, 2007, from http://www.abcnews.go.com/GMA/print?id=2789958

Abma, J. C., Martinez, G. M., Mosher, W. D., & Dawson, B. S. (2004). *Teenagers in the United States: Sexual activity, contraceptive use, and childbearing, 2002.* National Center for Health Statistics. *Vital Health Statistics, 23.*

Abramson, P. R., & Mechanic, M. B. (1983). Sex and the media: Three decades of best selling books and major motion pictures. *Archives of Sexual Behavior, 12,* 185–206.

Agovino, T. (2007, January 24). *Levitra, Viagra running new ad campaigns.* Retrieved January 24, 2007, from http://www.washingtonpost.com/wp-dyn/content/article/2006/05/02/AR2006050200857.html

Ahrens, F. (2003, December 13). Nasty language on live TV renews old debate. *Washington Post,* p. A0l.

Alter, J. (1994, January 17). The power to change what's "cool." *Newsweek,* p. 23.

* N. do T.: Palavra fictícia criada para rimar com aborto (*abortion*) e ser usada como substituição desta quando em presença de crianças.

American Academy of Pediatrics (AAP). (2001). Sexuality, contraception, and the media. *Pediatrics, 107,* 191–194.

American Academy of Pediatrics (AAP). (2006). Children, adolescents, and advertising. *Pediatrics, 118,* 2563–2569.

American Academy of Pediatrics (AAP). (2007). Contraception and adolescents. *Pediatrics, 120,* 1135–1148.

Ansen, D. (1999, September 13). A handful of tangos in Paris. *Newsweek,* p. 66.

Ansen, D. (2000, July 3). Gross and grosser. *Newsweek,* pp. 60–61.

Ashby, S. L., Arcari, C. M., & Edmonson, M. B. (2006). Television viewing and risk of sexual initiation by young adolescents. *Archives of Pediatric and Adolescent Medicine, 160,* 375–380.

Aubrey, J. S. (2004). Sex and punishment: An examination of sexual consequences and the sexual double standard in teen programming. *Sex Roles, 50,* 505–514.

Aubrey, J. S., Harrison, K., Kramer, L., & Yellin, J. (2003). Variety versus timing: Gender differences in college students' sexual expectations as predicted by exposure to sexually oriented television. *Communication Research, 30,* 432–460.

Austin, E. W., & Johnson, K. K. (1997). Effects of general and alcohol-specific media literacy training on children's decision making model about alcohol. *Journal of Health Communication, 2,* 17–42.

Bandura, A. (1977). *Social learning theory.* Englewood Cliffs, NJ: Prentice Hall.

Baran, S. J. (1976a). How TV and film portrayals affect sexual satisfaction in college students. *Journalism Quarterly, 53,* 468–473.

Baran, S. J. (1976b). Sex on TV and adolescent sexual self-image. *Journal of Broadcasting, 20,* 61–68.

Bashir, M. (2007, February 23). *Porn in hi-definition: Too much detail?* Retrieved February 25, 2007, from http://abcnews.go.com/Nightline/print?id=2854981

Batchelor, S. A., Kitzinger, J., & Burtney, E. (2004). Representing young people's sexuality in the "youth" media. *Health Education Research, 19,* 669–676.

Battaglio, S. (2007, August 20). Steamy shows stir controversy. *Entertainment Weekly,* pp. 8–9.

Bennett, L. (2003). *TV commercials exploit, ridicule or sideline women* [Press release]. Retrieved from http://www.now.org/nnt/spring-2003/superbowl.html

Blake, S. M., Ledsky, R., Goodenow, C., Sawyer, R., Lohrmann, D., & Windsor, R. (2003). Condom availability programs in Massachusetts high schools: Relationships with condom use and sexual behavior. *American Journal of Public Health, 93,* 955–962.

Bleakley, A., Hennessy, M., & Fishbein, M. (2006). Public opinion on sex education in US schools. *Archives of Pediatrics & Adolescent Medicine, 160,* 1151–1156.

Brenton, S., & Cohen, R. (2003). *Shooting people: Adventures in reality TV.* New York: Verso.

Brodie, M., Foehr, U., Rideout, V., Baer, N., Miller, C., Flournoy, R., et al. (2001). Communicating health information through the entertainment media. *Health Affairs, 20,* 1–8.

Brown, D., & Bryant, J. (1989). Uses of pornography. In D. Zillmann & J. Bryant (Eds.), *Pornography: Research advances and policy considerations* (pp. 3–24). Hillsdale, NJ: Lawrence Erlbaum.

Brown, J. D., Childers, K. W., & Waszak, C. S. (1990). Television and adolescent sexuality. *Journal of Adolescent Health, 11,* 62–70.

Brown, J. D., Halpern, C. T., & L'Engle, K. L. (2005). Mass media as a sexual super peer for early maturing girls. *Journal of Adolescent Health, 36,* 420–427.

Brown, J. D., L'Engle, K. L., Pardun, C. H., Guo, G., Kenneavy, K., & Jackson, C. (2006). Sexy media matter: Exposure to sexual content in music, movies, television, and magazines predicts Black and White adolescents' sexual behavior. *Pediatrics, 117,* 1018–1027.

Brown, J. D., & Newcomer, S. F. (1991). Television viewing and adolescents' sexual behavior. *Journal of Homosexuality, 21,* 77–91.

Brown, J. D., & Schulze, L. (1990). The effects of race, gender, and fandom on audience interpretations of Madonna's music videos. *Journal of Communication, 40,* 88–102.

Brown, J. D., & Steele, J. R. (1995). *Sex and the mass media.* Menlo Park, CA: Kaiser Family Foundation.

Brown, J. D., Steele, J. R., & Walsh-Childers, K. (2002). *Sexual teens, sexual media.* Mahwah, NJ: Lawrence Erlbaum.

Brown, J. D., & Strasburger, V. C. (2007). From Calvin Klein, to Paris Hilton and MySpace: Adolescents, sex & the media. *Adolescent Medicine: State of the Art Reviews, 18,* 484–507.

Brown, J. D., White, A. B., & Nikopoulou, L. (1993). Disinterest, intrigue, resistance: Early adolescent girls' use of sexual media content. In B. S. Greenberg, J. D. Brown, & N. L. Buerkel-Rothfuss (Eds.), *Media, sex and the adolescents* (pp. 177–195). Cresskill, NJ: Hampton.

Brown, R. T, & Brown, J. D. (2006). Adolescent sexuality. *Primary Care: Clinics in Office Practice, 33,* 373–390.

Bryant, J., & Rockwell, S. C. (1994). Effects of massive exposure to sexually-oriented prime-time television programming on adolescents' moral judgment. In D. Zillmann, J. Bryant, & A. C. Huston (Eds.), *Media, children, and the family: Social scientific, psycho-dynamic, and clinical perspectives* (pp. 183–195). Hillsdale, NJ: Lawrence Erlbaum.

Buerkel-Rothfuss, N. L., & Mayes, S. (1981). Soap opera viewing: The cultivation effect. *Journal of Communication, 31,* 108–115.

Buerkel-Rothfuss, N. L., Strouse, J. S., Pettey, G., & Shatzer, M. (1993). Adolescents' and young adults' exposure to sexually oriented and sexually explicit media. In B. S. Greenberg, J. D. Brown, & N. L. Buerkel-Rothfuss (Eds.), *Media, sex and the adolescent* (pp. 99–113). Cresskill, NJ: Hampton.

Canonzoneri, V. (1984, January 28). TV's feminine mistake. *TV Guide,* pp. 14–15.

Carveth, R., & Alexander, A. (1985). Soap opera viewing motivation and the cultivation process. *Journal of Broadcasting and Electronic Media, 29,* 259–273.

Centers for Disease Control and Prevention (CDC). (1993). Sexual risk behaviors of STD clinic patients before and after Earvin "Magic" Johnson's HIV-infection announcement–Maryland, 1991-1992. *Morbidity and Mortality Weekly Report, 42,* 45–48.

Centers for Disease Control and Prevention (CDC). (1994). Poll: HIV/AIDS prevention. *CDC HIV/ AIDS Prevention Newsletter, 5,* 5–6.

Centers for Disease Control and Prevention (CDC). (2000). Youth risk behavior surveillance–United States, 1999. *Morbidity & Mortality Weekly Report, 48,* 248–253.

Centers for Disease Control and Prevention (CDC). (2006). Youth risk behavior surveillance–United States, 2005. *Morbidity & Mortality Weekly Report,* 55(SS-5), 1–108.

Chia, S. C. (2006). How peers mediate media influence on adolescents' sexual attitudes and sexual behavior. *Journal of Communication, 56,* 585–606.

Child Trends. (2006, April). *Facts at a glance.* Washington, DC: Author.

Christenson, P., & Ivancin, M. (2006). *The "reality" of health: Reality television and the public health.* Menlo Park, CA: Kaiser Family Foundation.

Cline, V. B. (1994). Pornography effects: Empirical and clinical evidence. In D. Zillmann, J. Bryant, & A. C. Huston (Eds.), *Media, children, and the family: Social scientific, psychodynamic, and clinical perspectives* (pp. 229–247). Hillsdale, NJ: Lawrence Erlbaum.

CNN.com (2007, March 4). AP: We ignored Paris Hilton. Retrieved March 4, 2007.

Coles, R., & Stokes, G. (1985). *Sex and the American teenager.* New York: Harper & Row.

Collins, R. L., Elliott, M. N., Berry, S. H., Kanouse, E., & Hunter, S. B. (2003). Entertainment television as a healthy sex educator: The impact of condom-efficacy information in an *episode of Friends. Pediatrics, 112,* 1115–1121.

Collins, R. L., Elliott, M. N., Berry, S. H., Kanouse, D. E., Kunkel, D., Hunter, S. B., et al. (2004). Watching sex on television predicts adolescent initiation of sexual behavior. *Pediatrics, 114,* e280.

Cope-Farrar, K. M., & Kunkel, D. (2002). Sexual messages in teens' favorite prime-time TV programs. In J. D. Brown, J. R. Steele, & K. Walsh-Childers (Eds.), *Sexual teens, sexual media* (pp. 59–78). Mahwah, NJ: Lawrence Erlbaum.

Corder-Bolz, C. (1981). Television and adolescents' sexual behavior. *Sex Education Coalition News, 3,* 40.

Courtright, J. A., & Baran, S. J. (1980). The acquisition of sexual information by young people. *Journalism Quarterly, 57,* 107–114.

Daly, S. (2005, September 9). Tangled up in blue. *Entertainment Weekly,* pp. 14–15. D'Angelo, M.

D. (1999, December 17). Deflower power. *Entertainment Weekly*, pp. 88–89.

DeJong, W., Wolf, R. C., & Austin, S. B. (2001). U.S. federally funded television public service announcements (PSAs) to prevent HIV/AIDS: A content analysis. *Journal of Health Communication, 6*, 249–263.

Deveny, K., & Kelley, R. (2007, February 12). Girls gone wild: What are celebs teaching kids? *Newsweek*, pp. 40–47.

Donnerstein, E. (1984). Pornography: Its effect on violence against women. In N. M. Malamuth & E. Donnerstein (Eds.), *Pornography and sexual aggression* (pp. 53–81). Orlando, FL: Academic Press.

Donnerstein, E., & Linz, D. (1994). Sexual violence in the mass media. In M. Costanzo & S. Oskamp (Eds.), *Violence and the law* (pp. 9–36). Newbury Park, CA: Sage.

Donnerstein, E., & Linz, D. (1995). The mass media: A role in injury causation and prevention. *Adolescent Medicine: State of the Art Reviews, 6*, 271–284.

Donnerstein, E., Linz, D., & Penrod, S. (1987). *The question of pornography: Research findings and policy implications.* New York: Free Press.

Donnerstein, E., & Smith, S. (2001). Sex in the media. In D. G. Singer & J. L. Singer (Eds.), *Handbook of children and the media* (pp. 289–307). Thousand Oaks, CA: Sage.

Downs, A. C., & Harrison, S. K. (1985). Embarrassing age spots or just plain ugly? Physical attractiveness stereotyping as an instrument of sexism on American television commercials. *Sex Roles, 13*, 9–19.

DuRant, R. H., Champion, H., & Wolfson, M. (2006). The relationship between watching professional wrestling on television and engaging in date fighting among high school students. *Pediatrics, 118*, e265–e272.

DuRant, R. H., Wolfson, M., LaFrance, B., Balkrishnan, R., & Altman, D. (2006). An evaluation of a mass media campaign to encourage parents of adolescents to talk to their children about sex. *Journal of Adolescent Health, 38*, 298el–298e9.

Editorial reviews. (2006). *American Pie 2.* Retrieved May 24, 2006, from http://www.amazon.com/gp/product/B00003CY6D

Elkind, D. (1984, November/December). Teenage thinking: Implications for health care. *Pediatric Nursing*, pp. 383–385.

Elkind, D. (1993). *Parenting your teenager in the 90's.* Rosemont, NJ: Modern Learning Press.

Escobar-Chaves, S. L., Tortolero, S. R., Markham, C. M., Low, B. J., Eitel, P., & Thickstun, P. (2005). Impact of the media on adolescent sexual attitudes and behaviors. *Pediatrics, 116*, 303–326.

Espey, E., Cosgrove, E., & Ogburn, T. (2007). Family planning American style: Why it's so hard to control birth in the US. *Obstetrics & Gynecology Clinics of North America, 34*, 1–17.

Eveland, W. P., Nathanson, A. I., Detenber, A. I., & McLeod, D. M. (1999). Rethinking the social distance corollary: Perceived likelihood of exposure and the third-person perception. *Communication Research, 26*, 275–302.

Eyal, K., Kunkel, D., Biely, E. N., & Finnerty, K. L. (2007). Sexual socialization messages on television programs most popular among teens. *Journal of Broadcasting & Electronic Media, 51*, 316–336.

Fabes, R. A., & Strouse, J. S. (1984). Youth's perceptions of models of sexuality: Implications for sexuality education. *Journal of Sex Education and Therapy, 10*, 33–37.

Fabes, R. A., & Strouse, J. S. (1987). Perceptions of responsible and irresponsible models of sexuality: A correlational study. *Journal of Sex Research, 23*, 70–84.

Farhi, P. (1999, July 23). Movie index swears "South Park" is raw. *Washington Post.*

Felman, Y. M. (1979). A plea for the condom, especially for teenagers. *Journal of the American Medical Association, 241*, 2517–2518.

Farrar, K. M. (2006). Sexual intercourse on television: Do safe sex messages matter? *Journal of Broadcasting & Electronic Media, 50*, 635–650.

Ferris, A. L., Smith, S. W, Greenberg, B. S., & Smith, S. L. (2007). The content of reality dating shows and viewer perceptions of dating. *Journal of Communication, 57*, 490–510.

Fisher, D. A., Hill, D. L., Grube, J. W., & Gruber, E. L. (2007). Gay, lesbian, and bisexual content on television: A quantitative analysis across two seasons. *Journal of Homosexuality, 52*, 167–188.

Folb, K. L. (2000). "Don't touch that dial!" TV as a–what!?–positive influence. *SIECUS Report, 28*, 16–18.

Fox, S. (2001). *CDC award: Writers and producers gather to address the role of women in daytime dramas.* Retrieved July 10, 2006, from http://www.population.org/summits/soapsummit/about.htm

Furstenberg, F. F., Jr., Geitz, L. M., Teitler, J. O., & Weiss, C. C. (1997). Does condom availability make a difference? An evaluation of Philadelphia's health resource centers. *Family Planning Perspectives, 29,* 123–127.

Gagnon, J. H., & Simon, W. (1987). The sexual scripting of oral genital contacts. *Archives of Sexual Behavior, 16,* 1–25.

Gerbner, G. (1985). Children's television: A national disgrace. *Pediatric Annals, 14,* 822–827.

Gerbner, G. (1993, June). *Women and minorities on television: A study in casting and fate* [Report to the Screen Actors Guild and the American Federation of Radio and Television Artists]. Philadelphia: Annenberg School for Communication.

Gerbner, G., Gross, L., Morgan, M., Signorielli, N., & Shanahan, J. (2002). Growing up with television: Cultivation processes. In J. Bryant & D. Zillmann (Eds.), *Media effects: Advances in theory and research* (2nd ed., pp. 43–68). Hillsdale, NJ: Lawrence Erlbaum.

Gerbner, G., Morgan, M., & Signorielli, N. (1982). Programming health portrayals: What viewers see, say and do. In D. Pearl, L. Bouthilet, & J. Lazar (Eds.), *Television and behavior: Ten years of scientific progress and implications for the eighties* (Vol. 2, pp. 291–307). Rockville, MD: National Institutes of Health.

Glieberman, O. (1999, July 16). Virgin megascore. *Entertainment Weekly,* pp. 43–44.

Goldberg, M. (1987, November 28). TV has done more to contain AIDS than any other single factor. *TV Guide,* pp. 5–6.

Goodman, E. (2008, January 5). Real teen pregnancies don't have Hollywood ending. *Albuquerque Journal,* p. A8.

Gorman, S. (2000, May 22). *Feminist group frowns on FOX network.* Retrieved from http://www.now.org/issues/media/watchout/report/

Government Accountability Office (GAO). (2006, October). Efforts to assess the accuracy and effectiveness of federally funded programs. *GAO Highlights.* Retrieved February 5, 2007, from http://www.gao.gov/cgi-bin/getrpt?GAO-07-87

Greenberg, B. S. (1982). Television and role socialization: An overview. In D. Pearl, L. Bouthilet, & J. Lazar (Eds.), *Television and behavior: Ten years of scientific progress and implications for the eighties* (Vol. 2, pp. 179–190). Rockville, MD: National Institute of Mental Health.

Greenberg, B. S. (1993). Race differences in television and movie behaviors. In B. S. Greenberg, J. D. Brown, & N. L. Buerkel-Rothfuss (Eds.), *Media, sex and the adolescent* (pp. 145–152). Cresskill, NJ: Hampton.

Greenberg, B. S. (1994). Content trends in media sex. In D. Zillmann, J. Bryant, & A. C. Huston (Eds.), *Media, children, and the family: Social scientific, psychodynamic, and clinical perspectives* (pp. 165–182). Hillsdale, NJ: Lawrence Erlbaum.

Greenberg, B. S., & Busselle, R. W. (1994). *Soap operas and sexual activity.* Menlo Park, CA: Kaiser Family Foundation.

Greenberg, B. S., & Hofschire, L. (2000). Sex on entertainment television. In D. Zillmann & P. Vorderer (Eds.), *Media entertainment: The psychology of its appeal* (pp. 93–111). Mahwah, NJ: Lawrence Erlbaum.

Greenberg, B. S., & Linsangan, R. (1993). Gender differences in adolescents' media use, exposure to sexual content and parental mediation. In B. S. Greenberg, J. D. Brown, & N. L. Buerkel-Rothfuss (Eds.), *Media, sex and the adolescent* (pp. 134–144). Cresskill, NJ: Hampton.

Greenberg, B. S., Linsangan, R., Soderman, A., Heeter, C., Lin, C., Stanley, C., et al. (1987). *Adolescents and their exposure to television and movie sex* [Project CAST, Report No. 4]. East Lansing: Michigan State University, Department of Telecommunications.

Greenberg, B. S., Linsangan, R., & Soderman, A. (1993). Adolescents' reactions to television sex. In B. S. Greenberg, J. D. Brown, & N. L. Buerkel-Rothfuss (Eds.), *Media, sex and the adolescent* (pp. 196–224). Cresskill, NJ: Hampton.

Greenberg, B. S., Siemicki, M., Dorfman, S., Heeter, C., & Stanley, C. (1993). Sex content in R-rated films viewed by adolescents. In B. S. Greenberg, J. D. Brown, & N. L. Buerkel-Rothfuss (Eds.), *Media, sex, and the adolescent* (pp. 45–58). Cresskill, NJ: Hampton.

Greenberg, B. S., & Smith, S. W. (2002). Daytime talk shows: Up close and in your face. In J. D. Brown, J. R. Steele, & K. Walsh-Childers (Eds.), *Sexual teens, sexual media* (pp. 79–93). Mahwah, NJ: Lawrence Erlbaum.

Greenberg, B. S., Smith, S., Yun, J. A., Busselle, R., Hnilo, L. R., Mitchell, M., et al. (1995). *The content of television talk shows: Topics, guests and interactions.* Menlo Park, CA: Kaiser Family Foundation.

Greenberg, B. S., Stanley, C., Siemicki, M., Heeter, C., Soderman, A., & Linsangan, R. (1986). *Sex content on soaps and prime time television series viewed by adolescents* [Project CAST, Report No. 3]. East Lansing: Michigan State University, Department of Telecommunications.

Greenberg, B. S., Stanley, C., Siemicki, M., Heeter, C., Soderman, A., & Linsangan, R. (1993). Sex content on soaps and prime-time television series most viewed by adolescents. In B. S. Greenberg, J. D. Brown, & N. L. Buerkel-Rothfuss (Eds.), *Media, sex and the adolescent* (pp. 29–44). Cresskill, NJ: Hampton.

Greeson, L. E., & Williams, R. A. (1986). Social implications of music videos for youth: An analysis of the contents and effects of MTV. *Youth & Society, 18,* 177–189.

Gruber, E., & Grube, J. (2000). Adolescent sexuality and the media: A review of current knowledge and implications. *Western Journal of Medicine, 172,* 210–214.

Guttmacher, S., Lieberman, L., Ward, D., Freudenberg, N., Radosh, A., & DesJarlais, D. (1997). Condom availability in New York City public high schools: Relationships to condom use and sexual behavior. *American Journal of Public Health, 87,* 1427–1433.

Haag, P. (1999). *Voices of a generation: Teenage girls on sex, school, and self.* Washington, DC: American Association of University Women Educational Foundation.

Haffner, D. W, & Kelly, M. (1987, March/April). Adolescent sexuality in the media. *SIECUS Report,* pp. 9–12.

Harris, R. J. (1994a). *A cognitive psychology of mass communication* (2nd ed.). Hillsdale, NJ: Lawrence Erlbaum.

Harris, R. J. (1994b). The impact of sexually explicit media. In J. Bryant & D. Zillmann (Eds.), *Media effects: Advances in theory and research* (pp. 247–272). Hillsdale, NJ: Lawrence Erlbaum.

Harris, L., & Associates. (1986). *American teens speak: Sex, myths, TV and birth control.* New York: Planned Parenthood Federation of America.

Harris, L., & Associates. (1987). *Attitudes about television, sex and contraception advertising.* New York: Planned Parenthood Federation of America.

Harris, L., & Associates. (1988). *Sexual material on American network television during the 1987–88 season.* New York: Planned Parenthood Federation of America.

Heintz-Knowles, K. E. (1996). *Sexual activity on daytime soap operas: A content analysis of five weeks of television programming.* Menlo Park, CA: Kaiser Family Foundation.

Henshaw, S. K. (2004). U.S. *teenage pregnancy statistics with comparative statistics for women aged 20–24.* New York: Alan Guttmacher Institute.

Herold, E. S., & Foster, M. E. (1975). Changing sexual references in mass circulation magazines. *Family Coordinator, 24,* 21–25.

Hershenson, K. (1999, July 23). Pushing the envelope. *Albuquerque Journal,* pp. E14–E15.

Hill, A. (2005). *Reality TV: Audiences and popular factual television.* Oxford, UK: Routledge.

Hochman, D. (2008, March 24–30). Sex on TV. *TV Guide, 56* (issue #2870), pp. 18–22.

Howe, A., Owen-Smith, V., & Richardson, J. (2002). The impact of a television soap opera on the NHS Cervical Screening Programme in the North West of England. *Journal of Public Health Medicine, 24,* 299–304.

Huesmann, L. R., Eron, L. D., Klein, R., Brice, P., & Fischer, P. (1983). Mitigating the imitation of aggressive behaviors by changing children's attitudes about media violence. *Journal of Personality and Social Psychology, 44,* 899–910.

Huston, A. C., Donnerstein, E., Fairchild, H., Feshbach, N. D., Katz, P. A., Murray, J. P., et al. (1992). *Big world, small screen: The role of television in American society.* Lincoln: University of Nebraska Press.

Huston, A. C., Wartella, E., & Donnerstein, E. (1998). *Measuring the effects of sexual content in the media: A report to the Kaiser Family*

Foundation. Menlo Park, CA: Kaiser Family Foundation.

Impoco, J. (1996, April 15). TV's frisky family values. *U.S. News & World Report,* pp. 58–62.

Ito, K. E., Gizlice, Z., Owen-O'Dowd, J., Foust, E., Leone, P. A., & Miller, W. C. (2006). Parent opinion of sexuality education in a state with mandated abstinence education: Does policy match parental preference? *Journal of Adolescent Health, 39,* 634–641.

Jacobs, A. J., & Shaw, J. (1999, April 2). Virgin spring. *Entertainment Weekly,* pp. 10–11.

Jemmott, J. B., III, Jemmott, L. S., & Fong, G. T. (1998). Abstinence and safer sex HIV risk-reduction interventions for African American adolescents. *Journal of the American Medical Association, 279,* 1529–1536.

Jesdanun, A. (2007, February 5). Plan would create ".xxx" Web porn domain. Associated Press/ABC News. Retrieved February 5, 2007, from http://www.abcnews.go.com/Business/print?id=2775401

Jones, D. (1988, April 13). We rely on TV for AIDS information. *USA Today.*

Jones, E. F., Forrest, J. D., Goldman, N., Henshaw, S. K., Lincoln, R., Rosoff, J. I., et al. (1985). Teenage pregnancy in developed countries: Determinants and policy implications. *Family Planning Perspectives, 17,* 53–63.

Jones, E. F., Forrest, J. D., Henshaw, S. K., Silverman, J., & Torres, A. (1988). Unintended pregnancy, contraceptive practice and family planning services in developed countries. *Family Planning Perspectives, 20,* 53–67.

Kaiser Family Foundation. (1996). *The Kaiser Family Foundation survey on teens and sex: What they say teens today need to know, and who they listen to.* Menlo Park, CA: Author.

Kaiser Family Foundation. (1998). *Kaiser Family Foundation and YM Magazine national survey of teens: Teens talk about dating, intimacy, and their sexual experiences.* Menlo Park, CA: Author.

Kaiser Family Foundation. (1999). *National survey of public secondary school principals: The politics of sex education.* Menlo Park, CA: Author.

Kaiser Family Foundation. (2000). *Teens and sex: The role of popular television* [Fact sheet]. Menlo Park, CA: Author.

Kaiser Family Foundation. (2001, June 19). *Public and networks getting comfortable with condom advertising on TV* [Press release]. Menlo Park, CA: Author.

Kaiser Family Foundation. (2004). *Entertainment education and health in the United States.* Menlo Park, CA: Author.

Kaiser Family Foundation. (2005). *U.S. teen sexual activity.* Menlo Park, CA: Author.

Kaiser Family Foundation. (2006, August 14). *FOX Networks group, Kaiser Family Foundation hit "Pause"* [Press release]. Menlo Park, CA: Author.

Kaiser Family Foundation/Children Now. (1996). *The family hour focus groups: Children's responses to sexual content on TV and their parents' reactions.* Menlo Park, CA: Kaiser Family Foundation.

Kaiser Family Foundation/Children Now. (1999). *Talking with kids about tough issues: A national survey of parents and kids.* Menlo Park, CA: Kaiser Family Foundation.

Kaiser Family Foundation/Seventeen Magazine. (2004). *Sex smarts: Birth control and protection.* Menlo Park, CA: Kaiser Family Foundation.

Kalichman, S. C., & Hunter, T. L. (1992). The disclosure of celebrity HIV infection: Its effects on public attitudes. *American Journal of Public Health, 82,* 1374–1376.

Kanuga, M., & Rosenfeld, W. D. (2004). Adolescent sexuality and the Internet: The good, the bad and the URL. *Journal of Pediatric and Adolescent Gynecology, 17,* 117–124.

Kaye, B. K., & Sapolsky, B. S. (2004a). Offensive language in prime time television: Four years after television age and content ratings. *Journal of Broadcasting and Electronic Media, 48,* 554–569.

Kaye, B. K., & Sapolsky, B. S. (2004b). Watch your mouth! An analysis of profanity uttered by children on prime time television. *Mass Communication and Society, 7,* 429–452.

Kelly, C. (2005, October 17). Realities of teen sex ignored in mainstream films. *Seattle Times.* Retrieved October 19, 2005, from http://www.seattletimes.nwsource.com

Kelly, J., & Smith, S. L. (2006). *Where the girls aren't: Gender disparity saturates G-rated films.* Duluth, MN: Dads & Daughters.

Kenrick, D. T., & Guttieres, S. E. (1980). Contract effects and judgments of physical attractiveness: When beauty becomes a social problem. *Journal of Personality & Social Psychology, 38,* 131–140.

Kilbourne, J. (1993). Killing us softly: Gender roles in advertising. *Adolescent Medicine: State of the Art Reviews, 4,* 635–649.

Kilbourne, J. (1999). *Deadly persuasion: Why women and girls must fight the addictive power of advertising.* New York: Free Press.

Kim, J. L., Collins, R. L., Kanouse, D. E., Elliott, M. N., Berry, S. H., Hunter, S., et al. (2006). Sexual readiness, household policies, and other predictors of adolescents' exposure to sexual content in mainstream entertainment television. *Media Psychology, 8,* 449–471.

Kim, J. L., Sorsoli, C. L., Collins, K., Zylbergold, B. A., Schooler, D., & Tolman, D. L. (2007). From sex to sexuality: Exposing the heterosexual script on primetime network television. *Journal of Sex Research, 44,* 145–157.

Kirby, D. (1997). No *easy answers: Research findings on programs to reduce teen pregnancy.* Washington, DC: National Campaign to Prevent Teen Pregnancy.

Kirby, D. (2002). The impact of schools and school programs upon adolescent sexual behavior. *Journal of Sex Research, 39,* 27–33.

Kirby, D. (2007). *Emerging answers 2007: Research findings on programs to reduce teen pregnancy.* Washington, DC: National Campaign to Prevent Teen Pregnancy.

Kirby, D., Brener, N. D., Brown, N. L., Peterfreund, N., Hillard, P., & Harrist, R. (1999). The impact of condom distribution in Seattle schools on sexual behavior and condom use. *American Journal of Public Health, 89,* 182–187.

Klein, J. D., Brown, J. D., Childers, K. W, Oliveri, J., Porter, C., & Dykers, C. (1993). Adolescents' risky behavior and mass media use. *Pediatrics, 92,* 24–31.

Kristof, N. (2006, May 2). Beyond chastity belts. *New York Times,* p. A25.

Kunkel, D., Biely E., Eyal, K., Cope-Farrar, K., Donnerstein, E., & Fandrich, R. (2003). *Sex on TV 3: A biennial report to the Kaiser Family Foundation.* Menlo Park, CA: Kaiser Family Foundation.

Kunkel, D., Cope, K. M., & Biely, E. (1999). Sexual messages on television: Comparing findings from three studies. *Journal of Sex Research, 36,* 230–236.

Kunkel, D., Cope, K. M., & Colvin, C. (1996). *Sexual messages on family hour television: Content and context.* Menlo Park, CA: Kaiser Family Foundation.

Kunkel, D., Cope-Farrar, K. M., Biely, E., Farinola, W. J. M., & Donnerstein E. (2001). *Sex on TV: A biennial report to the Kaiser Family Foundation.* Santa Barbara: University of California, Santa Barbara.

Kunkel, D., Eyal, K., Finnerty, K., Biely, E., & Donnerstein, E. (2005). *Sex on TV 4: A biennial report to the Kaiser Family Foundation.* Menlo Park, CA: Kaiser Family Foundation.

Landry, D. J., Kaeser, L., & Richards, C. L. (1999). Abstinence promotion and the provision of information about contraception in public school strict sexuality education policies. *Family Planning Perspectives, 31,* 280–286.

Larson, M. S. (1996). Sex roles and soap operas: What adolescents learn about single motherhood. *Sex Roles, 35,* 97–110.

Laumann, E. O., Paik, A., & Rosen, R. C. (1999). Sexual dysfunction in the United States. *Journal of the American Medical Association, 281,* 537–544.

L'Engle, K. L., Brown, J. D., & Kenneavy, K. (2006). The mass media are an important con text for adolescents' sexual behavior. *Journal of Adolescent Health, 38,* 186–192.

Levin, D. E., & Kilbourne, J. (2008). So *sexy so soon: The new sexualized childhood, and what parents can do to protect their kids.* New York: Ballantine.

Linz, D., & Donnerstein, E. (1988). The methods and merits of pornography research. *Journal of Communication, 38,* 180–184.

Linz, D., & Malamuth, N. (1993). *Pornography.* Newbury Park, CA: Sage.

Lou, C.-H., Zhao, Q., Gao, E.-S., & Shah, I. H. (2006). Can the Internet be used effectively to provide sex education to young people in China? *Journal of Adolescent Health, 39,* 720–728.

Lyons, J. S., Anderson, R. L., & Larson, D. B. (1994). A systematic review of the effects of aggressive and nonaggressive pornography. In D. Zillmann, J. Bryant, & A. C. Huston (Eds.), *Media, children, and the family: Social scientific, psychodynamic, and clinical perspectives* (pp. 271–310). Hillsdale, NJ: Lawrence Erlbaum.

Malamuth, N., & Huppin, M. (2005). Pornography and teenagers: The importance of individual differences. *Adolescent Medicine Clinics, 16,* 315–326.

Malamuth, N., & Impett, E. A. (2001). Research on sex in the media. In D. G. Singer & J. L. Singer (Eds.), *Handbook of children and the media* (pp. 269–287). Thousand Oaks, CA: Sage.

Marcus, R. (2006, June 25). Cleaning up TV will take more than fines. *Albuquerque Journal,* p. B3.

Martino, S. C., Collins, R. L., Kanouse, D. E., Elliott, M., & Berry, S. H. (2005). Social cognitive processes mediating the relationship between exposure to television's sexual content and adolescents' sexual behavior. *Journal of Personality and Social Psychology, 89,* 914–924.

Miller, F. C. (2000). Impact of adolescent pregnancy as we approach the new millennium. *Journal of Pediatric and Adolescent Gynecology, 13,* 5–8.

Moore, F. (2006, August 22). *Study: Fewer gay television characters.* Retrieved August 22, 2006, from http://abcnews.go.com/Entertainment/print?id=2340204.

Mozes, A. (2001, June 19). US TV viewers find condom ads acceptable. *Reuters Health* [Online]. Retrieved June 20, 2001, from www.reutershealth.com

Mueller, T. E., Gavin, L. E., & Kulkarni, A. (2008). The association between sex education and youth's engagement in sexual intercourse, age at first intercourse, and birth control use at first sex. *Journal of Adolescent Health, 42,* 89–96.

Mullin, C. R., & Linz, D. (1995). Desensitization and resensitization to violence against women: Effects of exposure to sexually violent films on judgments of domestic violence victims. *Journal of Personality and Social Psychology, 69,* 449–459.

Murray, S., & Ouellette, L. (Eds.). (2004). *Reality TV: Remarking television culture.* New York: NYU Press.

Nashawaty, C. (1999, July 16). Pie in your face. *Entertainment Weekly,* pp. 26–28.

National Campaign to Prevent Teen Pregnancy. (2004). *American opinion on teen pregnancy and related issues 2003.* Washington, DC: Author.

National Campaign to Prevent Teen Pregnancy. (2006). *Pregnancy among sexually experienced teens, 2002.* Washington, DC: Author.

National Institute on Child Health and Development (NICHD). (2000, December). Workshop on Sex & the Media, Bethesda, MD.

National Public Radio/Kaiser Family Foundation/Kennedy School of Government. (2004). *Sex education in America: Principals survey.* Menlo Park, CA: Kaiser Family Foundation.

Navarro, M. (2007, June 10). On abortion, Hollywood is no-choice. *New York Times,* section 9, pp. 1, 8.

Newman, A.A. (2007, June 18). Pigs with cellphones, but no condoms. *New York Times.* Retrieved June 19, 2007, from http://www.nytimes.com/2007/06/18/business/media/18adcol.html?_r=1&ref=media&oref=slogin

Nielsen Media Research. (2005). 2005 *report on television.* New York: Author.

Nielsen ratings, June 26–July 2. (2006). *USA Today.* Retrieved July 6, 2006, from http://www.usatoday.com/life/television/nielsenhtm

Painter, K. (1994, January 5). AIDS ads get less "timid." *USA Today,* p. 1A.

Pardun, C. (2002). Romancing the script: Identifying the romantic agenda in top-grossing movies. In J. D. Brown, J. R. Steele, & K. Walsh-Childers (Eds.), *Sexual teens, sexual media* (pp. 211–225). Mahwah, NJ: Lawrence Erlbaum.

Parents Television Council. (2004). *The blue tube: Foul language on prime time network TV.* Retrieved April 26, 2006, from http://www.parentstv.org/ptc/publications/reports

Pazos, B., Fullwood, E. U., Allan, M. J., Graff, C. A., Wilson, K. M., Laneri, H., et al. (2001, March 22). *Media use and sexual behaviors among Monroe County adolescents.* Paper presented at the annual meeting of the Society for Adolescent Medicine, San Diego.

Pearl, D., Bouthilet, L., & Lazar, J. (Eds.). (1982). *Television and behavior: Ten years of scientific progress and implications for the eighties* (Vol. 1, DHHS Pub. No. ADM 82–1195). Washington, DC: Government Printing Office.

Peirce, K. (1993). Socialization of teenage girls through teen-magazine fiction: The making of a new woman or an old lady? *Sex Roles, 29,* 59–68.

Peter, J., & Valkenburg, P. M. (2006). Adolescents' exposure to sexually explicit online material and recreational attitudes toward sex. *Journal of Communication, 56,* 639–660.

Peterson, J. L., Moore, K. A., & Furstenberg, F. F., Jr. (1991). Television viewing and early initiation of sexual intercourse: Is there a link? *Journal of Homosexuality, 21,* 93–118.

Peterson, R. A., & Kahn, J. R. (1984, August 26). *Media preferences of sexually active teens.* Paper presented at American Psychological Association meeting, Toronto, Canada.

Piaget, J. (1972). Intellectual evolution from adolescence to adulthood. *Human Development, 15,* 1–12.

Pinkleton, B. E., Austin, E. W, Cohen, M., Chen, Y.-C., & Fitzgerald, E. (in press). Effects of a peer-led media literacy curriculum on adolescents' knowledge and attitudes toward sexual behavior and media portrayals of sex. *Health Communication.*

Pipher, M. (1997, February 1). Bland, beautiful, and boy-crazy. *TV Guide,* pp. 22–25.

Planned Parenthood Federation of America. (2006). *PPFA Maggie Awards: Ripped from the headlines.* Retrieved June 21, 2006, from http://www.plannedparenthood.org/pp2/portal/files

Reichelt, P. A. (1978). Changes in sexual behavior among unmarried teenage women utilizing oral contraception. *Journal of Population Behavior, 1,* 59–68.

Rice, L. (2000, April 14). Ready to swear. *Entertainment Weekly,* pp. 20–21.

Rich, F. (2004, February 15). My hero, Janet Jackson. *New York Times,* section 2, p. 1.

Rickey, C. (2007, December 7). The absent "A" word. *Albuquerque Journal,* p. B8.

Rideout, V. (2007). *Parents, children & media.* Menlo Park, CA: Kaiser Family Foundation.

Rivadeneyra, R., & Ward, L. M. (2005). From Ally McBeal to Sabado Gigante: Contributions of television viewing to the gender role attitudes of Latino adolescents. *Journal of Adolescent Research, 20,* 453–475.

Roberts, E. (1982). Television and sexual learning in childhood. In D. Pearl, L. Bouthilet, & J. Lazar (Eds.), *Television and behavior: Ten years of scientific progress and implications for the eighties* (Vol. 2, pp. 209–223). Rockville, MD: National Institute of Mental Health.

Roberts, E. (1983). Teens, sexuality and sex: Our mixed messages. *Television & Children, 6,* 9–12.

Robischon, N. (2001, April 20). Back in bleecch! *Entertainment Weekly,* pp. 24–29.

Rudman, W. J., & Verdi, P. (1993). Exploitation: Comparing sexual and violent imagery of females and males in advertising. *Women & Health, 20,* 1–14.

Salamon, J. (2000, December 10). Sex at 8: The Partridges don't live here anymore. *New York Times,* p. 6WK.

Santelli, J. (1997). Human subjects protection and parental permission in adolescent health research. *Journal of Adolescent Health, 21,* 384–387.

Santelli, J., Lindberg, L. D., Finer, L. B., & Singh, S. (2007). Explaining recent declines in adolescent pregnancy in the United States: The contribution of abstinence and improved contraceptive use. *American Journal of Public Health, 97,* 150–156.

Santelli, J., Ott, M. A., Lyon, M., Rogers, J., Summers, D., & Schleifer, R. (2006). Abstinence and abstinence-only education: A review of U.S. policies and programs. *Journal of Adolescent Health, 38,* 72–81.

Schooler, D., Kim, J. L., & Sorsoli, L. (2006). Setting rules or sitting down: Parental mediation of television consumption and adolescent self-esteem, body image, and sexuality. *Sexuality Research and Social Policy, 3,* 49–62.

Schuster, M. A., Bell, R. M., Berry, S. H., & Kanouse, D. E. (1998). Impact of a high school condom availability program on sexual attitudes and behaviors. *Family Planning Perspectives, 30,* 67–72.

Scott, J. E. (1986). An updated longitudinal content analysis of sex references in mass circulation magazines. *Journal of Sex Research, 22,* 385–392.

Sellers, D. E., McGraw, S. A., & McKinlay, J. B. (1994). Does the promotion and distribution of condoms increase sexual activity? Evidence from an HIV prevention program for Latino youth. *American Journal of Public Health, 84,* 1952–1959.

Sexuality Information and Education Council of the United States (SIECUS). (2000). *Public support for sexuality education reaches highest level* [Press release]. New York: Author.

Sexuality Information and Education Council of the United States (SIECUS). (2006, July 19). *States and communities push back against abstinence-only-until-marriage dictates from Washington while proliferation of programs continues* [Press release]. Retrieved July 19, 2006, from http://www.siecus.org/media/press/press0130.html

Shrum, L. J. (2002). Media consumption and perceptions of social reality: Effects and underlying processes. In J. Bryant & D. Zillmann (Eds.), *Media effects: Advances in theory and research* (pp. 69–95). Hillsdale, NJ: Lawrence Erlbaum.

Signorielli, N. (2001). Television's gender role images and contribution to stereotyping. In D. G. Singer & J. L. Singer (Eds.), *Handbook of children and the media* (pp. 341–358). Thousand Oaks, CA: Sage.

Silverman-Watkins, L. T. (1983). Sex in the contemporary media. In J. Q. Maddock, G. Neubeck, & M. B. Sussman (Eds.), *Human sexuality and the family* (pp. 125–140). New York: Haworth.

Silverman-Watkins, L. T., & Sprafkin, J. N. (1983). Sex in the contemporary media. In J. Q. Maddock, G. Neubeck, & M. B. Sussman (Eds.), *Human sexuality and the family* (pp. 125–140). New York: Haworth.

Skinner, S. R., & Hickey, M. (2003). Current priorities for adolescent sexual and reproductive health in Australia. *Medical Journal of Australia, 179,* 158–161.

Society for Adolescent Medicine. (2000). Media and contraception [Policy statement]. *Journal of Adolescent Health, 27,* 290–291.

Steele, J. R. (1999). Teenage sexuality and media practice: Factoring in the influence of family, friends, and school. *Journal of Sex Research, 36,* 331–341.

Steele, J. R. (2002). Teens and movies: Something to do, plenty to learn. In J. D. Brown, J. R. Steele, & K. Walsh-Childers (Eds.), *Sexual teens, sexual media* (pp. 227–251). Mahwah, NJ: Lawrence Erlbaum.

Stern, B. B., Russell, C. A., & Russell, D. W. (2005). Vulnerable women on screen and at home: Soap opera consumption. *Journal of Macromarketing, 25,* 222–225.

Stobbe, M. (2007, December 5). US teen births rise for first time in 15 years, renewing debate. Retrieved January 7, 2008, from http://www.nctimes.com/articles/2007/12/06/health/6_24_1512_5_07.txt

Strasburger, V. C. (1989). Adolescent sexuality and the media. *Pediatric Clinics of North America, 36,* 747–774.

Strasburger, V. C. (1997). "Sex, drugs, rock 'n' roll," and the media: Are the media responsible for adolescent behavior? *Adolescent Medicine: State of the Art Reviews, 8,* 403–414.

Strasburger, V. C. (1998). Parental permission in adolescent health research [Letter]. *Journal of Adolescent Health, 22,* 362.

Strasburger, V. C. (2005). Adolescents, sex, and the media: Oooo, baby, baby–a Q&A. *Adolescent Medicine Clinics, 16,* 269–288.

Strasburger, V. C. (2006a). "Clueless": Why do pediatricians underestimate the media's influence on children and adolescents? *Pediatrics, 117,* 1427–1431.

Strasburger, V. C. (2006b). Risky business: What primary care practitioners need to know about the influence of the media on adolescents. *Primary Care: Clinics in Office Practice, 33,* 317–348.

Strasburger, V. C., Brown, R. T., Braverman, P. K., Rogers, P. D., Holland-Hall, C., & Coupey, S. M. (2006). *Adolescent medicine: A handbook for primary care.* Philadelphia: Lippincott Williams & Wilkins.

Strasburger, V. C., & Donnerstein, E. (2000). Children, adolescents, and the media in the 21st century. *Adolescent Medicine: State of the Art Reviews, 11,* 51–68.

Strasburger, V. C., & Furno-Lamude, D. (1997). *The effects of media consumption on adolescents' sexual attitudes and practices: Results of a pilot study.* Unpublished manuscript.

Strouse, J. S., Buerkel-Rothfuss, N., & Long, E. C. (1995). Gender and family as moderators of the relationship between music video exposure and adolescent sexual permissiveness. *Adolescence, 30,* 505–521.

Strouse, J. S., Goodwin, M. P., & Roscoe, B. (1994). Correlates of attitudes toward sexual harassment among early adolescents. *Sex Roles, 31,* 559–577.

Sutton, M. J., Brown, J. D., Wilson, K. M., & Klein, J. D. (2002). Shaking the tree of knowledge for the forbidden fruit: Where adolescents learn about sexuality and contraception.

In J. D. Brown, J. R. Steele, & K. Walsh-Childers (Eds.), *Sexual teens, sexual media* (pp. 25–55). Mahwah, NJ: Lawrence Erlbaum.

Svetkey, B. (1994, March 18). Here's the beef. *Entertainment Weekly,* pp. 26–28.

Tan, A. (1979). TV beauty ads and role expectation of adolescent female viewers. *Journalism Quarterly, 56,* 283–288.

Tannen, T. (2003). Media giant and foundation team up to fight HIV/AIDS. *The Lancet, 361,* 1440–1441.

Thornburg, H. (1981). Adolescent sources of information on sex. *Journal of School Health, 51,* 274–277.

Tolman, D. L., Kim, J. L., Schooler, D., & Sorsoli, C. L. (2007). Rethinking the associations between television viewing and adolescent sexuality development: Bringing gender into focus. *Journal of Adolescent Health, 40,* 84e9–84el6.

Treise, D., & Gotthoffer, A. (2001). Stuff you couldn't ask your parents about: Teens talking about using magazines for sex information. In J. D. Brown, J. R. Steele, & K. Walsh-Childers (Eds.), *Sexual teens, sexual media* (pp. 173–189). Mahwah, NJ: Lawrence Erlbaum.

Trenholm, C., Devaney, B., Forston, K., Quay, L., Wheeler, J., & Clark, M. (2007). *Impacts of four Title V, Section 510 abstinence education programs.* Princeton, NJ: Mathematica Policy Research.

Truglio, R. T. (1992). *Adolescents' use of prime-time TV for sexual information: What are the risks?* Paper presented at the Society for Research on Adolescence, Washington, DC.

Tucker, K. (1999, December 17). Kids these days. *Entertainment Weekly,* pp. 62–63.

Tucker, M. E. (2000, April). Teen sex. *Pediatric News,* p. 5.

Wakefield, D. (1987, November 7). Teen sex and TV: How the medium has grown up. *TV Guide,* pp. 4–6.

Walsh, D., & Bennett, D. (2005). *WHY do they act that way? A survival guide to the adolescent brain for you and your teen.* New York: Free Press.

Walsh-Childers, K. (1991, May). *Adolescents' interpretations of the birth control behavior of a soap opera couple.* Paper presented at the annual meeting of the International Communication Association, Chicago.

Walsh-Childers, K. (1997). *A content analysis: Sexual health coverage in women's men's, teen and other specialty magazines.* Menlo Park, CA: Kaiser Family Foundation.

Walsh-Childers, K., & Brown, J. D. (1993). Adolescents' acceptance of sex-role stereotypes and television viewing. In B. S. Greenberg, J. D. Brown, & N. L. Buerkel-Rothfuss (Eds.), *Media, sex, and the adolescent* (pp. 117–133). Cresskill, NJ: Hampton.

Walsh-Childers, K., Gotthoffer, A., & Lepre, C. R. (2002). From "just the facts" to "downright salacious": Teens' and women's magazines' coverage of sex and sexual health. In J. D. Brown, J. R. Steele, & K. Walsh-Childers (Eds.), *Sexual teens, sexual media* (pp. 153–171). Mahwah, NJ: Lawrence Erlbaum.

Ward, L. M. (1995). Talking about sex: Common themes about sexuality in the prime-time television programs children and adolescents view most. *Journal of Youth and Adolescence, 24,* 595–615.

Ward, L. M., & Friedman, K. (2006). Using TV as a guide: Associations between television viewing and adolescents' sexual attitudes and behavior. *Journal of Research on Adolescence, 16,* 133–156.

Ward, L. M., Gorvine, B., & Cytron, A. (2002). Would that really happen? Adolescents' perceptions of sexual relationships according to prime-time television. In J. D. Brown, J. R. Steele, & K. Walsh-Childers (Eds.), *Sexual teens, sexual media* (pp. 95–123). Mahwah, NJ: Lawrence Erlbaum.

Ward, L. M., & Rivadeneyra, R. (1999). Contributions of entertainment television to adolescents' sexual attitudes and expectations: The role of viewing amount versus viewer involvement. *Journal of Sex Research, 36,* 237–249.

Wattleton, F. (1987). American teens: Sexually active, sexually illiterate. *Journal of School Health, 57,* 379–380.

Weaver, J. B., III. (1994). Pornography and sexual callousness: The perceptual and behavioral consequences of exposure to pornography. In D. Zillmann, J. Bryant, & A. C. Huston (Eds.), *Media, children, and the family: Social scientific, psychodynamic, and clinical perspectives* (pp. 215–228). Hillsdale, NJ: Lawrence Erlbaum.

Weaver, J. B., Masland, J. L., & Zillmann, D. (1984). Effect of erotica on young men's aesthetic perception of their female sexual partners. *Perceptual and Motor Skills, 58,* 929–930.

Weinberg, C. (2006). This is not a love story: Using soap opera to fight HIV in Nicaragua. *Gender and Development, 14,* 37–46.

Weiner, S. (2007, February 20). Goodbye to girlhood. *Washington Post, p.* HE01.

Wilson, B., Linz, D., Donnerstein, E., & Stipp, H. (1992). The impact of social issue television programming on attitudes toward rape. *Human Communication Research, 19,* 179–208.

Wingood, G. M., DiClemente, R. J., Harrington, K., Davies, S., Hook, E. W., & Oh, M. K. (2001). Exposure to X-rated movies and adolescents' sexual and contraceptive-related attitudes and behavior. *Pediatrics, 107,* 1116–1119.

Wolak, J., Mitchell, K., & Finkelhor, D. (2007). Unwanted and wanted exposure to online pornography in a national sample of youth Internet users. *Pediatrics, 119,* 247–257.

Wolk, L. I., & Rosenbaum, R. (1995). The benefits of school-based condom availability: Cross-sectional analysis of a comprehensive high school-based program. *Journal of Adolescent Health, 17,* 184–188.

Wray, J., & Steele, J. (2002). Girls in print: Figuring out what it means to be a girl. In J. D. Brown, J. R. Steele, & K. Walsh-Childers (Eds.), *Sexual teens, sexual media* (pp. 191–208). Mahwah, NJ: Lawrence Erlbaum.

Zillmann, D. (1994). Erotica and family values. In D. Zillmann, J. Bryant, & A. C. Huston (Eds.), *Media, children, and the family: Social scientific, psychodynamic, and clinical perspectives* (pp. 199–213). Hillsdale, NJ: Lawrence Erlbaum.

Zillmann, D., & Bryant, J. (1982). Pornography, sexual callousness and the trivialization of rape. *Journal of Communication, 32,* 10–21.

Zillmann, D., & Bryant, J. (1988). Pornography's impact on sexual satisfaction. *Journal of Applied Social Psychology, 18,* 438–453.

Zurbriggen, E. L., Collins, R. L., Lamb, S., Roberts, T.-A., Tolman, D. L.,Ward, L. M., et al. (2007). *Report of the APA Task Force on the sexualization of girls.* Washington, DC: American Psychological Association.

Zurbriggen, E. L., & Morgan, E. M. (2006). Who wants to marry a millionaire? Reality dating television programs, attitudes toward sex, and sexual behaviors. *Sex Roles, 54,* 1–17.

6

Drogas e mídia

O Homem da Marlboro surgiu em 1954, das mentes dos publicitários de Chicago Leo Burnett e John Benson, que estavam tentando criar uma campanha mais masculina para o cigarro com filtro da Philip Morris e concluíram que "a figura mais masculina na América" era o cowboy. Durante os 40 anos seguintes o cowboy fumante viajou por todo o mundo (e 2 atores que o encarnaram morreram de câncer de pulmão).

—W. Nugent (1999)

Um cigarro nas mãos de uma estrela da tela de Hollywood é uma arma apontada para um jovem de 12 ou 14 anos.

—Roteirista Joe Eszterhas (2002)

E quanto àquele vigoroso comercial antidrogas pago pelo governo dos Estados Unidos? Ele foi levado ao ar entre o sétimo e o oitavo comercial da cerveja Budweiser.

—David Letterman, Late Show da CBS,
sobre os comerciais do Super Bowl de 2002
("Cheers e Jeers," 2002)

A minha filha de 6 anos virou para mim e disse: "O que é uma ereção de 4 horas?", disse Kelly Simmons, vice-presidente executiva da Tierney Communications, na Filadélfia. "Como é que você explica isso?"

(www.bettydodson.com/potencyads.htm)

A chamada Guerra Contra as Drogas tem sido empreendida pelo governo federal dos Estados Unidos durante décadas em uma variedade de contextos, exceto na mídia (ver Figuras 6.1 e 6.2). Na verdade, ao mesmo tempo em que pais e programas escolares tentam fazer com que crianças e adolescentes "Apenas Digam Não" às drogas, o valor de mais de US$20 bilhões em publicidade de cigarros, álcool e drogas legais está funcionando com eficiência para fazer com que eles digam sim ao fumo, à bebida e a outras drogas (Academia Americana de Pediatria [AAP], 2006). De acordo com três análises de conteúdo, os programas de televisão, filmes, música popular e videoclipes possuem um conteúdo apreciável retratando o uso de fumo, bebidas ou drogas ilícitas (ver Figura 6.3) (Christenson, Henriksen e Roberts, 20000; Gerbner, 2001; Roberts, Henriksen e Christenson, 1999). Embora existam poucos dados que mostrem que anúncios de drogas ou um conteúdo com drogas têm uma relação direta de causa e efeito no uso de drogas pelos adolescentes, inúmeros estudos correlacionais tratam do impacto de uma variedade de mídias nos adolescentes.

O uso de drogas pelos adolescentes

As drogas ilegais certamente afetam seriamente a sociedade norte-americana, mas duas drogas legais – tabaco e álcool – representam um perigo muito maior para crianças e adolescentes. Ambas são significativas como drogas "de entrada" e estão entre as primeiras drogas utilizadas por crianças ou adolescentes. Uma criança que fuma tabaco ou ingere álcool tem uma probabilidade 65 vezes maior de usar maconha, por exemplo, do que uma criança que nunca fuma ou bebe (Instituto

Figura 6.1

Fonte: Reproduzido com autorização.

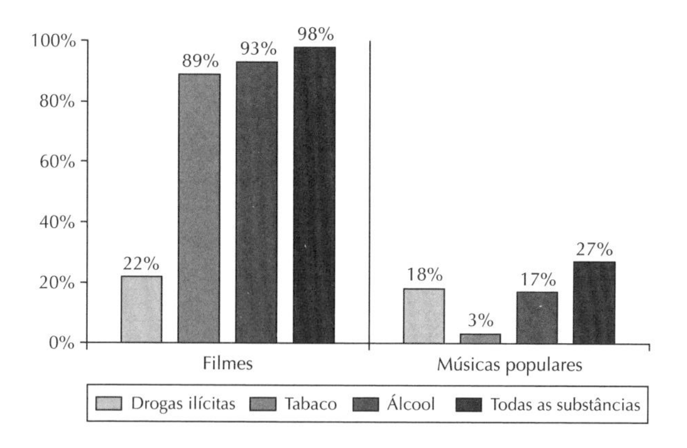

Figura 6.2 Presença de substâncias em filmes populares e músicas nos Estados Unidos.

Fonte: Roberts, Henriksen e Christenson (1999).

Nota: A análise de conteúdo mais recente e abrangente de uma variedade de mídias populares descobriu que tabaco, álcool e drogas ilícitas estão muito presentes em filmes populares entre crianças e adolescentes, mas consideravelmente menos prevalentes na música popular. As porcentagens refletem o número de filmes (200 ao todo) e músicas (1.000 ao todo) em que apareceram substâncias, independente de serem usadas ou não.

Nacional contra o Abuso de Drogas [NIDA]. 1995). E o efeito é contínuo: uma criança que usa maconha tem 100 vezes mais probabilidade de usar cocaína se comparada aos seus pares abstinentes (NIDA, 1995). Quanto mais nova uma criança começa a usar cigarros, ál-

Drawn for BROADCASTING Sidney Harris

"Está certo, combinado. Os palavrões estão dentro, as letras com drogas estão fora."

Figura 6.3

Fonte: Diretos de reprodução Sidney Harris.

cool ou outras drogas, maior será o risco de problemas sérios à saúde e consequentes abusos que persistem na idade adulta (Belcher e Shinitzky, 1998). O uso de drogas também é um dos muitos comportamentos de risco que tendem ao agrupamento: os adolescentes que relatam que pelo menos metade dos seus amigos é sexualmente ativa têm 31 vezes mais probabilidade de beber, 5 vezes mais probabilidade de fumar e 22 vezes mais probabilidade de experimentar maconha (Centro Nacional de Adição e Abuso de Substância, 2004).

Todos os anos, mais de 400.000 norte-americanos morrem devido ao uso de cigarro – mais do que os que morrem por AIDS, álcool, acidentes de automóveis, assassinato, drogas ilegais, suicídio e incêndios combinados (ver Figura 6.4) (Academia Americana de Pediatria, 2001; Instituto de Medicina, 1994)! Estima-se que a cada dia 3.000 adolescentes começam a fumar, e aproximadamente um terço deles acabará morrendo devido a doenças relacionadas ao tabaco (Departamento Americano de Saúde e Direitos Humanos, 1994). Ao longo das suas vidas, a turma de 2002 da escola secundária irá fumar uma estimativa de 12,4 bilhões de maços de cigarros, gerando US$27,3 bilhões em lucro para as companhias de tabaco, 58% só para a Philip Morris norte-americana (Healton, Farrelly, Weitzenkamp, Lindsey e Haviland, 2006). São alarmantes as novas evidências referentes a começar a fumar precocemente: podem ocorrer danos ao DNA das células dos pulmões, produzindo alterações que podem persistir apesar do abandono do cigarro (Wiencke et al., 1999).

Cada vez mais o tabaco está sendo comercializado para o exterior, particularmente para países do Terceiro Mundo, resultando em aumento abrupto no índice de fumantes (Mackay, 1999). A América do Norte é líder na produção de cigarros, exportando três vezes mais cigarros do que qualquer outro país (Womach, 2003). Se os índices atuais de fumo continuarem, 7 milhões de pessoas dos países em desenvolvimento irão morrer anualmente de doenças relacionadas ao fumo. Um quinto das pessoas que vivem em países industrializados irá morrer de transtornos relacionados com o tabaco (Peto, Lopez, Boreham, Thun e

"Se você ainda quer pertencer a uma organização dedicada a matar americanos, sempre tem o *lobby* do tabaco."

Figura 6.4

Fonte: © *The New Yorker* 2002 Alex Gregory, de cartoonbank.com. Todos os direitos reservados.

Heath, 1992; "Tobacco's Toll", 1992) e estima-se que 1 bilhão de pessoas poderá morrer de causas relacionadas ao tabaco durante este século (Bridges, 2006).

O álcool também mata, com mais de 100.000 mortes anuais nos Estados Unidos atribuídas ao seu consumo excessivo (Doyle, 1996). É a droga mais comumente abusada pelas crianças entre 12 e 17 anos. Na verdade, os jovens com menos de 21 anos respondem por 20% de todo o álcool consumido (Foster, Vaughan, Foster e Califano, 2003). Acidentes automobilísticos vinculados ao álcool são a causa número um de morte entre adolescentes – o consumo do álcool tipicamente contribui para homicídios e outras violências, suicídios e afogamentos – três das causas principais de morte entre jovens de 15 a 19 anos, que, reunidos, somam mais de 75% do seu índice de mortalidade (Kulig e Comitê sobre Abuso de Substâncias, 2005; Administração de Segurança de Tráfego nas Rodovias Nacionais, 2005; Thompson, Sims, Kingree e Windle, 2008). Frequentemente, crianças maiores e pré-adolescentes experimentam álcool primeiro, antes das drogas. A ingestão de álcool pode contribuir para relações sexuais prematuras, notas mais baixas e experimentação de outras drogas (Champion et al., 2004; Tapert, Aarons, Sedlar e Brown, 2001). Os jovens que bebem têm quase oito vezes mais probabilidade de usar outras drogas ilícitas do que os que nunca bebem (AAP, 1995). E as pessoas que começam a beber quando adolescentes têm de duas a três vezes mais probabilidade de causarem danos não intencionais quando estão sob a influência do álcool ou desenvolvem alcoolismo (Hingson, Heeren, Jamanka e Howland, 2000; Hingson, Heeren e Winter, 2006a, 2006b; Young, Hansen, Gibson e Ryan, 2006). Quase metade de todos os casos de alcoolismo é diagnosticável antes dos 21 anos (Hingson, Heeren e Winter, 2006a, 2006b). Ao mesmo tempo, mais de um terço de todo o lucro da indústria do álcool provém de bebedores menores de idade, aproximadamente US$50 bilhões em 2001 (Foster, Vaughan, Foster e Califano, 2006).

Os melhores dados referentes ao uso de drogas entre adolescentes provêm do Estudo de Monitoramento do Futuro. Além disso, a Pesquisa do Comportamento de Risco em Adolescentes (YRBS), patrocinada a cada dois anos pelos Centros de Controle e Prevenção de Doenças (CDC), também dá uma importante contribuição ao campo (CDC, 2006c). Mas o Estudo de Monitoramento do Futuro é único: aproximadamente 45.000 estudantes são pesquisados anualmente, com números iguais de homens e mulheres da 8ª, 10ª e 12ª séries, em mais de 430 escolas públicas e particulares em todo o país. Com fundos do Instituto Nacional sobre Abuso de Drogas (NIDA), o estudo vem sendo realizado anualmente desde a metade da década de 1970 pelo Instituo para Pesquisa Social, da Universidade de Michigan (ver Figura 6.5, Tabelas 6.1 e 6.2) (Johnston, O'Malley, Bachman e Schulenberg, 2008). No entanto, os dados não são perfeitos. O estudo de Monitoramento do Futuro falha ao não atingir aqueles que abandonaram a escola e que podem estar usando e abusando de drogas em proporções até maiores do que seus pares na escola. Ele também depende dos autorrelatos dos adolescentes. Todavia, nenhum outro grupo de dados é tão extenso durante um período tão longo de tempo.

Os destaques da pesquisa incluem os seguintes:

- Níveis altos, mas decrescentes, de tabagismo entre os adolescentes. Mais de um terço dos estudantes norte-americanos fumam na época em que completam o ensino médio. Metade de todos os adolescentes tentou fumar, incluindo um quarto de todos os pesquisados da 8ª série. Aproximadamente 22% dos alunos da 12ª série haviam fumado no

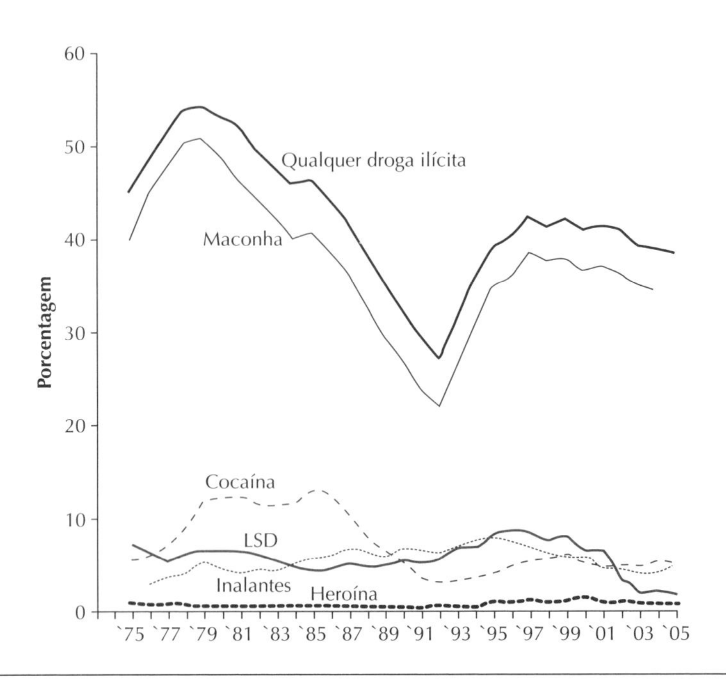

Figura 6.5 Tendências na prevalência anual de várias drogas ilícitas entre estudantes da 12ª série, 1975-2005, nos EUA.

Fonte: ©Universidade de Michigan

último mês. Nos últimos 10 anos, o tabagismo entre alunos da 8ª e 10ª séries diminuiu em mais de 50%. Ao mesmo tempo, a porcentagem de estudantes que disse haver "um grande risco" em fumar um maço de cigarros por dia aumentou de 66 para 77%. No entanto, o declínio no tabagismo entre os adolescentes pode estar chegando ao seu ponto máximo (Johnston et al., 2008).

- Continuidade nos altos níveis de consumo de álcool entre adolescentes. Embora a porcentagem dos que "já usaram" tenha diminuído de 93% em 1980 para 72% em 2007, 55% dos alunos do ensino médio relatam já terem ficado bêbados pelo menos uma vez. Na pesquisa da YRBS, 45% dos estudantes do ensino médio relataram que bebem álcool e 29% relataram beber em excesso (cinco ou seis drinques seguidos) durante o período de 30 dias antes de serem pesquisados (Miller, Naimi, Brewer e Jones, 2007). É interessante notar que, embora os atletas tenham, em geral, menos probabilidade de usar drogas ilícitas além dos esteróides, os atletas do sexo masculino têm maior probabilidade de usar álcool (Aaaron et al., 1995).
- Estabilização do uso de drogas ilícitas entre os adolescentes. Esse uso atingiu o pico de 66% em 1981 e declinou até 41% em 1992. Atualmente, quase metade dos alunos da 12ª série relata já ter usado drogas ilícitas. Mais de um quarto já usou uma droga ilícita além da maconha.
- O uso de maconha, cocaína e heroína, que estava na extremidade inferior no

Tabela 6.1 Uso de drogas entre os adolescentes, 2007 (*N* = 14.500, 12ª série), (em porcentagens)

Droga	*Já usada*	*Usada durante o ano passado*
Qualquer droga ilícita	47	36
Qualquer droga ilícita que não a maconha	26	19
Álcool	72	66
Já ficaram bêbados	55	46
Cigarros	46	—
Maconha	42	32
Tabaco de mascar	15	—
Anfetaminas	11	8
Inalantes	11	4
Alucinógenos	8	5
Ecstasy	7	5
Tranquilizantes	10	6
Cocaína	8	5
Esteroides	2	1
Heroína	2	1

Fonte: Adaptado de Johnston et al. (2008).

inicio da década de 1970, começou a se elevar na segunda metade da década de 1990 e atualmente está decrescendo novamente.

- Índice decrescente de uso do MDMA ("ecstasy"), 6% dos alunos da 12ª série relatam ter feito uso em 2007, comparados com aproximadamente 12% em 2001.
- Para todas as drogas é importante notar que os jovens adultos e os adultos têm índices mais altos de tabagismo e uso de álcool – e os jovens adultos têm índices mais altos de uso de drogas ilícitas. Mas o álcool e o tabaco são usados pela primeira vez durante a adolescência, na maioria dos casos.

Os Estados Unidos não estão sozinhos na questão do aumento dos índices de uso de drogas entre os adolescentes. Uma pesquisa com aproximadamente 8.000 jovens entre 15 e 16 anos no Reino Unido descobriu que quase todos haviam experimentado álcool e metade já tinha bebido em excesso, 30% tinham fumado cigarros nos 30 dias prévios e 42% já haviam experimentado uma droga ilícita, em geral maconha (Miller e Plant, 1996). Em uma pesquisa, de 10% de todos os estudantes de 12 a 15 anos em Dundee, Escócia, dois terços relataram ter consumido uma bebida

Tabela 6.2 Tendências na percepção que alunos da 12ª série têm das drogas como prejudiciais (em porcentagens)

O quanto você acha que as pessoas correm risco de se prejudicar se elas...			
	1980	*1990*	*2007*
Experimentam maconha por uma ou duas vezes	10	23	19
Fumam maconha ocasionalmente	15	37	27
Fumam maconha regularmente	50	78	55
Experimentam LSD por uma ou duas vezes	4	45	37
Experimentam cocaína por uma ou duas vezes	31	59	51
Experimentam MDMA (ecstasy) por uma ou duas vezes	—	—	58
Experimentam um ou dois drinques de alguma bebida alcoólica	4	8	11
Bebem cinco ou mais drinques uma ou duas vezes a cada fim-de-semana	36	47	46
Fumam um ou mais maços de cigarro por dia	64	68	77

Fonte: Adaptado de Johnston et al. (2008)

alcoólica, e aos 14 anos mais da metade relatou ter ficado bêbada (McKeganey, Forsyth, Barnard e Hay, 1996).

Determinantes do uso de drogas entre crianças e adolescentes

Uma variedade de fatores está implicada no uso precoce de drogas (Brown, 2002). Entre os adolescentes, os fatores específicos incluem autoestima pobre, baixa religiosidade, baixo desempenho escolar, alienação dos pais, disfunção familiar, sofrimento de abuso físico e divórcio dos pais (Belcher e Shinitzky, 1998; Briones, Wilcox, Mateus e Boudjenah, 2006; Schydlower e Arredondo, 2006). É interessante observar que duas revisões abrangentes recentes sobre o abuso de substâncias na infância e na adolescência (Belcher e Shinitzky, 1998; Briones et al., 2006) falham em não mencionar a influência da mídia como uma força etiológica entre os jovens que iniciam o uso de drogas (Strasburger, 1998).

Companheiros. A pressão dos pares desempenha um dos papéis mais importantes no primeiro uso de drogas entre os adolescentes (Bahr, Hoffmann e Yang, 2005), mas também pode estar envolvida na abstinência de droga. Os adolescentes que veem seus amigos usando drogas têm maior probabilidade de participar; os adolescentes que acham que seus amigos são contrários às drogas têm maior possibilidade de permanecer em abstinência (Robin e Johnson, 1996). Outra alternativa, uma hipótese ainda não testada, é que os adolescentes com mais propensão ao uso de drogas têm maior probabilidade de procurar companheiros que pensam da mesma maneira que eles.

Apesar de tudo, a mídia pode funcionar como um tipo de "superamigo", fazendo o uso de drogas parecer um comportamento normativo para os adolescentes (Strasburger, 2006). Como os adolescentes são tão preocupados em fazer o que é "normal" para o seu grupo de iguais (Olds, Thombs e Tomasek, 2005), a mídia pode representar uma das influências mais fortes. A mídia também representa para os adolescentes uma potente fonte de informações sobre uma variedade de temas de saúde. Por exemplo, um estudo com 788 estudantes afro-americanos da 5ª à 12ª série revelou que a televisão era a principal fonte de informações sobre o fumo (Kurtz, Kurtz, Johnson e Cooper, 2001).

Família. Os pais podem ser significativos fatores de risco ou fatores protetores, dependendo das circunstâncias (Bahr et al., 2005; Briones et al., 2006; Halpern-Felsher e Cornell, 2005). Descobriu-se que crianças abusadas têm risco aumentado de posterior abuso de substância (Bennett e Kemper, 1994). Igualmente, um estilo parental "coercivo" leva a maior abuso de substância e até mesmo à delinquência na adolescência (McNahon, 1994). Geneticamente, pais alcoólatras têm uma probabilidade duas a nove vezes maior de produzir filhos biológicos alcoólatras (Belcher e Shinitzky, 1998). O risco herdado provavelmente também se estende ao abuso de outros tipos de droga (Comings, 1997). No extremo oposto do espectro, crescer em uma família estimulante, com boa comunicação entre os pais, é um fator protetor significativo (Fisher, Miles, Austin, Camargo e Colditz, 2007; Resnick et al., 1997).

A mídia é, por vezes, rotulada como "os pais eletrônicos", e se os pais falham em dar aos seus filhos mensagens adequadas sobre as drogas, a mídia pode preencher o vazio com informações ou sugestões pouco saudáveis. Por exemplo, as chamadas "crianças *latchkey*" (chave da porta de entrada) têm maior probabilidade de usar álcool, tabaco ou maconha, talvez porque não são supervisionadas ou talvez porque elas têm acesso irrestrito a uma variedade de mídias insalubres (Chilcoat e Anthony, 1996; Richardson et al., 1989).

Personalidade. Em geral, os adolescentes são notórios por se colocarem em risco – e novas pesquisas sobre o desenvolvimento do cérebro mostram que as áreas-chave do córtex central (envolvido no julgamento) não maturam até o começo dos 20 anos (Walsh e Bennett, 2005). Estudos com ressonância magnética (MRI) de adolescentes com problemas com álcool mostram que as áreas do cérebro envolvidas na fissura pela droga e na recompensa (por exemplo, o sistema límbico) se iluminam mais quando são mostradas imagens de bebidas alcoólicas do que nos grupos controle (Tapert et al., 2003). As áreas do cérebro envolvidas no comportamento de motivação também são diferentes nos adolescentes (Bjork et al., 2004; White e Swartzwelder, 2004). A ausência de resiliência também pode ser importante em idade precoce, pois a resiliência (capacidade de superar as adversidades) também é protetora (Resnick et al., 1997). Igualmente, autoestima positiva, bom autocontrole, assertividade, competência social e sucesso acadêmico são fatores positivos de resiliência. O papel da mídia em encorajar ou diminuir a resiliência é completamente desconhecido. Crianças diferentes podem responder à mesma situação de modo completamente diferente (Brown e Schulze, 1990). É possível que as crianças que são mais "resilientes à mídia" (isto é, resistentes às mensagens da mídia) tenham menor probabilidade de serem afetadas por representações pouco saudáveis na mídia, mas até o momento somente um estudo da mídia demonstrou que isso é verdadeiro (Austin e Johnson, 1997).

Impacto da publicidade nas crianças e nos adolescentes

O tabaco e o álcool representam duas indústrias altamente lucrativas – e que precisam do recrutamento constante de novos usuários. Com a morte de 1.200 fumantes por dia e com outros milhares tentando abandonar o vício, a indústria do tabaco precisa recrutar novos fumantes para continuar a ser lucrativa. Inevitavelmente, esses novos fumantes provêm das fileiras de crianças e adolescentes, considerando-se especialmente a demografia do tabagismo (50% dos fumantes começam em torno dos 13 anos, 13,90% aos 19 anos), (Departamento Americano de Saúde e Direitos Humanos, 1994). Durante décadas, a Big Tobaco se engajou numa campanha sistemática para atrair fumantes menores de idade e depois mentiu para o Congresso sobre isso (D. Kessler, 2001). A indústria continua a resistir às tentativas do Congresso de regulá-la (Nocera, 2006). Igualmente, durante anos a indústria do álcool se direcionou para grupos de minorias e jovens, particularmente através da promoção de esportes e programas voltados para os jovens (Gerbner, 1990). Como 5% dos bebedores consomem 50% de todas as bebidas alcoólicas (Gerbner, 1990), novos recrutados também são uma necessidade para a indústria do álcool, preferivelmente, novos bebedores.

As celebridades são comumente usadas para anunciar os produtos, e as crianças maiores e os adolescentes podem ser particularmente vulneráveis a tais anúncios (AAP, 2006; Atkin e Block, 1983; Zollo, 1995). Muitos comerciais de álcool empregam uma combinação de música rock, modelos jovens atraentes, humor ou aventura. Garotas de biquini, rãs, lagartos e cães são comumente vistos em comerciais de cerveja. O humor é particularmente eficiente com adolescentes (Salkin, 2007). Os valores de produção são extraordinários: os custos para um comercial de 30 segundos podem facilmente ultrapassar os de toda uma programação regular de meia hora e o valor de um anúncio de 20 segundos no Super Bowl ultrapassa os US$2 milhões. Em 2007, Anheuser-Busch comprou 5 minutos de propaganda durante o Super Bowl (Sutel, 2007). Recentemente, uma nova forma de bebida alcoólica foi apelidada de *learner drinks for kids* ("bebidas de aprendizagem para crianças") – as chamadas limonadas fortes, que contêm em torno de 5% de álcool. Elas também usam rapazes fictícios como *"Doc" Otis* e *One-Eyed Jack* e "zombam do argumento da indústria de que não vende para jovens", de acordo com um especialista (Cpwley e Underwood, 2001). Igualmente, as companhias de tabaco estão agora comercializando cigarros com sabor com nomes como "Beach Breezer", "Kuai Kolada", "Twista Lime" e "Mandarin Mints", apesar do "Master Settlement Agreement", de 1998, que incluía uma promessa de não vender para os jovens (Harris, 2005).

Inúmeros estudos exploraram o impacto da publicidade nas crianças e nos adolescentes. Quase todos demonstraram que a publicidade é extremamente eficiente em aumentar o conhecimento e as respostas emocionais dos jovens aos produtos, o seu reconhecimento de certas marcas, seu desejo de ter ou usar os produtos anunciados e seu reconhecimento dos próprios anúncios (Borzekowski e Strasburger, 2008).

Embora ainda não se considere que a pesquisa seja cientificamente "mais do que uma dúvida razoável", existe ume preponderância de evidências de que a publicidade de cigarros e álcool é um fator significativo no uso dessas drogas por parte dos adolescentes (Borzekowski e Strasburger, 2008; Comissão Federal de Comércio, 1999; Grube e Waiters, 2005; Jernigan, 2006; Pierce, Choi, Gilpin, Farkas e Berry, 1998; Snyder, Milici, Slater, Sun e Strizhakova, 2006). O relatório de 1999 da Comissão Federal de Comércio sobre a indústria do álcool concluiu: "embora muitos fatores possam influenciar a decisão de beber em uma pessoa menor de idade (incluindo, entre outras possibilidade, os pais, os amigos e a mídia), existem razões para se acreditar que a publicidade também tem o seu papel". Em relação ao álcool, a publicidade pode responder por 10 a 30% do uso dos adolescentes

(Atkin, 1993b, 1995; Gerbner, 1990). É interessante notar que um estudo sobre o uso de itens promocionais do cigarro pelos estudantes encontrou que um número similar também se aplica aos cigarros: aproximadamente um terço do uso de cigarros pelos adolescentes podia ser previsto através da sua compra de produtos promocionais do cigarro (Pierce et al., 1998). No entanto, como observa um dos pesquisadores do grupo:

> Reduzir a discussão referente aos efeitos demonstráveis das campanhas publicitárias massivas ao nível do comportamento individual é absurdamente simplista... Ao contrário, o que estamos abordando é a natureza da própria publicidade. A Pepsi Cola, por exemplo, não conseguiu provar de modo convincente, através de qualquer tipo de estudo científico defensável, que determinadas crianças ou adolescentes que consomem seus produtos o fazem devido à exposição a algum ou a todos os seus anúncios (Orlandi, Lieberman e Schinke, 1989, p. 90).

Embora existam alguns debates legítimos sobre o quanto de impacto esta publicidade tem nos jovens e nas suas decisões de usar ou não cigarros ou álcool, a publicidade obviamente funciona – ou então as companhias não estariam gastando milhões de dólares nisso. Isso deixa a sociedade norte-americana com um genuíno problema moral, econômico e de saúde pública: deveria ser permitida a publicidade de produtos que não são saudáveis, sendo que a sociedade tem que pagar pela doença, incapacidade e morte que esses produtos causam? As companhias de fumo e os fabricantes de cerveja argumentam que eles estão simplesmente influenciando a "escolha da marca", e não aumentando a demanda geral para os seus produtos (Orlandi et al., 1989). Além do mais, eles argumentam que, como é legal vender seus produtos, também deve ser legal anunciá-los, e qualquer proibição representa uma infração aos seus direitos da Primeira Emenda de livre expressão comercial (Gostin e Brandt, 1993; Ile e Knoll, 1990; Shiffrin, 1993).

Os defensores da saúde pública contestam que as companhias de fumo e os fabricantes de cerveja estão se envolvendo em práticas desleais e enganadoras ao se direcionarem especificamente ao público mais novo, usando nos seus anúncios modelos atrativos e mensagens voltadas para os jovens e fazendo o fumo e a bebida parecerem um comportamento normativo (Atkin, 1993a, 1993b; Borzekowski e Strasburger, 2008; Grube e Waiters, 2005; Kilbourne, 1993; Departamento Americano de Saúde e Direitos Humanos, 1994). Por exemplo, dois dos primeiros estudos sobre publicidade em revistas (que contabilizam aproximadamente metade de todas as despesas em anúncios de cigarros) indicaram que as marcas populares entre os adolescentes tinham mais probabilidade de ser anunciadas do que as marcas para adultos em revistas com maior público leitor adolescente (King, Siegel, Celebucki e Connolly, 1998). Na verdade, as revistas para adolescentes vêm atraindo um número crescente de anúncios de cigarros desde 1965 (Brown e Whitherspoon, 1998). Quanto ao álcool, os adolescentes são expostos a 48% mais anúncios de cerveja, 20% mais anúncios de destilados e 92% mais anúncios de bebidas alcoólicas doces em revistas do que os adultos em idade legal para beber (Center on Alcohol Marketing and Youth [CAMY], 2005; Garfield, Chung e Rathouz, 2003). Das 10 revistas mais populares para adolescentes, apenas a *Seventeen*, *Teen* e *YM* recusam a publicidade de álcool (Garfield et al., 2003). As meninas adolescentes têm, na verdade, maior probabilidade de serem expostas à publicidade de álcool do que as mulheres entre 20 e 30 anos (Jernigan, Ostroff, Ross e O'Hara, 2004). O fato de os produtores de álcool e fumo estarem tentando fazer com que os adolescentes "apenas digam sim" aos cigarros e à cerveja num momento em que a sociedade está tentando fazer com que eles "apenas digam não" às drogas nos faz lembrar uma situação tirada diretamente de *Alice no País das Maravilhas* (Kilbourne, 1993; Strasburger, 1997). Como veremos mais adiante, os dados disponíveis apoiam fortemente o ponto de vista da saúde pública.

Cigarros

Impacto da publicidade de cigarros

A publicidade de cigarros parece aumentar o risco de os adolescentes fumarem devido à glamurização do fumo e dos fumantes (Borzekowski e Strasburger, 2008; CDC, 1994). Os fumantes são retratados como independentes, saudáveis, joviais e aventureiros. Em contraste, as consequências adversas de fumar nunca são apresentadas. O peso das evidências é tal que em 1994 o Ministro da Saúde dos Estados Unidos concluiu: "A publicidade de cigarros parece afetar as percepções que os jovens têm da incidência, da imagem e da função do fumo. Como as falsas percepções nestas áreas constituem fatores de risco psicossocial para começar a fumar, *a publicidade de cigarros parece aumentar o risco de fumar nos jovens*" (Departamento Americano de Saúde e Direitos Humanos, 1994, p. 195, o grifo é nosso).

De fato, algumas das estratégias de propaganda da indústria são quase Orwellianas na sua sofisticação. No *The Weekly Reader* (um periódico vendido em aproximadamente 80% de todas as escolas de ensino fundamental e, ao mesmo tempo, de propriedade da mesma companhia que era dona do conglomerado de tabaco RJR Nabisco), os seguintes temas contraditórios eram encontrados no início da década de 1990: "os adultos em posição de autoridade estão tentando impedir que os adolescentes fumem (apelando para o seu senso de autonomia)", "as leis estão sendo cumpridas de maneira inconsistente", "a maioria dos adolescentes fuma", "fumar é altamente prazeroso e relaxante" e "os adolescentes que tentam fumar o farão independentemente do que os adultos tentarem fazer a respeito" (DeJong, 1996). Um especialista em psicologia do adolescente não poderia ter sonhado um esquema mais eficiente de "fruto proibido" para recrutar novos fumantes adolescentes. A legislação originalmente introduzida pelo Procurador Geral Americano trouxe à baila o fato de que as companhias de fumo se direcionaram especificamente para fumantes adolescentes de 13 anos, numa tentativa de recuperar uma fatia do mercado (Weinstein, 1998). E um juiz federal declarou em 2006 que a indústria do fumo vem enganando o público por cinco décadas sobre os riscos de fumar ("When Don't Smoke", 2006). Os adolescentes podem, ainda, comprar com facilidade cigarros através da internet (J. A. Bryant, Cody e Murphy, 2002).

Talvez, como consequência dessas falsas informações, 40% dos alunos de 8ª série não achem que fumar um maço de cigarros por dia represente um risco à saúde (Johnston et al., 2008). A publicidade do fumo pode até enfraquecer o impacto de práticas parentais fortes (Pierce, Distefan, Jackson, White e Gilpin, 2002). Inúmeros estudos mostram que as crianças que prestam mais atenção aos anúncios de cigarros, que são capazes de se lembrar destes anúncios mais prontamente, ou que possuem itens promocionais, têm maior probabilidade de encarar o tabagismo favoravelmente e de também se tornarem fumantes (Biener e Siegel, 2000; CDC, 1992a, 1992b; Sargent et al., 1997; Sargent, Dalton e Beach, 2000). Os adolescentes que fumam são mais prováveis de acreditar nas mensagens dos anúncios impressos de cigarros (Hawkins e Hane, 2000). Entre as garotas adolescentes, os índices de tabagismo aumentaram drasticamente por volta de 1967, exatamente na mesma época em que as mulheres estavam sendo alvo de marcas novas como Virginia Slims (ver Figura 6.6) (Pierce, Lee e Gilpin, 1994). Só é possível ser encontrado um raro

Figura 6.6

Fonte: ©2001 Phillip Morris USA.

estudo que conclui que a propaganda de tabaco não exerce influência nas crianças (G. Smith, 1989).

No início da década de 1990, pesquisas importantes delinearam mais claramente o impacto que a publicidade de cigarros exerce nas crianças. Em 1991, dois estudos examinaram o impacto da campanha publicitária do Camelo Old Joe. Em um deles, crianças de 6 anos reconheciam Old Joe com a mesma probabilidade com que reconheciam o famoso logotipo *mouseketeer*, do Disney Channel (ver Figura 6.7) (Fischer, Scwartz, Richards, Goldstein e Rojas, 1991). Mesmo aos 3 anos, 30% das crianças conseguiam fazer uma associação entre a figura do Camelo Old Joe e um maço de cigarros. No segundo estudo, mais do dobro das crianças em relação aos adultos relatou exposição ao Old Joe. As crianças não só eram capazes de reconhecer a associação com os cigarros Camel, como também achavam os anúncios atraentes (DiFranza et al., 1991). Não é por coincidência que nos 3 anos seguintes à introdução da campanha do Old Joe, a preferência pelos cigarros Camel aumentou de 0,5 para 32% entre os fumantes adolescentes. Durante o mesmo período, a venda dos cigarros Camel para menores de idade aumentou de US$6 para US$476 milhões, representando um quarto de todas as vendas do Camel e um terço de todas as vendas ilegais de cigarros para menores (DiFranza et al., 1991).

Outros estudos também apresentaram evidências importantes. Um estudo na Califórnia documentou que as marcas de cigarro anunciadas mais intensamente – Marlboro e Camel – são as mais populares entre os fumantes adolescentes (Pierce et al., 1991). Um estudo nacional similar feito pela CDC encontrou que 84% dos adolescentes compram Marlboro, Camel ou Newport – as três marcas mais anunciadas nos Estados Unidos em 1990 (ver Tabela 6.3) (CDC, 1992a, 1992b). Na Inglaterra, as marcas mais populares de cigarros (Benson e Hedges, Silk CUT, Embassy e Marlboro) são da mesma forma as que são anunciadas com maior intensidade (Vickers, 1992).

Estudos transversais na metade da década de 1990 encontraram que os adolescentes expostos a itens promocionais ou à publicidade tinham muito maior probabilidade

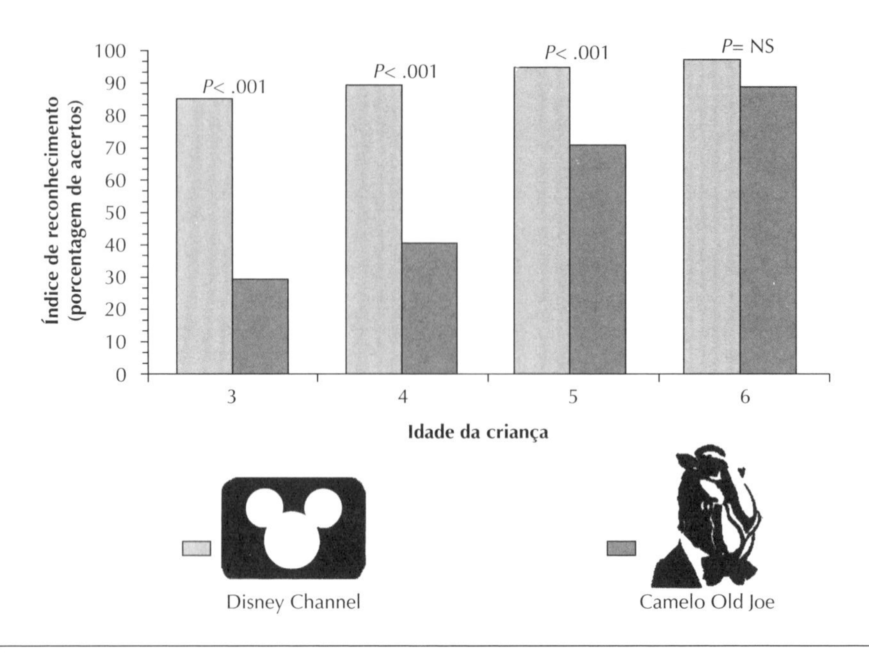

Figura 6.7 O camelo Old Joe *versus* o Disney Channel.

Fonte: Extraído do *Journal of the American Medical Association, 266*, p. 3145-3148, 1991.Todos os direitos reservados 1991, Associação Médica Americana.

Nota: De acordo com um estudo clássico (Fischer et al., 1991), o Camelo Old Joe é tão reconhecido por crianças de 6 anos quanto o logotipo do Disney Channel.

de se tornarem fumantes. Um estudo com 571 estudantes da 7ª série em San Jose, Califórnia, descobriu que 88% daqueles com 13 anos relataram exposição à publicidade de cigarros, e a experimentação do cigarro era 2,2 vezes maior entre aqueles que possuíam itens promocionais (Schooler, Feighery e Flora, 1996). Em uma amostra nacional com 1.047 adolescentes de 12 a 17 anos, Altman, Levine Coeytaux, Slade e Jaffe (1996) chegaram à mesma conclusão. Sargent colaboradores (2000), na verdade, encontraram uma relação dose-resposta entre o número de itens promocionais de cigarro e o comportamento de fumar. Finalmente, uma metanálise recente de 51 estudos separados

Tabela 6.3 A publicidade de cigarros é eficiente?

Anúncios em US$ milhões	*Marca de preferência dos adolescentes*	*Marca de preferência dos adultos*
1. Marlboro (US$75)	1. Marlboro (60,0%)	1. Marlboro (23,5%)
2. Camel (US$43)	2. Camel (13.3%)	2. Winston (6,7%)
3. Newport (US$35)	3. Newport (12,7%)	3. Newport (4,8%)

Fonte: Dados da CDC (1994) e Pollay et al. (1996). De Strasburger e Donnerstein (1999). Direitos reservados Academia Americana de Pediatria. Reproduzido com autorização.

encontrou que a exposição à comercialização e publicidade de cigarros mais do que dobrava o risco de um adolescente começar a fumar (Wellman, Sugarman, DiFranza e Winickoff, 2006).

Contudo, este não é um fenômeno unicamente norte-americano. No Reino Unido, uma pesquisa com 1.450 estudantes entre 11 e 12 anos revelou que o contato com anúncios de cigarro apresentava correlação com o tabagismo (While, Kelly, Huang e Charlton, 1996). O mesmo resultado foi encontrado em uma pesquisa com aproximadamente 2.000 estudantes que foram expostos à publicidade passiva de cigarros durante uma série de partidas de críquete entre Índia e Nova Zelândia, na Índia (Vaidya, Naik e Vaidya, 1996). Ao contrário dos Estados Unidos, outros países foram mais agressivos quanto à proibição da publicidade de cigarros. Na Nova Zelândia, o consumo caiu depois de uma proibição total dos anúncios de cigarros (Vickers, 1992). Na Noruega, a prevalência de fumantes entre 13 e 15 anos caiu de 17% em 1975 para 10% em 1990, depois que foi imposta uma proibição dos anúncios (Vickers, 1992). De fato, uma análise dos fatores que influenciam o consumo de tabaco em 22 países revelou que desde 1973 as restrições dos anúncios resultaram em índices mais baixos de tabagismo (Laugesen e Meads, 1991).

Finalmente, um estudo longitudinal abrangente com 1.752 adolescentes, na Califórnia, que nunca haviam fumado, revelou que um terço de toda a experimentação de fumo na Califórnia entre 1993 e 1996 podia ser atribuído à publicidade e promoções do fumo (Pierce et al., 1998). Este foi o primeiro estudo desse tipo a usar dados correlacionais longitudinais que puderam produzir conclusões de causa e efeito.

Vários estudos documentaram que, quando aumenta o volume da publicidade de cigarros em uma revista, diminui dramaticamente a cobertura que esta dá aos riscos associados ao fumo (Amos, Jacobson e White, 1991; DeJong, 1996; L. Kessler, 1989; Warner, Goldenhar e McLaughlin, 1992). Por exemplo, pesquisadores que usaram uma análise de regressão logística para examinar 99 revistas norte-americanas publicadas durante um período de 25 anos (entre 1959-1969 e 1973-1986) descobriram que a probabilidade de publicação de um artigo sobre os riscos do tabagismo diminuía em 38% nas revistas que recebiam lucros significativos das companhias de fumo (ver Tabela 6.4) (Warner et al., 1992). As revistas femininas são particularmente culpadas. Um estudo da *Cos-*

Tabela 6.4 A publicidade de cigarros influencia o conteúdo editorial?

Revista	*Número de revistas – anos*	*Probabilidade de cobertura dos riscos à saúde (%)*
Todas as revistas		
Nenhum anúncio de cigarro	403	11.9
Anúncios de cigarro	900	8.3
Revistas femininas		
Nenhum anúncio de cigarro	104	11.7
Anúncios de cigarro	212	5.0

Fonte: Adaptado de Warner, Goldenhar e McLaughlin (1992). Direitos reservados Sociedade Médica de Massachussets.

mopolitan, *Good Housekeeping*, *Mademoiselle*, *McCall's* e *Women's Day* descobriu que, entre 1983 e 1987, nenhuma delas publicou uma única coluna ou matéria especial sobre os perigos do fumo (L. Kessler, 1989). Todas, exceto a *Good Housekeeping*, aceitaram anúncios de cigarros – isso ocorreu durante o mesmo período de 5 anos em que o câncer de pulmão estava ultrapassando o câncer de mama como o causador número um de mortes entre as mulheres (Moog, 1991).

Por que a propaganda de tabaco é tão eficiente? Além da quantidade de dinheiro que é gasto com ela, criando uma quantidade desses anúncios que é difícil de se neutralizar, a publicidade de cigarros pode agir como um "superamigo", influenciando os adolescentes com a ideia de que todos os outros fumam, menos eles (fumar é um comportamento normativo) e que eles ficarão instantaneamente mais atraentes aos seus pares se fumarem (Strasburger, 2006). De fato, um grupo de pesquisadores (Goldman e Glantz, 1998) descobriu que as duas únicas estratégias que são altamente eficientes para impedir que os adolescentes fumem são: mostrar até que ponto a indústria do tabaco será capaz de ir para recrutar novos fumantes ("a manipulação da indústria") e sensibilizar os adolescentes para o risco de serem fumantes passivos. As duas estratégias envolvem a "desnormatização" de fumar (isto é, contrapor-se ao mito de que fumar é um comportamento normativo para os adolescentes).

Em 1998, a Procuradoria da Justiça norte-americana negociou o que pode ser um acordo digno de nota com a indústria de tabaco, requerendo o pagamento de mais de US$206 bilhões aos estados durante os 25 anos seguintes, juntamente com restrições severas à comercialização e publicidade para crianças (ver Tabela 6.5). Os críticos apontam para o fato de que este número representa menos de 8% dos US$2,5 trilhões que o governo federal irá perder durante os mesmos 25 anos em custos com tratamentos de saúde relacionados ao tabagismo (D. Z. Jackson, 1998). Além disso, de acordo com a Comissão de Comércio Federal (FTC), a indústria do tabaco, na verdade, tem gasto mais dinheiro em propaganda e promoções depois que as ações judiciais foram decididas: US$8,2 bilhões em 1999, um aumento de 22% desde 1998 ("Advertising Rose", 2001). No entanto, a agora substancial pesquisa sobre a publicidade de tabaco dificilmente pode ser questionada e, certamente, pode ter implicações também para a publicidade de álcool. Por exemplo, haverá ações judiciais futuras contra fabricantes de cerveja por parte das vitimas de

Tabela 6.5 Alguns pontos principais do acordo do tabaco de 1998 nos Estados Unidos

Pagamento de US$206,4 bilhões pela indústria do tabaco para os Estados durante os próximos 25 anos, incluindo US$1,5 bilhão para custear pesquisas para reduzir o tabagismo entre adolescentes
Proibição do uso de personagens de desenhos animados na publicidade, promoção ou caracterização de produtos de tabaco
Proibição do direcionamento de anúncios, promoções e *marketing* para os adolescentes
Proibição de toda a publicidade ao ar livre, incluindo *outdoors* e painéis em estádios
Proibição da venda de mercadorias com logotipos das marcas, como camisetas ou mochilas
Proibição de pagamento aos produtores de TV e cinema para o aparecimento de produtos

Fonte: Adaptado de *AAP News*, 15(1): 4 de janeiro de 1999.

motoristas alcoolizados ou pela procuradoria geral para recuperar os custos com tratamento de saúde? Além disso, as pesquisas podem voltar à cena se o acordo da procuradoria geral for revogado pelo Congresso, que tradicionalmente tem sido influenciado pelo dinheiro do tabaco ou por uma decisão da corte federal. O que pode substituir as preocupações quanto à publicidade e promoção é o crescente alarme pela forma como está sendo retratado o uso de tabaco em filmes, videoclipes e programas de televisão – de certa maneira, a nova arena de "propaganda" das companhias de tabaco.

Os cigarros na programação de televisão, nas música, nos videoclipes e no cinema

O fumo parece estar fazendo um retorno importante ao cinema e, numa amplitude menor, à televisão (vers Figuras 6.8 e 6.9).

A mais recente análise de conteúdo do horário nobre da televisão apontou que 19% da programação retratava o uso do tabaco, com aproximadamente um quarto desta apresentando declarações negativas sobre o fumo (Christenson et al., 2000). Nos videoclipes, um quarto de todos os vídeos da Music Television (MTV) retratava o uso do tabaco, com o artista principal geralmente sendo mostrado fumando (Durant et al., 1997). Em 2001, o fumo aparecia numa média de 4 vezes por hora na TV, um aumento considerável, se comparado às 2,7 vezes por hora em 1999 (J. Armstrong, 2002). Ao contrário do cinema, na TV frequentemente são os personagens principais que fumam – por exemplo, a enfermeira Abby, de Maura Tierney, em *ER* e o Presidente Bartlet, de Martin Sheen, em *The West Wing*. Até mesmo as séries dramáticas da TV japonesa – populares em toda a Ásia – estão vivenciando um aumento súbito no número de personagens fumantes (Kanda et al., 2006). Além do mais, quase todos os adolescentes norte-americanos já foram expostos ao uso de tabaco devido aos *trailers* de filmes na TV. Um estudo recente encontrou que quase um quarto dos *trailers* de filmes com classificação R e 7,5% dos *trailers*

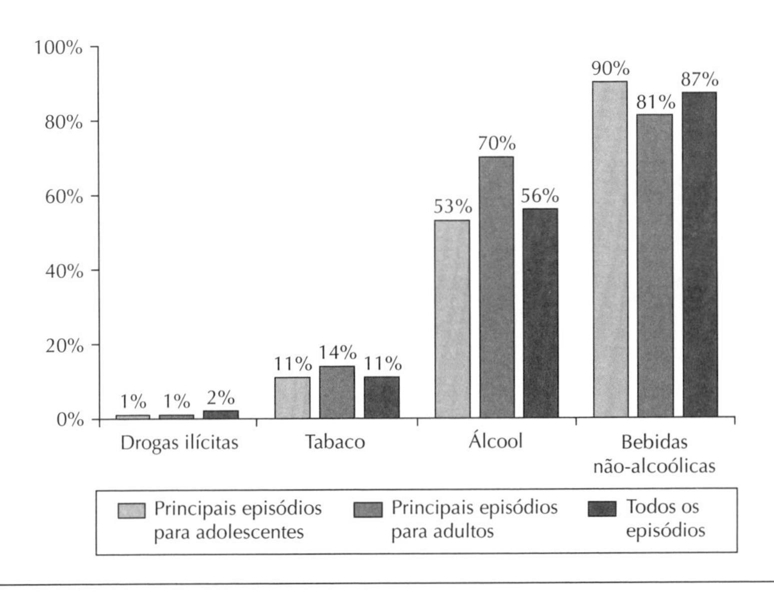

Figura 6.8 Uso de substâncias na televisão nos Estados Unidos.

Fonte: Christenson et al. (2002).

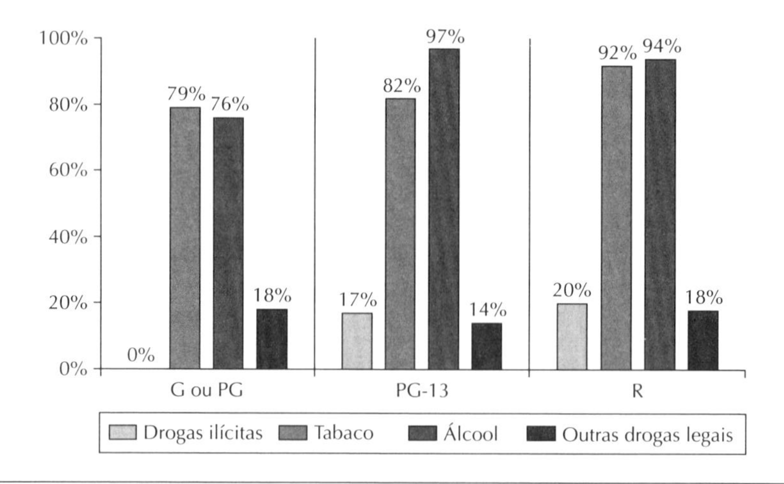

Figura 6.9 Uso de substância em filmes com classificação G ou PG, PG-13 e R.

Fonte: Durant et al., 1997.

de filmes PG-13 e PG continham imagens de uso de tabaco (Healton et al., 2006).

O cinema também está proporcionando às companhias de tabaco cada vez mais oportunidades de apresentar o fumo. O uso de publicidade passiva – chamada a colocação de produtos – tem sido extremamente lucrativa, embora os diretores de estúdios neguem que esta prática continue a acontecer. A Philip Morris Company, pelo que se comenta, pagou US$350.000 para colocar os cigarros Lark no filme de James Bond, *Permissão para Matar*, e outros US$42.500 para colocar Marlboros em *Superman II* ("Selling to Children", 1990). O pagamento direto por colocações de produtos de cigarros se encerrou em 1989 (Sargent, Tickle, Beach, Ahrens e Heathertin, 2001), quando as 13 principais firmas de tabaco adotaram a seguinte orientação para evitar a regulação federal: "Nenhum pagamento, direto ou indireto, será feito para a colocação de nossos cigarros ou propaganda de cigarros em qualquer filme produzido para ser assistido pelo público em geral" (Shields, Carol, Balbach e McGee, 1999).

Hollywood parece usar o cigarro como símbolo para um personagem inquieto ou contrário às convenções, mas o fato de os próprios atores fumarem ou não fumarem também tem influência na caracterização do personagem – e se este irá ou não fumar na tela (Shields et al., 1999). É bem longa a lista de atores e atrizes importantes de Hollywood que soltam baforadas na tela: Julia Roberts, em *O Casamento do Meu Melhor Amigo*, Al Pacino, em *Um Domingo Qualquer*, Michael Douglas, em *Garotos Incríveis*, John Travolta, em *A Última Ameaça*, Brad Pitt, em *Sleepers – A Vingança Adormecida* e Leonardo de Caprio e Kate Winslet, em *Titanic* (Roberts e Christenson, 2000). Na década de 1990 e início dos anos 2000 surgiu uma nova onda de análises de conteúdo, todas as quais concluíram que fumar cigarros nos filmes é uma ocorrência importante e um problema crônico (Charlesworth e Glantz, 2005; Sargent, 2005; Sargent et al., 2004, 2005; Titus-Ernstoff, Dalton, Adachi-Mejia, Longacre e Beach, 2008):

- Em um estudo mais recente, 80% da exposição das crianças ao fumo, na verdade, ocorria através de filmes G, PG ou PG-13 (Titus-Ernstoff et al., 2008).
- Outra análise de conteúdo recente examinou as 100 maiores bilheterias entre

1996 e 2004. O tabaco era mostrado em três quartos dos filmes classificados como G e PG e em 90% dos filmes com classificação R. Embora a proporção de filmes que apresentam o fumo tenha declinado de 96 para 77% em 2004, a representação foi maior em filmes com classificação para adolescentes (American Legacy Foundation, 2006). Em outra análise recente, foram estudadas as 100 maiores bilheterias de 1998 até 2004. Quase três quartos continham fumo, e cada filme foi assistido por 25% dos 6.500 adolescentes pesquisados em todos os Estados Unidos. Isso totaliza bilhões de imagens de fumo e 665 por criança de 10 a 14 anos (Sargent, Tanski e Gibson, 2007).

- Os filmes com classificação R têm os índices mais altos de fumo (Mekemson et al., 2004; Omidvari et al., 2005; Polansky e Glantz, 2004). As mulheres nos papéis principais têm a mesma probabilidade de fumarem nos filmes direcionados ao público jovem (PG/PG-13) do que nos filmes de classificação R, enquanto que os personagens principais masculinos fumam com mais frequência em filmes de classificação R. E as atrizes jovens têm quatro vezes mais probabilidade de ser apresentadas fumando do que as atrizes mais velhas (Escamilla, Cradock e Kawachi, 2000). Quando a Associação de Estúdios de Cinema dos Estados Unidos (MPAA) começou a atribuir classificações PG-13 aos filmes que anteriormente teriam sido classificados como R (Thompson e Yakota, 2004), os adolescentes mais novos ficaram expostos a mais situações com fumo nos filmes (Charlesworth e Glantz, 2005). Mesmo os filmes infantis com classificação G contêm um volume surpreendente de cenas com fumo. Na verdade, o fumo está presente há muito tempo nos filmes infantis. Duas análises de uma amostragem de 50 a 74 filmes animados com classificação G lançados entre 1937 e 1997 pelas cinco maiores companhias de produção constaram que mais da metade retratava um ou mais exemplos de uso de tabaco, incluindo todos os sete filmes lançados em 1996 e em 1997 (ver Tabela 6.6) (Goldstein, Sobel e Newman, 1999; Yakota e Thompson, 2001). Em 2007, a MPAA disse que começaria a incluir o fumo quando determinasse as classificações que seriam atribuídas aos filmes.
- Os fumantes tendem a ser homens brancos e da classe média – e geralmente são os heróis (Stockwell e Glantz, 1997). O fumo entre os homens é associado a comportamento violento e a atos perigosos; entre as mulheres, ele está associado a envolvimentos sexuais, atividades ilegais e imprudência ao volante (Sargent, 2005; Sargent et al., 2000). As representações nos filmes também tendem a ser muito pró-fumo, com apenas 14% do tempo na tela tratando dos seus efeitos adversos na saúde (Stockwell e Glantz, 1997). Dos 100 principais filmes de 2002, apenas 0,4% das situações com fumo retratavam as consequências fatais de fumar (Dozier, Lauzen, Day, Payne e Tafoya, 2005). Um estudo acerca dos 10 filmes mais populares dos últimos 50 anos revelou que os fumantes são retratados como mais romanticamente ativos do que os não fumantes e como ligeiramente mais inteligentes (McIntosh, Smith, Bazzini e Mills, 1999).

Nada disso traria muita preocupação se os filmes não fossem extremamente populares entre os adolescentes – que representam

Tabela 6.6 Conteúdo com tabaco e álcool nos filmes infantis com classificação G

Filme	*Uso/Exposição ao tabaco (segundos)*	*Uso/Exposição ao álcool (segundos)*
Você Já Foi à Bahia?	Sim (548)	Sim (8)
101 Dálmatas	Sim (299)	Sim (51)
Pinóquio	Sim (22)	Sim (80)
James e o Pêssego Gigante	Sim (206)	Sim (38)
Todos os Cães Vão Para o Céu	Sim (205)	Sim (73)
Alice no País das Maravilhas	Sim (158)	Não
As Peripécias do Ratinho Detetive	Sim (165)	Sim (414)
Aristogatas	Sim (11)	Sim (142)
A Bela e a Fera	Não	Sim (123)

Fonte: Adaptado de Goldstein, Sobel e Newman. (1999).

16% da população, mas que perfazem 26% de todos os ingressos de filmes (Rauzi, 1998). Uma pesquisa longitudinal única mostrou que um dos fatores mais importantes no começo do uso de drogas é a exposição a outras pessoas que usam substâncias (Kosterman, Hawkins, Guo, Catalano e Abbott, 2000). Em nenhum lugar a exposição é maior do que nas telas dos cinemas contemporâneos. *Vários estudos correlacionais e longitudinais confirmam atualmente que a exposição ao fumo na televisão e no cinema é um dos fatores-chave no tabagismo dos adolescentes.* Na verdade, a exposição ao fumo no cinema pode suplantar o tabagismo dos pais como o principal fator na iniciação adolescente no tabagismo (Sargent et al., 2005; Sargent, Stoolmiller et al., 2007; Titus-Ernstoff et al., 2008). Os defensores da saúde pública estimam que o tabagismo descrito nos filmes leva 390.000 adolescentes a começarem a fumar a cada ano, resultando em aproximadamente US$1 bilhão de lucro para a indústria norte-americana de tabaco (Alamar e Glantz, 2006; Charlesworth e Glantz, 2005):

- Vários estudos transversais de estudantes de ensino médio na Nova Inglaterra encontraram que a exposição ao fumo em filmes aumenta significativamente a visão positiva que os adolescentes têm de fumar e a percepção de que quase todos os adultos fumam (Sargent et al., 2001, 2002). Um estudo prospectivo de mais de 3.500 adolescentes encontrou que a exposição ao fumo em filmes de todas as classificações triplicou o risco de começar a fumar (ver Figura 6.10) (Dalton et al., 2003), enquanto que a exposição a filmes com classificação R duplicou o risco (Dalton et al., 2002). Os pré-adolescentes cujos pais os proíbem de assistir a filmes com classificação R têm menos probabilidade de começar a fumar (ou beber, para dizer a verdade) (Dalton et al., 2006). Os resultados foram replicados recentemente em um estudo com mais de 1.690 estudantes da escola média em Wisconsin (Thompson e Gunther, 2007).

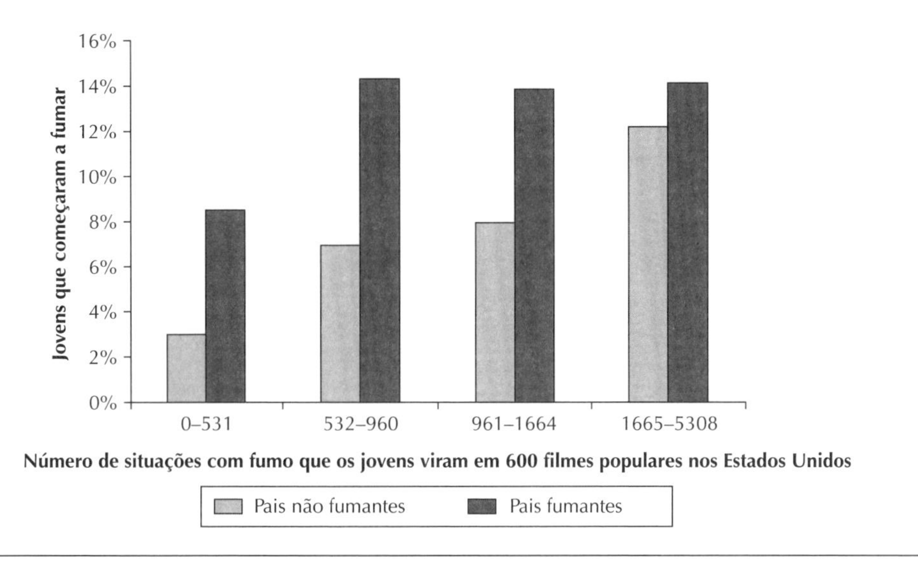

Figura 6.10 O tabagismo retratado nos filmes aumenta o risco de tabagismo na adolescência?

Fonte: Charlezworth e Glantz (2005). Reproduzido com autorização de Stanton A. Glantz;

- No maior estudo transversal desse tipo, Sargent e colaboradores (2003) pesquisaram recentemente 6.522 adolescentes norte-americanos entre 10 e 14 anos e encontraram que aqueles que assistiam a mais cenas de fumo em filmes tinham 2,6 vezes mais probabilidade de começar a fumar, mesmo depois de feito o controle com seus pares e pais fumantes. Um estudo transversal recente replicou este achado em adolescentes alemães (Hanewinkel e Sargent, 2007).
- Uma amostra de 735 jovens de 12 a 14 anos, com um *follow-up* de dois anos, encontrou que a exposição a filmes com classificação R e o fato de possuírem um aparelho de TV no quarto aumentaram significativamente o risco de começar a fumar entre os adolescentes brancos, mas não entre os negros (Jackson, Brown e L'Engle, 2007). Este é agora o terceiro estudo longitudinal que documenta o risco de ver fumo em filmes de todas as classificações (Sargent, Stoolmiller et al., 2007), em pré-adolescentes e adolescentes alemães (Hanewinkel e Sargent, 2008) e em crianças do ensino fundamental (Titus-Ernstoff et al., 2008). No primeiro estudo, uma amostra nacional de 6.522 pré-adolescentes e adolescentes entre 10 e 14 anos foi acompanhada durante 2 anos. A exposição dos jovens ao fumo em filmes duplicou o risco de que se tornassem fumantes (Sargent, Stoolmiller et al., 2007). No estudo alemão, 2.711 adolescentes e pré-adolescentes foram acompanhados durante um ano, e os achados de um efeito dose-resposta entre assistir a cenas com fumo em filmes e a iniciação adolescente no ato de fumar foram similares aos estudos norte-americanos (Hanewinkel e Sargent, 2008). No terceiro estudo, uma amostra regional de 2.255 estudantes do ensino fundamental, entre 9 e 12 anos, também foi acompanhada durante 2 anos. A exposição ao fumo nos filmes respondeu por pelo menos um terço da iniciação no fumo (Titus-Ernstoff et al., 2008).

Álcool

Pesquisas sobre a publicidade de álcool

Embora as pesquisas sobre a publicidade de álcool não sejam tão consistentes quanto as da publicidade do tabaco, crianças e adolescentes parecem constituir um público especialmente vulnerável. Assim como os anúncios de cigarros, os comerciais de cerveja são virtualmente feitos sob medida para atrair crianças e adolescentes: imagens de pessoas jovens, amantes da diversão, que são *sexy* e bem-sucedidas, gozando os prazeres das suas vidas (Borzekowski e Strasburger, 2008). Quem não iria querer desfrutar de tudo isso (ver Tabela 6.7) (Kilbourne, 1993)? O uso de fantasias sexuais (Atkin, 1995) ou de celebridades que endossam o produto (Atkin e Block, 1993) aumenta o impacto dos anúncios de cerveja e vinho entre os jovens.

Análises de conteúdo mostram que os anúncios de cerveja parecem sugerir que beber é uma atividade absolutamente inofensiva, sem maiores riscos de saúde associados (Atkin, 1993a; Atkin, DeJong e Wallack, 1992; Grube e Wallack, 1994; Madden e Grube, 1994; Wallack, Cassady e Grube, 1990). No entanto, mais de um terço dos anúncios mostram pessoas dirigindo ou fazendo esportes aquáticos enquanto supostamente estão bebendo (Madden e Grube, 1994). Os anúncios de álcool também apresentam com frequência estereótipos sexuais e sociais e têm como alvo os adolescentes (Austin e Hust, 2005).

Os anúncios de cerveja e vinho são habitualmente apresentados no horário nobre da televisão: crianças e adolescentes norte-americanos assistem de 1.000 a 2.000 deles anualmente (Jernigan, 2006; Strasburger, 2006). Os adolescentes australianos estão expostos a tanta publicidade de álcool quanto os jovens adultos que estão em idade legal para beber (Winter, Donovan e Fielder, 2007). Nos Estados Unidos, boa parte destes comerciais está concentrada em programas para adolescentes e na programação esportiva. Todos os 15 programas principais para adolescentes contêm anúncios de álcool (CAMY, 2004b). No horário nobre, apenas 1 comercial de álcool é apresentado a cada 4 horas, mas na programação esportiva, são 2,4 anúncios por hora (Grube, 1995; Madden e Grube, 1994). Além disso, frequentemente a publicidade de álcool está infiltrada na programação esportiva, com *banners* e placares exibindo logomarcas e breves interrupções com o patrocínio da marca (por exemplo, "As informações deste intervalo são um oferecimento de..."), em uma proporção de 3 por hora (Grube, 1995). Atualmente, os adolescentes têm 400 vezes mais probabi-

Tabela 6.7 Sete mitos em que os anunciantes querem que crianças e adolescentes acreditem

1. Todo o mundo bebe álcool.
2. Beber não traz nenhum risco.
3. Beber ajuda a resolver os problemas.
4. O álcool é uma poção mágica que pode transformar você.
5. Esportes e álcool caminham juntos.
6. Se o álcool fosse mesmo perigoso, não o estaríamos anunciando.
7. As companhias de bebidas alcoólicas só promovem o beber com moderação.

Fonte: Adaptado de Kilbourne (1992).

lidade de assistir a um comercial de álcool do que a um anúncio de utilidade pública que desencoraje a beber (Mães Contra Dirigir Embriagado [MADD], 2004). Nas revistas, os adolescentes chegam a ver 50% mais anúncios de bebidas do que os adultos (Garfield et al., 2003; Jernigan et al., 2004). Contudo, desde que a indústria adotou um padrão voluntário, que restringe a publicidade nas mídias em que os jovens ultrapassam 30%, o volume de anúncios em revistas diminuiu significativamente [CDC, 2007]. Na TV, jovens de 12 a 20 anos também assistem a mais anúncios de álcool do que adultos em idade legal para beber (CAMY, 2004a). De 2001 a 2005, o número de anúncios de álcool na TV aumentou em 33% (CAMY, 2007). E no rádio – a segunda mídia mais popular entre os adolescentes depois da TV – os jovens ouvem mais anúncios de álcool do que os adultos em 14 dos 15 maiores mercados (CAMY, 2004c). Um novo estudo da CDC encontrou que metade de todos os quase 70.000 anúncios de álcool avaliados nos 104 principais mercados de todo o país norte-americano foi colocada na programação de rádio cuja audiência era predominantemente adolescente (CDC, 2006b).

Uma densidade de anúncios como esta parece causar um impacto considerável nos jovens. Em uma pesquisa de estudantes de 5ª e 6ª séries, aproximadamente 60% deles foram capazes de combinar a marca da cerveja que estava sendo promovida com uma cena parada de um comercial (Grube, 1995). Igualmente, uma amostra de crianças de 9 a 10 anos conseguiu identificar as rãs da Budweiser quase que com a mesma frequência com que identificavam o coelho Pernalonga (ver Tabela 6.8) (Leiber, 1996). Em um estudo recente com mais de 3.500 estudantes de Dakota do Sul, 75% dos alunos da 4ª série e 87% da 9ª série reconheceram o anúncio do furão da Budweiser (ver Figura 6.11) (Collins, Ellickson, McCaffrey e Hambarsoomians, 2005). E numa pesquisa conhecida com crianças do subúrbio de Maryland, as que tinham de 8 a 12 anos conseguiram listar mais marcas de cerveja do que nomes dos presidentes norte-americanos (Center for Science in the Public Interest, 1988)! Raramente os jovens veem publicidade ou anúncios de utilidade pública recomendando moderação (Madden e Grube, 1994). Talvez como consequência, quase três quartos dos adultos norte-americanos achem que tais anúncios incentivam os adolescentes a beberem (Lioman, 1991).

Uma série de estudos feitos por Atkin e colaboradores (Atkin e McDermont, 1983;

Tabela 6.8 As rãs da Budweiser são um anúncio eficiente? Lembrança do comercial e dos personagens entre crianças de 9 a 11 anos.

Personagem	*Slogan ou lema*	*% lembrança (n = 221)*
Coelho Pernalonga	"O que é que há, velhinho?"	80
Rãs da Budweiser	"Bud-weis-er"	73
Tony, o tigre	"É demais!"	57
Smokey Bear	"Só você pode evitar incêndios na floresta."	43
Power Rangers	"É hora de morfar!"	39

Fonte: Adaptado de Leiber (1996). Direitos de reprodução da Academia Americana de Pediatria.

Nota: Existem pesquisas consideráveis de que a mídia pode deixar as crianças mais vulneráveis à experimentação com álcool (Fleming, Thorson e Atkin, 2004; Grube e Waiters, 2005; Grube e Wallak, 1994; Jernigan, 2006).

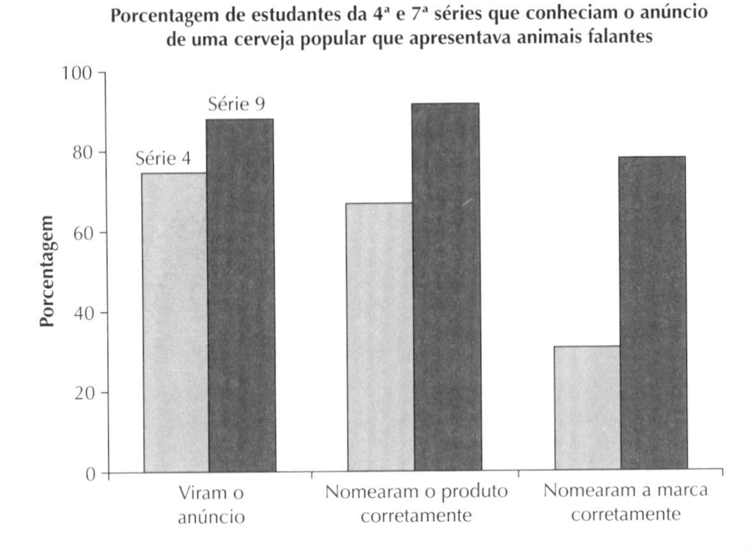

Figura 6.11 O quanto são eficientes os anúncios "engraçadinhos" de bebidas?

Fonte: Reproduzido do *Journal of Adolescent Health*, Volume 4, Ringel, Jeanne S., Collins, Rebecca L. e Ellickson, Phyllis L., "Time Trends and Demographic Differences in Youth Exposure to Alcohol Advertising on Television", p. 8, Direitos reservados 2006, com autorização de Elsevier.

Atkin Hocking e Block, 1984; Atkin, Neuendorf e McDermott, 1983) revelam que os adolescentes expostos intensamente a anúncios de álcool têm maior probabilidade de achar que os bebedores possuem as qualidades que estão sendo exibidas no anúncio (por exemplo, ser atraente ou bem-sucedido), têm mais crenças positivas em relação a beber, acham que ficar bêbado é aceitável e têm mais probabilidade de beber, beber muito e beber e dirigir.

- Outros estudos concluíram que os adolescentes iniciais que bebem têm mais probabilidade de terem sido expostos a publicidade de álcool, conseguem identificar mais marcas de cerveja e encaram tais anúncios mais favoravelmente do que os que não bebem (Aitken, Eadie, Leathar, McNeill e Scott, 1988; Martino, Collins, Ellickson, Schell e McCaffrey, 2006; Wyllie, Zhang e Casswell, 1988). Dois estudos recentes de 2.125 estudantes em escolas de nível médio na Califórnia encontraram evidências de uma associação clara entre o beber adolescente e a exposição à publicidade e possuir itens promocionais (Henriksen, Feighery, Schleicher e Fortmann, 2008; Hurtz, Henriksen, Wang, Feighery e Fortmann, 2007).
- Um estudo de 1990 com 468 estudantes de 5ª e 6ª séries escolhidos aleatoriamente descobriu que 88% deles conseguiam identificar Spuds Mackenzie com a cerveja Bud Light. A habilidade deles para nomear as marcas de cerveja e de combinar os *slogans* com as marcas estava relacionada significativamente com a sua exposição e atenção aos anúncios de cerveja. Quanto maior a exposição e atenção, maior a probabilidade de que as crianças achem que beber está associado a diversão e a bons momentos, e não a riscos de saúde e,

ainda, que as crianças tinham a expectativa de beber quando ficassem adultas. Suas atitudes em relação à bebida estavam especialmente condicionadas por assistirem à programação esportiva de fim de semana na TV (Wallack, Cassady e Grube, 1990).

Também existe um efeito pequeno, porém demonstrável, da exposição à publicidade no verdadeiro comportamento de beber, tanto entre adolescentes (Atkin e Block, 1983; Atkin et al., 1984) quanto entre estudantes universitários (Kohn e Smart, 1984, 1987). Outras pesquisas são menos incisivas, mas também sugestivas. Por exemplo:

- Desde 1960 nos Estados Unidos, um aumento drástico nos gastos com publicidade foi acompanhado por um aumento de 50% per capita no consumo de álcool (Jacobson e Collins, 1985).
- Na Suécia, uma proibição, de metade da década de 1970 de todos os anúncios de cerveja e vinho resultou em uma queda de 25% per capita no consumo de álcool (Romelsjo, 1987).
- No estudo que é talvez o mais ecológico, Saffer (1997) estudou a correlação entre a publicidade de álcool na televisão, rádio e *outdoors* nos 75 mercados principais da mídia nos Estados Unidos e o índice de mortes com veículos automotores. Ele descobriu que a maior densidade de anúncios de álcool aumentava significativamente o índice de vitimas, particularmente entre os motoristas mais velhos, e levantou a hipótese de que uma proibição total de tais anúncios poderia salvar de 5.000 a 10.000 vidas por ano.

Embora as evidências não apoiem a interpretação de que a publicidade exerce uma influência poderosa, uniforme e direta, ao que parece ela é um fator significativo que contribui num grau modesto para aumentar o comportamento de beber e os problemas relacionados, ao invés de ser um determinante importante (Atkin, 1993b, p. 535). Embora sempre exista a possibilidade de que os adolescentes que bebem procurem por ou acompanhem a publicidade de álcool com mais frequência do que seus iguais abstinentes, isso parece ser menos provável do que a publicidade ter um efeito real (Atkin, 1990; Grube, 1993). Conforme observa um executivo de publicidade:

> Se um volume maior de publicidade ao longo do tempo não gera maiores lucros, então tem alguma coisa seriamente errada com os caras que planejam os orçamentos. (Samuelson, 1991, p. 40).

O que há de novo nos últimos 5 a 10 anos é que agora existem diversos estudos que lançam luz sobre alguns dos mecanismos subjacentes que vinculam a exposição à publicidade de álcool ao consumo deste pelos jovens.

- Em um estudo correlacional continuado de crianças da 5ª e 6ª séries, Grube e Wallack (1994) encontraram que aqueles que estão em mais contato com anúncios de álcool têm crenças mais positivas em relação a beber e conseguem reconhecer mais marcas e *slogans*. A peculiaridade deste estudo é que eles descartam um modelo de simples exposição em favor do exame das crenças e comportamentos das crianças somente depois que elas já processaram e se lembraram dos anúncios de álcool. Neste trabalho, o achado de crenças positivas é de suma importância, porque é isso o que conduz a um incremento na intenção de beber, mesmo quando são controlados outros fatores importantes, como as atitudes e hábitos parentais e dos pares quanto à ingestão de álcool (Grube, 1999).

- Em outro estudo, feito por Austin e Knaus (1998) de 273 alunos da 3ª, 6ª e 9ª séries em duas comunidades estaduais de Washington, a exposição à publicidade e *merchandising* promocional em idade precoce foi preditiva do uso de bebida durante a adolescência. E um estudo com a duração de 18 meses com mais de 1.500 estudantes da 9ª série em San Jose, Califórnia, encontrou que o inicio do comportamento de beber álcool estava correlacionado significativamente com o aumento na frequência de assistir televisão e videoclipes (Robinson, Chen e Killen, 1998). Isso aponta para o impacto causado tanto pelos anúncios de álcool (televisão) quanto pelas pessoas que servem como modelos (videoclipes). Um estudo recente com 1.648 adolescentes belgas também constatou que assistir a videoclipes é um fator de risco significativo para o uso precoce de álcool (Van den Bulk e Beullens, 2005).
- Um estudo longitudinal recente com 3.111 adolescentes em Dakota do Sul encontrou que a exposição a anúncios de cerveja na 7ª série, na verdade, predizia o início da ingestão de álcool quando eles estivessem na 9ª série (Ellickson, Collins, Hambarsoomians e McCaffrey, 2005).
- Outro estudo longitudinal recente, desta vez com 2.250 alunos da 7ª série em Los Angeles, durante um período de um ano, revelou que uma exposição maior a anúncios de álcool resultaram em um aumento de 44% no risco de beber cerveja, 34% no risco de beber vinho ou destilados e 26% em relação ao beber compulsivo (Stacy, Zogg, Unger e Dent, 2004). Igualmente, um estudo com 1.786 estudantes da Dakota do Sul encontrou que a exposição aos anúncios de álcool na 6ª série era fortemente preditiva de beber ou da intenção de beber na 7ª série (Collins, Ellickson, McCaffrey e Hambarsoomians, 2007).
- Em outro dos estudos mais recentes, aproximadamente 2.000 jovens entre 15 e 26 anos foram pesquisados repetidamente durante um período de 21 meses. Aqueles que viram mais anúncios de álcool consumiram mais álcool, e os que viviam em mercados da mídia onde era empregado mais dinheiro em anúncios de álcool também bebiam mais. Quanto aos menores de idade que bebiam, cada exposição a um anúncio de álcool resultava em um aumento de 1% no risco de beber, e cada dólar adicional produziu um aumento de 3% no uso de bebida entre os menores de idade (Snyder et al., 2006). Este é um dos primeiros estudos que realmente desafia as afirmações usuais da indústria de que a publicidade não aumenta o consumo de bebida entre os menores de idade e que tudo o que ela está tentando fazer é influenciar a preferência pela marca (Jernigan, 2006).

Nenhuma pesquisa sobre a mídia é perfeita. Os pesquisadores não podem deliberadamente expor crianças ou adolescentes, em um ambiente de laboratório, a uma enxurrada de anúncios de álcool e observar quem bebe ou que marca de cerveja eles escolhem, da mesma forma que não podem avaliar os efeitos da violência na mídia apresentando às crianças filmes violentos e depois lhes dando armas e facas para brincarem (Austin e Knaus, 1998). A maioria dos dados é correlacional (crianças que bebem têm mais probabilidade de terem assistido a anúncios, por exemplo, mas os bebedores em excesso possivelmente poderiam escolher assistirem a mais anúncios). Entretanto, a quantidade crescente de estudos longitudinais está começando a confirmar uma influência de causa e efeito (Borzekowski e Strasburger, 2008; Jernigan, 2006).

O álcool na programação da televisão, na música, nos videoclipes e no cinema

Durante a década de 1970 e o inicio da década de 1980, o álcool era onipresente na televisão norte-americana. Esta foi a bebida popular mais consumida e raramente as consequências negativas de beber eram mostradas ou discutidas (Breed e DeFoe, 1984). Especialmente em novelas, o álcool era retratado como um excelente facilitador social e um meio fácil de resolver crises pessoais graves (Lowery, 1980). Duas iniciativas tentaram mudar isso: novas orientações para a indústria, escritas pelo Comitê de Produtores, Escritores e Diretores de Hollywood (Breed, DeFoe, 1982; Caucus for Producers, Writers and Directors, 1983) e o Projeto do Álcool, da Escola Harvard de Saúde Pública, no final da década de 1980 (Rothenberg, 1988). O comitê sugeriu que seus membros evitassem (a) fazer uso gratuito de álcool na programação, (b) glamurizar o comportamento de beber, (c) mostrar que beber é uma atividade de macho e (d) retratar o uso do álcool sem nenhuma consequência séria. O Projeto do Álcool da Harvard trabalhou com as principais redes e estúdios para estimular a noção de "motorista da rodada" e este artifício apareceu em muitos enredos durante os poucos anos seguintes.

Infelizmente, várias análises de conteúdo demonstram que o álcool é um problema que simplesmente não vai se afastar do horário nobre da televisão ou dos videoclipes. Na verdade, o álcool continua a ser a comida ou bebida mais frequentemente retratada nas redes de televisão e em videoclipes (Ashby e Rich, 2005; Mathios, Avery, Bisogni e Shanahan, 1998; Roberts, Christenson, Henriksen e Bandy, 2002). Além disso, um estudo da AAP (Academia Americana de Pediatria) sugere que o conceito de "motorista da rodada" também está falhando. Uma pesquisa entre jovens de 16 a 19 anos, feita pela AAP, descobriu que 80% acham que beber é aceitável contanto que haja um motorista designado. Infelizmente, quase metade acha que os motoristas designados ainda podem beber (Tanner, 1998)! Estes dados parecem confirmar os achados da YRBS (Pesquisa de Comportamentos de Risco entre os Jovens) de que no mês anterior a serem pesquisados 30% dos estudantes tinham andado em um carro com um motorista que havia consumido álcool (CDC, 2006c).

Uma análise de conteúdo de 1986 foi a primeira a sugerir que o álcool ainda era extremamente comum na TV e no cinema, apesar dos esforços do comitê de Hollywood: 100% dos filmes para cinema e dos feitos para a TV e mais de 75% de todas as séries dramáticas continham alguma menção à bebida (Wallack, Grube, Madden e Breed, 1990). Dentre os 16 filmes mais populares com classificação R na metade da década de 1980 frequentemente vistos por adolescentes, cada filme continha uso de álcool, com uma média de 16 cenas com bebida por filme (Greenberg, Brown e Buerkel-Rothfuss, 1993). Muito do uso de álcool retratado nas duas mídias era desnecessário no enredo e o beber ainda era apresentado como livre de problemas. Além disso, as situações em que os adolescentes bebem são frequentemente tratadas com humor, e os jovens costumam encarar o desejo de beber como um símbolo da idade adulta (De Foe e Breed, 1988). Mais uma vez, o impacto do "beber normativo" sempre deve ser considerado quando estão envolvidos adolescentes.

Várias outras análises de conteúdo foram feitas na década de 1990. Comparadas com as análises iniciais, a primeira encontrou que a frequência dos episódios com bebida permaneceram relativamente estáveis: 6 por hora em 1991 *versus* 10 por hora em 1984 e 5 por hora em 1976 (Grube, 1993). Os bebedores no horário nobre são geralmente personagens familiares, com *status* alto, e mais de 80% dos programas do horário nobre examinados continham referências ao álcool (Grube, 1993). Na segunda análise, Gerbner (2001) encontrou que o álcool permanece sendo a droga mais comumente apresentada na televisão norte-americana, com uma cena de bebida ocorrendo a cada 22 minutos, em comparação com uma cena com fumo a cada 57 minutos e o uso de drogas ilícitas a cada 112 minutos. Na MTV, um espectador vê o uso de álcool a cada 14 minutos, enquanto que ocorre a cada 17 minutos no cinema e a cada 27 minutos no horário nobre da televisão. Os filmes populares estão igualmente repletos de álcool, com apenas 2 dos títulos mais assistidos não contendo apresentações de álcool (Everett, Schnuth e Tribble, 1998).

No horário nobre da televisão, 70% dos episódios de programas descrevem uso de álcool, de acordo com uma análise de conteúdo recente (ver Figura 6.8) (Christenson et al., 2000). Mais de um terço dos episódios com bebidas estão associados a humor e as consequências negativas são mostradas em apenas 23%. Uma análise de conteúdo de videoclipes descobriu que o álcool é retratado em mais de um quarto dos vídeos na MTV e VH1 (Durant et al., 1997). Além disso, o álcool está associado a níveis aumentados de sexo e sexualidade – mais uma vez, nenhuma associação sadia para que os adolescentes ponderem sobre quando e com quem começar a ter sexo. Uma análise, de 2001, de 359 videoclipes veiculados encontrou que as drogas estavam presentes em quase metade deles – álcool em 35%, tabaco em 10% e drogas ilícitas em 13% (Gruber, Thau, Hill, Fisher e Grube, 2005).

O estudo mais abrangente de filmes examinou os 200 filmes populares de 1996 a 1997 e descobriu que 93% deles continham descrições de álcool (ver Figura 6.2). Mesmo os filmes com classificação G e PG continham referências frequentes ao tabaco e ao álcool (ver Figura 6.9) (Roberts et al., 1999; Yakota e Thompson, 2001). Embora tenham sido mostradas as consequências do uso de álcool em 43% dos filmes estudados, apenas 14% descreviam a recusa de uma oferta de álcool e apenas 9% continham opiniões contra o seu uso (ver Figura 6.12) (Roberts, Henriksen e Christenson, 1999). Estes achados foram quase idênticos a outra análise de conteúdo dos filmes norte-americanos preferidos de 1985 a 1995 (Everett et al., 1998). Em outra análise de filmes, de 1996 a 2001, Bahk (2001) descobriu que beber álcool é mais frequentemente retratado como um comportamento normativo, enquanto que drogas ilícitas costumam ser representadas como o mal. Finalmente, uma análise de 601 dos filmes contemporâneos mais populares até 2001 encontrou que 92% dos filmes descreviam uso de álcool (52% nos filmes G, 89% nos PG, 93% nos PG-13 e 95% nos filmes R), (Sargent, Wills, Stoolmiller, Gibson e Gibbons, 2006).

Qual o impacto que tem todo este conteúdo? Vários estudos identificaram determinadas mídias como uma possível causa do uso precoce de álcool. No estudo longitudinal de Robinson e colaboradores (1998), com 1.533 alunos da 9ª série na Califórnia, descobriu-se que assistir televisão e videoclipes em excesso era um fator de risco para o início do uso de álcool entre adolescentes. A proporção em relação à televisão variava de 1,01 a 1,18 e para os videoclipes variava de 1,17 a 1,47, sendo ambas significativas estatisticamente. Um estudo recente da Universidade de Columbia encontrou que os adolescentes que assistem a mais de três filmes com classificação R por mês têm cinco vezes mais chance de beber álcool em comparação com os que não assistem a filmes com essa classificação (Centro Nacional de Adição e Abuso de Substância, 2005). Um estudo interessante com 120 crianças de 2 a 6 anos, a quem foi pedido que brincassem simulando uma loja imaginária, encontrou que as crianças tinham 5 vezes mais probabilidade de "comprar" cerveja

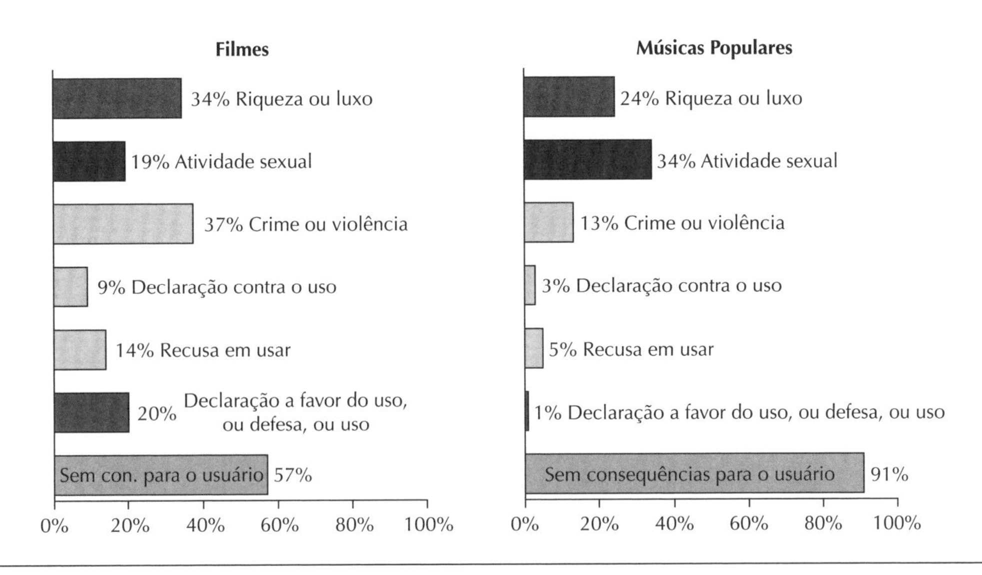

Figura 6.12 Porcentagem de filmes e músicas que associam o uso do álcool a riqueza, luxo ou sexo.

Fonte: Roberts, Henriksen e Christenson (1999).

Nota: Baseado em 183 filmes e 149 músicas que retratavam o uso de álcool. O uso de álcool em filmes e músicas está geralmente associado a riqueza, luxo ou sexo e raramente é desestimulado. Além disso, as consequências do uso de álcool são raramente descritas ou expressas nas músicas.

ou vinho na loja se tivesse sido permitido que assistissem a filmes com classificação PG-13 ou R (Dalton et al., 2005).

Drogas

Drogas ilícitas na programação da televisão, na música, nos videoclipes e no cinema

Embora as drogas ilícitas não sejam anunciadas como o tabaco e o álcool, elas ainda têm uma presença importante na programação vista por crianças e adolescentes. Aqui, os videoclipes e os filmes são os principais culpados, o instrumento ideal para influenciar os adolescentes. No horário nobre da televisão, as drogas ilícitas raramente são mencionadas ou mostradas, e geralmente estão associadas a consequências negativas (Christenson et al., 2000; Roberts e Christenson, 2000). Contudo, existem algumas exceções dignas de nota. Programas como as séries de sucesso de 2005 da Showtime, *Weeds* e *That 70s Shows*, da FOX, tendem a minimizar a importância do uso da maconha. E o espectador médio da MTV vê drogas ilícitas uma vez a cada 40 minutos, comparado com uma vez a cada 100 minutos no cinema e a cada 112 minutos no horário nobre da TV (Gerbner, 2001). Em seu estudo de filmes e músicas populares de 1996 a 1997, Roberts, Henriksen e Christenson (1999) encontraram que as drogas ilícitas apareciam em 22% dos filmes e em 18% das músicas. As músicas de *rap* tinham muito mais probabilidade de conter referências a drogas ilícitas do que rock alternativo ou *heavy metal*. Os adolescentes podem ouvir diariamente 84 referências a drogas em músicas populares (Primack et al., 2008). Nos filmes que apresentam drogas ilícitas, a maconha aparecia com mais frequência (51%), seguida pela cocaína (33%) e outras drogas (12%). Atualmente, quando os filmes de mais sucesso retratam o uso de drogas, não são mostradas consequências negativas em 52% das vezes (Christenson et al., 2000; Roberts e Christenson, 2000). Pelo lado positivo, 21% dos filmes incluem um personagem se recusando a usar drogas (Roberts e Christenson, 2000).

Ao que parece, a maconha está tendo um retorno importante a Hollywood, graças a filmes como *Quem Vai Ficar com Mary?* (1998), *Politicamente Incorreto* (1998) (Gordinier, 1998), *Cara, Cadê Meu Carro?* (2000) e *Madrugada Muito Louca* (2004). A cocaína é apresentada em *Scarface, Blow* e *Traffic.* E o uso de heroína é retratado graficamente em *Trainspotting, Profissão de Risco* (Ivry, 1998) e em *Ray.*

O impacto que estas representações causam em crianças e adolescentes é uma conjetura, na melhor das hipóteses. Este tipo de pesquisa é difícil de ser realizada, mas qualquer representação na mídia que parece legitimar ou normatizar o uso de drogas provavelmente tem algum impacto, pelo menos em adolescentes suscetíveis. O estudo da Columbia mencionado acima encontrou que assistir aos filmes com classificação R estava associado a um risco seis vezes maior de experimentar maconha, por exemplo (ver Figura 6.13) (Centro Nacional de Adição e Abuso de Substância, 2005). Os realizadores de filmes de Hollywood parecem não entender que o humor tende a minar as defesas normais do adolescente contra as drogas e legitima o uso desta entre aqueles (Borzekowski e Strasburger, 2008). Obviamente, são necessárias muito mais pesquisas nesta área tão importante.

Uma palavra sobre drogas de prescrição e sem prescrição

Durante a última década, tem havido uma explosão virtual de anúncios de drogas de prescrição (ver Figura 6.14) (Gellad e Lyles, 2007; Hollon, 2005). Talvez não por coincidência, em uma pesquisa nacional norte-americana em 2006, aproximadamente 1 em cada 5 adolescentes relatou abuso de medicações de prescrição para ficar "chapado", e 1 em cada 10 relatou abuso de drogas compradas sem receita (Parceria para uma América Livre de Drogas [PDFA], 2006). Em 1993, os fabricantes de drogas de prescrição gastaram US$100 milhões em publicidade direcionada para o consumidor (Byrd-Bredbrenner e Grasso, 2000); em 2005 este número subiu para US$4 bilhões (Rubin, 2004). A publicidade de drogas sem

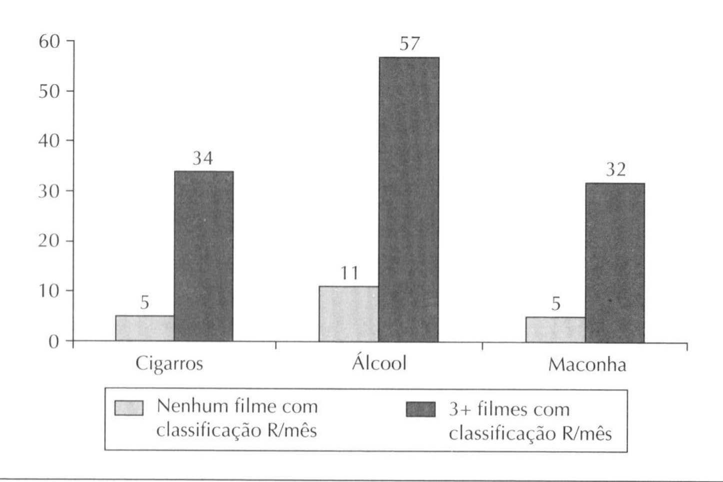

Figura 6.13 Porcentagem de adolescentes que experimentaram cigarros, álcool e maconha.

Figura 6.14

Fonte: ©2001-2008 Pfizer Inc. Todos os direitos reservados.

prescrição permanece alta, particularmente remédios para resfriado, gripe, dor de cabeça e medicamentos para azia (Byrs-Bredbrenner e Grasso, 2000; Tsao, 1997). De fato, as companhias farmacêuticas gastam agora mais do dobro em dinheiro com *marketing* do que com pesquisas e desenvolvimento. Em 2002, as 10 maiores companhias farmacêuticas perfaziam um lucro total de aproximadamente US$36 bilhões – mais do que as outras 490 companhias dentre as 500 da revista *Fortune* combinadas (Angell, 2004).

Sob as novas orientações divulgadas pela Food and Drug Administration (FDA), em 1997, a publicidade de drogas de prescrição pode agora mencionar a droga específica que está sendo anunciada (ao invés de dizer: "consulte seu médico"), contanto que os principais riscos à saúde associados à droga sejam mencionados e seja fornecido um número de telefone gratuito ou um endereço na internet (Byrd-Bredbrenner e Grasso, 2000). Em consequência, os anúncios de Meridia, Propecia, Viagra e muitos outros medicamentos são cada vez mais comuns, especialmente no horário nobre da televisão. Nos primeiros 10 meses de 2004, as companhias farmacêuticas gastaram aproximadamente US$350 milhões anunciando Viagra, Levitra e Cialis (Snowbec, 2005). Em 2000, anúncios de drogas de prescrição foram levados ao ar durante 14% de todos os episódios do horário nobre (Christenson et al., 2000). E cada vez mais as drogas de prescrição estão disponíveis *online* para adolescentes e outros, sem nenhuma prescrição (Centro Nacional de Adição e Abuso de Substância, 2006). Os anúncios de drogas que não precisam de prescrição são ainda mais comuns durante o horário nobre da TV: metade de todos os programas adultos populares e 43% de todos os programas para adolescentes contêm anúncios de medicamentos que não precisam de receita, o que um pesquisador chama de perspectiva da "mágica da medicação" (Byrd-Bredbrenner e Grasso, 1999, 2000). Metade das informações de saúde ou nutricionais nos anúncios de drogas e alimentos foi considerada enganosa ou imprecisa (Byrd-Bredbrenner e Grasso, 1999, 2000).

Soluções

Nas duas últimas décadas, quando "apenas diga não" se transformou em um lema para muitos pais e programas de prevenção às drogas em escolas, quantias de dinheiro sem precedentes estão sendo gastas num esforço para induzir crianças e adolescentes a "apenas dizer sim" ao fumo e à bebida. Talvez, como sugere um grupo de pesquisadores, "a discussão [deveria] ser *elevada* do terreno científico e legal para o domínio da ética e responsabilidade social" (Orlandi et al., 1989, p. 92, o grifo é nosso).

Discutimos a seguir as nove áreas que, se implementadas, podem muito bem resultar em reduções significativas no uso de cigarros, álcool e drogas entre os adolescentes.

1. ***Mais pesquisas.*** Considerando-se o impacto significativo que a mídia causa nos jovens, é desesperadamente necessário que se façam mais pesquisas, incluindo o investimento financeiro para a concretização desses esforços. Especificamente, são necessárias mais análises longitudinais do uso de drogas entre os adolescentes em comparação com o seu uso das mídias, bem como estudos de como os adolescentes processam o conteúdo referente a drogas nas diferentes mídias. Além disso, a forma como a mídia afeta o público de maneiras diferentes é um ponto crítico a ser entendido, para que se possa focar melhor nos esforços de intervenção e adaptar mensagens efetivas (Austin, Chen e Grube, 2006; Ringel, Collins e Ellickson, 2006). Por exemplo, sabe-se que os jovens afro-americanos são relativamente mais resistentes aos anúncios de tabaco, mas as razões para isso não estão claras (CDC, 2006a; West, Romero e Trinidad, 2007). Estas pesquisam também devem ser mais disseminadas. Um novo relatório da Direção Nacional de Saúde sobre o impacto da mídia, por exemplo, seria extremamente útil aos pesquisadores, profissionais da saúde, pais e legisladores – e daria um impulso para o aumento do financiamento das pesquisas da mídia.
2. ***Desenvolvimento de programas de conhecimento da mídia (media literacy).*** Crianças e adolescentes precisam aprender a decodificar as mensagens sutis e não tão sutis contidas na programação de televisão, nos anúncios, nos filmes e nos videoclipes (veja Potter, 2008). Um século atrás, ser "letrado" significava que você sabia ler e escrever. No ano de 2008, ser letrado significa que você consegue compreender um leque vertiginoso de mídias e mensagens das mídias (Rich e Bar-on, 2001). Os pais precisam começar este processo quando seus filhos ainda são pequenos (entre 2 e 3 anos) e precisam entender que uma criança que assiste TV durante 4 horas ou mais por dia tem um risco cinco vezes maior de fumar do que uma que assiste a menos de 2 horas por dia (Gidwani, Sobol, DeJong, Perrin e Gostmaker, 2002). Os programas escolares também podem ser extremamente úteis. Em particular, certos programas de prevenção às drogas têm sido extremamente eficientes na redução dos níveis de uso de drogas dos adolescentes (ver Figura 6.15). Porém, tais programas precisam ir mais além da abordagem do DARE (Programa Educacional de Resistência às Drogas) para

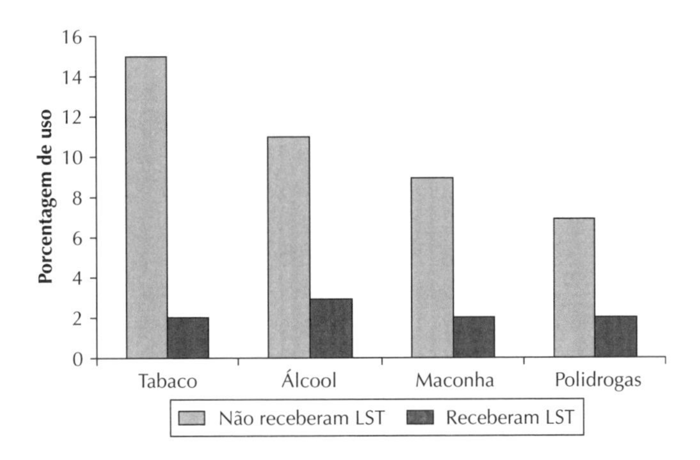

Figura 6.15 Resultados do *follow-up* de quatro estudos publicados: uso de drogas na 8ª série e uso de polidrogas na 12ª Série.

Fonte: Direitos de reprodução Princeton Health Press. Reproduzido com autorização.

Nota: Uma abordagem LST (treinamento de habilidades para a vida) à prevenção do uso de drogas apresentou uma diminuição marcante no uso adolescente de uma variedade de drogas, embora não tenha sido implementada em muitas comunidades por já existirem programas DARE (Programa Educacional de Resistência às Drogas). A abordagem LST está baseada no trabalho de Botvin (ver Botvin e Griffin, 2005). Em comparação, não existem evidências de que as mensagens simplistas contidas no programa de US$226 milhões do DARE tenham tido algum impacto (West e O'Neal, 2004), muito embora este seja usado em 80% dos sistemas educacionais de toda a nação (Kalb, 2001). Recentemente, o currículo do DARE foi submetido a uma revisão para incorporar alguns dos princípios do LST (Kelly, 2003).

incluir consciência crítica em relação à mídia (*media literacy*), habilidades de resistência aos companheiros e construção de habilidades sociais (Botvin e Griffin, 2005). Os Estados Unidos são os únicos entre as nações ocidentais que não exigem alguma forma de *media literacy* para seus estudantes (AAP, 1999; J. D. Brown, 2006). Estudos preliminares indicam que uma prevenção de sucesso ao uso de drogas pode ser possível através desse caminho único (Austin e Johnson, 1997; Austin, Pinkleton, Hust e Cohen, 2005; McCannon, 2005; Primack, Gold, Land e Fine, 2006; Slater et al., 2006).

3. ***Proibição dos anúncios de cigarro e restrição nos anúncios de álcool em todas as mídias.*** Os anúncios *podem* ser restringidos, de acordo com a Suprema Corte dos Estados Unidos, se houver um "interesse de saúde pública convincente" (Shiffrin, 1993). Qualquer produto que seja tão prejudicial como o tabaco deveria ter restrições severas sobre ele (Wellman et al., 2006). Um número crescente de países está proibindo todos os anúncios de tabaco em todas as suas formas (Prokhorov et al., 2006). Os Estados Unidos como um todo permanece muito atrás do Canadá, o qual recentemente legislou que mais de 50% de cada maço de cigarro deve apresentar uma representação gráfica dos perigos de fumar. Os modelos incluem fotografias de pulmões cancerosos, corações danificados e cérebros com coágulos de um derrame. As tarjas com advertências nos maços de cigarros norte-americanos continuam sendo as mais fracas do mundo (Newman, 2001). Na publicidade de álcool, os anúncios envolvem mostrar apenas a "pureza" do produto, e não todas as qualidades que o comprador irá obter

magicamente ao consumi-lo (ver Figura 6.16). Tais restrições já foram endossadas pela FDA.

O Ministério da Saúde, a AAP e a Associação Médica Americana abordaram a característica enganosa e sedutora dos anúncios recorrentes (AAP, 2006; Borzekowski e Strasburger, 2008). Por outro lado, uma proibição total da publicidade de álcool seria tanto impraticável quanto contraproducente. Ao contrário dos cigarros, o álcool pode ter alguns usos legítimos quando consumido com moderação. A simples restrição em 15% da publicidade de álcool na programação com espectadores adolescentes seria uma etapa facilmente atingível e significativa (CAMY, 2007). O resultado seria que os fabricantes de álcool poderiam reduzir seus custos de publicidade em 8% e a exposição dos adolescentes aos anúncios de álcool seria reduzida em 20%, mas o público-alvo declarado, de 21 a 34 anos, não seria afetado (Jernigan, Ostroff e Ross, 2005). Por sua vez, a redução da exposição dos adolescentes a essa publicidade poderia reduzir o seu consumo de álcool em torno de 25% (Saffer e Dave, 2006).

Figura 6.16

Tradução: O gelo fica mais delicioso com um toque de Comfort.

Fonte: ©2007 Southern Comfort Company, Louisville, KY.

4. ***Impostos mais altos sobre tabaco e produtos alcoólicos.*** Os impostos têm um efeito direto no consumo dos produtos, particularmente pelos adolescentes (CDC, 1994). Surpreendentemente, um estudo recente da CDC sugere que o índice de gonorreia, por exemplo, poderia ser diminuído em aproximadamente 10% simplesmente através do aumento dos impostos da cerveja em 20 centavos por embalagem com seis unidades (CDC, 200a, 2000b). Isso ocorre devido à conhecida associação entre a ingestão de álcool e práticas sexuais perigosas, particularmente entre os adolescentes (Mackenzie, 1993; Tapert et al., 2001). Obviamente, quando os impostos são aumentados e o consumo diminui, a receita acumulada para o governo federal e estadual também diminui, as pessoas vivem por mais tempo e os custos com o pagamento da Seguridade Social aumentam. Embora os custos médicos também fossem decrescer, este cenário representa uma questão financeira muito complicada sobre o quanto a sociedade consegue "suportar" um menor consumo destes produtos que não são saudáveis.
5. ***Contrapropaganda mais agressiva.*** A contrapropaganda pode ser efetiva, mas somente se for intensiva, bem planejada, coordenada e usar uma variedade de mídias (ver Figura 6.17) (Agostinelli e Grube, 2002, 2003; Flynn et al., 2007; Noar, 2006). Para ser verdadeiramente eficiente, a contrapropaganda deve abordar tanto a frequência da ocorrência quanto o caráter atrativo da publicidade comum (Grube e Wallack, 1994). Alguns pesquisadores especulam que a diminuição do tabagismo

Figura 6.17

Tradução (a): "Se for para andar de carro com alguém bêbado, prefiro eu mesmo dirigir." Stevie Wonder

Tradução (b): Às vezes é preciso uma família com quatro pessoas para conseguir parar um motorista bêbado. MADD

Fonte: Parceria por uma América Livre de Drogas e MADD.

entre os adolescentes na segunda metade da década de 1970 pode ser atribuída a uma campanha muito agressiva de contrapropaganda anterior à proibição em que era levado ao ar um anúncio de utilidade pública (PSA) para cada três a cinco cigarros anunciados (Brown e Walsh-Childers, 1994; Wallack, Dorfman, Jernigan e Themba, 1993). Atualmente, a proporção de anúncios de utilidade pública sobre o álcool nunca se aproximou nem remotamente da quantidade de anúncios, nem os valores da sua produção são comparáveis. O exemplo mais conhecido e sofisticado da contrapropaganda agressiva é a campanha montada pela Parceria por uma América Livre de Drogas. Desde 1987, US$3 bilhões foram doados para criar e levar ao ar 600 anúncios de utilidade pública (PDFA 2000).

Em um estudo de aproximadamente 1.000 estudantes de escola pública entre 11 e 19 anos, mais de 80% se lembraram da exposição a tais anúncios, e metade daqueles que haviam experimentado drogas relataram que os anúncios os convenceram a diminuir ou a parar de usá-las (Reis, Duggan, Adger e DeAngelis, 1992). Em Kentucky, uma campanha contra a maconha foi direcionada especificamente aos adolescentes que "buscam sensações" e resultou em um decréscimo de 26,7% no uso de maconha (Palmgreen, Donohew, Lorch, Hoyle e Stephenson, 2001). Infelizmente, até o momento, não foi levado ao ar um único anúncio da Parceria que se direcionasse ao tabaco ou ao álcool. Alguns estados usaram parte do dinheiro do acordo do tabaco para financiar grandes e agressivas campanhas de contrapropaganda, obtendo bons resultados (ver Figura 6.18) (Nelson, 2005): em Vermont, uma campanha de US$2 milhões na televisão e no rádio no início da década de 1990 cortou os índices de fumo entre adolescentes em 35% (Flynn et al., 1994). Mas uma campanha

Figura 6.18

Tradução: Cigarros
Dificulte para as crianças a compra de cigarros. Caso você veja cigarros sendo vendidos para crianças, ligue para 1-800-5-ASK-4-ID

Fonte: Direitos de reprodução ©2007 Estado da Califórnia.

de 4 anos na mídia para reduzir o uso de álcool no início da adolescência não teve sucesso (Flynn et al., 2006). Perto de Massachusetts, uma campanha de US$50 milhões que durou 4 anos resultou em uma redução de 50% no início do tabagismo entre os adolescentes mais jovens (Siegel e Biener, 2000). Na Califórnia, um investimento de US$14,5 milhões do governo estadual em mensagens antitabagismo em *outdoors* resultou num declínio das vendas que foi três vezes maior do que em qualquer outro lugar nos Estados Unidos (Stein, 2005). E na Flórida, uma série de anúncios "Verdade" que tentavam expor a indústria do tabaco como manipuladora e enganadora também resultou em um decréscimo nos índices de tabagismo entre os adolescentes. De acordo com um estudo recente, a prevalência dos adolescentes que fumam declinou de 25% em 1999 para 18% em 2002, e a campanha "Verdade" foi responsável por 22% desse declínio (Farrelly, Davis, Haviland, Messeri e Healton, 2005). Os anúncios são tão agressivos que a Philip Morris insistiu para que dois deles fossem retirados. Como parte do acordo legal de US$246 bilhões da indústria, foi fundada a American Legacy Foundation, sem fins lucrativos – mas ela não poderia levar ao ar anúncios que "transformassem em vilãs" as companhias de tabaco. Em um dos anúncios, dois adolescentes levam um detector de mentiras para dentro da sede de Nova Iork da Philip Morris e anunciam que querem entregá-lo ao departamento de *marketing*. No segundo anúncio, um grupo de adolescentes em um grande caminhão para em frente à sede e começa a descarregar sacos com corpos. Um deles grita através de um megafone: "Vocês sabem quantas pessoas o tabaco mata todos os dias?" (Bryant, 2000). Os dois anúncios ainda podem ser assistidos no site da Fundação dos Direitos dos Não Fumantes Americanos (www.no-smoke.org). Em contraste, os anúncios feitos pela Philip Morris como parte da sua campanha de US$100 milhões advertindo os jovens: "Pense. Não Fume" não são efetivos e são artificiais ("Big Tobacco's Promisses", 2006; Ferrelly et al., 2002; Henriksen, Dauphinee, Wang e Fortmann, 2006; Paek e Gunther, 2007; Wakefield et al., 2006).

O que faz com que uma contrapropaganda seja efetiva? Os anúncios que enfocam jovens sofrendo ou o caráter enganador da indústria do tabaco ou que provocam fortes reações emocionais dos adolescentes têm mais probabilidade de obter sucesso (Pechmann e Reibling, 2006). O interesse crescente está em se focalizar em mensagens fortes e anti-indústria (Thrasher, Niederdeppe, Jackson e Farrelly, 2006). É interessante notar que os anúncios antitabagismo podem funcionar através do convencimento dos adolescentes de que seus *companheiros* serão influenciados pelas mensagens que estão sendo levadas ao ar – uma modificação peculiar no fenômeno do efeito de terceira pessoa (Gunther, Bolt. Borzekowski. Liebhart e Dillard, 2006). Campanhas similares de sucesso também foram experimentadas na Inglaterra e em outros lugares (McVey e Stapleton, 2000), e os adolescentes dos Estados Unidos, Austrália e Grã-Bretanha parecem responder aos anúncios antitabagismo de forma parecida (Wakefield, Durrant e Terry-McElrath, 2003; Wakefield et al., 2006). Por outro lado, os cortes recentes nas campanhas antitabagismo em muitos Estados puderam resultar num aumento importante nos seus investimentos com a atenção à saúde (Emery et al., 2005). Uma alternativa mais barata poderia ser campanhas para parar de fumar através da *web*, o que recentemente demonstrou ser efetivo (Klein, Havens e Carlson, 2005).

Uma solução criativa para uma campanha antitabagismo seria levar ao ar anúncios antitabaco um pouco antes dos filmes de Hollywood que apresentam muito fumo. Existem algumas evidências de que isso poderia ser eficiente (Edwards, Harris, Cook, Bedford e Zuo, 2004), mas o período de 15 minutos antes da pré-estreia está sob o controle do proprietário do cinema, não de Hollywood (Sargent, 2005).

6. ***Utilização da MTV, BET e programas populares entre os adolescentes como pontos específicos de mídia para se direcionar a crianças maiores e adolescentes com mensagens de saúde contra fumo, bebida e uso de drogas.*** No final da década de 1990, a MTV começou a se transformar de uma *jukebox* para o que um crítico chama de "um serviço com uma programação que favorece os adolescentes e seus muitos instintos básicos" (Johnson, 2001). Obviamente, a MTV está se dirigindo ao seu mercado jovem, mas os produtores precisam aceitar "o fato de que, com as recompensas do *marketing* para adolescentes vêm junto as responsabilidades especiais" (Johnson, 2001). Se a sociedade está levando a sério a tentativa de minimizar a bebida entre os menores de idade e de diminuir o tabagismo entre os adolescentes, então a MTV e outros canais similares são os melhores lugares por onde começar. Ao invés de depender de anúncios antidrogas produzidos pelo governo, a MTV e a BET deveriam desenvolver seus próprios PSAs antiálcool e antifumo com as características que são peculiares a esses canais.
7. ***Aumento na sensibilidade por parte da indústria do entretenimento sobre aspectos de saúde relacionados ao tabagismo, bebidas e uso de drogas na programação de televisão, em videoclipes e filmes.*** Uns poucos programas populares entre os adolescentes, incluindo o antigo *Barrados no Baile* e especiais do horário após a escola, assumiram a liderança nesta área, mas as novelas, a MTV e a BET e os filmes precisam seguir seu exemplo. Fumar um cigarro não deve ser usado como um atalho para dramatizar a rebeldia de um personagem, nem o álcool deve ser usado para resolver crises. *Curtindo a Vida Adoidado* não tinha cigarros na década de 1980, e o mesmo aconteceu com *O Diabo Veste Prada* em 2006. Em 2007, várias organizações médicas nacionais anunciaram uma campanha para retirar o fumo dos filmes (Kluger, 2007). Na Grã-Bretanha, antigos desenhos animados como *Tom e Jerry, Os Flintstones, Os Jetsons* e *Scooby Doo*, levados ao ar pela Boome-

rang, um canal infantil, estão atualmente sendo editados para eliminar cenas com fumo (Associated Press, 2006). A ideia de que ficar bêbado é divertido precisa ser reexaminada seriamente pela indústria do entretenimento – e pode facilmente estar contribuindo para os altos índices do beber excessivo entre adolescentes (29% dos estudantes do ensino médio relataram no estudo mais recente que bebem em excesso) (Figura 6.19) (J. W. Miller et al., 2007). Além disso, as letras das músicas de rock deveriam evitar glamurizar a bebida ou o uso de drogas (AAP, 1995). Para alcançar isso, grupos de saúde pública (por exemplo, Academia Americana de Pediatria, Associação Médica Americana, Associação Americana de Prática Familiar, Associação Americana de Saúde Pública) poderiam formar uma coalizão para convencer escritores, diretores e produtores de Hollywood de que o fumo nos filmes se transformou em um problema importante de saúde pública.

8. ***Reavaliação da campanha do "motorista da rodada".*** Ela está funcionando ou os adolescentes a entendem errado (Tanner, 1998)? Muitos especialistas em saúde pública questionam se esta campanha não dá a todos os outros que acompanham o motorista designado a permissão para beber em excesso (Wallack, Cassady e Grube, 1990). Apesar desta preocupação, os pesquisadores da Escola de Saúde Pública de Harvard descobriram que o conceito de "motorista da rodada" apareceu em 160 episódios do horário nobre durante 4 anos e que as vítimas por dirigir embriagado diminuíram em 25% (Kluger, 2007).
9. ***Revisão dos sistemas de classificação na televisão e no cinema.*** As classificações atuais na televisão não são suficientemente específicas em relação ao conteúdo (Strasburger e Donnerstein, 1999) e carecem de descritores que denotem o uso de drogas. Vários estudos mostram que os pais preferem um sistema mais específico baseado no conteúdo e um sistema

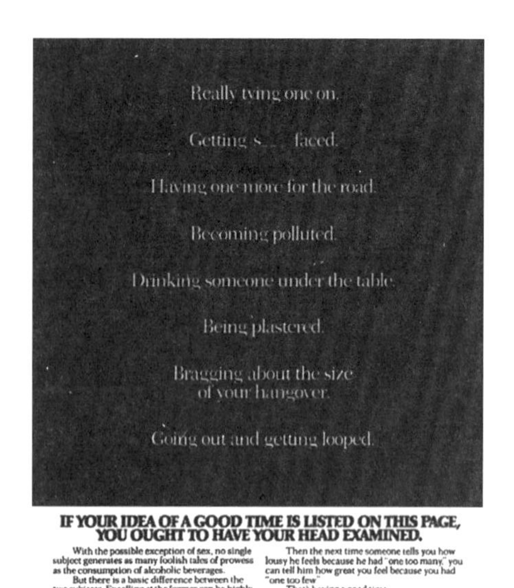

Figura 6.19

Tradução: Ficar chapado
Ficar bêbado
Ficar intoxicado
Contar vantagens sobre a sua bebedeira
Sair e encher a cara
Se a sua ideia de diversão está listada nesta página, voce tem que mandar examinar a sua cabeça.
Com a possível exceção do sexo, nenhum outro assunto gera tantas histórias tolas de peripécias quanto o consumo de bebidas alcoólicas.
Mas existe uma diferença básica entre os dois assuntos. Destacar-se no primeiro pode ser altamente produtivo. Distinguir-se no último, muito destrutivo.
Nós, as pessoas que fabricam e vendem bebidas destiladas, recomendamos que você use nossos produtos com bom-senso. Se você decidir beber, beba com responsabilidade.
Na próxima vez que alguém lhe disser o quanto se sente péssimo por ter "bebido demais" você poderá lhe dizer o quanto se sente ótimo porque você "bebeu pouco".
Isso é que é se divertir.
São as pessoas que dão má fama à bebida.

Fonte: ©2007 Conselho de Destilados dos Estados Unidos.

universal que se aplicasse a cinema, TV e *videogames* (Greenberg, Rampoldi-Hnilo e Mastro, 2000; Walsh e Gentile, 2001). O sistema de classificação de filmes, originalmente desenvolvido na metade da década de 1960 quase não foi revisado desde aquela época, tende a ser impreciso (Jenkins, Webb, Browne e Kraus, 2005) e se desviou para o conteúdo sexual ao invés da violência ou das representações do uso de drogas. Uma pesquisa recente de mais de 3.000 adultos em toda a nação encontrou que 70% apoiam uma classificação R para filmes que retratam o fumo (ver Figura 6.20) e dois terços gostariam de ver PSAs antitabagismo antes de todos os filmes que mostrassem fumo (McMillen, Tanski, Winickoff e Valentine, 2007). Em maio de 2007, a MPAA anunciou que passaria a considerar o comportamento de fumar cigarros no seu esquema de classificações, mas exatamente como isso vai terminar ainda não se sabe no momento (S. Smith, 2007).

Exercícios

1. *Colocação de produtos.* Você é o novo dono de um time de beisebol em Milwaukee. Os fabricantes da cerveja Old Milwaukee vêm até você, perguntando se podem ajudá-lo a construir um novo placar no campo central. Você mesmo costuma beber a cerveja Old Milwaukee e nasceu e cresceu em Milwaukee. Eles se oferecem para pagar pelo placar (US$2 milhões) e, além disso, a lhe dar uma taxa anual de US$750.000. Você deve aceitar a oferta? E se, ao invés disso, você fosse membro da Câmara Municipal, você deveria permitir que isso acontecesse? Seria legal proibir essa publicidade nos estádios públicos? Seria ético se você fosse diretor de transmissão de esportes de uma estação de TV e instruísse o operador de câmera a evitar mostrar logotipos de anúncios sempre que possível?
2. *Drogas e o cinema – 1.* Você é reconhecidamente considerado o herdeiro de Scorcese e Tarantino. Recém formado

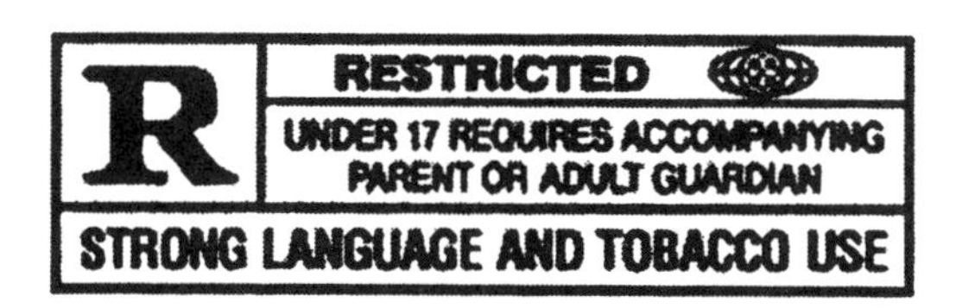

"R" FOR RESPONSIBLE. The MPAA claims the First Amendment is the reason it won't rate smoking "R." But it R-rates offensive but perfectly legal language now. Surely it doesn't consider its own age-classification system censorship? After all, the First Amendment prohibits the government from banning movies, not voluntary, responsible rating choices by the studio-controlled MPAA.

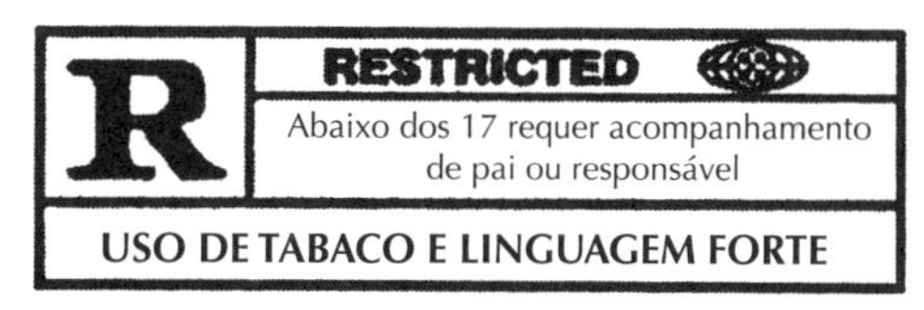

"R" de responsável. A MPAA afirma que a 1ª Emenda é o motivo por que não classificou os cigarros com "R". Mas isso não os impede de fazê-lo com linguagem ofensiva mas perfeitamente legal. Será que o seu próprio sistema de classificação por idade não pode ser considerado censura? Afinal, a 1ª Emenda proíbe o governo de banir filmes, e não escolhas de classificação responsáveis e voluntárias da MPAA controlada pelo estúdio.

Figura 6.20

Fonte: http://www.smokefreemovies.org. Reproduzido com autorização.

Nota: Alguns críticos propuseram que fosse atribuída pela MPAA uma classificação R para o uso de tabaco em filmes. Uma solução alternativa seria que todos os ambientes dos filmes fossem declarados livres de fumo porque o fumar passivo é um risco à saúde ocupacional.

na USC Film School e com apenas 24 anos, oferecem a você o cargo de direção de um ótimo filme num importante estúdio: um filme de ação com grande orçamento e três atores importantes. Mas o filme gira em torno de um anti-herói. Você mesmo não bebe álcool ou fuma cigarros, em parte porque sua mãe morreu de câncer no pulmão e seu pai de cirrose. Como você retrata o anti-herói sem mostrá-lo fumando ou bebendo, sem que seja preciso consumir mais 10 páginas do *script*? Como você vai levar a cabo a sua tarefa?

3. *Drogas e o cinema – 2.* Você é um importante diretor de cinema indicado ao Oscar e tem aproximadamente 40 anos, mas nunca fez um filme a respeito do impacto das drogas na sociedade. Você quer este tema prioritário no seu próximo filme, o qual irá escrever, dirigir e coproduzir. Você gostou muito de *Traffic*. Você achou *Pulp Fiction* excessivamente violento, mas que também apresentou algumas questões antidrogas importantes. Por outro lado, você achou que *Profissão de Risco* mais glamurizou a cocaína do que alertou contra o seu uso (ou venda), embora, mesmo assim, você deseje muito trabalhar com Johnny Depp. É possível fazer um filme "temático" que mostre muito uso de drogas sem glamurizar esse uso para certos públicos, como os adolescentes?
4. *Anúncios de drogas – 1.* Os remédios que não exigem receita médica são legais, geralmente úteis e são usados com frequência. Como eles deveriam ser anunciados de uma forma que seja razoável e precisa? Tente imaginar alguns exemplos de anúncios.
5. *Anúncios de drogas – 2.* Como um pesquisador poderia planejar um estudo para determinar se a publicidade de drogas de prescrição e sem prescrição aumenta a probabilidade dos jovens usarem cigarros, álcool ou drogas ilícitas?
6. *Adolescentes e álcool.* De acordo com estudos nacionais, mais de 80% dos adolescentes já experimentaram álcool na época em que terminaram o ensino médio. Se você fosse um realizador de filmes interessado em fazer um filme realista sobre a adolescência contemporânea, como você trataria a questão do álcool, tendo responsabilidade social, atraindo um público adolescente e mantendo intacto o seu espírito artístico?
7. *Anúncios de álcool e cigarros.* (a) Experimente criar os anúncios impressos mais escandalosos possíveis para anunciar álcool e cigarros. (b) Com base no que você aprendeu neste capítulo, analise os dois anúncios de cigarros e os dois de álcool vistos na Figura 6.21. (c) A Figura 6.22 mostra um anúncio real de um novo produto intitulado Bad Frog Beer. Este anúncio está voltado para os jovens? Em caso positivo, deveriam ser impostas restrições quanto aos locais onde esses anúncios poderiam ser exibidos? (Nota: isso está baseado em um caso real da corte de justiça de Nova Jersey).
8. *Contrapropaganda.* Pense em alguns anúncios criativos de contrapropaganda sobre cigarros ou álcool que possam ser efetivos em prevenir que as crianças usem estas drogas. Planeje um estudo que teste o impacto desses anúncios. Em que tais anúncios deveriam ser diferentes se ao invés disso o público-alvo fosse adolescente? E quanto aos adolescentes hispânicos em contraste com os adolescentes afro-americanos ou brancos? A nova campanha publicitária do Escritório de Política Nacional de Controle às Drogas da Casa Branca (ONDCP) está substituindo o *slogan* "minha antidroga" por uma série de anúncios que estimulam as crianças a "ficar acima da influência das drogas" (Petrecca, 2005). Anúncios como este têm chance de ser efetivos?
9. *Política do tabaco.* Se o tabaco é um produto legal, como pode ser justificada uma

Tradução: "acenda o meu lucky"
Atenção: O ministério da saúde adverte que fumar cigarros é prejudicial à sua saúde.

Tradução: O ministério da saúde adverte: o fato de não haver aditivos em nosso tabaco não significa que o cigarro é mais seguro. Fumaça do cigarro contém monóxido de carbono. Até encontrar um homem de verdade, eu vou fumar um cigarro de verdade.

Tradução: A tequila é pura. As suas intenções não precisam ser.

Tradução: Ao contrário da sua namorada, eles nunca perguntam para onde esta relação está indo.
Amigos de verdade. Bourbon de verdade.

Figura 6.21

Fonte: ©2006 British American Tobacco; ©R.J. Reynolds Tobacco Company. Todos os direitos reservados; ©2007 Suaaza Tequilla Import Company, Deerfield, IL; ©2008 James B. Beam Distilling Co., Clermont, KY.

Figura 6.22

Tradução: Cerveja Bad Frog. Ele não tá nem aí.

Fonte: ©Bad Frog Brewing Co.

proibição total da publicidade de tabaco? Pesquise as circunstâncias sob as quais a publicidade de tabaco foi retirada da TV no início da década de 1970.

10. *Política de controle às drogas – 1.* Em janeiro de 2000, o noticiário revelou que o ONDCP estava revendo os *scripts* dos programas mais populares das redes de TV, incluindo *ER, Chicago Hope* e *Barrados no Baile.* Com um acordo que envolveu uma campanha pouco conhecida de anúncios antidrogas do governo de US$200 milhões, as redes que aceitaram os PSAs do governo tiveram que incluir mensagens correspondentes na sua programação (Lacey, 2000). Aproximadamente US$30 milhões em "crédito" foram dados às redes em janeiro de 2000. O ONDCP não exigiu aprovação prévia dos *scripts*, mas ajudou escritores e produtores com informações sobre drogas e temas antidrogas.
    (a) Este acordo violou a Primeira Emenda?
    (b) O governo deveria se envolver nos *scripts* de Hollywood?
    (c) Existe um interesse premente de saúde pública na prevenção do uso de drogas entre os cidadãos, especialmente crianças e adolescentes? Em caso positivo, o que há de errado com o fato de o governo ajudar os escritores na criação de mensagens antidrogas na programação principal?
    (d) A indústria do entretenimento tem a responsabilidade de retratar apenas "valores familiares" sadios?

11. *Política de controle às drogas – 2.* Você foi indicado como o novo diretor do ONDCP na Casa Branca. A sua missão é reduzir o uso de drogas nos Estados Unidos em 20% nos próximos 4 anos. Por onde você começaria? Com quais drogas? Você realizaria discussões com a indústria de entretenimento no que diz respeito a como ela retrata o álcool e o cigarro? Você teria discussões com as indústrias de tabaco e álcool quanto ao uso que elas fazem da publicidade? A contrapropaganda funciona? O governo deveria estar no negócio da contrapropaganda? Em caso positivo, qual a mídia que você escolheria?

Referências

Aaron, D. J., Dearwater, S. R., Anderson, R., Olsen, T., Kriska, A. M., & LaPorte, R. E. (1995). Physical activity and the initiation of high-risk behaviors in adolescents. *Medicine and Science in Sports and Exercise, 27,* 1639–1645.

Advertising rose after tobacco suits. (2001, March 15) *Albuquerque Journal,* p. A4.

Agostinelli, G., & Grube, J. (2002). Alcohol counter-advertising and the media: A review of the recent research. *Alcohol Research & Health, 26,* 15–21.

Agostinelli, G., & Grube, J. (2003). Tobacco counter-advertising: A review of the literature and a conceptual model for understanding effects. *Journal of Health Communication, 8,* 107–127.

Aitken, P. P., Eadie, D. R., Leathar, D. S., McNeill, R. E. J., & Scott, A. C. (1988). Television advertisements for alcoholic drinks do reinforce under-age drinking. *British Journal of Addiction, 83,* 1399–1419.

Alamar, B., & Glantz, S.A. (2006). Tobacco industry profits from smoking images in the movies [Letter]. *Pediatrics, 117,* 1462.

Altman, D. G., Levine, D. W., Coeytaux, R., Slade, J., & Jaffe, R. (1996). Tobacco promotion and susceptibility to tobacco use among adolescents aged 12 through 17 years in a nationally representative sample. *American Journal of Public Health, 86,* 1590–1593.

American Academy of Pediatrics (AAP). (1995). Alcohol use and abuse: A pediatric concern [Policy statement]. *Pediatrics, 95,* 439–442.

American Academy of Pediatrics (AAP). (1999). Media literacy [Policy statement]. *Pediatrics, 104,* 341–343.

American Academy of Pediatrics (AAP). (2001). Tobaccoís toll: Implications for the pediatrician. *Pediatrics, 107,* 794–798.

American Academy of Pediatrics (AAP). (2006). Children, adolescents, and advertising. *Pediatrics, 118,* 2563–2569.

American Legacy Foundation. (2006). *Trends in top box office movie tobacco use: 1996–2004.* Washington, DC: Author.

Amos, A., Jacobson, B., & White, P. (1991). Cigarette advertising and coverage of smoking and health in British women's magazines. *The Lancet, 337,* 93–96.

Angell, M. (2004). *The truth about the drug companies, how they deceive us and what to do about it.* New York: Random House.

Armstrong, J. (2002, June 7). Smoke signals. *Entertainment Weekly, p.* 9.

Ashby, S. L., & Rich, M. (2005). Video killed the radio star: The effects of music videos on adolescent health. *Adolescent Medicine Clinics, 16,* 371–393.

Associated Press. (2006, August 30). British channel bans smoking cartoons. Retrieved August 30, 2006, from http://abcnews.go.com/Entertainment/print?id=2343123

Atkin, C. K. (1990). Effects of televised alcohol messages on teenage drinking patterns. *Journal of Adolescent Health Care, 11,* 10–24.

Atkin, C. K. (1993a). Alcohol advertising and adolescents. *Adolescent Medicine: State of the Art Reviews, 4,* 527–542.

Atkin, C. K. (1993b, Winter). On regulating broadcast alcohol advertising. *Journal of Broadcasting & Electronic Media, 1993,* 107–113.

Atkin, C. K. (1995). Survey and experimental research on effects of alcohol advertising. In S. Martin (Ed.), *Mass media and the use and abuse of alcohol* (pp. 39–68). Rockville, MD: National Institute on Alcohol Abuse and Alcoholism.

Atkin, C. K., & Block, M. (1983). Effectiveness of celebrity endorsers. *Journal of Advertising Research, 23,* 57–61.

Atkin, C. K., DeJong, W., & Wallack, L. (1992). *The influence of responsible drinking TV spots and automobile commercials on young drivers.* Washington, DC: AAA Foundation for Traffic Safety.

Atkin, C. K., Hocking, J., & Block, M. (1984). Teenage drinking: Does advertising make a difference? *Journal of Communications, 28,* 71–80.

Atkin, C. K., Neuendorf, K., & McDermott, S. (1983). The role of alcohol advertising in excessive and hazardous drinking. *Journal of Drug Education, 13,* 313–325.

Austin, E. W, Chen, M. J., & Grube, J. W. (2006). How does alcohol advertising influence underage drinking? The role of desirability, identification and skepticism. *Journal of Adolescent Health, 38,* 376–384.

Austin, E. W., & Hust, S. J. T. (2005). Targeting adolescents? The content and frequency of alcoholic and nonalcoholic beverage ads in magazine and video formats November 1999–April 2000. *Journal of Health Communication, 10,* 769–785.

Austin, E. W, & Johnson, K. K. (1997). Effects of general and alcohol-specific media literacy training on children's decision making about alcohol. *Journal of Health Communication, 2,* 17–42.

Austin, E. W, & Knaus, C. (1998, August). *Predicting future risky behavior among those "too young" to drink as the result of advertising desirability.* Paper presented at the meeting of the Association for Education in Journalism & Mass Communication, Baltimore, MD.

Austin, E. W, Pinkleton, B. E., Hust, S. J. T., & Cohen, M. (2005). Evaluation of an American Legacy Foundation/Washington State Department of Health Media Literacy Study. *Health Communication, 18,* 75–95.

Bahk, C. M. (2001). Perceived realism and role attractiveness in movie portrayals of alcohol drinking. *American Journal of Health Behavior, 25,* 433–446.

Bahr, S. J., Hoffmann, J. P., & Yang, X. (2005). Parental and peer influences on the risk of adolescent drug use. *Journal of Primary Prevention, 26,* 529–551.

Belcher, H. M. E., & Shinitzky, H. E. (1998). Substance abuse in children: Prediction, protection, and prevention. *Archives of Pediatrics & Adolescent Medicine, 152,* 952–960.

Bennett, E. M., & Kemper, K. J. (1994). Is abuse during childhood a risk factor for developing substance abuse problems as an adult? *Journal of Developmental & Behavioral Pediatrics, 15,* 426–429.

Biener, L., & Siegel, M. (2000). Tobacco marketing and adolescent smoking: More support for a causal inference. *American Journal of Public Health, 90,* 407–411.

Big Tobacco's promises to reform go up in smoke [Editorial]. (2006, September 12). *USA Today, p.* 14A.

Bjork, J. M., Knutson, B., Fong, G. W., Caggiano, D. M., Bennett, S. M., & Hommer, D. W. (2004). Incentive-elicited brain activation in adolescents: Similarities and differences from young adults. *Journal of Neuroscience, 24,* 1793–1802.

Borzekowski, D. L. G., & Strasburger, V. C. (2008). Tobacco, alcohol, and drug exposure. In S. Calvert & B. J. Wilson (Eds.), *Handbook of children and the media.* Boston: Blackwell.

Botvin, G. J., & Griffin, K. W. (2005). Models of prevention: School-based programs. In J. H. Lowinson, P. Ruiz, R. B. Millman, & J. Langrod (Eds.), *Substance abuse: A comprehensive textbook* (4th ed., pp. 1211–1229). Baltimore: Lippincott Williams & Wilkins.

Breed, W, & De Foe, J. R. (1982). Effecting media change: The role of cooperative consultation on alcohol topics. *Journal of Communications, 32,* 88–99.

Breed, W., & De Foe, J. R. (1984). Drinking and smoking on television 1950–1982. *Journal of Public Health Policy, 31,* 257–270.

Bridges, A. (2006). Tobacco may kill 1 billion this century. Associated Press. Retrieved July 12, 2006, from http://www.abcnews.go.com/Health/wireStory?id=2173957

Briones, D. F., Wilcox, J. A., Mateus, B., & Boudjenah, D. (2006). Risk factors and prevention in adolescent substance abuse: A biopsychosocial approach. *Adolescent Medicine Clinics, 17,* 335–352.

Brown, J. D. (2006). Media literacy has potential to improve adolescents' health. *Journal of Adolescent Health, 39,* 459–460.

Brown, J. D., & Schulze, L. (1990). The effects of race, gender, and fandom on audience interpretations of Madonna's music videos. *Journal of Communication, 40,* 88–102.

Brown, J. D., & Walsh-Childers, K. (1994). Effects of media on personal and public health. In J. Bryant & D. Zillmann (Eds.), *Media effects: Advances in theory and research* (pp. 389–415). Hillsdale, NJ: Lawrence Erlbaum.

Brown, J. D., & Witherspoon, E. M. (1998, September). *The mass media and American adolescents' health.* Paper commissioned for Health Futures of Youth II: Pathways to Adolescent Health, U.S. Department of Health and Human Services, Annapolis, MD.

Brown, R. T. (2002). Risk factors for substance abuse in adolescents. *Pediatric Clinics of North America, 49,* 247–255.

Bryant, A. (2000, March 20). In tobacco's face. *Newsweek,* pp. 40–41.

Bryant, J. A., Cody, M. J., & Murphy, S. (2002). Online sales: Profit without question. *Tobacco Control, 11,* 226–227.

Byrd-Bredbrenner, C., & Grasso, D. (1999). Prime-time health: An analysis of health content in television commercials broadcast during programs viewed heavily by children. *International Electronic Journal of Health Education, 2,* 159–169. Retrieved February 19, 2001, from http://www.iejhe.org

Byrd-Bredbrenner, C., & Grasso, D. (2000). Health, medicine, and food messages in television commercials during 1992 and 1998. *Journal of School Health, 70,* 61–65.

Caucus for Producers, Writers, and Directors. (1983). *We've done some thinking.* Santa Monica, CA: Television Academy of Arts and Sciences.

Center for Science in the Public Interest. (1988, September 4). *Kids are as aware of booze as president, survey finds* [News release]. Washington, DC: Author.

Center on Alcohol Marketing and Youth (CAMY). (2004a). *Alcohol advertising on television 2001 to 2003: More of the same.* Washington, DC: Author.

Center on Alcohol Marketing and Youth (CAMY). (2004b, April 21). *Georgetown study finds number of alcohol ads bombarding teens rose in 2002* [Press release]. Retrieved September 30, 2005, from http://www1.georgetown.edu/explore/news/?ID=783

Center on Alcohol Marketing and Youth (CAMY). (2004c). *Youth exposure to radio advertising for alcohol–United States, summer 2003.* Washington, DC: Author.

Center on Alcohol Marketing and Youth (CAMY). (2005). *Youth overexposed: Alcohol advertising in magazines, 2001 to 2003.* Washington, DC: Author.

Center on Alcohol Marketing and Youth (CAMY). (2007). *Youth exposure to alcohol advertising on television and in national magazines, 2001 to 2006.* Washington, DC: Author.

Centers for Disease Control and Prevention (CDC). (1992a). Accessibility of cigarettes to youths aged 12–17 years–United States, 1989. *Morbidity and Mortality Weekly Report, 41,* 485–488.

Centers for Disease Control and Prevention (CDC). (1992b). Comparison of the cigarette brand preferences of adult and teenaged smokers–United States, 1989, and 10 U.S. communities, 1988 and 1990. *Morbidity and Mortality Weekly Report, 41,* 169–181.

Centers for Disease Control and Prevention (CDC). (1994). *Preventing tobacco use among young people: A report of the Surgeon General.* Atlanta, GA: U.S. Department of Health and Human Services.

Centers for Disease Control and Prevention (CDC). (2000a). Alcohol policy and sexually transmitted disease rates. *Morbidity & Mortality Weekly Reports, 49,* 346–349.

Centers for Disease Control and Prevention (CDC). (2000b). Trends in cigarette smoking among high school students–United States, 1991–1999. *Morbidity & Mortality Weekly Reports, 49,* 755–758.

Centers for Disease Control and Prevention (CDC). (2006a). Racial/ethnic differences among youths in cigarette smoking and susceptibility to start smoking–United States, 2002–2004. *Morbidity and Mortality Weekly Reports, 55,* 1275–1277.

Centers for Disease Control and Prevention (CDC). (2006b). Youth exposure to alcohol advertising on radio–United States, June–August, 2004. *Morbidity & Mortality Weekly Report, 55*(34), 937–940.

Centers for Disease Control and Prevention (CDC). (2006c). Youth risk behavior surveillance–

United States, 2005. *Morbidity & Mortality Weekly Report, 55*(SS–5), 1–108.

Centers for Disease Control and Prevention (CDC). (2007). Youth exposure to alcohol advertising in magazines–United States, 2001–2005. *Morbidity & Mortality Weekly Report, 56*, 763–767.

Champion, H. L., Foley, K. L., DuRant R. H., Hensberry, R., Altman, D., & Wolfson, M. (2004). Adolescent sexual victimization, use of alcohol and other substances, and other health risk behaviors. *Journal of Adolescent Health, 35*, 321–328.

Charlesworth, A., & Glantz, S. A. (2005). Smoking in the movies increases adolescent smoking: a review. *Pediatrics, 116*, 1516–1528.

Cheers & jeers. (2002, February 23). *TV Guide.*

Chilcoat, H. D., & Anthony, J. C. (1996). Impact of parent monitoring on initiation of drug use through late childhood. *Journal of the American Academy of Child & Adolescent Psychiatry, 35*, 91–100.

Christenson, P. G., Henriksen, L., & Roberts, D. F. (2000). *Substance use in popular prime-time television.* Washington, DC: Office of National Drug Control Policy.

Collins, R. L., Ellickson, P. L., McCaffrey, D. F., & Hambarsoomians, K. (2005). Saturated in beer: Awareness of beer advertising in late childhood and adolescence. *Journal of Adolescent Health, 37*, 29–36.

Collins, R. L., Ellickson, P. L., McCaffrey, D. F., & Hambarsoomians, K. (2007). Early adolescent exposure to alcohol advertising and its relationship to underage drinking. *Journal of Adolescent Health, 40*, 527–534.

Comings, D. E. (1997). Genetic aspects of childhood behavioral disorders. *Child Psychiatry & Human Development, 27*, 139–150.

Cowley, G., & Underwood, A. (2001, February 19). Soda pop that packs a punch: Are the new alcoholic lemonades aimed at kids? *Newsweek*, p. 45.

Dalton, M. A., Adachi-Mejia, A. M., Longacre, M. R., Titus-Ernstoff, L. T., Gibson, J. J., Martin, S. K., et al. (2006). Parental rules and monitoring of children's movie viewing associated with children's risk for smoking and drinking. *Pediatrics, 118*, 1932–1942.

Dalton, M. A., Ahrens, M. B., Sargent, J. D., Mott, L. A., Beach, M. L., Tickle, J. J., et al. (2002). Correlation between use of tobacco and alcohol in adolescents and parental restrictions on movies. *Effective Clinical Practice, 1*, 1–10.

Dalton, M. A., Bernhardt, A. M., Gibson, J. J., Sargent, J. D., Beach, M. L., Adachi-Mejia, A. M., et al. (2005). Use of cigarettes and alcohol by preschoolers while role-playing as adults. *Archives of Pediatrics & Adolescent Medicine, 159*, 854–859.

Dalton, M. A., Sargent, J. D., Beach, M. L., Titus-Ernstoff, L., Gibson, J. J., Ahrens, M. B., et al. (2003). Effect of viewing smoking in movies on adolescent smoking initiation: A cohort study. *The Lancet, 362*, 281–285.

De Foe, J. R., & Breed, W. (1988). Youth and alcohol in television stories, with suggestions to the industry for alternative portrayals. *Adolescence, 23*, 533–550.

DeJong, W. (1996). When the tobacco industry controls the news: KKR, RJR Nabisco, and the Weekly Reader Corporation. *Tobacco Control, 5*, 142–148.

DiFranza, J. R., Richards, J. W, Paulman, P. M., Wolf-Gillespie, N., Fletcher, C., Jaffe, R. D., et al. (1991). RJR Nabisco's cartoon camel promotes Camel cigarettes to children. *Journal of the American Medical Association, 266*, 3149–3153.

Doyle, R. (1996, December). Deaths due to alcohol. *Scientific American, 6*, 30–31.

Dozier, D. M., Lauzen, M. M., Day, C. A., Payne, S. M., & Tafoya, M. R. (2005). Leaders and elites: Portrayals of smoking in popular films. *Tobacco Control, 14*, 7–9.

DuRant, R. H., Rome, E. S., Rich, M., Allred, E., Emans, S. J., & Woods, E. R. (1997). Tobacco and alcohol use behaviors portrayed in music videos: A content analysis. *American Journal of Public Health, 87*, 1131–1135.

Edwards, C. A., Harris, W. C., Cook, D. R., Bedford, K. F., & Zuo, Y. (2004). Out of the smokescreen: Does an anti-smoking advertisement affect young women's perception of smoking in movies and their intention to smoke? *Tobacco Control, 13*, 277–282.

Ellickson, P. H., Collins, R. L., Hambarsoomians, K., & McCaffrey, D. F. (2005). Does alcohol advertising promote adolescent drinking? Results from a longitudinal assessment. *Addiction, 100*, 235–246.

Emery, S., Wakefield, M. A., Terry-McElrath, Y, Saffer, H., Szczypka, G., O'Malley, P. M., et al. (2005). Televised state-sponsored antitobacco advertising and youth smoking beliefs and behavior in the United States, 1999–2000. *Archives of Pediatrics & Adolescent Medicine, 159,* 639–645.

Escamilla, G., Cradock, A. L., & Kawachi, I. (2000). Women and smoking in Hollywood movies: A content analysis. *American Journal of Public Health, 90,* 412–414.

Eszterhas, J. (2002, August 9). *Hollywood's responsibility for smoking deaths.* Retrieved January 3, 2008, from http://query.nytimes.com/gst/fullpage.html?sec=health& res=9402EEDB173AF 93AA3575BC0A9649C8B63

Everett, S. A., Schnuth, R. L., & Tribble, J. L. (1998). Tobacco and alcohol use in top-grossing American films. *Journal of Community Health, 23,* 317–324.

Farrelly, M. C., Davis, K. C., Haviland, M. L., Messeri, P., & Healton, C. G. (2005). Evidence of a dose-response relationship between "truth" antismoking ads and youth smoking prevalence. *American Journal of Public Health, 95,* 425–431.

Farrelly, M. C., Healton, C. G., Davis, K. C., Messeri, P., Hersey, J. C., & Haviland, M. L. (2002). Getting to the truth: Evaluating national tobacco countermarketing campaigns. *American Journal of Public Health, 92,* 901–907.

Federal Trade Commission. (1999). *Self-regulation in the alcohol industry: A review of industry efforts to avoid promoting alcohol to underage consumers.* Washington, DC: Author.

Fisher, L. B., Miles, I. W., Austin, S. B., Camargo, C. A., Jr., & Colditz, G. A. (2007). Predictors of initiation of alcohol use among US adolescents. *Archives of Pediatrics & Adolescent Medicine, 161,* 959–966.

Fischer, P. M., Schwartz, M. P., Richards, J. W., Goldstein, A. O., & Rojas, T. H. (1991). Brand logo recognition by children aged 3 to 6 years: Mickey Mouse and Old Joe the Camel. *Journal of the American Medical Association, 266,* 3145–3153.

Fleming, K., Thorson, E., & Atkin, C. K. (2004). Alcohol advertising exposure and perceptions: Links with alcohol expectancies and intentions to drink or drinking in underaged youth and young adults. *Journal of Health Communication, 9,* 3–29.

Flynn, B. S., Worden, J. K., Bunn, J. Y., Dorwaldt, A. L., Dana, G. S., & Callas, P. W. (2006). Mass media and community interventions to reduce alcohol use by early adolescents. *Journal of Studies on Alcohol, 67,* 66–74.

Flynn, B. S., Worden, J. K., Bunn, J. Y., Dorwaldt, A. L., Connolly, S. W, & Ashikaga, T. (2007). Youth audience segmentation strategies for smoking-prevention mass media campaigns based on message appeal. *Health Education & Behavior, 34,* 578–593.

Flynn, B. S., Worden, J. K., Secker-Walker, R. H., Pirie, P. L., Badger, G. J., Carpenter, J. H., et al. (1994). Mass media and school interventions for cigarette smoking prevention: Effects 2 years after completion. *American Journal of Public Health, 84,* 1148–1150.

Foster, S. E., Vaughan, R. D., Foster, W. H., & Califano, J. A., Jr. (2003). Alcohol consumption and expenditures for underage drinking and adult excessive drinking. *Journal of the American Medical Association, 289,* 989–995.

Foster, S. E., Vaughan, R. D., Foster, W. H., & Califano, J. A., Jr. (2006). Estimate of the commercial value of underage drinking and adult abusive and dependent drinking to the alcohol industry. *Archives of Pediatrics & Adolescent Medicine, 160,* 473–478.

Garfield, C. F., Chung, P. J., & Rathouz, P. J. (2003). Alcohol advertising in magazines and adolescent readership. *Journal of the American Medical Association, 289,* 2424–2429.

Gellad, Z. F., & Lyles, K. W. (2007). Direct-to-consumer advertising of Pharmaceuticals. *American Journal of Medicine, 120,* 475–480.

Gerbner, G. (1990). Stories that hurt: Tobacco, alcohol, and other drugs in the mass media. In H. Resnik (Ed.), *Youth and drugs: Society's mixed messages* (OSAP Prevention Monograph No. 6, pp. 53–129). Rockville, MD: Office for Substance Abuse Prevention.

Gerbner, G. (2001). Drugs in television, movies, and music videos. In Y. R. Kamalipour & K. R. Rampal (Eds.), *Media, sex, violence, and drugs in the global village* (pp. 69–75). Lanham, MD: Rowman & Littlefield.

Gidwani, P. P., Sobol, A., DeJong, W., Perrin, J. M., & Gortmaker, S. L. (2002). Television viewing and initiation of smoking among youth. *Pediatrics, 110,* 505–508.

Goldman, L. K., & Glantz, S. A. (1998). Evaluation of antismoking advertising campaigns. *Journal of the American Medical Association, 279*, 772–777.

Goldstein, A. O., Sobel, R. A., & Newman, G. R. (1999). Tobacco and alcohol use in G-rated children's animated films. *Journal of the American Medical Association, 281*, 1131–1136.

Gordinier, J. (1998, January 30). High anxiety. *Entertainment Weekly*, p. 18.

Gostin, L. O., & Brandt, A. M. (1993). Criteria for evaluating a ban on the advertisement of cigarettes. *Journal of the American Medical Association, 269*, 904–909.

Greenberg, B. S., Brown, J. D., & Buerkel-Rothfuss, N. (1993). *Media, sex and the adolescent*. Cresskill, NJ: Hampton.

Greenberg, B. S., Rampoldi-Hnilo, L., & Mastro, D. (2000). *The alphabet soup of television program ratings*. Cresskill, NJ: Hampton.

Grube, J. W. (1993). Alcohol portrayals and alcohol advertising on television. *Alcohol Health & Research World, 17*, 61–66.

Grube, J. W. (1995). Television alcohol portrayals, alcohol advertising, and alcohol expectances among children and adolescents. In S. E. Martin (Ed.), *The effects of the mass media on use and abuse of alcohol* (pp. 105–121). Bethesda, MD: National Institute on Alcohol Abuse and Alcoholism.

Grube, J. W. (1999). *Alcohol advertising and alcohol consumption: A review of recent research* (NIAA Tenth Special Report to Congress on Alcohol and Health). Bethesda, MD: National Institute on Alcohol Abuse and Alcoholism.

Grube, J. W., & Waiters, E. (2005). Alcohol in the media: Content and effects on drinking beliefs and behaviors among youth. *Adolescent Medicine Clinics, 16*, 327–343.

Grube, J. W., & Wallack, L. (1994). Television beer advertising and drinking knowledge, beliefs, and intentions among schoolchildren. *American Journal of Public Health, 84*, 254–259.

Gruber, E. L., Thau, H. M., Hill, D. L., Fisher, D. A., & Grube, J. W. (2005). Alcohol, tobacco and illicit substances in music videos: A content analysis of prevalence and genre. *Journal of Adolescent Health, 37*, 81–83.

Gunther, A. C., Bolt, D., Borzekowski, D. L. G., Liebhart, J. L., & Dillard, J. P. (2006). Presumed influence on peer norms: How mass media indirectly affect adolescent smoking. *Journal of Communication, 56*, 52–68.

Halpern-Felsher, B. L., & Cornell, J. L. (2005). Preventing underage alcohol use: Where do we go from here? *Journal of Adolescent Health, 37*, 1–3.

Hanewinkel, R., & Sargent, J. D. (2007). Exposure to smoking in popular contemporary movies and youth smoking in Germany. *American Journal of Preventive Medicine, 32*, 466–473.

Hanewinkel, R., & Sargent, J. D. (2008). Exposure to smoking in internationally distributed American movies and youth smoking in Germany: A cross-cultural cohort study. *Pediatrics, 121*, el08–el17.

Harris, D. (2005, November 2). *Is big tobacco sweet-talking kids into smoking?* Retrieved November 3, 2005, from ABCNews.com

Hawkins, K., & Hane, A. C. (2000). Adolescents' perceptions of print cigarette advertising: A case for counteradvertising. *Journal of Health Communication, 5*, 83–96.

Healton, C., Farrelly, M. C., Weitzenkamp, D., Lindsey, D., & Haviland, M. L. (2006). Youth smoking prevention and tobacco industry revenue. *Tobacco Control, 15*, 103–106.

Healton, C. G., Watson-Stryker, E. S., Allen, J. A., Vallone, D. M., Messeri, P. A., Graham, P. R., et al. (2006). Televised movie trailers: Undermining restrictions on advertising tobacco to youth. *Archives of Pediatrics & Adolescent Medicine, 160*, 885–888.

Henriksen, L., Dauphinee, A. L, Wang, Y., & Fortmann, S. P. (2006). Industry sponsored anti-smoking ads and adolescent reactance: Test of a boomerang effect. *Tobacco Control, 15*, 13–18.

Henriksen, L., Feighery, E. C., Schleicher, N. C., & Fortmann, S. P. (2008). Receptivity to alcohol marketing predicts initiation of alcohol use. *Journal of Adolescent Health, 42*, 28–35.

Hingson, R. W., Heeren, T, Jamanka, A., & Howland, J. (2000). Age of drinking onset and unintentional injury involvement after drinking. *Journal of the American Medical Association, 284*, 1527–1533.

Hingson, R. W., Heeren, T., & Winter, M. R. (2006a). Age at drinking onset and alcohol dependence. *Archives of Pediatric and Adolescent Medicine, 160*, 739–747.

Hingson, R. W., Heeren, T., & Winter, M. R. (2006b). Age of alcohol-dependence onset: Associations with severity of dependence and seeking treatment. *Pediatrics, 118,* e755–e763.

Hollon, M. F. (2005). Direct-to-consumer advertising: A haphazard approach to health promotion. *Journal of the American Medical Association, 293,* 2030–2033.

Hurtz, S. Q., Henriksen, L., Wang, Y., Feighery, E. C., & Fortmann, S. P. (2007). The relationship between exposure to alcohol advertising in stores, owning alcohol promotional items, and adolescent alcohol use. *Alcohol and Alcoholism, 42,* 143–149.

Ile, M. L., & Knoll, L. A. (1990). Tobacco advertising and the First Amendment. *Journal of the American Medical Association, 264,* 1593–1594.

Institute of Medicine. (1994). *Growing up tobacco free: Preventing nicotine addiction in children and youths.* Washington, DC: Author.

Ivry, B. (1998, August 28). Use of drugs is rising dramatically on the big screen. *Albuquerque Journal, p.* B4.

Jackson, C., Brown, J. D., & L'Engle, K. L. (2007). R-rated movies, bedroom televisions, and initiation of smoking by White and Black adolescents. *Archives of Pediatrics & Adolescent Medicine, 161,* 260–268.

Jackson, D. Z. (1998, November 23). Big tobacco's chump change. *Liberal Opinion Week,* p. 23.

Jacobson, M. F., & Collins, R. (1985, March 10). There's too much harm to let beer, wine ads continue. Los *Angeles Times,* p. V3.

Jenkins, L., Webb, T., Browne, N., & Kraus, J. (2005). An evaluation of the Motion Picture Association of America's treatment of violence in PG-, PG-13-, and R-rated films. *Pediatrics, 115,* e512–e517.

Jernigan, D. H. (2006). Importance of reducing youth exposure to alcohol advertising. *Archives of Pediatrics & Adolescent Medicine, 160,* 100–102.

Jernigan, D. H., Ostroff, J., & Ross, C. (2005). Alcohol advertising and youth: A measured approach. *Journal of Public Health Policy, 26,* 312–325.

Jernigan, D. H., Ostroff, J., Ross, C., & O'Hara, J. A. (2004). Sex differences in adolescent exposure to alcohol advertising in magazines. *Archives of Pediatrics & Adolescent Medicine, 158,* 629–634.

Johnson, S. (2001, March 24). The new MTV: Be very afraid. *Albuquerque Journal,* p. E27.

Johnston, L. D., O'Malley, P. M., Bachman, J. G., & Schulenberg, J. E. (2008). *Monitoring the future: National results on adolescent drug use: Overview of key findings, 2007.* Bethesda, MD: National Institute on Drug Abuse.

Kalb, C. (2001, February 26). DARE checks into rehab. *Newsweek,* p. 56.

Kanda, H., Okamura, T., Turin, T. C., Hayakawa, T., Kadowaki, T., & Ueshima, H. (2006). Smoking scenes in popular Japanese serial television dramas: Descriptive analysis during the same 3-month period in two consecutive years. *Health Promotion International, 21,* 98–103.

Kelly, P. (2003, October 14). Taking a new D.A.R.E. *Charlotte Observer,* p. 1E.

Kessler, D. (2001). *A question of intent: A great American battle with a deadly industry.* New York: PublicAffairs.

Kessler, L. (1989). Women's magazines coverage of smoking related health hazards. *Journalism Quarterly, 66,* 316–323.

Kilbourne, J. (1993). Killing us softly: Gender roles in advertising. *Adolescent Medicine: State of the Art Reviews, 4,* 635–649.

King, C., III, Siegel, M., Celebucki, C., & Connolly, G. N. (1998). Adolescent exposure to cigarette advertising in magazines. *Journal of the American Medical Association, 279,* 516–520.

Klein, J. D., Havens, C. G., & Carlson, E. J. (2005). Evaluation of an adolescent smoking-cessation media campaign: GottaQuit.com. *Pediatrics, 116,* 950–956.

Kluger, J. (2007, April 12). Hollywood's smoke alarm. *Time.* Retrieved April 16, 2007, from http://www.time.com/time/magazine/article/0,9171,1609773,00.html

Kohn, P. M., & Smart, R. G. (1984). The impact of television advertising on alcohol consumption: an experiment. *Journal of Studies on Alcohol, 45,* 295–301.

Kohn, P. M., & Smart, R. G. (1987). Wine, women, suspiciousness and advertising. *Journal of Studies on Alcohol, 48,* 161–166.

Kosterman, R., Hawkins, J. D., Guo, J., Catalano, R. F., & Abbott, R. D. (2000). The dynamics of alcohol and marijuana initiation: Patterns and predictors of first use in adolescence. *American Journal of Public Health, 90,* 360–366.

Kulig, J. W., & the Committee on Substance Abuse. (2005). Tobacco, alcohol, and other drugs: The role of the pediatrician in prevention, identification, and management of substance abuse. *Pediatrics, 115,* 816–821.

Kurtz, M. E., Kurtz, J. C., Johnson, S. M., & Cooper, W. (2001). Sources of information on the health effects of environmental tobacco smoke among African-American children and adolescents. *Journal of Adolescent Health, 28,* 458–464.

Lacey, M. (2000, January 16). Federal script approval. *New York Times,* p. Al.

Laugesen, M., & Meads, C. (1991). Tobacco advertising restrictions, price, income and tobacco consumption in OECD countries, 1960–1986. *British Journal of Addiction, 86,*1343-1354.

Leiber, L. (1996). *Commercial and character slogan recall by children aged 9 to 11 years: Budweiser frogs versus Bugs Bunny.* Berkeley, CA: Center on Alcohol Advertising.

Lipman, J. (1991, August 21). Alcohol firms put off public. *Wall Street Journal,* p. B1.

Lowery, S. A. (1980). Soap and booze in the afternoon: An analysis of the portrayal of alcohol use in daytime serials. *Journal of Studies on Alcohol, 41,* 829–838.

Mackay, J. (1999). International aspects of US Government tobacco bills. *Journal of the American Medical Association, 281,* 1849–1850.

MacKenzie, R. G. (1993). Influence of drug use on adolescent sexual activity. *Adolescent Medicine: State of the Art Reviews, 4,* 417–422.

Madden, P. A., & Grube, J. W. (1994). The frequency and nature of alcohol and tobacco advertising in televised sports, 1990 through 1992. *American Journal of Public Health, 84,* 297–299.

Martino, S. C., Collins, R. L., Ellickson, P. L., Schell, T. L., & McCaffrey, D. (2006). Socioenvironmental influences on adolescents' alcohol outcome expectancies: A prospective analysis. *Addiction, 101,* 971–983.

Mathios, A., Avery, R., Bisogni, C., & Shanahan, J. (1998). Alcohol portrayal on prime-time television: Manifest and latent messages. *Journal of Studies on Alcohol, 59,* 305–310.

McCannon, R. (2005). Adolescents and media literacy. *Adolescent Medicine Clinics, 16,* 463–480.

McIntosh, W. D., Smith, S. M., Bazzini, D. G., & Mills, P. S. (1999). Alcohol in the movies: Characteristics of drinkers and nondrinkers in films from 1940 to 1989. *Journal of Applied & Social Psychology, 29,* 1191–1199.

McKeganey, N., Forsyth, A., Barnard, M., & Hay, G. (1996). Designer drinks and drunkeness amongst a sample of Scottish school-children. *British Medical Journal, 313,* 401.

McMahon, R. L. (1994). Diagnosis, assessment and treatment of externalizing problems in children: The role of longitudinal data. *Journal of Consulting & Clinical Psychology, 62,* 901–917.

McMillen, R. C., Tanski, S., Winickoff, J., & Valentine, N. (2007). *Attitudes about smoking in the movies.* Retrieved March 8, 2007, from www.ssrc.msstate.edu/socialclimate

McVey, D., & Stapleton, J. (2000). Can anti-smoking television advertising affect smoking behaviour? Controlled trial of the Health Education Authority for England's anti-smoking TV campaign. *Tobacco Control, 9,* 273–282.

Mekemson, C., Glik, D., Titus, K., Myerson, A., Shaivitz, A., Ang, A., et al. (2004). Tobacco use in popular movies during the past decade. *Tobacco Control, 13,* 400–402.

Miller, J. W., Naimi, T. S., Brewer, R. D., & Jones, S. E. (2007). Binge drinking and associated health risk behaviors among high school students. *Pediatrics, 119,* 76–85.

Miller, P., & Plant, M. (1996). Drinking, smoking and illicit drug use among 15 and 16 year olds in the United Kingdom. *British Medical Journal, 313,* 394–397.

Moog, C. (1991). The selling of addiction to women. *Media & Values, 54/55,* 20–22.

Mothers Against Drunk Driving (MADD). (2004, May 26). *Latest CAMY study shows TV alcohol ads outnumber responsibility ads 226 to 1* [Press release]. Retrieved September 30, 2005, from http://madd.org/news/0,1056,8239,00.html

National Center on Addiction and Substance Abuse. (2004). *National Survey of American Attitudes on Substance Abuse IX: Teen dating practices and sexual activity.* New York: Author.

National Center on Addiction and Substance Abuse. (2005). *National Survey of American Atti-*

tudes on Substance Abuse X: Teens and parents. New York: Author.

National Center on Addiction and Substance Abuse. (2006). *"You've got drugs!" Prescription drug pushers on the Internet.* New York: Author.

National Highway Traffic Safety Administration. (2005). *Traffic safety facts 2004–alcohol* (DOT HS 809–905). Washington, DC: U.S. Department of Transportation.

National Institute on Drug Abuse (NIDA). (1995). *Drug use among racial/ethnic minorities 1995* (NIH Pub. No. 95–3888). Rockville, MD: Author.

Nelson, D. E. (2005). State tobacco counteradvertising and adolescents. *Archives of Pediatrics & Adolescent Medicine, 159,* 685–687.

Newman, A. (2001, February 4). Rotten teeth and dead babies. *New York Times Magazine,* p. 16.

Noar, S. M. (2006). A 10-year retrospective of research in health mass media campaigns: Where do we go from here? *Journal of Health Communication, 11,* 21–42.

Nocera, J. (2006, June 18). If it's good for Philip Morris, can it also be good for public health? *New York Times Magazine,* pp. 46–53, 70, 76–78.

Nugent, W: (1999). *Into the West.* New York: Knopf.

Olds, R. S., Thombs, D. L., & Tomasek, J. R. (2005). Relations between normative beliefs and initiation intentions toward cigarette, alcohol and marijuana. *Journal of Adolescent Health,* 37, e75.

Omidvari, K., Lessnau, K., Kim, J., Mercante, D., Weinacker, A., & Mason, C. (2005). Smoking in contemporary American cinema. *Chest, 128,* 746–754.

Orlandi, M. A., Lieberman, L. R., & Schinke, S. P. (1989). The effects of alcohol and tobacco advertising on adolescents. In M. A. Orlandi, L. R. Lieberman, & S. P. Schinke (Eds.), *Perspectives on adolescent drug use* (pp. 77–97). Binghamton, NY: Haworth.

Pack, H.-J., & Gunther, A. C. (2007). How peer proximity moderates indirect media influnce on adolescent smoking. *Communication Research, 34,* 407–432.

Palmgreen, P., Donohew, L., Lorch, E. P., Hoyle, R. H., & Stephenson, M. T. (2001). Television campaigns and adolescent marijuana use: Tests of sensation seeking targeting. *American Journal of Public Health, 91,* 292–296.

Partnership for a Drug-Free America (PDFA). (2000, November 27). *Anti-drug media campaign making inroads* [Press release]. New York: Author.

Partnership for a Drug-Free America (PDFA). (2003). *Partnership attitude tracking study, teens 2003.* New York: Author.

Partnership for a Drug-Free America (PDFA). (2006). *Generation Rx: National study confirms abuse of prescription and over-the-counter drugs.* Retrieved July 21, 2006, from http://www.drugfree.org

Pechmann, C., & Reibling, E. T. (2006). Antismoking advertisements for youth: An independent evaluation of health, counter-industry, and industry approaches. *American Journal of Public Health, 96,* 906–913.

Peto, R., Lopez, A. D., Boreham, J., Thun, M., & Heath, C., Jr. (1992). Mortality from tobacco in developed countries: Indirect estimation from national vital statistics. *The Lancet, 339,* 1268–1278.

Petrecca, L. (2005, November 1). New anti-drug spots steer away from negativity. *USA Today.* Retrieved July 21, 2006, from http://www.usatoday.com

Pierce, J. P., Choi, W. S., Gilpin, E. A., Farkas, A. J., & Berry, C. (1998). Industry promotion of cigarettes and adolescent smoking. *Journal of the American Medical Association, 279,* 511–515.

Pierce, J. P., Distefan, J. M., Jackson, C., White, M. M., & Gilpin, E. A. (2002). Does tobacco marketing undermine the influence of recommended parenting in discouraging adolescents from smoking? *American Journal of Preventive Medicine, 23,* 73–81.

Pierce, J. P., Gilpin, E., Burns, D. M., Whalen, E., Rosbrook, B., Shopland, D., et al. (1991). Does tobacco advertising target young people to start smoking? *Journal of the American Medical Association, 266,* 3154–3158.

Pierce, J. P., Lee, L., & Gilpin, E. A. (1994). Smoking initiation by adolescent girls, 1944 through 1988: An association with targeted advertising. *Journal of the American Medical Association, 271,* 608–611.

Polansky, J. R., & Glantz, S. A. (2004). *First-run smoking presentations in U.S. movies 1999–2003.* San Francisco: Center for Tobacco

Control Research and Education. Retrieved September 29, 2005, from http://repositories.cdlib.org/ctcre/tcpmus/Movies2004/

Pollay, R. W., Siddarth, S., Siegel, M., Haddix, A., Merritt, R. K., Giovino, G. A., et al. (1996). The last straw! Cigarette advertising and realized market shares among youth and adults, 1979–1993. *Journal of Marketing, 50,* 1–7.

Potter, W. J. (2008). *Media literacy* (4th ed.). Thousand Oaks, CA: Sage.

Primack, B. A., Dalton, M. A., Carroll, M. V., Agarwal, A. A., & Fine, M. J. (2008). Content analysis of tobacco, alcohol, and other drugs in popular music. *Archives of Pediatrics & Adolescent Medicine, 162,* 169–175.

Primack, B. A., Gold, M. A., Land, S. R., & Fine, M. J. (2006). Association of cigarette smoking and media literacy about smoking among adolescents. *Journal of Adolescent Health, 39,* 465–472.

Prokhorov, A. V., Winickoff, J. P., Ahluwalia, J. S., Ossip-Klein, D., Tanski, S., Lando, H. A., et al. (2006). Youth tobacco use: A global perspective for child health care clinicians. *Pediatrics, 118,* 890–903.

Rauzi, R. (1998, June 9). The teen factor: Today's media-savvy youths influence what others are seeing and hearing. *Los Angeles Times,* p. Fl.

Reis, E. C., Duggan, A. K., Adger, H., & DeAngelis, C. (1992). The impact of anti-drug advertising on youth substance abuse [Abstract]. *American Journal of Diseases of Children, 146,* 519.

Resnick, M. D., Bearman, P. S., Blum, R. W., Bauman, K. E., Harris, K. M., Jones, J., et al. (1997). Protecting adolescents from harm: Findings from the National Longitudinal Study on Adolescent Health. *Journal of the American Medical Association, 278,* 823–832.

Rich, M., & Bar-on, M. (2001). Child health in the information age: Media education of pediatricians. *Pediatrics, 107,* 156–162.

Richardson, J. L, Dwyer, K., McGuigan, K., Hansen, W. B., Dent, C., Johnson, C. A., et al. (1989). Substance use among eighth grade students who take care of themselves after school. *Pediatrics, 84,* 556–566.

Ringel, J. S., Collins, R. L., & Ellickson, P. L. (2006). Time trends and demographic differences in youth exposure to alcohol advertising on television. *Journal of Adolescent Health, 39,* 473–480.

Roberts, D. F., & Christenson, P. G. (2000). *"Here's looking at you, kid": Alcohol, drugs and tobacco in entertainment media.* Menlo Park, CA: Kaiser Family Foundation.

Roberts, D. F., Christenson, P. G., Henriksen, L., & Bandy, E. (2002). *Substance use in popular music videos.* Washington, DC: Office of National Drug Control Policy.

Roberts, D. F., Henriksen, L., & Christenson, P. G. (1999). *Substance use in popular movies and music.* Washington, DC: Office of National Drug Control Policy.

Robin, S. S., & Johnson, E. O. (1996). Attitude and peer cross pressure: Adolescent drug and alcohol use. *Journal of Drug Education, 26,* 69–99.

Robinson, T. N., Chen, H. L., & Killen, J. D. (1998). Television and music video exposure and risk of adolescent alcohol use. *Pediatrics, 102,* e54.

Romelsjo, A. (1987). Decline in alcohol-related problems in Sweden greatest among young people. *British Journal of Addiction, 82,* 1111–1124.

Rothenberg, G. (1988, August 31). TV industry plans fight against drunken driving. *New York Times,* p. Bl.

Rubin, A. (2004, November 6). *Prescription drugs and the cost of advertising them.* Retrieved July 28, 2005, from www.therubins.com

Saffer, H. (1997). Alcohol advertising and motor vehicle fatalities. *Review of Economics and Statistics, 79,* 431–442.

Saffer, H., & Dave D. (2006). Alcohol advertising and alcohol consumption by adolescents. *Health Economics, 15,* 617–637.

Salkin, A. (2007, February 11). Noir lite: Beer's good-time humor turns black. *New York Times,* WK, p. 3.

Samuelson, R. J. (1991, August 19). The end of advertising? *Newsweek,* p. 40.

Sargent, J. D. (2005). Smoking in movies: Impact on adolescent smoking. *Adolescent Medicine Clinics, 16,* 345–370.

Sargent, J. D., Beach, M. L., Adachi-Mejia, A. M., Gibson, J. J., Titus-Ernstoff, L. T., Carusi, C. P., et al. (2005). Exposure to movie smoking: Its relation to smoking initiation among US adolescents. *Pediatrics, 116,* 1183–1191.

Sargent, J. D., Beach, M. L., Dalton, M. A., Ernstoff, L. T, Gibson, J. J., Tickle, J. J., et al. (2004). Effect of parental R-rated movie restriction on adolescent smoking initiation. *Pediatrics, 114,* 149–156.

Sargent, J. D., Dalton, M., & Beach, M. (2000). Exposure to cigarette promotions and smoking uptake in adolescents: Evidence of a dose-response relation. *Tobacco Control, 9,* 163–168.

Sargent, J. D., Dalton, M. A., Beach, M., Bernhardt, A., Pullin, D., & Stevens, M. (1997). Cigarette promotional items in public schools. *Archives of Pediatrics & Adolescent Medicine, 151,* 1189–1196.

Sargent, J. D., Dalton, M. A., Beach, M. L., Mott, L. A., Tickle, J. J., Ahrens, M. B., et al. (2002). Viewing tobacco use in movies: Does it shape attitudes that mediate adolescent smoking? *American Journal of Preventive Medicine, 22,* 137–145.

Sargent, J. D., Stoolmiller, M., Worth, K. A., Cin, S. D., Wills, T. A., Gibbons, F. X., et al. (2007). Exposure to smoking depictions in movies: Its association with established adolescent smoking. *Archives of Pediatrics & Adolescent Medicine, 161,* 849–856.

Sargent, J. D., Tanski, S. E., & Gibson, J. (2007). Exposure to movie smoking among US adolescents aged 10 to 14 years: A population estimate. *Pediatrics, 119,* el167–e1176.

Sargent, J. D., Tickle, J. J., Beach, M. L, Ahrens, M., & Heatherton, T. (2001). Brand appearances in contemporary cinema films and contribution to global marketing of cigarettes. *The Lancet, 357,* 29–32.

Sargent, J. D., Wills, T. A., Stoolmiller, M., Gibson, J., & Gibbons, F. X. (2006). Alcohol use in motion pictures and its relation with early-onset teen drinking. *Journal of Studies on Alcohol, 67,* 54–65.

Schydlower, M., & Arredondo, R. M. (Eds.). (2006). Substance abuse among adolescents. *Adolescent Medicine Clinics, 17,* 259–504.

Schooler, C., Feighery, E., & Flora, J. (1996). Seventh graders' self-reported exposure to cigarette marketing and its relationship to their smoking behavior. *American Journal of Public Health, 86,* 1216–1221.

Selling to children. (1990, August). *Consumer Reports,* pp. 518–520.

Shields, D. L., Carol, J., Balbach, E. D., & McGee, S. (1999). Hollywood on tobacco: How the entertainment industry understands tobacco portrayal. *Tobacco Control, 8,* 378–386.

Shiffrin, S. H. (1993). Alcohol and cigarette advertising: A legal primer. *Adolescent Medicine: State of the Art Reviews, 4,* 623–634.

Siegel, M., & Biener, L. (2000). The impact of an antismoking media campaign on progression to established smoking: Results of a longitudinal youth study. *American Journal of Public Health, 90,* 380–386.

Slater, M. D., Kelly, K. J., Edwards, R. W., Thurman, P. J., Plested, B. A., Keefe, T. J., et al. (2006). Combining in-school and community-based media efforts: Reducing marijuana and alcohol uptake among younger adolescents. *Health Education Research, 21,* 157–167.

Smith, G. (1989). The effects of tobacco advertising on children. *British Journal of Addiction, 84,* 1275–1277.

Smith, S. (2007, May 12). Where's there's smoke, some see an 'R' rating. *Boston Globe,* p. Al.

Snowbeck, C. (2005, July 20). FDA tells Levitra to cool it with ad. *Business News,* Post-Gazette.com. Retrieved July 20, 2005, from http://www.post-gazette.com

Snyder, L. B., Milici, F. F., Slater, M., Sun, H., & Strizhakova, Y. (2006). Effects of alcohol advertising exposure on drinking among youth. *Archives of Pediatrics and Adolescent Medicine, 160,* 18–24.

Stacy, A. W., Zogg, J. B., Unger, J. B., & Dent, C. W. (2004). Exposure to televised alcohol ads and subsequent adolescent alcohol use. *American Journal of Health Behavior, 28,* 498–509.

Stein, L. (2005). *California's anti-tobacco media campaign.* Retrieved July 21, 2006, from http://healthresources.caremark.com/topic/casmoking

Stockwell, T. F., & Glantz, S. A. (1997). Tobacco use is increasing in popular films. *Tobacco Control, 6,* 282–284.

Strasburger, V. C. (1997). "Sex, drugs, rock 'n' roll": Are the media responsible for adolescent behavior? *Adolescent Medicine: State of the Art Reviews, 8,* 403–414.

Strasburger, V. C. (1998). Adolescents, drugs, and the media [Letter]. *Archives of Pediatrics & Adolescent Medicine, 153,* 313.

Strasburger, V. C. (2006). Risky business: What primary care practitioners need to know about the influence of the media on adolescents. *Primary Care: Clinics in Office Practice, 33,* 317–348.

Strasburger, V. C., & Donnerstein, E. (1999). Children, adolescents, and the media: Issues and solutions. *Pediatrics, 103,* 129–139.

Sutel, S. (2007, January 26). Watching the ads. *Albuquerque Journal,* p. B4.

Tanner, L. (1998, September 30). Many teens think designated drivers still can drink. *Albuquerque Journal,* p. A3.

Tapert, S. F., Aarons, G. A., Sedlar, G. R., & Brown, S. A. (2001). Adolescent substance abuse and sexual risk-taking behavior. *Journal of Adolescent Health, 28,* 181–189.

Tapert, S. F., Cheung, E. H., Brown, G. G., Frank, L. R., Paulus, M. P., Schweinsburg, A. D., et al. (2003). Neural response to alcohol stimuli in adolescents with alcohol use disorder. *Archives of General Psychiatry, 60,* 727–735.

Thompson, E. M., & Gunther, A. C. (2007). Cigarettes and cinema: Does parental restriction of R-rated movie viewing reduce adolescent smoking susceptibility? *Journal of Adolescent Health, 40,* 181.el–181.e6.

Thompson, K. M., & Yakota, F. (2004). Violence, sex, and profanity in films: Correlation of movie ratings with content. *MedGenMed, 6,* 3. Retrieved July 13, 2006, from http://www.medscape.com/viewarticle/480900

Thompson, M. P., Sims, L., Kingree, J. B., & Windle, M. (2008). Longitudinal associations between problem alcohol use and violent victimization in a national sample of adolescents. *Journal of Adolescent Health, 42,* 21–27.

Thrasher, J. R, Niederdeppe, J. D., Jackson, C., & Farrelly, M. C. (2006). Using anti-tobacco industry messages to prevent smoking among high-risk adolescents. *Health Education Research, 21,* 325–337.

Titus-Ernstoff, L., Dalton, M. A., Adachi-Mejia, A. M., Longacre, M. R., & Beach, M. L. (2008). Longitudinal study of viewing smoking in movies and initiation of smoking by children. *Pediatrics, 121,* 15–21.

Tobacco's toll [Editorial]. (1992). *The Lancet, 339,* 1267.

Tsao, J. C. (1997). Informational and symbolic content of over-the-counter drug advertising on television. *Journal of Drug Education, 27,* 173–197.

U.S. Department of Health and Human Services. (1994). *Preventing tobacco use among young people: Report of the Surgeon General.* Washington, DC: Government Printing Office.

Vaidya, S. G., Naik, U. D., & Vaidya, J. S. (1996). Effects of sports sponsorship by tobacco companies on children's experimentation with tobacco. *British Medical Journal, 313,* 400–416.

Van den Bulck, J., & Beullens, K. (2005). Television and music video exposure and adolescent alcohol use while going out. *Alcohol and Alcoholism, 40,* 249–253.

Vickers, A. (1992). Why cigarette advertising should be banned. *British Medical Journal, 304,* 1195–1196.

Wakefield, M., Durrant, R., & Terry-McElrath, Y. (2003). Appraisal of anti-smoking advertising by youth at risk for regular smoking: A comparative study in the United States, Australia, and Britain. *Tobacco Control, 12,* 82–86.

Wakefield, M., Terry-McElrath, Y., Emery, S., Saffer, H., Chaloupka, F. J., Szczypka, G., et al. (2006). Effect of televised, tobacco company-funded smoking prevention advertising on youth smoking-related beliefs, intentions, and behavior. *American Journal of Public Health, 96,* 2154–2160.

Wallack, L., Cassady, D., & Grube, J. (1990). *TV beer commercials and children: Exposure, attention, beliefs, and expectations about drinking as an adult.* Washington, DC: AAA Foundation for Traffic Safety.

Wallack, L., Dorfman, L., Jernigan, D., & Themba, M. (1993). *Media advocacy and public health.* Newbury Park, CA: Sage.

Wallack, L., Grube, J. W., Madden, P. A., & Breed, W. (1990). Portrayals of alcohol on prime-time television. *Journal of Studies on Alcohol, 51,* 428–437.

Walsh, D., & Bennett, D. (2005). *WHY do they act that way? A survival guide to the adolescent brain for you and your teen.* New York: Free Press.

Walsh, D., & Gentile, D. A. (2001). A validity test of movie, television, and video-game ratings. *Pediatrics, 107,* 1302–1308.

Warner, K. E., Goldenhar, L. M., & McLaughlin, C. G. (1992). Cigarette advertising and magazine coverage of the hazards of smoking. *New England Journal of Medicine, 326,* 305–309.

Weinstein, H. (1998, January 15). Papers: RJR went for teens. *Los Angeles Times,* p. Al.

Wellman, R. J., Sugarman, D. B., DiFranza, J. R., & Winickoff, J. P. (2006). The extent to which tobacco marketing and tobacco use in films contribute to children's use of tobacco. *Archives of Pediatrics & Adolescent Medicine, 160,* 1285–1296.

West, J. H., Romero, R. A., & Trinidad, D. R. (2007). Adolescent receptivity to tobacco marketing by racial/ethnic groups in California. *American Journal of Preventive Medicine, 33,* 121–123.

West, S. L., & O'Neal, K. K. (2004). Project D.A.R.E. outcome effectiveness revisited. *American Journal of Public Health, 94,* 1027–1029.

When don't smoke means do [Editorial]. (2006, November 27). *The New York Times.*

While, D., Kelly, S., Huang, W., & Charlton, A. (1996). Cigarette advertising and onset of smoking in children: Questionnaire survey. *British Medical Journal, 313,* 398–399.

White, A. M., & Swartzwelder, H. S. (2004). Hippocampal function during adolescence: A unique target of ethanol effects. *Annals of the New York Academy of Sciences, 1021,* 206–220.

Wiencke, J. K., Thurston, S. W, Kelsey, K. T., Varkonyi, A., Wain, J. C., Mark, E. J., et al. (1999). Early age at smoking initiation and tobacco carcinogen DNA damage in the lung. *Journal of the National Cancer Institute, 91,* 614–619.

Winter, M. V., Donovan, R. J., & Fielder, L. J. (2007). Exposure of children and adolescents to alcohol advertising on television in Australia. *Journal of Alcohol and Drug Studies.*

Womach, J. (2003). *U.S. tobacco production, consumption, and export trends: A report to Congress.* Washington, DC: Congressional Research Service, Library of Congress.

Wyllie, A., Zhang, J. F., & Casswell, S. (1998). Positive responses to televised beer advertisements associated with drinking and problems reported by 18 to 29-year-olds. *Addiction, 93,* 749–760.

Yakota, F., & Thompson, K. M. (2001). Depiction of alcohol, tobacco, and other substances in G-rated animated films. *Pediatrics, 107,* 1369–1374.

Young, S. Y. N., Hansen, C. J., Gibson, R. L., & Ryan, M. A. K. (2006). Risky alcohol use, age at onset of drinking, and adverse childhood experiences in young men entering the US Marine Corps. *Archives of Pediatrics & Adolescent Medicine, 160,* 1207–1214.

Zollo, P. (1995). *Wise up to teens: Insights into marketing and advertising to teens.* Ithaca, NY: New Strategist.

7

Internet

Edward Donnerstein

Durante todo este livro, discutimos o impacto que as várias mídias têm no comportamento, nos valores e nas crenças de crianças e adolescentes. Vimos a enorme habilidade da mídia de transcender a influência de pais e companheiros no fornecimento de informações (às vezes corretas, mas frequentemente não) sobre o mundo em que eles vivem. O interessante sobre as pesquisas e os achados que já discutimos é que, de muitas maneiras, eles tratavam de formas de mídia tradicionais como televisão, filmes, rádio, música, imprensa. Mas a mídia mudou. Novas tecnologias – em particular a internet e os *videogames* interativos – criaram uma nova dimensão para os pesquisadores levarem em consideração quando examinam os efeitos do conteúdo problemático (violência e sexo) e do conteúdo educativo. Assim como os efeitos potenciais dos *videogames*, a internet é altamente interativa, sugerindo que os efeitos podem ser mais intensos do que os da televisão ou outras mídias tradicionais (Paik, 2001). Existem alguns pesquisadores (Livingstone e Hargrave, 2006) que consideram a internet a mais interativa das nossas mídias atuais (ver Figura 7.1).

Livingstone e Hargrave (2006) veem a internet como uma preocupação crescente no que diz respeito aos prejuízos às crianças. Eles, como muitos outros, argumentam que a internet agora tem um conteúdo que está na TV ou dentro de outras mídias, o qual, como já sabemos, pode influenciar as crianças. Além disso, a internet frequentemente retira o conteúdo do seu contexto, criando mais um problema. Além do mais, ela tem a "capacidade" de ter formas mais extremas de conteúdo que podem, intencionalmente ou não, ser acessadas por crianças e adolescentes. Uma razão para esta preocupação é a possibilidade de se regular ou controlar o conteúdo nas mídias tradicionais como a TV, mas isso representa uma dificuldade no que diz respeito à internet (ver Figura 7.2).

Ao contrário das mídias tradicionais como TV, rádio e músicas gravadas, a internet permite a crianças e adolescentes o acesso a quase todas as formas de conteúdo que elas consigam encontrar. Pela primeira vez, esses indivíduos poderão (com algum esforço) ter condições de assistir a quase todas as formas de comportamento sexual, conteúdo violento ou publicidade. Ao contrário de anos atrás, isso pode ser feito na privacidade do próprio quarto, com pouco conhecimento dos pais.

"A Internet é legal. Eu posso viajar por todo o mundo muito antes mesmo de me deixarem atravessar a rua sozinho!"

Figura 7. 1

Fonte: ©WM. Hoest Enterprises. Revista PARADE, 17 de setembro de 2000, p. 24, coluna Laugh Parade, de Bunny Hoest e John Reiner.

As crianças e os adolescentes estão usando a internet?

Boa parte da nossa discussão sobre a internet seria sem sentido se a sua utilização por crianças e adolescentes fosse inexistente. Contudo, este não é o caso. De acordo com o Departamento de Educação dos Estados Unidos (ver Kaiser Family Foundation, 2006), quase 25% das crianças entre 3 e 5 anos já estiveram *online*, e na época da pré-escola o índice é de quase um terço. Parece que o grupo maior de novos usuários está na faixa de 2 a 5 anos. Estes achados são similares ao da Fundação da Família Kaiser (2003), que também encontrou que aproximadamente um terço das crianças menores de 3 anos teve experiência *online*. Em uma amostra nacional recente de adolescentes e adultos, a Fundação Pew (2005) encontrou que a faixa entre 12 e 17 anos tinha o número mais alto (87%) de usuários *online*. Esta faixa etária particular também usava a internet de forma diferente dos adultos, preferindo *games*, mensagens instantâneas e outros aspectos mais interativos da *web*.

Em uma apresentação recente na Academia Americana de Pediatria, os pesquisadores fizeram a observação de que a internet aparentemente é a fonte principal de educação sexual para os adolescentes norte-americanos. Aproximadamente metade dos adolescentes busca *online* informações de saúde, e eles têm mais perguntas sobre sexo do que sobre qualquer outro tópico. De acordo com

Figura 7.2

Fonte: Baby Blues, de Rick Kirkman e Jerry Scott. Reproduzido com autorização de King Features Syndicate.

Borzekowski e Robinson (2005), mais da metade dos adolescentes usa a internet diariamente, segundo as pesquisas que eles citaram, e aproximadamente 100% ficam *online* em algum momento.

Pense nos outros capítulos deste livro, particularmente aqueles que discutiram as crianças. Podemos somente nos perguntar como todas as questões que discutimos sobre processos cognitivos, realidade/fantasia e início da socialização devem ser consideradas nesta nova mídia para crianças e adolescentes. Afinal de contas, a internet hoje comporta programas de TV, filmes, *videogames* e, essencialmente, todas as mídias que crianças e adolescentes podem acessar. Como vimos ao longo deste livro, a mídia desempenha um papel poderoso na socialização de crianças e adolescentes (Figura 7.3). Existem todas as razões para que se espere que novas tecnologias como a internet e os jogos interativos sejam atores significativos no processo de desenvolvimento deles.

Os pais estão preocupados?

Durante décadas, os pais e outras pessoas têm se preocupado muito com as influências potencialmente "prejudiciais" da exposição a conteúdo sexual e violento na mídia. Uma pesquisa recente na Suécia (Carlsson, 2006) perguntou a adultos o que eles percebiam como os fatores que levam à violência na sociedade deles. Embora o álcool e as drogas fossem os mais citados (90%), é interessante observar que tanto a TV como a internet foram listadas por 60% dos respondentes como

Figura 7.3

Fonte: Baby Blues, de Rick Kirkman e Jerry Scott. Reproduzido com autorização de King Features Syndicate.

uma influência forte e significativa. Esta foi a primeira vez que a internet foi usada nessa pesquisa contínua de 10 anos. Além do mais, quando foi perguntado aos respondentes sobre sua visão de até que ponto as cenas sexuais na mídia causam um impacto negativo nas crianças, os sites da internet foram considerados mais prejudiciais do que a TV ou os videoclipes.

Estes achados também parecem refletir os dos Estados Unidos. Em uma pesquisa nacional com pais (Common Sense Media, 2006), mais de 85% consideraram a internet como um problema de risco para seus filhos, mais do que a TV (13%). Uma maioria indicou que seus filhos haviam encontrado material inadequado *online* e 80% estavam preocupados quanto aos molestadores sexuais. Em sua maior parte, os pais estavam preocupados com o conteúdo, particularmente a pornografia. No entanto, a internet é vista como a mídia mais importante para o acesso das crianças, particularmente no que diz respeito à educação (veja Kaiser, 2007).

A principal diferença hoje em comparação com as preocupações do passado é que a internet é uma tecnologia em que crianças e adolescentes são mais sofisticados e têm mais conhecimento do que os seus pais. É muito frequente ouvirmos falar de adultos fóbicos por computador, que têm pouco conhecimento sobre essa tecnologia em expansão. Tal resistência à tecnologia, combinada com uma base de conhecimento limitada, tornará ainda mais difíceis as soluções para problemas potenciais (como o acesso fácil a imagens sexuais). Além do mais, quando grupos políticos e de defensoria tentam informar os pais sobre a internet, argumentaríamos que não faz muita diferença dizer-lhes para entrarem em contato com "www.hereforhelp.com" quando eles são em geral ignorantes quanto a estes termos e à utilização da Rede Mundial de Computadores (*World Wide Web*).

Antes de discutirmos este "novo" acréscimo ao nosso mundo de mídia, é importante assinalarmos as diferenças em nossa base de conhecimento no que diz respeito à internet e às mídias mais tradicionais. Primeiro, as pesquisas sobre os efeitos, tanto positivos quanto negativos, são limitadas. Não apenas a tecnologia é nova, mas também a nossa base de pesquisa. Em segundo lugar, a análise de conteúdo é não somente limitada, pode-se argumentar, mas também extremamente difícil de conduzir, devido aos problemas para determinar uma amostra adequada. Por fim, as soluções para lidar com os efeitos prejudiciais são ainda mais complicadas pela natureza global desta mídia. Em muitos aspectos, ela é tanto uma nova mídia quanto um novo foco de pesquisa. Podemos esperar na próxima edição deste livro uma riqueza de informações quanto ao impacto positivo e negativo nas crianças e adolescentes da exposição à internet. Nesse ínterim, iremos examinar o que sabemos atualmente e especular a partir do conhecimento e teoria do passado, sobre quais podem estar os resultados.

A internet: o que é isso?

Com muita frequência nos referimos à internet de um modo mais geral como a *Rede*. Esta tecnologia em expansão é simplesmente um grupo enorme de redes de computadores interligados em todo o mundo. Ela possui inúmeros componentes que são familiares (pelo menos em terminologia) à maioria de nós e têm a capacidade de transmitir um enorme leque de informações. Esses componentes incluem:

1. *E-mail* para comunicação eletrônica. Muitas pessoas concordariam que esta é certamente uma das formas mais populares de comunicação na sociedade de hoje. Mesmo esta forma simples e diária de tecnologia já sofreu mudanças em anos recentes, com a capacidade de enviar voz, vídeos e outras formas de anexos ao mundo inteiro de uma maneira quase que instantânea.
2. Sistemas de *bulletin boards* para a postagem de informações sobre quase todos os tópicos que se possa imaginar.
3. Grupos de bate-papo, com amigos ou em sites populares como MySpace.com, que podem ser usados para conversas em tempo real. Para muitos adolescentes, este é o equivalente global de uma chamada telefônica "gratuita". No entanto, diferente da chamada tradicional, você pode escolher seu tema, pessoa e horário a qualquer hora que desejar.
4. A Rede Mundial reúne aspectos visuais/som/texto de uma maneira que permite ligações entre muitos sites que estão relacionados a um tópico particular. Esses tópicos obviamente podem estar relacionados a sexo, violência, drogas ou a algum outro conteúdo sobre o qual podemos ter preocupações.

E, é claro, temos os *blogs* e o *podcasting* – e outras atividades relacionadas com a internet, como as mensagens instantâneas que fizeram desta *a* mídia de massa de escolha.

A introdução da Rede Mundial (WWW – World Wide Web) à internet aumentou sua popularidade e uso. A maioria dos navegadores da *web* (por exemplo, Internet Explorer) faz atualmente muito mais do que simplesmente navegar na rede. Hoje, estes poderosos programas integrados lidam com *e-mail*, *video streaming*, grupos de notícias e muito mais.

Muitas pessoas podem agora realizar muitas das suas atividades diárias na *web*. Nosso serviço de banco, reservas em companhias aéreas, informações sobre o tempo e notícias, resultados esportivos com transmissões ao vivo e quase tudo em que conseguimos pensar pode ser encontrado, acessado, interagido com e salvo dentro da Rede Mundial de computadores.

A popularidade e a sofisticação da internet se devem ao crescimento de ferramentas poderosas de busca. Uma ferramenta de busca, como o Google, é um servidor que procura outros servidores de uma maneira sistemática, e indexa seus achados em uma base de dados. Não existe basicamente nada na *web* que não possa ser encontrado por uma dessas ferramentas. Interessado em ir à Disney World? Precisa de um hotel? Simplesmente vá até uma ferramenta de busca como o Google e digite as palavras *Hotéis Disney World* e você terá em menos de um segundo mais de 21 milhões de sites onde poderá acessar mais informações do que você jamais conseguiria imaginar. Apenas alguns anos atrás, como é mostrado na Figura 7.4, este número era de apenas 142.000 sites. Faça um *tour* virtual à sua escolha, reserve o quarto e imprima um mapa com as orientações explícitas sobre como chegar ao seu ho-

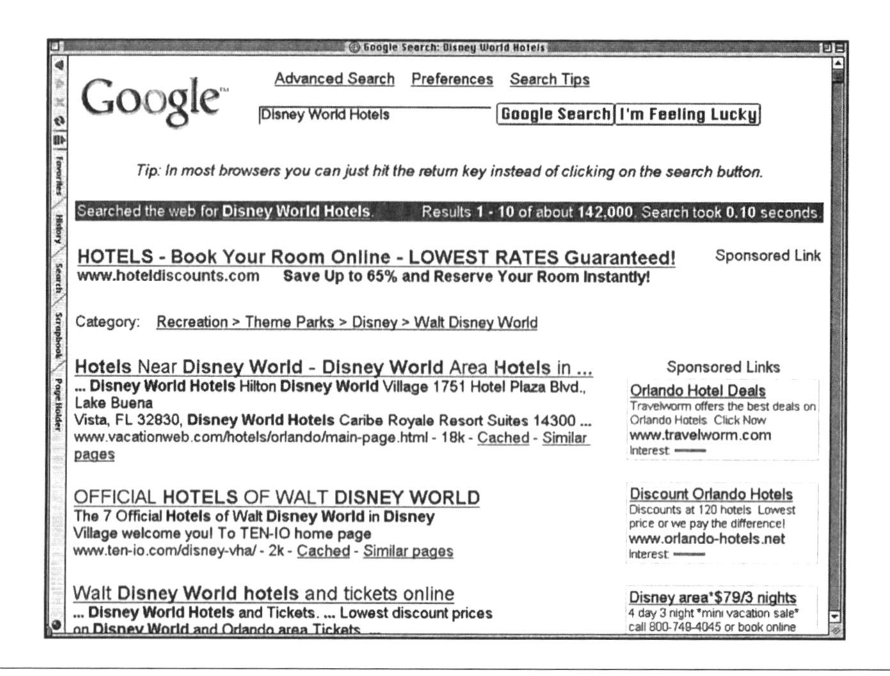

Figura 7.4

tel vindo do aeroporto. É claro, você também pode marcar a sua viagem (companhia aérea, aluguel de carro) com a mesma facilidade e rapidez.

É importante mencionar que nós assumimos a posição de que a *web* e outros componentes da internet são extremamente informativos e úteis. Esta é uma tecnologia à qual queremos que nossos filhos tenham acesso e saibam como manusear. Ela é extremamente educativa e quase indispensável na sociedade atual. Como qualquer outro avanço tecnológico, ela terá alguns aspectos negativos, mas eles não devem, de forma alguma, ser considerados uma barreira à continuação dos avanços e à aprendizagem de crianças e adultos sobre a sua grande utilidade e valor. Enfatizamos fortemente que em todos os aspectos a internet é uma tecnologia muito poderosa de informação e instrução que devemos continuar a desenvolver. Queremos que o leitor tenha isso em mente, pois muitos dos tópicos que iremos discutir neste capítulo tratam de uma pequena parte da rede que podemos considerar potencialmente "prejudicial" às crianças. Elas formam uma pequena fração do material que está disponível, muito embora devam ser levadas em consideração porque, ao contrário de outras tecnologias, buscar e encontrar tais materiais está muito mais fácil do que no passado.

Preocupações a respeito da rede

Certamente podemos perceber que a internet está crescendo em popularidade. No entanto, um dos aspectos que causa preocupação é que esta é uma mídia em que os jovens são atualmente não apenas usuários muito mais assíduos do que seus pais como, também, mais sofisticados nas suas aplicações. Esta é uma mídia da qual os pais geralmente têm pouco controle, poucas regras de uso e mínima supervisão. Entretanto, a maioria dos pais acha que ficar *online* é mais positivo do que assistir

TV. Talvez eles não tenham noção da quantidade de material sexual não solicitado que existe na Rede (incluindo pornografia violenta, a qual aumentou com o passar dos anos tanto nos grupos de notícias quanto nos sites da *web*), ou de anúncios de drogas, grupos de ódio e outros conteúdos "de risco" para crianças e adolescentes.

Mesmo que os pais tivessem noção destes dados, boa parte das atividades *online* das crianças e adolescentes é feita sozinhos, em um contexto anônimo e sem (como já citamos anteriormente) a supervisão parental. As mensagens de preocupação quanto à internet não diferem daquelas em relação às mídias tradicionais: preocupações com sexo, violência, violência sexual, publicidade de tabaco e álcool e, mais recentemente, anúncios de produtos alimentares "não saudáveis" para crianças. Podemos esperar que os efeitos da exposição sejam pelo menos os mesmos, se não aumentados. A natureza interativa da internet, que pode levar a mais estimulação e maior atividade cognitiva, sugeriria que influências como as encontradas na violência na mídia seriam facilitadas (ver Huesmann, 1998). Mais importante, materiais que deveriam estar extremamente limitados para visualização por crianças e adolescentes podem agora ser prontamente obtidos com as ferramentas de busca e a internet. Talvez a nossa discussão sobre o sexo na internet deixe isto mais claro.

Sexo na rede: uma preocupação importante

Uma das categorias de conteúdo mais controvertido da internet é o material sexual, que deu vez a preocupações sobre a exploração infantil (ver Figura 7.5). Esse material varia desde fotografias até o equivalente na rede ao "sexo por telefone", às vezes com conexão de vídeo ao vivo. O envio de informações sexuais

Figura 7.5

Fonte: Reproduzido com autorização de Copley News Service.

através de *e-mail* ou postado em *bulletin boards* por aqueles que têm como alvo as crianças é um tema antigo. Um dos estudos mais abrangentes sobre estes temas provém do Centro de Pesquisa de Crimes Contra Crianças (CACRC), da Universidade de New Hampshire. Em algumas das melhores pesquisas até o momento, observa-se o seguinte:

> A internet detém um enorme potencial para os jovens da nossa nação; contudo, o mau uso da internet para explorá-los é um problema sério que requer ação por parte de legisladores, famílias, comunidades e a aplicação da lei. Embora tenhamos feito alguns progressos na ajuda à prevenção dessa vitimização, os resultados desta pesquisa, "Vitimização Online das Crianças: Cinco Anos Depois", mostram que não fizemos o suficiente. Exposição a um material sexual indesejado, solicitações sexuais e assédio foram relatados com frequência pelos jovens entrevistados para este estudo (CACRC, 2006).

Esta excelente série de estudos feitos pelo CACRC envolveu uma amostra nacional aleatória de 1.500 crianças entre 10 e 17 anos entrevistadas em 2000 e, depois, outra amostra de 1.500 entrevistadas em 2005. Este procedimento permitiu que os pesquisadores examinassem as mudanças nas experiências dos jovens com a internet (Mitchell, Wolak e Finkelhor, 2007).

Os achados principais deste estudo podem ser resumidos como se segue:

1. Houve um aumento durante o período de 5 anos de 25% para 34% dos jovens que indicaram que foram expostos a material sexual indesejado. É interessante observar que este aumento ocorreu apesar do fato de mais famílias estarem usando *softwares* com filtro para a internet (mais de 50%) durante este período.
2. Pelo lado positivo, houve uma diminuição nas solicitações sexuais (19% *versus* 13%). No entanto, em torno de 4% destas foram consideradas "agressivas" na medida em que o solicitante tentou fazer contato *off-line* com o usuário. Embora essas possam ser consideradas porcentagens pequenas, isso representa uma grande quantidade de crianças em uma época em que deveríamos esperar tolerância zero. Não esqueça, neste estudo 4% dos pesquisados foram convidados para fazer fotos de nudez ou de sexo explícito! Causa ainda mais preocupação o achado de que menos de 5% destes contatos foram relatados às autoridades policiais ou ao provedor de internet.
3. Também houve uma redução na porcentagem de jovens que se comunicavam *online* com pessoas que não conheciam pessoalmente ou que formaram relações mais íntimas (40% *versus* 34%) (ver Kowalski e Limber, 2007; Williams e Guerra, 2007).
4. Por fim, um novo achado perturbador é o aumento no que foi chamado de perseguição e intimidação (*bullying*) *online*. Muitos destes episódios ocorrem a partir de confrontações na escola de indivíduos que se conhecem. Este assédio pode assumir a forma de ameaças diretas, disseminação de rumores, postagem de fotos ou outros meios de tentar embaraçar alguém. A maioria dos que foram perseguidos eram mulheres, e geralmente por outros homens. Outros pesquisadores (Livingstone e Hargrave, 2006) sugerem que as crianças e os pais estão mal equipados para lidar com o desgaste emocional que isso pode causar.

Seguindo uma mesma linha, a Symantec Corporation (2004) conduziu recentemente uma pesquisa nacional com jovens entre 7 e 18 anos sobre o seu recebimento de *spam* nos *e-mails*. Embora 80% tenham dito que recebiam *spam*, o achado perturbador foi que quase metade dos pesquisados indicou que receberam *e-mails* que os direcionavam para sites com classificação X. A pesquisa também encontrou que estes jovens se sentiam embaraçados quando viam esse conteúdo inadequado. Na maioria das vezes eles nem mesmo comunicavam aos pais os seus sentimentos negativos sobre o *spam*.

Os sites adultos que apresentam cenas sexuais explícitas também são motivo de preocupação. Uma estimativa é de que esses sites formam uma indústria de muitos bilhões de dólares e que metade dos gastos na internet é nesta área. Alguns sugerem que este é o "rei" da publicidade e um dos tipos de sites mais procurados pelos usuários (Griffiths, 2000). Na sua discussão sobre os efeitos potencialmente prejudiciais da exposição das crianças à mídia sexual, Malamuth e Impett (2001) chamam atenção para o acesso fácil via internet a materiais sexualmente explícitos por usuários entre 9 e 15 anos. Com isso não estamos querendo dizer que as crianças não buscavam e encontravam conteúdo sexual antes de existir a internet. Hoje o processo é mais fácil, mais rápido, mais anônimo e com maior probabilidade de trazer para a tela do seu computador qualquer coisa que você deseje.

Ferramentas de busca, como o Google, permitem que o usuário digite palavras ou combinações de palavras que irão solicitar que o computador faça a busca de quase todo o conteúdo sexual. Se assumirmos por um momento a curiosidade de um menino de 12 anos e deixarmos nossos dedos (e *mouse*) percorrerem o caminho, poderemos ver a facilidade com que o processo pode funcionar. Por exemplo, se usamos nosso mecanismo de busca para digitar as palavras *Fotos Sexo*, em menos de 1 segundo recebemos uma lista de 117 milhões de sites que contêm essas palavras e muito provavelmente as fotos que o nosso menino de 12 anos está procurando. É interessante notar que, apenas alguns anos atrás, o número de sites era de apenas 2 milhões, como mostra a Figura 7.6.

Se a criança acessa um desses sites, como apresentado na Figura 7.7, ele não estará

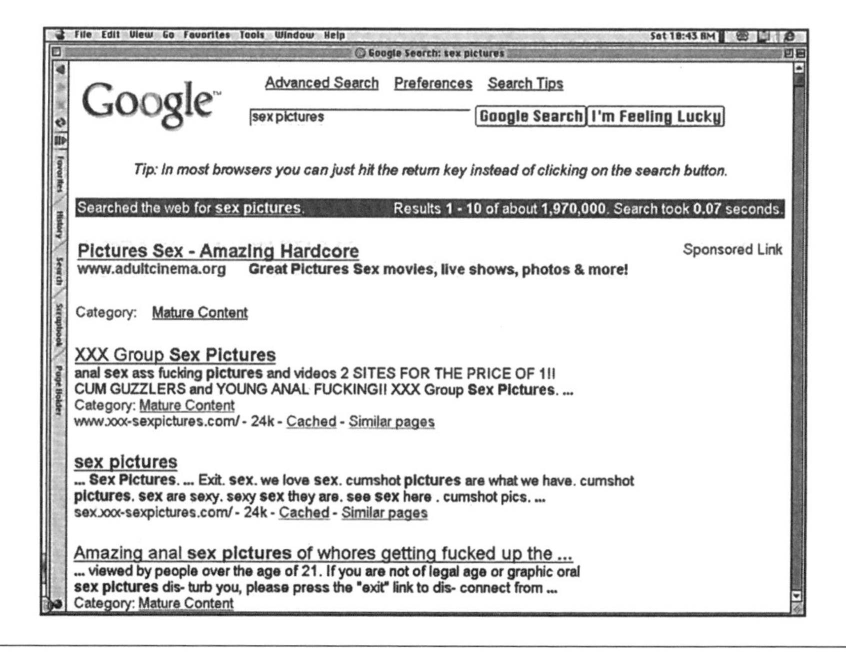

Figura 7.6

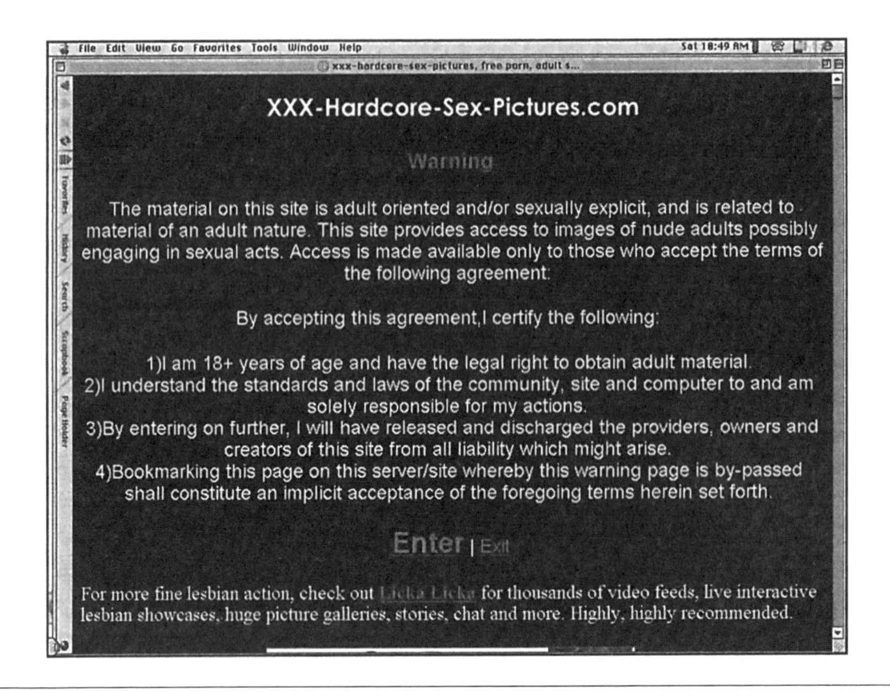

Figura 7.7

"bloqueado oficialmente" para menores de idade a menos que seja implementado algum *software* bloqueador (e geralmente ele não é totalmente eficiente). A maioria dos sites sexualmente explícitos irá meramente indicar que o site (a) contém fotos sexualmente explícitas, (b) podem ser ofensivas para quem as visualiza e (c) o usuário deve ter pelo menos 18 anos; em caso negativo, ele deve sair do site imediatamente. É desnecessário dizer que há provavelmente uma alta porcentagem de adolescentes curiosos sexualmente, e até crianças, que irão simplesmente clicar seu *mouse* e indicar que têm a idade necessária e entrarão no site. Uma vez dentro de uma dessas páginas da internet, o usuário poderá fazer *links* para outros sites que oferecem fotos, textos e vídeos de natureza sexual "pornográfica", conforme mostram as figuras 7.8 e 7.9. A grande sofisticação de tais ferramentas também permite a busca de sites sobre (a) bestialidade, (b) pornografia infantil, (c) estupro e sujeição ou (d) sexo adolescente.

Os mecanismos de busca existem para ajudar, mas o usuário comum da internet não irá entrar em contato com um conteúdo inadequado sem tomar uma decisão consciente de encontrar esses sites. No entanto, em anos recentes, é sabido que determinadas páginas adultas usaram códigos de endereços que são muito parecidos com sites populares da *web*, muito frequentemente encaminhando o usuário, sem que ele saiba, para uma área que ele não desejava visitar. Por exemplo, até um ano atrás, se as crianças estivessem procurando informações sobre a Casa Branca e digitassem www.whitehouse.com, ao invés de www.whitehouse.gov (um engano que não é improvável em nosso mundo "ponto com"), elas se veriam conectadas a um site adulto, conforme mostra a Figura 7.10. O site agora foi vendido e alterado. O preço da sua venda é difícil de se saber, mas

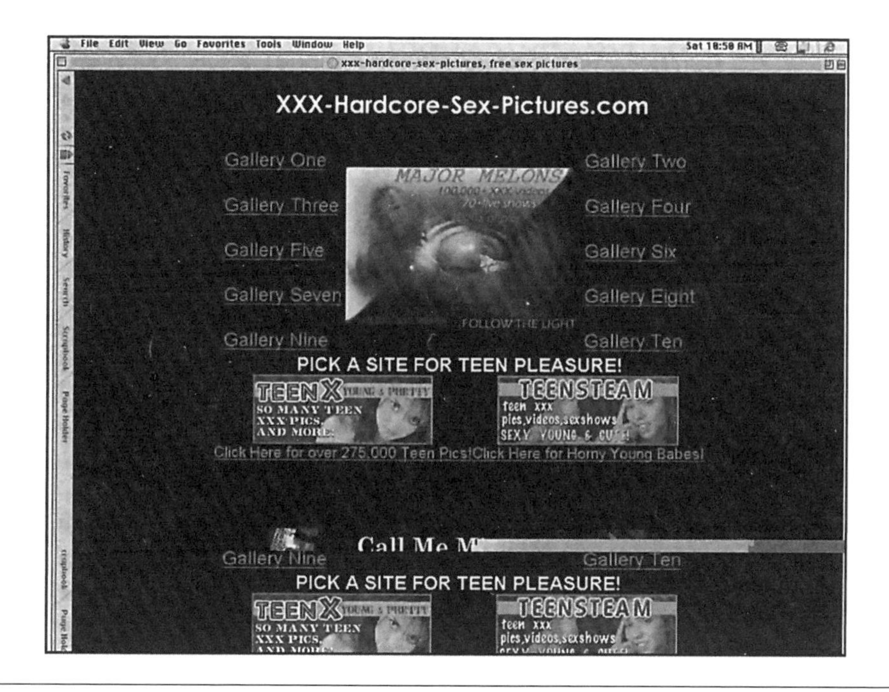

Figura 7.8

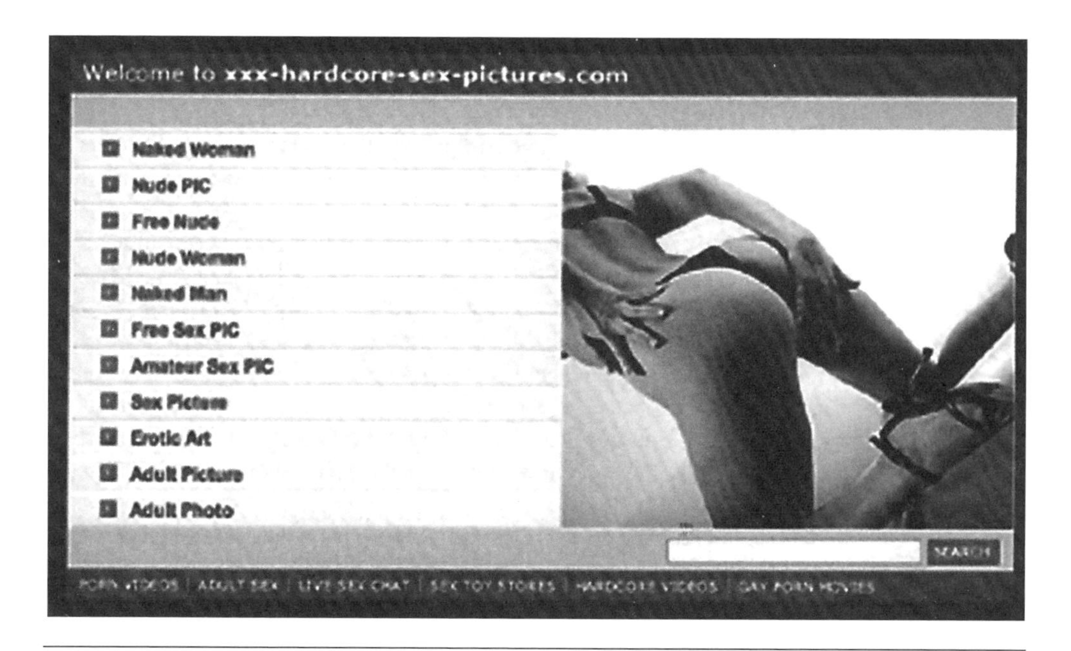

Figura 7.9

Figura 7.10

estima-se que a página Sex.Com foi vendida por mais de US$10 milhões. Ninguém pode dizer que sexo não vende.

Em um exame sobre o alcance da internet e de sua pornografia, a Fox (2006) observa que a internet é uma indústria de US$2,5 bilhões. Esta pesquisa estima que existem aproximadamente 4,2 milhões de sites pornográficos na *web* (12% de todos os sites). Estima-se que os usuários da internet recebem por dia 4,5 e-mails relacionados com sexo. De acordo com Thornburg e Lin (2002), 70 milhões de pessoas diferentes visualizam uma página adulta todas as semanas.

Boa parte deste alto índice de utilização pode ser atribuída ao fato óbvio de que a internet oferece ao seu usuário interatividade e anonimato. Quando se trata de "querer" ver sexo, estes dois componentes têm muita força.

Embora seja difícil desenvolver pesquisas com os menores de idade, um estudo recente de jovens entre 18 e 22 anos descobriu que mais de 90% dos sujeitos relataram que haviam visto material sexualmente explícito *online* (Fox, 2006) (Figura 7.11). Em sua maior parte, estes respondentes relataram que a sua exposição foi principalmente de natureza "passiva". Os métodos mais comuns de exposição eram o recebimento de um *e-mail* sexualmente explícito, o aparecimento de um anúncio sexual e a apresentação de material sexualmente explícito por outra pessoa. Outros pesquisadores descobriram que mais da metade dos adolescentes havia encontrado inadvertidamente material sexualmente explícito *online* (Ybarra e Mitchell, 2005).

A velocidade e o anonimato da tecnologia da internet levaram os usuários a uma variedade de formas pelas quais a internet pode agora complementar as atividades sexuais tradicionais. Griffiths (2000) vê cinco áreas principais de uso relacionado ao sexo na internet:

1. Busca por material sexual educativo. Os sites relacionados com educação sexual

Figura 7.11

Fonte: Direitos autorais Mike Luckovich e Creators Syndicate. Reproduzido com autorização.

e interações sexuais saudáveis são facilmente acessíveis.

2. Compra ou venda de produtos relacionados a sexo. Isso pode ser feito em lojas *online* numa atmosfera de anonimato quase que total. Conforme observamos anteriormente, a indústria do sexo é um dos tipos mais populares de sites visitados por adultos e frequentados por adolescentes. Até mesmo a compra de Viagra pode ser feita *online*.
3. Procura de material com o objetivo de entretenimento ou de masturbação. O indivíduo também pode manipular digitalmente as imagens em programas sofisticados. Parceiros virtuais, incluindo crianças, agora fazem parte do ambiente interativo. Dentro de um contexto legal, a pornografia infantil virtual será difícil de ser administrada, considerando-se o fato de que, na verdade, não existe uma criança "real" menor de idade.
4. Procura de parceiros sexuais para relações e encontros curtos ou de longa duração. Tudo, desde serviços de encontros ou namoro até anúncios de prostituição, está agora disponível através da digitação de umas poucas palavras e o clique de um *mouse*. Em anos recentes, sites que oferecem informações e apresentações de prostitutas (acompanhantes) se tornaram mais populares na *web*.
5. Finalmente, existe a busca ilegal de indivíduos para crimes sexuais na internet (assédio sexual, *cyberstalking*,* crianças).

* N. de T.: Diz-se quando um indivíduo tenta ganhar a confiança de outra pessoa em salas de bate-papo ou através de *e-mails* para posteriormente assediar ou perseguir a vítima.

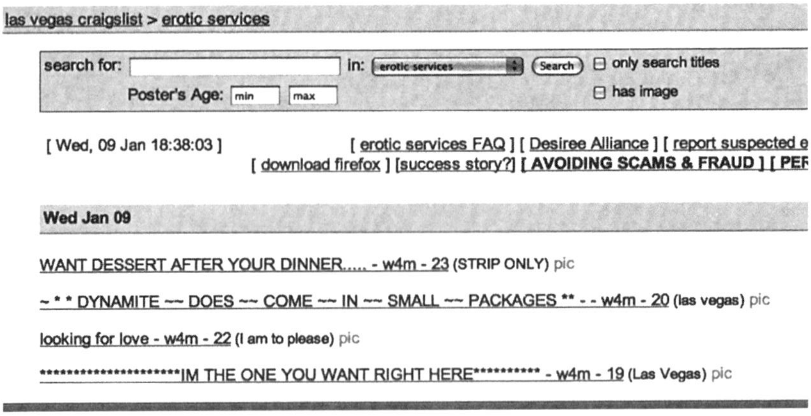

las vegas craigslist > erotic services

search for: in: erotic services Search only search titles
Poster's Age: min max has image

[Wed, 09 Jan 18:38:03] [erotic services FAQ] [Desiree Alliance] [report suspected e
[download firefox] [success story?] [AVOIDING SCAMS & FRAUD] [PEF

Wed Jan 09

WANT DESSERT AFTER YOUR DINNER..... - w4m - 23 (STRIP ONLY) pic

~ * * DYNAMITE ~~ DOES ~~ COME ~~ IN ~~ SMALL ~~ PACKAGES ** - - w4m - 20 (las vegas) pic

looking for love - w4m - 22 (I am to please) pic

*********************IM THE ONE YOU WANT RIGHT HERE********** - w4m - 19 (Las Vegas) pic

Figura 7.12 Listagem de serviços de "acompanhantes" do site popular Craiglist.

Existe a possibilidade de que ocorra alguma forma de adição sexual devido à proliferação e ao uso de sites com conteúdo sexual na internet. Um argumento é que o anonimato da internet poderia estimular esse tipo de vício. No entanto, as pesquisas não demonstram que ocorre tal adição e, se ocorre, uma minoria relativamente pequena de usuários é afetada. Não há dúvida, porém, de que esta é uma área que precisa de um exame mais aprofundado. Ao contrário do nosso conhecimento sobre outros sistemas de mídia, como a TV, estamos apenas começando a explorar uso, conteúdo e efeitos do acesso à internet pelas crianças.

Publicidade de produtos alimentícios para crianças: a preocupação mais recente

Em vários capítulos deste livro, discutimos a preocupação com a publicidade para crianças e adolescentes. A televisão tem sido o "suspeito" usual nestas preocupações – e já vimos como as regulamentações federais ajudaram a reduzir tanto a quantidade quanto a natureza da publicidade de alimentos para o público jovem. Mas a tecnologia mudou, e isso também aconteceu com a mídia em que agora reside boa parte das preocupações.

Em um recente exame geral e abrangente da internet e da publicidade de alimentos, a Fundação da Família Kaiser (2006) resumiu o problema como segue:

> O mundo em que as crianças encontram a publicidade está mudando rapidamente. Embora a televisão e outras formas mais "tradicionais" de *marketing* para crianças ainda dominem, este estudo deixa claro que as companhias de alimentos estão fazendo amplo uso da internet quando se trata de ter as crianças como alvo. Existe uma enorme quantidade de conteúdo *online* relacionado a alimentos, com o potencial de se expandir significativamente e de aprofundar a exposição das crianças a mensagens de publicidade de alimentos (p. 32).

Os achados desta investigação foram fascinantes e ao mesmo tempo perturbadores. A maioria (85%) das companhias que anunciam na TV também está levando até as crianças formas similares de publicidade na internet. Destas companhias, 75% têm sites especificamente criados para crianças e, não é de causar surpresa, muitos têm o endereço do seu site na embalagem dos produtos.

Levando-se em consideração a natureza interativa da internet, não causou surpresa o achado de que aproximadamente 75% dos sites tinham os atualmente chamados *Advergames*, em que um produto da companhia ou os personagens da marca são apresentados no formato de um *game online* (ver Figura 7.13).

A capacidade da internet de ter esta natureza interativa também faz com que muitos dos produtos realcem os "benefícios" dos seus produtos, como sabor, diversão e popularidade.

Com outra tecnologia, os anunciantes fizeram uso do que agora é chamado de *marketing* viral. Esta técnica inovadora faz com que os usuários enviem *e-mails* ou até *e-cards* para seus amigos com informações sobre o produto em que estão contidas notícias e características de entretenimento relativas ao mesmo. O estudo da Kaiser encontrou dois terços utilizando um personagem de marca ou um *link* para um *game* no site da companhia.

Nem um pouco diferentes dos anúncios tradicionais da televisão ou impressos, estes anúncios na internet também tentam atrair as crianças através de competições, concursos e outras atividades promocionais. Uma destas promoções em que as crianças ganham pontos é assistir *online* o que são basicamente anúncios da TV e enviar o vídeo para seus amigos. Mais da metade dos sites tem anúncios da TV disponíveis para assistir, sugerindo o que já comentamos em muitos pontos neste livro –

Figura 7.13 Exemplo na internet de um *game online* de produtos alimentícios.

o "borramento" entre a mídia tradicional e a internet.

Muitos destes oferecem afiliações especiais ou clubes dentro dos sites, tentando fazer com que as crianças voltem a essas páginas. Estas afiliações podem oferecer acesso a *games*, protetores de tela ou outras atividades para manter o interesse do usuário e a sua participação contínua. Mesmo sem as afiliações, muitos sites (75%) ofereciam *downloads* de logotipos, protetores de tela ou papel de parede para seus computadores. Muitas páginas ofereciam às crianças a oportunidade de "customizar" o espaço *online* (por exemplo, cor, personagens) como um meio de manter a fidelidade delas.

Um achado particular encontra-se neste estudo (Kaiser Family Foundation, 2006). Quase 40% dos sites ofereciam promoções como acesso a brindes, *games* e outras premiações se eles ou seus pais comprassem o produto. Este novo empreendimento dentro do *marketing* para crianças levanta uma série de questões reguladoras. Discutiremos isso mais adiante neste capítulo.

Outras áreas de preocupação

As preocupações com o uso que crianças e adolescentes fazem da internet não estão limitadas ao conteúdo sexual. Outro perigo percebido provém das informações sobre satanismo e proselitismo religioso, como também drogas e jogos de azar. Os cultos religiosos, que apenas alguns anos atrás tinham um público limita-

Figura 7.14 Exemplo na internet de um site interativo de produtos alimentícios.

do, podem agora atingir seguidores por todo o mundo. Os jogos de azar à distância são agora um importante negócio no comércio eletrônico. Já não precisamos mais ir a Las Vegas para apostar: os cassinos à distância fazem a mesma coisa, além de apresentarem caça-níqueis, jogos de dados e pôquer *online*. Este último se tornou uma das atividades mais populares entre os jogadores virtuais (ver Figura 7.15). De acordo com o Centro Annenberg de Políticas Públicas (2006), o uso semanal de sites com jogos *online* entre os que têm entre 18 e 22 anos dobrou de 2005 para 2006. Um cartão de crédito ou uma ordem bancária (algo que os adolescentes podem comprar) permite acesso a qualquer um das centenas de cassinos a distância.

O terrorismo é outra fonte de preocupação. Alguns arquivos *online* fornecem instruções para a confecção de bombas ou outras armas. Desde os acontecimentos de 11 de setembro de 2001, grupos de terroristas têm feito amplo uso da internet para recrutar e espalhar propaganda. A proliferação de discursos e grupos de ódio também se tornou facilmente acessível na *web*.

A publicidade de álcool e tabaco e os sites dedicados ao tabagismo e à bebida são outro problema. Muitos destes usam técnicas promocionais que são consideradas muito atraentes pelos adolescentes. Já vimos em capítulos anteriores o forte apelo que a propaganda exerce em crianças e adolescentes. A aplicação de regulamentações governamentais com respeito ao tabaco e ao álcool tem sido uma ajuda significativa em relação a mídias mais tradicionais como a televisão. Este não tem sido o

Figura 7.15 Pôquer online.

caso com respeito à internet, que, como discutiremos mais tarde, provavelmente não será uma ferramenta efetiva no combate à publicidade existente dentro de um contexto global.

Quer comprar remédios? É muito fácil na internet. Com uma simples ordem bancária, você já está a caminho. Em um relatório recente (NBC, 2006), foi observado que mais de 90% dos sites que vendem drogas de prescrição não exigem nem mesmo uma receita médica (ver Figura 7.16). De acordo com esse relatório,

> os médicos de pronto-socorro estão relatando um número crescente de adolescentes com overdose de uma combinação bizarra de medicamentos. E onde eles estão conseguindo esses medicamentos? Com frequência cada vez maior, eles provêm de uma das centenas de farmácias *online* onde não são feitas perguntas e a prescrição não é necessária (NBC, 2006).

A privacidade das crianças é outro tema importante. Em uma série de relatórios do Centro para Educação na Mídia (2001), existe uma preocupação crescente de que muitas páginas na *web*, até aquelas que são voltadas diretamente para as crianças (com menos de 13 anos), estão solicitando informações pessoais sem pedir a permissão dos pais. Na verdade, menos de 25% pediam às crianças a permissão dos seus pais para revelarem informações como endereços de *e-mail*, números de telefone, endereço residencial e informações sobre seus pais. De acordo com o Centro Annenberg de Políticas Públicas (2000), mais de 50% das crianças estão dispostas a fornecer informações sobre seus pais em troca de um brinde oferecido em um site da *web*. As técnicas padrão de publicidade discutidas no Capítulo 2 parecem ser igualmente atraentes quando as crianças "navegam" na rede. Regulamentações governamentais recentes diminuíram o ritmo desta constante invasão da privacidade das crianças, mas as preocupações ainda existem.

Não devemos esquecer que a internet também tem a capacidade de promover efeitos pró-sociais. De acordo com Mares e Woodard (2001), ela é uma mídia promissora por três razões importantes. Primeiro, ela não é tão cara para que um pequeno grupo pró-social atinja um público em nível global. Nenhuma outra mídia tem esta capacidade ao custo relativo da internet. Segundo, ela pode ter como alvo um público mais específico. A capacidade da *web* de ser seletiva e de reunir informações dos usuários permite a adequação de páginas específicas para um público-alvo. Finalmente, ela é interativa, possibilitando que sejam feitas mudanças no site. O problema principal é que poucas crianças estão acessando estes sites, e é uma mídia que está sendo pouco utilizada para propósitos sociais.

Figura 7.16 *Site* da internet para adquirir remédios.

Soluções para as preocupações com a internet

Para se pensar em soluções para o acesso de crianças e adolescentes a conteúdos inadequados na rede, existem três abordagens importantes. A primeira é a regulação do governo restringindo o conteúdo. A segunda é a tecnologia, incluindo um *software* bloqueador e alguma forma de sistema de classificação. Terceiro, e acreditamos que a mais importante, é a educação para as mídias (*media literacy*) para os pais e seus filhos quanto a benefícios e problemas da internet.

Regulação do governo

Dentro dos Estados Unidos, a Primeira Emenda protege o discurso ofensivo da censura, incluindo material sexualmente explícito. Em geral, as cortes norte-americanas têm derrubado as restrições de conteúdo em livros, revistas e filmes. Existem, é claro, exceções como "obscenidade", pornografia infantil e certos tipos de material impróprio, dependendo da hora, local e forma de apresentação. Em 1996, o Congresso aprovou um projeto para abordar especificamente a regulação do conteúdo da internet, principalmente na área da pornografia.

O projeto assumiu como sua premissa uma série de perguntas que devem ser consideradas no que diz respeito ao tema de proteção às crianças. Primeiro: o acesso à pornografia é fácil para as crianças? A resposta é provavelmente sim, se o indivíduo tiver algum conhecimento de computador. Conforme discutimos anteriormente, mecanismos de busca sofisticados tornam a pesquisa rápida e ampla. Segundo: o acesso à pornografia é acidental? Exceto por erros de digitação, a resposta é, provavelmente, não. Finalmente, o acesso a este tipo de material é prejudicial? Isso é difícil de se avaliar e depende de muitos fatores, conforme discutido em capítulos anteriores. No entanto, a maioria de nós concordaria que, com certeza, devemos monitorar e proteger as crianças desses conteúdos indesejáveis.

A Suprema Corte dos Estados Unidos avaliou a Lei da Decência nas Comunicações em 1998 e, como era esperado, a considerou inconstitucional e uma violação da liberdade de expressão. Da mesma forma, outros tribunais observaram que os provedores daquele serviço, como a América Online, não poderiam ser responsabilizados pelo envio de material pornográfico através da internet. É óbvio que os tribunais estão bem conscientes de que a regulação do governo nesta área seria difícil ou quase impossível, considerando não apenas a vastidão do material, mas também o alcance global da internet.

Em 2002, a Suprema Corte derrubou uma lei que proibia imagens virtuais de crianças, ainda mais as de natureza sexual. Em outras palavras, a pornografia infantil virtual é considerada legal. Estas decisões, como muitas outras, sugerem a dificuldade da legislação federal ao confrontar o sexo na internet.

No que diz respeito à publicidade de alimentos *online*, a Fundação da Família Kaiser (2006) observa o seguinte:

> Até o momento, a preocupação regulatória principal referente ao *marketing online* tem sido proteger a privacidade das crianças através da Lei de Proteção à Privacidade *Online* das Crianças (COPPA). Ao mesmo tempo, o comitê auto-regulador da indústria da propaganda, a Unidade de Revisão e Publicidade para Crianças (CARU), instituiu um conjunto de diretrizes gerais para aconselhar os anunciantes sobre como se comunicarem com as crianças na internet de uma forma que fosse adequada à idade. No momento em que estamos escrevendo este texto (junho de 2006), existe uma expectativa por

orientações mais detalhadas referentes ao *marketing online*, a serem emitidas em breve pela CARU. (p. 30)

Surgiram recentemente algumas regulamentações federais. Uma delas objetiva a regulamentação dos jogos de azar *online*. Em outubro de 2006 o presidente Bush transformou em lei novas regulamentações que proíbem as pessoas que apostam através dos seus computadores de usarem cartões de crédito, cheques e transferências eletrônicas de dinheiro. O objetivo é fazer com que apostar à distância pela internet seja crime. Muitos acreditam que dada a natureza do jogo *online*, que está na sua maior parte baseado fora dos Estados Unidos, a possibilidade de se fazer cumprir esta lei é problemática.

Tecnologias de bloqueio

Uma solução foi o desenvolvimento de um *software* que é concebido para bloquear sites indesejados. Este *software* consegue bloquear sites adultos conhecidos, por exemplo, ou qualquer site que contenha palavras pré-determinadas como *sexo*, *jogo* e outros conteúdos indesejados. Vários *softwares* deste tipo estão disponíveis para realizar estas e outras funções.

Mas nenhum destes sistemas de bloqueio é completamente eficiente. A *web* muda muito rapidamente, e um *software* desenhado para hoje poderá não ser inteiramente apropriado amanhã. Em um teste sobre a eficiência no bloqueio de sites adultos (Consumer Reports, 200%), descobriu-se que "testes mais recentes de *softwares* de filtragem mostram que, embora os bloqueadores da internet tenham se aprimorado no bloqueio de pornografia, os melhores deles também tendem a bloquear muitos sites que não deveriam. Além disso, o *Consumers Reports* concluiu que o *software* é menos eficiente no bloqueio de sites que promovem o ódio, drogas ilegais ou violência" (Consumer Reports, 2005). Esse relatório atualizado observa o seguinte:

1. Os filtros afastam a maior parte da pornografia, mas não toda ela. Um adolescente bem informado consegue driblar os bloqueios.
2. Os sites de informações também podem ser bloqueados. O melhor *software* também acabou bloqueando sites sobre temas de saúde, educação sexual, direitos civis e política.
3. A pesquisa pode ficar mais difícil. Estes programas podem impedir que crianças maiores façam pesquisas para trabalhos escolares.
4. Eles conseguem regular mais do que sites da *web*. Alguns conseguem impedir o *download* de músicas e determinados *e-mails*.

Educação para as mídias (*media literacy*)

O papel dos pais no trabalho com seus filhos de familiarizarem-se com esta tecnologia é de importância crucial (ver Figura 7.17). As crianças podem ser ensinadas na escola a desenvolver "habilidades para uma visão crítica" de modo que possam aprender a interpretar melhor o que encontram na *web*. As mesmas técnicas usadas para atenuar a violência na mídia ou os apelos da publicidade também podem ser eficientes nesta área. Além disso, um grande número de organizações profissionais preocupadas com o bem-estar das crianças e famílias começaram a ter um papel mais ativo na redução do impacto causado pelo conteúdo prejudicial na internet (por exemplo, a Academia Americana de Pediatria e Aliança das Associações Médicas Americanas). Dentro deste novo terreno da tecnologia, devemos aprender uma lição dos nossos achados sobre as intervenções da violência na mídia. As pesquisas sobre programas de intervenção indicaram que podemos reduzir parte do impacto da violência na mídia através do "fortalecimento" dos pais no seu papel como monitores do que as crianças assistem na televisão. Esses estudos indicam que os pais que assistem aos programas com seus filhos e discutem as realidades da violência, assim como as alternativas aos comportamentos agressivos em situações de conflito, podem realmente reduzir o impacto negativo (aumento na agressividade) da violência na mídia (Donnerstein, Slaby e Eron, 1994). O mesmo tipo de resultados positivos pode ser obtido quando os pais começam a monitorar, supervisionar e participar das atividades dos seus filhos na internet.

Pelo lado positivo

Como observamos no início deste capítulo, a internet pode ser extremamente benéfica como uma espécie de professor e também uma ferramenta para o desenvolvimento positivo. Embora tenhamos feito referência à pequena fração dos sites que podem criar problemas para crianças e adolescentes, não podemos deixar de ver o imenso benefício desta tecnologia. Não queremos deixar o leitor com qualquer hesitação sobre os aspectos positivos desta tecnologia. A internet é talvez a maior ferramenta de ensino que já encontramos e seu impacto nas crianças e adolescentes será o enriquecimento das suas vidas de formas incomensuráveis. Assim sendo, parece adequado encerrarmos este capítulo com uma nota mais positiva.

A Academia Americana de Pediatria (ver http://safetynet.aap.org) sugere uma série de atividades para pais e filhos que podem estimular interações positivas e experiências educativas. A página da academia sugere o seguinte:

> Encontrem recursos adicionais, incluindo as notícias mais recentes, documentos importantes, fotos e pesquisas.

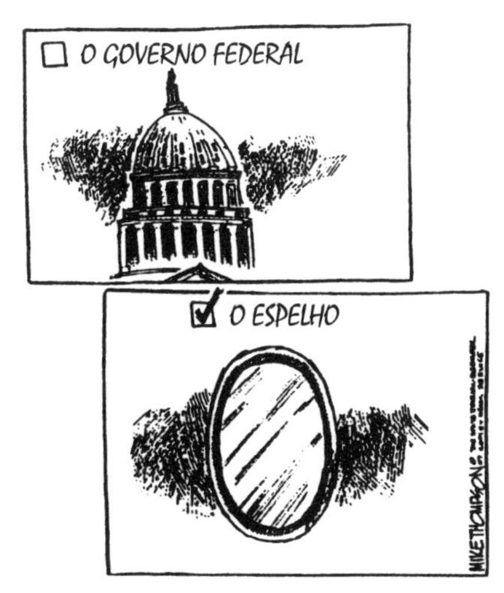

Figura 7.17

Fonte: Reproduzido com a permissão de Copley News Service

Obtenham auxílio com o tema de casa através de enciclopédias *online*, materiais para referência e acesso a especialistas.

Melhorem as habilidades no computador necessárias para encontrar informações, resolver problemas e se comunicar com os outros.

Façam conexão com outros lugares no mundo para trocar *e-mails* com amigos *online* e aprender sobre outros países e culturas.

Localizem informações sobre parentes e troquem ideias com outras famílias.

Aprendam e divirtam-se juntos, compartilhando experiências interessantes e agradáveis.

A área de envolvimento cívico dos jovens ganhou mais força por causa da internet. Como observam Montgomery, Gottlieb-Robles e Larson (2004) em relato recente sobre este assunto,

> o engajamento dos jovens em temas políticos e da comunidade vem, aos poucos, ganhando vida nova e um novo visual dinâmico, graças à internet. Quase inaudível em meio ao barulho criado pela pirataria e pornografia e o clamor do mercado das mídias, uma discreta onda cívica – criada para e às vezes pelos jovens – fincou raízes na rede. Foram criadas centenas de páginas que incentivam e facilitam o engajamento cívico dos jovens, contribuindo para um gênero emergente na internet que poderia, de certa forma, ser chamado de "cultura cívica jovem". (Montgomery, Gottlieb-Robles e Larson, 2004).

De acordo com a Fundação da Família Kaiser (2004), a internet é usada agora por 20% dos jovens nas suas decisões referentes a temas políticos. Isso se compara aos 13% de quatro anos atrás. O site popular Rock the Vote (Figura 7.18) é um bom exemplo da internet interagindo com outras mídias para estimular e engajar os jovens.

No estado do Arizona, em um site chamado LawForKids.org, os jovens podem fazer perguntas sobre qualquer coisa, desde abuso infantil até problemas legais como dirigir embriagado ou uso de drogas (ver Figura 7.19). Os advogados do estado do Arizona respondem a essas dúvidas, numa tentativa de educar crianças e adolescentes sobre a lei, sem, na verdade, dar um conselho real. Durante o ano passado, o site teve 1,5 milhão de perguntas feitas e agora se expandiu para outros estados.

Existem sites que estimulam a criatividade. Por exemplo, MaMaMedia (ver Figu-

Figura 7.18 O site *Rock the Vote.*

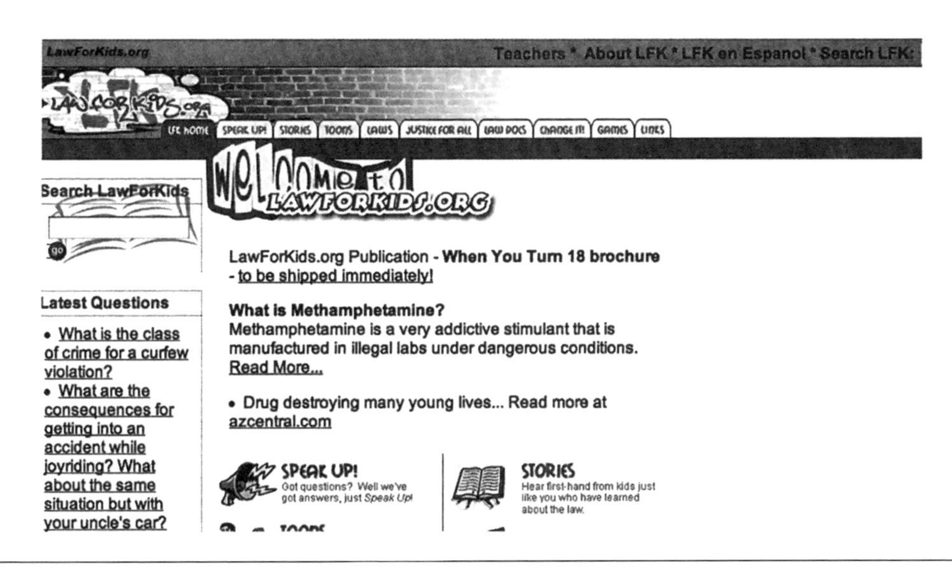

Figura 7.19 O site *Law for Kids*.

ra 7.20) permite que as crianças criem suas próprias histórias digitais, façam desenhos digitais que incluem música e animação e aprendam significados de palavras. Existem sites que se concentram em temas sociais. Yo!Youth Outlook (ver Figura 7.21) criou uma página que discute temas sociais atuais com os quais os adolescentes podem ter relação nas suas vidas. O Sesame Workshop oferece às crianças um leque de oportunidades educativas, incluindo *games* e histórias. Entre os sites mais populares entre as crianças está PBS Online, Discovery Online, Nickelodeon e a versão infantil do Yahoo, Yahooligans (ver Figura 7.22).

A internet também pode ser uma ferramenta eficiente de aprendizagem que pode facilitar o desempenho acadêmico. Roschelle, Pea, Hoaddley, Gordin e Means (2000) observaram que a aprendizagem é mais efetiva quando estão presentes quatro características fundamentais.

A primeira é o envolvimento ativo. Não há dúvida de que o ensino mediado pelo computador é altamente efetivo nesta área – e a internet permite que os estudantes sejam qualquer coisa, menos passivos. A natureza constantemente interativa da internet é uma ferramenta altamente eficiente para o envolvimento positivo dos estudantes no processo de aprendizagem.

Uma segunda característica é a da aprendizagem através da participação em grupo. Embora em determinado nível possamos pensar em "navegar na rede" como um tipo de atividade individual, muitas atividades orientadas para grupos são não só possíveis como altamente envolventes na internet. Muitos tipos de redes de aprendizagem já desenvolvidas revelaram ser modelos efetivos de ensino na sala de aula.

Uma terceira característica importante é aprender através da interação frequente e do *feedback*. Ninguém discorda de que a aprendizagem mediada pelo computador é ideal para esse tipo de instrução. As pesquisas nesta área apoiam a posição de que o uso que crianças e adolescentes fazem de atividades baseadas na internet pode aumentar a motivação, aprofundar a compreensão de conceitos e fortalecer a motivação para se engajar em tarefas que são difíceis.

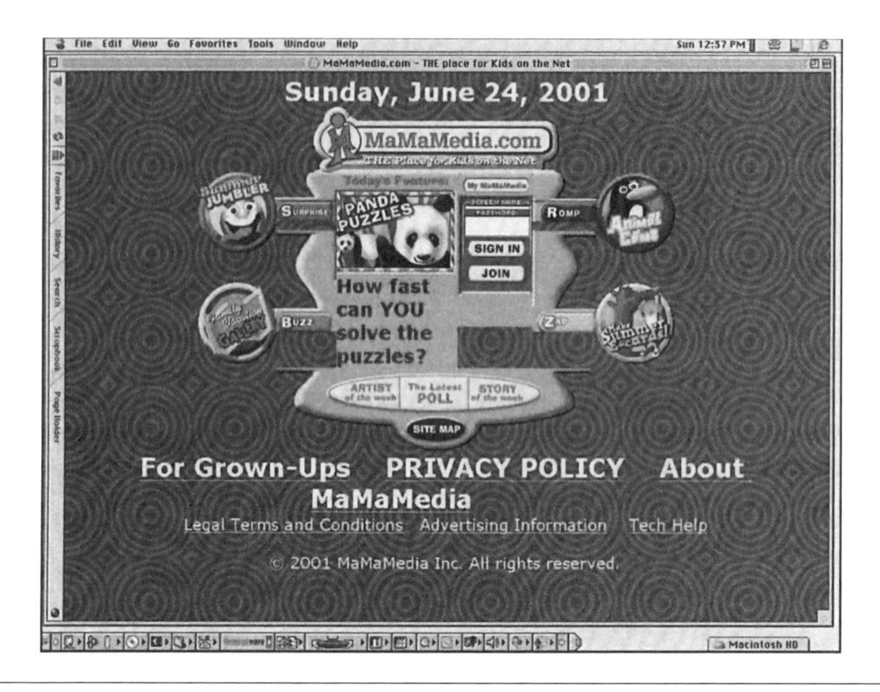

Figura 7.20

Figura 7.21

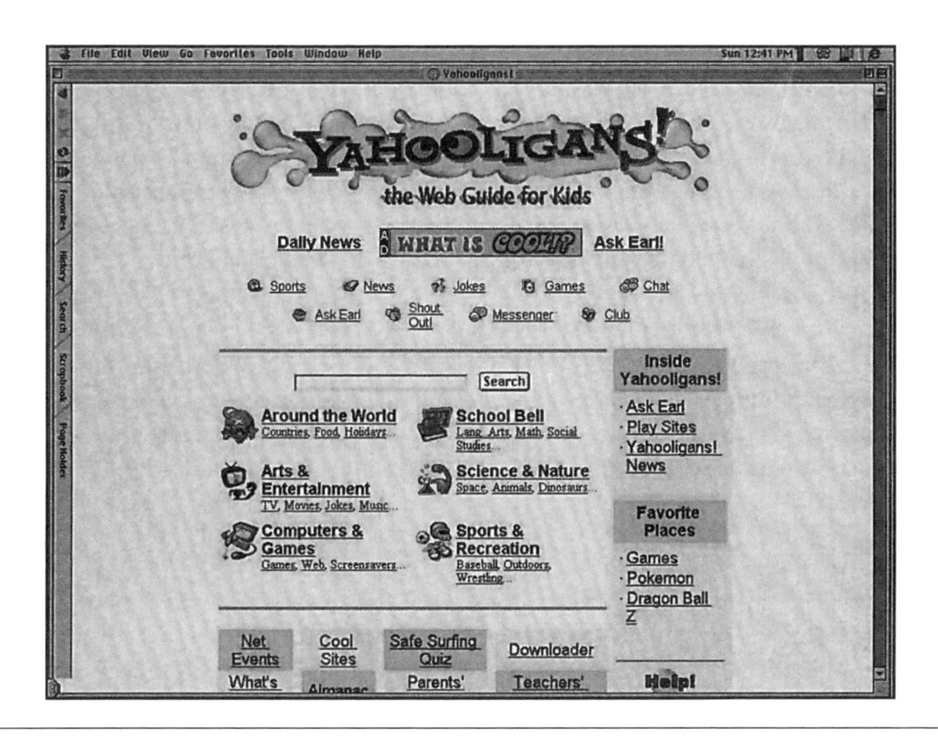

Figura 7.22

Finalmente, a internet oferece a possibilidade de aprendizado através de conexões com conteúdos do mundo real. O grande leque de páginas na internet permite que os estudantes explorem quase todos os conceitos em um contexto multimídia interativo. Igualmente importante é que a internet permite que os estudantes fiquem expostos a ideias que, normalmente, seriam inacessíveis nos modos de aprendizagem tradicional.

O relatório Packard (Fundação Packard, 2000) também concluiu que a internet pode ser um componente positivo na vida das crianças ao lhes possibilitar ficarem em contato com amigos, família e outros para formarem comunidades com interesses em comum. Finalmente, com o advento da educação para as mídias, as crianças devem ser capazes de aprender e reconhecer sites na *web* de alta qualidade que possam estimular seu aprendizado e criatividade.

Existe uma concordância geral de que é preciso que haja consideravelmente mais pesquisas em todas estas áreas, mas a internet é uma tecnologia nova com um leque muito rico de possibilidades. O seu potencial de impacto positivo na aprendizagem, no desenvolvimento social e cognitivo e no futuro global das vidas de crianças e adolescentes está recém emergindo. Precisamos explorar e continuar nosso exame de todas estas possibilidades na medida em que cada vez mais crianças estão conectadas e a própria tecnologia muda e se expande.

Conclusão

A internet é, sem sombra de dúvida, uma ferramenta inovadora e excitante para informação e educação. É uma tecnologia que se tornará mais acessível em todo o mundo com o passar dos anos e só irá melhorar a sua capacidade de estimular e enriquecer as nossas vidas. Precisamos ter conhecimento do seu potencial de aumentar as oportunidades educacionais de nossos filhos ao mesmo tempo em que reconhecemos suas limitações e perigos. Esses perigos, no entanto, não serão remediados com facilidade através de soluções tradicionais, como a regulamentação governamental. A internet é uma tecnologia que necessita de envolvimento e liderança parental. Com esse envolvimento, é muito provável que tanto as crianças quanto os pais vivenciem a internet como um ambiente novo e enriquecedor com o qual se pode interagir.

Exercícios

1. A internet pode ser usada para uma série de atividades, desde instrutivas até o entretenimento. Pense em uma atividade que você normalmente faz e na qual você ainda não usou a internet, como fazer uma viagem ou comprar ingressos para um concerto. Tente realizar a mesma atividade com a ajuda da internet. O processo foi mais rápido? Você obteve mais informações úteis? A internet foi uma fonte melhor para esta atividade do que o seu procedimento normal?
2. Se você tem um *software* bloqueador ou um provedor de serviços (AOL) que lhe permite restringir um determinado conteúdo, tente fazer o seguinte: escolha um tópico que seja polêmico, como drogas ou jogos de azar. Realize uma busca sobre esse tema sem e com o bloqueio ativado. Existe uma diferença significativa na quantidade e na qualidade das informações que você encontra?
3. Uma sugestão para restringir o acesso das crianças a um material inadequado na internet é um sistema de classificação similar ao aplicado no conteúdo da TV. Um sistema desse tipo poderia ser efetivo com a internet? Considerando-se a natureza global da internet, seria possível definir um sistema global de classificação para violência ou sexo? Como poderia ser um sistema de classificação adequado?
4. Indicamos neste capítulo que a internet deve ser usada para facilitar a aprendizagem na sala de aula. Planeje um currículo para estudantes da escola secundária que se baseie inteiramente na internet. Como ele iria diferir dos modos tradicionais de instrução? Como você avaliaria a sua eficiência?
5. As Figuras 7.18 e 7.22 ilustram exemplos de sites da *web* que são de valor educativo para as crianças. Que outros sites você consegue encontrar? Por que você consideraria os sites que encontrar como particularmente benéficos para as crianças?

Referências

Annenberg Public Policy Center. (2000). *The Internet and the family 2000.* Philadelphia: Author.

Annenberg Public Policy Center. (2006). *More than 1 million young people use internet gambling sites each month.* Retrieved August 14, 2006, from http://www.annenberg publicpolicycenter.org

Borzekowski, D. L. G., & Robinson, T. N. (2005). The remote, the mouse, and the #2 pencil: Media and academic achievement among 3rd grade students. *Archives of Pediatrics and Adolescent Medicine, 159,* 607–613.

Carlsson, U. (2006) Violence and pornography in the media: Public views on the influence media violence and pornography exert on young people. In U. Carlsson & C. Feilitzen (Eds.), *In the service of young people? Studies and reflections on media in the digital age* (pp. 288–305). Goteborg, Sweden: UNESCO.

Center for Media Education. (2001). *Children's Online Privacy Protection Act: The first year.* Washington, DC: Center for Media Education.

Common Sense Media. (2006). *9 out of 10 parents think they should have prime responsibility for children's Internet safety.* Retrieved October 15, 2006, from http://www.commonsensemedia.org

Consumer Reports. (2005, June). *Filtering software: Better, but still fallible.* Yonkers, NY: Consumer Union of the United States.

Crimes Against Children Research Center (CACRC). (2006). *Second Youth Internet Safety Survey (YISS-2)*. Retrieved November 22, 2006, from http://www.unh.edu/ccrc

Donnerstein, E., Slaby, R. G., & Eron, L. D. (1994). The mass media and youth aggression. In L. D. Eron, J. H. Gentry, & P. Schlegel (Eds.), *Reason to hope: A psychosocial perspective on violence and youth* (pp. 219–250). Washington, DC: American Psychological Association.

Fox, J. (2006). *Sex differences in college students' Internet pornography use*. Unpublished MA thesis, University of Arizona.

Griffiths, M. (2000). Sex on the Internet. In C. Feilitzen & U. Carlsson (Eds.), *Children in the new media landscape* (pp. 169–184). Goteborg, Sweden: UNESCO.

Huesmann, L. R. (1998). An information processing model for the development of aggression. *Aggressive Behavior, 14*, 13–24.

Kaiser Family Foundation. (2003). *Zero to six: Electronic media in the lives of infants, toddlers and preschoolers*. Menlo Park, CA: Author.

Kaiser Family Foundation. (2004). *Media, youth, and civic engagement*. Menlo Park, CA: Author.

Kaiser Family Foundation. (2006). *It's child's play: Advergaming and the online marketing of food to children*. Menlo Park, CA: Author.

Kaiser Family Foundation. (2006). *The media family: Electronic media in the lives of infants, toddlers, preshoolers, and their parents*. Menlo Park, CA.

Kaiser Family Foundation. (2007). *Parents, children, and media*. Menlo Park, CA.

Kowalski, R. M., & Limber S. P. (2007) Electronic bullying among middle school students. *Journal of Adolescent Health, 41*, S22–S30.

Livingstone, S., & Millwood Hargrave, A. (2006) Harmful to children? Drawing conclusions from empirical research on media effects. In U. Carlsson (Ed.), *Regulation, awareness, empowerment: Young people and harmful media content in the digital age* (pp. 21–48). Goteborg, Sweden: UNESCO.

Malamuth, N., & Impett, E. A. (2001). Research on sex in the media. In D. Singer & J. Singer (Eds.), *Handbook of children and the media* (pp. 269–287). Thousand Oaks, CA: Sage.

Mares, M., & Woodard, E. H. (2001). Prosocial effects on children's social interactions. In D. Singer & J. Singer (Eds.), *Handbook of children and the media* (pp. 183–205). Thousand Oaks, CA: Sage.

Mitchell, K. J., Wolak, J., & Finkelhor, D. (2007). Trends in youth reports of sexual solicitations, harassment and unwanted exposure to pornography on the Internet. *Journal of Adolescent Health, 40*, 116–126.

Montgomery, K., Gottlieb-Robles, B., & Larson, G. O. (2004). *Youth as e-citizens: Engaging the digital generation*. Retrieved March 21, 2006, from http://www.centerforsocialmedia.org/ecitizens/youthreport.pdf

NBC. (2006). *Teens turn to Internet for prescription drugs*. Retrieved April 17, 2006, from http://www.msnbc.msn.com

Packard Foundation. (Ed.). (2000). *The future of children: Children and computer technology*. Los Altos, CA: Author.

Paik, H. (2001). The history of children's use of electronic media. In D. Singer & J. Singer (Eds.), *Handbook of children and the media* (pp. 7–27). Thousand Oaks, CA: Sage.

Pew Foundation. (2005). *The Pew Internet & American Life Project*. Philadelphia: Pew Charitable Trusts.

Roschelle, J., Pea, R., Hoaddley, C., Gordin, D., & Means, B. (2000). Changing how and what children learn in school with computer-based technologies. In Packard Foundation (Ed.), *The future of children: Children and computer technology* (pp. 145–167). Los Altos, CA: Packard Foundation.

Symantec Corporation. (2004). *Symantec survey shows seniors are the most spam-savvy online demographic*. Retrieved May 8, 2004, from http://www.symantec.com/press/2004

Thornburgh, D., & Lin, H. S. (Eds.). (2002). *Youth, pornography, and the Internet*. Washington, DC: National Academy Press.

Williams, K. R., & Guerra, N. G. (2007). Prevalence and predictors of Internet bullying. *Journal of Adolescent Health, 41*, S14–S21.

Ybarra, M. L., & Mitchell, K. J. (2005). Exposure to Internet pornography among children and adolescents: A national survey. *CyberPsychology & Behavior, 8, 473–486.*

8

Família e mídia

Sabe, o meu filho é do tipo que você tem que arrancar as coisas sobre o que aconteceu na escola ou, você sabe, o que está acontecendo. Ele nunca diz nada. Agora, se estamos assistindo a um programa ou algo parecido e alguma coisa aparece, ele menciona, "oh, sabe, isso aconteceu no outro dia". Então, isso meio que me deixa a par do que está acontecendo com essa faixa etária, sabe.

—Pai afro-americano de um menino de 10 anos

Este é realmente um jeito muito simples de conseguir que eles sentem um pouco e relaxem porque, você sabe, os meus filhos são muito ativos. [Meu filho é] muito ativo e para mim é bom, é muito agradável para mim quando ele está alimentado, limpo, os dentes estão escovados e ele vai se sentar um pouco e assistir TV. É uma coisa calma e boa. Mas, sabe, eu poderia fazer outras coisas com ele naquela hora.

—Mãe branca de um menino de 12 anos

Ah, ela é simplesmente uma babá fenomenal. Se todo o mundo na casa precisa fazer outras coisas, ela é simplesmente fabulosa.

—Mãe branca de uma menina de 9 anos

As citações acima são provenientes de um estudo em que os pesquisadores estavam explorando como reduzir o tempo de TV das crianças, um estudo que, por fim, descobriu que isso seria muito difícil, dado o papel que a mídia desempenha nas vidas dos filhos e dos pais (Jordan, Hersey, McDivitt e Heitzler, 2006). Obviamente, para entender verdadeiramente o papel da mídia nas vidas de crianças e adolescentes, precisamos entender simultaneamente o que a mídia passou a significar para a família. Como sugerem estas citações, a mídia é uma parte importante na vida familiar – parte da vida diária das famílias, parte dos recursos dos quais os pais lançam mão (para fazer o papel de babá, ficar conectados) e parte da própria estrutura do lar moderno (Jordan et al., 2006). O uso da mídia não apenas molda, mas também é moldado pelo que acontece no ambiente familiar. Mais ainda, as crianças aprendem a usar a mídia de maneiras particulares com base no que elas observam seus pais e irmãos fazendo com a mídia.

Neste capítulo iremos (a) oferecer um panorama da organização atual do ambiente familiar como ambiente multimídia, (b) examinar pesquisas sobre os esforços dos pais para controlar o uso da mídia pelos filhos, (c) revisar brevemente quatro teorias-chave que podem auxiliar a compreender como as crianças estão entendendo a mídia no contexto da vida familiar e (d) expor o que as pesquisas sugerem sobre as "melhores práticas" para tirar o máximo da mídia no lar.

O lar como um ambiente multimídia

As crianças que passam seus dias em ambientes que estão cheios de aparelhos de televisão, computadores e *videogames* têm mais oportunidades de usar as mídias. Saelens e colaboradores (2002) exploraram fatores ambientais da casa em torno do acesso à TV e a sua relação com o quanto as crianças a assistem. Eles acompanharam 169 crianças entre 6 e 12 anos. Ao longo do tempo, as mães relataram ter mais TVs e VCRs em casa, uma maior frequência com que as crianças faziam as refeições em frente à TV e uma porcentagem mais alta das crianças que tinham TVs em seus quartos (vers Figuras 8.1 a 8.3). Neste estudo, os fatores ambientais da casa explicaram uma parte significativa do tempo total das crianças frente à TV. Especificamente, quando aumentava o número de aparelhos de televisão na casa, o mesmo acontecia com o tempo que as crianças passavam assistindo.

Televisão no quarto

Os quartos das crianças também estão repletos de mídias. Em parte, isso é explicado pelos melhores preços e portabilidade de tecnologias que são muito populares entre as crianças – por exemplo, computadores *laptop*, aparelhos portáteis de *videogame* e *iPods*. De fato, vários estudos, incluindo estudos nacionalmente representativos feitos pela Fundação da Família Kaiser (Rideout, Roberts e Foehr, 2005), sugerem que a inclusão de mídias no espaço de dormir das crianças começa a acontecer em idades muito precoces (ver Figura 8.4). Contudo, muitos especialistas expressaram preocupação quanto às consequências dos "quartos multimídia". O acesso nos quartos limita a possibi-

Figura 8.1

Fonte: Baby Blues, de Rick Kirkman e Jerry Scott. Reproduzido com autorização de King Features Syndicate.

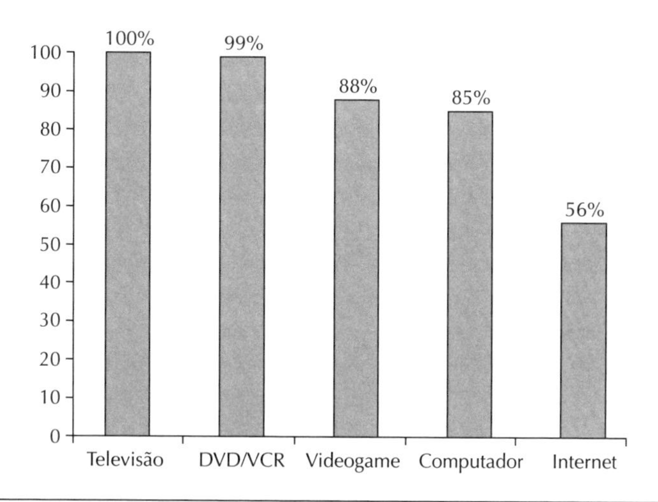

Figura 8.2 Mídias em casa, nos EUA.

Fonte: Adaptado de Jordan et al. (2006).

lidade dos pais controlarem o uso das mídias? As crianças passam mais tempo com as mídias, como consequência? Estudos indicam que a resposta às duas perguntas é sim. As crianças com TV no quarto assistem a mais programas que são inadequados para a sua idade (Woodward e Gridina, 2000) – e elas assistem significativamente mais TV (Rideout et al., 2005).

Assistir televisão durante as horas das refeições

O estudo de Saelens e colaboradores (2002) descrito anteriormente também apontou que assistir televisão durante as horas das refeições contribuía para o tempo em geral que a criança assiste TV, de modo que as crianças

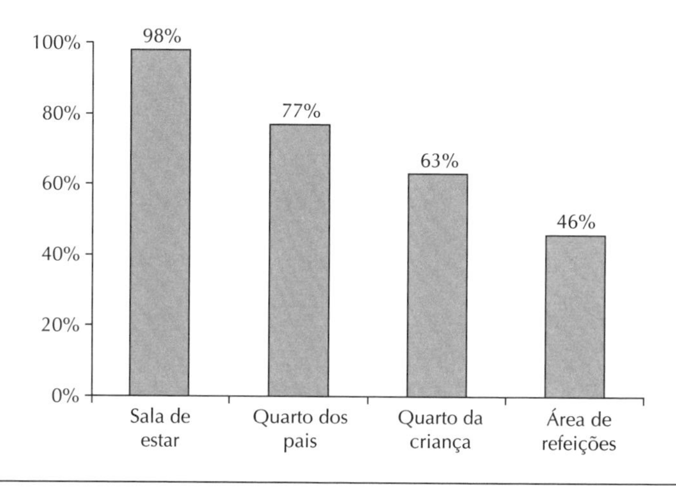

Figura 8.3 Localização dos aparelhos de televisão na casa, nos EUA.

Fonte: Adaptado de Jordan et al. (2006).

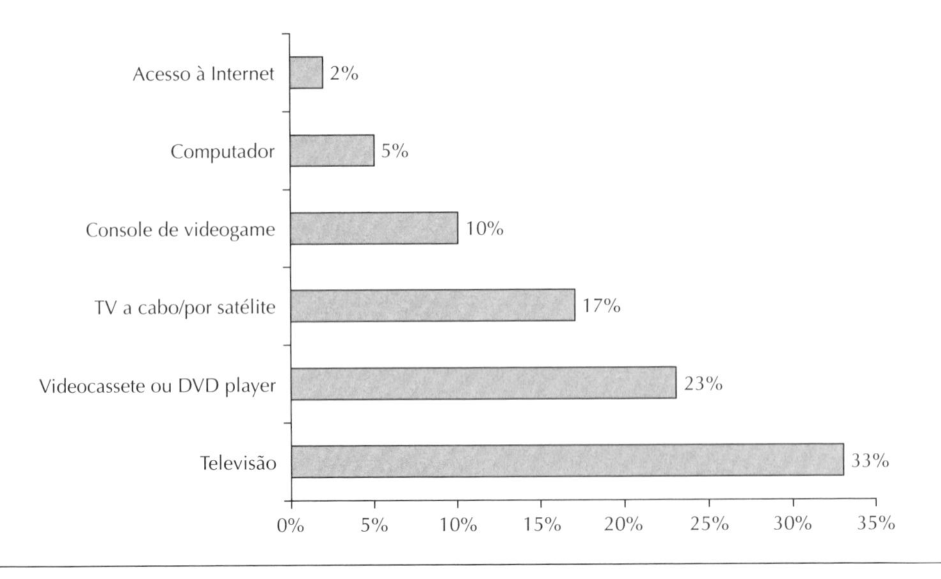

Figura 8.4

Fonte: Reproduzido com autorização da Fundação da Família Kaiser.

que fazem suas refeições com a TV ligada passam um tempo significativamente maior com esta mídia do que as outras crianças. Assistir televisão durante as refeições também afeta o que a família come. Coon, Goldberg, Rogers e Tucker (2001) argumentam que "como as crianças aprendem o hábito de assistir televisão e os hábitos alimentares principalmente dos pais, as escolhas que estes fazem quanto ao uso da televisão nas refeições podem estar associadas à escolha dos alimentos que eles compram e colocam à disposição dos filhos, independentemente de solicitações diretas destes em relação a determinados alimentos" (p. e6-e7). No estudo de Coon e colaboradores – realizado com 91 pares de pais e filhos – foi perguntado aos pais se a televisão ficava geralmente ligada ou desligada na presença dos filhos enquanto eles faziam as refeições e eles preencheram diários alimentares especificando o que as crianças comiam e também a quantidade. As crianças provenientes de famílias com uso intenso da televisão durante a hora das refeições obtinham, em média, 6% a mais do total da sua ingestão diária de energia proveniente da carne; 5% a mais de pizzas, salgadinhos e refrigerantes; e aproximadamente 5% a menos da sua ingestão de energia era proveniente de frutas, vegetais e sucos, em comparação com as crianças oriundas de famílias com pouco uso da televisão. É importante dizer, estas associações se mantiveram apesar do controle de outras variáveis que pudessem predizer esta relação como, por exemplo, a renda familiar.

Além de afetar o que é ingerido, a TV na hora das refeições também pode afetar as relações da família. Jordan e colaboradores (2006) relatam que mais da metade de todas as famílias janta regularmente com a TV ligada. Como argumentam Gentile e Walsh (2002), "isso afeta as interações familiares na medida em que seria um momento em que seus membros usualmente conversariam uns com os outros[...]. O uso da televisão afeta e pode ser afetado pelas interações familiares. Existe menos comunicação verbal, as pessoas se olham menos, mas existe mais toque físico entre os membros da família quando a TV está ligada" (p. 158). A Figura 8.3 sugere que o local onde está posicionada a mídia pode criar a oportunidade de comer enquanto se assiste. Conforme Jordan e colaboradores (2006) encontraram, 4 em cada 10 famílias têm um aparelho de televisão numa peça da casa que normalmente é um local para alimentação (isto é, a cozinha e a sala de jantar).

A constância da tv em casa

Uma pesquisa de 2005 com mais de mil pais com filhos pequenos (entre 6 meses e 6 anos) ocupou as manchetes nacionais quando foi revelado que mais de um terço destes jovens viviam em lares em que a televisão está sempre, ou na maior parte do tempo, ligada, mesmo sem que ninguém esteja assistindo (Vandewater et al., 2005). Os dados deste estudo sugerem que as convicções parentais desempenham um papel significativo na determinação do papel da televisão em casa. As crianças que têm pais que encaram a televisão educativa como um fator que contribui de forma "muito importante" para o desenvolvimento saudável tinham o dobro de probabilidade de serem oriundas de um lar com "TV Constante", em comparação com as outras. As crianças cujos pais usam a televisão como babá e as que não têm irmãos têm maior probabilidade de estar em lares com um consumo intenso de televisão.

Mas faz diferença uma TV ligada ao fundo? Dan Anderson, especialista em desenvolvimento infantil da Universidade de Massachussetts, sugeriu que sim (ver Kirkorian, Musrphy, Pempek, Anderson e Schmidt, 2005). A sua pesquisa examinou a qualidade da interação pais-filhos com e sem a TV ligada, em um ambiente experimental de laboratório onde pesquisadores treinados podiam acompanhar com atenção o engajamento dos pais com as crianças e o seu envolvimento com o brinquedo dos bebês. Ele descobriu que, na condição experimental com a TV ligada, o brincar entre pai e filho era de qualidade significativamente menor do que na condição da TV desligada.

O ambiente da TV constante em casa de crianças muito pequenas afeta os seus padrões posteriores com a mídia? Primeiramente, as crianças que vivem em lares em que se assiste muita televisão usam o seu tempo de forma diferente do que as outras crianças (ver Figura 8.5). De acordo com Vandewater e colaboradores (2005), as crianças que vivem com a televisão quase que constantemente ligada gastam mais tempo usando mídias eletrônicas do que as outras crianças. As crianças provenientes de lares com uso intensivo da televisão assistem mais televisão e vídeos do que outras crianças. Elas também passam menos tempo lendo livros. Além do mais, esses padrões parecem

Figura 8.5

Fonte: Reproduzido com autorização.

persistir. A análise longitudinal de Certain e Kahn (2002) indica que assistir mais televisão no início da infância está associado a assistir mais quando em idade escolar. A persistência deste comportamento pode refletir influências ambientais contínuas, o desenvolvimento de preferências ou hábitos da criança ou, mais provavelmente, uma interação entre os dois.

Socialização do uso das mídias dentro do contexto familiar

Além das mídias que os pais trazem para dentro de casa, convidam para a mesa do jantar e colocam dentro dos quartos dos filhos, as famílias também usam as mídias de formas sociais. Os "usos sociais das mídias", descritos inicialmente por Lull (1980), significa que as mídias são "expedientes práticos que podem ser explorados por indivíduos, grupos e unidades familiares para atender a suas necessidades pessoais, criar relações práticas e se engajar no mundo social" (p. 198). A tipologia de Lull pode ser uma maneira útil de se pensar sobre como a socialização do uso da mídia ocorre dentro do contexto familiar (ver Figura 8.6).

Os usos sociais da mídia geralmente se estendem em duas dimensões. A primeira considera como a mídia pode estruturar o espaço e o tempo da casa. O aparelho de televisão, por exemplo, foi descrito como um tipo de "coração eletrônico" (Tichi, 1991) da casa, com a mobília da sala de estar organizada em torno do aparelho de uma forma que antes era reservada para a lareira. Outros já consideraram a organização da mídia como facilitadora das multitarefas – o uso de várias mídias ao mesmo tempo ou o uso de mídias enquanto são feitas as tarefas domésticas, o tema de casa ou outras atividades. As mídias também servem para pontuar o tempo da família. Jordan (1992), por exemplo, descreve como em algumas famílias, livros e videoteipes são usados para fazer a transição das crianças da vigília para o sono (com os videoteipes ou DVDs substituindo a "hora da história" em muitas famílias). Uma segunda dimensão da tipologia dos usos sociais é "relacional" – ajudando as famílias a construírem relacionamentos ou ajudando

Estrutural

- Ambiental (barulho no ambiente; companhia; entretenimento)
- Reguladora (pontuação do tempo e atividade; padrões de conversação)

Relacional

- Facilitação da comunicação (ilustração da experiência; terreno comum; entrada na conversação; redução da ansiedade; agenda para conversar; esclarecimento de valores)
- Afiliação/evitação (contato/negligência física, verbal; solidariedade familiar; relaxamento familiar; redução de conflitos; manutenção das relações)
- Aprendizagem Social (tomada de decisões; modelagem de comportamento; solução de problemas; transmissão de valores; legitimação; divulgação de informações; educação substituta)
- Competência/dominância (desempenho de papéis; reforço de papéis; descrição de papel substituto; validação intelectual; exercício da autoridade; monitoramento; facilitação de argumentos)

Figura 8.6 A tipologia dos usos sociais.

Fonte: James Lull (1980). Os Usos Sociais da Televisão. *Human Communication Research 6(3)*, 197-209. doi: 10.1111/j.1468-2958.tb00140.x. Blackwell Publishing, direitos autorais 17/03/2006.

seus membros a criar uma distância psicológica. Considerada no contexto da família, a mídia pode ser uma facilitadora da comunicação (por exemplo, proporciona à família um assunto em comum para conversarem), pode ser um empecilho à comunicação (por exemplo, um pai que tenta conversar com um adolescente enquanto este está avidamente trocando mensagens instantâneas com seus amigos) ou pode permitir uma conexão física (por exemplo, um pai que coloca no colo a sua filhinha enquanto ela assiste a um vídeo do Baby Einstein).

Mediação parental do uso das mídias pelos filhos

A maioria dos pais diz que tem pelo menos algumas regras sobre que mídias os filhos podem usar e/ou quanto tempo eles podem dedicar a assistir TV, jogar *videogames* ou "navegar" na *web* (Jordan et al., 2006). Na verdade, uma das primeiras e mais importantes negociações pai-filho que existem devem ser aquelas em que os pais tentam mediar a quantidade de conteúdo da mídia que entra em sua casa. Tais negociações oferecem aos pais uma oportunidade importante não só para que estabeleçam limites como também transmitam seus valores e convicções culturais.

Três tipos de estilos de mediação – as maneiras pelas quais os pais tentam proteger a exposição dos filhos ao conteúdo da mídia – dominam tipicamente a literatura de pesquisa.

Primeiro, a "mediação ativa" envolve os tipos de conversas que os pais (ou outros adultos, como os professores) têm com as crianças a respeito da televisão. A conversa sobre a mídia pode ser iniciada pelos pais, que têm como objetivo ajudar os filhos a serem espectadores mais críticos. A conversa também pode ser iniciada pelos filhos, que têm perguntas sobre as intenções dos personagens ou desejam entender as convenções da mídia. Nathanson (2001) diz que o tom da

Figura 8.7

Fonte: Tribune Media Services.

mediação ativa pode ser positivo ou negativo, o que terá efeitos diferentes na receptividade das crianças ao conteúdo da mídia e nas suas crenças a respeito da mesma.

Segundo, muitos pesquisadores descreveram uma forma de supervisão tipicamente denominada "mediação restritiva". Este tipo de supervisão parental envolve o uso de regras explícitas quanto aos *games* que podem ser jogados, quais canais podem ser assistidos ou por quanto tempo o filho pode ficar na *web*. Por exemplo, os pais que usam a mediação restritiva podem utilizar um *software* de filtragem *online* para proibir que os filhos vejam algum conteúdo que acham que poderia ser prejudicial a eles.

Por fim, "coassistir" foi explorado como uma estratégia para os pais conversarem com os filhos sobre o conteúdo enquanto assistem juntos. Coassistir também tem sido usado para descrever o simples ato de sentar na mesma sala e assistir a um programa com ou sem conversa.

Os diferentes estilos de mediação funcionam para limitar a exposição das crianças às "coisas ruins" e aumentar os benefícios das "coisas boas"? As avaliações dos programas de educação para as mídias, que tipicamente enfocam a mediação ativa, sugerem que os adultos podem melhorar a compreensão das crianças sobre a televisão. Uma forma é envolvendo-as em programas formais de educação para as mídias. Outra oportunidade é explorar, esclarecer ou fazer acréscimos aos tópicos introduzidos pela televisão (Austin e Pinkelton, 1997; Nathanson, 2002). A mediação ativa também demonstrou reduzir os efeitos negativos do conteúdo violento na violência dos filmes (Grusec, 1973; Hicks, 1968) e aumentar o comportamento pró-social (Horton e Santogrossi, 1978).

Foram encontradas muitas correlações positivas para as crianças cujos pais restringem assistir TV, incluindo menos pedidos de produtos (Reid, 1979), menos comportamento agressivo (Nathanson, 1999; Singer e Rapacynski, 1984) e menos atitudes de cultivo (Rothschild e Morgan, 1987). A mediação restritiva parece ser mais benéfica para crianças menores. Quando os pais usam esta estratégia com crianças maiores (principalmente os que estão no ensino médio), pelo menos no que diz respeito à televisão, a restrição pode levar a consequências indesejáveis. Nathanson (2002) descobriu que "a mediação restritiva estava relacionada a atitudes menos positivas em relação aos pais e a assistir com os amigos a mais conteúdo restrito e estava ligeiramente relacionada a atitudes mais positivas em relação ao conteúdo restrito" (p. 220). A autora levanta a hipótese de que os adolescentes interpretavam os esforços de mediação dos seus pais como evidência de que eles não confiam que eles farão boas escolhas.

Constatou-se que os pais que gostam de assistir televisão têm mais probabilidade de coassistir com seus filhos (Austin e Pinkelton, 1997). Na verdade, quando pais e filhos assistem juntos, é geralmente porque os filhos estão assistindo aos programas que os pais querem assistir – e não porque os pais estão interessados em compartilhar a experiência de assistir os programas dos filhos (St. Peters, Fitch, Huston, Wright e Eakins, 1991). Hoje, com os lares contendo a média de quatro aparelhos de televisão (Jordan et al., 2006), é ainda menos provável que os pais coassistam com seus filhos. Pesquisas sobre pais que coassistem *Vila Sésamo* com os filhos pequenos sugerem que estes aprendem mais do que as crianças que assistem sozinhas (Salomon, 1977). No entanto, parece que pais e filhos coassitirem à programação adulta tem resultados potencialmente prejudiciais, particularmente se as crianças inferem que os pais aprovam certos tipos de representações, como a violência (Nathanson, 2001).

Ao contrário do que os pais relatam, aproximadamente metade (53%) de todas as crianças de 8 a 18 anos diz que suas famílias não têm regras quanto a assistir televisão (Rideout et al., 2005). O restante diz que suas famílias têm algumas regras, mas apenas 20% dizem que suas regras são cumpridas a maior parte do tempo. A regra mais comum que os pais têm é a de terminar o tema de casa ou as tarefas domésticas antes de assistir TV (36%). Além disso, parece que os pais têm maior probabilidade de regular o uso que seus filhos fazem do computador. Por exemplo, quando se trata de definir regras sobre o conteúdo da mídia que seus filhos consomem, 23% têm regras sobre o que seus filhos podem fazer no computador, comparados com 16% que estabelece limites sobre o tipo de música que seus filhos podem ouvir, 13% que têm regras sobre a que filmes os filhos podem assistir e 12% que restringe o tipo de *videogames* que eles podem jogar.

A maioria das pesquisas indica que os pais estão mais preocupados com o tipo de conteúdo ao qual seus filhos estão expostos do que com a quantidade de tempo que eles gastam com uma mídia em particular (Rideout et al., 2005; Woodward e Gridina, 2000). A preocupação com o conteúdo levou os legisladores a insistirem para que os produtores de mídia oferecessem tecnologia para bloqueio e/ou classificações. No entanto, estas regulações alcançaram um sucesso apenas modesto. Os pais têm maior probabilidade de se valerem de ferramentas que os ajudem a monitorar o uso que seus filhos fazem do computador: 25% dos estudantes da 7ª à 12ª série que têm computador em casa dizem que ele tem um filtro ou controle parental do uso. Um número menor – apenas 6% – usa a tecnologia de "controle parental" da TV (o *V-chip* ou o dispositivo de

Figura 8.8

Fonte: Reproduzido com autorização de Copley News Service.

bloqueio do provedor a cabo). Os alertas sobre música e *videogames* são usados por uma pequena minoria de pais, apenas 14% e 10%, respectivamente.

Já que existe uma disponibilidade tão grande de indicadores de conteúdo e dispositivos para bloqueio, por que eles não são tão usados? Estudos do Centro Anennberg de Políticas Públicas da Universidade da Pensilvânia e a Fundação da Família Kaiser sugerem que os esforços da indústria para informar e capacitar os pais lhe são frequentemente confusos. São poucos os pais que compreendem que a classificação TV-PG-D indica que o programa contém implicação sexual (Stanger e Gridina, 1998). Igualmente, o símbolo usado para denotar programação educativa para crianças nas emissoras comerciais é bobo e idiossincrático, como a lâmpada iluminada da ABC ou a voz do narrador que diz: "esclarecedora" a televisão. Hoje a maioria das estações utiliza o símbolo *ei* para indicar programação "educativa e informativa". Além do mais, o dispositivo *V-chip*, obrigado pela Lei das Comunicações de 1996 a ser incluído em todos os aparelhos de televisão, é geralmente encarado pelos pais como complicado demais para programar (Scantlin e Jordan, 2006). E eles estão certos! A Figura 8.11 ilustra uma das cinco telas em que os pais devem navegar para fazer o bloqueio de programas no aparelho de televisão.

Figura 8.9 Classificações da TV.

Fonte: Fundação da Família Kaiser (2000b). Reproduzido com autorização.

Perspectivas teóricas

Para que se entenda como a mídia se encaixa na vida da família e nas práticas parentais é importante que se examinem as teorias de família. Destacamos aqui quatro teorias de família, pois elas são, talvez, as mais relevantes para que entendamos por que as famílias usam as mídias de formas diferentes e por que os pais supervisionam de formas diferentes os hábitos de mídia dos seus filhos.

Teoria (dos Sistemas) ecológicos

A teoria dos sistemas ecológicos, bem como o seu desdobramento, a teoria dos sistemas familiares, foi utilizada durante as duas últimas décadas para situar o uso da mídia pelas crianças onde ele mais ocorre: no próprio lar (Atkin, Greenberg e Baldwin, 1991; Galvin, Dickson e Marrow, 2006; Jordan, 2004). Esta teoria nasceu da opinião de que os psicólogos não estavam fazendo um trabalho muito bom na mensuração dos muitos contextos que moldam o desenvolvimento infantil. Bronfenbrenner (1979) propôs que uma criança pode ser encarada como crescendo em um ambiente de sistemas aninhados, e propôs quatro subsistemas distintos (ver Quadro 8.1). O *microsistema* contém as pessoas (por exemplo, família, amigos ou professores) e os ambientes (por exemplo, a casa, a vizinhança ou a escola) com que a criança entra em contato com uma frequência regular. Um exemplo disto relacionado à mídia pode ser o hábito da família de nunca desligar o aparelho de televisão, um componente do microssistema que dá à criança maior oportunidade de assistir. O *mesossitema* localiza-se na intersecção dos microssistemas e pode ser pensado como sendo as relações que existem entre eles. Por exemplo, as instruções da mãe e do professor a uma criança quanto a qual mídia usar para pesquisar um projeto da escola podem ser contraditórios ou complementares dentro

Todas as Crianças

Este programa é adequado para todas as crianças. Seja animado ou ação ao vivo, os temas e elementos neste programa são concebidos especificamente para um público muito jovem, incluindo crianças entre 2 e 6 anos. Este programa não deve assustar crianças pequenas.

O que você precisa saber: *Nem todos os programas TV-Y são livres de violência. Alguns programas com violência em desenhos animados são classificados como TV-Y, como os desenhos do "Papa-Léguas". Não há nenhuma classificação de conteúdo que lhe indique se um programa TV-Y contém violência.*

Direcionado a Crianças Maiores

Este programa é apropriado para crianças com mais de 7 anos. É adequado a crianças que já adquiriram as habilidades de desenvolvimento necessárias para distinguir entre fantasia e realidade. Os temas e elementos deste programa podem incluir fantasia leve ou violência em tom de comédia, ou podem assustar crianças com menos de 7 anos. Portanto, os pais podem querer avaliar se este programa é adequado aos seus filhos muito pequenos.

O que você precisa saber: *Os programas TV-Y7 que contêm muita violência fantasiada devem ser classificados como "FV". Entretanto, muitos programas TV-Y7 sem o selo FV podem conter violência fantasiada ou cômica que pode causar preocupação a alguns pais, embora geralmente ela seja muito mais leve do que nos programas com classificação FV.*

Direcionado a Crianças Maiores – Violência Fantasiada

Para aqueles programas em que a violência fantasiada pode ser mais intensa ou mais combativa do que em outros da categoria TV-Y7, tais programas serão designados como TV-Y7-FV.

O que você precisa saber: *Uma classificação TV-Y7-FV indica um programa que pode conter alguma ou todas as características seguintes: violência como uma característica prevalente do programa; luta apresentada de uma forma excitante – até mesmo emocionante; vilões e super-heróis valorizados pelas suas habilidades de combate; atos violentos glorificados e violência retratada como uma solução aceitável e efetiva para um problema. A violência fantasiada pode fazer parte de um desenho animado, um programa de ação ao vivo ou um programa que combine tanto animação quanto ação ao vivo.*

Público em geral

A maioria dos pais consideraria este programa adequado a todas as idades. Embora esta classificação não signifique que é um programa designado especificamente para crianças, a maioria dos pais pode permitir que crianças menores assistam a este programa sem vigilância. Ele contém pouca ou nenhuma violência, não tem linguagem forte e pouco ou nenhum diálogo sexual ou situações sexuais.

O que você precisa saber: *A maioria dos programas TV-G não contém sexo, violência ou linguagem adulta. Aqueles que têm esse conteúdo são geralmente leves. Não existem classificações de conteúdo usadas em programas de TV que lhe permitam saber se eles contêm tal conteúdo.*

Orientação Parental Sugerida

Este programa contém material que os pais podem achar inadequado para crianças menores. Muitos pais podem querer assisti-lo com seus filhos menores. O tema em si pode requerer orientação parental e/ou o programa contém um ou mais dos seguintes: violência moderada (V), algumas situações sexuais (S), linguagem vulgar infrequente (L) ou algum diálogo sugestivo (D).

O que você precisa saber: *Muitos programas TV-PG contêm níveis moderados de diálogo ou violência sexual e nem todos eles são rotulados com as classificações de conteúdo. Os programas TV-PG com níveis mais altos de sexo, violência ou linguagem adulta são geralmente identificados com rótulos de conteúdo.*

Figura 8.11 Tela do V-Chip.

(continua)

Pais Fortemente Alertados

Este programa contém algum material que os pais achariam inadequado para crianças com menos de 14 anos. Os pais são fortemente recomendados a exercer um maior cuidado no monitoramento deste programa e são alertados a não permitirem que seus filhos com menos de 14 anos assistam sem vigilância. Este programa contém um ou mais dos seguintes: violência intensa (V), situações sexuais intensas (S), linguagem vulgar forte (L) ou diálogo intensamente sugestivo (D).

O que você precisa saber: *A maioria dos programas TV-14 contém sexo, violência e linguagem adulta. Nem todos esses programas são rotulados com as descrições de conteúdo. Os programas TV-14 com os níveis mais altos de sexo, violência ou linguagem adulta são geralmente rotulados com as classificações de conteúdo. Uma classificação TV-14 sem rótulos de conteúdo também pode indicar um programa com tema adulto.*

Somente para Público Adulto

Este programa é designado especificamente para ser assistido por adultos e, portanto, pode ser inadequado para menores de 17 anos. Este programa contém um ou mais dos seguintes: violência gráfica (V), atividade sexual explícita (S) ou linguagem grosseira e obscena (L).

O que você precisa saber: *Muito poucos programas são rotulados como TV-MA.*

Figura 8.11 ***(continuação)*** Tela do V-Chip.

do mesossistema. Os *exossistemas* são os contextos sociais que influenciam o desenvolvimento de uma criança, mas em que a criança não tem necessariamente um papel direto. Por exemplo, as experiências educacionais e ocupacionais dos pais moldam a sua maneira de encarar o tempo (como algo que tem que ser preenchido e é abundante *versus* algo que

CPC-VChip - [Sample.vcp]

File Edit View Schedule Send Data Window Help

V AL S D

ON AIR

Station ID: WZZZ | Schedule Date: Monday August 17, 1998

Network ID: XYZ | Elapsed Time: | TV-G

#	Sub	Start	Program Title	Length	Type	Rating	Program Description
	-	06:00 PM	Married With Children	00:30	Entertainment	TV-G	Situation comedy
			06:09 PM Stop:	06:10 PM	Rating:	TV-Y7	
			06:14 PM Stop:	06:15 PM	Rating:	TV-14	
			06:22 PM Stop:	06:24 PM	Rating:	TV-Y	
			06:25 PM Stop:	06:26 PM	Rating:	TV-MA	
		06:30 PM	Siskel & Ebert	00:30	Entertainment	TV-G	Talk show
		07:00 PM	Local News	00:30	News	TV-G	Local News
	-	07:30 PM	Thirtysomething	00:30	Entertainment	TV-G	Drama
			07:40 PM Stop:	07:41 PM	Rating:	TV-PG	
			07:51 PM Stop:	07:52 PM	Rating:	TV-14	
	-	08:00 PM	Silence of the Lambs	02:00	Movie	TV-MA	Award winning movie - Jodi Foster, Anth
			08:30 PM Stop:	08:35 PM	Rating:	TV-MA	
		10:00 AM	Paid Programming	01:00	Other	TV-G	
		11:00 AM	Presumed Innocent	02:00	Movie	R	

Ready

Figura 8.10 Símbolos da Televisão Educativa.

Fonte: Fundação da Família Kaiser (2000b). Reproduzido com autorização.

Quadro 8.1 Sistemas bioecológicos de Bronfenbrenner

Contexto	*Definições/Exemplos*
Microssistemas	Contexto diário da criança: os lugares que ela habita, as pessoas com quem convive, as coisas que elas fazem juntas. Exemplos: família, amigos, professores.
Mesossistemas	Relações ou intersecções entre os microssistemas. Exemplos: a congruência das orientações familiares e orientações dos seus iguais.
Exossistemas	Contextos sociais que influenciam o desenvolvimento de uma criança, mas em que ela necessariamente não tem um papel direto. Exemplos: local de trabalho dos pais; mídias.
Macrossistemas	Contexto cultural mais amplo que molda atitudes, crenças e comportamentos. Exemplo: etnia; contexto histórico.

Fonte: Jordan (2004).

precisa ser administrado e é um recurso escasso). Estas crenças, então, afetam as regras dos pais quanto à exposição dos filhos à televisão. Em um estudo (Jordan, 1992), pais com um *status* socioeconômico (SES) mais alto tinham maior probabilidade de limitar o tempo de TV, enquanto as famílias com SES mais baixo tinham maior probabilidade de limitar o conteúdo. A razão provável? Os pais que tinham estado na universidade e que tinham empregos de maior prestígio tiveram que aprender a administrar o seu tempo de formas que os outros pais não precisaram. Por fim, o *macrossistema* é o contexto cultural mais amplo que molda atitudes, crenças e comportamentos. Se pensarmos nos tipos de mudanças tecnológicas que esta geração de jovens viveu – telefones celulares com acesso à internet, telas de mão que exibem os últimos programas, para citar apenas alguns – fica claro que o macrossistema alterou drasticamente as possibilidades de uso das mídias. As mídias não só são onipresentes como também mais difíceis de serem controladas pelos pais.

Qual o papel que a mídia desempenha no funcionamento do sistema familiar? Como os membros da família assimilam, acomodam ou rejeitam as mensagens da mídia? Como os pais ou filhos usam as mídias para se aproximarem ou manterem as fronteiras? A teoria dos sistemas sugeriria que para responder a estas perguntas a mídia não pode ser isolada, mas, ao contrário, deve ser vista como parte do que compõe os padrões ricos e complexos da vida familiar. Os padrões críticos a serem compreendidos incluem como as famílias tipicamente se comunicam (padrões de comunicação familiar de Chaffee e McLeod [1972]), as estratégias que os pais tipicamente usam para criar seus filhos (taxonomia das estratégias parentais de Baumrind [1978]) e as decisões que os pais tomam sobre e como mediar o uso que seus filhos fazem da mídia. Cada uma destas teorias é discutida em maiores detalhes a seguir.

Taxonomia das estratégias parentais de Baumrind

O que os pais fazem em relação ao uso da mídia pelos filhos é provavelmente influenciado pelas abordagens gerais parentais de suas crenças sobre qual a melhor forma de criar os filhos. Baumrind (1971, 1978, 1991) identificou três estilos parentais – autoritário, autoritativo* e permissivo. Posteriormente, um quarto estilo parental, definido como indulgente ou negligente, foi desenvolvido a partir do grupo parental permissivo. Dois componentes primários do estilo parental são: (a) a responsividade parental e (b) a exigência parental. A responsividade parental, ou o carinho e apoio que os pais demonstram aos seus filhos, refere-se à "extensão em que os pais intencionalmente estimulam a individualidade, autorregulação e autoasserção ao se mostrarem afinados, apoiadores e aquiescentes com as necessidades e demandas especiais dos filhos" (Baumrind, 1991, p. 62). A demanda parental, ou o controle que os pais exercem sobre o comportamento dos seus filhos, refere-se à extensão em que os pais desejam que os "filhos estejam integrados à toda a família, através das suas demandas de maturidade, esforços disciplinares e disposição para confrontarem o filho que desobedecer" (Baumrind, 1991, p. 1062). Os tipos de estilo parental são criados através da avaliação dos pais como "alto" ou "baixo" em relação às demandas parentais e às dimensões de responsividade (ver Quadro 8.2). O estilo parental autoritativo, em contraste com os estilos autoritário, indulgente ou negligente, foi associado a resultados positivos entre os adolescentes, incluindo níveis mais elevados de desenvolvimento psicológico e cognitivo, saúde mental, autoestima, melhor desempenho acadêmico, maior autoconfiança e maior socialização (Rhee et al., 2006; Steinberg, Elmen e Mounts, 1989). Como seria de se esperar, as crianças com pais negligentes apresentam índices consistentemente mais baixos nos resultados sociais, psicológicos e comportamentais do que os que têm pais que usam todos os outros estilos parentais. Embora o estilo parental tenha sido vinculado a muitos resultados desenvolvimentais e sociais dentro da literatura da psicologia, a forma como os estilos parentais se correlacionam com a mediação parental da mídia é relativamente desconhecido. Uma exceção notável a esta lacuna é a pesquisa de Eastin, Greenberg e Hofschire (2006), que analisaram 520 pais com acesso à internet e um filho vivendo em casa e encontraram que, no que diz respeito à internet, os pais autoritativos (aqueles que são afetivos e exigentes) usam técnicas de mediação avaliativas e restritivas com maior frequência do que os pais autoritários e os negligentes.

Padrões de comunicação familiar

Chafee e McLeod (1972, 1973) desenvolveram o modelo original de padrões de comunicação familiar (PCF) para descrever as tendências

* N. de R.: Do inglês, *authoritative*, refere-se àquilo que é esclarecido e bem embasado, que fala e explica com conhecimento.

Quadro 8.2 Estilos parentais

	Alta expectativa de autocontrole	*Baixa expectativa de autocontrole*
Alta Sensibilidade	Autoritativo Respeitoso com as opiniões do filho; Mantém fronteiras claras	Permissivo Indulgente sem disciplina
Baixa Sensibilidade	Autoritário Disciplinador rígido	Negligente Emocionalmente distante, não estabelece regras

Fonte: Rhee et al. (2006).

Figura 8.12

Fonte: Brian Duffy, *The DeMoines Register.* ©North America Syndicate.

das famílias a desenvolverem formas relativamente estáveis e previsíveis de comunicação de uns com os outros. Como pesquisadores em comunicação, eles estavam particularmente interessados em como as informações na forma de mensagens das mídias de massa eram negociadas pelas famílias.

Chaffee e McLeod (1972, 1973) afirmam que os membros da família se comunicam tipicamente de duas formas distintas. Primeiro, eles podem se focalizar nas avaliações que os outros membros da família têm de um objeto e adotar essa avaliação. Em outras palavras, eles buscam conformidade e concordância (mesmo que ela não seja genuína) entre os membros da família. Como este processo enfatiza as relações entre os membros da família, Chaffee e McLeod o chamaram de "orientação para o social". Ou então, as famílias podem se concentrar em um objeto do ambiente, discutindo sobre ele e seus atributos e chegar a uma percepção compartilhada do objeto. Porque este processo enfatiza como os membros da família conceitualizam o objeto, Chaffee e McLeod o chamaram de "orientação para o conceito". Consequentemente, as crianças são socializadas de formas diferentes quanto ao processamento das informações contidas nas mensagens da mídia. Os filhos de famílias que tendem a usar a orientação social se baseiam nos outros para interpretar o significado das mensagens da mídia dirigidas a eles, principalmente seus pais ou amigos. Ao contrário, as crianças de famílias que tendem a usar a orientação para o conceito elaboram os conceitos e ideias contidas nas mensagens para entender seus significados. Em outras palavras, as duas estratégias para chegar a um acordo nas famílias estão associadas a diferentes usos e interpretações das mídias pelas crianças.

Vários pesquisadores examinaram como os PCF moldam as interações em torno das mídias nos lares. Krosnick, Anand e Hartl (2003) e Austin (1993) descobriram que as crianças cujas famílias enfatizam a obediência e a harmonia social em discussões (orientação para o social) são tipicamente espectadoras inveteradas em relação às mídias, enquanto as crianças cujas famílias enfatizam a comunicação aberta e a troca de ideias (orientação para o conceito) são, em comparação, espectadoras leves.

Krcmar (1996) usou os PCF para explorar a reação das crianças às tentativas dos pais de mediarem a televisão. Pais e filhos receberam um guia da TV que descrevia os programas disponíveis em três horários. Os pares pai-filho eram discretamente gravados e observados e os padrões de comunicação familiar eram medidos usando o inventário PCF. Os escores PCF do pai eram usados para predizer as atitudes e comportamentos dos pais, e os escores PCF do filho eram usados para predições nos testes que envolviam atitudes e comportamentos dos filhos. Um achado interessante deste estudo é que a comunicação e orientação do controle podem ser percebidas de forma diferente por pais e filhos e podem afetar de maneiras diferentes as escolhas de estratégias de discurso destes (Krcmar, 1996, p. 269). O pesquisador encontrou que as crianças que percebiam que a família exercia maior controle (orientação para o social) tinham menos probabilidade de concordar com o desejo dos seus pais.

Teoria cognitivo-social

A teoria cognitivo-social (TCS) possibilita uma estrutura útil para o estudo da comunicação familiar e dos usos que as crianças fazem das mídias no interior do lar. Bandura (1977, 1986) acreditava que a aprendizagem social ocorre em quatro estágios. No primeiro estágio, o indivíduo assiste ao comportamento do outro – seja diretamente, através de um modelo, ou indiretamente, através de uma fonte mediada como a televisão. No segundo estágio, o indivíduo adquire e retém conhecimento do comportamento. O terceiro estágio ocorre quando o indivíduo consegue reproduzir o que ele viu ou ouviu. No estágio final, o indivíduo escolhe se aceita o comportamento do modelo como um guia para seu desempenho, uma decisão que é determinada em grande parte pelas consequências percebidas do comportamento do modelo (isto é, vai acontecer alguma coisa boa ou ruim como consequência do comportamento?).

A teoria cognitivo-social tem cada vez mais focalizado o seu interesse na família como a unidade social em que ocorre o aprendizado social principal (Kunkel, Hummert e Dennis, 2006). Um exemplo disto pode ser encontrado na pesquisa de James Lull (1990), que escreveu extensamente sobre como as famílias proporcionam contextos para aprender como usar a mídia (Estágios 1 e 2), sob quais circunstâncias (Estágio 3) e para quais fins (Estágio 4). A partir dessa perspectiva, talvez não cause surpresa que o melhor preditor do uso intenso da televisão pelos *filhos* seja o uso intenso da televisão pelos *pais* (Woodard e Gridina, 2000). Um estudo longitudinal recente que buscou respostas para a pergunta "O que vem primeiro: os pais assistirem intensamente ou os filhos assistirem intensamente?" encontrou apoio para a noção de que as crianças aprendem a usar a televisão com os seus pais (ao invés de os pais usarem mais televisão porque seus filhos o fazem) (Davidson, Francis e Birch, 2005).

Redução do tempo diante da tela em casa

Costuma-se dizer aos pais que eles devem limitar a quantidade de tempo que os filhos passam com as mídias de entretenimento de tela a 2 horas por dia ou menos. Estudos recentes sugerem que a maioria dos pais acha que esta é uma recomendação razoável, mas devido ao papel integral da mídia na vida diária das crianças e famílias, os pais têm dificuldades para imaginar como podem reduzir o tempo diante da tela.

Existem, contudo, diversas sugestões concretas que podem ser úteis para que as famílias tentem tirem o melhor proveito da mídia.

1. ***Monitorar o tempo das crianças com todas as mídias de tela.*** As crianças relatam que passam aproximadamente 5 horas olhando para a tela da televisão, do computador ou do *videogame* (Rideout et al., 2005; Woodard e Gridina, 2000). Os pais, no entanto, relatam que seus filhos assistiram significativamente menos televisão do que as crianças relataram, e reconheceram a dificuldade de monitorar o tempo nas mídias. Em um estudo, os pais perguntaram aos pesquisadores sobre o que "contava" como uso de mídias (por exemplo, coassistir e televisão ligada ao fundo) (Jordan et al., 2006). Um primeiro passo importante para a redução do tempo diante da tela é ter uma noção clara da quantidade desse tempo e se ele está acima das 2 horas diárias recomendadas.
2. ***Nunca coloque um aparelho de televisão no quarto de uma criança.*** Crianças com um aparelho no quarto assistem mais televisão do que as crianças sem uma televisão no quarto (Dennison, Erb e Jenkins, 2002). Pesquisas nacionais mostram que a maioria das crianças tem uma televisão no quarto. Os pais reconhecem que manter as televisões longe dos quartos dos filhos é um meio de exercer controle sobre a exposição ao conteúdo e o tempo. No entanto, devido à dificuldade que os pais teriam que enfrentar ao tentarem retirar o aparelho de TV de lá, parece que é muito mais fácil simplesmente nunca colocá-la no quarto.
3. ***Eliminar a televisão ao fundo.*** Um ponto de partida que é fácil para muitas famílias pode ser desligar a TV quando ela está ao fundo ou quando ela não é considerada a atividade primária. Conforme vimos anteriormente neste capítulo, existe uma forte correlação entre a prevalência da televisão ao fundo dentro de casa e o tempo que as crianças passam assitindo televisão. Além disso, uma pesquisa da Fundação da Família Kaiser (Rideout e Hamel, 2006) encontrou uma associação negativa entre o uso da televisão como "fundo" e o tempo que as crianças gastam com leitura.
4. ***Limitar a televisão em dias de aula.*** Os pais citados no estudo de Jordan e colaboradores (2006) no início do capítulo estavam muito focados no sucesso escolar do seu filho. Na verdade, esta prioridade parecia motivar muitas das suas decisões a respeito da televisão. Alguns pais restringiam o uso da televisão durante a semana para incentivar a realização do temas de casa e a ida para a cama mais cedo, e outros retiravam os privilégios da televisão quando os filhos se saíam mal na escola.
5. ***Identificar atividades em casa, longe das telas, que sejam prazerosas para os filhos.*** Alguns pais podem ter problemas para pensar em atividades que não envolvam as mídias e que sejam seguras e acessíveis financeiramente. Eles também podem ter a preocupação de que terão que ser responsáveis pelo entretenimento se limitarem o uso da televisão para seus filhos. Contudo, ao restringir o uso da televisão, os pais podem propiciar uma oportunidade para que seus filhos desenvolvam suas habilidades independentes para brincar. A TV Turnoff Network oferece uma lista de alternativas ao tempo diante da tela que os pais podem sugerir aos seus filhos quando promovem a sua Semana da TV Desligada, a cada mês de abril.

Exercícios

1. Pense na casa em que você cresceu. Quantos aparelhos de televisão havia? Onde eles estavam localizados? Você acha que o

número e a colocação dos aparelhos tiveram alguma coisa a ver com os seus hábitos de assistir televisão? De que forma?

2. Imagine que você está respondendo a uma pesquisa sobre o uso da mídia. Como você responderia às seguintes perguntas: Quanto tempo você passa assistindo televisão em um dia comum? Quanto tempo você passa usando o computador em um dia comum? E quanto a *videogames* e música? Anote os seus tempos "médios". No dia seguinte, faça um "diário do uso das mídias", em que você acompanha cada mídia que usar e por quanto tempo a utiliza. Inclua os horários em que você faz "multitarefas". Some os tempos no final do dia. O diário mostra mais tempo gasto com as mídias do que você achou que estava usando? Em caso positivo, então você é como a maioria dos jovens norte-americanos!
3. Tente este experimento. Convide cinco amigos para se reunirem e comerem pizza e salada. Na primeira reunião, simplesmente sentem em volta da mesa, comendo e conversando. Observe o quanto as pessoas comem. Espere algumas semanas e convide as mesmas pessoas para uma pizza, salada e um filme. As pesquisas mostram que as pessoas comem mais quando a TV está ligada do que quando está desligada – as famílias também. Isso também acontece com os seus amigos?
4. Considere o ponto de vista de Lull (1990) de que as mídias são usadas implicitamente e explicitamente para construir a proximidade na família e criar um espaço pessoal. Existem formas pelas quais os membros da sua família tenham feito isso? Os seus pais tentaram encontrar um ponto em comum a respeito de um programa de TV favorito a ser compartilhado? O seu irmão já ergueu a página de esportes do jornal quando não queria falar com ninguém?
5. Baumrind (1991) expõe tipologias de estilos parentais. Acesse o wikipedia.org ou o Google e digite *estilos parentais* para ver os tipos de perguntas que os pesquisadores fazem para avaliar se os pais são autoritativos, autoritários, permissivos ou negligentes. Onde se enquadram seus pais? Você acha que isso moldou as regras que eles fizeram (ou não) sobre as mídias?
6. Na próxima vez em que você estiver em casa por um período prolongado, experimente desafiar os membros da sua família a ficarem por 24 horas "sem tela". Observe se isso altera a dinâmica da sua família.
7. Uma forma pela qual os pais norte-americanos podem supervisionar o que seus filhos assistem na TV é com o *V-chip*. Se você tem um *V-chip*, localize-o na TV e tente programá-lo. Ele funciona bem? Para mais informações sobre as classificações que os pais usam para programar o *V-chip*, acesse www.tvratings.org.

Referências

Atkin, D. J., Greenberg, B. S., & Baldwin, T. S. (1991). The home ecology of children's television viewing: Parental mediation and the new video environment. *Journal of Communication, 41*(3), 40–52.

Austin, E. W. (1993). Exploring the effects of active parental mediation of television content. *Journal of Broadcasting and Electronic Media, 37*, 147–158.

Austin, E. W., & Pinkelton, B. E. (1997, May). *Parental mediation as information source use: Political socialization effects.* Paper presented at the annual conference of the International Communication Association, Montreal, Quebec, Canada.

Bandura, A. (1977). *Social learning theory.* Englewood Cliffs, NJ: Prentice Hall.

Bandura, A. (1986). *Social foundations of thought and action: A social cognitive theory.* Englewood Cliffs, NJ: Prentice Hall.

Baumrind, D. (1971). Current patterns of parental authority. *Developmental Psychology Monograph, Part 2,* 4(1), 1–103.

Baumrind, D. (1978). Parental disciplinary patterns and social competence in children. *Youth and Society, 9*, 238–276.

Baumrind, D. (1991). Effective parenting during the early adolescent transition. In P. E. Cowan & E. M. Heatherington (Eds.), *Advances in family research* (Vol. 2, pp. 111–163). Hillsdale, NJ: Lawrence Erlbaum.

Bronfenbrenner, U. (1979). Contexts of child rearing: Problems and prospects. *American Psychologist, 34*, 844–850.

Certain, L. K., & Kahn, R. S. (2002). Prevalence, correlates and trajectory of television viewing among infants and toddlers. *Pediatrics, 109*, 634–642.

Chaffee, S., & McLeod, J. (1972). Adolescent TV use in the family context. In G. A. Comstock & E. A. Rubenstein (Eds.), *Television and social behavior* (Vol. 3). Washington, DC: Government Printing Office.

Chaffee, S., & McLeod, J. (1973). Coorientation variables in family study. *American Behavioral Scientist, 16*, 513–535.

Coon, K. A., Goldberg, J., Rogers, B., & Tucker, K. L. (2001). Relationships between use of television during meals and children's food consumption patterns. *Pediatrics, 107*, e6–e7.

Davison, K. K., Francis, L. A., & Birch, L. L. (2005). Links between parents' and girls' television viewing behaviors: A longitudinal examination. *Journal of Pediatrics, 147*,436–442.

Dennison, B. A., Erb, T. A., & Jenkins, P. L. (2002). Television viewing and television in bedroom associated with overweight risk among low-income preschoolers. *Pediatrics, 109*, 1028–1035.

Eastin, M. S., Greenberg, B. S., & Hofschire, L. (2006). Parenting the Internet. *Journal of Communication, 56*, 486–504.

Galvin, K. M., Dickson, F. C., & Marrow, S. R. (2006). Systems theory: Patterns and (W) holes in family communication. In D. O. Brathwaite & L. A. Baxter (Eds.), *Engaging theories in family communication: Multiple perspectives* (pp. 309–324). Thousand Oaks, CA: Sage.

Gentile, D., & Walsh, D. (2002). A normative study of family media habits. *Applied Developmental Psychology, 23*, 157–178.

Grusec, J. E. (1973). Effects of co-observer evaluation on imitation: A developmental study. *Developmental Psychology, 8*, 141.

Hicks, D. J. (1968). Effects of co-observer's sanctions and adult presence on imitative aggression. *Child Development, 39*, 303–309.

Horton, R. W., & Santogrossi, D. A. (1978). The effect of adult commentary on reducing the influence of televised violence. *Personality and Social Psychology Bulletin, 4*, 337–340.

Jordan, A. (1992). Social class, temporal orientation and mass media use within the family system. *Critical Studies in Mass Communication, 9*, 374–386.

Jordan, A. (2004). The role of media in children's development: An ecological perspective. *Journal of Developmental and Behavioral Pediatrics, 25*(3), 196–207.

Jordan, A., Hersey, J., McDivitt, J., & Heitzler, C. (2006). Reducing children's television-viewing time: A qualitative study of parents and their children. *Pediatrics, 18*, el303–e1310.

Kirkorian, H. L., Murphy, L. A., Pempek, T. A., Anderson, D. R., & Schmidt, M. E. (2005, April). *The impact of background television on parent-child interaction.* Poster session presented at the biannual meeting of the Society for Research in Child Development, Atlanta, GA.

Krcmar, M. (1996). Family communication patterns, discourse behavior, and child television viewing. *Human Communication Research, 23*(2), 251–277.

Krosnick, J. A., Anand, S. N., & Hartl, S. P. (2003). Psychosocial predictors of heavy television viewing among preadolescents and adolescents. *Basic and Applied Social Psychology, 25*(2), 87–110.

Kunkel, A., Hummert, M. L., & Dennis, M. R. (2006). Social learning theory: Modeling and communication in the family context. In D. O. Brathwaite & L. A. Baxter (Eds.), *Engaging theories in family communication: Multiple perspectives* (pp. 260–275). Thousand Oaks, CA: Sage.

Lull, J. (1980). The social uses of television. *Human Communication Research, 6*(3), 197–209.

Lull, J. (1990). *Inside family viewing: Ethnographic research on television's audience.* New York: Routledge.

Nathanson, A. (1999). Identifying and explaining the relationship between parental mediation and children's aggression. *Communication Research, 26,* 124–143.

Nathanson, A. I. (2001). Mediation of children's television viewing: Working toward conceptual clarity and common understanding. *Communication Yearbook, 25,* 115–151.

Nathanson, A. I. (2002). The unintended effects of parental mediation of television on adolescents. *Media Psychology, 4,* 207–230.

Reid, L. N. (1979). Viewing rules as mediating factors of children's responses to commercials. *Journal of Broadcasting, 23,* 15–26.

Rhee, K. E., Lumeng, J. C., Appugliese, D. P., Kaciroti, N., & Bradley, R. H. (2006). Parenting styles and overweight status in first grade. *Pediatrics, 117,* 2047–2054.

Rideout, V., & Hamel, E. (2006). *The media family: Electronic media in the lives of infants, toddlers, preschoolers, and their parents.* Menlo Park, CA: Kaiser Family Foundation.

Rideout, V., Roberts, D. F., & Foehr, U. G. (2005). *Generation M: Media in the lives of 8–18 year-olds.* Menlo Park, CA: Kaiser Family Foundation.

Rothschild, N., & Morgan, M. (1987). Cohesion and control: Adolescents' relationships with parents as mediators of television. *Journal of Early Adolescence, 7,* 299–314.

Saelens, B. E., Sallis, J. F., Nader, P. A., Broyles, S. L., Berry, C. C., & Taras, H. L. (2002). Home environment influences on children's television watching from early to middle childhood. *Developmental and Behavioral Pediatrics, 23*(3), 127–132.

Salomon, G. (1977). Effects of encouraging Israeli mothers to co-observe *Sesame Street* with their five-year-olds. *Child Development, 48,* 1146–1151.

Scantlin, R., & Jordan, A (2006). Families' experiences with the V-chip: An exploratory study. *Journal of Family Communication, 6*(2), 139–159.

Singer, J. L., Singer, D. G., & Rapacynski, W. S. (1984). Family patterns and television viewing as predictors of children's beliefs and aggression. *Journal of Communication, 34*(2), 73–89.

St. Peters, M., Fitch, M., Huston, A. C., Wright, J. C., & Eakins, D. J. (1991). Television and families: What do young children watch with their parents? *Child development, 62,* 1409–1423.

Stanger, J., & Gridina, N. (1998). *Media in the home: 1998.* Philadelphia: University of Pennsylvania, Annenberg Public Policy Center.

Steinberg, L., Elman, J., & Mounts, N. (1989). Authoritative parenting, psychosocial maturity, and academic success among adolescents. *Child Development, 60,* 1424–1436.

Tichi, C. (1991). *Electronic hearth: Creating an American television culture.* New York: Oxford University Press.

Vandewater, E. A., Bickham, D. S., Lee, J. H., Cummings, H. M., Wartella, E. A., & Rideout, V. J. (2005). When the television is always on: Heavy television exposure and young children's development. *American Behavioral Scientist, 48,* 562–577.

Woodard, E., & Gridina, N. (2000). *Media in the home 2000.* Philadelphia: University of Pennsylvania, Annenberg Public Policy Center.

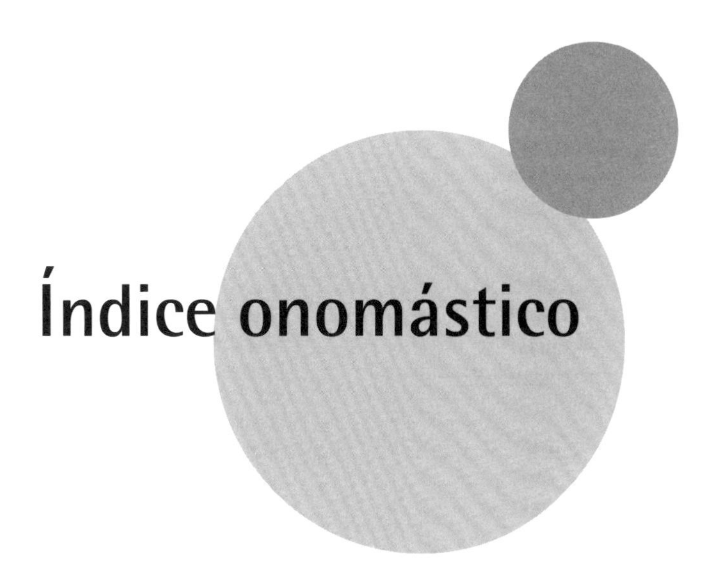

Índice onomástico

Índice remissivo

IMPRESSÃO:

Santa Maria - RS - Fone/Fax: (55) 3220.4500
www.pallotti.com.br